Au couchant de la monarchie

Marquis de Ségur

Paris, 1909-1912

© 2024, Marquis de Ségur (domaine public)
Édition : BoD • Books on Demand GmbH, In de
Tarpen 42, 22848 Norderstedt (Allemagne)
Impression : Libri Plureos GmbH, Friedensallee
273, 22763 Hamburg (Allemagne)
ISBN : 978-2-3225-5488-1
Dépôt légal : août 2024

- I. L'Avènement de Louis XVI
- II. Les premiers actes du règne
- III. Turgot au contrôle général - La guerre des farines
- IV. L'Exil du duc d'Aiguillon - Les Incidens du Sacre
- V. La victoire de Turgot - Le lendemain de la victoire
- VI. La disgrâce de Turgot
- VII. La succession de Turgot
- VIII. La visite en France de l'Empereur d'Autriche
- IX. Le ministère du comte de Saint-Germain
- X. Les réformes de Necker
- La guerre d'Amérique - Le conflit austro-prussien
- Le renvoi de Sartine et de Montbarey
- L'apogée de Necker - Les premiers assauts contre lui
- La chute de Necker

AU COUCHANT DE LA MONARCHIE

I

L'AVÈNEMENT DE LOUIS XVI

I.

La matinée du 10 mai 1774, à Versailles, s'écoula dans l'attente de l'événement qui ne faisait doute pour personne[1]. Louis XV, dans la nuit précédente, avait bien, il est vrai, repris un moment connaissance, mais c'étaient ces minutes de lucidité fugitive qui précèdent parfois l'agonie. Il était prêt d'ailleurs, pour le redoutable passage, sa maîtresse renvoyée, les sacremens reçus, les ordres donnés, de sa bouche, pour que son petit-fils, l'héritier de son trône, fût tenu éloigné du foyer d'infection qu'était sa chambre de mourant. Louis-Auguste, naguère Duc de Berry, maintenant Dauphin de France, se conformait, en sujet respectueux, à cette injonction suprême. Confiné depuis l'aube dans les appartemens de la Dauphine, avec quelques personnes de sa suite ou de son service, il guettait, plein d'angoisse, les messagers qui se succédaient d'heure en heure. Une seule fois, dans cette matinée, il fit acte d'autorité. Une lettre de sa main adressée à l'abbé Terray, contrôleur général, lui prescrivait de distribuer aux pauvres de Paris une somme de 200 000 livres, afin qu'ils priassent pour le Roi : « Si vous trouvez, ajoutait-il, que ce soit trop, vu les besoins de l'État, vous les retiendrez sur ma pension et sur celle de Madame la Dauphine. » Cet ordre et les termes de ce billet, connus et publiés sur l'heure, excitaient déjà de toutes parts un attendrissement général.

Vers deux heures de l'après-midi, un fracas prolongé, « absolument semblable à celui du tonnerre, » ébranla soudain les échos du palais silencieux ; des pas nombreux, précipités, résonnèrent aussitôt après dans l'antichambre de la Dauphine. C'était le flot des courtisans qui désertaient en masse l'appartement du roi défunt, pour se ruer vers le nouveau maître. Louis XVI ni Marie-Antoinette ne se trompèrent au bruit. D'un mouvement spontané, ils tombèrent à genoux, levèrent leurs mains au ciel : « Mon Dieu, s'écrièrent-ils, guidez-nous, protégez-nous, nous régnons trop jeunes ! » D'après quelques récits, le jeune prince, bouleversé, perdit un moment connaissance. En revenant à lui, il se jeta dans les bras de sa femme, la serra sur son cœur[2] : « Quel fardeau ! lui dit-il, mais vous m'aiderez à le supporter. » Il resta ensuite un moment comme écrasé, les deux poings sur le front, et on l'entendit répéter : « Quel fardeau !… À mon âge !… Et l'on ne m'a rien appris ! »

Cette scène fut courte. Les devoirs commençaient, et tout d'abord les plus pressans, les devoirs d'étiquette. La comtesse de Noailles entra, pria Leurs Majestés de quitter leur chambre exiguë, pour venir, dans une pièce plus vaste, agréer les hommages des princes du sang et des grands officiers. Debout, appuyés l'un sur l'autre, la Reine tenant son mouchoir sur les yeux, ils reçurent ces premières visites. Puis ce fut un message du duc de La Vrillière, ministre de la maison du Roi ; sur une large feuille de papier, il avait inscrit « à mi-marge » les questions dont la solution lui paraissait urgente au sujet du cérémonial. Louis XVI prit la note, l'étudia et, de sa main, écrivit les réponses avec calme et justesse d'esprit. Il s'occupa ensuite des préparatifs du départ, car une règle absolue lui interdisait tout séjour dans une demeure où la mort avait fait son œuvre. Il fut convenu qu'on irait à Choisy. Le Roi, la Reine et leur suite habiteraient dans le grand château ; Mesdames, filles de Louis XV, qui n'avaient point quitté leur père durant sa maladie et pour lesquelles on redoutait les effets de la contagion, s'établiraient dans le petit château pour subir l'inoculation. Tandis qu'on attelait les carrosses, Marie-Antoinette, à la hâte, écrivit à l'Impératrice pour lui apprendre la nouvelle ; on conserve ces courtes lignes, qui trahissent le trouble sincère d'une âme jeune et sensible : « Madame ma très chère mère, que Dieu veille sur nous ! Le Roi a cessé d'exister dans le milieu du jour… Mon Dieu ! qu'allons-nous devenir ? M. le Dauphin et moi, nous sommes épouvantés de régner si jeunes. Ô ma bonne mère, ne ménagez pas vos conseils à vos malheureux enfans ! »

Le départ des souverains eut lieu entre cinq et six heures du soir. Toute la cour de Versailles les suivit le jour même, et le lendemain vit débarquer les personnages demeurés à Paris ; sur la route de Choisy, pendant la journée du 11 mai, « la circulation fut immense. » Le mouvement des esprits était plus grand encore. La curiosité, l'espérance, l'inquiétude, agitaient les âmes ; mille questions se posaient, dont la réponse était incertaine et pour lesquelles on cherchait des indices. Quelle serait l'influence de Mesdames, tantes du Roi ? La Reine aurait-elle du crédit ? Les ministres en place avaient-ils chance de rester au pouvoir ? Choiseul allait-il revenir ? Cet adolescent couronné voudrait-il, au début, à l'exemple de son aïeul, se donner un premier ministre, un guide pour son inexpérience ? Allait-on voir surgir un second cardinal de Fleury ?

En cette première journée, le seul acte du nouveau Roi fut pour régler le sort de Mme du Barry. Réfugiée depuis quelques jours dans le château de Rueil, chez son amie la duchesse d'Aiguillon, la favorite attendait avec anxiété l'événement qui allait consacrer sa disgrâce. Elle apprit la mort de Louis XV par l'arrivée d'une lettre de cachet qui l'exilait à Pont-aux-Dames, vieille abbaye de la Brie champenoise qui servait quelquefois de Bastille pour les femmes. Elle partit sur-le-champ, sanglotante, résignée pourtant. Dans le désarroi général, ce petit coup d'État passa presque inaperçu. Sauf ce point, résolu d'avance, les affaires du royaume restaient comme en suspens. Les ministres en exercice, ayant, pour la plupart, approché le feu Roi dans ces dernières semaines, devaient, par ordre de la Faculté, demeurer pour neuf jours éloignés de Choisy. Seul M. de Sartine, lieutenant général de police, vit un moment Louis XVI, qui lui recommanda deux choses : « une grande vigilance sur les mœurs, » et d'autre part, « le soulagement des pauvres » par l'abaissement du prix du pain. Mû par une pensée analogue, le Roi supprima du même coup, pour lui comme pour les siens, *l'extraordinaire de la bouche* : « Je nourris ma famille, mais simplement, » dit-il en formulant cet ordre. Et de fait, tout le temps du séjour à Choisy, la table fut frugale, le train de vie sans faste. Tous ces détails, connus, colportés, commentés, produisaient sur l'esprit public l'impression la plus favorable.

II

C'est une vérité reconnue que chaque souverain rencontre, en montant sur le trône, une bonne volonté générale qui facilite ses commencemens. Comme les individus, les peuples goûtent la nouveauté, car tout changement implique une espérance. Ce sentiment se faisait jour avec une force toute spéciale après un règne de cinquante-neuf ans, dont le déclin, chargé de fautes sans nombre, avait fait oublier de tous, et jusqu'à l'injustice, les périodes de prospérité et de gloire réelle du début. Au jeune homme de vingt ans qui ceignait la couronne, il ne fallait pas moins que cette sympathie unanime et l'encouragement populaire pour compenser les périls et les embarras de la plus lourde succession qu'aucun prince héritier eût jamais recueillie.

La France, à la mort de Louis XV, était comme un homme vieillissant, dont le corps paraîtrait encore droit et robuste, mais dont tous les organes vitaux seraient attaqués et rongés par un virus subtil. Vers quelque endroit que l'on tournât les yeux, se révélaient les indices de ce mal funeste. L'antique instrument de nos gloires militaires, l'armée de Lawfelt, de Fontenoy, avait été profondément atteinte par les désastres de la guerre de Sept Ans. Les soldats sans doute restaient braves, les chefs prêts à faire leur devoir au feu, mais il manquait la confiance, le prestige, ce qui est l'âme de la victoire. D'ailleurs, l'argent faisait défaut pour réparer les brèches d'un armement insuffisant, comme l'énergie pour remédier aux vices d'une organisation reconnue défectueuse. La situation financière était encore plus déplorable. Il suffit, pour s'en rendre compte, de lire ce que M. d'Invau, contrôleur général, avant de prendre sa retraite, dans un mémoire confidentiel daté de 1769, ne craignait pas de dire à Louis XV : « Les finances de Votre Majesté sont dans le plus affreux délabrement. Il s'en faut aujourd'hui de cinquante millions que les revenus libres n'égalent les dépenses... Chaque année a accumulé une nouvelle dette sur celle des années précédentes. Les dettes criardes montent aujourd'hui à près de 80 millions. Pour comble d'embarras et de malheur, les revenus entiers d'une année sont consumés par anticipation... Cette situation, concluait-il, est plus qu'effrayante. Il n'est pas possible de la soutenir plus longtemps, et nous touchons au moment où elle jetterait le royaume dans les plus grands malheurs, sans qu'il restât de moyens pour y remédier. » L'abbé Terray, successeur de d'Invau, habile et dénué de scrupules, avait procuré au Trésor un soulagement précaire, en réduisant arbitrairement le revenu des sommes dues par l'État à ses principaux créanciers ; mais ce système de « banqueroute permanente, » en irritant justement le public, achevait de détruire le crédit. D'autre part, les impôts, très inégalement répartis, écrasaient, en certaines provinces, les travailleurs et les propriétaires ruraux. Dans quelques régions des Cévennes, du Dauphiné, du Limousin, les paysans cessaient de cultiver leurs champs, les contributions, disaient-ils, dépassant le rapport des terres. Cette misère présentait un douloureux contraste avec le luxe de la Cour et les folles prodigalités de la maison du Roi.

On avait pu craindre un moment qu'une ruine irrémédiable n'atteignît le corps de justice. Les longues luttes soutenues par Louis XV contre les parlemens, le coup audacieux de Maupeou brisant la plus ancienne des institutions du royaume, et la résistance acharnée opposée pendant quelque temps à la magistrature nouvelle, avaient jeté dans le pays un trouble inexprimable. Toutefois, dans les dernières années, le calme se rétablissait un peu, les cours instituées par Maupeou faisaient de sensibles progrès dans la confiance des justiciables, et certaines négociations secrètement engagées avec les chefs les plus connus de l'ancien parlement permettaient d'espérer une pacification prochaine.

Pour être moins publiques, les discussions dans le clergé n'étaient guère moins vives et profondes. Bon nombre de prélats en vue sympathisaient hautement avec les philosophes, inquiétant les consciences et scandalisant les fidèles. D'autres, plus orthodoxes, se consolaient du déclin de la foi en menant une campagne ardente contre la religion réformée et réclamaient des mesures de rigueur, qui suscitaient, parmi les philosophes, des protestations véhémentes. Nous verrons ce fâcheux conflit se propager pendant toute la première partie du règne de Louis XVI. Le bas clergé, plus tolérant, mais de discipline relâchée, végétait trop souvent dans une indifférence inerte.

De tant de causes d'inquiétude, une des plus graves était l'état de décomposition et d'anarchie morale de l'ancienne société française, jadis si vigoureusement constituée. Il est véritablement trop commode d'attribuer aux seuls philosophes le progrès effrayant, dans la seconde moitié du règne de Louis XV, des idées révolutionnaires. Les événemens, il faut le reconnaître, avaient singulièrement préparé le terrain. Les revers militaires, les déboires humilians de la politique extérieure, l'affaire des parlemens et les scandales publics de l'existence du Roi, avaient fortement ébranlé le respect de l'autorité, déconsidéré le pouvoir. Dans les salons, dans les cafés, dans les cénacles littéraires, dans les milieux bourgeois comme chez les grands seigneurs, tout était discuté, bafoué, battu en brèche, et le cynisme des propos rivalisait avec l'audace de la pensée. À cet état d'esprit d'un peuple dépris peu à peu de ses anciennes croyances, le « parti philosophe » vint apporter, à point nommé, « des chefs, des cadres, une doctrine[3]. » Réduit à ces limites, son rôle n'en reste pas moins grand, comme sa responsabilité.

Cependant, si les fondations étaient profondément minées, la façade demeurait debout, intacte en apparence. « La forme, le simulacre de la durée, l'étiquette de la solidité, dit un contemporain[4], subsistaient, et défendaient encore l'édifice, comme des murs de carton peint défendraient une ville, si l'ennemi les prenait pour des remparts de pierre. » La France, avec des aspirations et des idées nouvelles, conservait de vieilles mœurs. « Chacun avait et gardait son enseigne, qui le gardait à son tour. » Il en était surtout ainsi à l'égard de la forme du gouvernement national. Nul ne songeait à renverser la monarchie traditionnelle. Malgré la désaffection grandissante, malgré l'impopularité trop réelle de la personne du Roi, la France, dans son ensemble, était encore foncièrement royaliste. On en eut une preuve manifeste le jour de la mort de Louis XV : Paris tout entier prit le deuil, dans les hôtels des grands et dans les boutiques des faubourgs. « L'artisan, le portefaix, ceux à qui il ne fait réellement rien qu'un Roi soit mort, s'étudiaient à attrister leurs vêtemens. Il semblait que chacun eût perdu son père[5]. »

Il est d'ailleurs permis de croire que cette force persévérante de l'esprit monarchique n'était pas sans danger pour le jeune prince sur les épaules duquel tombait le fardeau du pouvoir. On croyait tout possible au Roi ; on attendait donc tout de lui. « Jamais on n'avait tant parlé d'Henri IV et tant vanté Richelieu. Les imaginations caressaient l'idéal d'un roi législateur[6]. » De cette disposition, l'impératrice Marie-Thérèse se félicitait naïvement : « Il y a des abus énormes, mandait-elle à sa fille, mais ils augmentent en ce moment les ressources (c'est-à-dire les moyens de popularité), en les abolissant et en s'attirant par là-les bénédictions du peuple[7]. » Le mal était que ces abus, consacrés par un long usage, servant de puissans intérêts, seraient peu faciles à détruire. Il y faudrait, dans tous les cas, du temps, de la patience, des ménagemens, du tour de main. La confiance du début, pour n'être pas assez rapidement justifiée, risquait de se tourner en déception amère. On serait d'autant plus sévère, que l'on aurait espéré davantage.

Ces écueils, ces obstacles, ces embarras de toute espèce, entrevus par Louis XV, avec cette clairvoyance lucide et inutile qui lui découvrait le péril sans lui donner la force, ni même l'envie d'y échapper, lui faisaient dire, peu de semaines avant sa fin, avec une mélancolique ironie : « Je vois bien comment va la machine, mais j'ignore ce qu'après moi elle deviendra et comment Berry[8] s'en tirera. » Paroles qui, travesties et détournées de leur vrai sens, sont devenues la célèbre formule : « Après moi, le déluge ! »

III

À quelles mains le vieux Roi passait-il ce sceptre pesant, il convient, pour s'en rendre compte, d'étudier d'un peu près la personne de celui que la haine politique des uns, la fidélité dynastique et la pitié des autres, ont peint sous des couleurs si violemment disparates, que l'on a peine à dégager, parmi tant de portraits divers, sa physionomie véritable.

Louis XVI n'était pas, à vingt ans, l'être épais, le « lourdaud, » la « masse inerte et mal taillée, » que contemplèrent avec stupeur les populations assemblées autour du carrosse de Varennes. Des témoignages autorisés le représentent, à l'époque de son avènement, sous un aspect plus sympathique. Le léger embonpoint qu'il tenait de son père, et qui le vieillissait un peu, lui donnait, assure-t-on, dans les cérémonies publiques, une certaine majesté précoce ; sur le trône, il avait « bon air. » Mais sa marche pesante, l'habitude, au repos, de « se dandiner d'un pied sur l'autre, » lui retiraient, quand il était debout, une partie de ces avantages. Son visage plein, au nez busqué, à la carnation colorée, n'avait « rien de désagréable, » n'était que les dents, mal rangées, ôtaient de la grâce au sourire. Ses yeux voilés de myope n'étaient pas sans douceur ; il s'en dégageait même parfois, quand il suivait sa pensée intérieure, un certain charme de mélancolie. Par malheur, sa timidité, en l'empêchant de regarder les gens en face et avec assurance, détruisait l'apparence de cette franchise qui était dans son cœur. Sa voix, sans être dure, était peu harmonieuse et passait, dès qu'il s'animait, du médium à l'aigu avec une rapidité discordante. Sa tenue était simple, et telle qu'elle eût convenu au plus obscur de ses sujets : un habit gris le matin, et, après la toilette, un uniforme brun ou bleu, de nuance toujours foncée, de drap uni, sans broderies ni dentelles ; une épée d'acier ou d'argent ; les cheveux arrangés sans art ; et quelquefois une négligence qui lui valait les semonces de la Reine, quand, au sortir de son atelier mécanique, il entrait chez sa femme, dépeigné, couvert de poussière, les mains noircies par le travail.

Ce penchant qu'il montrait pour les travaux manuels est ce qui, dès les premiers temps, lui a valu le plus d'attaques, et les attaques les plus injustes. « Hélas ! observait Marmontel[9], lorsque Louis XIV s'amusait à engloutir des millions dans Versailles, Trianon ou Marly, on applaudissait ; et lorsqu'un jeune Roi s'amuse à tourner une boîte ou à limer une clé, qui ne coûtera que cinq sols à son peuple, on y trouve peu de décence. En vérité, les hommes méritent d'être malheureux ! » Il est certain que sa constitution sanguine, et le soin même de sa santé, lui faisaient une nécessité de l'exercice et du mouvement ; robuste au point que, dans l'intimité, il se divertissait à jucher un jeune page sur une énorme pelle à feu et à faire le tour de la chambre en le portant à bras tendu. À la chasse, assure d'Allonville, on le voyait souvent « descendre de cheval pour couper du bois et exercer sa force par d'autres violens travaux. » La même raison explique son extraordinaire appétit. Peu raffiné d'ailleurs, il ne mangeait que les mets les plus simples, de même qu'il ne buvait de vin pur qu'au dessert ; ce qu'on a raconté de son intempérance paraît n'être qu'une calomnie, que rien ne justifie. Disons encore que, dans les premières années de son règne, — et avant le découragement résultant de tant d'insuccès, — les heures qu'il consacrait aux exercices du corps ne furent jamais dérobées au travail. La chasse, sa grande passion, était fréquemment délaissée pour le devoir royal, et, informé des plaisanteries qui couraient dans la capitale sur son goût pour la serrurerie, il renonça pour de longs mois à ce passe-temps inoffensif.

Le moral était, chez Louis XVI, en accord avec le physique : un défaut absolu de brillant et de séduction, un esprit sain, solide et lourd. « Cet homme est un peu faible, mais point imbécile, mandait l'empereur Joseph II à son frère Léopold après son séjour à Versailles[10]. Il a des notions, il a du jugement, mais c'est une apathie de corps comme d'esprit. Il fait, des conversations raisonnables ; il n'a aucun goût de s'instruire, ni curiosité. Enfin le *fiat lux* n'est pas venu ; la matière est encore en globe. » Ce jugement d'un beau-frère, bien qu'assez juste en soi, pèche par excès de sévérité. L'esprit du nouveau Roi ne manquait en effet ni d'étendue ni de lucidité ; sa mémoire était remarquable, et, bien qu'il eût été médiocrement instruit, il avait en histoire, en géographie, en science mathématique, des lumières fort supérieures à celles de la plupart de ses sujets. Avec cela, de la méthode, de la réflexion, du bon sens ; mais une lenteur de conception et une gaucherie intellectuelle qui l'empêchaient souvent de mettre ces dons à profit et le laissaient déconcerté, ou cabré brusquement, devant une objection, une difficulté imprévue.

Même maladresse à employer ses qualités de cœur et ses réelles vertus. Sensible et bon, voulant le bien avec sincérité, il blesse à chaque instant les gens par des mots malheureux, des plaisanteries brutales et d'inutiles coups de boutoir. Il n'est jamais aussi fâcheux que lorsqu'il est de belle humeur. « Au coucher, rapporte le duc de Croy[11], il tournaille plus d'une demi-heure, cherchant à ricaner sur tout, à faire des plaisanteries sur rien. J'aurais bien désiré un meilleur ton pour lui ! » Il compatit à la misère des pauvres, il fait lui-même la charité, allant parfois de bon matin, seul à pied, dans Versailles, visiter incognito des familles indigentes. Surpris un jour dans cette occupation, et voyant sur le seuil de la maison dont il sortait un groupe nombreux de gardes et de gentilshommes : « Parbleu ! messieurs, leur disait-il en riant, il est cruel que je ne puisse aller en bonne fortune sans que vous le sachiez ! » Ces façons, ce langage, qui eussent pu lui valoir l'amour de la classe populaire, une légende à la Henri IV, perdaient tout leur effet par suite d'une mesquinerie, d'une parcimonie de détail, qui lui donnaient, à tort, un renom d'avarice. C'est ainsi, nous dit-on, qu'en écrivant ses lettres, il économisait le papier avec un soin risible, se fâchant pour une feuille inutilement gâchée, et qu'il gardait ses vieux habits jusqu'à l'extrême limite, n'octroyant aux valets qu'une défroque hors d'usage. Bref, il semblait qu'une méchante fée, sans détruire ses mérites, lui eût ôté la faculté d'en tirer avantage. Il fallait, a-t-on dit, « fermer les yeux pour lui rendre justice. » Et on a pu lui appliquer, avec trop de justesse, le mot de la marquise de Sévigné sur cet homme de son temps qui, disait-elle, avait eu « besoin d'être tué pour être solidement estimé[12]. »

Mais ce qui manque par-dessus toute chose à Louis XVI, c'est le don essentiel qui, chez un souverain absolu, tient lieu de presque tous les autres et sans lequel tous les autres sont vains : la fermeté de caractère, la décision de volonté. « Il y avait en lui deux hommes, dit un de ses contemporains[13], l'homme qui *connaît*, et l'homme qui *veut*. La première de ces qualités était très étendue et très variée. Mais, dans les grandes affaires d'État, le Roi qui veut et ordonne ne se trouvait presque jamais. » Une clairvoyance honnête, d'excellentes intentions, une droiture indéniable, tout est paralysé, stérilisé, détruit par cette incurable faiblesse. « Mon frère, raillait le Comte de Provence, est comme ces boules d'ivoire huilées qu'on ne peut retenir ensemble. »

Décider et vouloir, en ces deux mots tient presque tout l'art de régner. Louis XIV n'en eut guère d'autre ; mais il le pratiqua si bien qu'il n'eut pas besoin de génie. Son descendant débile n'avait, hélas ! rien retenu de cet héritage ancestral. Peut-être aurait-il distingué un Colbert, un Louvois ; il les aurait sans doute appréciés et aimés ; il ne les aurait assurément pas soutenus. C'était, comme l'a écrit un historien moderne[14], « un prince selon les illusions du temps, un prince d'idylle et de conte moral. Doué de toutes les qualités qui conviennent pour populariser les dynasties dans les époques prospères, il ne possédait aucune de celles qu'il faut pour les fonder dans les agitations ou les restaurer au milieu des troubles. »

IV

Tout homme faible est influençable. Louis XVI le fut plus que personne, subissant tour à tour, et parfois simultanément, la domination de tous ceux qui composaient son entourage intime, sa femme, ses tantes, et ses deux frères. Une brève revue de ces différens personnages est une préface indispensable à l'histoire de son règne.

La Reine d'abord, qui, quoi qu'on ait pu dire, eut de tout temps un grand crédit auprès de son époux. « On ne m'a rien appris, s'écriait le jeune prince au lendemain de son avènement, mais j'ai lu un peu d'histoire, et j'ai vu que ce qui a toujours perdu cet État a été les femmes légitimes et les maîtresses. » Ceux qui entendirent ces paroles conçurent des doutes sur le futur rôle de la Reine en matière politique, et plût au ciel que l'événement leur eût donné raison ! Le long martyre, la fin touchante de Marie-Antoinette, le courage qu'elle a déployé dans les plus affreuses circonstances, ont à bon droit nimbé son front d'une auréole, qu'il serait cruel d'arracher. Sa mort couvre et protège sa vie, défend sa mémoire, peut-on dire, contre le jugement de l'histoire. La vérité pourtant a des droits, tout comme la pitié. Sans insulter à l'infortune et sans violer les convenances, il doit être permis de dire, après plus d'un siècle écoulé, quelles erreurs et quelles fautes marquèrent, dès le début du règne, l'intervention incessante de la Reine dans les affaires publiques, d'exposer notamment combien elle contribua à la désaffection publique qui, isolant le trône au milieu de l'orage et le privant de ses plus sûrs appuis, le livra presque sans défense à ceux qui méditaient sa ruine.

La femme, chez Marie-Antoinette, était supérieure à la reine. Ses qualités comme ses défauts formaient avec

Louis XVI le plus parfait contraste. On a discuté son physique, et il paraît certain qu'elle n'était pas régulièrement jolie ; mais sur sa grâce, sur sa noblesse, sur le charme et l'éclat radieux qui paraient sa jeunesse, tous les témoignages sont d'accord. « Lorsqu'elle est debout ou assise, c'est la statue de la beauté ; lorsqu'elle se meut, c'est la grâce en personne… On dit qu'elle ne danse pas en mesure, mais alors c'est la mesure qui a tort. » Ainsi s'exprime Walpole[15]. Le comte d'Hézeckes, dans ses *Souvenirs d'un page,* donne la même note, avec moins de lyrisme : « Quand elle sortait, le dimanche, de son appartement au bout de la galerie, pour venir chercher le Roi et aller à la messe, on voyait au-dessus de son entourage s'agiter les plumes de sa coiffure, et elle dominait de la tête toutes les dames de la Cour… D'une taille un peu forte, elle n'était jamais mieux habillée que dans sa toilette du matin. » Voici encore le croquis que trace d'elle, dans ses *Mémoires* inédits, un homme qui ne l'aimait guère, le comte de Saint-Priest, ex-ambassadeur de Louis XV[16] : « Cette princesse était grande et bien faite, le teint admirable, le pied et la main charmans, l'ensemble de la personne agréable, sans cependant des traits distingués de beauté. Elle avait de la facilité et de la grâce à s'énoncer, mais dans le fond peu d'instruction. »

La séduction de son esprit égalait celle de ses manières. Non qu'elle émaillât sa causerie de mots spirituels ou profonds ; on ne cite d'elle nul trait piquant, nul aperçu neuf ou frappant, nulle saillie digne de mémoire. Mais le tact, l'enjouement et le désir de plaire tenaient lieu de verve brillante et lui conciliaient mieux les cœurs. « Elle trouvait au moment ce qu'il y avait de plus convenable dans les circonstances, ainsi que les expressions les plus justes[17]. » Son instruction était élémentaire ; elle montrait peu de goût pour la lecture, sérieuse ni même frivole ; mais, du peu quelle savait, elle tirait habilement parti. On doit aussi lui reconnaître un fond réel d'honnêteté, de bonté, une certaine droiture de conscience. « Son premier mouvement est toujours le vrai, » écrivait son frère Joseph II. Ces bonnes dispositions étaient malheureusement gâtées par une frivolité, une irréflexion étourdie, une fureur de plaisir, qui lui faisaient sacrifier sans scrupule son devoir et son intérêt à la fantaisie du moment. Insoucieuse du qu'en-dira-t-on, versatile dans ses goûts, fougueuse dans ses caprices, emportée dans ses affections comme dans ses haines et ses rancunes, elle se donnait trop aisément, dit un homme qui l'a vue de près, l'air et le ton « d'une enfant mal élevée[18]. »

Elle était, par nature, dépourvue d'ambition ; son amusement l'occupait davantage que les affaires d'État ; et sa mère, dans les premiers temps, déplorait même cette aversion pour les choses de la politique : « Je crains la nonchalance de ma fille, son peu de goût pour toute occupation sérieuse et son éloignement de tout ce pour quoi il faudrait se donner quelque peine. » — « Je doute, reprenait-elle à quelques jours de là, qu'elle aura jamais beaucoup de part aux affaires. Son inapplication y mettra toujours un obstacle assez fort[19]. » Ce souci maternel fera rapidement place à l'inquiétude contraire. Non que le trône ait modifié les sentimens et les goûts de Marie-Antoinette. Elle restera toujours, de cœur, éloignée de la politique, étrangère à l'esprit d'intrigue. Mais son entourage familier ne lui permettra pas longtemps cette abstention prudente ; ses amis et ses favorites la jetteront bientôt dans la lutte, exploiteront sa facilité, pousseront son indolence à travailler, non pour elle, mais pour eux. Ni la France, ni le Roi, ni Marie-Antoinette elle-même n'auront à s'en féliciter !

Après la Reine, la plus grande influence auprès du nouveau Roi semblait devoir être celle de ses tantes, « Mesdames tantes, » comme on les appelait, les filles non mariées de Louis XV. En 1774, quatre d'entre elles survivaient à leur père, Mesdames Adélaïde, Victoire et Sophie, demeurées à la Cour, et Madame Louise, cloîtrée chez les Carmélites de Saint-Denis. Ces vieilles filles, toujours tenues à l'écart des affaires, reléguées à dessein dans le cercle restreint d'un entourage inepte et les puérilités d'une étroite bigoterie, unissaient, a-t-on dit, « aux sévérités de l'âge toutes les aigreurs du célibat[20]. » La plus active, la plus intelligente des quatre était l'aînée, Madame Adélaïde. Elle avait eu, dans sa première jeunesse, des traits nobles et réguliers, mais les années avaient de bonne heure fait leur œuvre. C'était maintenant une grande femme sèche, au nez coupant, au regard impérieux, à la voix dure, au parler bref, aux manières brusques et cassantes. Vertueuse d'ailleurs, malgré les bruits affreux répandus sur son compte, mais sans douceur et sans bonté, orgueilleuse de son rang, implacable sur l'étiquette, pétrie de préjugés, autoritaire et tracassière. Après la mort du Dauphin et de la Dauphine, elle s'était jadis occupée, avec un certain zèle, de ses neveux orphelins, spécialement du futur Louis XVI ; aussi ce dernier montrait-il pour celle qui avait « caressé sa solitaire enfance » une gratitude mélangée de respect, d'affection et de crainte.

Mesdames Victoire et Sophie, créatures effacées, subissaient passivement l'ascendant de leur sœur aînée. La première avait été belle, elle restait encore agréable, avec quelque douceur dans les yeux et dans le sourire, d'ailleurs l'incapacité même, sans instruction, sans volonté, menant avec résignation une existence végétative. Madame Sophie, d'une rare laideur, timide et gauche jusqu'à l'infirmité, l'air « triste et toujours étonné, » n'était pour ceux qui l'approchaient qu'un objet de pitié. « C'est au fond, j'en suis sûre, une âme d'élite, mandait Marie-Antoinette à sa mère[21], mais elle a toujours l'air de tomber des nues. Elle restera quelquefois des mois sans ouvrir la bouche, et je ne l'ai pas encore vue de face. » Madame Louise enfin, la plus jeune, âme pure et bien intentionnée, n'avait cependant pas, en renonçant au monde, renoncé du même coup à tout esprit d'ambition et d'intrigue. On l'accusait d'abuser volontiers des privilèges d'un état révéré pour se mêler des choses du siècle, pour blâmer, conseiller, solliciter surtout, et se faire l'instrument de la coterie dévote. « Depuis son entrée aux Carmélites, écrit l'abbé de Vermond, elle ne cesse de fatiguer les ministres. »

Lors du mariage de leur neveu, l'arrivée à Versailles d'une archiduchesse de quinze ans, étrangère à la Cour et en tous points novice, avait éveillé chez Mesdames l'humeur accaparante qui sommeillait au fond de leurs cœurs racornis. Elles s'étaient efforcées, avec un visible empressement, d'attirer la Dauphine dans leur société familière, de façonner à leur image sa jeune inexpérience, d'acquérir ainsi du crédit auprès du futur Roi. Ce manège avait eu d'abord quelque succès, mais l'intimité dura peu ; les petites « cachotteries » des tantes, leurs menées souterraines et leur ton maladroit de supériorité indisposèrent la nièce et l'amenèrent à secouer cette tutelle incommode. On devine quelles rancunes suscita cette brusque retraite. Les années ne firent qu'aggraver l'antipathie née d'une déception réciproque et fondée sur une différence foncière d'idées, de goûts et d'habitudes. « Si les manières de la Dauphine paraissaient trop libres à Mesdames, les leurs paraissaient absolument gothiques à la Dauphine. D'un côté, l'on blâma trop, de l'autre on n'écouta pas assez[22]. »

Les choses en étaient là, quand survint le changement de règne, excitant, chez les vieilles princesses, comme un renouveau d'espérance. Reprendraient-elles sur le couple royal l'influence abolie ? Quelle serait sur l'âme molle d'un prince adolescent, dans le désarroi des débuts, l'autorité de ces vénérables personnes, de celle surtout qui se targuait d'exercer sur son cœur un empire quasi maternel ? C'est le problème qui faisait le sujet de tous les entretiens, à Versailles, à Paris, dans toutes les capitales, le problème qu'un prochain avenir allait provisoirement résoudre.

Pour achever cette revue de la famille royale, il me reste à parler des deux frères de Louis XVI, Monsieur, Comte de Provence, et Charles-Philippe, Comte d'Artois. Leur rôle, pour n'être guère en vue, n'est cependant pas négligeable dans les événemens qui vont suivre. Le premier de ces princes présentait avec son aîné quelque conformité physique, encore plus lourd peut-être et de plus forte corpulence. Là se bornait la ressemblance : esprit cauteleux, dissimulé, sournois, se plaisant aux petits moyens, intéressé, avide d'argent, le Comte de Provence, en cette première phase de sa vie, était loin de jouir de l'estime que lui acquirent plus tard, à l'heure du grand naufrage, sa dignité dans le malheur et son sang-froid au milieu des écueils. Les compagnies douteuses qu'il fréquentait de préférence, les stratagèmes qu'il employait pour augmenter son bien, certains bruits qui couraient sur ses sourdes intrigues, tout cet ensemble était peu fait, comme disait Marie-Antoinette, pour lui valoir « la considération ni l'affection publiques. » Louis XVI ne l'aimait guère et se méfiait de lui. Certain soir que les princes, dans l'intimité familiale, jouaient une scène de *Tartuffe*, dont Monsieur remplissait le rôle : « Cela a été joué à merveille, dit soudain le Roi à voix haute, tous les personnages y étaient dans leur naturel[23]. » La

Comtesse de Provence était douée, avec moins d'esprit, des mêmes instincts que son époux. Tous deux d'ailleurs s'entendaient à merveille et formaient un couple assorti, que l'on ménageait par prudence et qu'on n'estimait guère. « Nous vivons fort bien avec Monsieur et Madame, au moins en apparence, écrivait Marie-Antoinette[24]. Notre pli est pris, nous serons toujours sans division ni confiance. »

Le Comte d'Artois, le plus jeune des trois frères, était fort différent des autres. De tournure leste et dégagée, aisé dans ses manières, il aurait eu un visage agréable, n'était une bouche toujours ouverte qui donnait à ses traits une expression peu spirituelle. Une intarissable faconde et un imperturbable aplomb semblaient, à première vue, démentir cette physionomie. Son amabilité légère, sa constante gaîté, son audace, lui valaient de bonne heure du succès près des femmes. Mais ces frivoles mérites cachaient mal l'urne la plus médiocre, le jugement le plus faux, l'intelligence la plus bornée et la plus profonde ignorance. Passionné de plaisir et peu difficile dans ses choix, il défrayait par de fréquens scandales la chronique de la Cour, sans chercher même à sauver l'apparence au regard de sa femme, laquelle d'ailleurs, « nulle et désagréable en tout, ne comptait ni en bien ni en mal[25]. » On eût pardonné ces écarts à son extrême jeunesse ; le pire était son caractère hautain, impérieux, violent, une témérité de propos qui n'épargnait rien ni personne, et la fatale manie de jeter ceux qui l'approchaient, par la parole et par l'exemple, dans les plus fâcheuses aventures.

Louis XVI, sans faire grand cas de lui, montrait quelque faiblesse envers cet enfant étourdi et lui passait mainte incartade. Cette indulgence eût été sans danger, si elle n'avait facilité l'intimité fâcheuse de la Reine avec son beau-frère. Sans doute celle-ci, aux heures de réflexion, le jugeait-elle à sa valeur. Après un séjour avec lui : « Je suis convaincue, confiait-elle à sa mère[26], que, si j'avais à choisir un mari entre les trois frères, je préférerais encore celui que le ciel m'a donné. » Elle s'amusait pourtant de ses propos hardis, de ses folles équipées et de ses façons cavalières, tolérait de sa part de choquantes familiarités[27]. Les jours de désœuvrement et d'ennui, nous le verrons entraîner sa belle-sœur à toutes les imprudences, à toutes les inconséquences de conduite, où Marie-Antoinette laissera de sa réputation. C'est encore lui, dans les crises politiques, qui abusera de son crédit pour engager plus d'une fois la souveraine en de déplorables démarches, au détriment de sa dignité personnelle et de l'intérêt du royaume, inaugurant ainsi dès lors ce rôle d'inconscient destructeur, de fossoyeur joyeux, que, sûr de soi et le sourire aux lèvres, il poursuivra pendant tout le cours de sa vie.

C'est au milieu des tiraillemens de ces différens personnages, qui tous, à des degrés divers, avaient ou se croyaient des droits à sa confiance et à son affection, qu'un jeune roi de vingt ans allait avoir à se débattre, pour manœuvrer parmi d'innombrables écueils, et arracher le char embourbé de l'État des fondrières où s'enlizait la fortune du royaume de France.

V

Dans le réseau d'intrigues dont la trame s'ourdissait au cours de ces premières journées, deux noms se trouvaient en vedette : ceux du duc d'Aiguillon et du duc de Choiseul, chefs respectifs des deux groupes puissans et nombreux qui se livraient bataille, depuis quelques années, avec une ardeur implacable. Ces camps ennemis constituaient-ils, à proprement parler, des partis politiques ? La question semble discutable. Sans doute, en remontant aux origines, y peut-on discerner deux courans opposés, deux systèmes divergens sur la politique extérieure. Le duc d'Aiguillon, fidèle à la vieille religion de la diplomatie française, représentait les idées de méfiance à l'égard de l'Autriche, la tendance à secouer le joug, chaque année plus pesant, qu'imposait à la France l'amitié impériale. Le duc de Choiseul, au contraire, auteur du mariage du Dauphin avec une archiduchesse autrichienne, personnifiait en quelque sorte l'alliance avec l'Empire. C'est pourquoi sa brusque disgrâce, en 1770, avait si vivement affecté l'esprit de Marie-Antoinette : « J'ai été bien émue de cet événement, mandait-elle à sa mère[28], car M. de Choiseul a toujours été un ami de notre famille… Je lui suis redevable, et je ne suis pas ingrate. » Dans la réalité, ce dissentiment de principes entre les deux hommes d'État servait surtout de voile décent à ce qui n'était guère qu'une rivalité personnelle, un conflit d'ambitions, une jalousie de places, [de dignités, de clientèle.

Dans ce sourd et furieux combat, dont le pouvoir était l'enjeu, Choiseul avait pour lui la supériorité de talent et d'intelligence, l'éclat de son long ministère, l'appui des parlemens, la sympathie du parti philosophe. Il avait contre lui les préventions que, dès l'enfance, l'entourage de Louis XVI avait semées dans son esprit à l'égard de celui qu'on lui représentait comme le mortel ennemi, sinon comme le meurtrier, de son père. N'était-ce pas Mme de Marsan, gouvernante de ses sœurs, qui, à l'anniversaire de la mort du Dauphin, entrait chez l'héritier du trône, en grand habit de deuil, disant d'un ton tragique : « Je viens assister au service célébré pour feu votre père, que M. de Choiseul a fait empoisonner[29] ? » Ces calomnies, constamment répétées, avaient, sans le convaincre, fait impression sur l'âme pieusement filiale du prince, déterminé chez lui comme une répulsion instinctive.

D'Aiguillon avait l'avantage d'être, depuis quatre ans déjà, le chef réel du ministère, dirigeant à lui seul les départemens de la Guerre et des Affaires étrangères. Il n'avait pas manqué de mettre ce temps à profit, ayant, dit Besenval, « rempli Versailles de gens à lui et gagné tous les entours, de manière que rien ne pouvait se faire ni revenir au Roi que de son consentement. Il était d'autant plus sûr de réussir qu'il n'avait point de confident et que, par conséquent, il ne craignait aucune indiscrétion. Ceux qui le servaient lui étaient entièrement dévoués. » Il disposait, en outre, de l'appui du clergé, ou du moins du « parti dévot, » en haine du duc de Choiseul, qui avait chassé les jésuites ; et cet appui n'était pas négligeable à l'avènement d'un prince dont la piété sincère ne faisait de doute pour personne. En revanche, d'Aiguillon s'était montré, dans ces dernières années, l'inséparable ami et le soutien fidèle de Mme du Barry ; c'était de chez lui, comme on sait, que la comtesse était partie pour se rendre en exil. Or l'hostilité déclarée de Marie-Antoinette contre l'ex-favorite, — sans mentionner d'autres griefs d'un genre plus personnel, — devait faire craindre au duc de rencontrer de ce côté une opposition redoutable.

Une première question se posait : fallait-il conserver, du moins temporairement, les ministres en exercice ? Les derniers choix faits par Louis XV étaient sujets à la critique. C'étaient, avec d'Aiguillon, le chancelier de Maupeou, bête noire des vieux parlementaires, l'abbé Terray, contrôleur général, adroit mais décrié, — deux hommes sur lesquels il nous faudra prochainement revenir, — plus trois personnages secondaires, Bertin, directeur de l'Agriculture, suppléant-né de ses collègues empêchés ou absens, homme à tout faire et médiocre partout, Bourgeois de Boynes, ministre de la Marine, dont l'incapacité notoire excitait la risée de ses subordonnés, enfin le duc de La Vrillière, ministre de la Maison du Roi, esprit frivole et courtisan servi le, sans talens, sans savoir, sans vices et sans vertus. Malgré l'insuffisance de ce personnel politique, bien des gens estimaient que le plus sage était d'attendre et de laisser toutes choses provisoirement en place, pour se donner le loisir de la réflexion. C'est le conseil que donnait à sa fille l'impératrice Marie-Thérèse : « Ne précipitez rien ; voyez par vos propres yeux ; ne changez rien ; laissez tout continuer de même[30]. » Cette attitude d'expectative convenait à l'humeur indécise du Roi. Des scrupules cependant agitaient sa conscience : les ministres actuels, ayant tous approché Louis XV pendant sa maladie, étaient, comme je l'ai dit plus haut, bannis encore pour une semaine hors de la présence du souverain, qui se voyait avec effroi, pendant toute cette période, privé de direction et livré à ses propres forces. Sa jeunesse, son inexpérience risquaient, se disait-il, de lui faire commettre des fautes. Dans cette perplexité, un expédient s'offrit à son esprit : ne pourrait-il se choisir un guide, un « mentor, » un homme d'État d'une autorité reconnue, et le prendre pour conseiller sans lui confier de portefeuille ? Ainsi parerait-il au présent sans engager l'avenir.

Le surlendemain de l'avènement, cette résolution était prise. L'homme restait à trouver, et là commençait l'embarras[31]. Faire ce choix à lui seul, son caractère y répugnait ; mais où se renseigner ? Consulter Marie-Antoinette ? Il connaissait par avance sa réponse : elle indiquerait Choiseul, « l'ami de sa famille, » le confident de son arrivée à Versailles, et toutes les préventions du Roi se soulevaient contre cette idée. Il lui vint alors la pensée de recourir aux lumières de ses tantes. Elles se trouvaient précisément à sa portée et dans son voisinage ; l'ordre, d'abord donné, d'expédier les princesses au pavillon de Trianon, où elles seraient inoculées, avait été, sur leur demande, changé au moment du départ ; elles occupaient le petit château de Choisy, au grand ennui de Marie-Antoinette, qui flairait un péril dans cette proximité.

Jamais soupçons ne furent plus promptement justifiés. Dans l'après-midi du 12 mai, à l'insu de la Reine, un petit conseil de famille se tint, mystérieusement, dans les appartemens privés du Roi. Louis XVI et ses trois tantes y délibérèrent en commun. Là, on ouvrit et on lut en secret un document émané du Dauphin, écrit par lui, dit-on, à la veille de sa mort, sorte de testament politique où il désignait à son fils, avec les raisons à l'appui, les personnages qu'il estimait dignes de sa confiance. Qui apporta ces instructions posthumes ? C'est un détail qui n'est pas éclairci ; mais sur l'existence de la note et sur son authenticité, il n'existe aucun doute. Trois noms s'y détachaient : en première ligne, le comte de Maurepas, « qui, disait le Dauphin, a conservé, à ce que j'apprends, son attachement aux vrais principes de la politique, que Mme de Pompadour a méconnus et trahis, » coup droit contre Choiseul et la « politique autrichienne. » Le second nom inscrit était celui du duc d'Aiguillon ; puis venait M. de Machault, « homme roide de caractère, — je cite les termes du Dauphin, — avec quelques erreurs dans l'esprit, mais honnête homme. Le clergé le déteste pour ses sévérités contre lui ; l'âge l'a beaucoup modéré. »

À ces trois noms, Mesdames, de leur propre mouvement, en voulurent joindre un quatrième, celui du cardinal de Bernis, leur ami, alors ambassadeur à Rome : « Non, répliqua vivement Louis XVI, c'est un poète, je n'en veux pas ! » D'Aiguillon, ministre en fonctions, se trouvant hors de cause, la discussion fut circonscrite entre MM. de Maurepas et de Machault. Tous deux, nés en 1701, étaient, plus que septuagénaires ; tous deux, longtemps ministres, étaient rompus au maniement des affaires de l'État ; tous deux, mis en disgrâce pour avoir perdu la faveur de la marquise de Pompadour, avaient vécu depuis éloignés de la Cour, dans une obscure retraite ; tous deux enfin passaient avec raison pour probes et désintéressés. Leurs caractères offraient d'ailleurs le plus parfait contraste : Maurepas souple, habile, insinuant, mobile dans ses résolutions, sceptique dans ses idées, vite consolé par un bon mot de toutes les catastrophes ; Machault rigide, austère, un peu cassant, ferme dans ses desseins, immuable dans ses vues. Malgré Madame Adélaïde, qui opina pour le comte de Maurepas, Louis XVI se prononça nettement en faveur de Machault. Sans doute comprenait-il, avec son bon sens naturel, l'utilité pour sa faiblesse d'un appui résistant, et l'avantage d'une main robuste pour redresser le gouvernail du navire en détresse. Ce parti déclaré, il se retira un moment pour rédiger la lettre qu'un page irait porter, dans sa terre d'Arnouville, au futur directeur du cabinet du Roi.

Cette lettre, souvent reproduite, est, dans sa naïve modestie, l'expression trop fidèle des intimes sentimens du

Roi, pour que je puisse me dispenser d'en donner le texte complet : « Dans la juste douleur qui m'accable, et que je partage avec tout le royaume, j'ai de grands devoirs à remplir. Je suis Roi, ce nom renferme bien des obligations, mais je n'ai que vingt ans et je n'ai pas les connaissances qui me sont nécessaires. Je ne puis travailler avec les ministres, tous ayant vu le Roi pendant sa maladie. La certitude que j'ai de votre probité et de votre profonde connaissance des affaires m'engage à vous prier de m'aider de vos conseils. Venez donc le plus tôt qu'il vous sera possible. Sur ce… Louis, à Choisy, ce 12 mai 1774. »

Dans la chambre où étaient demeurées les princesses, les minutes qui suivirent la sortie du Roi furent pleines d'agitations et de conciliabules. Le trouble s'aggravait par suite d'une circonstance spéciale. Madame Adélaïde avait pour dame d'atours la comtesse de Narbonne, en qui elle avait toute confiance et qui passait pour être, de longue date, l'amie intime, « l'âme damnée » du duc d'Aiguillon. C'est cette dernière qui, soufflée par le duc, avait prôné auprès de sa maîtresse les mérites de Maurepas, oncle de Mme d'Aiguillon, nul choix ne pouvant mieux servir les intérêts de l'ambitieux ministre[32]. Vive fut la déception de Mme de Narbonne lorsqu'elle apprit la volonté royale ; elle mit sur-le-champ tout en œuvre auprès de la princesse pour exciter son humeur batailleuse et la [décider à l'action. Soit hasard, soit calcul, il se trouva à point nommé, pour appuyer son éloquence, un puissant auxiliaire, l'abbé de Radonvilliers, ex-sous-précepteur de Louis XVI, maintenant l'un de ses secrétaires. Naguère jésuite, depuis sorti de l'Ordre, mais sans éclat et sans rupture, c'était un homme honnête, éclairé et disert. Le nom de M. de Machault, — suspect de jansénisme et mal vu du clergé, dont il avait jadis diminué la richesse par des édits fiscaux, — ne pouvait manquer de déplaire à ce digne ecclésiastique et de choquer ses convictions sincères. Il s'éleva fortement contre l'élévation d'un homme aussi funeste et acheva d'échauffer Madame Adélaïde. Tous deux, de compagnie[33], s'en furent trouver le Roi pour le faire revenir sur sa résolution.

Les informations manquent au sujet de la scène qui se passa entre ces personnages, mais on se représente sans peine la pression exercée sur l'esprit du jeune prince, les appels faits à sa conscience, à ses sentimens religieux, les scrupules éveillés de la sorte en son âme, et bientôt après sa défaite, l'abdication de sa volonté. Il fut convenu qu'on essaierait de « rattraper » la lettre, et que M. de Maurepas aurait la place offerte à M. de Machault. Le sieur Campan, beau-père de la première femme de chambre de Marie-Antoinette, fut expédié en hâte pour arrêter le messager, s'il n'était pas encore en route, et reprendre l'écrit du Roi. Il y eut un moment d'attente et de vive anxiété. « Si la lettre eût été partie, a dit plus tard Marie-Antoinette[34], M. de Machault eût été premier ministre, car jamais le Roi n'eût pris sur lui d'écrire une seconde lettre contraire à sa première volonté. » Le hasard fit qu'au moment de se mettre en selle, le page porteur du billet eût constaté la perte d'un éperon[35] ; les quelques minutes employées à en chercher un autre permirent à Campan d'arriver et de signifier le contre-ordre. Cette futile circonstance eut, selon l'apparence, une influence peut-être décisive sur toute l'orientation du règne et le sort de la monarchie[36].

Le billet repris par Campan et rapporté au Roi, on reconnut que sa teneur convenait parfaitement pour Maurepas. L'adresse seule fut changée. Le message, ainsi rectifié, fut envoyé par l'office du même page au château de Pontchartrain, résidence seigneuriale de son nouveau destinataire. Le lendemain, vendredi 13 mai, Maurepas débarquait à Choisy où l'attendait Louis XVI.

L'audience dura « cinq quarts d'heure, » et la conversation roula sur la politique générale : « Fallait-il conserver ou non le ministère du dernier Roi ? Fallait-il le changer entièrement ? Quels choix nouveaux pourrait-on faire ? Enfin quel rôle faire jouer à M. de Maurepas lui-même ? » Tels furent, dit l'abbé de Véri[37], les principaux points abordés. De ces questions, la plus pressante, comme la plus grave, était la dernière indiquée. Le public, on ne peut le nier, attendait un première ministre. Maurepas en prendrait-il le titre et la fonction ? Habileté ou prudence, il en déclina le fardeau. Rester, sinon dans, la coulisse, au moins dans le fond de la scène ; jouir de la plus grande influence, sans porter entièrement les responsabilités ; recevoir en un mot, autant qu'il se pourrait, les bénéfices et non les charges du pouvoir, Maurepas, en vieillard égoïste, rêva déjouer ce rôle, qui convenait, pensait-il, à son âge et à son humeur. Il en développa l'avantage devant son auguste auditeur avec une subtile éloquence.

L'abbé de Véri, qui vit M. de Maurepas le soir même, a consigné dans son journal le texte des paroles qui, assure-t-il, terminèrent l'entretien : « Les temps les plus heureux du dernier règne, dit Maurepas à Louis XVI, ont été sous le ministère du cardinal de Fleury. On l'accusa pourtant d'avoir prolongé l'enfance de votre grand-père, pour être plus longtemps le maître. Je ne veux point mériter ce reproche et, si vous le trouvez bon, je ne serai rien vis-à-vis du public. Vos ministres travailleront avec vous ; je ne leur parlerai pas en votre nom, et je ne me chargerai point de vous parler pour eux. Suspendez seulement vos résolutions, dans les objets qui ne seront pas de style courant. Ayons une conférence ou deux par semaine, et, si vous avez agi trop vite, je vous le dirai. En un mot, je serai votre homme, à vous tout seul, et rien au-delà. Si vous voulez devenir vous-même votre premier ministre, vous le pouvez par le travail, et je vous offre mon expérience pour y concourir. — Vous m'avez deviné, lui répondit le Roi, c'est précisément ce que je désirais de vous[38]. »

Louis XVI, avant ce jour, ne connaissait pas le comte de Maurepas, ne l'avait même, assure-t-on, jamais vu. Il tomba sous son charme, et ce fut le début de l'affection touchante qui, sans jamais se démentir, l'unit jusqu'à l'heure de la mort au premier conseiller, au guide de son adolescence ; « Il m'a dit lui-même, écrit le prince de Montbarrey[39], que, malgré la distance énorme de l'âge de M. de Maurepas au sien, dès les premiers instans de cette entrevue, il avait été étonné et séduit par la fraîcheur d'esprit et les grâces de la conversation de l'aimable vieillard. » Au sortir de l'audience du Roi, Maurepas fut reçu par la Reine, qui se montra gracieuse, puis par Mesdames, qui lui firent fête[40]. Il s'en fut coucher à Paris, d'où il revint le surlendemain au château de Choisy. Une nouvelle conférence eut lieu avec Louis XVI ; elle confirma les impressions heureuses de l'avant-veille, et, sans qu'on eût plus clairement défini son titre et son emploi, Maurepas fut dès lors installé dans les conseils du trône et pleinement investi de la confiance du Roi.

VI

Je ne saurais me dispenser de présenter avec quelque détail l'homme qui entre ainsi dans l'histoire du règne de Louis XVI et dont le nom reviendra constamment sous ma plume. Jean-Frédéric Phélyppeaux, comte de Maurepas, était, pour ainsi dire, homme d'État par droit de naissance, sa famille ayant, en l'espace de cent cinquante ans, fourni, dit-on, neuf secrétaires d'État ; Pour ne citer que les deux plus récens, son grand-père, Louis de Pontchartrain, avait été, pendant quinze ans, chancelier de France sous Louis XIV, et son père, Jérôme de Pontchartrain, secrétaire d'État pour la Marine à la fin du grand règne, fit partie, dans les premiers mois, du Conseil de régence, pendant la minorité de Louis XV. Ledit Jérôme, au dire de Saint-Simon, était d'ailleurs l'incapacité même : « Infatigable aux affronts, il se tenait cramponné aux restes stériles, oisifs et muets de son ancienne place. Il n'avait de fonction que de moucher les bougies au Conseil de régence. Chacun souhaitait chassé ce triste personnage. M. le Duc d'Orléans admirait sa patience comme les autres, mais ne songeait point à le renvoyer[41]. » Saint-Simon, plus ardent et plus résolu, proposa une combinaison ingénieuse : Jérôme de Pontchartrain donnerait sa démission en faveur de son fils aîné, le jeune comte de Maurepas, qui n'avait pas encore quinze ans. Celui-ci, au début, n'aurait d'ailleurs que le titre et les honoraires ; le duc de La Vrillière, son parent, ministre de la Maison du Roi, exercerait la charge et signerait les actes, pendant que le précoce ministre apprendrait son métier. Ainsi fut fait ; le père, bon gré mal gré, se laissa mettre à la retraite, et le fils, à quatorze ans et demi, fut nommé secrétaire d'État pour la Marine. Pour la facilité des choses, on lui fit épouser la fille du duc de La Vrillière, et il logea chez son beau-père, qui fut aussi « son professeur[42]. »

Ce bizarre arrangement se soutint pendant dix années. Ce fut seulement en 1725, lorsque mourut le duc de La Vrillière, que Maurepas prit effectivement la direction de son département, auquel se rattachait alors l'administration de Paris. Grâce aux leçons de son beau-père, et plus encore de son grand-père, le vieux chancelier de Pontchartrain, il se tira d'affaire, affirme Saint-Simon, « avec tout l'esprit, l'agrément et la capacité possibles… Il est, de bien loin, le meilleur que le Roi ait eu dans son conseil depuis la mort de

M. le Duc d'Orléans. » Cet éloge d'un juge difficile ne semble pas exagéré. Ce premier passage au pouvoir, qui dura près d'un quart de siècle, sans avoir jeté grand éclat, fit honneur à Maurepas, par les qualités qu'il montra d'intelligence, d'activité, de désintéressement. Louis XV, dont il était le compagnon d'enfance, lui témoignait affection et confiance. Aussi ce fut une stupeur générale quand, en avril 1749, on apprit un matin le brusque coup de théâtre qui lui enlevait emplois et dignités et l'exilait loin de la Cour.

Sur les causes immédiates et sur les circonstances précises de ce revirement imprévu, la lumière n'est pas encore faite. Le seul point hors de doute est que Maurepas, depuis plusieurs années, vivait en mauvais termes avec Mme de Pompadour et que sa chute fut l'œuvre de la favorite. Mais quel fut le grief invoqué contre lui ? Nous sommes ici réduits aux conjectures. « Il suffit, dit gravement Barbier[43], que le Roi soit attaché à une femme, quelle qu'elle soit, pour qu'elle devienne respectable à tous ses sujets. » Or le ministre de la Marine se pliait mal à ce devoir, et son humeur caustique n'épargnait pas l'obscure bourgeoise qui avait usurpé une place jusqu'alors réservée aux femmes de haute lignée. On parle d'un souper chez lui où l'on chanta certains couplets sur la maîtresse et son auguste amant, des couplets d'une verve cinglante, dont, bien qu'il s'en défendît, tous les convives le crurent l'auteur. Quoi qu'il en soit de l'anecdote, une lettre de cachet, apportée à Maurepas par son propre beau-frère, Je duc de La Vrillière[44], qui avait hérité de l'emploi paternel, le confinait à Bourges, d'où, sept années plus tard, il obtenait la permission de regagner Pontchartrain et Paris. La défense subsista de rentrer à la Cour ; cette interdiction fut maintenue jusqu'à la fin du règne, et Maurepas, pendant vingt-cinq ans, ne reparut pas à Versailles.

Son insouciance et sa gaîté le servirent dans cette longue épreuve. « Le premier jour, je fus piqué, le lendemain, j'étais consolé, » a-t-il écrit en rappelant sa disgrâce. Les charmes de l'amitié lui furent aussi d'un grand secours. Peu d'hommes eurent plus d'amis que le comte de Maurepas, et, comme il leur était fidèle, il en fut payé de retour. Sa belle demeure de Pontchartrain, située à peu de distance de Versailles, ne désemplissait pas d'une brillante compagnie ; c'était comme un centre animé où affluaient toutes les nouvelles politiques et mondaines. Sans rancune et sans amertume, le maître du logis suivait attentivement la marche des affaires, marquant les points, se divertissant de bon cœur aux fantaisies de la Fortune, et se répandant en bons mots qui, colportés dans le public, maintenaient son renom d'homme d'esprit. Ainsi, dans la pénombre, mais non dans l'isolement, terminait-il paisiblement sa vie, en observateur détaché, en philosophe vieilli, qui se contente de sa place au parterre et a renoncé pour toujours à reparaître sur la scène.

On est généralement enclin à juger du mérite des gens d'après le succès de leur œuvre. De là, sans doute, la sévérité excessive de ceux des contemporains de Maurepas qui furent les spectateurs de ses dernières années. Ils ont trop durement insisté sur ce que sa nature comportait réellement d'égoïsme, d'indifférence et de frivolité, en négligeant les qualités dont une étude plus impartiale nous amène à lui tenir compte. Si son savoir était peu étendu, il suppléait à cette lacune par la clarté d'esprit et la facilité d'apprendre ; peu capable d'application, ennemi des méditations longues, nul cependant ne démêlait d'une main plus souple et plus experte le nœud embrouillé d'une affaire, ne simplifiait plus rapidement des problèmes qui semblaient d'une complexité redoutable, n'improvisait avec une plus ingénieuse adresse la solution moyenne qui mettait tout le monde d'accord. Il y faut ajouter du bon sens naturel, un jugement généralement droit, le don précieux d'entrer dans la pensée d'autrui, de pénétrer et d'éclaircir, en leur donnant une forme heureuse, les idées, souvent nébuleuses, des novateurs et des réformateurs, de donner de la vie, de l'intérêt, du charme, aux plus austères recherches et aux plus arides discussions. Sa belle humeur n'était jamais vulgaire, et son aisance n'impliquait point de familiarité. Ce mince petit vieillard, au masque étroit, aux traits fins, au visage rasé, savait faire montre, à l'occasion, d'une froideur ironique, d'une raideur de maintien, qui imposaient à ses contradicteurs, les laissaient comme déconcertés el les réduisaient au silence.

Son seul sérieux défaut, — grave, il est vrai, pour un homme au pouvoir, — était l'absence de caractère et de ténacité. Trop semblable en cela au prince dont il allait diriger la jeunesse, il discernait nettement le bien, il le désirait de bonne foi ; le courage lui manquait pour le réaliser. L'âge ne fit qu'aggraver cette disposition naturelle. Que de fois on le vit, dans les conseils du Roi, plaider tout d'abord une cause juste, la soutenir avec éloquence par des argumens persuasifs, puis céder tout à coup, par lassitude, par horreur de la lutte, et passer au camp opposé avec désinvolture. « Cette manière de tout obtenir de lui, dit un mémorialiste[45], avait été découverte par quelques-uns de ceux qui avaient intérêt à capter son suffrage et à lui faire adopter leurs projets. » Lui tenir tête obstinément, c'était vaincre presque à coup sûr.

De cette faiblesse, personne n'usa avec tant d'avantage que la femme qu'il avait associée à sa vie. Par l'influence qu'elle eut sur son époux et par le rôle qu'elle joua pendant son ministère, la comtesse de Maurepas appartient à l'histoire. Elle était, comme j'ai dit plus haut, la fille du duc de La Vrillière, mariée toute jeune, au sortir du couvent[46]. Sans charme, sans beauté, sans véritable intelligence, elle prit, dès le premier moment, sur son brillant époux un ascendant quelle garda, sans faiblir, durant tout le cours de sa vie. L'esquisse dénuée de bienveillance qu'a tracée d'elle Mme de La Ferté-Imbault donne le secret de cet étrange empire : « Son extérieur, dit-elle, est repoussant. Elle n'a nulle instruction, point de conversation. Cependant elle a de l'esprit naturel, mais elle n'en fait usage que pour gouverner ceux qui en ont infiniment plus qu'elle, et elle y est toujours parvenue... Elle a une suite pour obliger ceux qu'elle aime, qui est des plus rares et des plus précieuses. Elle pense un an de suite, s'il est nécessaire, sans distraction, à la chose où elle veut réussir, et elle ne néglige aucun moyen. Elle connaît parfaitement, par le seul instinct, les gens à qui elle a affaire, et elle force avec politesse tout ce qui l'environne à la considérer et à la craindre[47]. »

Vieille aujourd'hui, courbée par l'âge, et couverte d'infirmités, elle régnait comme aux plus beaux jours sur le cœur d'un époux, que les mauvaises langues de la Cour avaient d'ailleurs toujours représenté comme affranchi par la nature de toutes tentations d'inconstance. *Philémon et Beaucis*, ainsi les avaient surnommés les familiers de leur demeure. Le retour éclatant de M. de Maurepas à la tête des affaires, en rompant inopinément cette idylle attardée, provoqua d'abord les soupirs de la châtelaine de Pontchartrain : « Il n'y a plus de Baucis à Versailles, disait-elle mélancoliquement. Je ne vois plus M. de Maurepas ; tout ce travail le tuera ! » Ce chagrin, à vrai dire, sera de brève durée. Le jeu excitant de l'intrigue et l'enivrement du pouvoir la consoleront promptement de sa tranquillité perdue.

M. de Maurepas, pour sa part, ne traversa même pas cette courte période de regrets. À quitter le séjour d'exil, il montra autant d'allégresse qu'il avait, à le supporter, témoigné de patience et de résignation. Habitué dès l'enfance à regarder la politique comme son élément naturel, il s'y retrouvait avec joie et s'y mouvait avec la même aisance que s'il en fût sorti la veille. Ceux qui le virent dans ces premières journées le trouvèrent « rayonnant, » l'esprit libre, sans inquiétude. L'abbé Baudeau, qui le rencontra le 20 mai sur le « cours » de Versailles, fut frappé de sa tournure leste et de son allure dégagée[48]. Sa plume caustique le décrit alerte et pimpant, « bien rasé, bien poudré, bien rajeuni, ayant l'air de penser profondément à, rien. »

Marquis de Ségur.

1. ↑ Pour les détails de cette journée du 10 mai, voyez les *Souvenirs* de Moreau, les *Mémoires* de Mme Campan, le *Journal* du duc de Croy, la *Correspondance secrète* de Mercy-Argenteau, publiée par le chevalier d'Arneth, la *Correspondance* de Mme du Deffand, etc.
2. ↑ *Réflexions historiques sur Marie-Antoinette*, par le Comte de Provence, manuscrit publié par M. E. Daudet dans la *Revue des Deux Mondes* du 15 juillet 1904.
3. ↑ Albert Sorel, *l'Europe et la Révolution*, t. I.
4. ↑ *Souvenirs* du baron de Frénilly.
5. ↑ *Mémorial* de Norvins, t. I.
6. ↑ Albert Sorel, *l'Europe et la Révolution. Passim.*
7. ↑ Lettre du 30 mai 1774. Correspondance publiée par d'Arneth.
8. ↑ Louis XVI, avant d'avoir reçu le titre de Dauphin par la mort de son père, portait, ainsi qu'on sait, le titre de Duc de Berry, sous lequel son grand-père avait conservé l'habitude de le désigner.
9. ↑ Lettre du 27 avril 1716 à Mme Necker. — Archives de Coppet.
10. ↑ Lettre du 9 juin 1775. Introduction à la Correspondance de Mercy-Argenteau publiée par le chevalier d'Arneth.
11. ↑ *Journal* du duc de Croy.
12. ↑ *Souvenirs* du baron de Frémilly.
13. ↑ *Mémoires sur le règne de Louis XVI*, par Soulavie.
14. ↑ *L'Europe et la Révolution*, par A. Sorel, t. I.
15. ↑ Lettre du 23 août 1775.
16. ↑ *Mémoires* inédits du comte de Saint-Priest. — Collection du baron de Barante.
17. ↑ *Portraits et caractères*, par Sénac de Meilhan.

18. ↑ *Souvenirs* de Moreau.
19. ↑ Lettres des 16 juin et 16 juillet 1774. Correspondance publiée par d'Arneth.
20. ↑ *Marie-Antoinette,* par Edmond et Jules de Goncourt.
21. ↑ Lettre du 14 février 1710. Correspondance publiée par d'Arneth.
22. ↑ *Réflexions historiques sur Marie-Antoinette*, par le Comte de Provence. *Passim.*
23. ↑ Lettre de Mercy-Argenteau du 28 juin 1774. *Passim.*
24. ↑ Lettre du 14 juillet 1775. *Ibid.*
25. ↑ Lettre de Mercy-Argenteau à l'Impératrice, du 28 septembre 1774.
26. ↑ Lettre du 15 décembre 1775.
27. ↑ *Mémoires* inédits du comte de Saint-Priest. *Passim.*
28. ↑ Lettre du 27 décembre 1770. — Correspondance publiée par Feuillet de Conches.
29. ↑ *Mémoires* du comte d'Allonville.
30. ↑ Lettre du 18 mai 1714. — Correspondance publiée par d'Arneth.
31. ↑ Pour le récit qui suit, j'ai consulté les *Mémoires* de Soulavie, de Mme Campan, de l'abbé Georgel, de Morellet, de Mme de Genlis, les *Souvenirs* de Moreau, le *Journal* du duc de Croy, le journal inédit de l'abbé de Véri, la *Correspondance* de Mercy-Argenteau, de Mme du Deffand, etc.
32. ↑ Voici ce qu'apporte à ce sujet la *Correspondance secrète* publiée par Métra : « Deux jours avant la mort de Louis XV, la comtesse de Narbonne dit à Madame Adélaïde : « Vous devez, Madame, vous attendre à la mort du Roi votre père, et sans doute Monseigneur le Dauphin ne pourra se dispenser de chasser les ministres de son aïeul ; mais il ne peut faire justice que lentement et après s'être mis au fait avec eux du courant des allaires. Il a cependant besoin de quelqu'un qui puisse le guider, et je ne vois personne qui puisse mieux remplir cette tâche que M. de Maurepas. » Cette idée fut saisie avidement par Madame Adélaïde, qui la communiqua au Roi dès que Louis XV eut fermé les yeux. »
33. ↑ D'après certaines versions, Madame Adélaïde serait seule allée trouver le Roi dans sa chambre.
34. ↑ *Mémoires* de Mme Campan.
35. ↑ Tradition rapportée par M. le marquis de Vogué, arrière-petit-fils de M. de Machault.
36. ↑ Seul de tous les contemporains, Augeard, dans ses *Mémoires*, conteste, avec quelques réticences de langage, le récit qu'on vient de lire. Cette dénégation ne peut tenir devant les affirmations unanimes et précises de tous les autres docu-mens du temps, notamment les récits de

Mme Campan, du duc de Croy, de l'abbé Georgel, de Morellet, de Soulavie, de Moreau, de Mercy-Argenteau, d'autres encore, tous gens bien informés. D'après une anecdote racontée par Moreau, Madame Adélaïde regretta par la suite, à la lumière des événemens, la part qu'elle avait prise à l'élévation de Maurepas. Bien des années après, revenant sur cet épisode : « C'est moi qui ai fait la faute ! » disait-elle avec repentir.

37. ↑ *Journal inédit de l'abbé de Véri.* — Archives du marquis des Isnards-Suze. Jean Alphonse de Véri, né en 1724, mort en 1802, d'abord grand vicaire de l'archevêque de Bourges, puis auditeur de rote à Rome, enfin retiré à Paris, où il vécut jusqu'à sa mort, était l'ami du comte et de la comtesse de Maurepas, dans l'intimité desquels il vivait, et le condisciple de Turgot, avec lequel il se trouvait également en liaison étroite. Initié par ces personnages à tous les secrets de la politique de son temps, il contracta l'habitude d'écrire chaque soir ce qu'il avait appris dans la journée d'un peu intéressant. L'énorme manuscrit qu'il a ainsi laissé contient le récit détaillé des événemens de cette époque, la sténographie, pour ainsi dire, des entretiens qu'il avait eus avec ses amis au pouvoir, et la copie des lettres importantes qui avaient passé sous ses yeux. Ce précieux document, dont quelques fragmens ont été jadis utilisés par le baron de Larcy dans un article sur Turgot, paru en 1866 dans *le Correspondant,* a été mis à ma disposition, avec la plus gracieuse obligeance, par son propriétaire actuel, M. le marquis des Isnards-Suze ; et j'y ai puisé les élémens d'une grande partie de la présente étude.
38. ↑ *Journal de l'abbé de Véri. Passim.*
39. ↑ *Mémoires.*
40. ↑ Lettre de Mme du Deffand à Walpole, du 15 mai 1714. — *Correspondance* publiée par M. de Lescure.
41. ↑ *Additions* de Saint-Simon au Journal de Dangeau, 7 novembre 1715.
42. ↑ Jérôme de Pontchartrain, ajoute Saint-Simon, se montra depuis ce moment « enragé de jalousie et de dépit contre son fils, qui lui rendait des devoirs, et rien de plus. »
43. ↑ *Journal* de l'avocat Barbier.
44. ↑ D'après d'autres récits, Maurepas aurait été informé d'abord par d'Argenson que La Vrillière avait suivi de près.
45. ↑ *Mémoires* du prince de Montbarrey.
46. ↑ Le mariage fut célébré le 29 avril 1718.
47. ↑ Souvenirs de Mme de La Ferté-Imbault. — Archives du marquis d'Estampes.
48. ↑ *Chronique secrète* de l'abbé Baudeau. *Revue rétrospective,* t. III.

AU COUCHANT DE LA MONARCHIE

II.[1]

LES PREMIERS ACTES DU RÈGNE

I

La désignation de Maurepas comme directeur politique du royaume n'était pas faite pour soulever l'enthousiasme. Sans doute, dans le monde de la Cour, son nom était de ceux qu'on avait prononcés dès le premier moment, mais sans y croire ni le souhaiter ; et l'on souriait un peu de la confiance exprimée par Louis XVI dans les capacités, les « profondes connaissances » d'un homme que la génération nouvelle, avec un injuste dédain, considérait surtout comme un faiseur de bons mots, un persifleur divertissant, « le premier homme du monde pour improviser une parade » et jouer un rôle dans une comédie de salon. « Il semble qu'il n'y a rien de mieux à faire pour les Français que d'être doux, gais et aimables, » raillait Voltaire en commentant la décision du Roi. Un sincère étonnement, une déception légère, telle fut, dans les hautes sphères, l'impression dominante, que résume cette phrase de Mme du Deffand : « J'avais pensé, comme tout le monde, à M. de Maurepas, et je n'ai pas laissé d'être fort surprise à son arrivée »

Même note, mais plus vive et plus âpre, dans les milieux bourgeois. Le Journal du libraire Hardy, fidèle écho des sentimens de la population parisienne, nous instruit des propos courans[2] : « On croyait devoir en rabattre beaucoup sur tout ce qui s'était répandu d'abord de consolant et d'avantageux. Bien des gens craignaient que l'ancien ministère ne subsistât tel qu'il était et qu'on s'emparât de l'esprit du jeune monarque. Pouvait-on voir, en effet, avec satisfaction le comte de Maurepas, proche parent du duc d'Aiguillon et du duc de La Vrillière, jouir de la confiance de Sa Majesté et présider en quelque sorte à toutes les opérations du Conseil ? On entendait dire d'ailleurs que le comte de Maurepas avait déjà annoncé au Roi que ce qu'il pouvait faire de mieux, c'était de laisser les choses dans l'état où le feu Roi son aïeul les avait mises, et ce bruit ne contribuait pas peu à augmenter la défiance et la crainte. »

Certaines rumeurs, toutefois, qui couraient dans la capitale, laissaient planer l'espoir d'un vrai remaniement, du « coup de balai général, selon le mot expressif de Baudeau, qui ferait bientôt maison nette. » C'est ainsi qu'on se répétait la réplique de la Reine à une dame de la Cour, qui lui disait : « Voici l'heure où le Roi doit entrer au Conseil avec ses ministres. — Avec *ceux du feu Roi*, » rectifiait Marie-Antoinette, avec une intention marquée. On colportait aussi cette réponse de Louis XVI à Maurepas. l'entretenant d'un programme de réformes : « Oui, mais lorsque j'aurai un ministère honnête[3]. » Ces anecdotes et d'autres du même genre contribuaient à calmer l'impatience populaire, à faire accorder du crédit au règne à peine inauguré. « On comprend, reprend sagement Hardy, qu'un grand royaume ne se gouverne pas aussi aisément qu'une famille. »

La maladie simultanée des trois filles de Louis XV vint à propos pour laisser le champ libre aux velléités du jeune prince, en écartant de ses conseils une funeste influence.

« Surtout point de tantes ! » recommandait l'impératrice Marie-Thérèse, eu apprenant le transfert de la Cour à la Muette[4]. L'apparition de la petite vérole, mettant la vie des princesses en danger, les isolait pour longtemps à Choisy, loin de la politique. « C'est un grand bonheur que cette maladie de Mesdames, dit cyniquement le comte de Mercy-Argenteau. Il est incroyable comme, dans les premiers instans, Madame Adélaïde avait débuté à vouloir s'ingérer en tout et à prendre le ton le plus absolu ! » La crise fut longue et grave. Un moment, on les crut perdues ; toutes trois reçurent, sur leur demande, les derniers sacremens ; à la fin de mai seulement, les médecins reprirent espoir. « L'ange exterminateur a remis son épée au fourreau, écrit à ce propos la duchesse de Choiseul[5]. Nous reverrons encore trôner à la jeune Cour ces trois vieilles filles, pour y ergoter, et elles se seront rendues si intéressantes, qu'on ne croira pas pouvoir moins faire que de leur donner le royaume à bouleverser. » En attendant cette heure, les choses marchaient leur train, et d'importans changemens allaient donner quelque satisfaction aux justes exigences de l'opinion publique.

Le 20 mai, se tint à la Muette le premier « Conseil d'Etat. » On appelait ainsi l'assemblée générale des secrétaires d'Etat où, en présence du Roi, se traitaient les plus grosses affaires. Malgré l'appel fait aux lumières de M. de Maurepas, les amis du duc de Choiseul se flattaient encore de l'espoir que le mentor du jeune prince ne siégerait pas dans ce comité supérieur. Leur déception fut vive, quand on apprit que, non seulement il en ferait partie, mais qu'il dirigerait les débats et y aurait la première place. Une tradition constante y fixait, en effet, les rangs d'après l'ancienneté des ministres, sans tenir compte des interruptions de service. Maurepas, secrétaire d'Etat depuis 1715, était le doyen sans conteste, et ce titre seul suffisait à l'assurer de la prééminence. Certains membres du Conseil en laissèrent voir quelque dépit, mais « la roideur, le ton décisif » de Maurepas leur imposèrent silence, et, sauf ce puéril incident, cette séance d'ouverture se passa sans encombre. L'abbé Terray, contrôleur général, y développa, en termes séduisans, de nouveaux plans économiques. Sa conclusion fut que, dans trois années au plus, sans toucher au système d'impôts, le budget présenterait 60 millions d'excédent. On écouta sans sourciller ces calculs optimistes, et l'on se sépara avec une cordialité apparente.

La tactique de Maurepas, pendant ces journées de début, fut de laisser Louis XVI travailler tantôt seul, tantôt avec les différens ministres, et de n'intervenir que sur appel direct du Roi. Il y voyait, expliquait-il à un ami, l'avantage d'enseigner au prince l'utilité de l'effort personnel, de développer en lui l'esprit d'initiative : « Si le bien en résulte, tant mieux ; s'il survient quelque inconvénient, il se chargera, lui, Maurepas, de relever l'erreur ; et le Roi apprendra ainsi à ne donner sa confiance qu'avec discernement[6]. » Méthode habile, qui aura pour effet, en mettant son royal élève aux prises avec des difficultés redoutables, en le jetant sans guide au milieu d'un réseau d'intrigues, de le ramener vers le vieux maître dont la main souple débrouillera tous les fils, aplanira tous les obstacles, et dont l'autorité se fortifiera graduellement des fautes commises, des désappointemens éprouvés.

Louis XVI, au reste, faisait son nouveau métier en conscience, passant ses journées au travail, examinant tout par lui-même avec une ardeur méritoire, montrant une passion sincère pour le bien. « Le point essentiel est le soulagement du peuple, » répétait-il à l'abbé Terray ; et le contrôleur s'émerveillait de sa bonne volonté : « Il s'applique et entend tout ; je lui communique sur toutes les parties de mon administration des mémoires courts ; il les lit avec soin, me questionne… D'ici à trois mois, il saura autant de finance que moi. » Mêmes éloges dans la bouche du duc d'Aiguillon : « Je craignais qu'il ne fût dur, ajoutait le duc, il ne l'est pas. Il n'est que sauvage et timide[Z]. » La Vrillière, au contraire, recevait des semonces du Roi au sujet de sa légèreté ; questionné au sujet d'une lettre de cachet lancée contre le sieur Sutton, sujet anglais, que protégeait l'ambassade britannique, il confessait ingénument qu'il ne connaissait pas l'affaire : « Comment, s'écriait Louis XVI indigné, une lettre de cachet signée de vous sort de vos bureaux, et vous n'en savez rien ! » Le ton était si rude, que le duc, assure-t-on, tombait presque en syncope.

Cependant, en certaines occasions, en face de problèmes trop ardus ou d'opinions contradictoires, reparaissait l'humeur indécise de Louis XVI, et il s'abandonnait à de brusques foucades, comme un cheval peureux qui se cabre d'abord, puis se dérobe devant l'obstacle. Au cours d'un « Conseil des dépêches » tenu dans cette première période, tiraillé de côtés divers, embarrassé au milieu d'un débat confus, le Roi se levait soudainement, gagnait la porte et s'esquivait, « plantant là » ses ministres, consternés, « bouche béante. » Il fallut courir après lui, le conjurer d'assigner tout au moins une date pour le prochain Conseil[8].

Ces incartades et ces enfantillages tournaient au profit de Maurepas. Louis XVI, au sortir de ces scènes, le trouvait indulgent et grave, mi-souriant, mi-sérieux, prompt et habile à remettre les choses au point, inépuisable en belles sentences, en judicieuses leçons. A lire ces paroles de sagesse, pleines d'une modération tempérée par le scepticisme, on croirait ouïr Ulysse parlant par la bouche de Nestor : « Sire, disait-il, ne vous pressez pas, jusque dans le bien que vous faites. Suspendez toujours vos décisions, ne précipitez rien… Vous voulez restaurer la religion et les mœurs ? Soit, mais rappelez-vous bien que l'exemple peut tout, et que la rigueur gâte tout. » Il lui disait encore, le prenant par son faible : « Ayez de la justice, de l'amour pour la vérité, de l'application pour vous instruire, de l'économie, un accès facile, et vous ressemblerez à votre aïeul Henri IV, auquel on vous compare déjà[9]. »

Ces conseils tiraient une grande force d'un désintéressement qui n'était pas seulement une apparence. Maurepas, riche, sans enfans, chargé d'années, en prenant le pouvoir n'avait voulu ni traitement, ni pension, ni honneurs d'aucun genre. Un appartement d'entresol au château de Versailles, situé au-dessus de la chambre du Roi, avec un escalier de communication, — l'appartement autrefois occupé par Mme du Barry, — ce fut tout ce qu'il accepta pour salaire de ses peines. « Par cette conduite, remarque l'abbé Georgel, il prouvait au jeune monarque que, s'il rentrait à son âge dans les affaires, il ne s'y déterminait que pour se dévouer à son service, sans considération d'aucun intérêt personnel. » Il éloignait de même tout soupçon d'ambition ou de complaisance pour les siens. Il refusa péremptoirement de prendre un portefeuille : « Je ne vous dirai rien sur ceux qui composent votre ministère, répétait-il souvent au Roi. Les uns sont mes proches parens, les autres ne me sont connus que par les idées du public. Mais, quand je suis seul avec vous, je dois répondre à votre confiance en n'ayant ni parens, ni amis, ni ennemis[10]. »

II

C'est à Maurepas que l'on doit faire honneur d'une décision qui valut au souverain une heure de popularité réelle. Un édit daté du 30 mai, le premier qu'ait signé Louis XVI, porta suppression de l'impôt, prétendu volontaire, perçu à chaque changement de règne et connu sous le nom de *don de joyeux avènement*. C'était une somme d'environ vingt-quatre millions à laquelle le Roi renonçait au profit de son peuple. Le préambule de cet édit se terminait par ces paroles : « Il est des dépenses qui tiennent à notre personne et au lustre de notre Cour. Sur celles-là, nous pouvons suivre plus promptement les mouvemens de notre cœur, et nous nous occupons déjà des moyens de les réduire à des bornes convenables ; de tels sacrifices ne nous coûteront rien, dès qu'ils pourront tourner au soulagement de nos sujets. » L'abbé Terray avait tenu la plume, mais il n'avait fait que traduire les sincères intentions du Roi ; nous en avons pour preuve la lettre généreuse que ce dernier adressait, au sujet de ce préambule, à son contrôleur général : « Je suis heureux, lui disait-il[11], de pouvoir, sans compromettre aucun service public, suivre dès à présent les mouvemens de mon cœur, voulant, pour soulager d'autant mon bon peuple, retrancher le plus qu'il est possible sur les frais et dépenses de ma maison… L'édit donne plutôt à pressentir les bienfaits d'une bonne administration qu'il ne les promet. Nous aurons à tenir ce qu'il ne promet pas. » Pour ne pas demeurer en reste, Marie-Antoinette, en même temps, déclarait vouloir refuser le bénéfice d'un impôt analogue, ancien et assez onéreux, que l'on appelait *le droit de ceinture de la Reine*[12]. « Qu'en ai-je besoin ? aurait-elle dit ; on ne porte plus de ceinture. » Vrai ou faux, le mot fit fortune.

Ces mesures, louables par elles-mêmes, réalisées avec bonne grâce, impressionnaient bien le public. « Louis XVI, écrivait le nouvelliste Métra, semble promettre à la nation le règne le plus doux et le plus fortuné. » La joie et l'espérance allaient s'accroître encore, à quelques jours de là, par le renvoi de l'un des hommes les plus impopulaires qu'eût légués le feu Roi, renvoi où chacun voulut voir le gage et le présage d'une épuration plus complète.

Armand de Vignerot-Duplessis, duc d'Aiguillon, arrière-petit-neveu du cardinal de Richelieu, avait eu la mauvaise fortune d'attirer sur sa tête l'inimitié des trois partis les plus puissans, les plus bruyans surtout, qui, dans ces derniers temps, dirigeassent l'opinion. Il était la bête noire des amis du duc de Choiseul, dont il avait hâté la chute et recueilli la succession ; il était en horreur aux partisans de l'ancien parlement, à raison de ses démêlés avec La Chalotais, auxquels on rattachait le coup d'Etat de Maupeou ; il était également brouillé avec les philosophes, qui, sans motif fondé, voyaient en lui un agent secret des Jésuites. Par un malheur plus grand, c'était pendant son ministère qu'avait eu lieu l'acte le plus inique qui eût déshonoré la politique européenne, le dépècement de la Pologne entre l'Autriche, la Prusse et la Russie. Rien qu'en cette occasion il n'eût guère commis d'autre faute que d'en être informé trop tard, il portait cependant la peine de ce qu'il n'avait pu empêcher ; car la malchance, en politique, se paie souvent plus cher que la malhonnêteté.

Parmi tant de déboires et malgré les attaques acharnées sur son nom, on doit, en bonne justice, reconnaître au duc d'Aiguillon certaines qualités d'homme d'Etat. Il était actif, laborieux, d'intelligence alerte. Méthodique et observateur, il possédait le maniement et le discernement des hommes, s'entourant, dans chaque branche, de spécialistes éclairés dont il prenait l'avis et utilisait l'expérience. Il avait pu ainsi, bien que « novice en politique, » supporter sans faiblir le poids de deux lourds ministères, mener de front la guerre et la diplomatie. « Les ambassadeurs étrangers, dit l'abbé de Véri[13], reconnaissaient tous la manière douce, juste, toujours ouverte, dont il les recevait, même lorsqu'il avait le devoir de les contredire. Avec les militaires, jamais d'humeur dans l'audience ; visible à tout le monde, il écoutait paisiblement et portait intérêt à ses moindres subalternes. » Si c'était un ennemi dangereux, implacable dans ses rancunes, il se montrait, en revanche, ami fidèle et protecteur dévoué. La comtesse du Barry aurait pu témoigner de sa reconnaissance ; arrivé par elle au pouvoir, par elle soutenu au temps de sa faveur, il lui gardait un attachement que n'avait ni lassé ni découragé l'infortune. Cette intimité du ministre avec la favorite n'était pas, du reste, étrangère à son impopularité ; car le peuple le plus galant et le plus sensible qui soit au charme féminin eut toujours horreur que les femmes se mêlassent de le gouverner, enveloppant dans le même mépris les maîtresses et leurs complaisans.

L'antipathie que Marie-Antoinette professait pour le duc était également née de cette liaison avec « la créature ; mais des imprudences de langage avaient encore envenimé leurs rapports. « Le duc d'Aiguillon, rapporte le Comte de Provence[14], s'était permis un jour, en parlant de la Dauphine devant plusieurs témoins, de la traiter de *coquette.* » Ce propos et d'autres pareils, amplifiés, commentés, avaient exaspéré l'âme de la jeune princesse. « La Reine, remarque Mercy-Argenteau[15], a oublié tout ce qui avait pu lui déplaire (quand elle était Dauphine), il n'y a que le duc et la duchesse d'Aiguillon qui soient exceptés de cette règle de bonté. » Au cours de la présentation qui suivit l'avènement au trône, on observa que la souveraine, aimable et accueillante avec toutes les femmes de la Cour n'avait pas adressé un mot à Mme d'Aiguillon, avait même affecté « de la regarder sous le nez d'un air très méprisant[16]. » La duchesse, mortifiée, était partie dès le lendemain pour sa terre de Veretz, où, annonçaient déjà les nouvellistes, elle allait « préparer d'avance le logement de son cher époux. »

Les nouvellistes disaient vrai, et la dernière semaine de mai vit s'ouvrir une ardente campagne. Les lettres de Mercy-Argenteau, parmi les réticences calculées du langage, laissent deviner l'insistance de la Reine, pressant, « harcelant » son époux, pour obtenir le renvoi immédiat de l'homme qu'elle représente comme son ennemi et comme son offenseur. Dans l'autre camp, lutte Mme de Maurepas, qui défend son neveu avec sa ténacité coutumière, s'efforce au moins d'épargner au ministre un affront personnel et d'ajourner sa chute jusqu'à l'époque du remaniement général. Maurepas joue un jeu plus obscur ; sans doute soutient-il son parent, mais mollement et sans conviction, soit qu'il éprouve, comme on l'a dit, un peu de jalousie méfiante à l'égard d'un collègue ambitieux et hardi, soit plutôt que, jugeant sa perte inévitable, il redoute d'user son crédit en faveur d'une cause sans espoir. Dans ce conflit, Louis XVI flotte d'un parti à l'autre, s'emporte par momens et ne sait que résoudre. Le Journal de Véri le met en scène avec Maurepas, écoutant d'un air dépité l'éloge que ce dernier lui fait de son neveu, et criant soudain brutalement, en frappant du Doing sur la table : « Eh ! je le sais, qu'il fait bien, et c'est ce qui me fâche !… Mais la porte par laquelle il est entré !… Et les troubles que sa haine[17]a occasionnés ! » Maurepas souriait à cette sortie et n'insistait pas davantage.

Ce fut le duc lui-même qui, informé, par les soins de Maurepas sans doute, du coup suspendu sur sa tête, voulut, en homme d'esprit, précipiter le dénouement. Le 2 juin, Moreau, son ami, se présentait de bon matin à l'hôtel d'Aiguillon et trouvait porte close. Il forçait la consigne et voyait d'Aiguillon tout seul : « Je crains, lui disait-il, que vous ne soyez occupé aujourd'hui ; je reviendrai demain, si vous voulez, et nous travaillerons. — Ni aujourd'hui ni demain, répliquait le duc en souriant, je ne suis plus de ce monde. » Sur quoi, il lui confiait qu'il comptait, le jour même, donner sa démission, « ayant été averti qu'on la désirait[18]. » Dans l'après-dînée, en effet, il se rendait au Conseil, et déposait entre les mains du Roi son double portefeuille.

Cette chute, plus ou moins volontaire, consacrait aux yeux du public le triomphe de la Reine. C'était, dans tous les cas, comme écrit Mercy-Argenteau, « une grande preuve de son crédit. » Quelques personnes regrettèrent cependant qu'elle en eût fait l'essai au profit d'une rancune et que son début politique eût eu pour objectif un acte de vengeance. Elle eut du moins, pour le moment, le mérite de s'en tenir là, et elle n'exigea pas que l'exil suivît le renvoi, comme il était alors d'usage. D'Aiguillon conserva sa charge de capitaine des chevau-légers et pût reparaître à la Cour, « chose rare, » dit le duc de Croy, et dont on fit honneur à Marie-Antoinette. Il est triste d'avoir à dire que cette mesure d'indulgence relative tourna au détriment de celle qui l'avait inspirée. D'Aiguillon, en effet, oublia la modération pour ne retenir que l'offense. Il établit sa demeure à Paris, y vécut aigri, mécontent, entouré d'une « cabale, » d'une clientèle de gens obscurs qui le reconnaissaient pour chef et prenaient chez lui le mot d'ordre. Ce fut, dit-on, le centre des premières attaques qui assaillirent la réputation de la Reine. De là partirent les mots piquans et les anecdotes scandaleuses, les libelles, les vers, les chansons, tout l'arsenal des traits empoisonnés qui, dirigés contre la femme, atteignaient aussi la souveraine, ébranlaient graduellement le prestige de la royauté. Nous verrons bientôt d'Aiguillon trouver, pour cette triste besogne, des auxiliaires inattendus jusque sur les marches du trône.

III

Les choses s'étaient passées si vite que d'Aiguillon était parti avant qu'on eût eu le loisir de pourvoir à sa succession. Berlin, selon l'habitude établie, lit l'intérim les premiers jours. Le bruit courut même un instant qu'il garderait le portefeuille des Affaires étrangères, et l'on rappelait déjà l'un des mots de Choiseul. : « C'est un bon petit homme fort honnête, disait au duc un ami de Bertin. — Oui, répliquait Choiseul, c'est du vin à deux sous qui n'est pas frelaté. » Il fallut attendre au 5 juin pour connaître les titulaires des deux départemens vacans ; les noms publiés à cette date, pour n'être pas de ceux que prononçaient d'avance les gens bien informés, faisaient pourtant bien augurer de la sagacité royale.

Le comte du Muy, gouverneur de la Flandre[19], qui fut créé ministre de la Guerre, avait été le menin du Dauphin, père de Louis XVI, et les notes posthumes de ce prince l'honoraient d'une mention spécialement chaleureuse. Bon militaire, encore que peu heureux sur les champs de bataille, c'était un homme probe et loyal, vertueux jusqu'à l'austérité, dévot jusqu'à la bigoterie, remplaçant par la fermeté, la conscience et l'application ce qui pouvait manquer du côté de l'esprit. Louis XV, qui l'estimait, lui avait jadis proposé une place de secrétaire d'Etat, que du Muy avait refusée, par une lettre qui fit grand bruit, alléguant son humeur sauvage et son ignorance de la Cour : « A mon âge, terminait-il, on ne change point sa manière de vivre. Mon caractère inflexible transformerait bientôt en blâme et en haine ce cri favorable dont Votre Majesté a la bonté de s'apercevoir. On me ferait perdre ses bonnes grâces, et j'en serais inconsolable. » Ces objections tombèrent à l'appel de Louis XVI. Il consentit à se charger d'une besogne épineuse, et, si une mort prématurée n'eût arrêté brusquement sa carrière, il est à croire qu'il eût déployé les talens d'un administrateur habile, sage sans génie et utile sans éclat.

Plus important par la durée comme par l'étendue des services fut le ministère de Vergennes, auquel échut le portefeuille des Affaires étrangères ; nous retrouverons son nom en bien des pages de cette histoire. Fils d'un magistrat dijonnais, Charles Gravier, comte de Vergennes, comptait, lorsqu'il arriva au pouvoir, trente-quatre ans de diplomatie. M. de Chavigny, son parent, réputé sous Louis XV par le succès de ses différentes ambassades, l'avait formé de bonne heure à la politique, avait essayé ses talens en plusieurs missions délicates, à Lisbonne, à Trêves, à Hanovre. Partout l'élève avait fait honneur à son maître, et nul ne s'étonna de le voir nommer par le Roi, à l'âge de trente-huit ans, ambassadeur à Constantinople, en remplacement de M. des Alleurs. Il resta treize ans dans ce poste, en des circonstances difficiles, où il fit preuve d'adresse, de clairvoyance et de courage. Quelle fut plus tard, en l'an 1768, la véritable cause de sa querelle avec Choiseul, ministre des Affaires étrangères, c'est une question qui demeure incertaine ; le prétexte fut son mariage et le prétendu discrédit que cette union jetait sur l'envoyé du Roi.

Ce mariage du comte de Vergennes fut la source de tant d'attaques dirigées contre lui au début de son ministère, qu'il est bon d'éclaircir ce qui, parmi tant de versions, paraît être la vérité. Les bruits répandus à Versailles représentaient la comtesse de Vergennes comme une vile créature, longtemps courtisane de métier, et ramassée par son amant dans les bouges de Stamboul pour en faire une ambassadrice. En fait, elle était fille d'un « artisan savoyard, nommé Vivier » et veuve d'un chirurgien du quartier de Péra[20]. Fort jolie, fort coquette, elle avait inspiré une passion violente au diplomate quadragénaire ; une liaison s'était établie, dont étaient résultés deux fils ; quelques années plus tard, un mariage en due forme avait régularisé les choses. D'ailleurs, intelligente, réservée et de bonne tenue, la comtesse de Vergennes avait justifié depuis lors la confiance de celui dont elle portait le nom ; rien, semble-t-il, dans sa conduite, ne donna jamais prise aux calomnies atroces qui devaient la poursuivre jusque dans le boudoir de Marie-Antoinette.

Il fallut la chute de Choiseul pour que Vergennes rentrât dans l'activité politique. Il fut alors envoyé à Stockholm, où il se distingua grandement. C'est à ses conseils avisés, à sa direction énergique, qu'on attribua, pour une part importante, l'heureuse issue de la révolution du mois d'août 1772 qui détruisit en Suède le régime populaire et affermit le trône de Gustave III. Il conquit de ce chef une réputation d'homme d'Etat, dont Louis XVI se souvint quand la retraite de d'Aiguillon rendit vacant le ministère des Affaires étrangères. Toutefois, et malgré ses brillans succès, il serait excessif d'admirer chez Vergennes les dons qui font les grands politiques, les larges vues, les conceptions géniales. Il suffit de lui reconnaître un jugement sain, un patriotisme éclairé, l'expérience des affaires, des intentions honnêtes, le « goût de la vertu. » Un maintien froid, une gravité quelque peu compassée, sauvaient ce que sa mine et sa tournure présentaient, dit-on, de « bourgeois. » Sa franchise et sa courtoisie lui attiraient la confiance et l'estime de ceux qui traitaient avec lui. Somme toute, un galant homme possédant à fond son métier, tel apparaît celui qui, pendant tant d'années, allait diriger sans accrocs la politique extérieure du royaume.

La désignation de Vergennes, si justifiée qu'elle fût, ne se fit pas toutefois d'emblée et sans obstacle. La Reine, à défaut de Choiseul, quelle sentait impossible, aurait souhaité l'ami du duc, le baron de Breteuil, ambassadeur à Naples. Maurepas, par complaisance, se disposait à lui prêter appui. L'abbé de Véri s'attribue le mérite d'avoir victorieusement combattu cette idée : « Le jour, dit-il[21], indiqué pour la décision, je dînai seul avec M. et Mme de Maurepas. Le ministre discuta devant moi les motifs de préférence. Mes réflexions lui furent contraires. » Et l'abbé cite les argumens qu'il fit valoir contre Breteuil, représentant « son ambition, la violence de son humeur et son esprit d'intrigue, » auxquels il opposa la droiture de Vergennes, l'aménité de ses manières, son désintéressement notoire. « Ces raisons, reprend-il, firent pencher M. de Maurepas pour le comte de Vergennes, et, le soir même, la décision fut prise avec le Roi. Mme de Maurepas prétend que c'est moi seul qui ai amené ce choix, car, avant dîner, son mari lui avait paru décidé pour le baron de Breteuil. »

Sans contredire à ce récit, il est permis de croire que la résolution du Roi fut inspirée aussi par des raisons plus hautes. Louis XVI, c'est un fait reconnu, avait le sens et l'intuition, héréditaires chez les Bourbons, de la politique étrangère. « Il connaissait, a-t-on dit justement, les affaires de l'Europe mieux que celles de la France[22]. » Il se méfiait d'instinct des intrigues de l'Impératrice, inconsciemment servies par la filiale déférence de la Reine, et il comprenait le danger, pour la France et pour sa maison, du « système autrichien » inauguré depuis plusieurs années, du système qui subordonnait les intérêts français aux intérêts de notre alliée. De là, son perpétuel souci de se soustraire au joug de la Cour impériale, sa fermeté constante, lorsqu'il s'agit des affaires du dehors, à résister aux instances de la Reine, si puissante au contraire lorsqu'il s'agit des affaires du dedans. De là, sa répugnance à ramener au pouvoir Choiseul et son parti. De là enfin, son penchant pour Vergennes, l'appui qu'il lui prêtera contre ses adversaires, la confiance singulière qu'il témoignera jusqu'au bout à ce bon serviteur, au point d'entretenir avec lui, à l'insu des autres ministres, une correspondance clandestine, « conservée et cachée par lui, rapporte Soulavie, dans ses petits appartemens, au-dessus de la pièce des enclumes. »

La France, dans son ensemble, applaudit à ces choix. « Les intérêts de l'Etat et des honnêtes gens, lit-on dans la

Correspondance de Métra, sont confiés à des mains pures et fidèles. Ce changement, qui faisait l'objet des vœux de la nation, la confirme dans la bonne opinion qu'elle a conçue des opérations de Louis XVI. » La Reine seule demeurait boudeuse, blessée dans son orgueil et déçue dans ses espérances. « Je vous avouerai bien, mandait-elle à son frère, que les affaires politiques sont celles sur lesquelles j'ai le moins de prise. La méfiance naturelle du Roi a été fortifiée par son gouverneur (M. de La Vauguyon) dès avant mon mariage… M. de Maurepas a cru utile pour son crédit d'entretenir le Roi dans les mêmes idées… Je ne compte pas sur mon crédit ; je sais que, surtout pour la politique, je n'ai pas grand ascendant sur l'esprit du Roi. » Ces amères doléances et la figure chagrine de Marie-Antoinette émurent la bonté de Louis XVI. Nul doute qu'il ne faille voir une intention consolatrice dans sa résolution soudaine d'accorder à sa femme la faveur qu'elle sollicitait dès le premier instant du règne, la grâce de M. de Choiseul, sa rentrée à la Cour.

Depuis la lettre de cachet du 24 décembre 1770, le duc était resté cloîtré dans sa fastueuse résidence de Chanteloup. Aucun effort jusqu'à présent n'avait pu décider Louis XVI à rapporter Tordre d'exil. Aux prières du prince de Conti, il opposait des raisons de convenance : eût-il été décent de « changer précipitamment les dispositions du feu Roi, » quand les cendres de ce dernier n'étaient pas encore refroidies ? A Marie-Antoinette, il demandait « un délai de deux mois, » promettant, ce temps écoulé, d'exaucer son désir. Brusquement, le 10 juin, volte-face et changement à vue. A la suite d'une scène conjugale où s'étaient succédé les reproches et les larmes, Louis se laissait fléchir et accordait la grâce immédiate de Choiseul. Mais, par un de ces retours habituels aux âmes faibles, il se vengeait de sa défaite en défendant que l'on envoyât à Chanteloup pour y annoncer la nouvelle. Le zèle du prince de Beauvau enfreignit cette défense. Choiseul, informé par exprès, montait le lendemain en berline et prenait la route de Paris.

Il y fut le lendemain 12 juin, sur les huit heures du soir. L'accueil qui lui fut fait eut quelque chose de triomphal. Une foule nombreuse, savamment surchauffée, courait à sa rencontre à la Croix de Berny ; une députation de poissardes lui apportait, avec des fleurs, un compliment de bienvenue ; de violentes acclamations retentissaient sur son passage. « M. de Choiseul, écrit une de ses ferventes[23], a été reçu dans Paris comme, Notre-Seigneur à Jérusalem. On montait sur les toits pour le voir passer... » Agitation organisée et popularité factice, dont Choiseul lui-même n'est point dupe, car, avant d'arriver, il s'occupe du retour, et commande des chevaux à Blois pour le ramener prochainement dans sa terre. De fait, tout ce tapage avait indisposé Louis XVI ; le duc s'en aperçut, quand le lendemain, à neuf heures du matin, il fit sa visite à la Muette où résidait la Cour. C'est à peine si le Roi lui adressa quelques paroles maussades : « Monsieur de Choiseul, vous avez bien engraissé... Vous avez perdu vos cheveux… Vous devenez chauve. » Ces mots dits d'une voix brève, une révérence embarrassée du duc, ce fut tout l'entretien. La réception chaleureuse de la Reine fit contraste avec cette froideur : « Monsieur de Choiseul, lui dit-elle, je suis charmée de vous voir ici. Je serais fort aise d'y avoir contribué. Vous avez fait mon bonheur, il est bien juste que vous en soyez témoin. » Monsieur se montra réservé, le Comte d'Artois aimable[24]. Le surlendemain, Choiseul reprenait la route de Chanteloup, pour ne revenir à Paris que dans l'hiver suivant. Nous l'y verrons, dans la coulisse, justifier par son jeu caché les défiances instinctives du Roi.

Pour le présent, le retour de Choiseul et la fin d'un injuste exil ne pouvaient qu'ajouter à la satisfaction publique. A chaque acte du nouveau règne, c'était comme un concert de prévisions heureuses. On louait l'activité laborieuse du jeune Roi, son exactitude aux Conseils, et son sincère amour du bien. On admirait la courtoise dignité de ses discours aux grands corps de l'Etat, — Chambre des Comptes, Cour des Monnaies, députation de l'Académie, — venus le 5 juin à la Muette présenter leurs hommages. On attendait avec une curiosité toute spéciale la réponse que ferait le Roi à la harangue des membres du parlement de Paris, afin d'en tirer quelque indice sur ses dispositions à l'égard de ces magistrats. Ses paroles brèves, intentionnellement vagues, contentèrent tout le monde et laissèrent l'espérance à tous : « Je reçois avec plaisir, dit-il, les respects de mon parlement. Qu'il continue de remplir ses fonctions avec zèle et intégrité. Il peut compter sur ma protection et sur ma bienveillance. »

Il n'est jusqu'aux dames de la Halle qui n'eussent sujet de se féliciter. Louis XVI tint, en effet, à les recevoir en personne, au risque de scandaliser le duc de La Vrillière ; aux représentations du ministre de sa Maison, il répliqua par ces lignes touchantes : « Cette question n'en peut faire une. D'abord elles verraient un déshonneur au contraire ; ensuite les hommages de ces braves gens ne sont pas de ceux qu'on reçoit avec le moins de plaisir… Je ne dois pas oublier que je suis le roi de tous, grands et petits, et que l'art de se faire aimer est le moins coûteux de tous les moyens de gouvernement. »

Le public remarquait avec la même faveur la bonne tenue, la simplicité de la Cour. Le séjour à la Muette offrit vraiment l'image d'une existence bourgeoise dans une famille unie. Chaque jour, le Roi faisait une longue promenade à pied, tantôt avec la Reine, tantôt avec ses frères, escorté d'une suite peu nombreuse, « sans fusils ni hallebardes, » au mépris de toute étiquette. Le peuple, à son passage, l'accablait de bénédictions, de vivats enthousiastes[25]. Une égale popularité allait à Marie-Antoinette. Si l'on néglige quelques saillies d'humeur, qu'on pardonnait à sa jeunesse, elle montrait de la coquetterie à gagner l'affection de tous. Rencontrant un major des gardes avec lequel, étant Dauphine, elle avait eu jadis quelque difficulté, elle l'abordait franchement :

« Nous avons eu l'un et l'autre des vivacités, disait-elle avec un sourire ; les vôtres sont oubliées, je vous prie d'oublier les miennes[26]. » Ses défauts mêmes, en cette l'une de miel de son règne, l'aidaient à conquérir le cœur de ses sujets. Rieuse, élégante, frivole, elle succédait à ces reines laides et délaissées qui, depuis plus d'un siècle, avaient langui tristement sur le trône ; cette nouveauté divertissait l'imagination populaire. « Si l'on avait voulu, écrivait un contemporain, faire une souveraine exprès pour les Français, on n'aurait pu mieux réussir. » Le succès lui venait alors de ce qui, peu de temps après, par un étrange retour, lui attirera l'aversion de la foule.

Les Comtes de Provence et d'Artois n'essayaient pas encore de troubler cette bonne harmonie. L'amicale familiarité du Roi s'efforçait de prévenir chez eux tout froissement et toute jalousie. Aux termes de respect qu'ils affectaient d'abord d'employer avec lui : « Je ne veux pas, objectait-il, que vous m'appeliez des noms de *Roi* et de *Majesté* ; je perdrais trop au titre de *frère* auquel vous m'avez accoutumé. » Il est vrai que le Comte d'Artois s'émancipa si vite qu'il dut subir un jour une dure réprimande de Maurepas : « Au bout du compte, s'écriait alors le jeune prince, s'il est roi, je suis son frère ; que peut-il me faire ? — Vous pardonner, Monseigneur, » répondait le ministre[27]. Somme toute, cette Cour adolescente, pleine de simplicité, de bonhomie, de belle humeur, plaisait généralement à ceux qui en contemplaient le tableau, et les moins bienveillans n'y trouvaient à reprendre que cet heureux défaut dont corrigent les années. « C'est le règne de la jeunesse, soupirait Mme de Boufflers. Ils croient qu'on radote quand on a passé trente ans ! »

IV

En ces débuts pleins de promesses, ce qui faisait encore défaut, sans que nul y parût songer, c'était un plan d'ensemble, un programme de gouvernement. Changer le personnel, infuser graduellement dans un organisme affaibli un sang pur et vivace, c'était sans doute l'œuvre la plus pressante, et Louis XVI ni Maurepas n'entendaient faillir à cette tâche. Mais, dans la crise dangereuse qui menaçait la monarchie, la probité et la capacité des hommes seraient des remèdes sans vertu, si l'on ne sentait au sommet une pensée directrice et la volonté ferme d'appliquer des principes étudiés à l'avance. Deux partis différens s'offraient au choix du Roi, dont aucun n'était sans péril, mais qui, suivis avec persévérance, auraient pu l'un et l'autre consolider, prolonger tout au moins, l'édifice vermoulu des vieilles institutions françaises. On pouvait essayer de conserver le moule ancien et les formes traditionnelles, en se bornant à réformer quelques abus crians, à remplacer quelques rouages usés, à introduire dans l'administration l'ordre et l'économie, et vivre ainsi au jour le jour, sans grande gloire et sans grand éclat, mais avec chance d'éviter les écueils et d'échapper aux catastrophes. On pouvait également, si l'on croyait avoir assez de force et de courage, rompre avec une part du passé, trancher hardiment dans le vif, opérer *proprio motu* les réformes fondamentales, se servir de l'autorité pour assurer le règne de la justice et de la liberté, exercer en un mot, selon une expression heureuse, « la dictature du bien public[28]. »

De ces deux méthodes de conduite, dont l'une répondait mieux au caractère du Roi et l'autre au vœu de la nation, la première, semble-t-il, était la plus aisée, la seconde la plus sûre. Chacune avait ses avantages et ses inconvéniens. L'hésitation était donc naturelle. Ce qu'il fallait craindre, avant tout, c'était de les mêler ensemble et d'en essayer tour à tour, en s'exposant à courir tous les risques et à ne contenter personne. La question se posera de savoir si Louis XVI et Maurepas ne tombèrent pas justement dans cette faute, et si, après de timides et stériles expériences des deux seuls systèmes rationnels proposés à leur choix, ils n'en adoptèrent pas finalement un troisième, — en honneur sous plus d'un régime, — et qui s'appelle l'incohérence.

En juin 1774, après quelques semaines de recueillement et de mesures préliminaires, un premier problème se posait, qu'il était urgent de résoudre et dont la solution paraissait devoir indiquer l'orientation du règne. On entend qu'il s'agit de la question des parlemens, le plus épineux des litiges que le feu Roi laissait au jugement de son successeur.

Le duel du pouvoir royal et de la haute magistrature était, depuis un siècle et demi, le drame de notre histoire. Cette lutte, tragique et sanglante sous la Fronde, calmée en apparence, — mais en apparence seulement, — sous la main puissante du grand Roi, vite ranimée sous la Régence, avait rempli de ses péripéties le long règne de Louis XV et entretenu en France une agitation permanente. Affaire de Law, bulle *Unigenitus*, querelle de d'Aiguillon avec La Chalotais, ces épisodes retentis-sans avaient encore aggravé la discorde et fomenté dans toute l'étendue du royaume une guerre civile qui, pour se faire sans canons ni mousquets, n'en était pas moins redoutable. Six ans avant l'avènement de Louis XVI, un homme avait surgi, qui s'était cru de taille à terminer à lui seul le conflit, à rétablir la paix publique par le triomphe définitif du trône sur la magistrature factieuse. Qu'il eût, du premier jour, envisagé tout le péril et toute la grandeur de la tâche, il l'a dit lui-même en ces termes : « Il fallait[29] déployer toute la force de l'autorité, ou la perdre sans retour. En effet, ce n'était pas une affaire d'administration, c'était la base même de la Constitution et le trône de la monarchie. Existait-il une puissance publique ? Ou n'existait-il qu'un fantôme ? Avions-nous un seul souverain ? Ou la France était-elle soumise à douze aristocraties ? Tel était le problème inouï qu'avait créé la résistance des Parlemens. »

Celui qui tenait ce langage se nommait René de Maupeou, fils d'un premier président du parlement de Paris qui fut garde des Sceaux pendant quelques années. Ce « petit homme noir, » aux yeux durs, aux sourcils broussailleux, au teint bilieux, à la figure chafouine, cachait sous des manières doucereuses une âme ardente, dévorée d'ambition, une singulière audace, une ténacité indomptable. Homme d'affaires de métier, mais surtout homme de main, sachant ce qu'il voulait et le voulant par tous moyens, sans peur, sans faiblesse, sans scrupule, le personnage était peu sympathique, mais il n'était point méprisable, serviteur précieux, en tous cas, dans une période critique, pour un prince faible et mou. Il dut son élévation à Choiseul, qui, en 1768, le fit chancelier de France. À peine installé dans ce poste, il préparait pendant deux ans, avec une merveilleuse adresse, le coup qu'il méditait et, lorsqu'il jugeait l'heure venue, n'hésitait pas, pour se donner les coudées franches, à jeter basson protecteur. Ce seul trait suffit à le peindre.

Je n'ai pas à rappeler ici le détail des opérations qui lui assurèrent la victoire, cette nuit fameuse du 19 au 20 janvier 1771, où chaque membre du parlement, réveillé par deux mousquetaires, reçut une lettre de cachet portant ordre du Roi de se soumettre ou de vendre sa charge ; puis, sur le refus opposé par la plupart des magistrats, l'envoi des rebelles en exil, exécuté sur l'heure avec une dureté implacable ; enfin l'installation d'une sorte de cour transitoire, dont les membres délibérèrent sous le couvert des baïonnettes. Vinrent ensuite tour à tour la suppression de la Cour des aides, la suppression du Grand Conseil et des juridictions spéciales, l'épuration des parlemens de province, la transformation radicale des corps inférieurs de justice, tels que le Châtelet de Paris, les bailliages d'Auxerre et de Troyes, toute une longue série de mesures qui constituaient dans leur ensemble une « révolution » véritable. Mesures brutales sans doute, mais non entièrement illégales, car, sous l'ancien régime, les offices, comme on l'a justement observé, étant « vénaux plutôt qu'inamovibles, » le magistrat acquéreur de sa charge était « plus protégé par le droit de propriété que par une fiction légale, » et le souverain, par un procédé détourné, gardait la faculté de contraindre le titulaire à se défaire de son emploi par une aliénation forcée. Cette espèce d'expropriation avait été plus d'une fois pratiquée. La nouveauté du système de Maupeou fut d'opérer en masse ce qui se faisait avant lui à titre exceptionnel.

La citadelle prise et rasée, il s'agissait de rebâtir. Maupeou fut aussi prompt à réédifier qu'à détruire. Le 23 février, un mois après son coup de force, six « conseils supérieurs, » comprenant cent soixante magistrats et jugeant en appel toutes les affaires civiles et criminelles de leurs circonscriptions, étaient créés dans le ressort de l'ancien parlement de Paris, dont l'étendue était démesurée[30]. Ce fractionnement, qui rapprochait le juge du justiciable, constituait un progrès dont les bienfaits se tirent promptement sentir. Deux mois plus tard, le 13 avril, publication de trois édits organisant le parlement nouveau, nommant soixante-dix conseillers, quatre présidens à mortier, un premier président, — qui fut Bertier de Sauvigny, — et promulguant les grandes réformes qui restent l'honneur de Maupeou : la suppression de la vénalité des charges, la gratuité de la justice, la simplification de la procédure. Telle était la vaste entreprise qui, conçue et exécutée avec une précision et une énergie surprenantes, fut annoncée par Louis XV à son peuple dans le discours fameux qui se terminait par ces mots : *Je ne changerai jamais.*

Que l'œuvre en soi fût bonne, la preuve en est que, de nos jours encore, les principes proclamés par M. de Maupeou, complétés, élargis par la Révolution, sont demeurés la base de notre droit public. Mais qui mettrait ces idées en pratique et leur ferait produire leurs fruits ? La principale difficulté que rencontra le chancelier fut dans le recrutement des hommes chargés de rendre la justice. Il s'établit bien vite une comparaison désastreuse, tant pour le caractère que pour la capacité juridique, entre le nouveau personnel improvisé en hâte et les vieux magistrats, intraitables sans doute et rétifs à l'obéissance, mais pleins d'honneur, de science, d'intégrité professionnelle. Maupeou lui-même, dans ses heures d'épanchement, faisait bon marché de ses choix : « J'ai dû faire, disait-il, comme le propriétaire qui loue un bâtiment neuf à des filles, pour essuyer les plâtres. »

Ainsi qu'on devait s'y attendre, l'effort des adversaires du chancelier se concentra sur ce point faible. Un *tolle* formidable s'éleva dans le royaume. En tête, les princes du sang, à l'exception du jeune comte de La Marche, dont le père, le prince de Conti, était l'âme de la résistance. Un violent réquisitoire, signé par les princes de Condé, de Conti, d'Orléans, traita Maupeou d' « ennemi public. » Les termes en étaient si durs, que tous les signataires reçurent défense de paraître à la Cour. Les propres filles du Roi, — qui devaient d'ailleurs vite passer dans le camp opposé, — une bonne partie de la noblesse et de la haute bourgeoisie, et tous les gens de loi, prirent fait et cause pour le parlement exilé. Les avocats refusèrent de plaider devant les nouveaux magistrats. Les femmes s'associèrent au mouvement avec une ardeur enflammée qui rappelait les jours de la Fronde. Aussi disait-on de Maupeou qu'il n'aurait nulle chance de succès, s'il ne pouvait « faire taire les femmes et faire parler les avocats. »

Le chancelier tint tête avec une belle vaillance. Infatigable à la riposte et rendant coup pour coup, tantôt à visage découvert, et tantôt employant contre ses adversaires les armes cachées et perfides dont eux-mêmes usaient contre lui, pas un instant, au fort de cette bataille, il ne se laisse détourner de sa tâche. A la fin de l'année 1771, toutes les cours sont reconstituées, le service judiciaire fonctionne régulièrement partout Aussi nombre de justiciables sont-ils forcés de confesser les avantages de l'organisation nouvelle. Et graduellement, devant la victoire remportée et le fait accompli, toutes les oppositions mollissent et cèdent l'une après l'autre. Les avocats capitulent les premiers : à la rentrée du parlement de Paris, deux cents d'entre eux se rendent à la « messe rouge, » où l'archevêque officie en personne. L'automne suivant, ce sont les princes qui effectuent leur soumission. Les Condé donnent l'exemple, par une lettre rendue publique, qui émeut vivement l'opinion. Les d'Orléans, avec moins de franchise, manœuvrent pour rentrer en grâce. Le 28 décembre 1772, une visite collective au Roi de tous les princes du sang est regardée comme le présage d'une réconciliation générale et complète.

Les anciens magistrats eux-mêmes deviennent graduellement plus traitables. La plupart finissent, de guerre lasse, par accepter la liquidation de leurs charges, reconnaissant ainsi la légalité de l'édit. Quelques mémorialistes affirment que Louis XV, dans les derniers temps, avait eu le projet, en conservant l'organisation de Maupeou, de réintégrer dans leurs postes, par une rentrée en masse, la grande majorité des vieux parlementaires ; d'Aiguillon eût été l'instigateur de ce plan mitigé, dont le renvoi du chancelier aurait assuré le succès[31]. Que d'Aiguillon ait secrètement suggéré cette idée, la chose est vraisemblable ; il semble plus douteux qu'il y eût décidé le Roi. Mais ce qui est établi, c'est que les premiers mois de 1774 virent s'engager sous-main des négociations entre le chancelier lui-même et quelques-uns des chefs du parlement dissous, que Maupeou désirait substituer peu à peu aux membres les plus compromis du parlement nouveau. Quatre-vingts magistrats, le président de Lamoignon en tête, étaient, dit-on, tout prêts à se ralliera cette combinaison. Bref, à l'heure où mourut Louis XV, la pacification était à la veille de se faire, et la « révolution » paraissait, comme écrit Maupeou, « consommée dans tous les esprits sans espoir de retour. »

V

L'événement du 10 mai et l'ouverture d'un nouveau règne ressuscitèrent l'affaire à demi enterrée. Toutes les rancunes se ranimèrent, en même temps que les espérances. Dès le lendemain, l'agitation reprenait de plus belle, sourde d'abord, et bientôt menaçante, à mesure que se révélait l'indécision du Roi. Louis XVI, né et grandi au bruit des luttes récentes, était hostile d'instinct aux empiétemens de la magistrature. « Le Roi, disait Maurepas à Augeard dans une causerie confidentielle[32], abhorre les parlemens. Il est buté contre eux encore plus que son grand-père. » Naguère, lorsqu'il était dauphin, consulté par Maupeou sur l'édit qui allait engager la bataille, il lui retournait le projet avec cette apostille : « Cela est très beau, voilà notre vrai droit public ! Je suis enchanté de M. le chancelier. » Il n'avait pas changé d'avis en montant sur le trône ; pendant la quarantaine imposée aux ministres, Maupeou ayant écrit pour attester son dévouement au nouveau maître de la France, avait reçu de lui cette réponse bienveillante : « J'ai toujours vu avec le plus grand plaisir le zèle et l'attachement que vous avez marqués pour les intérêts du Roi et de la monarchie ; je ne doute pas que vous me soyez aussi attaché. En attendant que je puisse vous voir, s'il arrivait quelque affaire, écrivez-la-moi, et je vous ferai réponse tout de suite. » Il refusait, au même moment, de recevoir la visite de Conti, le seul des princes du sang qui n'eût point désarmé devant le chancelier. Ces manifestations, tout en faisant clairement connaître les sentimens intimes du prince, ne persuadaient cependant qu'à demi ceux qui connaissaient bien sa faiblesse, ses scrupules, sa déférence à l'opinion de son entourage familier. Or, Marie-Antoinette, sous la pression des amis de Choiseul, passait pour contraire à Maupeou et favorable aux anciens parlemens. Mais elle gardait encore quelque réserve, et ses tendances ne se montraient que par de vagues propos et des railleries voilées.

Qu'importaient, au surplus, dans une question si grave, les velléités du souverain ? Il fut certain, du premier jour, qu'il ne se déciderait que par raison d'Etat et sur l'avis de ses conseils. Maurepas était donc, à vrai dire, l'arbitre du litige. « Qu'il eût fait dire au Roi, écrit l'abbé Georgel : « Je veux irrévocablement la stabilité du nouveau système, » et tout était fini. Le chancelier triomphait, et le foyer de résistance entretenu dans l'ancien parlement contre l'autorité royale était éteint à jamais. » Ce mot, les confidens de M. de Maurepas savaient qu'il ne le dicterait jamais : « Voici ma profession de foi, avait-il déclaré à son ami Augeard : *sans parlement, point de monarchie. Ce sont les principes que j'ai sucés du chancelier de Pontchartrain*[33]. » Plus peut-être que ces « principes, » la haine amassée dans son cœur contre le prince auquel il devait vingt-cinq ans d'exil l'inclinait à détruire l'œuvre essentielle du dernier règne. Et ces raisons se conciliaient avec le vœu secret de son égoïste vieillesse : assurer la paix du moment, fût-ce au prix du péril futur, et se créer une popularité immédiate et facile. « Je ne veux pas être traîné sur la claie pour les affaires de M. de Maupeou, » répétait-il d'un ton de badinage. A d'Amécourt, qui lui recommandait une solution moyenne et conciliante, il faisait cette réponse qui le peint tout entier : « Mon ami, il ne faut pas chercher ici *quid melius*, mais *quid facilius*[34]. »

Prudent toutefois, et connaissant les hommes, il se gardait de brûler ses vaisseaux. « Je n'ose prendre sur moi de faire des ouvertures au Roi et de lui parler en manière quelconque des parlemens, » disait-il à Augeard. Sur quoi, tous deux, de compagnie, dressaient le plan habile et compliqué dont voici les grandes lignes. C'est au Duc d'Orléans, « parlementaire dans l'âme, » qu'il serait réservé d'attacher le grelot. Ce prince, dûment stylé, demanderait une audience au Roi, sans indiquer l'objet de cette requête ; au cours de l'entretien, dont Maurepas préparerait les voies, la grande question serait soulevée, et le Duc d'Orléans proposerait à Louis XVI de lui adresser un mémoire où seraient exposées ses vues. Cet écrit, que le Roi ne manquerait sûrement pas de soumettre à Maurepas, donnerait à celui-ci l'occasion naturelle de rouvrir le débat et de discuter le rappel de l'ancien parlement, sans éveiller les soupçons de son maître.

Ainsi fut fait. L'audience eut lieu ; le mémoire, rédigé par l'avocat Lepaige, fut remis à Louis XVI par le Duc d'Orléans. C'était un plaidoyer d'un ton confidentiel, où l'infortune de tant de magistrats languissant encore en exil était décrite en termes pathétiques, qui émurent fortement la sensibilité royale. Maurepas, consulté par Louis XVI, comme il l'avait prévu, feignit de contester les conclusions absolues du mémoire, mais il le lit avec mollesse, et souvent, depuis lors, dans leurs entretiens tête à tête, il appuyait auprès du prince sur le mauvais renom de la magistrature nouvelle, s'efforçait, à mots couverts, de déconsidérer Maupeou et sa « séquelle. » Le séjour à Marly, dans la seconde quinzaine de juin, fut employé presque entièrement à cette besogne souterraine.

Tout marchait au gré du ministre, quand une indiscrétion faillit tout compromettre. Fier de son rôle en cette affaire, enchanté du succès qu'il escomptait déjà, le Duc d'Orléans s'en vanta auprès de son inséparable amie, la marquise de Montesson, la mit dans le secret de la conspiration ; la marquise, à son tour, conta l'histoire à quelques amis sûrs ; si bien qu'en peu de temps la chose s'ébruita et vint aux oreilles de Maupeou, qui se plaignit au Roi. D'où colère de Louis XVI, reproches faits à Maurepas, effarement du « Mentor. » Celui-ci courut chez Augeard : « Le Duc d'Orléans a bavardé, lui dit-il, le Roi m'a soupçonné de m'en tendre avec lui, l'affaire est manquée ! » Et, dans sa déconvenue, il était déjà prêt à abandonner la partie : « Je serais compromis, et je n'avancerais à rien. » Il fallut l'éloquence d'Augeard pour ranimer ses esprits abattus.

Un incident surgit, sur l'entrefaite, fort à propos pour l'aider à sauver sa mise. L'heure approchait où, selon la coutume, seraient célébrées à Saint-Denis, les obsèques solennelles, — le « catafalque, » — du feu Roi. Le cérémonial exigeait que tous les princes du sang prissent part au défilé dans la vieille basilique et saluassent au passage les principaux corps de l'Etat, le parlement en tête. Le Duc d'Orléans déclara que ni lui ni son fils ne rendraient les honneurs aux nouveaux magistrats, non plus qu'au chancelier. Tous les expédiens proposés échouèrent devant un refus obstiné. Maurepas saisit la balle au bond ; il conseilla nettement au Roi de tenir ferme et de n'accepter nulle excuse, dût-il, en cas de désobéissance, exiler à nouveau ses parens de la Cour. Ainsi cet habile homme établissait-il sa bonne foi, bannissant de l'esprit du Roi toute suspicion d'entente avec les d'Orléans. Ceux-ci d'ailleurs, avertis en cachette, se prêtaient à la comédie et acceptaient les conséquences de leur rébellion feinte.

La ruse était bien combinée. Mais, dans les jours qui précédèrent le « catafalque, » une incroyable animation agita toute la Cour. Ennemis et partisans de l'ancien parlement attendaient anxieusement la décision royale. Mesdames tantes se jetaient aux pieds de leur neveu, « le conjurant avec larmes de ne pas laisser insulter la mémoire de leur père[35]. » L'animation des partis était telle, qu'on redoutait quelque scandale au cours de la cérémonie. L'attitude résolue du Roi mit un terme à ces vaines querelles. « Le jeune Roi, dit Croy, se décida ferme, tourna pour le chancelier, et défendit qu'on lui en parlât davantage. » La veille du jour fixé, qui était le 25 juillet, les ducs d'Orléans et de Chartres eurent ordre de se rendre à leur terre de Villers-Cotterets[36]. Ils partirent sur-le-champ, sans murmure, comme sans inquiétude. Les autres princes « plièrent, » et le service eut lieu en l'absence de tout incident. On remarqua seulement, quand le couple royal, au retour de la basilique, suivit les boulevards parisiens, l'indifférence glaciale et le silence du peuple. Louis XVI en ressentit, dit-on, un vif chagrin, que Maurepas exploita contre le chancelier. L'exil des d'Orléans produisit, au surplus, « tout l'effet que M. de Maurepas pouvait désirer ou attendre ; » plus que jamais, il s'installa dans la confiance du Roi, tandis que Maupeou reperdait le terrain un moment gagné. Et à l'heure même où, de toutes parts, on commentait l'échec des « vieux parlementaires, » de puissantes batteries se dressaient pour leur assurer la victoire.

VI

Des ministres du Roi défunt conservés par son successeur, il en était un qui passait pour le bras droit et « l'âme damnée » de M. de Maupeou : c'était Bourgeois de Boynes, secrétaire d'Etat pour la marine depuis l'année 1771. Il était fils d'un caissier de Law, qu'avait enrichi le *système*. On le disait légiste habile, d'intelligence ouverte, mais léger, vaniteux, infatué de lui-même. Du premier jour de son arrivée au pouvoir, il avait mis toute son application à seconder le chancelier dans ses batailles contre les magistrats rebelles, négligeant, pour cette tâche, les affaires de son département, et la marine périclitait entre ses mains oisives. Maurepas avait la partie belle pour exciter l'indignation du Roi contre un tel administrateur. C'étaient donc, après chaque conseil, entre Louis XVI et lui, comme un concert de doléances sur l'ignorance et sur les bévues du ministre, et tous deux concluaient à la nécessité pressante de congédier ce fâcheux serviteur[37].

Le choix du remplaçant faisait aussi l'objet de ces secrets colloques. Il était, depuis quelque temps, un nom qu'on prononçait beaucoup dans l'entourage familier de Maurepas et que l'on mettait sur la liste du prochain ministère ; c'était le nom d'Anne-Robert-Jacques Turgot, intendant de Limoges, qui, par son administration depuis douze ans dans cette province, s'était acquis un grand renom d'intégrité, d'habileté et d'amour du bien, et que nombre de gens représentaient déjà comme le futur régénérateur du royaume. Au premier rang de ces derniers était cet abbé de Véri, dont nous savons l'intimité dans le logis de Maurepas. Une curieuse figure d'arrière-plan que celle de cet intelligent abbé, plus philosophe que prêtre, longtemps auditeur de rote à Rome, maintenant retiré à Paris avec de belles prébendes, y faisant de la politique avec passion, mais sans ambition personnelle, dans la coulisse, en amateur, et profitant de ses hautes relations pour servir ses idées et pousser ses amis. Compagnon d'enfance de Turgot, dont il avait été le condisciple à la Sorbonne, et resté depuis lors en commerce étroit avec lui, c'est l'abbé de Véri qui, de longue date, avait prôné Turgot d'abord auprès de Mme de Maurepas, ensuite auprès de son époux, le désignant comme le seul homme capable d'accomplir les réformes indispensables et de mènera bien la tâche immense du nouveau règne.

Toujours d'ailleurs, dans ces causeries, il parlait de lui attribuer l'administration des Finances, à laquelle en effet paraissaient l'avoir préparé ses études, ses dernières fonctions, ses connaissances en économie politique. Ce fut pourtant ce même Véri qui, voyant Maurepas indécis et perplexe, lui proposa un jour Turgot pour la marine : sans doute, disait l'abbé, Turgot n'avait-il pas, en cette partie, de compétence spéciale, mais « son habitude du travail, ses profondes recherches sur la mécanique et l'histoire naturelle, son exactitude singulière en matière de travaux publics dans son intendance du Limousin, lui donneraient une prodigieuse facilité pour acquérir les notions nécessaires. S'il n'a pas l'expérience, il a du moins le fond pour l'acquérir promptement[38]. » On pouvait, en tous cas, essayer ainsi ses talens, sauf, quand la place serait vacante, à le transférer par la suite au contrôle général. Maurepas agréa ces raisons et les redit au Roi, qui ne risqua qu'une objection timide : « On dit qu'il ne va pas à la messe. — L'abbé Terray y va tous les jours, » fut la réplique triomphante de Maurepas.

Au fond, Louis XVI, par tout ce qui lui revenait, avait du penchant pour Turgot, en lequel il reconnaissait certaines de ses propres vertus, un amour sincère pour le peuple, le goût de la simplicité et de l'économie, l'austérité des mœurs privées. Il hésitait pourtant encore, remettait sans cesse au lendemain, par suite de sa répugnance naturelle à trancher dans le vif et à passer du désir à l'action. Maurepas séchait d'impatience. Le 19 juillet au matin, il vint trouver le Roi :

« Les affaires, lui dit-il[39], exigent des décisions. Vous ne voulez pas conserver M. de Boynes, et le dernier Conseil vous en a dégoûté plus que jamais. Pesez promptement le pour et le contre… Vous m'avez dit du bien de M. Turgot ; prenez-le pour la marine, puisque vous n'avez pas encore pris de parti sur l'abbé Terray. » À ce petit discours, le Roi ne fit aucune réponse ; la journée se passa sans qu'il y parût songer. Mais le soir, après la promenade, il écrivit au duc de La Vrillière le billet que voici : « Vous irez demain matin chez M. de Boynes lui demander sa démission de la place de secrétaire d'Etat pour la marine… Vous écrirez après à M. Turgot, intendant de Limoges, que je le nomme à la place de M. de Boynes, et vous me l'amènerez demain, dans l'après-dînée. » Ce fut seulement dans la matinée du lendemain qu'à l'entrée de Maurepas, Louis XVI l'accueillit par ces mots : « J'ai fait ce que vous m'avez dit[40]. »

Le passage rapide de Turgot au ministère de la marine, par suite l'impuissance où il fut d'y apporter aucune utile réforme, me permettent d'ajourner jusqu'à l'époque de son véritable avènement les détails nécessaires sur les antécédens, l'humeur et les idées de cet illustre personnage. Mais ce qu'il faut noter ici, c'est l'approbation générale qui accueillit son nom dans toutes les classes de la nation. A peine, le premier jour, un étonnement léger sur la nature un peu spéciale des fonctions qui lui sont confiées : « Entre nous, écrivait Voltaire, je ne le crois pas plus marin que moi. » Chacun sentait, pourtant, que le poste était provisoire et servirait de marchepied pour un autre plus important. Et l'on vantait à qui mieux mieux le désintéressement, la « raison éclairée » du nouveau ministre du Roi. Ce fut, par contre-coup, l'instant où la popularité personnelle de Louis XVI fut à son apogée. Le nom d'Henri IV était sur toutes les lèvres, et l'on prêtait au descendant toutes les vertus légendaires de l'ancêtre. A la statue du Béarnais dressée sur le Pont-Neuf on attachait un écriteau portant ce mot : *resurrexit*. On vendit au Palais-Royal des boites où l'on voyait les profils accouplés de Louis XII et de Henri IV, au-dessous celui de Louis XVI, et cette devise au bas : « XII et IV font XVI. » On fabriqua des tabatières revêtues de peau de chagrin, ornées de médaillons du Roi et de la Reine, et baptisées par l'inventeur : *La consolation dans le chagrin*. Ces objets firent fureur pendant plusieurs semaines.

Les jeunes souverains jouissaient de ces témoignages populaires. Aux dithyrambes de l'Impératrice écrivant à sa fille : « Tout est en extase, tout est fou de vous autres ; on se promet le plus grand bonheur, et vous faites revivre une nation qui était aux abois, » Marie-Antoinette répondait : « Il est bien vrai que les éloges et l'admiration pour le Roi ont retenti partout. » Toutefois, un éclair de sagesse lui montrait la fragilité d'un si prompt engouement : « Je suis inquiète, reprenait-elle, de cet enthousiasme français pour l'avenir… Le feu Roi a laissé les choses en très mauvais état ; les esprits sont divisés, et il sera impossible de contenter tout le monde, dans un pays où la vivacité voudrait que tout fût fait dans un moment[41]. »

L'habileté de Maurepas fut de montrer au Roi, dans cette explosion d'allégresse, une manifestation du sentiment public en faveur du rappel de l'ancien parlement et d'en tirer parti pour hâter l'entreprise. Il espérait, sur ce terrain, trouver comme auxiliaire le nouveau ministre de la marine. Non que Turgot, par tradition, fût partisan déterminé des prétentions de la magistrature. Tout au contraire, du temps de sa jeunesse, il avait refusé, comme conseiller au parlement de Paris, de s'associer aux résistances du corps dont il faisait partie. Même, en 1753, lors d'un premier exil des magistrats rebelles, il avait accepté une place dans une espèce de Chambre provisoire instituée par Louis XV, et s'était ainsi attiré l'indignation de ses confrères. Ami du pouvoir absolu, convaincu que l'autorité doit résider essentiellement dans la personne du Roi, il condamnait en principe toute atteinte portée à cette puissance souveraine. Aujourd'hui cependant, devant les périls imminens et les nécessités urgentes, il n'était pas très éloigné de voir, dans le rappel du parlement, une satisfaction accordée à l'opinion publique, un regain de prestige pour la monarchie ébranlée, le gage aussi d'un précieux et puissant appui pour le vaste plan de réformes qu'il portait, dès cette heure, tout construit dans sa tête et dont il espérait le relèvement de sa patrie. Il se rendait compte également de la difficulté, pour un homme tel que lui, de siéger dans le même conseil que Maupeou et Terray, pour lesquels il ne professait ni estime, ni confiance, et qu'il savait hostiles à la plupart de ses idées. Toutes ces raisons semblaient devoir assurer à Maurepas, sinon le concours actif de Turgot, du moins sa neutralité bienveillante dans la bataille dont il me reste à raconter les derniers épisodes.

VII

La première question à résoudre, — d'où découlerait en réalité tout le reste, — était celle du maintien ou du renvoi de M. de Maupeou. Au sort du chancelier paraissait lié le sort du contrôleur général, tous deux ayant, depuis le nouveau règne, associé leurs fortunes. Ce point, d'après une promesse faite par Louis XVI à Maurepas[42], devait être réglé pendant le séjour à Compiègne, où la Cour était établie pour la durée du mois d'août. Ces semaines furent remplies de machinations et d'intrigues. Les d'Orléans, revenus de leur court exil, harcelaient le Roi de conseils, d'adjurations pressantes, que Maurepas appuyait de ses prudentes insinuations. La Reine, dans le même camp, mettait en jeu les ressources de son esprit et de sa coquetterie légère. « Elle a une bonne qualité, disait à ce propos la Comtesse de Provence ; quand elle veut une chose, elle ne la quitte pas et en vient toujours à ses fins. » Dans le parti adverse, se trouvaient Mesdames tantes, guéries de leur petite vérole, et surtout Madame Louise, qui, du fond de son monastère, conjurait son neveu de ne point céder aux instances des « ennemis de la religion » et des suppôts de la philosophie. L'archevêque de Paris et quelques ecclésiastiques notoires tenaient un langage analogue. Le chancelier, de son côté, se défendait avec adresse. Sans entrer lui-même dans la lice, il poussait son ami Vergennes à lire dans le Conseil du Roi un long mémoire qui justifiait la suppression de l'ancien parlement et exposait éloquemment les dangers du rappel. Louis XVI, dans cette mêlée, ne savait trop auquel entendre. Il se bornait, selon sa méthode ordinaire, à classer et à étiqueter notes, lettres et mémoires, sous deux rubriques, intitulées *Opinions favorables au retour des anciens parlemens*, *Opinions favorables aux parlemens actuels*, serrait le tout dans une armoire, et ne se décidait sur rien.

Le 10 août, Maurepas, voyant le temps couler sans rien produire, prit le parti d'aborder franchement la question. Le Journal de Véri reproduit ce long entretien, dont je donne ici des fragmens : « Les délais, dit M. de Maurepas, accumulent et gâtent les affaires. Il ne faut pas croire que vous n'ayez que celle-ci à arranger. Le jour où vous l'aurez résolue, il en naîtra une autre ; c'est un moulin perpétuel, qui sera votre partage jusqu'à votre dernier soupir. L'unique moyen d'en soulager l'importunité, c'est une décision expéditive, pourvu que la réflexion ait précédé. Je ne vous parlerai plus des arrangemens parlementaires, jusqu'à ce que votre parti soit pris sur le chancelier, parce que ce seraient des paroles perdues… Mais lui avez-vous parlé, à lui, des parlemens et de la magistrature ? — Pas le moindre mot, dit le Roi. A peine, ajouta-t-il en souriant, me fait-il l'honneur de me voir ; il ne me fait pas celui de me parler… Mais l'embarras du successeur ! » Sur cette exclamation, le « Mentor » propose divers noms, en premier lieu Malesherbes, l'ami intime de Turgot et l'honnête homme par excellence. « Je sais bien, répond Louis, que c'est celui que tout le monde porte, mais il ne me convient pas, à moi[43]. — Je vous proposerais encore M. Turgot lui-même, reprend Maurepas, si vous ne le gardiez pour la finance, pour laquelle vous seriez encore plus embarrassé. — Il est bien systématique, objecta le Roi, et il est en liaison avec les Encyclopédistes. » La conférence prit fin sans aucune décision formelle, mais avec l'aveu arraché qu'il en fallait une prompte, et la promesse réitérée que ce serait chose faite avant le départ de Compiègne.

Une conversation identique, et sans résultat plus certain, eut lieu, à quelques jours de là, au sujet de l'abbé Terray. Louis XVI, sans accorder d'estime à son contrôleur général, rendait justice à ses talens, à son expérience des affaires. « Il se défend bien ! » disait-il en lisant ses rapports sur la gestion financière du royaume, et il murmurait tristement : « Je voudrais bien pouvoir le garder, mais c'est un trop grand coquin ! C'est fâcheux[44]. » De fait, cynique et débauché, « l'un des plus mauvais prêtres qu'on ait connus, » l'abbé Terray n'était pas moins un administrateur habile, d'esprit délié, fertile en expédiens, incomparable, dit l'abbé de Véri, « pour donner une tournure honnête aux démarches les plus iniques. » Trois ans après l'avoir fait renvoyer, M. de Maurepas soupirait en entendant son nom : « Nous vivons encore sur ses moyens, » justifiant ainsi cette boutade attribuée au duc de Choiseul : « A la place du Roi, je l'aurais gardé, et j'aurais fait mettre sur son bureau un chapeau de cardinal et une potence ; je suis sûr qu'entre les deux il aurait bien fait. »

Terray ni Maupeou, comme on pense, n'étaient sans se douter du coup qu'on méditait contre eux. A défaut d'autre indice, le visible embarras du Roi, le soin qu'il apportait à fuir tout tête-à-tête, eussent suffi pour les mettre en garde. « Ils me chasseront, disait Terray à son ami Cromot, mais je ne veux pas être la dupe des sottises que je les vois disposés à commettre. » Maupeou, de son côté, avec sa rudesse coutumière, s'écriait en parlant du Roi : « D'ici quelques jours, il me renverra, mais, une fois moi parti, il est f... [45]. » Il continuait pourtant la lutte et appelait de ses vœux une discussion publique dans le Conseil du Roi. Il prépara même à cet effet une sorte de discours dont on a retrouvé le texte[46] : « Tout changement est un mal, y lit-on, quand il n'est pas nécessaire. Rappeler les anciens parlemens, c'est condamner le passé, c'est anéantir un exemple qui devait être le frein éternel des parlemens, c'est peut-être anéantir la possibilité de renouveler un pareil exemple, si jamais il devenait nécessaire... » — « Si trois années, ajoutait-il plus loin, n'ont pu affirmer une révolution si nécessaire dans son principe, si complète dans ses effets, il en résultera, Sire, la conviction que tous les efforts de l'autorité contre les parlemens ne sont que des efforts passagers, que ces corps surnagent toujours ; et dès lors, qui de vos sujets osera jamais se hasarder sur la foi de l'autorité ? Qui de vos sujets acceptera des places, dont bientôt il ne lui resterait que le triste souvenir, la honte, et peut-être la persécution ? » Et, dans une phrase saisissante, il évoquait dans le lointain de sombres et trop réelles images, « l'autorité s'affaiblissant, les nœuds de l'obéissance se relâchant d'eux-mêmes, » et « les peuples passant du mépris de la magistrature au mépris du gouvernement ! » Louis XVI n'entendit pas ces paroles éloquentes ; Maurepas lui persuada de défendre que cette affaire fût mise en délibération. Ce fut quinze ans plus tard, aux premières lueurs de la Révolution, que Maupeou fit tenir au Roi ces pages, auxquelles les circonstances donnaient alors un accent prophétique.

Si, par la volonté royale, cette guerre demeura silencieuse, du moins ne fut-elle pas longtemps secrète. Des rumeurs, encore vagues, coururent à la Cour de Compiègne, se répandirent de là jusqu'à Paris. L'agitation des plus beaux jours renaissait au Palais et jusque dans la rue. On entendait, chaque soir, comme au lendemain du coup audacieux de Maupeou, des huées et des cris injurieux à la sortie d'audience des nouveaux magistrats. On brûla sur la place Dauphine le chancelier en effigie. La mollesse de la répression enhardissait l'impudence des meneurs.

L'abbé Terray, le 20 août, s'absenta pour deux jours, afin de visiter un canal souterrain qu'on construisait en Picardie. Le bruit de son renvoi circula aussitôt, et ses collègues eux-mêmes s'interrogeaient entre eux sur la nouvelle. Le soupçon s'aggrava lorsqu'on sut que Louis XVI, dans la matinée du lendemain, avait mandé Turgot, voulant, avait-il dit, conférer avec lui. Chacun conjectura que le Roi allait lui offrir le contrôle général. Turgot s'y attendait : « Il se prépara, dit Véri, à exposer ses vues et ses principes sur la finance, sur la liberté du commerce et sur les principales réformes qui lui semblaient indispensables. » Mais, à sa grande surprise, le prince, sauf quelques allusions voilées, ne lui parla que d'affaires de marine, et il dut s'en aller sans avoir abordé les questions importantes. Cette dernière reculade porta l'irritation de Maurepas à son comble. Le 24, à dix heures du matin, il entra chez le Roi. Voici, d'après le Journal de Véri[47], les paroles essentielles qui s'échangèrent entre eux dans ce décisif entretien :

LE ROI. Vous n'avez pas de portefeuille ; vous n'avez pas grand'chose sans doute ? — MAUREPAS. Je vous demande pardon, Sire. L'affaire dont j'ai à vous parler n'a pas besoin de papiers, mais elle n'en est pas moins importante. Il s'agit de votre honneur, de celui de votre ministère, et de l'intérêt de l'État. L'indécision dans laquelle vous laissez flotter les esprits avilit vos ministres actuels et laisse les affaires en suspens. Voilà un mois de perdu, et vous ne sauriez continuer sans faire tort à vous et à vos sujets. Si vous voulez conserver vos ministres actuels, publiez-le, et ne les laissez pas regarder par toute la populace comme voisins de leur chute. Si vous ne voulez pas les garder, dites-le pareillement, et nommez leurs successeurs. — LE ROI. Oui, il faut décider, et il faut les changer. Ce sera samedi, après le Conseil des dépêches. — MAUREPAS (avec vivacité). Non, point d'ajournement, ce n'est pas ainsi qu'on gouverne un État ! Le temps n'est pas un bien que vous puissiez perdre à votre fantaisie, et il faut donner votre décision avant que je sorte d'ici. — LE ROI. Mais que voulez-vous ? Je suis accablé d'affaires, et je n'ai que vingt ans. Tout cela me trouble. — MAUREPAS. Ce n'est que par la décision que ce trouble cessera. Laissez les papiers à vos ministres, et bornez-vous à en choisir de bons et d'honnêtes. Vous m'avez toujours dit que vous vouliez un ministère honnête ; le vôtre l'est-il ? S'il ne l'est pas, changez-le ; voilà votre fonction. Ces jours derniers, l'abbé Terray vous mit à portée de le faire, en vous demandant après son travail si vous étiez content de sa gestion. — LE ROI. Vous avez raison, mais je n'osai pas. Il n'y a encore que quatre mois, que l'on m'avait habitué à avoir peur quand je parlais à un ministre. — MAUREPAS. Alors vous aviez à leur demander, et ils étaient les maîtres ; aujourd'hui, ils sont vos ministres, à vous. L'abbé Terray vint me rendre compte de ses incertitudes et de votre silence ; j'étais dans l'embarras moi-même. Je suis venu tous les jours à votre lever ; que ne m'avez-vous tiré à part pour m'en dire un mot ? Mais il faut vous arracher les paroles, pour vos intérêts les plus précieux ! »

Maurepas, voyant le Roi ébranlé et ému, serre alors la question d'une manière encore plus pressante : « Voulez-vous ou ne voulez-vous pas changer les deux ministres ? — Oui, je le veux bien. — Alors que ce soit dès à présent. J'irai l'annoncer à l'abbé Terray, et M. de La Vrillière ira demander les sceaux au chancelier. Etes-vous décidé sur les successeurs ? Car il faut tout terminer à la fois ; les incertitudes pour les places font naître les intrigues. — Oui, dit le Roi, je me décide. M. Turgot aura la Finance. — Mais il désire, avant d'accepter, avoir une audience de Votre Majesté. — Je le mis avant-hier à portée de s'expliquer, reprit Louis XVI, car nous parlâmes peu de marine, et je lui parlai de quelques objets qui touchent au contrôle général. J'attendais qu'il s'ouvrît avec moi. — Il attendait, je crois, plus encore de vous, et l'ouverture ne pouvait venir que de votre part. Je vais le chercher, et vous l'envoyer sur-le-champ. Et quant aux autres choix ? — Eh bien ! articula Louis XVI après une courte hésitation, M. de Miromesnil aux Sceaux, et M. de Sartine à la Marine. Il faut leur envoyer un courrier. »

L'affaire ainsi enlevée, Maurepas, avant de s'éloigner, crut devoir s'excuser d'avoir parlé avec une vivacité excessive : « Sire, dit-il, je vous en demande pardon, j'étais trop échauffé. — Oh ! non, ne craignez rien, s'écria Louis XVI en lui posant la main sur l'épaule, dans un geste affectueux. Je suis assuré de votre honnêteté, et cela suffit. Vous me ferez plaisir de me dire toujours la vérité avec cette force ; j'en ai besoin. »

Turgot, averti par Maurepas, monta peu après chez le Roi. L'audience fut brève, l'échange d'idées sommaire, mais la conversation eut lieu sur un ton de cordialité dont témoignent leurs derniers mots[48] : « Tout ce que je vous dis est un peu confus, dit Turgot au moment de prendre congé, parce que je me sens encore bien troublé. — Je sais que vous êtes timide, mais je sais aussi que vous êtes ferme et honnête, et que je ne pouvais mieux choisir. Je vous ai mis à la marine quelque temps, pour avoir occasion de vous connaître. — Il faut, Sire, que vous me donniez la permission de mettre par écrit mes vues générales et, si j'ose dire, mes conditions sur la manière dont vous devez me seconder dans cette administration ; car, je l'avoue, elle me fait trembler, par la connaissance superficielle que j'en ai. — Oui, répliqua le Roi, comme vous voudrez. Mais, ajouta-t-il en lui prenant les mains, je vous donne ma parole d'honneur à l'avance d'entrer dans toutes vos vues et de vous soutenir toujours dans tous les partis courageux que vous aurez à prendre. » Turgot sortit du cabinet du Roi « tout attendri, » selon son expression. Comme il en avait pris l'engagement, il rédigea sur l'heure une sorte de mémoire, qui exposait, en résumé, son système financier et ses idées sur la politique générale. Cette lettre nous est conservée ; nous y reviendrons par la suite. Il suffit aujourd'hui de noter les étapes, de plus en plus rapides, par lesquelles s'achemine vers son terme la grande affaire des parlemens.

Tandis que M. de Maurepas courait faire connaître à Terray sa disgrâce, le duc de La Vrillière, muni d'une lettre de Louis XVI, se rendait chez le chancelier pour lui redemander les sceaux. Maupeou se montra plein de calme, sans plainte et sans irritation, en homme qui croit avoir fait son devoir et s'attend de longue date à récolter l'ingratitude. Avant même que d'ouvrir le billet du Roi : « J'obéirai, dit-il à La Vrillière. J'avais fait gagner au Roi un procès qui durait depuis trois cents ans ; il veut le reperdre, il en est le maître. » Quand il eut lu l'ordre d'exil dans sa terre de Roncherolles, située près des Andelys : « Au moins, monsieur, reprit-il en tirant sa montre, apprenez au Roi combien je suis exact. » Et il commanda ses chevaux. Il conserva cette belle sérénité dans le trajet qu'il fit pour gagner l'endroit assigné, parmi les quolibets, les injures de la populace, les processions promenant des mannequins en simarre, que l'on pendait ou brûlait sur la route. Arrivé chez son père, âgé de quatre-vingt-huit ans, il fit une partie de cartes avec lui, causant et plaisantant avec une parfaite bonne humeur, et ne lui apprit la nouvelle qu'au moment de s'aller coucher.

VIII

Cette « Saint-Barthélémy des ministres, » comme on appela dans le public la journée du 24 août[49], fut connue le jour même et provoqua une émotion immense. Le peuple de Paris « tira des pétards toute la nuit » et dansa par les rues autour de feux de joie. Comme le lendemain était la fête patronale de Saint-Louis, et par suite celle du Roi, on dut, crainte d'accidens, faire interdire par la police la vente des pièces d'artifice. Les noms des nouveaux secrétaires d'Etat furent divulgués dans la soirée, et la nouvelle ne diminua pas l'enthousiasme.

L'élévation de Turgot au contrôle, dont on attendait tout, faisait passer sur ses collègues, Sartine à la Marine, Miromesnil aux Sceaux. Sartine, quinze ans lieutenant général de police, s'était acquis dans ces fonctions la sympathie de la population parisienne et le renom d'un habile administrateur. Si ce passé semblait l'avoir peu préparé à son nouvel emploi, on comptait sur sa fermeté pour rétablir la discipline sur les vaisseaux du Roi et dans les arsenaux, où soufflait un vent de révolte. Miromesnil à la Justice étonnait davantage. Comme premier président du parlement de Rouen, il avait subi récemment les rigueurs de Maupeou. Sa retraite l'ayant rapproché du château de Pontchartrain, il devait à ce voisinage l'amitié de Monsieur et, plus encore, de Mme de Maurepas, qui faisait ses délices de cet aimable et galant magistrat. Nul, en effet, ne se tirait plus adroitement d'un rôle dans une comédie de salon, n'excellait davantage dans les imitations, ne tenait avec plus d'esprit l'emploi de mystificateur. Ce fut, disent ses contemporains, par « ces talens de scaramouche » qu'il séduisit la vieille châtelaine, dont l'empire, comme on sait, était puissant sur son époux, et qu'il conquit par suite la simarre de chancelier de France. On lui reconnaissait, du reste, une science assez solide dans les choses judiciaires, une rare facilité de travail et de la justesse dans l'esprit.

Au surplus, dans ces premières heures, ce qui préoccupait presque exclusivement l'opinion, c'était l'accord prévu de ces différens personnages pour régler au plus tôt la question brûlante entre toutes, le rappel de l'ancien parlement. L'issue dorénavant ne semblait guère douteuse, l'œuvre de M. de Maupeou ayant, par la chute de l'auteur, perdu toutes ses chances de durée. Toutefois, les nouveaux magistrats n'entendaient pas disparaître à la muette et tendre la gorge au couteau. Leurs partisans paraissaient non moins résolus à tenter une suprême campagne. Le Comte de Provence ouvrit le feu ; il remit à son frère, dans les premiers jours de septembre, une note écrite, sous son inspiration, par Cromot, son surintendant des finances[50], et intitulée *Mes idées*, note qui fut publiée par la suite et fit un assez grand tapage. L'auteur y insistait sur l'arrogance des anciens magistrats, s'ils avaient jamais gain de cause : « Ce retour ne pourrait manquer de les enorgueillir… Ils seraient rentrés en agneaux, et se comporteraient en lions. Ils prétexteraient le bien public et prétendraient, suivant leurs principes, en désobéissant, ne pas désobéir. Le peuple, ou plutôt la populace, viendrait ensuite à leur secours, et l'autorité royale se verrait accablée sous le poids de leur résistance. » Les conseillers menacés d'expulsion renchérissaient encore sur ces attaques, et des libelles se répandaient, où leurs prédécesseurs étaient vilipendés avec la dernière violence.

Les d'Orléans et le prince de Conti ripostaient, lançaient des mémoires, que Maurepas transmettait au Roi. Ils avaient partie belle, car le sentiment populaire, fouetté par des excitations secrètes, se déchaînait de plus en plus contre « le parlement Maupeou. » Maintenant, les infortunés magistrats ne pouvaient se montrer nulle part sans provoquer les fureurs de la multitude. L'un d'eux, dans la cour du Palais-Royal, était reconnu, poursuivi ; un homme du peuple lui criait, en lui montrant le poing : « Ah ! b…, tu vas être chassé, avec tous ces gueux-là ! » Et la foule d'applaudir. Au sortir d'une audience du Roi, une délégation de « robes rouges » n'osait s'aventurer parmi la foule assemblée devant le Palais : « Comment faire, demandait leur chef à Maurepas, pour partir sans être insultés ? — Mettez des dominos, » répondait-il d'un ton goguenard[51].

Seul, Louis XVI restait à l'écart, indifférent en apparence et comme spectateur de la lutte. Dans le milieu d'octobre, il recevait des conseillers du parlement de Rennes une plainte au sujet des outrages dont ils se disaient abreuvés. Ils rappelaient le mot de Louis XV : *Je ne changerai jamais*, et suppliaient le petit-fils de ne pas désavouer l'aïeul. Pour toute réponse, le Roi fit dire par La Vrillière que « ces représentations ne lui avaient paru que l'effet d'une inquiétude sans fondement, occasionnée par des rumeurs vagues auxquelles le Parlement de Bretagne n'aurait dû donner aucune attention. » A quelques jours de là, le 23 du même mois, la Chambre des vacations de la Cour de Paris prenait un arrêté semblable, et le procureur général portait à Fontainebleau les doléances de ses confrères. Louis XVI, devant cette démarche directe, dissimulait son embarras sous les formes bourrues qu'il affectait en pareille occurrence : « Je suis très surpris, répliquait-il sèchement, que la Chambre des vacations de mon parlement ait fait un arrêté sur des bruits publics ! d'autant qu'il n'y a rien de nouveau. » Sur quoi, il tournait le dos et sortait.

Ce n'est point là duplicité, mais malaise assez excusable, car, à l'heure même où il parlait ainsi, la résolution était prise, les lettres préparées, la date fixée pour l'exécution du projet, le tout dans le plus grand mystère. Quatre ministres seuls étaient, dans le secret : Maurepas, Turgot, Sartine et Miromesnil. Les autres furent laissés en dehors de l'affaire, surtout du Muy, le seul qui fût vraiment hostile à la « révolution » prochaine. Les princes du sang restèrent jusqu'au dernier moment dans la même ignorance. Le Roi signa le 25 octobre les lettres destinées à chacun des anciens magistrats, y compris ceux qui avaient accepté la liquidation de leurs charges. Elles portaient, en substance, qu'il leur était enjoint de se trouver le 9 novembre à Paris, sans indiquer le but de cette convocation. Des lettres d'une forme identique avertissaient les membres du nouveau parlement qu'ils eussent à rester, ce même jour, chacun dans son logis, « pour y attendre l'ordre du Roi. » Ces étranges instructions, ce ton énigmatique, jetèrent une inquiétude, que ne dissipa point le silence des jours suivans.

Le 10 novembre, les conseillers de l'ancien parlement reçurent une seconde note royale, conçue dans les termes suivans : « Messieurs, ayant jugé à propos de changer les ordres que je vous ai donnés le 25 du mois dernier, je vous fais cette lettre pour que vous ayez à vous rendre, le 12 du présent mois, en la Chambre de Saint-Louis, au Palais, et que vous y attendiez en silence les ordres que je compte vous y faire donner ledit jour Sur ce[52]… »

Dans l'intervalle de ces deux lettres, Louis XVI avait écrit, avec Miromesnil, le préambule des neuf édits qui devaient rétablir les magistrats exilés sur leurs sièges, en leur imposant certaines règles destinées à prévenir le retour des écarts d'antan. Le morceau se termine ainsi : « Nous sommes assuré que les magistrats se rendront recommandables par la sagesse de leur conduite, que l'esprit de corps cédera en toute circonstance à l'intérêt public, que notre autorité, toujours éclairée sans être jamais combattue, ne se trouvera obligée dans aucun temps de déployer toute sa force, et que, par les précautions dont elle veut s'environner, elle n'en deviendra que plus chère et plus sacrée. » Espérance généreuse et vœu plein de candeur, dont un prochain avenir allait démontrer l'illusion.

Pour donner plus d'éclat à cette mesure réparatrice, le Roi s'était déterminé à déclarer ses volontés avec l'appareil solennel usuel dans les « lits de justice. » On désignait ainsi les assemblées, traditionnelles en France, où le souverain, venant au parlement, lui faisait connaître en personne son intention de promulguer une loi et ordonnait son enregistrement pour quelle eût toute sa force. Nos premiers rois, dans ces séances, occupaient un trône d'or ; on y substitua par la suite un vaste siège formé de cinq épais coussins et surmonté d'un dais, que l'on appelait jadis « un lit ; » d'où le nom de lit de justice donné par extension aux assemblées elles-mêmes[53]. Ce trône monumental, fabriqué sous Louis XII, était de velours violet, parsemé de lys d'or ; la salle entière était tendue d'étoffe également violette ; le Roi portait un habit de même nuance, avec des plumes blanches au chapeau.

Maurepas craignait que la timidité naturelle de Louis XVI ne paralysât ses moyens dans cette imposante circonstance. Il se rappelait Louis XV, si fortement impressionné quand il prenait la parole en public, qu'à peine pouvait-il balbutier quelques phrases inintelligibles. Il cita cet exemple à son royal élève : « Et pourquoi voulez-vous que j'aie peur ? » lui répondit Louis XVI. Maurepas, par précaution, lui fit pourtant répéter sa leçon, « en l'accompagnant d'un mouvement de la main comme pour marquer la mesure : « Trop vite, lui dit-il à la fin, on ne vous a pas bien entendu. — Vraiment ? reprit le Roi avec simplicité. Ah ! si j'avais la bonne grâce et la tenue du Comte de Provence, ce serait à merveille ! Mais, moi, je bredouille, et cela n'ira pas bien[54]. » Une plus sérieuse cause d'anxiété fut l'avis qu'on reçut, de sources différentes, que la salle du Palais où se tiendrait le lit de justice était minée et sauterait sous les pas du Roi. On visita les caves et les souterrains du Palais, et l'on ne trouva rien. Mais quelque chose de cette histoire avait transpiré dans le public, et il en résulta, pendant toute la séance, un trouble général qui nuisit à l'effet.

Le 12 novembre, à sept heures au matin, Louis XVI, escorté de ses frères, des grands officiers de la couronne et d'un immense cortège, quitta la Muette, en carrosse d'apparat, et suivit la route de Paris. Il traversa sa capitale parmi des acclamations enthousiastes et se rendit à la « grand'chambre » du Palais, qu'on avait disposée pour cette solennité. Il présida d'abord une assemblée particulière des princes du sang et des pairs du royaume, auxquels il annonça « sa résolution prise de rétablir dans leurs fonctions les anciens membres de son parlement : « Ce bienfait, leur dit-il, est une preuve de ma tendresse pour mes sujets, mais je ne perds point de vue que leur tranquillité et leur bonheur exigent que je conserve mon autorité dans toute sa plénitude. » Miromesnil prit ensuite la parole pour expliquer et commenter les mesures ainsi décidées. Louis XVI n'ajouta que ces mots : « Messieurs, je suis assuré de votre attachement et de votre zèle pour donner à tous mes sujets l'exemple de la soumission. » Après quoi, le grand maître des cérémonies s'en fut chercher les « officiers de l'ancien parlement » et, de la part du Roi, les invita à reprendre leurs places.

Les magistrats entrèrent, en grand costume, et reprirent en silence les sièges d'où, quatre années auparavant, ils s'étaient vus brutalement arrachés. Louis XVI s'exprima alors en ces termes : « Messieurs, le Roi mon très honoré seigneur et aïeul, forcé par votre résistance à ses ordres réitérés, a fait ce que le maintien de son autorité et l'obligation de rendre la justice à ses sujets exigeaient de sa sagesse. Je vous rappelle aujourd'hui à des fonctions que vous n'auriez jamais dû quitter ; sentez le prix de mes bontés et ne les oubliez jamais… » Après une rapide allusion à l'ordonnance destinée à prévenir le retour des anciennes révoltes, il concluait par ces paroles : « Je veux ensevelir dans l'oubli tout ce qui s'est passé, et je verrais avec le plus grand mécontentement des divisions intestines troubler le bon ordre et la tranquillité de mon parlement. Ne vous occupez que du soin de remplir vos fonctions et de répondre à mes vues pour le bonheur de mes sujets, qui sera toujours mon unique objet. » Cette harangue fut débitée posément, d'une voix nette, et sur un ton de fermeté qui surprit l'assistance. Suivit la lecture des édits rétablissant, avec le parlement, le Grand Conseil et la Cour des Aides, et de l'ordonnance relative à la discipline de ces corps. Il ne fut pas question dans cette journée des parlemens de province ni des autres juridictions supprimées par Maupeou ; ce fut l'œuvre des mois suivans ; près d'un an s'écoula avant que l'œuvre entière de l'ex-chancelier fût définitivement détruite.

Le départ du Palais et le retour du cortège royal à la Muette furent salués par des ovations plus frénétiques encore que l'arrivée. « La canaille de Paris, écrit un spectateur sceptique, se réjouissait sans savoir pourquoi. » Louis XVI jouissait innocemment de cette allégresse populaire. On voit le reflet de cette joie dans les lignes triomphantes que Marie-Antoinette, à quatre jours de là, adressait à sa mère : « La grande affaire des parlemens est enfin terminée ; tout le monde dit que le Roi y était à merveille. Tout s'est passé comme il le désirait… J'ai bien de la joie de ce qu'il n'y a plus personne dans l'exil et le malheur. Tout est réussi, et il me paraît que, si le Roi soutient son courage, son autorité sera plus grande et plus forte que par le passé. » Combien plus clairvoyante est cette autre contemporaine, qui écrit à la même époque : « Il s'agit de savoir si ce sont des juges ou des tyrans qu'on va remettre sur les fleurs de lys[55]. »

L'acte historique dont on vient de lire le récit, dégagé des passions du temps et envisagé à distance, avec le recul des années, apparaît comme la première faute du règne de Louis XVI et l'une des plus chèrement payées ; car, dans le domaine politique, renouer une tradition est fréquemment plus difficile, et non moins dangereux, que la rompre. Que le coup d'Etat de Maupeou eût été brutal dans la forme, cruel dans certaines de ses suites, scandaleux, si l'on veut, par quelques-uns des hommes dont on dut se servir, on ne peut songer à le nier ; ainsi d'ailleurs s'explique l'erreur d'un prince juste, honnête et sensible. Mais le fait essentiel, c'est que Maupeou avait, somme toute, réussi dans son entreprise et que, dans la période troublée que traversait alors la France, son œuvre servait puissamment l'intérêt de la royauté. Le plus fort était fait ; un mot du Roi, l'apparence d'une volonté ferme, eût achevé de briser les dernières résistances. Par l'infusion d'un sang nouveau, on eût aisément remédié au seul vice du nouveau régime, l'indignité du personnel improvisé au lendemain d'une bataille. Ainsi conservait-on en main un instrument souple, maniable, assez robuste pour aider l'action du pouvoir monarchique, et pas assez pour la contrecarrer.

Au contraire, en rappelant les anciens parlemens, le Roi relevait de sa ruine et reconstituait légalement un grand parti d'opposition, tracassier, méfiant, ombrageux. Malgré les promesses faites et les précautions prises, les magistrats remontaient sur leurs sièges plus imbus que jamais de leurs prétentions séculaires, aigris par la persécution, enivrés de leur victoire, convaincus de leur toute-puissance, prêts à des séditions nouvelles. Comment compter, d'ailleurs, sur ces revenans d'un autre âge pour comprendre l'utilité d'un programme de réformes, sur cette antique institution pour rajeunir un État vieillissant ? Le parlement, de par sa nature même, tout en troublant la quiétude des partisans du *statu quo*, serait forcément un obstacle à ceux qui prétendraient agir ; et le système cher à Turgot, la rénovation nationale opérée par le Roi lui-même armé du pouvoir absolu, rencontrerait, dans l'inertie ou le mauvais vouloir de la magistrature, la barrière où il se briserait.

Sans aller jusqu'à dire que le rappel des parlemens fut la cause essentielle de la chute de la Monarchie, on peut admettre tout au moins, avec l'un des curieux qui, après le lit de justice, virent passer le cortège royal parmi les vivats de la foule, qu'en cette journée fameuse, Louis XVI a, de ses propres mains, « posé la première pierre de la Révolution[56]. »

MARQUIS DE SEGUR.

1. ↑ Voyez la *Revue* du 1er février.
2. ↑ Mss. de la Bibliothèque nationale. F. fr. 6681-13 mai 1774.
3. ↑ *Journal* de l'abbé de Véri. — *Passim*.
4. ↑ Le départ de Choisy eut lieu le 18 mai.
5. ↑ Lettre du 2 juin 1774. — *Correspondance de Mme du Deffand*, publiée par M. de Sainte-Aulaire.

6. ↑ *Journal* de l'abbé de Véri. — *Passim.*
7. ↑ *Souvenirs* de Moreau.
8. ↑ *Souvenirs*, de Moreau.
9. ↑ Lettres de Mme de Boufflers à Devau. — *Journal* du duc de Croy. — *Journal* de l'abbé de Véri.
10. ↑ *Journal* de l'abbé de Véri. — *Passim.*
11. ↑ Lettre du 1er juin 1774. — Correspondance publiée par Feuillet de Conches. — Cette publication, dont on ne peut faire usage qu'avec certaines précautions, renferme cependant une quantité notable de lettres d'une authenticité certaine, et celle-ci semble bien être du nombre.
12. ↑ Cet usage remonte au temps où la bourse, ou aumônière, se portait à la ceinture, d'où son appellation.
13. ↑ *Journal. — Passim.*
14. ↑ *Réflexions historiques. — Passim.*
15. ↑ Lettre du 7 juin 1774. — Correspondance publiée par d'Arneth.
16. ↑ *Chronique secrète* de l'abbé Baudeau.
17. ↑ Allusion aux luttes de d'Aiguillon contre La Chatolais.
18. ↑ *Souvenirs* de Moreau.
19. ↑ Il fut fait maréchal de France quelques mois après son entrée au ministère.
20. ↑ *Mémoires inédits* du comte de Saint-Priest.
21. ↑ Journal inédit. — *Passim.*
22. ↑ Albert Sorel, *l'Europe et la Révolution.*
23. ↑ Lettres de Mme Cramer à M. de Constant, citée par M. G. Maugras dans son livre sur *La disgrâce du duc de Choiseul.*
24. ↑ *Souvenirs* de Moreau, du marquis de Valfons ; *Chronique secrète* de l'abbé Baudeau ; *Correspondance* de Mercy-Argenteau ; *Correspondance secrète* de Métra, etc.
25. ↑ *Chronique secrète* de l'abbé Baudeau. — *Passim.*
26. ↑ Lettre de la marquise de Boufflers du 25 mai 1774. — *La marquise de Boufflers*, par G. Maugras.
27. ↑ *Chronique secrète* de l'abbé Baudeau.
28. ↑ *Louis XVI et Turgot*, par le baron de Larcy. — *Passim.*
29. ↑ Mémoire rédigé par M. de Maupeou pour Louis XVI. — *Le chancelier de Maupeou*, par Flammermont. Appendice.
30. ↑ Il embrassait les circonscriptions d'Arras, de Lyon, de Poitiers, de Clermont-Ferrand, etc., etc.
31. ↑ *Souvenirs* de Moreau ; *Mémoires* d'Augeard, etc.
32. ↑ *Mémoires secrets* d'Augeard.
33. ↑ *Mémoires secrets* d'Augeard.

34. ↑ *Souvenirs* de Moreau.
35. ↑ *Mémoires* de Soulavie.
36. ↑ Journal inédit de Hardy, *loc. cit.*
37. ↑ Journal inédit de l'abbé de Véri. — *Passim*.
38. ↑ Journal inédit de l'abbé de Véri. — *Passim*.
39. ↑ Journal inédit de l'abbé de Véri.
40. ↑ *Ibidem*.
41. ↑ Lettre du 30 juillet 1774. Correspondance publiée par d'Arneth.
42. ↑ Journal de l'abbé de Véri. — *Passim*.
43. ↑ Les préventions de Louis XVI contre M. de Malesherbes dataient de l'époque où ce dernier, directeur de la librairie, avait été accusé de soutenir les intérêts de l'Encyclopédie.
44. ↑ *Journal inédit* de l'abbé de Véri.
45. ↑ *Souvenirs* de Moreau.
46. ↑ *Le chancelier de Maupeou*, par J. Flammermont. — Appendice.
47. ↑ Maurepas, au sortir de cette visite, s'en fut droit chez Turgot, où se trouvait l'abbé de Véri, et leur rapporta mot pour mot toute la conversation, que l'abbé de Véri transcrivit sur-le-champ dans son Journal.
48. ↑ Journal de l'abbé de Véri. — *Passim*.
49. ↑ La fête de Saint-Barthélémy tombait le même jour, ce qui donna lieu à ce facile jeu de mots.
50. ↑ D'autres en attribuent la rédaction à un sieur Gin, conseiller au nouveau parlement.
51. ↑ *Souvenirs* de Moreau. — *Mémoires* du comte d'Allonville, etc., etc.
52. ↑ *Souvenirs* de Moreau.
53. ↑ *Souvenirs d'un page,* par le comte d'Hézeckes.
54. ↑ Journal de l'abbé de Véri. — *Passim*.
55. ↑ Lettre de Mlle de Lespinasse du 30 octobre 1774.
56. ↑ *Souvenirs* du baron de Frénilly.

AU COUCHANT DE LA MONARCHIE[1]

III

TURGOT AU CONTROLE GÉNÉRAL
LA GUERRE DES FARINES[2]

I

La première fois que M. de Maurepas, après le renvoi de Maupeou et de l'abbé Terray, parut à l'Opéra, dans sa loge habituelle, il se produisit un mouvement que les fidèles du lieu déclarèrent sans exemple. Le parterre entier se leva, battit des mains, cria des bravos frénétiques. Maurepas, surpris, « chercha de bonne foi à qui cela s'adressait. Les regards tournés vers lui éclaircirent bientôt son doute. Il baissa modestement la tête et voulut en prévenir la reprise en partant avant la fin du spectacle[3]. » Vaine tentative ; les spectateurs applaudirent de plus belle, le poursuivirent dans les corridors du théâtre et jusqu'au fond de son carrosse ; les clameurs ne prirent fin que lorsqu'il fut hors de vue. Sans faire tort à la « modestie » du vieux conseiller de Louis XVI, on peut lui supposer assez de clairvoyance pour avoir vite compris qu'un si chaud enthousiasme s'adressait moins à sa personne qu'à la satisfaction donnée à l'opinion publique par l'élévation de Turgot au contrôle général. C'est à ce choix, c'est au « philosophe homme d'Etat » dont on attendait des merveilles, — la rénovation du royaume par la destruction des abus et l'accomplissement des réformes, — qu'allait, par-dessus la tête de Maurepas, l'ovation populaire. Jamais accession au pouvoir n'avait suscité tant de joie et de si grandioses espérances.

Le nouveau poste dont Turgot devenait titulaire lui fournissait, en effet, le moyen de donner sa mesure. C'était, à cette époque, le plus important sans conteste de tous les ministères, celui auquel ressortissaient plus ou moins tous les autres. Car le contrôleur général n'était pas seulement l'homme préposé au Trésor public, chargé de percevoir l'impôt, de surveiller l'emploi des fonds et de les répartir parmi les différens services, mais il tenait encore en mains, par mille fils mystérieux, l'administration générale du royaume, et, du centre, son influence rayonnait sur toutes les provinces, par le privilège qu'il avait de communiquer directement avec les intendans, de leur transmettre, en les interprétant, les ordres du pouvoir suprême[4]. La gravité croissante, dans le cours du XVIIIe siècle, du problème budgétaire avait ainsi fait peu à peu, pour emprunter l'expression d'un écrivain du temps, « du chef de la finance la vraie providence de l'Etat. »

Ce rôle difficile et glorieux, l'homme qui en recevait la charge plus que tout autre y semblait préparé par ses études, par ses dispositions d'esprit, par les étapes de sa carrière, comme aussi par le sang qui coulait dans ses veines. « C'est une bonne race, » disait Louis XV en parlant des Turgot. Tout justifie cette appréciation royale. Sans discuter, comme certains biographes, si les Turgot descendaient d'un roi de Danemark et se rattachaient au dieu Thor[5], il est tout au moins établi que cette famille normande occupait, de longue date, un rang prééminent dans l'administration et la magistrature. Le père du ministre de Louis XVI, Michel-Etienne Turgot, avait rempli avec honneur les multiples fonctions de conseiller d'Etat, de prévôt des marchands de Paris, de président du Grand Conseil. A son nom respecté son troisième fils, Anne-Robert Jacques, né à Paris le 10 mai 1727, allait ajouter de la gloire. Je n'ai pas à entrer ici dans le détail de sa jeunesse studieuse et de ses succès d'écolier, tant au collège Louis-le-Grand qu'au séminaire de Saint-Sulpice, à la Faculté de théologie, à la « maison de Sorbonne. » Il aspirait à la prêtrise ; maîtres et condisciples lui prédisaient l'épiscopat ; mais la vocation lui manqua au moment décisif, et de ses travaux scolastiques, interrompus en plein essor au mois de décembre 1750, il ne tira d'autre avantage que le goût de la controverse, l'art de la dialectique, une bonne méthode dans l'argumentation.

Les dix années qui suivirent sa sortie d'Eglise furent pour Turgot les années décisives ; ce furent alors que se formèrent son âme, son cerveau, ses idées. Le séjour passager qu'il fit dans la magistrature, — tour à tour substitut, conseiller, maître des requêtes enfin au parlement de Paris, — lui laissait des loisirs qu'il partageait entre les plus austères études et la fréquentation des plus grands esprits de son temps. Avec Quesnay, Gournay et Adam Smith, il s'instruisit dans la science, alors nouvelle, de l'économie politique, où rapidement il allait devenir un maître. Avec Voltaire, d'Alembert et Diderot, il s'efforçait à rattacher ses théories politiques ou sociales aux principes généraux de la philosophie. A leur suite, il entra dans l'Encyclopédie ; il y écrivit cinq articles, dont l'un, sur l'Existence, est encore regardé comme l'un des bons morceaux de ce vaste recueil. Cependant, citoyen dévoué, passionné pour le bien public, il eût souffert de se confiner à jamais dans des spéculations abstraites. Il accueillit donc avec joie l'occasion qui se présenta en août 1761, par sa nomination à l'intendance du Limousin, de mettre ses vues en pratique, de travailler, comme disait Catherine II, non pas seulement « sur le papier, qui souffre tout, mais sur la peau humaine, bien autrement irritable et chatouilleuse[6]. »

L'intendance de Turgot offre cet intérêt d'avoir été comme la préface, ou, si l'on veut, la répétition par avance, du futur ministère, un stage préparatoire avant l'exercice complet du pouvoir. La province de Limoges devint entre ses mains une espèce de champ d'expériences, où il essaya ses idées sur un terrain restreint, jusqu'à l'heure de les appliquer sur toute la surface du royaume. La longue durée accoutumée de ces sortes d'emplois[7], la faculté d'initiative, la largo indépendance laissées aux intendans par les mœurs de l'ancien régime leur permettaient de déployer à l'aise leurs bonnes ou mauvaises qualités, d'être, à leur gré, les oppresseurs ou les bienfaiteurs d'une contrée. En général, — et à tort, semble-t-il, — le public parisien les tenait en médiocre estime. « Un de nos confrères, mandait Voltaire à Turgot, vient de m'écrire qu'un intendant n'est propre qu'à faire du mal ; j'espère que vous me prouverez qu'il peut faire beaucoup de bien. » Turgot tint à honneur de justifier cette espérance. Il tenta, il osa beaucoup ; le succès qui récompensa son audace fut un encouragement dont il se souvint par la suite.

Le Limousin, lorsqu'il y arriva, était un pays pauvre, écrasé de contributions. Turgot y évaluait le montant des impôts à 40 ou 50 p. 100 du produit net du sol, « c'est-à-dire, disait-il, que le Roi tire à peu près autant de la terre que les propriétaires. » Il entreprit courageusement d'obtenir quelque soulagement pour ses administrés. Ses luttes contre l'abbé Terray pour soustraire la province à des charges nouvelles, ses générosités pendant les périodes de disette, la création « d'ateliers de charité, » la confection de routes belles et nombreuses, la conversion de la « corvée » en taxe équitablement répartie, mainte autre mesure du même genre, lui attirèrent une popularité dont le renom passa bientôt les frontières de son intendance. Dans tout le pays de Limoges, ce fut une désolation générale, quand on apprit l'ordre royal l'appelant à un plus haut emploi, et il connut la rare douceur d'une gratitude durable. Sept ans plus tard, quand il quitta ce monde, le temps n'avait pas effacé la mémoire de tant de bienfaits : « Nous sommes affligés jusqu'aux larmes, écrira l'un de ses anciens administrés, de la mort de M. Turgot. Il a gouverné cette provinces pendant treize ans dans un esprit d'équité, de popularité et de bienfaisance. »

Mûri et préparé par ses travaux spéculatifs comme par la pratique des affaires, Turgot parvenait au pouvoir dans sa quarante-huitième année. Son aspect répondait à l'idée qu'on avait de lui. De haute taille, d'allure vigoureuse, le front élevé, les yeux sourians, le visage « noble et bienveillant, » encadré par une chevelure brune dont les boucles épaisses flottaient sur ses épaules, il forçait le respect, commandait la confiance et inspirait la sympathie. Une retenue un peu timide, et un air de « candeur » assez inattendu chez un homme de son âge, donnaient à ses manières un charme singulier. « Sa modestie et sa réserve eussent fait honneur à une jeune fille, dit un de ses contemporains avec une pointe d'ironie[8]. Il était impossible de hasarder la plus légère équivoque sur certains sujets sans le faire rougir jusqu'aux yeux. Cette réserve ne l'empêchait pas d'avoir la gaîté franche et naïve d'un enfant et de rire aux éclats d'une plaisanterie, d'une folie. » Cette ingénuité naturelle, la sévérité de ses mœurs, son ardeur pour le bien, jointes à l'instinct du dévouement, au désintéressement, à l'oubli de soi-même, tant de vertus eussent sans doute fait de lui, s'il était né quelques siècles plus tôt, un ascète, un fondateur d'ordre, l'un de ces grands moines actifs et mystiques à la fois, dont s'illumine la nuit du Moyen Age. Contemporain de Voltaire, de d'Alembert et de Diderot, il n'abdiqua pas sa nature, mais il eut, avec l'âme d'un saint, la tête d'un philosophe. Ce que, dans d'autres temps, il eût accompli par piété et pour l'amour de Dieu, il le fit par philanthropie, pour l'amour de l'humanité. Il apparaît ainsi, non comme le plus brillant, mais comme le plus vertueux, le plus pur produit de son siècle.

Faut-il admirer son esprit à l'égal de son cœur ? Il convient, semble-t-il, de faire ici quelques réserves. On doit reconnaître à Turgot une érudition étendue, de vastes conceptions, un cerveau généralisateur, une logique rigoureuse et de l'ordre dans les idées. Ces qualités étaient un peu gâtées par une élocution pénible, par une pesanteur de langage qui faisait tourner la causerie en dissertation longue et quelquefois obscure. Il lui manquait également, chose plus grave, la souplesse et le savoir-faire, l'art des accommodemens, si nécessaire en politique. Les systèmes qu'il élaborait, bien conçus, solidement construits, étaient ajustés tout d'une pièce, avec une précision, pour ainsi dire, géométrique, qui ne tenait pas assez compte des frottemens et des résistances. Comme tant d'autres théoriciens, il inclinait à voir les hommes, non pas tels qu'ils étaient, mais tels qu'il les aurait voulus ; et bien qu'il eût une fois écrit : « Il ne faut pas se fâcher contre les choses, parce que cela ne leur fait rien du tout, » il montrait de l'humeur, s'indignait de bonne foi, lorsque les faits mettaient obstacle à la rigueur absolue des principes.

Faute d'adresse et de tour de main, ses qualités, ses vertus mêmes se retournaient quelquefois contre lui. C'est ainsi qu'actif, laborieux, on l'accusait de « musardise, » parce qu'après avoir annoncé ses projets à l'avance, il ne livrait son travail au public que lorsqu'il le jugeait exactement au point, achevé dans les moindres détails, avec un scrupule excessif. Lors du grand édit sur les blés, il consacra de longues semaines à rédiger le préambule et le recommença trois fois, tandis que le peuple attendait la réforme promise[9]. De même, sa sincérité convaincue, la conscience qu'il avait de ses bonnes intentions, lui donnaient l'apparence de l'entêtement et de l'intransigeance. « Souvent, dit M. de Montyon[10], il se refusait à la discussion, et son silence avait une expression de dédain. Lorsqu'il défendait ses principes, c'était avec une aigreur offensante, et il attaquait le contradicteur plus que l'argument. » Sûr de n'agir que pour le bien, il repoussait d'un ton cassant toute observation mal fondée, toute requête qui choquait ses idées d'équité, amassant par là des rancunes qu'il aurait évitées par des formes plus douces. A Mme de Brionne, qui demandait une grâce dont il contestait la justice : « Sachez, Madame, dit-il rudement, que le règne des femmes est passé. — Oui, lui répondit la grande dame, mais non celui des impertinens. » Il apportera cette raideur dans les conseils du Roi, et ce sera la cause de plus d'un insuccès. « Il eût voulu, écrit La Harpe, mener les affaires et les hommes par l'évidence et la conviction ; mais il lui arrivait de manquer les affaires et de révolter les hommes, tandis qu'en cédant sur de petites choses et en ménageant de petites vanités, il eût pu parvenir à son but. »

Les idées qu'il soutenait avec cette intraitable ardeur étaient justes le plus souvent, et dans tous les cas belles et nobles. En politique, il poursuivait l'unité de gouvernement, en concentrant toutes les ressources du pouvoir suprême entre les mains du seul souverain, dont l'intérêt se confondrait avec celui de la nation, et qui, par suite, ne pourrait vouloir que le bien. Il voulait, de même, introduire l'harmonie dans les lois, au lieu de cette variété infinie qui résultait de l'inégalité des classes et de la persistance des coutumes régionales. Mais c'est dans l'ordre économique qu'il entendait faire les premières réformes. En cette matière, ses principes généraux peuvent se réduire à cette formule : rendre au commerce, à l'industrie, la liberté qui leur avait été peu à peu retirée, étendre le droit au travail à tous les citoyens, en supprimant toutes les entraves, seul moyen, pensait-il, de provoquer la concurrence, par conséquent d'encourager le progrès et le bon marché. Cette formule, à vrai dire, ne lui appartenait pas en propre. Les économistes du temps, les physiocrates comme on disait alors, Quesnay, Gournay, le marquis de Mirabeau, avaient maintes fois développé cette idée. Le mérite de Turgot sera de discerner, parmi la multitude des innovations proposées, les plus urgentes, les plus réalisables, et d'en chercher, par des moyens pratiques, la plus rapide application. Mais, son grand tort, en édictant ces sages mesures, sera de n'y pas apporter les gradations et les ménagemens nécessaires, de négliger d'y préparer habilement l'opinion, qui, tout en réclamant à grands cris des réformes, n'était pas toujours disposée à en subir les conséquences. Il oubliera, pour tout dire en un mot, d'appeler à la rescousse le meilleur des alliés, le temps, sans lequel il n'est point de décisives et durables victoires.

Dans cette hâte et cette fougue d'entreprendre, les ennemis de Turgot virent une rage ambitieuse, un accès d'orgueilleux délire, l'enivrement d'un homme auquel l'encens trop prodigué a fait tourner la tête. On a cité le mot qu'il aurait dit à l'un de ses intimes : « Je crois véritablement que je suis né pour régénérer la France ! » Et l'on ne peut nier, en effet, qu'il eût conscience.de sa valeur et qu'il souffrît impatiemment toute objection à ses projets. Mais sa fièvre d'agir vient surtout d'une plus triste cause, l'état de sa santé, la crainte que les années ne lui fussent jalousement comptées. « La goutte, écrit La Harpe, était héréditaire dans sa famille, comme la probité. » Son père, l'un de ses frères, étaient morts à quarante-neuf ans, emportés par cette maladie, dont lui-même ressentait déjà les cruelles et fréquentes atteintes. Sur ses vingt mois de ministère, il en passera sept dans son lit. De là sa précipitation à tout embrasser à la fois. Il a d'ailleurs lui-même invoqué cette excuse ; à l'un de ses amis qui l'exhortait à ne point presser ses réformes : « Comment, répondait-il, pouvez-vous me parler ainsi ? Vous connaissez les besoins du peuple, et vous savez que, dans ma famille, on meurt à cinquante ans[11] ! »

Tel était l'homme, dont l'avènement était salué par l'une des plus touchantes explosions d'espérance qui ait jamais soulevé l'âme d'un peuple en détresse. Aux bravos frénétiques des spectateurs de l'Opéra, aux acclamations de la foule, faisaient écho les congratulations de toute une classe de gens dont le pouvoir récolte rarement les suffrages. Ecrivains, philosophes, habitués des cénacles et des bureaux d'esprit, tous se louaient à l'envi de l'élévation d'un des leurs. « Si j'avais quelques jours de vie à espérer, s'écriait Voltaire, j'attendrais beaucoup de M. Turgot... Il est né sage et juste, il est laborieux et appliqué. Si quelqu'un peut rétablir les finances, c'est lui[12]. » — « Il y a tant de nouvelles, tant de mouvemens, tant de joie, qu'on ne sait auquel entendre... L'ivresse est générale : » ainsi s'exprime Julie de Lespinasse[13]. Et Mme du Deffand est pour une fois d'accord avec sa jeune rivale ; elle espère tout de ce « nouveau Sully, » qui « professe la vertu, qui veut faire régner la liberté, établir l'égalité, et pratiquer l'humanité. » L'opposant à l'abbé Terray, elle ajoute, de sa plume caustique : « C'est un sage qui certainement voudra le bien, non pas à la manière de son prédécesseur, le bien d'autrui[14] ! » Pour jeter une note discordante dans cet heureux concert, il faut une voix lointaine ; du fond de son « exil de Naples, » l'abbé Galiani juge les choses avec moins d'optimisme, et son amitié pour Turgot n'obscurcit pas sa clairvoyance : « Enfin, mande-t-il à Mme d'Épinay[15], M. Turgot est contrôleur général... Il restera trop peu de temps en place pour exécuter ses systèmes. Il punira quelques coquins, il pestera, se fâchera, voudra faire le bien, rencontrera des épines, des difficultés, des coquins partout. Le crédit diminuera, on le détestera, on dira qu'il n'est pas bon à la besogne ; l'enthousiasme se refroidira, il se retirera ou on le renverra ; et on reviendra une bonne fois de l'erreur d'avoir voulu donner une place telle que la sienne, dans une monarchie telle que la vôtre, à un homme très vertueux et très philosophe. La libre exportation du blé sera ce qui lui cassera le cou, souvenez-vous-en. » Étonnante prédiction, que nous verrons se vérifier dans les moindres détails.

II

Un novateur ministre n'est pas nécessairement un ministre novateur, et la distance est grande parfois des promesses de la veille aux actes du lendemain. Ce n'est pas à Turgot qu'on peut adresser ce reproche. La lettre que, le soir même de son avènement au contrôle général, il adressait au Roi résumait son programme et annonçait de quelle manière il comptait l'appliquer. De cette lettre, nous connaissons non seulement le texte officiel, mais aussi le premier brouillon, qui offre l'intérêt de nous montrer la pensée de Turgot, pour ainsi dire, toute nue, sans fard et sans apprêt[16]. On ne peut, en lisant ces lignes, se défendre de l'émotion que confessera Malesherbes : « Rien n'est plus touchant, rien ne donne une idée plus noble et en même temps plus attendrissante, du caractère du ministre, et même de celui du Roi à qui on a osé écrire une pareille lettre[17]. »

Turgot y rappelle au début son entrevue avec Louis XVI le soir du 24 août, et les promesses formelles recueillies de la bouche du Roi : « En sortant du cabinet de Votre Majesté, encore plein du trouble où me jette l'immensité du fardeau qu'Elle m'impose, agité par tous les sentimens qu'excite en moi la bonté touchante avec laquelle Elle a daigné me rassurer, je me hâte de mettre à vos pieds ma respectueuse soumission et le dévouement absolu de ma vie entière. Votre Majesté a bien voulu m'autoriser à remettre sous ses yeux l'engagement qu'Elle a pris avec Elle-même de me soutenir dans l'exécution des plans d'économie qui sont, en tous temps, et aujourd'hui plus que jamais, d'une nécessité indispensable... » Il énumère, après ce préambule, les trois points primordiaux sur lesquels reposera son système d'administration :

« Point de banqueroute,

« Point d'augmentation d'impôts,

« Point d'emprunts. »

Pourtant les dettes étaient criantes. Turgot, pour y faire face, n'admet qu'un seul moyen : une stricte économie, la réduction de la dépense au-dessous de la recette, « assez au-dessous, ajoute-t-il, pour pouvoir économiser chaque année une vingtaine de millions et les employer au soulagement des dettes anciennes, » faute de quoi, en cas de guerre, « le premier coup de canon forcerait l'Etat à la banqueroute. » Suit l'énoncé de la méthode à suivre pour obtenir ce résultat, méthode dont la base essentielle est l'entente absolue des différens ordonnateurs des deniers de l'Etat avec le chef de la finance, la défense faite aux divers secrétaires d'Etat d'instituer une dépense nouvelle sans le vu et l'assentiment du contrôle général. Cette rigueur, alors toute nouvelle, risquait de mécontenter ses collègues ; de même la résistance qu'il faudrait opposer aux quémandeurs de « grâces n'était pas pour plaire à la Cour. » Aussi, Turgot prévoyait, dès cette heure, les haines et les colères qu'une si ferme attitude allait rapidement déchaîner, et il mettait Louis XVI en garde contre sa faiblesse naturelle et ses entraînemens généreux : « Il faut, lui disait-il, vous armer contre votre bonté de votre bonté même, considérer *d'où vient* cet argent que vous pouvez distribuer à vos courtisans, et comparer la misère de ceux auxquels on est obligé de l'arracher, par les exécutions les plus douloureuses, à la situation des personnes qui ont le plus de titres pour obtenir vos libéralités... Votre Majesté ne doit pas enrichir même ceux qu'Elle aime aux dépens de la substance de son peuple. » Il osait plus encore, et il faisait appel à la conscience du Roi contre son propre cœur et contre les objets de ses plus légitimes tendresses : « Je serai seul, prophétise-t-il, à combattre contre la foule des préjugés qui s'opposent à toute réforme, contre la générosité de Votre Majesté et de la... » Au moment de nommer la Reine, le respect arrête brusquement sa plume : « Et des personnes qui lui sont le plus chères, » corrige-t-il d'un ton plus discret.

Turgot, en terminant, invoquait à nouveau les engagemens pris par le Roi : « Votre Majesté se souviendra que, c'est sur la foi de ses promesses que je me charge d'un fardeau peut-être au-dessus de mes forces, que c'est à Elle personnellement, à l'homme juste et bon, plutôt qu'au Roi, que je m'abandonne... La bonté attendrissante avec laquelle Elle a daigné presser mes mains dans les siennes, comme pour accepter mon dévouement, ne s'effacera jamais de mon souvenir et soutiendra mon courage. » Ce langage, ces souvenirs, une si noble confiance, ne pouvaient manquer leur effet sur l'âme jeune et sensible du prince. Quand, le lendemain, le nouveau contrôleur, après avoir montré au Roi l'importance de donner lui-même l'exemple des sacrifices nécessaires, crut devoir ajouter avec simplicité : « Tout cela, M. l'abbé Terray l'a sans doute déjà dit à Votre

Majesté. — Oui, répondit Louis XVI avec une émotion sincère, oui, il me l'a dit, mais il ne me l'a pas dit comme vous ! »

Sous le coup de cette émotion, Louis XVI brûlait d'une juvénile ardeur de faire paraître sa bonne volonté. Une lettre au duc de La Vrillière ordonnait certaines réductions dans le service de la vénerie, supprimait certaines sinécures, réformait une partie des chevaux et des chiens. Presque dans le même temps, il refuse à Buffon un crédit de 40 000 livres pour l'amélioration du Jardin Botanique, au marquis de Chabrillan un modique supplément de fonds pour le service des eaux. Il pousse le zèle jusqu'à réclamer à Terray 300 000 livres accordées jadis par Louis XV à son ministre des finances, et il le force à reverser cette somme au trésor de l'Etat. Rien de plus sincère, à coup sûr, que ce désir d'épargne. Il faut pourtant voir l'envers du tableau. La Reine, trois mois plus tard, voyait les fonds de sa cassette enrichis de 106 000 livres, son écurie presque doublée, le personnel à son service accru dans les mêmes proportions. Bientôt après, ce sont des faveurs du même genre aux comtes de Provence et d'Artois : augmentation de leurs maisons et gros supplémens d'apanages. Ce que le Roi fait pour ses frères, comment le dénier à ses tantes ? Chacune d'elles n'avait jusqu'alors que six « dames pour accompagner ; » chacune en aura trois de plus. Tout est à l'avenant. Louis XVI, par ces contradictions, ne justifie que trop le pronostic de l'abbé Galiani : « Si le nouveau Roi est économe, il aura les trois quarts des vertus propres à la guérison de la France, mais je crains qu'on ne lui ait montré la *lésine* et laissé ignorer *l'économie*[18], »

C'est à ces fâcheuses complaisances que se rapporte le dialogue suivant, que le journal de l'abbé de Véri place à la date du 17 mars 1775, six mois après la nomination de Turgot : « Avez-vous été content de Paris lors de votre voyagé ? a dit ce matin le Roi à M. de Maurepas. — Oui, Sire, je m'y suis bien trouvé. — Eh bien ! moi, fort mal. On y est mécontent de moi, et je le sais bien. — Je ne vous dirai pas le contraire, a répondu le ministre, et c'est un peu de votre faute. Vous avez un degré de bonté pour ceux qui s'adressent à vous, que l'on peut appeler faiblesse. Vous ne savez pas dire non quand on vous parle. Le public n'entre pas dans des raisons de parole donnée, qu'il ignore ; il voit une dépense, une pension, un arrangement, qui ne devraient pas être. Il critique et il règle son estime sur les résultats. — Vous avez raison, soupira le Roi, je me suis déjà corrigé au sujet de mes promesses, et j'y prendrai plus garde encore[19]. » Contrition et ferme propos sincères, mais qui croulent au premier assaut. Ainsi, comme l'avait redouté Turgot, les belles résolutions faiblissent devant les affections ou les exigences familiales, et la bonté détruit l'œuvre de la raison.

La lettre de Turgot dont je viens de faire l'analyse abordait en passant l'une des plus difficiles questions qui, dans ces derniers temps, eussent ému l'opinion publique, la liberté du commerce des grains, question étroitement liée à celle de l'alimentation du peuple. « J'entre en place, écrivait Turgot, dans une conjoncture fâcheuse, par les inquiétudes répandues sur les subsistances, inquiétudes fortifiées par la fermentation des esprits depuis quelques années, et surtout par une récolte qui paraît avoir été médiocre. » Aussi, en laissant entrevoir les mesures qu'il aurait à prendre pour prévenir la disette, faisait-il appel, par avance, à la fermeté du souverain, « sans se laisser effrayer par des clameurs qu'il est absolument impossible d'éviter en cette matière, quoique système qu'on suive, quelque conduite qu'on tienne. » Sur les « clameurs, » il voyait juste ; mais ce qu'il n'imaginait pas, c'était les dangers que l'on court à résoudre trop brusquement, selon la rigueur des principes, certains problèmes qui demanderaient, pour être conduits à bonne fin, une main souple, légère, et une adaptation flexible aux nécessités du moment.

Le prix du pain, l'approvisionnement en blé, furent toujours, sous l'ancien régime, le principal souci de l'administration royale. L'insuffisance des routes, peu nombreuses et mal entretenues, la difficulté des charrois, la lenteur des transports, mettaient les provinces éloignées et les villes populeuses à la merci d'une récolte manquée. Ces mêmes raisons facilitaient le métier lucratif d'accapareur de blés ou de farines. Aussi voit-on sans cesse, sous Louis XIV et sous Louis XV, les intendans occupés à traquer d'avides spéculateurs, les contraignant à rendre gorge, les punissant parfois des peines les plus sévères. Jusqu'à cette heure, le régime adopté pour le commerce et pour l'exportation des grains avait varié d'après les circonstances, tour à tour large ou restrictif, — on dirait aujourd'hui libre-échangiste ou protectionniste, — selon qu'on craignait la disette ou qu'on prévoyait l'abondance. Mais jamais les fluctuations n'avaient été aussi rapides qu'au cours des dix dernières années. La législation libérale de juillet 1764, qui autorisait les échanges de province à province, et même, jusqu'à un certain point, l'exportation hors des frontières de France, avait fait place, six ans plus tard, sous le ministère de Terray, à une réglementation sévère. Une vaste société avait été formée, dont les membres, assurait-on, n'étaient que les prête-nom de plus grands personnages, une société à laquelle le ministre avait, en quelque sorte, remis le monopole du commerce des blés. C'est ce qu'on a nommé, d'un nom beaucoup trop gros, le *pacte de famine,* et c'est ce dont, quinze ans plus tard, tireront un si dangereux parti les premiers chefs de la Révolution[20]. D'ailleurs, devant le murmure général Terray lui-même avait bientôt dû baisser pavillon. Force lui fut d'abroger la « ferme des blés » et d'instituer à sa place une « régie, » dont. le but était à peu près le même. Ce but, louable en lui-même, était de procurer dans la mesure possible l'égale répartition des grains, en attribuant aux provinces pauvres le superflu des pays riches, et d'établir ainsi, par une équitable balance, le prix moyen du pain sur toute la surface du royaume.

A ces divers systèmes, dont aucun n'était sans défaut, Turgot, fidèle à la doctrine économiste, prétendit substituer une formule fixe et invariable, en fondant sans retour le régime de la liberté. « Il faudra établir des *lois* sur tout cela, répétait-il d'un ton dogmatique... Il faut en venir là-dessus aux grands principes et déshabituer le peuple de s'effrayer de voir sortir les blés[21]. » C'est justement cette frayeur de l'exode des blés, au milieu d'une période de récoltes médiocres, qui provoqua les premières résistances. Au conseil même du Roi, les craintes se faisaient jour. Berlin, directeur de l'agriculture, oubliait sa timidité pour adressera son collègue d'assez sages remontrances : « Je vous exhorte, lui écrivait-il, à mettre dans votre marche toute la lenteur de la prudence. J'irai jusqu'à vous inviter à masquer vos vues et votre opinion, vis-à-vis de l'enfant que vous avez à gouverner et à guérir. » Et il le suppliait de prendre pour modèles les précautions et les ruses « du dentiste. » Turgot recevait en même temps d'autres avis d'un ton plus grave. Necker, dont la réputation commençait dès lors à grandir, et de qui l'*Eloge de Colbert* venait de recueillir les suffrages de l'Académie, rendait visite au contrôleur et lui exposait ses idées, peu favorables à la libre circulation des grains. L'entretien fut courtois, mais sans cordialité. Turgot se montra sec et froid ; Necker se retira avec la mine d'un homme u blessé sans être abattu[22]. »

On ne saurait néanmoins affirmer que ces exhortations fussent entièrement perdues. L'édit qui fut discuté au Conseil les 13 et 20 septembre 1774, et livré peu après à la publicité, comportait quelque adoucissement à l'intransigeance radicale de la rédaction primitive. Les régies étaient supprimées, ces régies dont Turgot disait que,

« fussent-elles composées d'anges, » elles n'échapperaient pas aux soupçons. De grandes ventes devraient disperser les approvisionnemens accumulés dans les « greniers du Roi. » Toutes les entraves au commerce intérieur étaient pareillement abolies ; les blés pourraient circuler librement de province à province. Mais il fut stipulé, que, jusqu'à nouvel ordre, ils ne pourraient être exportés hors des frontières de France. C'est la seule concession, importante, il est vrai, que voulut admettre Turgot.

Ces mesures étaient commentées dans un long préambule, traité complet sur la matière, expliquant les raisons et réfutant les objections. Un tel exposé de motifs, qui, selon l'expression de La Harpe, « changeait les actes de l'autorité souveraine en ouvrages de raisonnement et de persuasion, » fut regardé comme une grande nouveauté. Il produisit une sensation profonde. Les philosophes célébrèrent l'événement comme une glorieuse victoire : « Je viens de lire, mandait Voltaire à d'Alembert, le chef-d'œuvre de M. Turgot. Il me semble que voilà de nouveaux cieux et une nouvelle terre ! » Notons pourtant que certains détracteurs s'égayaient aux dépens du style et critiquaient la longueur du morceau. Turgot n'en avait cure : « On le trouvera diffus et plat, disait-il de son préambule[23] ; voici mon motif : j'ai voulu le rendre si clair, que chaque juge de village pût le faire comprendre aux paysans... je désire rendre cette vérité si triviale, qu'aucun de mes successeurs ne puisse la contredire. »

Cette indifférence se conçoit pour les critiques de forme, mais une plus grave opposition allait promptement surgir. Rien de plus logique, à coup sûr, que d'établir la liberté du commerce intérieur, de libérer l'Etat du soin périlleux de pourvoir aux approvisionnemens des villes et des provinces. « Se charger de tenir les grains à bon marché, lorsqu'une mauvaise récolte les a rendus rares, c'est une chose impossible, déclarait justement Turgot. C'est par le commerce, et le commerce libre, que l'inégalité des récoltes peut être corrigée[24]. » Ces vérités paraissent indiscutables ; mais, à l'époque où elles furent proclamées, il eût fallu, pour que le système de Turgot produisît sur-le-champ les bienfaits attendus, certaines conditions matérielles qui faisaient cruellement défaut : des routes en nombre suffisant, des canaux navigables, de rapides moyens de transport, toutes choses qui ne s'improvisent guère et faute desquelles, sur bien des points, la loi de liberté demeurerait lettre morte, tandis que la disparition subite des greniers d'approvisionnement risquerait d'affirmer les villes et les campagnes. Cette crainte, dès le premier moment, se fait jour dans le populaire, et de vagues méfiances apparaissent au lendemain même de la publication de l'édit. « Il n'est question, constate l'abbé Baudeau[25], que de l'arrêt du conseil sur les blés. Les deux extrémités du peuple ne l'entendent point, à savoir les gens de la Cour et ceux de la basse populace... J'ai remarqué depuis longtemps, se hâte-t-il d'ajouter, entre ces deux extrêmes une grande conformité de penchans et d'opinions. Il ne se trouve de lumière et de vertus que dans la classe moyenne. »

Telle est également l'origine des longues hésitations que l'on remarque dans le parlement lorsqu'il s'agit d'enregistrer l'édit. Il tergiverse, il nomme des commissaires chargés de faire « une enquête sur les blés, » et s'attire ainsi l'anathème du parti philosophe. Condorcet se distingue par son indignation et par les conseils belliqueux qu'il prodigue à Turgot : « Si par hasard, lui écrit-il, les commissaires faisaient un rapport contraire au blé, je crois qu'il faudrait s'arranger de manière à ce que le parlement n'eût rien à dire. Je voudrais même qu'on lui fît entendre que le gouvernement n'a aucun besoin de lui pour savoir ce que le bien du peuple demande… Il ne faut pas leur passer la moindre démarche. Leur but est de plaire à la populace, et, s'il leur est possible, de détruire votre ouvrage. Ce sont d'odieux pédans ! » Turgot, bien que plus modéré, n'est pas moins résolu à imposer sa volonté. À l'abbé d'Espagnac qui lui propose quelques tempéramens, il se borne à répondre avec une douceur obstinée : « Mon arrêt sera enregistré. »

Le parlement cède, en effet, devant l'insistance du ministre, mais l'inquiétude persiste ; elle s'aggrave même bientôt par suite de quelques fausses manœuvres. On peut qualifier de la sorte le brusque et humiliant renvoi des principaux agens de l'approvisionnement des blés[26]. Ils furent révoqués le même jour et destitués de tout emploi. Les ennemis de l'abbé Terray en exultèrent de joie :

« M. Turgot balaie toutes les ordures, » s'écrie la marquise du Deffand. On attendait des poursuites judiciaires, un sévère châtiment pour les malversations qui seules justifiaient cet éclat. Il n'en fut rien ; les choses en restèrent là. « M. Turgot, rapporte M. de Montyon <<ref> *Particularités*, etc.. *passim.* </ef>, ne put trouver ces agens en tort, soit qu'ils n'y fussent point, soit qu'il n'ait pas pris des mesures assez promptes pour acquérir les preuves de leurs manœuvres. » Du scandale ainsi provoqué, il ne resta, dans l'esprit du public, qu'une forte présomption de fraudes et de friponneries de tout genre, et la surprise déçue que l'on eût étouffé l'affaire. Une autre cause d'irritation fut la vente formidable, opérée d'un seul coup, des réserves de blé que contenaient les « greniers du Roi. » On en jeta sur le marché pour six millions de livres[27]. Il en résulta aussitôt une baisse factice des prix, promptement suivie d'un relèvement, qui bien qu'inévitable, fut pour le petit peuple un vif désappointement. Ainsi l'édit n'était pas encore appliqué, qu'il provoquait déjà les discussions et les mécontentemens.

III

La rigueur de l'hiver vint ajouter au malaise général. Le froid fut excessif, les gelées longues ; les routes devinrent impraticables. Vainement les chariots et tombereaux employés d'ordinaire à l'enlèvement des neiges furent-ils expédiés en province chercher du blé pour les besoins de Paris ; les arrivages étaient rares et irréguliers, les provisions insuffisantes. Déjà, dans les rues de la capitale, quelques Cassandre de carrefour prédisaient la famine. « Tout le monde était inquiet, dit Moreau, depuis qu'on avait déclaré que la police ne se mêlerait plus de rien[28]. » Car, malgré les explications de Turgot, les plus beaux raisonnemens du monde demeuraient sans effet sur le préjugé séculaire que le gouvernement du Roi avait pour devoir d'assurer la nourriture du peuple. Les craintes pour le présent s'aggravaient de celles pour l'avenir. Si l'année 1774 avait été mauvaise, l'année 1773 s'annonçait pire encore. Aussi le pain enchérissait-il partout, à Paris comme dans les provinces. Au début du printemps, « trois lieutenans de police de grosses villes vinrent se plaindre de la disette, des murmures du peuple, et même de quelques commencemens d'émeutes[29]. » Une fermentation, sourde encore, travaillait les cervelles.

Dans ces conjonctures difficiles, lorsqu'il fallait parer au danger menaçant qui réclamait ses forces et son activité, Turgot, par une fatalité cruelle, avait une lutte non moins pénible à soutenir contre la nature. Sa santé s'altérait ; son mal héréditaire avait brusquement reparu, provoquant des crises douloureuses. « M. le contrôleur général s'en va goutte à goutte, » disaient les plaisans de la Cour. Il réagissait vaillamment, se faisant, presque chaque matin, « porter dans la chambre du Roi, où il restait trois heures de suite avec Sa Majesté[30]. » Louis XVI lui témoignait une confiance absolue, le questionnait sur tout, déférait à tous ses avis. De cet accord sortirent quelques mesures utiles.

Des « ateliers de charité » furent créés dans la capitale et dans certaines provinces. Des primes furent accordées à l'importation des blés étrangers. Des troubles assez violens ayant éclaté à Dijon par suite de la cherté du pain, Turgot, après la répression, consentit à exonérer les grains et les farines des droits d'octroi et de marché dans les plus grandes villes de Bourgogne[31]. Grâce à ces précautions, on put espérer un moment calmer l'effervescence et prévenir de plus graves désordres.

Pourtant les gens bien informés, et ceux surtout qui fréquentaient les milieux populaires, remarquaient d'alarmans symptômes. Le libraire Hardy note presque jour par jour[32] les propos entendus dans les échoppes, dans les marchés, dans les quartiers indigens de Paris. Le 15 avril, sur l'avis que « le pain de quatre livres se vendra désormais treize sols, » vive émotion autour des boulangeries ; on débite que « le pauvre peuple » est menacé de mourir de faim ; on accuse le gouvernement, qui, dit-on, spécule sur les blés « pour se procurer les moyens d'acquitter les dettes du feu Roi. » Dix jours plus tard, le 26 du même mois, nouvelle hausse de six deniers, qui, dans l'opinion générale, est le prélude d'une plus considérable encore. Les esprits s'échauffent graduellement, et le ton devient agressif. A la halle, un maître d'hôtel ayant payé soixante-douze livres un litron de petits pois, il se forme un rassemblement ; on lui « jette son litron au nez, » en lui criant avec fureur : « Si ton j...-f... de maître a le moyen de mettre trois louis à un litron de pois, il n'a qu'à nous donner du pain ! » Le maître d'hôtel effaré s'enfuit sans oser porter plainte. La publication de l'arrêt qui favorise l'importation du blé est sans effet sur cette foule irritée : « On le regarde comme un remède qui serait administré à un agonisant[33]. » On constate en même temps dans les marchés de Paris et de Versailles une affluence inusitée de paysans, — ou de soi-disant tels, — venus de quinze et vingt lieues à la ronde ; ces gens, que personne ne connaît, sèment l'inquiétude, tiennent des discours « capables d'émouvoir les esprits de la populace. »

Par une rencontre à laquelle on songera plus tard, ces mouvemens coïncident avec une campagne secrète dirigée contre les ministres et spécialement contre Turgot. Des rumeurs se répandent, venant d'on ne sait où, au sujet d'une prétendue brouille entre Maurepas et le contrôleur général. Ce dernier est, dit-on, à la veille de se retirer : on attribue déjà sa place à M. de la Michodière, prévôt des marchands de Paris. On chuchote également, sur un ton de mystère, que le Roi avait résolu de « mettre le pain à deux sols[34], » mais qu'il a dû céder devant le mauvais vouloir de Turgot. Le ministre est donc responsable du renchérissement dont on souffre et d'une misère dont, au surplus, on exagère étrangement l'étendue.

Cette excitation lente, et probablement calculée, est le prélude d'une ère de violences, qui éclatent brusquement en plusieurs endroits à la fois[35]. Le 1er mai, à Beauvais, à Poissy, à, Saint-Germain, à Meaux, à Saint-Denis, sur d'autres points encore[36], apparaissent des bandes de pillards, dont quelques-unes, notamment à Villers-Cotterets, comptent jusqu'à 1 500 hommes, et qui agissent avec un surprenant ensemble. Une avant-garde assez nombreuse marche ce même jour sur Pontoise, où elle se livre aux pires excès. Sur tout le cours de l'Oise, à Beaumont, à Méry, à l'Isle-Adam, les bateaux de blé sont pillés ; on vole et on emporte, mais surtout on saccage ; les sacs sont éventrés, leur contenu est jeté à l'eau. Ces bandits sont d'ailleurs méthodiques et disciplinés ; ils annoncent leurs étapes avec une précision que les faits justifient : demain 2 mai, ils seront à Versailles ; ils feront le 3 mai leur entrée à Paris. En même temps qu'eux, se répandaient dans les villes et dans les campagnes une nuée d'émis ? aires mystérieux, qui, dit Hardy, « persuadaient au menu peuple, pour l'exciter, qu'il allait mourir de faim, parce que l'on portait tout le pain à Paris. » L'autorité, dans cette première journée, paraît avoir perdu la tête. La maréchaussée ni la troupe n'ont d'ordre pour intervenir. M. Lenoir, lieutenant de police, réclame des instructions écrites et, en les attendant, ne prend aucune mesure.

Enhardis par l'impunité, les séditieux suivent de point en point leur programme. Le mardi 2 mai au matin, le Roi, sortant pour se rendre à la chasse, aperçoit une grosse foule de gens de mauvaise mine, des bâtons à la main, débouchant à Versailles par la grand'route de Saint-Germain et se portant sur la place du marché. Aussitôt, il rebrousse chemin, rentre au château, dont on ferme les grilles, fait prévenir le prince de Beauvau, capitaine des gardes-du-corps, de rassembler les troupes, mais avec la défense expresse de les laisser se servir de leurs armes. Turgot et le comte de Maurepas venaient de partir pour Paris, où l'on craignait un soulèvement ; Louis XVI, privé de ses conseillers habituels, avait donc charge, à lui tout seul, d'organiser la résistance. Il se tira d'affaire avec plus de sang-froid qu'on n'eût pu l'espérer. Les princes de Beauvau et de Poix, mandés au cabinet du Roi, reçurent de lui des instructions précises ; puis il écrivit à Turgot le billet ci-après, daté de onze heures du matin[37] : « Versailles est attaqué, et ce sont les mêmes gens de Saint-Germain... Vous pouvez compter sur ma fermeté. Je viens de faire marcher la garde au marché. Je suis très content des précautions que vous avez prises pour Paris ; c'était pour là que je craignais le plus. Vous ferez bien de faire arrêter les personnes dont vous me parlez ; mais surtout, quand on les tiendra, point de précipitation, et beaucoup de questions. Je viens de donner des ordres pour ce qu'il y a à faire ici, et pour les marchés et moulins des environs. »

L'émeute, pendant ce temps, se déchaînait avec fureur dans les rues de Versailles. Le marché fut pillé ; « des femmes, écrit Esterhazy, spectateur de la scène, ouvraient les sacs de farine, en mettaient dans leurs tabliers, et s'en allaient. » On prit ensuite d'assaut quelques boutiques de boulangeries. Les paysans qui suivaient les meneurs répétaient avec conviction qu'en agissant ainsi ils remplissaient le vœu du Roi, et que, du reste, ils n'en voulaient qu'aux seuls accapareurs. Beaucoup brandissaient des morceaux d'un pain nauséabond, destiné, disaient-ils, à l'alimentation du peuple. Il fut démontré par la suite qu'on l'avait fabriqué exprès, avec du son, du seigle et de la cendre, savamment mélangés et moisis depuis plusieurs jours. Les premiers efforts des soldats ne purent arrêter les factieux. Une forte bande parvint jusqu'au seuil du château, poussant des cris confus. Une poissarde montrait son tablier plein de farine gâtée, que, disait-elle, elle voulait porter à la Reine. « Elle avait l'air d'une furie, les yeux égarés, la figure ardente. » Louis XVI se montra au balcon, prononça quelques mots qui se perdirent dans le tumulte, et dut se retirer sans avoir pu se faire entendre. Il regagna sa chambre, troublé, découragé, et le visage en larmes.

Enfin parurent les gardes[38], le prince de Beauvau à leur tête. On insulta le prince et on le couvrit de farine. On remarquait avec surprise, parmi toute cette canaille, un « officier » du Comte d'Artois, le sieur Carré, « chef de gobelet » du prince, excitant les rebelles du geste et de la voix. Une altercation s'ensuivit avec un des gardes du corps, qui le perça d'un coup de baïonnette ; on le porta à l'hôpital, et on fit le silence sur ce singulier incident[39]. Beauvau parvint enfin à dominer un moment les clameurs : « A combien voulez-vous qu'on fixe le prix du pain ? demanda-t-il dans un intervalle de silence. — A deux sous. — Eh bien ! soit, à deux sous. » Cette concession, tout au moins imprudente et qui fut blâmée par le Roi, eut pour effet d'apaiser soudainement l'orage. Les émeutiers, sur cette promesse, coururent aux boulangeries, se firent livrer du pain pour le prix annoncé. L'ordre se rétablit dans les rues. Il n'y eut pas de morts, et pas même de blessés gravement ; seulement quelques hommes arrêtés, sur lesquels on trouva des pièces d'argent pour une somme de douze livres, et sur quelques-uns des louis d'or.

Louis XVI, à deux heures de l'après-midi, fit porter à Turgot une seconde lettre[40] où il lui rendait compte des faits passés et des précautions prises : « Nous sommes absolument tranquilles. L'émeute commençait à être assez vive ; les troupes qui y ont été les ont apaisés, et ils se sont tenus tranquilles devant eux. M. de Beauvau les a interrogés ; la généralité disaient qu'ils n'avaient pas de pain, qu'ils étaient venus pour en avoir, et montraient du pain d'orge fort mauvais, qu'ils disaient avoir acheté deux sols, et qu'on ne voulait leur donner que celui-là... J'ai recommandé à M. l'intendant de tâcher de trouver ceux qui payaient, que je regarde comme la meilleure capture. Je ne sors aujourd'hui, non pas par peur, mais pour laisser tranquilliser tout. » Au moment d'expédier sa lettre, Louis XVI y mit ce post-scriptum : « M. de Beauvau m'interrompt pour me dire une sotte manœuvre qu'on a faite, qui est de leur laisser le pain à deux sols. Il prétend qu'il n'y a pas de milieu entre le leur laisser comme cela, ou les forcer à coups de bayonnettes à le prendre au taux où il est. Ce marché-ci est fini ; mais, pour la première fois, il faut prendre les plus grandes précautions pour qu'ils ne reviennent pas faire la loi ; mandez-moi quelles elles pourraient être, car cela est très embarrassant[41]. »

Turgot rentra quelques heures plus tard à Versailles, et se rendit aussitôt chez le Roi, qui l'accueillit avec ces mots : « Nous avons pour nous notre bonne conscience, et avec cela on est bien fort. » Tous deux tombèrent d'accord pour révoquer la concession arrachée au prince de Beauvau et rétablirent le cours normal du pain[42]. Ces lignes de Turgot, adressées le soir même à l'abbé de Véri, le montrent calme et de sang-froid, et rendent un juste hommage à l'attitude du Roi : « Vous savez vraisemblablement ce qui se passe. Jamais votre présence ne m'a été plus nécessaire. Le Roi est aussi ferme que moi ; mais le danger est grand, parce que le mal se répand avec une rapidité incroyable, et que les mesures atroces des instigateurs sont suivies avec une très grande intelligence. Les partis de vigueur sont d'une nécessité absolue[43]. » Turgot expédia également un courrier à Maurepas, demeuré dans la capitale, pour l'informer de la situation et des dispositions du Roi. On le trouva à l'Opéra, où il avait passé la soirée dans sa loge. C'est l'origine du célèbre quatrain, qu'on fredonna le lendemain à la Cour :

> Monsieur le comte, on vous demande,
> On dit qu'on se révoltera.
> — Dites au peuple qu'il attende ;
> Il faut que j'aille à l'Opéra.

IV

La journée du 3 mai justifia les craintes que Turgot laissait percer dans sa lettre à Véri. Le programme des rebelles se réalisait point par point. Vers huit heures du matin, des bandes parurent sous les murs de la capitale, où elles pénétrèrent en même temps par les trois portes Saint-Martin, de Vaugirard et de la Conférence. Beaucoup d'enfans, de femmes, et aussi, comme on vit plus tard, d'hommes déguisés en femmes. Pour seules armes, de gros gourdins ; une discipline parfaite ; des mouvemens combinés avec une intelligente précision. « Leur marche, rapporte un témoin, était parfaitement dirigée dans les principes de l'art militaire, et comme par un général expérimenté. » Les chefs, pour donner leurs ordres, se servaient d'un langage convenu, compris par les seuls initiés. A l'entrée d'une des bandes, « un des gueux ayant demandé : *Où irons-nous ? — Trois points, et trente-et-un*, lui répondit un autre. Ce mot, répété par trois voix, fut redit d'un bout de la file à l'autre, » et personne n'hésita sur la direction indiquée. La mauvaise chance fît que, ce matin même, le prix du pain eût encore légèrement monté, — « quatorze sols les quatre livres, au lieu de treize et demi la veille, » — ce qui nécessairement « faisait crier le menu peuple, » et le disposait mal à soutenir les autorités. Par une non moins fâcheuse rencontre, une cérémonie militaire, la bénédiction des drapeaux, avait été fixée à cette même matinée. Le maréchal duc de Biron, qui commandait la garnison, refusa de donner contre-ordre, craignant, alléguat-il, d'alarmer la population. Par suite, les troupes, massées et concentrées dans un des quartiers de Paris, ne purent agir à temps pour prévenir les premiers désordres.

La plus grosse bande piqua droit sur la halle aux grains, dans l'intention avouée de la prendre d'assaut et de « crever les sacs de farine. » Ils la trouvèrent gardée par un peloton de mousquetaires, dont la contenance leur imposa. Ils abandonnèrent leur dessein, se rabattirent sur les marchés et sur les boulangeries, dont ils forcèrent les portes avec des pinces de fer. Le pillage, au début, se fit avec une espèce de méthode. On s'emparait des pains en les payant deux sous et, sur l'ordre des chefs, on respectait les tiroirs et les caisses. Les bourgeois, ébahis, regardaient et ne soufflaient mot. Les quelques forces policières que l'on rencontrait çà et là gardaient de même une attitude passive, ayant eu pour consigne « de ne faire feu dans aucun cas, de se laisser plutôt insulter, maltraiter par la populace. » On vit même, assure-t-on « des suppôts de police forcer les boulangers à ouvrir leurs boutiques et à donner du pain aux mutins. Les mousquetaires causaient gaiement avec ceux-ci, et quelques-uns, plus compatissans, leur jetaient de l'argent pour payer le pain qu'ils avaient enlevé. »

On imagine sans peine que la journée ne garda pas longtemps cette physionomie idyllique. Les séditieux s'animaient, s'échauffaient au jeu, entraient chez les particuliers, perquisitionnaient dans les caves, pour s'assurer, prétendaient-ils, qu'on n'y recelait point de provision de pain. Une petite troupe s'introduisit, en manière de bravade, dans la demeure d'un commissaire de police de Paris, le sieur Couvert Désormeaux, place, Maubert ; « un petit garçon de dix ou douze ans eut l'effronterie d'entrer dans son cabinet et jusqu'au fond de son jardin, pour faire une perquisition plus exacte ; » le commissaire, tremblant, subit cette visite sans mot dire[44]. D'autres, plus « malhonnêtes » encore, dévalisèrent quelques boutiques de charcuterie, de pâtisserie, et ne négligèrent pas d'emporter l'argent des comptoirs. A l'abbaye de Saint-Victor, les religieux virent leur couvent forcé et envahi, leurs provisions saccagées et volées. Au faubourg Saint-Laurent, la canaille injuria les soldats du guet, et, comme ils faisaient mine de charger leurs fusils, on leur montra des « débris de pavés, » en menaçant d'élever des barricades. Une femme « qui faisait grand tapage, » ayant été appréhendée et conduite dans un corps de garde, ses compagnons la réclamèrent avec des cris si violens, qu'on consentit à la leur rendre, « pour tranquilliser les esprits. » On entendait « de mauvais propos, » comme l'exhortation à la foule de marcher sur Bicêtre, d'enfoncer les cachots et de lâcher les prisonniers. Le bruit courut, un peu plus tard, que les émeutiers voulaient faire le siège de la Bastille ; Biron donna l'alerte au gouverneur, M. de Jumilhac, qui tint sur pied jusqu'au matin le régiment des mousquetaires[45]. Une bande alla manifester sous les fenêtres de l'hôtel du contrôle-général ; les hommes montraient du pain moisi, hurlant : « Voici ce qu'on nous fait manger ! » Il fut prouvé, comme la veille à Versailles, que ce pain, fabriqué pour la circonstance, avait été verdi au moyen d'une substance spéciale.

Le fait saillant de cette journée fut l'inaction de la police. « Ce qu'on avait bien de la peine à comprendre, observe avec raison Hardy, c'était de voir une populace mutinée absolument maîtresse d'exécuter tout ce qu'elle jugeait à propos d'entreprendre, sans obstacle, et sans qu'on eût pris aucun moyen pour la contenir, quoiqu'on fût prévenu de la veille de ce qui devait arriver. Plusieurs commissaires s'étant rendus chez le sieur Lenoir, lieutenant-général de police, pour l'avertir et voir ce qu'il y aurait à faire, ce magistrat leur dit qu'il n'avait point d'ordres et qu'il fallait laisser aller les choses. » La lettre que Turgot adressa le lendemain à ce haut fonctionnaire confirme les dires du libraire : « Je suis très persuadé, manda-t-il à Lenoir[46], que vous avez fait ce que vous avez pu pour pré- venir les malheurs de la journée d'hier ; mais ces malheurs sont arrivés, et je ne puis douter que la manière dont la police a été faite n'ait facilité un événement, très aisé, suivant moi, à prévenir, puisque tout était annoncé et que nous étions convenus, la veille, de mesures du succès desquelles vous aviez répondu. Ces mesures n'ont pas été exécutées, vous le savez... » Ce fut seulement dans la soirée, et lorsque les rebelles témoignaient quelque lassitude, que parut la force publique. On vit alors « voltiger » en divers endroits des pelotons de mousquetaires noirs. Ils n'eurent que peu d'efforts à faire pour disperser les attroupemens ; ils ne blessèrent ni n'arrêtèrent personne. La nuit tombante acheva de ramener la tranquillité dans les rues, mais sans calmer l'anxiété des bons citoyens, pleins d'appréhensions légitimes sur ce que réservait la journée du lendemain.

Les événemens qu'on vient de lire, dont les détails étaient apportés à Versailles par des courriers qui se succédaient d'heure en heure, y démontrèrent l'urgence d'une action vigoureuse. L'énergie naquit du danger. Le conseil, convoqué le soir, se réunit à l'entrée de la nuit dans la chambre du Roi. On y arrêta rapidement, et presque sans débat, des mesures de rigueur, dont la première fut la destitution du lieutenant de police Lenoir. Sa mollesse et son inertie, qui avaient stupéfié la population parisienne, indignèrent le conseil. Louis XVI lui adressa ce billet laconique, qui lui fut remis avant l'aube : « Monsieur Lenoir, comme votre façon de penser ne s'accorde point avec le parti que j'ai pris, je vous prie de m'envoyer votre démission. Je n'en aurai pas moins d'estime pour vous, et je vous obligerai à l'occasion. Sur ce... « Son successeur fut nommé sur le champ ; ce fut le sieur Albert, intendant du commerce, « homme de « beaucoup d'esprit, mais d'un caractère dur, » de longue date ami de Turgot. Le commandant du guet, nommé Lelaboureur, fut remercié de même et remplacé par le sieur La Garenne, officier aux gardes-françaises. On accusait Lelaboureur d'avoir supporté sans mot dire qu'un des manifestans eût levé le bâton sur lui, en l'accablant d'injures.

Après cette double exécution, on passa aux mesures d'ensemble. Deux armées furent créées, l'une pour l'intérieur de Paris, l'autre pour l'extérieur ; le maréchal duc de Biron reçut le commandement en chef, avec mission d'opérer en personne dans la capitale, le marquis de Poyanne étant plus spécialement chargé des environs. Les troupes des garnisons voisines furent mandées par exprès, pour renforcer celles que l'on avait sous la main ; on eut ainsi vite rassemblé près de 25 000 hommes. Le conseil rédigea ensuite une sévère ordonnance, défendant, sous peine de la vie, » aux habitants de Paris et de Versailles, tout attroupement, toute violence contre les boulangeries et les dépôts de grains, toute menace faite pour que le pain fût livré au-dessous du cours. En cas de résistance, les troupes et la police auraient le devoir de faire feu. Les délinquans devraient être arrêtés, traduits devant une juridiction prévôtale et jugés sans désemparer. Imprimée dans la nuit, cette ordonnance fut affichée dans la matinée du lendemain et généralement approuvée des bourgeois et des commerçans. Pourtant Louis XVI, en la signant, n'avait pu réprimer un mouvement d'émotion : « Au moins, demanda-t-il anxieusement à Turgot, n'avons-nous rien à nous reprocher ?[47] »

Des actes énergiques appuyèrent les décisions prises. La police, le matin du 4, cerna les cabarets de la Courtille, des Porcherons, où « les chefs des bandits » s'étaient, disait-on, réunis « pour se réjouir » des succès de la veille et concerter la suite de leurs manœuvres. « A leur sortie, « lorsqu'on les vit divisés et séparés les uns des autres, on tomba dessus, et l'on s'en empara. » Par ce coup de filet, on réussit à opérer sans bruit une quarantaine d'arrestations. Près de deux cents autres suivirent dans le cours de l'après-dînée. La plupart des meneurs furent de la sorte mis sous clé. Dans chaque boutique de boulanger, on plaça deux soldats, fusils chargés, baïonnettes au canon. De grosses patrouilles de cavalerie circulèrent constamment dans tous les quartiers de la ville. Grâce à ces précautions, la journée fut tranquille ; presque partout le pain fut débité au taux normal, sans que les « gueux » tentassent de s'y opposer par la force. « Quelques garçons boulangers seulement furent maltraités à coups de bâtons. » Les badauds qui, dès le matin, étaient sortis « pour aller voir l'émeute, » en furent quittes pour la course et rentrèrent déçus au logis.

V

Les principales difficultés, dans cette seconde phase de la crise, provinrent du fait du parlement. Déjà, dans la soirée du 3, les chambres s'étaient réunies, pour s'occuper de la situation. Il fut convenu qu'avant toute chose, le premier président se rendrait à Versailles, « pour pressentir les intentions de Sa Majesté. » Ce magistrat se mit en route dès l'aube et rencontra à mi-chemin un courrier de cabinet qui portait une lettre du Roi ; il lut les lignes que voici : « Je ne doute pas que le zèle de mon parlement ne le porte à agir dans les circonstances actuelles, pour remédier à des troubles dont je connais les causes secrètes. Comme je m'occupe sérieusement des moyens de les calmer, et que mon parlement pourrait contrarier mes vues, je désire qu'il ne s'occupe point de cette affaire, pour ne point déranger les opérations de mon conseil. » Le parlement fut mortifié du fond comme du ton de cette lettre. Aussi accueillit-il avec un vif mécontentement l'édit qui, pour juger les coupables de rébellion, instituait une cour prévôtale. Il refusa d'enregistrer, et rendit un arrêt qui contenait un blâme implicite. Après avoir décidé, en effet, contrairement à l'ordre royal, que les mutins seraient jugés par la « grande chambre, » le parlement plaidait ainsi la cause des révoltés : « Ordonne en outre que le Roi sera très humblement supplié de vouloir bien faire prendre de plus en plus les mesures que lui suggéreront sa prudence et son amour pour ses sujets, pour faire baisser le prix des grains et du pain à un taux proportionné aux besoins du peuple, pour ôter ainsi aux gens malintentionnés le prétexte et l'occasion dont ils abusent pour émouvoir les esprits. » L'arrêt, aussitôt placardé dans les rues et dans les carrefours, suscita une émotion vive dans la population. Les gens, écrit Hardy, « allumaient des bouts de chandelle » pour le lire dans l'obscurité, et les rebelles l'interprétaient comme un encouragement. L'agitation recommença ; on vit, dans les faubourgs, des « gueux » insulter les soldats et « leur cracher au nez » en signe de mépris.

Louis XVI, dans cet après-midi du 4, écrivit encore à Turgot[48]. On peut juger par ce billet des inquiétudes que provoquait, en ces circonstances difficiles, l'intempestive opposition de la magistrature : « Je viens de voir, disait le Roi, M. de Maurepas et M. le Garde des Sceaux. Si l'enregistrement est forcé, cela sera une terrible porte aux médians. Si le parlement donne des arrêts contre, cela sera encore pire. Aussi M. le Garde des Sceaux a écrit, sous son propre et privé nom, aux meilleures têtes du parlement, pour tâcher de faire enregistrer de bonne volonté... Il croit que c'est la peur du peuple qui les retient[49]. » Turgot, en réponse à cette lettre, rapporta de Paris le texte de l'arrêt dont j'ai donné plus haut la partie essentielle. Dès lors, toute illusion tomba, et il fut résolu que l'on relèverait le défi. Des mousquetaires eurent commission d'arracher et de lacérer les placards de l'arrêt sur les murs de la capitale ; l'imprimeur reçut sommation d'avoir à en briser les planches. Des lettres de cachet furent expédiées aux membres de la cour, leur enjoignant de se rendre à Versailles dans la matinée du lendemain, afin d'y assister à un lit de justice et d'y « recevoir les ordres du Roi. » C'était, depuis la destruction de l'œuvre de Maupeou, le premier conflit qui s'élevait entre le parlement et le pouvoir royal.

D'ailleurs, malgré l'excitation, tout se passa plus calmement qu'on n'eût pu s'y attendre. Le vendredi 5 mai, à neuf heures du matin, quarante carrosses où, en robes noires[50], s'entassaient présidens, conseillers, avocats généraux, procureur général, quittèrent le Palais de Justice et s'engagèrent sur la route de Versailles, où le cortège déboucha vers onze heures. Les magistrats furent reçus au château avec les honneurs habituels et conduits dans la salle des ambassadeurs, où « fut servi, à quatre tables, un magnifique repas, tout en poisson, à cause du vendredi. » Le dîner fut long et copieux ; peut-être la chère délicate eut-elle quelque influence sur l'heureuse détente des esprits, A quatre heures, le Roi se rendit dans la salle des gardes du corps, préparée pour la circonstance ; ses frères, les princes du sang, les grands officiers de la Couronne et le Garde des Sceaux étaient à ses côtés. Turgot manquait à la séance, étant reparti pour Paris, où, de concert avec du Muy, ministre de la guerre, il veillait au maintien de l'ordre.

Le parlement, au grand complet, attendait en silence l'arrivée de la Cour. Louis XVI, « assis et couvert, » prit alors la parole. Le bref discours qu'il prononça avait été rédigé à l'avance, mais il en oublia le texte au moment décisif : « La mémoire, avoua-t-il plus tard[51], a pensé me manquer au premier discours ; j'y ai suppléé comme j'ai pu, sans me déconcerter. » Sa harangue, en effet, fut nette autant que substantielle : « Messieurs, dit-il, les circonstances où je me trouve, et qui n'ont point d'exemple, me forcent de sortir de l'ordre commun et de donner une extension extraordinaire à la juridiction prévôtale. Je dois et je veux arrêter des brigandages dangereux, qui dégénéreraient bientôt en rébellion. Je veux pourvoir à la subsistance de ma bonne ville de Paris et de mon royaume. C'est pour cela que je vous ai assemblés, et pour vous faire connaître ma volonté, que mon Garde des Sceaux va vous expliquer. »

Miromesnil fit en effet l'historique de l'affaire et exposa l'urgente nécessité d'une procédure exceptionnelle. On remarqua tout spécialement cette phrase de son discours : « Lorsque les troubles seront totalement calmés, lorsque tout sera rentré dans le devoir et dans l'ordre, le Roi laissera, lorsqu'il le jugera convenable, à ses cours et tribunaux ordinaires *le soin de rechercher les vrais coupables,* ceux qui, par des menées sourdes, peuvent avoir donné lieu aux excès qu'il ne doit penser dans ce moment qu'à réprimer. » Nous examinerons tout à heure le sens de cette mystérieuse allusion. Il fut ensuite donné lecture de l'ordonnance, cause du litige, et l'on alla enfin aux voix. L'enregistrement ne rencontra que deux oppositions formelles, un conseiller nommé Fréteau et le prince de Conti. « Il y a eu beaucoup d'avis assez modérés, rapporte Louis XVI à Turgot aussitôt après la séance[52]. Quelques-uns ont demandé les anciens réglemens, mais le (procureur) général avait beaucoup rabaissé de son impertinence d'hier et avait grande peur. » Le Roi termina la séance par cette petite allocution : « Vous venez d'entendre mes intentions. Je vous défends de me faire aucunes remontrances sur ce que je viens d'ordonner et de rien faire qui puisse y être contraire. Je compte sur votre fidélité et votre soumission, dans un moment où j'ai résolu de prendre des mesures qui m'assurent que, pendant mon règne, je ne serai plus obligé d'y avoir recours[53]. » Ces paroles, au dire de Hardy, furent débitées par le jeune prince « avec une force et une fermeté infiniment au-dessus de son âge. » C'est ce que Louis XVI, le lendemain, expliquait lui-même à Turgot avec sa bonhomie coutumière : « Le vrai est que je suis plus embarrassé avec un homme seul qu'avec cinquante[54]. »

La séance, tout compte fait, n'avait duré que trois quarts d'heure. Les magistrats reprirent le chemin de Paris, un peu « intimidés, » mais « nullement mécontens de l'accueil de Sa Majesté. » L'effet produit sur l'opinion par le lit de justice fut généralement favorable. Les citoyens, se sentant protégés, reprirent promptement confiance. « Toutes les nouvelles de Paris sont bonnes, et on a été content de ce qui s'est passé hier, à ce qu'il me semble, » écrira Louis XVI le 6 mai. En revanche, ajoute-t-il, « nous devions bien nous douter que le mal gagnerait les campagnes. » En effet, pendant quelques jours, de province on reçut d'assez fâcheuses nouvelles. A Fontainebleau, à Sens, et dans toute l'Ile de France, « à dix lieues à la ronde » aux entours de la capitale, on signala des émeutes, des pillages, une espèce de jacquerie sur vingt points à la fois. Toujours des bandes saccageant sans profit, brûlant, noyant les grains, pour le seul plaisir de détruire, agissant, en un mut, comme d'après un plan préconçu pour affamer Paris, accroître la détresse publique et affaiblir ainsi l'autorité du Roi. A Paris même et à Versailles, le calme régnait dans les rues ; mais, en dépit des forces déployées, des patrouilles et des sentinelles, qui donnaient à ces villes l'air de places assiégées, chaque nuit « d'infâmes placards » apposés sur les murs, sans qu'on en pût découvrir les auteurs, glaçaient d'horreur tous les bons citoyens. De ces placards, les uns portaient ces mots : *Louis*

XVI sera sacré le 11 juin, et massacré le 12 ; d'autres : *Si le pain ne diminue pas, nous exterminerons le Roi et toute la race des Bourbons*. On découvrit avec stupeur au château de Versailles, et sur la porte même du cabinet du Roi, une affiche conçue en ces termes : *Si le pain ne diminue pas et si le ministère n'est changé, nous mettrons le feu aux quatre coins du château*[55].

En présence de cette persistance et de ces bravades effrontées, on crut nécessaire de sévir. La juridiction prévôtale, jusqu'alors peu active, reçut des ordres rigoureux pour hâter le jugement des personnes arrêtées. Sur environ deux cents prévenus, une quarantaine furent envoyés dans les cachots de la Bastille, où la plupart restèrent plusieurs mois enfermés. J'en ai la liste sous les yeux[56] ; ce ne sont point, comme on pourrait penser, de pauvres hères, affolés par la faim, ni des malfaiteurs de métier, mais des bourgeois cossus, des gens de moyenne condition et de profession honorable. Il s'y trouve sept curés, un notaire, un avocat, un gentilhomme, un maître de poste, le garde-chasse du fermier général Bouret. Il ne fut prononcé en tout que deux sentences de mort, contre les nommés Jean Desportes et Jean-Charles Lesguille, l'un perruquier, l'autre « ouvrier en gaze, » tous les deux repris de justice, arrêtés en flagrant délit de vol et de pillage. Condamnés le 11 mai, ils furent pendus dans l'après-midi du même jour, avec un déploiement de forces inusité en pareil cas. Au milieu de la place de Grève, furent dressées deux potences, d'une hauteur démesurée, afin qu'on les vît de plus loin. Des troupes à pied et à cheval furent échelonnées sur le passage du funèbre cortège ; une double rangée de soldats, baïonnette au fusil, entouraient l'immense place, les uns « tournés vers l'extérieur, » les autres vers les suppliciés. Ceux-ci firent preuve d'une rare audace, protestant de leur innocence, cherchant à ameuter le peuple et criant « qu'ils mouraient pour lui. » Leurs clameurs persistèrent jusqu'à l'instant suprême, et « sur les degrés de l'échelle. » Cette attitude ne laissa pas de faire effet sur la population. Dès le lendemain, il se trouva des gens pour plaindre les « victimes, » immolées, disait-on, à la tranquillité publique, » tandis qu'une inexplicable indulgence couvrait les « vrais coupables[57]. »

VI

Il semble que Louis XVI lui-même ait jusqu'à un certain point partagé ce sentiment. « Si vous pouvez épargner les gens qui n'ont été qu'entraînés, vous ferez fort bien, écrivit-il, le jour de la pendaison, à Turgot[58]. M. de la Vrillière m'a appris les deux exécutions qu'il y avait eu ce soir ; je désirerais bien qu'on pût découvrir les chefs. » Ces chefs, quels étaient-ils ? C'est un problème qui agita vainement les contemporains de ce drame, et qui n'est point encore éclairci de nos jours. Hardy, dans son bon sens bourgeois, résume assez exactement les hypothèses permises : « On se croyait fondé à penser, dit-il, que ces soulèvemens avaient pour moteurs des gens de trois différentes classes 1° ceux qui pouvaient avoir faim ; 2° les bandits et scélérats qui cherchaient à piller ; 3° ceux qui se trouvaient intéressés à profiter des conjonctures pour causer du trouble. » Et il exprime le vœu que ces derniers surtout soient découverts et « châtiés avec grande rigueur. » Tout dénote en effet l'existence d'un complot : l'absence de tout grief sérieux, — car la cherté du pain n'allait pas jusqu'à la disette, — l'explosion du mouvement sur tant de points différens à la fois, la discipline et la tactique des bandes, la destruction des subsistances par des gens qui, comme dit Voltaire, « pour avoir de quoi manger, jetaient à la rivière tout ce qu'ils trouvaient de blé et de farine, » l'or enfin trouvé dans les poches de ces prétendus affamés. Mais, si le forfait est patent, il plane un doute sur les premiers coupables. On se livra, sur le moment, à des suppositions multiples, et quelquefois extravagantes. On accusa, — chacun suivant ses antipathies personnelles, — Sartine, l'abbé Terray, Madame Adélaïde, les fermiers généraux, les Anglais, les Jésuites, tous ceux qu'on connaissait pour opposés à la politique de Turgot. De nos jours, on a dénoncé une tentative de la franc-maçonnerie, et comme un coup d'essai pour servir de préface à la Révolution française. Aucune de ces suppositions n'est d'ailleurs appuyée par des preuves convaincantes.

Une opinion plus répandue, et à mon avis plus plausible, incrimine le prince de Conti. Ce cousin de Louis XVI était, depuis de longues années, l'âme de toutes les oppositions contre l'autorité royale. C'était un homme hardi, haineux et sans scrupule. « Il est d'une ambition extrême et ose beaucoup , mandait Marie-Thérèse à Mercy-Argenteau. — Il est le seul parmi les princes du sang qui puisse jouer un rôle dans ce pays-ci, lui répondait l'ambassadeur, mais son humeur trop entreprenante exige qu'il soit contenu dans de certaines bornes. » Conti était violemment hostile au parti des économistes, et tout spécialement à Turgot. En outre, il était compromis dans les spéculations que l'édit récent sur les grains, « en coupant la racine aux tripotages » fructueux et malhonnêtes, avait eu pour objet et pour conséquence d'arrêter. Enfin, le signal des désordres était parti du pays de Pontoise, de ce bourg même de l'Isle-Adam où se trouvait la résidence du prince. Ces raisons donnèrent à penser qu'il n'était pas étranger à l'affaire, qu'il avait pu fournir l'argent, le plan et l'état-major de l'émeute. Turgot en fut intimement persuadé, et ce passage d'une lettre de Louis XVI paraît démontrer que le Roi n'était pas éloigné de partager cette conviction : « C'est une chose bien épouvantable, écrivit-il à son ministre[59], que les soupçons que nous avions déjà, et le parti est bien embarrassant à prendre. Mais, malheureusement, ce ne sont pas les seuls qui en ont dit autant. J'espère *pour mon nom* que ce n'est que des calomniateurs. » Le prince Xavier de Saxe, toujours si exactement informé, fait aussi une claire allusion à ce rôle criminel d'un grand personnage de l'État : « Il paraît certain que les émeutes ont été occasionnées, non par la misère et la disette, puisqu'on a déjà vu le pain beaucoup plus cher qu'aujourd'hui sans aucun murmure, mais par la fermentation de quelques esprits, qui tramaient sourdement une révolution générale, et dont on soupçonne des personnes de la plus haute distinction d'être les principaux agens[60]. » Quoi qu'il en soit, on n'eut que des indices, et la destruction ultérieure, opérée par le Roi, des principales pièces de la procédure[61] ne permet pas d'asseoir un jugement sans appel.

Ce que l'on ne peut mettre en doute, c'est l'exceptionnelle gravité, — moins en soi-même que comme symptôme, — de cette « guerre des farines, » encore si mal connue. Ce n'est pas seulement, comme la Fronde, un soulèvement provoqué et conduit par quelques grands seigneurs, qui veulent forcer la main au Roi pour lui faire changer un ministre. Rien de pareil non plus aux petites séditions locales, si fréquentes sous l'ancien régime, suscitées par la faim et la misère du peuple. Pour la première fois, dans l'histoire de la monarchie bourbonienne, apparaît un mouvement d'ensemble, mené par des chefs inconnus, marchant vers un but mystérieux, et menaçant le trône lui-même. Bon nombre des contemporains eurent alors l'instinct du danger et sentirent passer le frisson avant-coureur des catastrophes. « Il faut convenir, dit le nouvelliste Métra, que, dans aucune des émeutes populaires que j'ai vues, les séditieux n'ont été si hardis ni si méchans. Ils ont affiché des placards et tenu des discours infâmes contre les têtes les plus respectables. » Le duc de Croy s'épouvante à voir le spectacle nouveau du peuple se dressant contre l'autorité royale et essayant, selon son expression, « d'intervenir par la violence dans les affaires d'Etat. » Hardy, de son côté, nous fait connaître les propos de la bourgeoisie parisienne : « On ne croyait pas que, depuis l'existence de la monarchie française, on eût encore vu un événement tel que celui-ci, dont on avait le malheur d'être le témoin... Les âmes pieuses adressaient à Dieu de ferventes prières et le conjuraient de venir au secours de la monarchie, et d'étendre sur elle son bras tout-puissant, qui protège les empires. » Le bailli de Mirabeau écrit, à la même date, ces lignes qui, relues de nos jours, après plus d'un siècle écoulé, sont étrangement impressionnantes : « Rien ne m'étonne, si ce n'est l'atrocité et la sottise de ceux qui osent apprendre à la populace le secret de sa force. Je ne sais où on prend la confiance qu'on arrêtera la fermentation des têtes, mais, si je ne me trompe, de pareilles émeutes ont toujours précédé les révolutions. »

Du moins, dans cette tourmente, est-il juste de rendre hommage au sang-froid de Turgot comme à la fermeté du Roi. C'est à leurs efforts combinés, aux sages mesures qu'ils prirent dans un parfait ensemble, qu'on dut de voir si promptement rétablis la paix publique et l'ordre dans la rue. Ils désirèrent faire plus encore ; ils eurent à cœur de dédommager de leurs pertes les victimes de l'émeute, dans la proportion compatible avec la situation financière. Un négociant nommé Planter, dont on avait saccagé les bateaux, reçut une somme de 50 000 livres. « ce qui rassura le commerce et arrêta la panique. » Louis XVI adressa cette lettre émouvante au ministre de sa Maison[62] : « Je sens que les malheureux qui ont été pillés ont droit au moins à des soulagemens, puisque l'étendue du mal me mettra dans l'impossibilité de les dédommager en entier. Tout cela coûtera beaucoup. Il faut réduire encore, s'il est possible, les frais de mon Sacre... Je ne veux non plus de séjour, que pour peu de jours, à Compiègne ; et les sommes destinées à ces différens objets serviront à payer en partie les dépenses qu'exigent la protection et les secours que je dois à ceux de mes sujets qui ont été la victime des séditieux. »

Malgré toutes ces réparations, il demeura dans les esprits une secrète inquiétude et un trouble durable. Le prestige de Turgot reçut une indéniable atteinte. Des doutes s'élevèrent sur la clairvoyance de celui dont, six semaines plus tôt, on attendait le retour de l'âge d'or, sur l'à-propos de ses réformes, la sagesse de sa politique. Ces méfiances, habilement semées, perfidement entretenues par des adversaires sans scrupule, germeront peu à peu dans l'âme timide du Roi, détruiront enfin l'harmonie entre les deux hommes de ce temps les plus sincèrement passionnés pour le bien de l'Etat et le bonheur du peuple.

MARQUIS DE SEGUR.

1. ↑ *Published, September fifleenth, nineteen hundred and nine. Privilege of copyright in the Unitated States reserved, under the Act approved Mardi third nineteen hundred and five*, by Calmann-Lévy.
2. ↑ Voyez la *Revue* du 1er et du 15 février 1909.
3. ↑ Journal inédit de l'abbé de Véri, *passim*.
4. ↑ Voyez sur ce sujet le livre intéressant de M. P. Ardascheff : *Les intendans de province sous Louis XVI*.
5. ↑ « Turgot, affirme Condorcet, signifie le Dieu Thor — *Thor gott* — dans la langue des conquérans du Nord » (*Vie de Turgot*, par Condorcet).
6. ↑ *Mémoires et anecdotes* du comte de Ségur.

7. ↑ Dans le cours du règne de Louis XVI, sur les soixante-huit intendans qui administrèrent les provinces, vingt-neuf seulement restèrent moins de dix ans dans le même poste ; quelques-uns y comptèrent quarante ans de résidence. (Les intendans de province, etc., par Ardascheff.)
8. ↑ *Mémoires* de l'abbé Morellet,
9. ↑ *Mémoires* de Morellet.
10. ↑ *Particularités sur quelques ministres des Finances.*
11. ↑ *Vie de Turgot,* par Condorcet.
12. ↑ Lettre des 5 et 7 septembre 1174.
13. ↑ Lettre d'août 1774. — Ed. Asse.
14. ↑ Lettre du 29 août 1774. — Ed. Lescure.
15. ↑ Lettre du 17 septembre 1774. — Ed. Perey et Maugras.
16. ↑ Ce brouillon a été publié en partie par M. Etienne Dubois de l'Estang, petit-neveu de Turgot et héritier des archives du château de Lantheuil, dans son intéressante notice : Turgot et la famille royale.
17. ↑ Note inscrite par Malesherbes sur le brouillon de la lettre de Turgot. *Ibid.*
18. ↑ Lettre du 16 juillet 1774.
19. ↑ Journal de l'abbé de Véri, *passim.*
20. ↑ Consulter à ce propos le livre si documenté de M. Gustave Bord, *Le pacte de famine,* où il montre l'invraisemblance des accusations les plus graves portées contre Louis XV et quelques-uns de ses ministres.
21. ↑ Journal du duc de Croy.
22. ↑ Mémoires de Morellet.
23. ↑ Journal de l'abbé de Véri, *passim.*
24. ↑ Préambule de l'édit sur les grains.
25. ↑ *Chronique secrète,* 22 septembre 1774.
26. ↑ Notamment MM. de Saint-Prix, Le Clerc, Dupuis, Destouches, etc. « Je suis bien contente, écrit à ce même propos Mlle de Lespinasse, de ce que M. Turgot a déjà renvoyé un fripon. C'était le chancelier de l'allaire des blés, M. de Saint-Prix. Il a fait bâtir une insolente maison, avec les pierres de laquelle il mériterait d'être lapidé. » Lettre du 27 août 1774, édition Asse.
27. ↑ *Le pacte de famine,* par M. Gustave Bord.
28. ↑ *Souvenirs* de Moreau.
29. ↑ *Ibid.*
30. ↑ *Correspondance secrète* de Metra. — 15 mars 1775.
31. ↑ Arrêt du conseil du Roi du 22 avril 1775.
32. ↑ Journal inédit, *passim.*
33. ↑ Journal inédit, *passim.*

34. ↑ *Journal* du duc de Croy.
35. ↑ Pour le récit de la révolte connue sous le nom de *Guerre des farines*, j'ai consulté le journal de l'abbé de Véri, le journal de Hardy, les *Souvenirs* de Moreau, le *Journal* du duc de Croy, les *Mémoires* de Soulavie, les *Mémoires* d'Esterhazy, la *Correspondance secrète* de Métra, etc., etc.
36. ↑ A Vernon, les émeutiers voulurent, après avoir pillé ses blés, pendre un marchand nommé Planter, qui fut délivré à grand'peine par la maréchaussée.
37. ↑ Documens publiés par M. Etienne Dubois de l'Estang, dans sa notice sur Turgot et la famille royale.
38. ↑ A Versailles, d'après M. Gustave Bord, le mouvement fut réprimé par les gardes françaises, appuyés par les gardes suisses et par 3 000 hommes de cavalerie. — *La conspiration révolutionnaire.*
39. ↑ D'après d'autres récits, il fut condamné à mort, mais gracié.
40. ↑ Documens publiés par M. Dubois de l'Estang, *passim.*
41. ↑ Les deux lettres du Roi qu'on vient de lire furent, on ne sait comment, connues deux jours plus tard du peuple parisien et diversement commentées. « Bien des gens, rapporte Hardy, ne pouvaient se déterminer à y ajouter foi. Un caporal, disaient-ils, qui rendrait compte à son sergent ne s'y prendrait pas autrement. De pareilles lettres ne peuvent avoir été imaginées que pour jeter le ridicule sur la conduite du souverain. Tandis que les uns raisonnaient ainsi, d'autres admiraient le naturel et la franchise de ces lettres, assez ressemblantes, selon eux, à celles que le bon roi Henri IV écrivait à son cher Sully, et en soutenaient la réalité. » — *Journal de Hardy, passim.*
42. ↑ Le lendemain 3 mai, sur la nouvelle de cet ordre, il y eut encore quelques attroupemens dans Versailles. On expédia sur le champ par les rues des patrouilles de gardes du corps, criant qu'il leur avait été commandé de « tirer sur le premier qui remuerait. » Les chefs de la rébellion venant d'ailleurs de partir pour Paris, cette menace suffit à enrayer tout mouvement populaire.
43. ↑ À ce billet, l'abbé de Véri répondit par ces lignes : « Tenez ferme dans vos plans, et surtout maintenez-y bien votre maître, pour le bonheur même de sa vie. Si le Roi est ferme en cette occasion, tout ira bien. »
44. ↑ Ces détails, comme la plupart de ceux qui précèdent, sont tirés du journal de Hardy, qui assistait à ces scènes.
45. ↑ *La conspiration révolutionnaire*, par M. Gustave Bord.
46. ↑ Lettre de Turgot du 4 mai 1775. Documens publiés par M. Etienne Dubois de l'Estang, *passim.*
47. ↑ Journal de Véri, *passim.*

48. ↑ Le contrôleur-général passa à Paris une partie de la journée du 4.
49. ↑ Documens publiés par M. Dubois de l'Estang, *passim*.
50. ↑ Le roi avait expressément prescrit cette tenue, car « Sa Majesté, disait-on, n'aimait pas les robes rouges. » — Journal de Hardy, *passim*.
51. ↑ Lettre du 5 mai 1775, 6 heures du soir. — Documens publiés par M. Dubois de l'Estang, *passim*.
52. ↑ Lettre du 5 mai, 6 heures du soir, *ibidem*.
53. ↑ Journal de Hardy, *passim*.
54. ↑ Lettre du 6 mai 1773. — Documens publiés par M. Dubois de l'Estang.
55. ↑ Journal de Hardy, *passim*.
56. ↑ *Documens pour servir à l'histoire de la Révolution française,* publics par MM. d'Héricault et Gustave Bord.
57. ↑ La bourgeoisie parisienne, d'abord très effrayée, ne tarda pas. une fois le calme rétabli, à fronder le gouvernement et à excuser les rebelles. « On commençait à entendre dire, note Hardy le 18 mai, qu'on avait donné trop d'importance à l'affaire des troubles, que fort mal à propos le sieur Turgot avait engagé le Roi à une dépense de 15 millions, en demandant trente-cinq à quarante mille hommes, qu'on avait distribués aux environs de Paris. On entendait même déjà parler d'une amnistie. « (Journal de Hardy, *passim*.) Métra, de son côté, rapporte que ces événemens devinrent, peu de semaines après la répression, un sujet de plaisanterie pour « la légèreté française. » Les élégantes, dit-il, imaginèrent pendant quelque temps de porter des bonnets à la révolte. (*Chronique secrète* de Métra.)
58. ↑ Lettre du 11 mai 1773. — Documens publiés par M. Dubois de l'Estang.
59. ↑ Lettre du 6 mai, *loc. cit.*
60. ↑ Lettre du 31 mai 1775, écrite à l'encre blanche. — *Archives de l'Aube*.
61. ↑ « Le Roi, dit Soulavie, brûla lui-même les notes et les papiers qu'il avait sur cette affaire. »
62. ↑ Lettre du 31 mai 1775, au duc de La Vrilliére,

AU COUCHANT DE LA MONARCHIE[1]

IV.[2]

L'EXIL DU DUC D'AIGUILLON — LES INCIDENS DU SACRE

{{c|Au couchant de la monarchie

I

Les derniers grondemens de l'émeute coïncident, presque jour pour jour, avec l'anniversaire du règne. Douze mois avaient suffi pour qu'à l'acclamation succédât l'invective et que l'espoir exalté du début fît place à la méfiance de la masse populaire. Il nous faut quitter à présent ces bas-fonds de misère pour des régions bien différentes, j'entends pour ce monde de la Cour, auquel les mœurs de la vieille monarchie donnaient une part si importante à la direction de l'État. Là aussi, la bonne volonté n'avait été que passagère. Des factions, des « cabales, » s'étaient bientôt formées, se jalousant, se combattant, se disputant les « grâces, » le crédit, l'influence. Un an avait coulé, et tout n'était que trouble, agitation, discorde. « On dit un mal affreux de la Reine, écrit au prince Xavier de Saxe un des correspondans qui le tenaient au courant des nouvelles[3]. On regarde la Cour comme une pétaudière et on en parle avec une légèreté incroyable. Tout va très mal dans toutes les parties. Les Choiseulistes crient terriblement contre le Roi, les princes du sang s'en moquent, les anciens parlementaires le détestent, et les nouveaux le méprisent. Voilà le tableau fidèle du jour ; il est bien affligeant pour les gens attachés au Roi, qui veut le bien et qui ne le fera point. »

Le premier rôle, dans la nouvelle pièce qui commence, n'appartient pas aux frères du Roi. Le Comte et la Comtesse de Provence, retirés à l'écart, hors de l'intimité royale, et presque uniquement occupés de spéculations financières, se contentaient, tout en thésaurisant, de fronder à voix basse. Leur malveillance cachée ne dépassait guère les limites de leur petit cercle restreint, composé de gens complaisans, pour la plupart obscurs et sans influence politique. Le Comte d'Artois montrait moins de réserve. Le dérèglement de ses mœurs, ses continuelles fredaines, l'impertinence de ses propos, poussaient parfois à bout le débonnaire Louis XVI, l'obligeaient de rappeler à l'ordre un jeune écervelé qui ne respectait rien. Mercy en rapporte un exemple, qui peint assez exactement les rapports des deux frères. Le Roi, dans une chasse à Versailles, tue par mégarde une poule faisane ; le Comte d'Artois fait aussitôt de même ; de quoi le Roi l'ayant repris sur le ton de la plaisanterie : « Mais vous en avez bien tué une vous-même ! répond le prince avec aigreur. — Je vous demande pardon, monsieur, réplique alors Louis XVI, je croyais être chez moi. » — « Cette petite leçon, dit Mercy, n'en imposa guère à M. le Comte d'Artois, qui a trop peu d'esprit, trop de violence et de suffisance, pour pouvoir être ramené à ses devoirs par des voies de douceur[4]. » Les lettres de l'ambassadeur montrent en effet le jeune prince comme abusant « avec la dernière indécence, » fût-ce dans un cercle officiel, de la douceur et de l'indulgence fraternelles, « passant vingt fois devant le Roi, le poussant, lui marchant presque sur les pieds, sans la moindre attention et d'une façon vraiment choquante. » La Reine elle-même, quelle que soit sa prédilection pour ce fâcheux beau-frère, est bien forcée d'avouer qu'il va quelquefois un peu loin : « Il est vrai, confesse-t-elle[5], que le Comte d'Artois est turbulent et n'a pas toujours la contenance qu'il faudrait ; mais ma chère maman peut être assurée que je sais l'arrêter dès qu'il commence des polissonneries, et, loin de me prêter à des familiarités, je lui ai fait plus d'une fois des leçons mortifiantes. » Les vrais amis de Marie-Antoinette regrettent que ces « leçons » ne soient pas plus sévères et ne portent pas plus de fruits. Les fréquens tête-à-tête de la souveraine avec le Comte d'Artois, leurs promenades, leurs chasses en commun, leurs mutuelles confidences, leurs longs chuchotemens à l'oreille, toute cette intimité publiquement affichée fait prévoir « le danger prochain que la Reine ne soit compromise par la légèreté du prince son beau-frère[6]. » Dans tout cela, d'ailleurs, rien autre chose que des étourderies, point d'autre mal que celui d'affaiblir encore, dans lame d'un peuple impressionnable, le respect de ses maîtres et le prestige du sang royal.

Mesdames, tantes de Louis XVI, activaient de leur mieux ce travail de désaffection. La période de sagesse, de désintéressement apparent de la politique, qui, après leur petite vérole, avait suivi leur rentrée à Versailles, avait trop peu duré ; le naturel avait vite repris le dessus ; les intrigues, les sottes « tracasseries » avaient reparu de plus belle. Quelques rebuffades de la Reine, en aigrissant leur bile, les poussent bientôt aux représailles, mais l'étroitesse de leur cerveau réduit toute leur opposition à de ridicules taquineries sur des futilités. Ainsi, un beau matin, les deux Comtesses de Provence et d'Artois refusent d'aller faire leur cour à la Reine, comme c'était l'usage quotidien, et l'on apprend que ce refus est l'œuvre de Madame Adélaïde, dont les conseils ont décidé ses nièces à ces façons maussades. Un mois plus tard, à propos des soupers où le couple royal, contrairement à la mode introduite par Louis XV, a décidé de paraître en commun et de manger à la même table, vives protestations de Mesdames, scandalisées par cette innovation. Louis XVI, inquiet, hésite, est sur le point de reculer[Z]. Il s'ensuit une scène de ménage, qui se termine par la victoire de Marie-Antoinette, non sans laisser chez les vieilles filles un nouveau levain de rancune. La Reine, il faut l'avouer, triomphe sans ménagemens. Toute fière d'avoir secoué le joug qui a pesé sur sa jeunesse, elle fait parade de son indépendance. « Pour mes tantes, écrit-elle, on ne peut plus dire qu'elles me conduisent ! » Et elle ne perd nulle occasion de réprimer leurs « prétentions » et leurs « petites jactances. »

Après de multiples échecs, Mesdames paraissent enfin renoncer à la lutte. Elles se terrent à Bellevue, ne se montrent plus à Versailles que les jours de parade, affectent un grand détachement de toutes les affaires de l'Etat. Mais on imagine quelles rancœurs fermentent dans leurs âmes ulcérées. Tout, chez elles comme dans leurs entours, proteste contre les usages introduits à Versailles, censure les mœurs et les « façons nouvelles. » Plus Marie-Antoinette est gaie, frivole, facile dans ses rapports avec ses familiers, audacieuse dans ses amusemens, inconséquente dans ses propos, plus ses trois tantes sont fières, raides, empesées, austères, plus elles conservent « le grand ton des belles années du règne de Louis XV[8]. » Bientôt ce blâme discret ne suffit plus à leurs ressentimens. Ce sont d'aigres critiques, des sarcasmes amers sur les toilettes, les ajustemens de la Cour, l'excentricité de son luxe. Tout est prétexte au blâme, même les choses les plus innocentes. Quand Marie-Antoinette inaugure la mode des grandes plumes balancées en panaches au-dessus de la tête, Mesdames parlent avec mépris de cet « ornement de chevaux, » et font des gorges chaudes aux dépens de leur nièce. De ces médisances sans portée, elles passent aux insinuations plus dangereuses. Toute l'existence privée de Marie-Antoinette est passée au crible à Bellevue, commentée et dénaturée avec une savante perfidie, et les historiettes scandaleuses, d'abord colportées à voix basse dans le salon des trois princesses, se répandent de là dans Paris, empruntant à cette origine un semblant d'authenticité qui en décuple le venin. « Ce que l'une avançait, l'autre le confirmait, et la troisième rendait l'anecdote incontestable[9]. » Elles en vinrent ainsi peu à peu, dit un contemporain, « aux calomnies atroces et aux propos terribles. » C'est à Bellevue que naît l'appellation qui conduira plus tard la Reine à l'échafaud ; ce sont ses tantes qui, les premières, l'ont baptisée du nom de *l'Autrichienne*.

Rien jusqu'alors, il faut le proclamer hautement, ne pouvait excuser la violence de ces attaques. Les grandes folies de jeu, les prodigalités ruineuses, les mascarades nocturnes, les escapades au bal de l'Opéra, n'avaient pas encore commencé, donné prise aux légendes dont, par la suite, aucun effort ne pourra dissuader la crédulité populaire. Dans la réalité, on n'avait sous les yeux qu'une princesse de vingt ans, capricieuse, avide de plaisir, exagérant les modes, roulant dans sa cervelle légère des plans de fêtes, de distractions mondaines. Elle ne voit point de mal à ces passe-temps inoffensifs. C'est de bonne foi, et en badinant sans malice, qu'elle écrira à son ami d'enfance, le comte Xavier de Rosenberg[10] : « Mes goûts ne sont pas les mêmes que ceux du Roi, qui n'a que ceux de la chasse et des ouvrages mécaniques. Vous conviendrez que j'aurais assez mauvaise grâce auprès d'une forge ; je n'y serais pas Vulcain, et le rôle de Vénus pourrait lui déplaire beaucoup plus que mes goûts, qu'il ne désapprouve pas. » Louis XVI n'avait guère, en effet, que d'indulgens sourires pour cette frivolité gracieuse. A peine, de loin en loin, risquait-il timidement un conseil de sagesse, sous le couvert d'une galanterie, comme ce jour où, choqué de l'immensité des panaches qui surmontaient la coiffure de sa femme, il lui offrait, « pour remplacer les plumes, » une aigrette de diamans. Il avait grand soin d'ajouter qu'elle pouvait accepter ce bijou sans scrupule, puisqu'il n'avait entraîné nulle dépense, n'étant composé que des pierres « qu'il possédait autrefois comme Dauphin[11]. »

Par malheur, le public français ne jugeait pas les choses avec cette sereine bienveillance. Habitué depuis plus d'un siècle à l'austérité morne de l'existence des reines de France, au formalisme étroit qui régnait dans leur cour, il s'étonnait d'abord, et se scandalisait ensuite, de ces façons inusitées, de cette gaîté pimpante, de ces allures simples et familières qui semblaient faire de la souveraine l'égale, presque la camarade de ceux qu'elle mêlait à ses jeux. Il en vint peu à peu « à regarder la Reine du même œil qu'il voyait les maîtresses du feu Roi[12]. » Les propos imprudens de Marie-Antoinette avivèrent cette hostilité. On colporta des railleries déplacées sur l'économie de Turgot, qui, disait-elle, pensait sauver l'Etat en rognant çà et là quelques valets d'office et quelques marmitons. Le peuple en vint à se persuader peu à peu que Marie-Antoinette, non seulement combattait les réformes indispensables, mais qu'elle était, en grande partie, la cause du gaspillage des deniers de l'État, responsable par conséquent du fardeau croissant des impôts, bref qu'elle « tirait ses plaisirs de la substance du peuple. » Ainsi naquit l'impopularité qui s'aggravera bientôt jusqu'à la plus injuste haine. Le Comte de Provence, dans le sagace écrit que j'ai déjà cité, précise les étapes successives de la*désaffection publique : « l'enthousiasme[13] que Marie-Antoinette avait excité à son arrivée en France dura dans toute sa force jusqu'en 1775. Ensuite il commença à diminuer, et bientôt il s'éteignit tout à fait. Ce fut alors que les libelles, les chansons commencèrent à paraître contre elle, et qu'on osa la comparer à Messaline pour la débauche et pour la cruauté. »

II

Exactement instruite de ce revirement populaire et mise au fait de ces diffamations, la Reine en attribuait l'odieux à son ancien et implacable ennemi, le duc d'Aiguillon. Sans doute ne se trompait-elle qu'à demi dans cette supposition. Le duc, depuis sa chute, retiré à Paris, embusqué aux aguets dans son fastueux hôtel, environné d'une petite cour de gens qui, enveloppés dans sa disgrâce, partageaient ses rancunes, passait, non sans raison, pour le chef du parti opposé à la Reine et pour l'instigateur caché de la campagne organisée contre elle. Qu'il y ait eu, comme on l'a cru, une conspiration positive, il n'en existe aucun indice certain. Mercy-Argenteau est sans doute assez près de la vérité quand il écrit ces lignes : « Pour bien des motifs, le duc d'Aiguillon est soupçonné d'avoir eu part aux écrits anonymes répandus contre le gouvernement, et particulièrement en vue de nuire à la Reine. Il se pourrait qu'à cet égard plusieurs différens partis eussent visé au même but, sans s'être concertés. » Et revenant, à quelque temps de là, sur le compte du même personnage, il le dénonce comme « l'acteur principal dans les intrigues secrètes tramées contre la Reine. » La plupart des mémoires du temps confirment cette accusation.

L'attitude agressive du duc tirait une spéciale gravité de sa parenté proche avec la comtesse de Maurepas, dont nous connaissons l'influence sur l'âme de son époux. Une tendre intimité, dont ses lettres font foi[14], unissait la comtesse à sa nièce, la duchesse d'Aiguillon. Elle ne perdait nulle occasion de servir secrètement la cause de sa famille, de mettre le Mentor en garde contre les préventions de Marie-Antoinette. « J'ai fait lire vos lettres à M. de Maurepas, mande-t-elle à la duchesse ; il prend aussi vivement que moi tout ce qui peut intéresser M. d'Aiguillon… Au nom de Dieu, qu'il (le duc) se calme ! Tous les honnêtes gens lui rendront justice. » Un peu plus tard : « Je suis pénétrée de douleur que vous croyiez que M. de Maurepas ne met pas toute la vivacité qu'il doit aux affaires qui vous intéressent. M. d'Aiguillon doit savoir mieux que personne qu'on ne fait pas parler les rois comme on veut. Nous serons toujours occupés de saisir le moment qui pourra vous être utile. » Cette connivence, cette alliance clandestine de Mme de Maurepas avec le parti d'Aiguillon n'avaient pas échappé à Mercy-Argenteau, non plus que le danger qui en pouvait résulter pour la Reine, comme en témoigne ce passage d'une de ses lettres à l'Impératrice[15] : « L'ex-ministre en question (d'Aiguillon) a pris tout l'ascendant qu'il a voulu sur l'esprit de sa tante, et cette femme, qui dirige son mari, n'a cessé d'exciter sa jalousie du crédit de la Reine, d'où sont provenues les manœuvres cachées qui ont paru depuis quelque temps. »

Malgré le dépit de la Reine, sa frivole insouciance l'eût probablement détournée de l'éclat d'une rupture publique, sans la constante excitation d'un parti actif, audacieux, qui poussait à une guerre ouverte. Dès les premiers jours de janvier 1775, Choiseul, quittant son domaine de Chanteloup, s'était installé à Paris pour y passer l'hiver. En son hôtel de la rue Richelieu, rouvert comme aux beaux jours d'antan, il avait aussitôt repris ses anciennes traditions d'hospitalité magnifique. Il fut, toute cette saison, l'homme en vue, le héros du jour : « Tous les soupers à Paris, dit La Harpe[16], depuis son retour, sont des fêtes en son honneur. » Les années, les malheurs n'avaient rien enlevé à son charme, rien rabattu de son orgueil. C'était toujours cette physionomie spirituelle, ce « nez au vent, » comme en quête d'aventures, cette cordialité de surface, légèrement teintée d'ironie, cet instinct de conquête et de domination qui, du temps même de sa jeunesse, lors de sa mission à Rome, faisait dire au Saint-Père, en lui désignant un fauteuil : « C'est à vous de décider, vous êtes Pape ! » C'était aussi la même âpre ambition, le même appétit du pouvoir, la même assurance convaincue, partagée par tous ses intimes, que lui seul était assez fort pour gouverner la France et pour tenir tête à l'Europe, et, par suite, la même volonté de remonter, par tous les moyens, sur la scène.

Dans la brillante cohorte de ceux qui s'attachaient à sa fortune, deux personnages, à cette époque, se distinguaient par leur audace et semblaient mener la partie. C'était d'abord une femme, la comtesse de Brionne, née de Rohan-Rochefort, alliée à la maison d'Autriche, belle, intelligente et hardie, maîtresse, disait-on, de Choiseul, et fort avant dans les bonnes grâces de Marie-Antoinette. C'était ensuite le baron de Besenval, ce type achevé du politicien courtisan, Suisse de naissance et Gascon par tempérament, hâbleur intarissable, tranchant sur tout et se mêlant de tout, brouillon honnête, intrigant sans avidité et conspirateur sans malice, téméraire aujourd'hui dans les entreprises politiques comme il l'était jadis sur les champs de bataille, unique pour secouer à propos la nonchalance naturelle de la Reine, pour lui souffler, au moment opportun, le goût et le courage d'agir. La comtesse de Brionne et le baron de Besenval, étroitement liés tous deux avec le Comte d'Artois, l'avaient facilement entraîné dans la cause du duc de Choiseul, comptant sur le jeune prince comme sur un précieux auxiliaire quand sonnerait l'heure de la bataille.

La première escarmouche eut lieu au commencement d'avril. La comtesse de Brionne remit à Marie-Antoinette un mémoire anonyme qui peignait au vif les dangers de la situation présente et désignait nettement Choiseul comme le seul moyen de salut. La Reine communiqua le mémoire à Louis XVI, qui le lut sans mot dire, puis, quelques jours plus tard, pressé de questions par sa femme, répondit d'un ton péremptoire : « Qu'on ne me parle jamais de cet homme[17] ! » Le coup direct ayant manqué, ou recourut à une attaque de biais. L'animosité de la Reine à l'égard du duc d'Aiguillon offrit un terrain favorable. Si l'on obtenait que le Roi renvoyât publiquement, exilât de la Cour l'ennemi personnel de Choiseul et le chef du parti adverse, ce serait non seulement la satisfaction d'une rancune, mais « un coup de tonnerre » qui frapperait les timides d'une terreur salutaire, avertirait Maurepas que son crédit était fragile et lui ferait sentir la puissance de la Reine. Ce serait, en un mot, la brèche dans la muraille avant l'escalade du pouvoir. Le 20 avril, dûment stylée par Besenval, la Reine eut avec Louis XVI une longue explication. Elle fit connaître sans détours ses griefs à l'égard du duc d'Aiguillon, le peignit comme l'inspirateur de la cabale formée contre l'épouse du Roi, et « demanda avec vivacité que le duc, sans être exilé, fût au moins envoyé dans ses terres, avec défense de revenir de quelque temps à la Cour[18]. » Louis XVI, embarrassé, parut d'abord y consentir. Il se ravisa le lendemain, fit observer que « M. d'Aiguillon se trouvant à la veille d'avoir une affaire judiciaire avec le comte de Guines, il ne serait pas juste d'obliger ce duc à s'éloigner, dans un moment où sa présence à Paris lui devenait nécessaire pour se défendre contre son adversaire. » Cette défaite, selon l'apparence, avait été suggérée par Maurepas. Quelle qu'en fût l'origine, elle ferma la bouche à la Reine, qui, satisfaite d'un premier avantage, attendit patiemment, pour renouveler l'attaque, l'échéance fixée par le Roi.

III

L'« affaire du comte de Guines, » alléguée par Louis XVI pour retarder sa décision, fit un si grand bruit en son temps, eut de tels contre-coups sur la situation, le personnage lui-même qui en fut le héros joua un rôle si considérable, en l'occasion présente comme quelques mois plus tard, dans les coulisses de la scène politique,, que je dois interrompre un moment mon récit pour tenter d'éclaircir ce singulier et obscur épisode[19].

Adrien-Louis de Bonnières, comte de Guines, militaire distingué, avait, en l'an 1768, quitté l'armée pour la diplomatie. De Berlin, où il débuta, il fut nommé, deux ans après, ambassadeur à Londres, par le duc de Choiseul, dont il était l'intime ami. Ses qualités d'esprit et de bonne grâce, sa courtoisie de grand seigneur, lui valurent, dans les premiers temps, les sympathies de la société britannique, mais des imprudences de conduite lui attirèrent bientôt de graves désagrémens. Ce fut d'abord sa liaison affichée avec lady Craven, une mère de sept enfans, qu'il voulut engager à quitter son mari ; celui-ci riposta par une « demande en dommages et intérêts, » et l'on put craindre un procès d'adultère, fertile en divulgations scandaleuses. Cette affaire à peine étouffée, en éclatait une autre, bien plus retentissante encore. Le comte de Guines avait pour secrétaire un sieur Tort de la Sonde, à son service depuis plusieurs années, homme hardi et entreprenant, « âme damnée » de son maître. On découvrit un beau matin que ledit secrétaire se servait de sa position et de sa connaissance des secrets de la politique pour jouer, comme dit Hardy, « au fameux jeu de la *hausse* et de la *baisse*, nom que l'on donne à Londres aux profits à faire proportionnellement à la valeur des papiers royaux. » Il ajoutait, dit-on, à ces spéculations la pratique de la contrebande. Malgré tous les atouts qu'il avait dans son jeu, les résultats furent déplorables. Une plainte fut déposée par les banquiers et négocians auxquels il devait de grosses sommes, et un mandat fut lancé contre lui. L'ambassadeur, sur ces nouvelles, expédia à Paris ce compromettant subalterne, avec promesse, dit-on, « qu'il arrangerait l'affaire en son absence. » Mais Tort était à peine en France, que Guines le faisait arrêter et mettre à la Bastille, où il fut retenu huit mois.

On ne trouva d'ailleurs aucune preuve contre lui ; il sortit de cachot en décembre 1772 ; exaspéré contre son ancien chef, qu'il accabla bientôt de dénonciations : « Aujourd'hui libre, lit-on dans un factum rédigé en son nom, son premier devoir est de faire connaître aux cours de France et d'Angleterre, et à tout le public instruit, les horreurs que M. le comte de Guines a débitées sur son compte, dans la vue de se mettre à couvert des torts qu'il a à se reprocher lui-même et dont il doit craindre avec raison les suites... » Ce préambule était suivi d'une série d'articulations, d'où résultait que Tort n'aurait été que le prête-nom et l'agent de l'ambassadeur, que ce dernier, « pour réparer les brèches énormes faites à sa fortune, » avait imaginé de jouer sous un nom supposé, sauf à ne pas payer si les choses tournaient mal. À ce premier réquisitoire vinrent ensuite s'ajouter d'autres imputations d'une égale gravité, malversations, gains illicites, divulgations dans un intérêt personnel des secrets de l'Etat. Lancée à Londres et à Paris à plusieurs milliers d'exemplaires, soutenue par un mémoire du fameux avocat Gerbier, représentant les intérêts des banquiers britanniques, cette plainte fit un affreux tapage. Guines riposta avec vigueur, niant tous les méfaits reprochés et chargeant son ex-secrétaire du double crime de « vol d'argent et de papiers d'Etat. » Je ne mentionne que pour mémoire une complication qui surgit et qui aggrava le débat : la plainte que d'Aiguillon, ministre alors des Affaires étrangères, porta contre Gerbier, le plus célèbre avocat de Paris, « intendant des finances de Monsieur frère du Roi, » accusé par le duc de subornation de témoins. Gerbier, « décrété au Châtelet, » ne parvint à se justifier qu'après des tribulations innombrables. Pendant deux longues années, une pluie de brochures, de factums, s'abattit sur Paris, énervant l'opinion et épaississant le mystère. Les amis mêmes du comte de Guines ne savaient plus trop que penser : « Le mémoire de M. Tort, écrivait Mme du Deffand, est d'une audace qui en impose ; mais il me semble qu'il ne prouve rien, quoiqu'il donne de violent soupçons… Je tiens que ce pauvre M. de Guines est le plus malheureux de tous les hommes. » — « M. de Guines peut avoir raison, concluaient les mauvais plaisans, mais il n'en a pas moins *eu Tort* pendant trois ans. »

La lutte, malgré tout ce fracas, était demeurée jusqu'alors dans les limites d'un conflit judiciaire, lorsque la passion politique s'en mêla fort mal à propos et d'une querelle privée fit une affaire d'Etat. Le comte de Guines, soufflé par le parti Choiseul, s'avisa soudainement que le duc d'Aiguillon, successeur de Choiseul au ministère des Affaires étrangères, avait été l'instigateur et le « moteur caché » du coup dirigé contre lui, ou du moins l'avait desservi, au lieu, comme c'était son devoir, de soutenir l'envoyé du Roi. Un billet violent adressé à Louis XVI et lu au conseil des ministres mit d'Aiguillon en cause et demanda justice d'un aussi mauvais procédé. D'Aiguillon riposta en termes non moins vifs ; ses partisans entrèrent à leur tour en campagne et jetèrent feu et flammes contre le comte de Guines. Le conseil, saisi par Vergennes, délibéra en présence de Louis XVI sur ce nouveau litige et ne décida rien. Par ce billet confidentiel, adressé par Maurepas à son neveu d'Aiguillon, on devine l'embarras du Roi dans cette forêt d'intrigues : « M. de Vergennes, écrit Maurepas[20], lut hier au conseil vos deux lettres, et je fus surpris du peu d'effet qu'elles produisirent. Cela ne m'a pas empêché de reporter ce matin au Roi et de lire en entier votre première lettre, où vous levez les masques, et la seconde, où vous demandez justice du billet du comte de Guines, et d'insister fortement pour une réparation que je crois juste. *On* (le Roi) m'a répondu qu'on ne pouvait empêcher l'affaire de suivre son cours, qu'on lui avait fait dire très fortement (à Guines) *qu'on* était mécontent du billet, mais *qu'on* ne voulait pas faire de bruit de cette affaire. *On* a même ajouté, d'un ton à me fermer la bouche, que vous ne deviez pas chercher de nouvelles affaires. Je ne puis trop vous recommander le silence en ce moment. »

Le conseil était bon ; mais Guines ni d'Aiguillon ne pouvaient désormais limiter une affaire, qui devenait, comme remarque un contemporain, une sorte de « champ clos » pour la lutte des partis, Besenval, partisan de Guines, définit assez justement le caractère de ce duel politique : « La Reine protégeait ouvertement le comte de Guines, et le duc d'Aiguillon avait pour lui MM. de Vergennes et de

Maurepas… Les ministres agissaient en dessous et portaient des coups fourrés. La Reine les parait, en allant directement au Roi et en faisant, d'un mot, révoquer le lendemain, ou quelques heures après, ce qui avait été accordé par la haine ou par la méchanceté… » Ces derniers mots ont trait à un grave incident, qui, au printemps de 1775, jeta dans des perplexités cruelles les membres du conseil du Roi. Le comte de Guines, pour noircir d'Aiguillon et prouver sa propre innocence, avait eu permission de mettre sous les yeux du procureur général du Châtelet certains extraits de sa correspondance diplomatique avec le ministère français. Il voulut plus encore ; il prétendit faire imprimer et livrer au public le texte même de ces dépêches, « faute de quoi, disait-il, il serait impossible que sa défense fût jamais claire aux yeux de l'Europe, au tribunal de laquelle on l'a livré. » On imagine le sursaut du comte de Vergennes devant une telle violation des traditions et des convenances. Les notes qu'il fit parvenir à Louis XVI pour combattre cette prétention sont empreintes de bon sens et de modération : « S'il s'établit, observe-t-il[21], qu'il peut survenir des cas où un ambassadeur du Roi sera autorisé à rendre ses dépêches publiques, quel est le ministre de n'importe quelle cour qui osera se permettre désormais de traiter confidentiellement avec aucun ministre du Roi ? La familiarité de la conversation, la chaleur des discours, emportent quelquefois l'homme le plus réservé au-delà des bornes. On se livre d'autant plus facilement qu'on est moins en défiance… Mais s'exposer à être traduit au tribunal du public, c'est un inconvénient redoutable pour tout être raisonnable, qui s'estime assez pour ne pas vouloir être la fable de l'univers… Si le Roi, dit-il encore, par une grâce spéciale, accordait à M. de Guines la publication qu'il sollicite, la justice de Sa Majesté n'admettant point d'exception, Elle ne pourrait refuser à la partie adverse (c'est-à-dire au duc d'Aiguillon) de fouiller à son tour dans les mêmes dépêches… Cette condescendance peut devenir abusive[22]. »

Vainement le Roi se rendit-il d'abord à cette sage argumentation, vainement le conseil des ministres. — Guines ayant passé outre et publié dans un mémoire les dépêches en question, — déclara-t-il cette publication « abusive, » ordonnant même la suppression et la destruction de la pièce, vainement enfin Maurepas, pour mieux marquer sa désapprobation, fit-il, à dater de ce jour, « fermer sa porte au comte de Guines[23]. » Rien ne tint contre l'intervention passionnée de Marie-Antoinette, à laquelle, dit Mercy, « on avait eu l'adresse perfide de faire voir dans la protection qu'elle accorderait au comte de Guines un moyen de vengeance contre le duc d'Aiguillon, » en même temps qu'une bonne occasion d'essayer « son crédit et son ascendant sur le Roi. » Elle embrassa le parti de l'ambassadeur avec tant de vivacité, obséda tellement son époux, par larmes, prières ou caresses, que, de guerre lasse, il finit par capituler, révoqua l'arrêt du conseil et permit la publication et la diffusion du mémoire. L'ennui et le remords secret qu'il éprouve de cette défaillance percent entre les lignes de ce billet embarrassé, par lui adressé à

Vergennes[24] : « Je suis bien aise, monsieur, d'avoir vu la lettre que vous avez écrite à M. de Guines le 3 avril ; c'était sur celle-là qu'il fondait son attaque à M. d'Aiguillon, et, pour vous dire la vérité, il n'avait pas trop de tort. *Entrer en lice* supposait une attaque mutuelle, et vous n'auriez pas dû, connaissant l'homme, vous servir d'expressions ambiguës. Au reste, ce que je vous dis là, il n'y aura que nous deux qui le saurons, et, quand on m'a parlé de cette lettre, j'ai répondu qu'elle n'ajoutait rien à la permission que je lui avais donnée de se servir de tous ses moyens de défense, sans toutefois attaquer M. d'Aiguillon. »

Le procès fut jugé le vendredi 2 juin 1775 par la cour du Châtelet, après une séance qui dura jusqu'à minuit passé. Par sept voix contre six, les accusations portées contre Guines étaient déclarées « calomnieuses ; » Tort était condamné à « faire réparation en face de douze témoins désignés par le comte de Guines » et à payer « trois cents livres d'amende, » peine assez bénigne, à tout prendre, pour une attaque si audacieuse et lorsqu'il s'agissait d'un homme que son adversaire se flattait de « faire ramer sur les galères du Roi. » Guines repartit pour Londres le lendemain, mal satisfait de ce triomphe médiocre et bien résolu, disait-il, à faire appel de cette « sentence baroque. » Mais, si sa victoire était mince, ses puissans protecteurs allaient manœuvrer de manière à y ajouter de l'éclat.

IV

Le baron de Besenval, qui d'ailleurs grossit volontiers l'importance de son rôle, affirme avoir, dans l'occurrence, stimulé, dirigé l'action de Marie-Antoinette. « Je lui représentai avec feu, écrit-il, le danger qu'il y avait pour elle de laisser une cabale aussi inquiétante, ayant à sa tête le duc d'Aiguillon, dont le caractère méchant, vindicatif et profond devait lui faire tout craindre… Je lui fis comprendre la nécessité d'éloigner un tel homme… Je lui conseillai de mettre en avant, vis-à-vis du Roi, l'audace avec laquelle il avait poussé[25] le comte de Guines, quoiqu'il ne pût douter de la protection qu'elle lui accordait, et de lui faire comprendre qu'on ne devait jamais s'attendre à aucun repos, tant qu'on laisserait un tel homme au milieu de Paris. » Il dévoile, quelques lignes plus loin, l'arrière-pensée qui dicte ces conseils : « L'intérêt de la Reine aurait suffi pour me faire attaquer M. d'Aiguillon, mais d'autres considérations m'y portaient encore : c'était lui qui était l'auteur de la chute de M. de Choiseul ; il convenait, à mon sentiment, de l'en punir. Je ne pouvais me flatter d'aucun espoir de retour pour M. de Choiseul, tant que M. d'Aiguillon serait à portée de pouvoir quelque chose, et, en l'éloignant, je croyais rendre un grand service à mes amis. » Ces excitations du baron et de quelques autres amis de Marie-Antoinette répondaient trop bien aux désirs de la Reine pour ne pas atteindre leur but. Elle décida de jouer son va-tout, de n'accorder au Roi nul moment de répit qu'elle n'eût satisfait sa vengeance.

Les hostilités éclatèrent à la revue de la Maison du Roi, passée au Trou d'Enfer le dernier jour de mai. D'Aiguillon, capitaine des chevau-légers, s'étant, pour la saluer, approché de la Reine, celle-ci, d'un geste brusque, leva le store de son carrosse, laissant le duc très mortifié de cet affront public. Le Roi, gêné, ne souffla mot. Cette petite scène, très remarquée, préparait les esprits à la catastrophe imminente. Le moment du Sacre approchait, et d'Aiguillon, si fausse que fût sa situation à la Cour, ne pouvait manquer d'y paraître. Le départ des souverains pour Reims devait avoir lieu le 8 juin ; trois jours avant, le 5, la Reine faisait appeler Maurepas et l'apostrophait en ces termes[26] : « Monsieur, je ne vous vois point avec peine avoir la confiance du Roi. Je connais votre probité, la droiture de vos intentions et votre désintéressement. Mais je ne puis vous déguiser que vous me trouverez contraire à tout projet de voir votre neveu dans ce pays-ci (la Cour). J'ai lieu d'être mécontente de lui depuis longtemps. Vous l'avez soutenu, et nous avons combattu l'un contre l'autre. Vous avez tenu des propos sur tout cela ; j'en ai tenu, de mon côté, qui ne vous auraient pas contenté. Laissons votre neveu loin d'ici, et oublions de part et d'autre nos propos mutuels. » Le Mentor, pris de court, gêné par cette attaque directe, ne répliqua sur le moment que par des protestations vagues ; mais la Reine ne le tint pas quitte ; le surlendemain, elle reprit l'entretien avec une nouvelle véhémence. Elle venait, lui dit-elle, de demander à son époux que le duc d'Aiguillon reçût défense d'aller à Reims et fut relégué dans ses terres ; Louis XVI, devant son insistance, y avait consenti. « M. de Maurepas[27] demandant alors quel tort nouveau pouvait avoir son neveu : « La mesure est comble, dit la Reine, il faut que le vase renverse. — Mais, madame, il me semble que, si le Roi doit faire du mal à quelqu'un, ce mal ne devrait point arriver par vous. — Vous pouvez avoir raison, monsieur, et je compte dorénavant n'en plus faire, mais je veux faire celui-là. — Puis-je, madame, dire que c'est la volonté de Votre Majesté, et non celle du Roi ? — J'y consens, reprit Marie-Antoinette, je prends tout sur moi. »

Louis XVI, questionné par Maurepas, confirma les dires de la Reine et déclara « ne vouloir s'en mêler, » laissant sa femme libre de régler à sa guise les conditions et détails de l'exil. « C'est elle qui l'exige, » dit-il pour conclure l'entretien. Sur quoi, troisième et dernière conférence entre Maurepas et Marie-Antoinette. Il proposa pour son neveu comme lieu de résidence le château de Veretz, situé à quelques lieues de Tours, à peu de distance de Chanteloup. Ainsi se serait accomplie la prédiction jadis faite par Choiseul, lorsque, en décembre 1770, la veille de sa disgrâce, il rencontra son ennemi d'Aiguillon dans l'antichambre de Louis XV : « Eh bien ! avait-il dit, vous me chassez donc ? J'espère qu'ils m'enverront à Chanteloup ; vous prendrez mes places ; quelque autre vous chassera ; ils vous enverront à Veretz ; nous n'aurons plus d'affaires politiques, nous voisinerons, et nous en dirons de bonnes[28]. » La tenace animosité de la Reine empêcha cette rencontre. Veretz était « trop près, » dit-elle. Elle exigea le château d'Aiguillon, en Guyenne, près d'Agen. « Enfin, madame, reprit Maurepas, que faut-il que j'écrive ? — Ce que vous voudrez, mais qu'il s'en aille ! » Il fut convenu que l'ordre serait signifié « sans lettre de cachet, par un discours verbal[29]. » La Reine crut avoir beaucoup fait en accordant cette concession : « Nous avons évité la forme d'exil, qui est barbare, quoique lui-même s'en soit servi, » écrivait-elle, quelques jours plus tard, à sa mère.

Le duc n'en dut pas moins se mettre en route sur l'heure ; l'impatience de la Reine ne supportait aucun délai, et les messages se succédaient pour hâter le départ. « M. de Maurepas a été réveillé ce matin par un commis de M. de La Vrillière, gémit la comtesse de Maurepas. Rien ne m'a plus étonnée que l'empressement de la Reine à savoir M. d'Aiguillon parti ! Il faut qu'on lui ait fait auprès d'elle quelque nouvelle méchanceté[30]. » Le triomphe, l'allégresse puérile de Marie-Antoinette éclatent dans ce billet écrit par elle au comte de Rosenberg : « Ce départ est tout à fait mon ouvrage. Ce vilain homme entretenait toute sorte d'espionnage et de mauvais propos. Il avait cherché à me braver plus d'une fois dans l'affaire de M. de Guines… Il est vrai que je n'ai pas voulu de lettre de cachet, mais il n'y a rien de perdu, car, au lieu de rester en Touraine, comme il le voulait, on l'a prié de continuer sa route jusqu'à Aiguillon, qui est en Gascogne. »

La sensation produite, à la Cour et dans le public, par cette exécution sommaire était à coup sûr chose prévue, peut-être désirée, par ceux qui l'avaient provoquée. Ce qu'ils n'attendaient pas sans doute, c'est la réprobation que suscita partout, chez ceux-là mêmes qui déploraient l'attitude du duc d'Aiguillon, un châtiment si arbitraire, pour des torts si peu établis. « Qu'avait fait de plus M. d'Aiguillon, se demandait-on, que lorsque le Roi était monté sur le trône ? Et pourquoi, s'il le trouvait coupable, avait-il attendu si longtemps à le punir ? » On croyait voir, dans cette mesure sévère, le retour à des mœurs qu'on croyait à jamais proscrites, le désaveu des belles promesses d'un règne qui s'était annoncé comme une ère de douceur et de légalité. Le baron de Besenval constate avec dépit ce mouvement d'opinion : « Le sentiment de vengeance et de justice fut étouffé, dit-il, par une compassion philosophique, que les femmes, qui s'étaient érigées en législateurs, outrèrent, ainsi qu'elles outrent toujours tout. On n'entendait que les mots de *tyrannie*, de *justice exacte*, de *liberté du citoyen* et de *loi*. » La plus grande part du blâme retombait sur la Reine. D'Aiguillon exilé lui fut plus nuisible, sans doute, que présent à Paris et chef de la « cabale. » C'est sur son rôle en cette affaire, écrira le Comte de Provence[31], « que l'on s'est fondé depuis pour lui donner la renommée de méchante et d'implacable. » Mercy dénonce, de son côté, l'égoïsme des faux amis qui, « excitant en elle des sentimens de haine et de vengeance qui ne sont point dans le caractère de cette jeune princesse, » sacrifient sans scrupule à leurs vues personnelles « la gloire et l'utilité de la Reine. »

L'exil de son neveu parut, dans le premier moment, devoir amener la retraite de Maurepas. Ce fut le bruit général à Paris, et déjà l'on nommait Choiseul comme le successeur désigné. Maurepas, volontairement sans doute, s'arrangea de manière à accréditer cette rumeur. Il « fit le mort » pendant quelques semaines. Prétextant ses années, sa goutte, la fatigue du voyage, il refusa de prendre part au Sacre, s'en fut à Pontchartrain, tandis que la Cour tout entière se transportait à Reims, laissant ainsi, en apparence, le champ libre à ses détracteurs. Tout porte à croire, d'ailleurs, que le rusé vieillard, avant de prendre ce congé, n'avait pas négligé de mettre son royal élève en garde contre les assauts qu'il aurait à subir et de lui faire adroitement la leçon. Et sans doute comptait-il aussi sur les fautes de ses adversaires, sur l'ivresse qui succède aux trop faciles victoires, sur l'impatience des amis de Choiseul, sur le maladroit empressement de Marie-Antoinette. Si, comme il est probable, il fit réellement ce calcul, il n'eut pas longtemps à attendre pour en éprouver la justesse.

V

Le mois de mai 1775 avait été, ainsi qu'on vient de voir, fertile en émotions et en agitations diverses. Des émeutes dans la rue réprimées par la force et des intrigues de Cour terminées par un coup d'éclat, c'est dans cette atmosphère d'orage qu'il avait fallu préparer l'événement auguste du Sacre. Deux questions, toutes deux délicates, bien que d'inégale gravité, avaient, au cours de ces préparatifs, occupé l'attention du Roi, mettant aux prises les deux tendances contraires entre lesquelles se débattait perpétuellement le trône, la tradition et le progrès, l'esprit conservateur et l'esprit de réforme.

Où aurait lieu le Sacre : à Reims ou à Paris, ce fut le premier problème à résoudre. Turgot tenait fortement pour Paris. Il invoquait, pour rompre avec un usage séculaire, des raisons de finance, les énormes dépenses du transport de la Cour et de l'aménagement d'une installation provisoire. Sans doute aussi, dans son for intérieur, outre le bénéfice d'une grosse économie, espérait-il tirer de cette dérogation à la coutume ancienne quelques facilités pour supprimer « des pratiques surannées et des superstitions puériles, » comme la guérison prétendue des écrouelles par l'attouchement du Roi. La population parisienne, toujours éprise de fêtes et de spectacles, désirait non moins ardemment que le Sacre se fît dans la capitale du royaume. Les fermiers généraux offrirent pour cet objet un don gratuit de deux millions, et le corps des marchans la moitié de cette somme. Le parti opposé, le comte de Maurepas en tête, alléguait le péril de briser sans nécessité une tradition dont l'origine se confondait avec celle de la monarchie, et qui, depuis Philippe-Auguste, avait été presque ininterrompue. Ne devait-on pas craindre que, dans l'esprit du peuple, il résultât de cette innovation un affaiblissement de prestige pour le successeur de Clovis ?

Après quelques hésitations, ces raisons convainquirent Louis XVI. Néanmoins, en se prononçant pour Reims, il spécifia sa volonté de diminuer dans la mesure possible le coût de son voyage et les frais du séjour. On rogna en effet sur certains accessoires ; on supprima quelques caisses de bagages, et l'on élimina de la suite de Leurs Majestés quelques personnages secondaires ; il fut prescrit que les dames de la Cour n'auraient droit qu'à un seul carrosse pour leurs femmes de service. Cela fait, toutes les grosses dépenses furent maintenues sans changement ; méthode qui, au danger d'une prodigalité réelle, joignait l'inconvénient d'une parcimonie apparente, semant l'irritation et provoquant les gorges chaudes. On colporta dans tout Paris cette réponse ironique d'un prélat courtisan à une personne de qualité qui désirait faire, du même coup, ses Pâques avec son Jubilé : « Mon Dieu, madame, nous sommes en temps d'économie ; je crois bien qu'on peut faire aussi celle-là. »

L'autre point litigieux soumis par Turgot à Louis XVI avait trait au serment du Sacre. Le Roi, d'après la formule consacrée, y prenait l'engagement « d'exterminer de ses États tous les hérétiques condamnés nommément par l'Eglise. » Personne assurément, en cette fin du XVIIIe siècle, ne prenait au sérieux une promesse si barbare ; nul n'aurait supporté l'idée de la mettre à exécution, et moins que tout autre le prince qui, quelques mois plus tôt, écrivait à Miromesnil à propos d'une requête des religionnaires de Guyenne[32] : « Il se peut qu'il y ait des personnes d'un zèle mal entendu qui les tourmentent, et c'est ce que je n'approuve pas : mais il faut qu'ils se tiennent dans les bornes des permissions qu'on leur a données. » Puisqu'il était donc entendu que le Roi ne tiendrait point compte de l'engagement qu'il semblait prendre, puisqu'il s'agissait simplement d'une formalité vaine, n'était-il pas plus digne et plus loyal de rayer ces mots du programme ? C'est l'avis que Turgot soutint avec une conviction émue, d'abord de vive voix, au Conseil, puis en s'adressant à Louis XVI par une lettre confidentielle. Cette lettre est aujourd'hui perdue, mais, à défaut du texte, il est aisé d'en retrouver l'esprit dans le *Mémoire au Roi sur la tolérance religieuse* que le contrôleur général rédigea peu de jours après, pour fixer les droits du souverain et pour éclairer sa conscience. J'en citerai seulement quelques lignes, où se trouvent résumées, avec une sobre et concise éloquence, les idées de Turgot sur un si grave sujet : « Vous devez examiner, dit-il, si les engagemens contenus dans les formules du Sacre par rapport aux hérétiques sont justes en eux-mêmes ; et, s'ils sont injustes, c'est un devoir pour vous de ne pas les accomplir… La religion peut-elle commander, peut-elle permettre des crimes ? Ordonner un crime, c'est en commettre un. Or le prince qui ordonne à son sujet de professer la religion que celui-ci ne croit pas, ou de renoncer à celle qu'il croit, commande un crime. Le sujet qui obéit fait un mensonge ; il trahit sa conscience ; il fait une chose qu'il croit que Dieu lui défend. »

Ces idées, on en a la preuve, étaient, au fond, très voisines de celles de Louis XVI. Il n'osa pas toutefois lutter ouvertement contre un préjugé séculaire, braver en face, et du même coup, le persiflage désapprobateur de Maurepas, l'acerbe critique de ses tantes, les colères du « parti dévot. » Plusieurs contemporains assurent que, ne voulant ni modifier la formule ordinaire, ni contracter un engagement qui répugnait à son humanité, il adopta une troisième solution, assez conforme, il faut le dire, à son humeur et à ses habitudes d'esprit : le jour de la prestation du serment, quand il vint à la fameuse phrase, il la prononça à voix basse et en bredouillant de façon à la rendre inintelligible[33]. Ce qui, plus qu'un tel subterfuge, fait honneur à Louis XVI, c'est ce billet que, la veille même du Sacre, il crut devoir adresser à Turgot pour expliquer sa décision ; on ne saurait sans injustice méconnaître ce qui s'y trouve de droiture, de candeur et de bonté touchante : « Reims, 10 juin 1776[34]. — Je ne vous ai pas fait appeler, monsieur, pour vous donner réponse à la lettre d'hier, parce que j'aimais mieux vous laisser un écrit comme gage de ma façon de penser sur votre compte à cette occasion. Je pense que la démarche que vous avez fait (*sic*) auprès de moi est d'un très honnête homme, et qui m'est fort attaché ; je vous en sais le meilleur gré possible, et je vous serai toujours très obligé de me parler avec la même franchise. Je ne veux pourtant pas, dans ce moment-ci, suivre votre conseil. J'ai bien examiné depuis, j'en ai conféré avec plusieurs personnes, et je pense qu'il y a moins d'inconvénient à ne rien changer. Mais je ne vous en suis pas moins obligé de l'avis, et vous pouvez être sûr qu'il demeurera secret, comme je vous prie de garder cette lettre. — Louis. »

Toutes les affaires réglées, la Cour quitta Compiègne dans l'après-dînée du 8 juin. La Reine fut à Reims la nuit même ; le Roi coucha à Fismes et n'arriva que le lendemain. Le trajet s'effectua sans incident et dans des conditions généralement heureuses. Une multitude de paysans accoururent des villages voisins pour voir défiler le cortège ; dans le grand silence de la nuit, sous la clarté argentée de la lune, s'élevèrent de longues acclamations. Toutefois, à cette foule amusée, de place en place se joignaient quelques misérables, qui, agenouillés sur le bord des fossés, levaient leurs mains au ciel, puis « les ramenaient sur leur bouche, comme pour demander du pain. » Cette vue jeta une ombre de tristesse et attendrit l'âme compatissante de Louis XVI. Malgré tout, et si l'on néglige certaines manifestations isolées, la sympathie du peuple accompagna les jeunes souverains pendant toute la semaine du Sacre. Le jour de la cérémonie, qui eut lieu le dimanche 11 juin, et dont je me garderai, après tant d'historiens, de refaire ici le tableau, la cathédrale, rapporte Mercy-Argenteau, « retentit de cris, de battemens de mains et de démonstrations qu'il serait difficile de rendre. » Même enthousiasme populaire, lorsque le soir venu, les parades terminées, le Roi, vêtu avec simplicité, prit sa femme « sous le bras » et, durant une grande heure, fut se promener bourgeoisement avec elle au milieu de la foule, sans gardes, sans escorte, « sans nul indice de précaution. » Les rues, par ordre de Louis XVI, n'avaient pas été revêtues de la parure de tapisseries qu'imposait un ancien usage : « Non, non, avait-il répondu, point de tapisseries ; je ne veux rien qui empêche le peuple et moi de nous voir. » Ce mot eut le plus grand succès. Les cris de « Vivent le Roi et la Reine ! » suivirent partout les souverains au passage, et le public, selon l'expression d'un témoin, était « dans une sorte d'ivresse. »

Au milieu des éclats de cette joie générale, quelques sots incidens de Cour passèrent presque inaperçus, comme la dispute des deux évêques de Soissons et de Beauvais, s'invectivant, se coudoyant et se bousculant en public, pour savoir qui des deux irait, le matin du grand jour, tirer le Roi hors de son lit, et comme aussi la bizarre incartade de la maréchale de Mouchy, dame d'honneur de la Reine, qui, froissée de se voir enlever par le grand chambellan la présidence de la table d'honneur, déserta brusquement son poste et s'en alla « dîner en ville, » en plantant là tous les convives qu'elle avait elle-même invités. Enfin certaines personnes remarquèrent avec étonnement l'air de mauvaise humeur, l'affectation de négligence, avec lesquels le Comte d'Artois remplit, pendant le Sacre, les fonctions assignées par le cérémonial.

Ces légères dissonances ne troublèrent point le concert d'allégresse dont on perçoit l'écho dans le joli récit que Marie-Antoinette envoyait quelques jours plus tard à sa mère[35] : « Le Sacre a été parfait de toutes manières. Il paraît que tout le monde a été content du Roi ; il doit bien l'être de tous ses sujets… Les cérémonies de l'église étaient interrompues, au moment du couronnement, par les acclamations les plus touchantes. Je n'ai pu y tenir, mes larmes ont coulé malgré moi, et l'on m'en a su gré… C'est une chose étonnante, et bien heureuse en même temps, d'être si bien reçus deux mois après la révolte, et malgré la cherté du pain, qui malheureusement continue… Il est bien sûr, conclut la jeune princesse, qu'en voyant des gens qui, dans le malheur, nous traitent aussi bien, nous sommes encore plus obligés de travailler à leur bonheur. Le Roi m'a paru pénétré de cette vérité. Pour moi, je suis bien sûre que je n'oublierai de ma vie la journée du Sacre ! »

Nous prenons ici sur le vif la véritable Marie-Antoinette, quand elle est livrée à elle-même, sensible, impressionnable, capable d'élans généreux. Mais, dans cette âme mobile, tout n'est que revirement, contradictions, contrastes. Les larmes d'émotion dont elle vient de nous faire l'aveu ont à peine séché sur ses joues, que sans souci de l'intérêt ni du repos du Roi, elle se laisse entraîner par les gens de son entourage dans une fâcheuse intrigue contre le ministère. Cette fois encore, le meneur de l'affaire était le baron de Besenval, comme il n'a pas manqué de s'en vanter lui-même : « Je venais, écrit-il, de faire exiler M. d'Aiguillon… Je fis envisager à la Reine qu'il ne fallait regarder cet événement que comme un premier pas vers le crédit, que, pour le constater et le rendre invariable, il était nécessaire de faire des ministres sur lesquels elle pût compter. » Ce n'est pas forfanterie, et Mercy-Argenteau, en plusieurs passages de ses lettres, accuse formellement le baron d'avoir attaché le grelot. Le but était toujours le même : la rentrée au pouvoir de Choiseul et de ses amis, avec pour conséquence la chute de Maurepas et de Turgot. L'heure paraissait propice. Maurepas était à Pontchartrain, tandis que le duc de Choiseul était présent à Reims, ayant eu permission du Roi d'assister à la fête du Sacre. En homme prudent, il s'y tenait dans une ombre discrète, laissant agir ses partisans et attendant pour se montrer l'occasion favorable.

Il parut politique, avant d'entamer la partie, d'obtenir d'abord pour le duc sa réintégration dans une des grosses charges de Cour, dont l'avait fait choir sa disgrâce. Qu'il retrouvât le titre et les fonctions de colonel-général des Suisses, cette première grâce serait le gage et comme l'avant-coureur d'une restitution plus complète. Besenval et Mme de Brionne endoctrinèrent le Comte d'Artois, firent briller à ses yeux l'honneur de gagner cette victoire. Il s'enflamma sur cette idée, promit d'en parler à son frère et tint effectivement parole. Mais Louis XVI, dès les premiers mots, l'arrêta d'un refus fort sec. Le jeune prince revint à la charge ; le Roi, cette fois, ne fit aucune réponse, mais prit un air d'humeur, et « lui tourna le des[36]. » Le parti résolut alors de frapper un grand coup et de faire donner la réserve. Il s'agissait de faire accorder à Choiseul une audience personnelle de Marie-Antoinette, un tête-à-tête où il exposerait à loisir ses sentimens et ses idées. Dans la fourmilière politique qu'était alors la ville de Reims, cette marque éclatante de faveur afficherait publiquement l'action protectrice de la Reine, l'engagerait davantage à user de tout son crédit pour vaincre l'aversion du Roi et emporter la réussite. Marie-Antoinette, avertie, entra délibérément dans ces vues. Elle résolut, pour mieux assurer le succès, de recourir aux petites rouerics féminines où elle était experte.

Le lundi 12, lendemain du Sacre, profitant d'un moment où le Roi était seul, elle s'approcha de lui, le complimenta avec grâce sur les événemens de la veille, puis, dans le cours de l'entretien, glissa, « le plus naturellement du monde » et d'un ton innocent, que, pour son compte, elle aurait eu plaisir à causer un moment avec son vieil ami Choiseul, mais qu'elle était embarrassée et ne savait quelle heure choisir, « attendu qu'à Reims, lui dit-elle, tous les instans étaient employés. » Louis XVI donna dans le panneau avec sa bonne foi coutumière ; ce fut lui-même qui, sans méfiance, indiqua à sa femme la matinée du surlendemain « comme le temps le plus commode pour l'entretien projeté. » Ainsi fut fait. L'audience eut lieu au moment fixé par le Roi ; elle dura près d'une heure, excitant de toutes parts une curiosité passionnée, et provoquant mille commentaires, dont l'écho se répercuta dans toutes les chancelleries d'Europe. Sur le fond même de cette conversation, nous connaissons seulement ce que Marie-Antoinette jugea bon de dire à Mercy : louanges données par Choiseul à la fermeté de la Reine dans le procès du comte de Guines, pressans encouragemens à soutenir cet ambassadeur, sarcasmes et insinuations contre le ministère, contre les gens de robe et contre les hommes à systèmes, conseils sur la conduite à observer avec le Roi, qu'on pouvait, affirmait le duc, dominer alternativement par deux procédés opposés, soit en le conquérant « par des voies de douceur, » soit « en le subjuguant par crainte. » D'ailleurs, nulle sollicitation directe pour soi-même, mais un simple historique de sa disgrâce passée et de vagues récriminations sur les torts du feu Roi. Propos habiles, savamment calculés, et qui laissèrent dans l'âme de Marie-Antoinette une impression profonde, dont l'effet se fera sentir par la suite.

VI

Le complot n'aboutit d'ailleurs à aucun autre résultat. Le bruit fait, le jour même, autour de l'incident, les airs mystérieux de la Reine, les allures de triomphe des amis de Choiseul, éveillèrent l'attention du Roi et lui firent soupçonner le piège. Il en conçut un vif mécontentement, dont l'ex-ministre de Louis XV paya les frais sur l'heure. Dans l'après-midi du 14, à la réception de la Reine, où se trouvait Louis XVI, le duc s'étant fait annoncer, on vit le Roi se lever brusquement et « décamper » d'une manière ostensible[37]. Ce fut pire encore le lendemain, veille du départ de Reims ; lorsque Choiseul, comme tous les invités du Sacre, vint, « à son rang, » baiser la main du Roi, celui-ci détourna la tête et retira sa main, en faisant, assure un témoin, « une grimace effroyable. » Le duc se le tint pour dit. Voyant le coup manqué, il partit pour sa terre, abandonnant ses partisans en complet désarroi.

Une seule personne, dans ce fiasco, conserva, semble-t-il, une belle humeur imperturbable, et ce fut Marie-Antoinette. Contente du camouflet infligé publiquement au parti d'Aiguillon, amusée du bon tour qu'elle avait joué à son candide époux, son petit succès personnel la consolait pleinement de l'échec de sa politique. Son enfantine satisfaction perce dans ce billet, d'un tour assez fâcheux, qu'elle adressait sur cette affaire à son confident habituel, le comte de Rosenberg : « Vous aurez peut-être appris, écrit-elle[38], l'audience que j'ai donnée au duc de Choiseul, à Reims. On en a tant parlé, que je ne répondrais pas que le vieux Maurepas n'ait eu peur d'aller se reposer chez lui. Vous croirez aisément que je ne l'ai pas vu sans en parler au Roi, mais vous ne devinez pas l'adresse que j'ai mise pour ne pas avoir l'air de demander permission. Je lui ai dit que j'avais envie de voir M. de Choiseul et que je n'étais embarrassée que du jour. J'ai si bien fait que le pauvre homme m'a arrangé lui-même l'heure la plus commode où je pourrais le voir. Je crois que j'ai assez bien usé du droit de femme dans ce moment ! »

La mauvaise chance voulut que ces lignes, tout au moins familières, fussent, grâce à l'indiscrétion du comte de Rosenberg, connues à la cour de Vienne, où elle produisirent, comme on pense, un effet de scandale. L'Impératrice leva les bras au ciel : « Quel style ! Quelle façon de penser ! mande-t-elle à Mercy-Argenteau. Elle court à grands pas à sa ruine ! » Joseph II prit la chose encore plus au tragique ; sa rudesse fraternelle passa vraiment toutes bornes dans la véhémente philippique dont les archives de Vienne conservent le curieux brouillon : « De quoi vous mêlez-vous, écrit-il à sa sœur d'un ton de pédagogue, de déplacer les ministres, d'en faire envoyer un autre dans ses terres, et de vous servir de termes très peu convenables à votre situation ? Vous êtes-vous demandé de quel droit vous vous mêlez des affaires du gouvernement et de la monarchie française ? Quelles études avez-vous faites ? Quelles connaissances avez-vous acquises, pour oser imaginer que votre opinion doit être bonne à quelque chose, vous qui ne lisez ni n'entendez parler raison un quart d'heure par mois, qui ne réfléchissez, ni ne méditez, j'en suis sûr, jamais ?... » L'Impératrice, plus mesurée, sentit le danger de ce style, admonesta son fils ; elle confisqua sa lettre et lui en fit écrire une autre, d'une forme un peu plus adoucie[39], laquelle d'ailleurs, au témoignage de Mercy-Argenteau, n'eut d'autre effet sur Marie-Antoinette que de provoquer son dépit, et à laquelle elle répliqua par quelques lignes « plus que froides. »

Pour entendre une note juste sur cette petite incartade de la Reine, il faut s'en rapporter à la sage appréciation de l'ambassadeur autrichien : « Je vois, dit-il, avec un grand chagrin combien cette lettre au comte de Rosenberg a causé de peine à Votre Majesté... Je la supplie de me permettre d'observer que le sens et la tournure de cette lettre ne partent absolument que de la petite vanité de vouloir paraître en position de gouverner le Roi... A l'extérieur, la Reine manque quelquefois à de petites démonstrations d'égards et d'attentions envers le Roi, mais, quant à l'essentiel, il est certain qu'elle estime son auguste époux, qu'elle est même jalouse de sa gloire, et qu'il n'y a que de petits mouvemens de vivacité et de légèreté qui puissent quelquefois masquer en elle cette façon de penser et de sentir. »

Quant aux suites immédiates des divers incidens du Sacre, elles furent bien différentes de ce qu'avaient rêvé les pêcheurs en eau trouble et les politiques de boudoir, car il en résulta un redoublement de crédit pour le comte de Maurepas d'abord et, par contre-coup, pour Turgot. Il suffit, pour s'en assurer, de lire ce billet affectueux que Louis XVI, au départ de Reims, adressa de sa main à son vieux conseiller : « Je suis libre[40] de toutes mes fatigues. La procession de ce matin, jour de la Fête-Dieu, était la dernière. J'ai été fâché que vous n'ayez pu partager avec moi la satisfaction que j'ai goûtée ici. Il est bien juste que je travaille à rendre heureux un peuple qui contribue tant à mon bonheur ; je vais maintenant m'en occuper tout entier. J'espère que vous aurez pensé aux moyens dont nous avons parlé ensemble ; j'y ai pensé de mon côté, autant que j'ai pu dans la foule des cérémonies. La besogne est forte, mais, avec du courage et vos avis, je compte en venir à bout. Adieu jusqu'à lundi soir, où nous nous verrons. — Louis. »

L'abbé de Véri, qui nous a conservé ces lignes, rapporte également l'impression qu'elles firent sur le vieil homme d'Etat ; il consigne dans son journal ce fragment du dialogue échangé, le jour même, entre Maurepas et lui : « Je commence, m'a-t-il dit, à l'aimer, comme on aime son enfant qui a bonne volonté. — Vous avez raison, ai-je répondu, il mérite de votre part les soins les plus tendres ; mais il ne suffit pas que vous lui ayez déjà inspiré ces sentimens, il faut lui donner les moyens et la force. — Les moyens, répliqua M. de Maurepas, ne sont pas embarrassans, mais la force, voilà le difficile. — C'est à vous, dis-je, à lui en donner, et à vous placer devant le Roi, pour aider la résistance, comme un chevalier loyal présentait son corps aux coups[41]. »

Si évidente pour tous fut, au retour de Reims, la faveur du comte de Maurepas, que Marie-Antoinette, mieux inspirée cette fois, crut nécessaire de se rapprocher du ministre. A quelques jours de là, elle lui accordait une audience, lui faisait le meilleur accueil, puis abordant de front la question délicate de l'exil du duc d'Aiguillon, elle laissait entendre avec grâce qu'elle ne confondait pas, selon son expression, « la conduite et les intentions de l'oncle » avec les torts graves du neveu, qu'elle était non moins persuadée de la « droiture » de l'un que de « la méchanceté et des manœuvres intrigantes de l'autre. » Maurepas, à ces avances, ne répondait qu'en protestant de son absolu dévouement ; et la conclusion de cette scène était une réconciliation, un accommodement, tout au moins, entre puissances rivales, une sorte de traité d'alliance, ni plus ni moins fragile que tous les contrats du même genre.

VII

En ce qui concerne Turgot, la bienveillance royale ne devait pas tarder à se manifester d'une manière plus retentissante, par l'appel au pouvoir du plus ancien et du plus cher ami du contrôleur général, Guillaume de Lamoignon de Malesherbes, président de la Cour des Aides, nommé au ministère de la Maison du Roi. La chose pourtant ne se fit pas toute seule, et cette victoire eut d'autant plus d'éclat qu'elle fut plus difficilement arrachée.

Le ministre en fonctions, le duc de La Vrillière[42], titulaire de l'emploi de date immémoriale, s'y maintenait vaille que vaille, depuis le nouveau règne, par la protection de sa sœur, la comtesse de Maurepas, acharnée en toute circonstance à servir sa famille. Sa longue expérience de la Cour et du cérémonial avait également contribué à lui faire conserver sa place jusqu'à l'époque du Sacre, où l'on pensait qu'il rendrait des services. Mais il avait été convenu que ses attributions seraient restreintes, ou peu s'en faut, au « ministère des lettres de cachet, » dont il s'était fait sous Louis XV une sorte de spécialité. « Cela va d'autant mieux, aurait dit à mi-voix Louis XVI, que je compte bien n'en point donner. » Maurepas, à la veille du départ pour Reims, ayant interrogé le Roi sur les bruits qui couraient du remplacement de son beau-frère, avait reçu cette réponse inquiétante : « Ce ne sera que pour mon retour, et vous en serez instruit. » Le public attendait avec quelque impatience le renvoi de ce vieux et frivole courtisan, discrédité pour sa bassesse et sa médiocrité d'esprit, entièrement dominé par une ancienne maîtresse, la marquise de Langeac, femme avide, intrigante, qu'on accusait de trafiquer des honneurs et des places. Sa chute paraissait si certaine qu'avant de l'avoir mis en terre les partis en présence se disputaient son héritage. Turgot avait son candidat, qui n'était autre que Malesherbes ; la Reine avait le sien, qui était M. de Sartine, le ministre de la Marine, et elle le soutenait ardemment.

Cette attitude de Marie-Antoinette était le fruit d'une combinaison compliquée, germée dans le fertile cerveau du baron de Besenval. Sartine passant à la Maison du Roi, on pourrait mettre à la Marine le sieur d'Emery, créature du duc de Choiseul, homme de caractère souple et que l'on aurait dans la main. Sartine, secrètement pressenti, se prêtait à cet arrangement. L'accord ainsi conclu, Besenval se chargea d'échauffer Marie-Antoinette et de la pousser en avant. Il l'exhorta à mettre Maurepas dans son jeu, à exiger de lui, comme gage d'alliance et comme preuve d'amitié[43], le double choix imaginé par le parti Choiseul. Le Journal de Véri, confirmant sur ce point le récit du baron, montre que ces conseils furent suivis à la lettre : « Hier soir, y lit-on[44], la Reine a parlé à M. de Maurepas : « Vous savez déjà, lui dit-elle, le désir que j'ai de marcher avec vous. C'est le bien de l'Etat, c'est le bien du Roi, et par conséquent le mien. M. de La Vrillière va se retirer, et je veux sa place pour M. de Sartine. Je ne comprends pas ce que vous me dites sur la mésintelligence entre M. Turgot et M. de Sartine... Vous les croyez tous les deux d'honnêtes gens ; cela me suffit pour être assurée de leur concert. Je dirai tout ceci au Roi, ainsi que ce que je désire. Je veux être amie avec vous ; il ne tient qu'à vous que cela soit, vous voyez à quelle condition. »

Ce langage résolu, ce ton catégorique, troublèrent beaucoup Maurepas et le jetèrent dans une perplexité cruelle. Au fond, il tenait pour Malesherbes, dont il estimait les talens et honorait le caractère, qu'il savait « sans intrigue, » sans arrière-pensée d'ambition, incapable de se pousser au détriment de ses collègues. De plus, il appréciait en lui le magistrat et le parlementaire de race, ce qui avait toujours quelques droits sur son cœur. Il vint trouver Turgot, lui rapporta les paroles de la Reine. Turgot, sur cet avis, eut une inspiration heureuse, il prévint l'abbé de Vermond de ce qui se passait et lui demanda son appui.

De récens historiens ont fait justice des légendes longtemps répandues sur ce lecteur de Marie-Antoinette, placé auprès d'elle, disait-on, par le parti Choiseul, d'accord avec la cour d'Autriche, pour capter sa confiance, s'emparer de sa volonté et servir l'intérêt de ceux dont il était l'agent. Dans la réalité, Vermond, — ainsi nous le révèle ce qu'on a publié de sa correspondance[45], — paraît avoir été un homme simple et modeste, sincèrement dévoué à la Reine, qui ne le goûtait guère, au reste maladroit et médiocre d'esprit, mais rassis, de bon sens et employant sa très faible influence à combattre les fantaisies et les emportemens de Marie-Antoinette. C'est sous ce jour qu'il se montra dans cette circonstance délicate. Quand Turgot l'eut mis au courant des propos de la Reine : « Il faut, dit-il[46], que quelqu'un l'ait échauffée, car elle ne m'a point parlé sur ce ton ce matin. On lui aura dit que M. de Maurepas était faible et qu'en usant avec lui d'un langage ferme et décidé, elle lui en imposerait. Il ne faut pas que M. de Maurepas lui cède. Je vais lui parler, et vous pouvez assurer M. de Maurepas que, dans quinze jours, elle s'accommodera fort bien de celui qu'il aura choisi. »

Ainsi soutenus, Turgot et Maurepas s'entendirent pour agir sur le Roi et le décider pour Malesherbes. Ils y réussirent aisément. Les préventions semées dans l'esprit de Louis XVI contre l' « ami des philosophes » tombèrent devant ce qu'ils lui dirent de son intégrité, de sa vertu sans tache et de son mérite reconnu. Restait à persuader l'intéressé lui-même, et ce fut le plus difficile. Timide et défiant de soi-même, amoureux du repos, de la vie simple et du travail discret, Malesherbes craignait de bonne foi le fardeau du pouvoir, pour lequel, disait-il, il se sentait peu fait. A son ami l'archevêque d'Aix, qui lui disait un jour qu'on gouvernait surtout par l'énergie et par le caractère : « Vous avez bien raison, répondait-il d'un ton sincère[47], et c'est ce qui fait que je ne serais jamais bon ministre ; je n'ai point de caractère. — Que dites-vous là ? — Non, en vérité, je n'en ai pas. — Je vous vois cependant ferme dans vos idées, quand elles sont une fois fixées. — Mais il n'est pas sûr, reprenait Malesherbes, que j'en aie de fixées sur les trois quarts des choses. »

C'est de telles objections qu'il opposa d'abord à toutes les instances de Turgot, appuyées par Maurepas. On lui envoya, assure-t-on, « trois courriers dans une nuit » sans obtenir son consentement. Il fallut que Louis XVI joignît ses prières personnelles à celles de ses ministres, par le billet suivant qu'il lui écrivit de sa main[48] : « M. Turgot m'a rendu compte de votre répugnance pour la place que je vous offre. Je pense que votre amour pour le bien public doit la vaincre, et vous ne sauriez croire le plaisir que vous me ferez d'accepter, du moins pour quelque temps, si vous ne voulez pas vous y déterminer tout à fait. Je crois que cela est absolument nécessaire pour le bien de l'Etat. — Louis. » S'il dut se rendre à de si pressans argumens, Malesherbes ne céda du moins qu'avec la plus amère tristesse. La lettre de Louis XVI lui fut remise par l'abbé de Véri, il la lut, soupira, parut en proie à l'agitation la plus vive : « A l'exception d'une maladie mortelle, s'écria-t-il d'un ton de désespoir, il ne pouvait rien m'arriver de plus funeste ! » Il se résigna néanmoins, car « on ne peut, dit-il, résister à un désir bien plus puissant qu'un ordre. » Son chagrin se doublait d'un étonnement sincère : ayant toujours vécu à l'écart de la Cour, opposé à la politique de la plupart des ministres du Roi, il ne pouvait concevoir qu'on eût songea lui. Lorsqu'il vint pour la première fois au château de Versailles, il rencontra le duc de Croy, qui le complimenta sur son élévation : « Par le chemin que je prenais, répliqua-t-il avec candeur, je ne croyais pas venir ici ! »

Cette grande question réglée, on fit peu de façons pour expédier le duc de La Vrillière. Maurepas avertit son beau-frère qu'on désirait sa démission ; le duc vint en parler au

Roi, qui répondit froidement : « Oui, monsieur, je trouve bon que vous songiez à votre retraite. » Et ce fut tout ; La Vrillière se le tint pour dit. Il obtint pour consolation une pension de 60 000 livres, et Malesherbes lui succéda dans toutes ses places et dignités, y compris « l'entrée au Conseil, » grâce que l'on accordait rarement aux nouveaux secrétaires d'État[49], ce qui fut regardé comme une grande marque de faveur. C'était une idée de Maurepas, heureux du triomphe remporté sur la coterie Choiseul. Le Mentor, le jour même, alla féliciter le Roi de la « précieuse acquisition » qui renforçait le ministère : « C'est un homme, lui dit-il[50], que je vous donne pour me remplacer, et vous ferez bien de mettre voire confiance en lui. Il a des lumières pour voir en grand toutes les parties du gouvernement ; les autres ne prendront pas ombrage de lui, parce que son âme simple et désintéressée n'en donne à personne. Il fera le bien, parce qu'il a l'éloquence persuasive, par la langue comme par le cœur. » Il termina par une phrase de regret pour le « chagrin » fait à la Reine : « Si je m'aperçois que je continue à lui déplaire, ajouta-t-il d'un ton mélancolique, je dois penser à ma retraite prochaine. — Oh ! pour cela, non, dit Louis XVI en lui pressant les mains avec tendresse. Non, non, vous ne me quitterez pas de sitôt ! »

L'âme versatile de Marie-Antoinette était peu faite pour les tenaces rancunes ; elle prit avec facilité son parti de cette déconvenue. Le baron de Besenval eut beau chercher à l'animer encore ; cette fois, toutes les excitations échouèrent. « Je n'étais pas sorti de son cabinet, que cela fut oublié, » confesse-t-il avec amertume. La première entrevue de Malesherbes avec la souveraine fut sans doute empreinte de froideur ; mais elle reprit dès le lendemain sa grâce coutumière, et, comme l'avait prédit Vermond, quinze jours avaient à peine passé, que le meilleur accord semblait régner entre la Reine et le nouveau ministre.

Il faut, en bonne justice, faire honneur avant tout de cette prompte réconciliation à Malesherbes lui-même, à la séduction inconsciente qui émanait de sa personne et à laquelle nul n'échappait. De petite taille, le corps replet, le chef couvert d'une « perruque magistrale, » son manque de distinction physique était largement compensé par une physionomie ouverte, des yeux brillans et gais, un air de bonté, de franchise, une voix douce et prenante, une simplicité de façons, une cordialité chaude, qui gagnaient tous les cœurs. Sa belle humeur imperturbable, son aménité de langage que relevait une pointe de malice innocente, sa foncière modestie, sa large tolérance, et jusqu'aux distractions constantes dont il était le premier à sourire, attiraient au *Bonhomme,* comme on le surnomma à la cour de Versailles, des sympathies qu'une plus longue connaissance changeait vite en admiration. « J'ai vu pour la première fois, s'écriait lord Shelburne après l'avoir fréquenté à Paris, ce que je ne croyais pas qui pût exister : c'est un homme dont l'âme est exempte de crainte et d'espérance, et qui cependant est pleine de vie et de chaleur. Rien dans la nature ne peut troubler sa paix, rien ne lui est nécessaire, et il s'intéresse vivement à tout ce qui est bon[51]. » Cet homme exquis deviendrait-il un grand ministre ? C'est ce dont on pouvait douter, car sa nature un peu rêveuse était plus propre à l'étude qu'à l'action, et son détachement de toutes choses, où l'on reconnaissait un sage, le détournait de cette persévérance, faute de laquelle les plus généreux efforts restent vains, les meilleures intentions stériles.

Pour le présent, la réunion dans un même Cabinet de Malesherbes et de Turgot, c'est-à-dire des deux hommes, selon l'expression générale, « les plus vertueux, les plus éclairés de leur temps, » déchaînait de toutes parts comme une immense vague d'espérance. « C'est le règne de la vertu, du désintéressement, de l'amour du bien public et de la liberté, » écrivait Mme du Deffand. « Voilà donc le règne de la raison et de la vertu, faisait écho Voltaire. Je crois qu'il faut songer à vivre ! » Julie de Lespinasse se départait de son pessimisme ordinaire pour entonner un hymne d'allégresse : « Vous le verrez, leur ministère laissera une profonde trace dans l'esprit des hommes. Le mauvais temps pour les fripons et pour les courtisans ! » Et le sceptique Mercy prophétisait une ère de prospérité pour la France : « M. de Malesherbes annonce une justice qui déconcerte les gens de cour et une humanité qui enchante les gens du commun. L'unité de ses vues avec celles de M. Turgot va produire une grande réforme dans les abus… Les ministres de France cheminent d'accord vers le bien. »

Les premières semaines de juillet 1775 brillèrent comme un point lumineux dans la vie de Turgot. La nomination de

Malesherbes lui apportait, sur les sommets périlleux du pouvoir, le réconfort d'une âme toute semblable à la sienne et le bienfait de la plus solide amitié ; la paix semblait assurée au dehors ; les récoltes s'annonçaient bien et promettaient de réparer le déficit des années précédentes ; les factions désarmaient, découragées par leurs échecs, momentanément impuissantes ; la Reine, revenue de ses préventions, se rapprochait tous les jours davantage de ce qu'elle reconnaissait enfin pour « le parti des honnêtes gens ; » la confiance du souverain, répondant à celle du pays, permettait les pensées d'avenir et les projets d'ensemble. C'était l'heure des belles illusions, c'est-à-dire, à tout prendre, du seul bonheur réel dont l'homme connaisse ici-bas la douceur.

MARQUIS DE SEGUR.

1. ↑ *Published, October first, nineteen hundred and nine. Privilege of copyright in the United States reserved, under the Act approved March third nineteen hundred and five,* by Calmann-Lévy.
2. ↑ Voyez la *Revue* des 1er et 15 février et du 15 septembre.
3. ↑ Lettres du sieur Pomiès au prince X. de Saxe. — Archives de l'Aube
4. ↑ Lettre du 7 octobre 1774. — Correspondance publiée par d'Arneth.
5. ↑ Lettre du 16 novembre 1774. — *Ibidem*.
6. ↑ Lettre de Mercy-Argentcau du 18 mai 1775. — Correspondance publiée par d'Arneth.
7. ↑ Les lettres de Mercy signalent à ce sujet un petit trait de faiblesse et de dissimulation de Louis XVI, affirmant à la Reine qu'il compte, sur cette question, prendre l'avis de Madame Victoire, tandis qu'en réalité il s'était adressé à Madame Adélaïde. Madame Victoire était la plus douce des sœurs et la moins malveillante pour Marie-Antoinette.
8. ↑ *Mémoires* de Soulavie.
9. ↑ *Ibidem*.
10. ↑ Lettre du 11 avril 1775. — Correspondance publiée par d'Arneth.

11. ↑ *Correspondance secrète* de Métra, 9 janvier 1775.
12. ↑ *Réflexions historiques,* par le Comte de Provence, *loc. cit.*
13. ↑ *Réflexions historiques,* par le Comte de Provence, *loc. cit.*
14. ↑ Lettres de l'année 1775. — Archives du marquis de Chabrillan.
15. ↑ Lettre du 20 avril 1775, *passim.*
16. ↑ *Correspondance littéraire,* janvier 1775.
17. ↑ *Correspondance secrète* de Métra. — Journal de l'abbé de Véri.
18. ↑ Lettre de Mercy-Argenteau du 20 avril 1775. — Correspondance publiée par d'Arneth.
19. ↑ Pour le procès du comte de Guines, j'ai consulté le Journal de Hardy, les Archives nationales (K. 164), les archives du marquis de Chabrillan, les Souvenirs de Moreau, la *Correspondance de Mercy-Argenteau,* publiée par d'Arneth, et la plupart des mémoires et correspondances du temps.
20. ↑ Lettre dictée par Maurepas à sa femme pour le duc d'Aiguillon. — Archives du marquis de Chabrillan.
21. ↑ Archives nationales, K. 164.
22. ↑ Vergennes établissait, en outre, que la demande, inadmissible en droit, était injustifiée en fait, car les dépêches du duc d'Aiguillon démontraient qu'en cette affaire il s'était conduit « avec beaucoup de circonspection et toujours en conséquence des ordres du Roi, » et que, « s'il y avait lieu de lui reprocher de la partialité, ce serait plutôt en faveur de M. de Guines. »
23. ↑ Lettre de la comtesse de Maurepas a la duchesse d'Aiguillon. — Archives du marquis de Chabrillan.
24. ↑ Billet du 22 mai 1775. — Arch. nat., K. 164.
25. ↑ C'est-à-dire combattu.
26. ↑ *Journal* de l'abbé de Véri, *passim.*
27. ↑ Journal de l'abbé de Véri, *passim.*
28. ↑ *Chronique secrète* de l'abbé Baudeau, *passim.*
29. ↑ Lettre de Mme de Maurepas à la duchesse d'Aiguillon. — Archives du marquis de Chabrillan.
30. ↑ Lettre de Mme de Maurepas à la duchesse d'Aiguillon.. — Les archives du marquis de Chabrillan renferment une série de lettres de la comtesse de Maurepas à la duchesse d'Aiguillon pendant cet exil. En voici quelques fragmens : « Juin 1775. — Vous m'avez laissée, ma chère nièce, dans la plus grande douleur de votre cruelle situation. Je ne négligerai rien pour la faire adoucir… Que je suis fâchée de n'être plus jeune ! J'irais vous trouver, dans quelque lieu que vous soyez. Nous serons toujours occupés de saisir le moment qui pourra vous être utile. Dans ce moment, je crois qu'il ne faut rien dire. » — « Juillet 1775. — M. de Maurepas m'a chargée de vous mander que M. d'Aiguillon n'a pas

besoin de permission pour aller aux eaux de Barèges. Il n'a pas eu lettre de cachet, il n'est à Aiguillon que par un discours verbal, et son rappel sera de même… A l'égard des motifs qui l'ont éloigné, comme il n'y en a point, il est difficile de les dire. Lorsque nous avons été envoyés à Bourges, je suis encore à savoir pourquoi. On a dit que c'était pour des chansons, dont nous n'avions jamais entendu parler. Il en est de même des discours qu'on vous prête. » Le séjour à Aiguillon ne fut pas de longue durée. L'année suivante, en juin 1776, la fille du duc, Mme de Chabrillan, récemment relevée de couches, vint rejoindre son père ; à peine rendue, elle fut prise d'une fièvre maligne, qui l'emporta en quelques jours. La Reine, sur cette nouvelle, alla dans la chambre du Roi, où elle trouva Maurepas, et pria ce dernier de dire à M. d'Aiguillon qu'il lui était permis de quitter « le tombeau de sa fille, » et de se rendre où il voudrait, sous la seule condition de ne point paraître à la Cour : « Vous savez par mon expérience qu'on peut vivre sans cela, écrit à ce propos Mme de Maurepas à sa nièce. M. de Maurepas a été cinq ans sans pouvoir aller à Paris ; il s'en est fort bien porté. »

31. ↑ *Réflexions historiques, passim.*
32. ↑ Lettre du 28 février 1775.
33. ↑ Certains historiens ont même avancé que le Roi avait entièrement supprimé ces paroles ; mais cette assertion est démentie par le passage suivant du mémoire de Turgot dont j'ai cité plus haut quelques lignes : « Votre Majesté n'ignore pas combien j'ai regretté qu'Elle se soit soumise à des formules d'engagement dressées dans des temps trop dépourvus de lumières. »
34. ↑ Notice de M. Dubois de l'Estang, *passim.*
35. ↑ Lettre du 22 juin 1775. — Correspondance publiée par d'Arneth.
36. ↑ Lettre de Mercy-Argenteau du 23 juin 1775. — Correspondance publiée par d'Arneth.
37. ↑ *Souvenirs* de Moreau.
38. ↑ Lettre du 13 juillet 1775. — Correspondance publiée par d'Arneth.
39. ↑ Le texte de cette seconde lettre ne s'est pas retrouvé.
40. ↑ Journal de l'abbé de Véri, *passim.*
41. ↑ Journal de l'abbé de Véri.
42. ↑ Louis Phélyppeaux, d'abord appelé comte de Saint-Florentin, avait pris par la suite le nom de duc de La Vrillière, ce qui lui valut cette cruelle épitaphe :
    Ci-gît un petit homme à l'air assez commun,
    Ayant porté trois noms, sans en laisser aucun.
43. ↑ *Mémoires* de Besenval.
44. ↑ Journal de l'abbé de Véri, *passim.*

45. ↑ Voyez les lettres publiées par d'Arneth à la fin du volume intitulé : *Maria Theresia und Marie Antoinette.*
46. ↑ Journal de Véri, *passim.*
47. ↑ *Ibid.*
48. ↑ *Ibid.* — Feuillet de Conches a publié également cette lettre.
49. ↑ Lettre du sieur Rivière au prince X. de Saxe, du 10 juillet 1175. — Archives de l'Aube.
50. ↑ Journal de Véri, *passim.*
51. ↑ Lettre de Mlle de Lespinasse au comte de Guibert, du 22 septembre 1774. — Éd. Asse.

AU COUCHANT DE LA MONARCHIE[1]

V.[2]

LA VICTOIRE DE TURGOT — LE LENDEMAIN DE LA VICTOIRE

I

Le secret désir de Turgot, en insistant pour la prompte entrée de Malesherbes dans les conseils du Roi, était de trouver un allié en vue des luttes qu'allait prochainement entraîner l'assemblée du clergé, assemblée ouverte en juillet pour ne prendre fin qu'en décembre. Ces assises solennelles, où l'épiscopat discutait les affaires ecclésiastiques, se tenaient, d'après la coutume, à intervalles réguliers de cinq ans. Elles se terminaient par le vote d'un *don gratuit* au Roi[3], dont l'importance variait selon les circonstances. La session de 1775 s'annonçait comme fort agitée, et réchauffement des têtes faisait prévoir des débats orageux. Un trouble profond, en effet, régnait parmi le haut clergé de France, par suite du progrès grandissant de la philosophie, et par suite également de la désaffection qui se manifestait, dans toutes les classes de la nation, à l'égard des représentai du pouvoir religieux. Seul, le peuple, dans les provinces, gardait quelque attachement aux curés de campagne, qui, pauvres, besogneux, médiocrement instruits, partageant contre la noblesse, l'épiscopat, les ordres monastiques, bon nombre des préventions populaires, ne portaient ombrage à personne et faisaient pitié à beaucoup. Les évêques, au contraire, sauf d'heureuses exceptions, ne rencontraient que la défiance et l'hostilité de leurs ouailles. Chaque jour voyait s'affaiblir leur prestige et baisser leur autorité.

De cet état de choses, la cause première était sans doute dans les mœurs relâchées et la vie scandaleuse de certains des prélats en vue qui faisaient tort aux autres. Il faut accuser également l'habitude établie, même chez les plus irréprochables, de déserter annuellement leurs diocèses pour résider aux abords de Versailles et, selon l'expression du temps, « prendre l'air de la Cour. » Enfin il faut noter comme un motif sérieux d'impopularité les règles exclusives qui présidaient, depuis le commencement du siècle, au recrutement du haut clergé. Sous Louis XIV, encore que les principaux évêchés fussent la plupart réservés à la grande noblesse, le mérite néanmoins pouvait suppléer la naissance, et l'on comptait nombre d'évêques de modeste extraction. Il n'en fut pas de même sous Louis XV et son successeur. Vers la fin du XVIIIe siècle, tous les prélats sont gentilshommes. A l'heure de la Révolution, « sur cent trente évêques français, il n'y avait pas un seul roturier[4]. » On imagine l'irritation que semait en certains milieux un si injuste parti pris.

Cette parité d'origine des évêques n'avait pas même eu l'avantage d'établir entre eux la concorde. Au temps dont nous nous occupons, deux partis très tranchés, et très opposés l'un à l'autre, existaient dans l'épiscopat, le parti des *évangélistes*, qu'on nommait aussi les *chrétiens*, et le parti des *politiques*, appelés aussi les *administrateurs* ; énoncer ces appellations, c'est du même coup indiquer leurs tendances. Les premiers, pris dans leur ensemble, passaient pour plus vertueux, les seconds, pour plus éclairés. Dans le camp des *évangélistes*, les chefs étaient MM. De Juigné, de La Rochefoucauld, et surtout Christophe de Beaumont, archevêque de Paris depuis plus de trente ans, qui tirait de cette ancienneté, comme de la pureté de ses mœurs et de sa charité notoire, une grande autorité et une légitime influence, mais qui, par son zèle fanatique, s'était attiré autrefois les sévérités de Louis XV et que Louis XVI lui-même, en plus d'une circonstance, dut gourmander durement[5]. Parmi les prélats *politiques*, les plus en évidence étaient Dillon, archevêque de Narbonne, Boisgelin, archevêque d'Aix, Cicé, archevêque de Bordeaux, Loménie de Brienne, archevêque de Toulouse, gens de talent, d'esprit ouvert, habiles à se plier aux exigences du temps, comprenant la nécessité de certains sacrifices, mais auxquels le « parti dévot » reprochait, non sans apparence, quelques défaillances de doctrine, quelque secrète tendresse pour les « idées nouvelles. »

L'élévation de Turgot et de Malesherbes donnait à ce second parti une force incontestable. En revanche, le premier avait pour lui la majorité des évêques. Bon nombre de ceux-ci voyaient avec effroi siéger dans les conseils du trône deux amis déclarés de l'Encyclopédie. Le mémoire de Turgot sur la tolérance religieuse leur avait inspiré une vive indignation, et, troublés des pressans périls qui menaçaient l'Eglise de France, ils ne voyaient de remède efficace contre l'incrédulité grandissante que dans des mesures de rigueur qui réduiraient l'adversaire au silence. Ce qu'ils réclamaient avant tout, c'était la stricte application des lois, non encore abolies, qui régissaient la librairie. Empêcher par tous les moyens la publication et la vente des audacieux ouvrages dont gémissait l'orthodoxie, s'opposer fermement à la diffusion des écrits non revêtus du privilège et de l'approbation du Roi, tel était, pensaient-ils, le seul moyen pratique d'enrayer la marche ascendante de la doctrine impie, qui, comme l'écrivait un prélat, « a initié dans ses mystères les femmes, ce sexe même dont la piété faisait autrefois la consolation de l'Eglise ! »

Aux plaintes ainsi portées contre la licence de la presse, se joignaient, dans le même parti, les plus vives récriminations au sujet de la tolérance pratiquée par l'autorité envers les protestans. C'était un point qui donnait lieu, depuis quelques années, à d'incessans conflits entre l'épiscopat et l'administration royale. Les lois farouches édictées un siècle plus tôt contre les réformés n'avaient jamais été ni abrogées ni adoucies en droit, mais, plus fort que les lois, l'esprit nouveau qui soufflait sur la France en avait peu à peu tempéré la rudesse. Si l'on pouvait, de loin en loin, dans les provinces éloignées de la capitale, citer encore certains faits isolés de persécution religieuse, ces cas exceptionnels se faisaient tous les jours plus rares. Plus le siècle s'avance, plus on voit fréquemment les intendans résister avec énergie aux réclamations des évêques et répudier hautement cette « politique des dragonnades, » qui, écrit l'un d'entre eux, « n'a fait que trop de bruit dans la France et dans toute l'Europe[6]. » Soit que les religionnaires s'assemblent pour leurs offices, soit qu'ils renoncent à la méthode ancienne des « mariages au désert » pour procéder ouvertement, en suivant les rites de leur culte, à des cérémonies nuptiales, soit enfin qu'ils bâtissent des temples, comme cela arrive quelquefois, pour toutes ces infractions flagrantes, infatigablement dénoncées, la réponse est toujours la même de la part des agens de l'administration : « Il faut user de modération… Il convient de fermer les yeux… Le grand nombre des contrevenans met le gouvernement dans la nécessité de ne point sévir contre les contraventions, etc.[7]. »

Louis XVI lui-même, malgré sa sincère dévotion, approuvait cette manière de faire et répugnait à tout procédé de contrainte. Dans une réponse aux doléances d'une délégation des évêques : « Je favoriserai toujours, déclare-t-il, les vues *pacifiques et charitables* du clergé pour ramener à l'unité ceux de nos frères qui oui eu le malheur d'en être séparés. » Plus explicite encore est cette note de sa main inscrite en marge d'un mémoire sur la tolérance religieuse : « Des évêques très dignes de confiance m'ont assuré que les surprises de conversions n'étaient pas du tout dans l'esprit de la religion, et qu'elles (les conversions) devaient être le seul ouvrage de la conscience libre et éclairée, pour être louables[8]. »

Toutes ces questions allaient être soulevées et discutées avec passion dans l'assemblée de 1775. Quelques semaines avant la réunion, l'archevêque de Paris avait fait auprès de Maurepas une tentative, que l'abbé de Véri rapporte dans ces termes[9] : « On sera surpris qu'au milieu de la pente universelle vers la tolérance, il y ait eu un homme assez borné pour proposer de remettre en vigueur les lois les plus rigoureuses contre les protestans. Cet homme est M. de Beaumont, archevêque de Paris. Il y a huit jours qu'il est allé trouver M. de Maurepas pour lui dire que le parlement lui paraissait prendre la tournure de la docilité, — ce parlement qu'il regardait comme impie et athée, lorsqu'il était jadis opposé à ses violentes diatribes contre le jansénisme, — que, si l'on voulait en profiter, l'occasion était favorable pour rappeler dans une seule loi toutes celles faites depuis François Ier contre les protestans, que sûrement cette loi serait enregistrée, et qu'on arriverait par là, à cette uniformité de religion que tant de rois avaient tentée pour le bien du royaume. »

Une telle proposition n'était pas pour plaire à Maurepas. D'opinions modérées et de caractère pacifique, ses idées politiques comme son goût du repos le portaient vers la tolérance. Mais, sceptique avant tout, son grand souci était de maintenir l'équilibre entre les partis opposés. « Il ne cherchait, dit l'abbé de Véri, qu'à s'arranger, d'après les sentimens du maître et les avis du conseil, pour ne contredire personne mal à propos. » Il s'appliquait donc soigneusement à garder la balance égale entre les fureurs orthodoxes de certains membres de l'épiscopat et les tendances libérales de Turgot, dont les principes en cette matière semblaient alors d'une singulière audace. Nous en connaissons les grandes lignes : libre exercice de tous les cultes, légitimité des mariages contractés dans les temples, création de « registres où le juge civil inscrirait naissances, morts, filiations, sans que le mot de religion y soit prononcé, » suppression des « certificats de catholicité, » admission de tous les Français à tous les emplois auxquels ils sont reconnus aptes, « sans qu'y entrent pour rien leurs opinions théologiques, » enfin, comme conséquence et pour couronner l'œuvre, rentrée en masse des protestans émigrés depuis Louis XIV, et par ce bienfaisant afflux, augmentation de la richesse et de l'industrie nationales. Tel était, nous apprend le confident de leurs pensées[10], le programme de Turgot d'accord avec Malesherbes, programme qui, de nos jours, paraît simple autant qu'équitable, mais dont l'exécution complète, en l'an 1775, eût constitué une révolution véritable.

Ces projets, faute de temps, ne furent d'ailleurs pas rédigés, et ils ne virent jamais le jour. Mais, vaguement soupçonnés, annoncés par les nouvellistes, ils augmentaient l'effervescence. Les discussions de l'assemblée prirent, sous l'empire de cette émotion, une allure assez violente. Après deux mois de délibérations, une députation solennelle fut envoyée au Roi pour lui porter des « remontrances. » L'orateur, dans un long discours, « supplia Sa Majesté de daigner considérer de quelle importance il était d'arrêter enfin les coups multipliés que tant d'écrivains portaient journellement à la religion, que la liberté de penser et d'écrire versait le poison sur toutes les classes de la société, que la dépravation des mœurs, suite infaillible de la licence des principes, en devenait d'autant plus générale[11]. » La conclusion était un appel direct à la force : « Sire, vous ne serez jamais plus grand que quand, pour protéger la religion, vous emploierez votre puissance à fermer la bouche à l'erreur… Le prince est ministre de Dieu, ce n'est pas en vain qu'il porte l'épée ! » La réponse de Louis XVI à ces phrases enflammées fut d'une modération habile, jointe à une ironie discrète, où l'on devine la tactique prudente de Maurepas : « Tant qu'il régnerait, dit-il, son premier soin serait de faire respecter la religion et de veiller au maintien des bonnes mœurs, et il prendrait à cet égard les mesures qu'il croirait les plus efficaces. Il comptait bien d'ailleurs que les évêques y coopéreraient, en donnant, *dans leurs diocèses*, des exemples propres à ranimer la foi et la pratique des vertus[12]. »

Même attitude et même langage, avec un peu plus de froideur, lorsque, quelques semaines plus tard, de nouvelles admonestations vinrent stimuler son zèle contre « les entreprises et l'audace des religionnaires. » Le cardinal de La Roche-Aymon, qui porta la parole, rappela les engagemens contenus dans la formule du Sacre : « Achevez, s'écria-t-il, l'œuvre que Louis le Grand avait entreprise et que Louis le Bien-Aimé a continuée… Ordonnez qu'on dissipe les assemblées schismatiques… Excluez-les sectaires, sans distinction, de toutes les branches de l'administration publique. » Le Roi, pour toute réplique, se défendit de l'intention de « protéger l'hérésie, » affirma son désir sincère de maintenir la foi catholique, mais quant à réprimer, comme on l'y invitait, « les pratiques des religionnaires, » il s'y montra peu disposé. « Plus ces entreprises, expliqua-t-il, étaient multipliées, plus elles exigeaient du Roi de profondes considérations. »

Les prélats durent se contenter de ces assurances évasives. Pas plus, du reste, sur cette question que sur les autres points discutés au congrès[13], il ne fut adopté de solution précise ; et l'archevêque de Bourges, qui prononça la harangue de clôture, s'efforça de sauver la mise en répudiant toute idée de persécution et tout conseil de violence : « Ne croyez pas, Sire, que des évêques, des ministres de paix, veuillent armer votre bras contre les sectateurs de l'hérésie. Nos frères errans sont nos frères ; nous les aimons, nous ne cesserons d'avoir pour eux la charité la plus tendre et la plus compatissante[14]. » Tant d'éloquens discours n'aboutirent finalement qu'à un seul résultat : l'assemblée, à la veille de sa séparation, vota, sur la demande du Roi, un « don gratuit » de seize millions, au lieu de dix qu'on complaît lui offrir. Après quoi, l'on se dispersa, plus désunis qu'auparavant et « dans un mécontentement général. »

II

Si la discorde sévissait dans les rangs de l'épiscopat, le gouvernement, au contraire, avait fait preuve, en ces circonstances délicates, d'une réelle unité de vues. Entre le Roi et son conseil, l'accord avait été complet pour suivre une politique modérée et ferme à la fois. Rien ne donnait à supposer que cette harmonie fût précaire. La France entière s'émerveillait à contempler ce spectacle nouveau et sympathisait avec ceux qui conduisaient ses destinées. Rarement, il faut le reconnaître, la direction des affaires de l'Etat avait été remise en des mains plus honnêtes : Turgot, Malesherbes, Maurepas, Vergennes, pouvait-on rassembler, pour parler le langage du temps, « plus de lumières avec plus de vertus ? » « Voilà quatre hommes, s'écriait Galiani, dont un seul suffirait pour rétablir un empire ! » Sa pénétration singulière s'alarmait cependant de cette abondance même : « Dieu sait, ajoutait-il, si tous les quatre feront le bien comme un seul l'aurait fait. Ah ! que l'arithmétique politique est différente de la numérique ! Je crois voir la conjonction de toutes les planètes ; elles s'entr'éclipseront[15]. »

Que dut-il dire, trois mois plus tard, en apprenant le nouveau choix qui renforçait encore « le ministère réformateur ? » Le 10 octobre 1775, le maréchal du Muy succombait, presque subitement, aux suites d'une opération douloureuse, subie avec un courage héroïque. À ce sage administrateur, laborieux, appliqué, mais de vue courte et d'intelligence limitée, l'opinion attendait un successeur d'esprit plus large et d'humeur plus hardie, prêt à porter la hache dans les abus dont fourmillaient nos institutions militaires. Quinze jours passèrent sans qu'on connût la décision du Roi, quinze jours pendant lesquels l'intrigue et l'ambition se donnèrent librement carrière. On s'étonnerait, dans une telle occasion, de ne pas voir le baron de Besenval en scène ; il ne manqua pas à l'appel : « La Cour, dit-il, était à Fontainebleau, lorsque M. du Muy mourut ; je partis sur-le-champ pour m'y rendre. » Il avait son candidat prêt, qui était le marquis de Castries, bon militaire, apprécié de la Reine, grand ami du duc de Choiseul. Le baron le recommanda avec son ardeur habituelle et obséda de sa faconde Maurepas d'abord, puis Marie-Antoinette ; mais, de son propre aveu, il n'eut qu'un médiocre succès. Maurepas ne répondait que « par des plaisanteries, » et Marie-Antoinette l'écoutait « d'une oreille distraite. » Besenval n'en revenait pas. Sa surprise redoubla, comme celle de toute la Cour, quand lui fut révélé le nom du nouveau secrétaire d'État.

Au lendemain de la mort du maréchal du Muy, Turgot, rapporte l'abbé de Véri[16], s'était rendu chez le comte de Maurepas : « J'ai une pensée, lui dit-il, que vous trouverez peut-être ridicule, mais comme, à l'examen, elle me paraît bonne, je ne veux pas avoir à me reprocher mon silence. J'ai pensé à M. de Saint-Germain. — Eh bien ! répondit Maurepas, si vos pensées sont ridicules, les miennes le sont aussi, car je vais partir pour Fontainebleau dans le but de le proposer au Roi. » La carrière agitée du comte de Saint-Germain est trop connue pour qu'il ne suffise pas d'en rappeler sommairement les péripéties principales. D'abord novice chez les Jésuites, puis officier de dragons, tour à tour au service d'Autriche et de Bavière, appelé en France par les soins de Maurice de Saxe, qui s'entendait en hommes, il s'élevait rapidement au grade de lieutenant général, et sa brillante conduite dans les premières campagnes de la guerre de Sept Ans le désignait, assurait-on, pour le bâton de maréchal de France, quand une querelle avec le maréchal de Broglie arrêtait net ce bel essor. Intraitable dans sa rancune, il brisait alors son épée, rendait son cordon rouge, partait pour le Danemark, où, six années durant, il s'employait avec succès à réorganiser l'armée. Une nouvelle brouille l'amenait à une nouvelle retraite. Il renonçait à la carrière des armes, et se fixait à Lauterbach, en Alsace, dans une terre de famille qu'il n'avait pas revue depuis le temps de son enfance. Là, le soldat se faisait laboureur ; il cultivait ses champs, vivant chichement, obscurément, en philosophe chrétien, — car il était devenu « fort dévot, » — employant ses loisirs à rédiger « des mémoires sur le militaire, » qu'il envoyait en France aux différens ministres et qui, vierges de toute lecture, s'amoncelaient discrètement sous la poussière inviolée des armoires administratives.

Il avait conservé pourtant, chez ses compagnons d'armes, des partisans et des admirateurs. Ce fut, dit-on, par l'un d'entre eux, le sieur Dubois, officier du guet à Paris et frère d'un ancien aide de camp du comte de Saint-Germain, que ce nom, un peu oublié, fut suggéré, au moment opportun, à M. de Malesherbes. Malesherbes en parla à Turgot, que cette idée séduisit fort, comme nous l'avons vu tout à l'heure. Un scrupule l'arrêtait pourtant : comment être assuré que ce quasi septuagénaire[17], après quinze ans d'absence de France et sept ans d'inaction, gardât toute la vigueur d'esprit qu'on lui avait connue naguère ? Ce fut l'objet d'une délibération entre Turgot, Malesherbes et Maurepas. Ce dernier les tira d'affaire : « J'ai dans mon cabinet, proposa-t-il à ses collègues[18], un moyen de le juger. Il m'a envoyé des mémoires faits sur le militaire pendant sa retraite. Lisons-les et faisons-les lire au Roi. Après, nous déciderons. » Ainsi fut fait ; l'épreuve fut favorable. Louis XVI, sur le compte qui lui fut rendu, donna son approbation sans réserve : « Il n'est d'aucun parti, dit-il, et c'est une des raisons qui me le font choisir[19]. » Sur l'avis des ministres, il consulta la Reine, pour la forme et par déférence. « Celle-ci, quoiqu'elle désirât M. de Castries, ne marqua pas trop de mécontentement[20]. » On doit la croire sincère quand elle écrit le lendemain à sa mère : « Je n'aurai rien à me reprocher pour le choix du nouveau ministre de la Guerre. Je n'ai rien à dire, ni pour ni contre, ne le connaissant pas. »

Il n'était plus qu'à informer M. de Saint-Germain, lequel était loin de s'attendre à un pareil honneur. Maurepas rédigea le message qui fut porté à Lauterbach par ce Dubois dont j'ai plus haut cité le nom. Dubois trouva le futur secrétaire d'Etat « dans sa basse-cour, en redingote et en bonnet de nuit, occupé à donner à manger aux poulets[21]. » Il reçut la nouvelle avec stupéfaction : « Eh quoi ! murmura-t-il, la cour de France se ressouvient encore de moi ! » Puis il « pleura de joie et de reconnaissance, » et se borna à demander « quelques jours de délai pour se faire faire un habit et acheter une voiture. » N'ayant point de laquais, il prit un paysan et, dans cet équipage, il s'achemina vers Fontainebleau. Son arrivée fut pittoresque. Il débarqua le jeudi 26 octobre, à la nuit tombante. Personne ne l'espérait si tôt. « Il descendit au *Cerf*, place du Charbon, où l'aubergiste, ne le connaissant pas, refusa de le loger, l'assurant que, comme le nouveau ministre de la Guerre était attendu, toutes ses chambres étaient remplies par des militaires venus de Paris pour le voir[22]. » Il n'insista pas davantage et « chercha gîte dans une auberge borgne, où il commanda son souper. » Ce fut laque Maurepas, prévenu de l'incident, le fit quérir pour l'installer-dans le logement de feu le maréchal du Muy, où rien, du reste, n'était prêt, et où il dut « faire porter son souper d'auberge. »

MM. de Maurepas et de Malesherbes vinrent le chercher dans la matinée du lendemain pour le présenter à Louis XVI. « Voici, dit l'abbé de Véri, son premier propos à M. de Maurepas : « Monsieur, vous m'avez tendu dans ma misère une main secourable[23]. Ce bienfait ne sortira jamais de mon cœur. Vous m'avez ensuite appelé ici ; ce n'est pas de cela que je vous remercie. Si mes forces et mes talens peuvent suffire à la tâche, j'en serai heureux. Si je n'y fais rien de bon, ma maison de campagne est toujours prête à me recevoir. » Son entrevue avec le Roi fut d'une simplicité cordiale. Louis XVI, dès qu'il le vit entrer, lui remit de sa main ce cordon rouge auquel il avait naguère renoncé, lui promit une somme assez forte pour « se meubler et monter sa maison, » lui témoigna l'estime la plus flatteuse et la plus affectueuse confiance. Quand Saint-Germain sortit de la chambre du Roi, « il fut facile de remarquer la joie très vive qu'il éprouvait de son élévation[24]. »

L'impression première du public, quand il connut le nom du nouveau secrétaire d'Etat, fut une surprise profonde. « Ce choix est sublime, s'écriait Mme de Civrac, et il faut qu'il le soit, car autrement il serait extravagant. » Les jours suivans virent se manifester, dans les sphères politiques, une satisfaction enthousiaste. Toute la France, à cette heure, semblait prise, en effet, d'une folie de réformes, d'une rage d'innovation, que le duc de Croy compare à la mode des « grandes plumes » pour la coiffure des femmes. On se flattait que Saint-Germain serait l'homme qu'il fallait pour assouvir cette fringale de changemens. On le savait cassant et absolu dans ses idées, un peu « singulier dans ses mœurs, » dénué d'intrigue, sans relations mondaines, sans attaches à la Cour ; une légende se formait, qui le représentait comme un homme « sensible et sauvage, » un bourru bienfaisant, un ours humanitaire, un Jean-Jacques en bottes et en casque, marchant droit son chemin, sabrant abus et préjugés, sourd aux lamentations des gens à privilèges.

Ces mêmes raisons qui lui valaient la faveur de la foule éveillaient les méfiances de quelques grands seigneurs et faisaient « trembler dans leur peau » les détenteurs de sinécures. On entend l'écho de ces craintes dans les lignes suivantes, qu'écrit à Gustave III la comtesse de La Marck : « M. de Saint-Germain est une espèce de pourfendeur, qui va d'estoc et de taille. Nous sommes dans un moment de crise ; il faut espérer que le bon tempérament de la France supportera sans périr tant d'opérations cruelles. Nos ministres sont des chirurgiens qui nous coupent bras et jambes. » Enfin, pour achever cette revue, les militaires, dans leur ensemble, applaudissaient à l'avènement d'un homme probe, instruit, courageux, épris du bien public, plein de bonnes intentions et d'idées généreuses. Quelques-uns cependant, — non parmi les moins éclairés, — exprimaient l'inquiétude que son humeur entière et son esprit systématique ne l'entraînassent à des mesures insuffisamment réfléchies, et qu'au cours de sa longue pratique des armées allemandes et suédoises, il n'eût, selon l'expression d'un contemporain, « perdu la sensibilité française. »

III

Par l'adjonction de Malesherbes et de Saint-Germain, le Cabinet présentait désormais un ensemble homogène. Nul obstacle intérieur ne semblait plus devoir arrêter les réformes, et Turgot sentait l'heure venue de marcher en avant. A l'exception de l'édit sur les grains, les mesures prises par lui depuis son arrivée au contrôle général étaient des actes d'administration : il avait hâte maintenant de réaliser son programme et de faire œuvre de législateur. Ainsi s'explique la rédaction presque simultanée des six édits qu'il déposait, le 6 janvier 1776, sur la table du Roi et dont il réclamait l'examen immédiat. On lui a reproché cette précipitation, et Malesherbes lui-même le reprenait affectueusement sur l'excès de son zèle : « Pourquoi, lui disait-il[25], vouloir tant de choses à la fois ? Vous êtes trop pressé. Vous vous imaginez avoir l'amour du bien public ; point du tout, vous en avez la rage ! » D'autres amis, en sens inverse, notamment Condorcet, l'exhortaient à agir et lui poussaient l'épée aux reins, s'indignant de bonne foi qu'il fût depuis seize mois ministre et qu'il n'eût pas encore tout détruit et tout rénové. Il fallait résister à ces courans contraires. « Sur beaucoup de points, vous prêchez un converti, répondait-il à Condorcet. Sur d'autres, vous n'êtes pas à portée de juger ce que les circonstances rendent possible. Surtout, vous êtes trop impatient. » Aux prudens conseils de Malesherbes il opposait des raisons d'un autre ordre : « Est-ce qu'avec le mal de famille qui circule dans mes veines, il m'est permis d'avoir de la patience ? Ce mal s'aigrit tous les jours par le travail. En mettant toutes mes heures à profit, j'aurai du moins fait ce que j'aurai pu, et ce seront toujours autant de vexations dont j'aurai délivré le peuple[26]. »

Des six édits soumis ensemble à l'approbation de Louis XVI, quatre visaient des objets d'importance secondaire : police des grains, règlement sur les halles, quais et ports de Paris, caisse de Poissy, droits sur les suifs ; mais deux résolvaient des questions d'une exceptionnelle gravité : l'édit relatif aux corvées et celui relatif aux maîtrises et jurandes. Chacune de ces deux grandes réformes mérite quelques éclaircissemens.

La corvée remontait au régime féodal. On désignait ainsi les journées de travail forcé que les vassaux devaient à leur seigneur pour la culture de ses domaines et pour l'entretien des chemins. C'est comme premiers seigneurs suzerains que les rois peu à peu adoptèrent ce moyen commode, d'abord pour la confection des grandes routes, puis pour certains travaux d'une utilité générale. Restreinte à ces limites, la corvée n'eût été somme toute, qu'un impôt raisonnable, analogue à ce qu'aujourd'hui l'on nomme prestations en nature. Mais Louis XIV en avait fait le plus terrible abus, traînant sur les chantiers les populations des villages, contraintes à peiner sans salaire pendant des semaines et des mois. La corvée, ainsi pratiquée, était vite devenue la terreur des campagnes, et encore qu'au siècle suivant elle ne fût guère d'usage que pour les travaux des chemins, le nom en était demeuré impopulaire et exécré. D'ailleurs, malgré l'adoucissement, la charge restait lourde aux épaules villageoises. Le paysan, réquisitionné de la sorte, devait s'arracher à ses champs, passer parfois trois jours hors du logis, se nourrir lui et son cheval, ou se chercher an remplaçant, qu'il ne trouvait pas à bon compte. Au cours de ces besognes, fréquentes étaient les discussions entre les corvéables et les *piqueurs*, ou surveillans chargés de les harceler à la tâche, fréquentes aussi les amendes infligées aux récalcitrans. Sous Louis XV, assure-t-on, dans une seule intendance, il fut prononcé, en quinze jours, pour délits de ce genre, 2 688 condamnations.

Aux tracas, aux dépenses qu'entraînait la corvée, s'ajoutait la piqûre, plus irritante encore, d'une vexation morale et d'une humiliation. La brèche creusée dans l'épargne rurale était, dans la réalité, minime, mais rien n'accusait plus durement la partialité de la loi et l'inégalité des classes, rien n'excitait plus âprement la rancune populaire contre la condition de ceux qui, sans bourse délier, recueillaient le profit du rude labeur des misérables. Ce sentiment, de jour en jour plus fort, exaspérait l'âme villageoise, élargissait constamment le fossé entre le menu peuple et les privilégiés du clergé et de la noblesse. *L'ami des hommes*, le marquis de Mirabeau, exagère, selon sa coutume, quand il nomme la corvée « l'abomination de la désolation, » et il passe toute mesure lorsqu'il dit qu'elle fera du royaume « un vaste cimetière ; » mais Condorcet est dans la vérité en mandant à Turgot : « L'abolition de la corvée sera aux campagnes un bien inappréciable. On peut calculer ce que cette suppression peut épargner d'argent au peuple, mais ce qu'elle lui épargnera du sentiment pénible de l'oppression et de l'injustice est au-dessus de nos méthodes de calcul[27]. »

L'abolition de la corvée, du moins son remplacement par une taxe en argent, n'était pas chose nouvelle. Parmi les intendans, plus d'un avait, dans sa province, essayé ce système ; Turgot, tout le premier, s'était par ce bienfait attiré les bénédictions des habitans du Limousin. On aurait donc pu se borner à prescrire partout cette méthode et procéder par simple voie d'*arrêt*, sans recourir aux formes solennelles d'une loi promulguée par le Roi, enregistrée au parlement. Mais la taxe de remplacement n'eût été, dans ce cas, perçue que sur les seuls « taillables, » c'est-à-dire sur les roturiers, à l'exclusion des grands propriétaires, et, pour être moins vexatoire, la loi serait restée inégale et injuste. La pensée de Turgot est d'une portée singulièrement plus vaste : que toute dépense soit supportée par ceux qui en profitent, que les privilégiés contribuent, comme les autres, aux frais de construction et d'entretien des routes, c'est le principe fondamental de la réforme proposée, principe fécond et gros de conséquences, d'où découleraient la disparition progressive de tous les privilèges, l'égalité devant l'impôt, l'égalité devant la loi, c'est-à-dire le dogme essentiel de la Révolution française. S'étonnera-t-on dès lors de l'opposition acharnée et des colères ardentes qu'allait rapidement déchaîner une innovation si hardie ? Toutes les raisons, tous les effets probables du nouveau système sont passés en revue et discutés à fond dans le mémoire que Turgot adjoignait au dispositif de l'édit et que, le 5 janvier 1776, il remettait au Roi[28]. Les premières objections qui s'élevèrent contre la réforme vinrent d'un membre du Cabinet, Miromesnil, garde des Sceaux. Esprit souple et lucide, mais imprégné des idées et des préventions des vieux parlementaires, Miromesnil ne pouvait accepter l'atteinte portée aux droits traditionnels des classes privilégiées. En termes modérés, d'une argumentation habile, il présenta sur chaque article des observations par écrit, auxquelles Turgot répliqua de même style. Cette discussion serrée, ardente sous des formes courtoises, se poursuivit pendant un mois, sans rien changer, comme bien on pense, aux convictions des interlocuteurs. Le duel oratoire terminé, Miromesnil fil reporter le dossier à Turgot, en y joignant ces lignes : « M. de Miromesnil fait mille complimens à M. Turgot. Il lui envoie le projet d'édit concernant les corvées… et il avoue qu'il est peu touché des réponses à ses observations[29]. »

Toutes les pièces du procès, augmentées d'un mémoire rédigé, dit-on, par Malesherbes, furent placées sous les yeux du Roi, afin qu'il pût juger en connaissance de cause. Maurepas lui-même, bien qu'assez effrayé des résistances qu'il prévoyait, engagea loyalement Louis XVI à tout lire par lui-même : « Il s'agit ici de vous, lui dit-il ; c'est par conséquent votre volonté qui doit paraître, et non celle des ministres. Or, pour la montrer, il faut l'avoir. Mettez-vous au fait de la matière sous toutes ses faces[30]. » Mémoires, objections et réponses furent remises à Louis XVI le dimanche 4 février, un peu avant l'heure du souper. Il consacra la nuit à cette lecture, et le lendemain, à dix heures du matin, quand Maurepas entra dans sa chambre, il témoignait par ses propos qu'il possédait les détails de l'affaire. Il exprima pourtant le vœu, pour éclairer sa religion, que ledit fût examiné et discuté en sa présence par un comité compétent, dont il désignerait les membres. « Je veux, expliqua-t-il, pouvoir bien m'assurer que je me déciderai d'après une croyance propre et réfléchie. » Quatre jours s'écoulèrent encore avant qu'il donnât au projet une approbation officielle.

La deuxième grande réforme proposée par Turgot, la suppression des jurandes et maîtrises, n'avait pas une gravité moindre et ne fut pas moins combattue. On sait que, sous l'ancien régime, l'exercice des arts et métiers était assujetti, de temps immémorial, dans la plupart des villes, à une sorte de monopole, qui réservait la fabrication et la vente à des corporations, ou compagnies de « maîtres, » investies d'un droit exclusif. Les membres de ces sociétés se recrutaient eux-mêmes ; les aspirans étaient soumis à des épreuves longues, difficiles, voire à des exactions, où les jeunes apprentis laissaient uni* bonne part de leurs gains. Quelquefois ces statuts, arbitrairement imposés par les maîtres, renfermaient des dispositions véritablement despotiques. Telle la défense à certains apprentis de se marier avant d'acquérir la maîtrise ; telle encore l'exclusion des femmes des métiers même les plus naturels à leur sexe, comme la broderie, qu'elles ne pouvaient exercer pour leur compte. Le préambule du projet de Turgot flétrit avec indignation ce qu'il appelle « des codes obscurs, rédigés par l'avidité, adoptés sans examen dans des temps d'ignorance, et auxquels il n'a manqué, pour être l'objet de l'indignation publique, que d'être connus. »

L'article premier de l'édit proclamait le principe de la liberté du travail, considéré comme un « droit naturel, » et accordait à tous, Français ou étrangers, la faculté d'exercer à leur gré, sans autre obligation qu'une déclaration de police, tout commerce et toute profession. Un autre article proscrivait toute espèce d'association, sous quelque forme que ce fût, « entre tous maîtres, compagnons ou apprentis des corps ou communautés professionnelles. » C'est cette disposition qui, de nos jours, a valu à Turgot les plus sévères critiques. Quant aux contemporains, ils s'attaquèrent surtout au principe général de l'affranchissement du travail, considéré par les adversaires de l'édit comme néfaste pour l'industrie, nuisible aux travailleurs eux-mêmes. « Quelle sera, disaient-ils[31], l'autorité des maîtres, quand leurs ouvriers, toujours indépendans, toujours libres de se lever à côté d'eux, pourront sans cesse s'échapper de leurs maisons ?… La nouvelle législation ouvre la porte aux mauvais ouvriers et ôte aux bons la préférence qu'ils auraient méritée. C'est allumer une guerre intestine entre les maîtres et les ouvriers. » Séguier allait encore plus loin : « Ce sont les gênes, les entraves, les prohibitions, qui font la gloire, la sûreté, l'immensité du commerce de France. » D'autres enfin, comme l'abbé Galiani, invoquaient contre le projet des argumens tirés de la psychologie : « Pour ce qui est de la suppression des jurandes, c'est une bêtise, une faute, une absurdité. Plus une chose est difficile, pénible, coûteuse, plus les hommes l'aiment et s'y attachent… Je suis persuadé que M. Turgot a porté le coup fatal aux manufactures de la France[32]. »

IV

Malgré critiques et objections, — dont les unes étaient présentées par les membres de son conseil, d'autres, plus vives encore, par les gens de son entourage, — Louis XVI, le 9 février, signa les six édits et en ordonna le jour même l'envoi au parlement, afin d'y être enregistrés. Cette décision, selon toute apparence, lui fut principalement dictée par des raisons d'ordre sentimental, qui primèrent tous les argumens invoqués pour ou contre. Adoucir le sort des classes pauvres, soulager les populations rurales, prendre les intérêts des faibles contre les puissans, gagner ainsi le cœur des obscurs et des humbles, il forma ce beau rêve avec une bonne foi indéniable. C'est, dit-on, à cette occasion qu'il prononça le mot célèbre : « Il n'y a que M. Turgot et moi qui aimions le peuple, » parole dont l'abbé de Véri donne une version nouvelle, non moins touchante que l'autre et peut-être plus vraisemblable : « On met dans la bouche du Roi, écrit-il[33], un propos qui lui ferait honneur : *Je vois*, lui fait-on dire, *que le peuple n'a que deux amis dans ce pays-ci, M. Turgot et moi*. Voilà ce que le public raconte ; voici le fait au vrai : un ouvrier, que le Roi emploie lorsqu'il s'amuse à tourner, lui dit un jour : *Sire, je ne vois ici que vous et M. Turgot qui soyez amis du peuple*. Le Roi répéta ce mot à la Reine, qui le répandit. »

Le préambule, rédigé par Turgot, d'accord avec le Roi, pour expliquer le sens et le but des édits, faisait foi de ces sentimens. Il affectait une forme dogmatique qui en accentuait l'importance : « L'homme qui travaille par force et sans récompense travaille avec langueur et sans intérêt ;

son ouvrage est mal fait. Un pareil ouvrage coûte plus cher au peuple et à l'État qu'il ne coûterait s'il était exécuté à prix d'argent... Le droit de travailler n'est pas un droit royal que le prince puisse vendre et que les sujets doivent acheter... Dieu, en donnant à l'homme des besoins, en lui rendant nécessaire la ressource du travail, a fait du droit de travailler la propriété de tout homme... » N'entend-on pas, dans quelques-unes de ces phrases solennelles, comme un écho anticipé du langage de 89, et ne croit-on pas voir déjà la monarchie traditionnelle s'acheminer, d'un pied sûr, vers la Déclaration des droits de l'homme ?

Une semaine s'écoula sans que le parlement fit connaître ses intentions au sujet des réformes. Cette lenteur inquiétait les partisans du contrôleur : « Il faut se hâter, écrivait Trudaine. Plus on retardera, plus la résistance aura le temps de se préparer. » Il s'organisait, en effet, une opposition formidable. Une inondation de brochures s'abattait sur la capitale. Grands seigneurs et hobereaux, gens de robe et gens de finance, oubliaient leurs querelles, leurs divisions d'antan, et se réunissaient pour défendre leurs privilèges. Tant de fracas, tant de protestations, intimidaient Maurepas, qui commençait à s'en prendre à Turgot et le poussait doucement à esquisser un mouvement de retraite[34]. Le parlement, prédisait-il, refusera l'enregistrement : « Eh bien ! lui répondait Turgot, nous avons la ressource d'un lit de justice. — C'est vrai, je n'y pensais pas, ripostait le Mentor sur un ton d'ironie, le moyen est infaillible ! » Miromesnil persévérait dans son hostilité polie. Vergennes,

Sartine et Saint-Germain, se renfermant dans leurs attributions, s'appliquaient à paraître désintéressés de l'affaire. Malesherbes, il est vrai, soutenait son vieil ami, mais sa fidélité était pleine de découragement ; il proclamait d'avance la faillite de ces beaux projets et proposait quotidiennement d'abandonner son portefeuille. Seul, Turgot faisait tête avec une croissante énergie. Intraitable sur les principes, il refusait toute concession, et dédaignait de ménager les hommes pour s'occuper uniquement des idées. « Ce qui est certain, mandait Mme du Deffand à Walpole[35], c'est que le Turgot ne cédera pas. Il n'y a pas d'homme plus entreprenant, plus entêté, plus présomptueux. »

Le 17 février, le parlement examina l'édit sur les corvées Quinze voix seulement, dit-on[36], acceptèrent l'enregistrement ; l'immense majorité rejeta le projet, et il fut résolu « qu'il serait fait des remontrances au Roi, » pour le prier de retirer Ledit. Une pareille décision fut prise bientôt après au sujet des autres réformes, à l'exception d'une seule, la plus insignifiante, la suppression de la caisse de Poissy. Les remontrances furent rédigées, et une députation vint, le 7 mars, en porter le texte à Versailles. La réponse de Louis XVI fut brève : « J'ai examiné les remontrances de mon parlement. Elles ne contiennent rien qui n'eût été prévu et mûrement réfléchi. » Le lendemain vendredi, nouvel envoi de délégués porteurs d'observations nouvelles, que « le Roi, insista le chef de la députation, était prié de vouloir bien lire par lui-même[37]. » Le Roi fut choqué de ce mot, qui semblait, fort injustement, mettre en doute son activité laborieuse. Sa réplique témoigna de son mécontentement. De ce jour, son parti fut pris de recourir, une fois de plus, à l'expédient d'un lit de justice.

Le 12 mars, en effet, le parlement fut mandé à Versailles et tint séance aux pieds du Roi avec l'appareil coutumier. Les princes étaient présens, Monsieur grave et le front soucieux, le Comte d'Artois marquant par des gestes peu mesurés son humeur et son impatience. Un grand nombre de dames étaient assises sur les banquettes, si serrées, rapporte un témoin, que Ion dut exiger qu'elles « quittassent leurs paniers. » Dans l'air qu'on respirait, on sentait comme un vent d'orage ; les passions étaient en éveil, les esprits chauffés et tendus. Dès l'entrée en séance, une altercation éclata entre Choiseul et le prince de Conti, le premier favorable à l'enregistrement, le second adversaire fougueux de la politique de Turgot. Ils en vinrent aux dernières injures, et il les fallut séparer[38]. Cette émotion calmée, Miromesnil prit la parole. Il dut, pour accomplir le devoir de sa charge, justifier les projets qu'il avait si fort combattus. Le premier président d'Aligre parla en sens contraire. Sa harangue fut d'une violence que tempérait à peine l'expression d'une amère tristesse : « L'appareil dont Votre Majesté est environnée, l'usage absolu qu'Elle fait de son autorité, impriment à tous ses sujets une profonde terreur et nous annoncent une fâcheuse contrainte. » Après cet exorde audacieux, il dépeignait « le peuple consterné et la capitale en alarme, » énumérait « les pernicieux effets de tant d'innovations, » et terminait en étalant le découragement de son âme : « En cet instant, à peine sommes-nous assez maîtres de nous-mêmes pour exprimer une faible partie de notre douleur. » L'avocat général, Séguier, renouvela tour à tour, pour chacun des édits, les mêmes menaces et les mêmes doléances.

Cinq heures durant, Louis XVI dut subir ce langage, qui le représentait comme un tyran et comme un oppresseur. Personne, d'après la coutume établie, ne répondait et ne relevait ces attaques. Après chaque harangue, l'avocat général requérait, sur l'ordre du Roi, l'enregistrement de l'édit sur lequel, la minute d'avant, il lançait l'anathème. Puis le garde des Sceaux commandait au greffier d'inscrire l'accomplissement de cette formalité. Ainsi, par une anomalie flagrante, la cause de la justice et de la liberté était-elle entourée de l'appareil du despotisme. Louis XVI paraît l'avoir senti, car, les édits enregistrés, il crut devoir ajouter quelques mots, dont les derniers surtout firent une impression favorable. « Vous venez d'entendre, dit-il, les édits que mon amour pour mes sujets m'a engagé à rendre. J'entends qu'on s'y conforme... Je ne veux régner que par la justice et les lois. Si l'expérience fait reconnaître des inconvéniens dans quelques-unes des dispositions que ces édits contiennent, j'aurai soin d'y remédier. » Ce souverain absolu déclarant de lui-même « qu'il n'est point infaillible » et que, « s'il s'est trompé, il ne balancera pas à se rétracter pour mieux faire » parut une nouveauté qui fut vivement admirée du public. « Cette phrase très simple me paraît sublime ! » s'écriait un gazetier du temps[39].

Dans les milieux philosophiques, c'est avec plus d'exubérance encore que l'on célébra le triomphe de la cause populaire. « Voilà, disait Voltaire, la première fois qu'on a vu un Roi prendre le parti de son peuple ! » Le lit de justice est, pour lui, « un lit de bienfaisance, le premier lit dans lequel on a fait coucher le peuple depuis la fondation de la monarchie[40]. » C'est bien ainsi, d'ailleurs, que l'entendit la foule. La suppression des jurandes et maîtrises notamment provoqua dans la capitale des manifestations bruyantes. Le lendemain du lit de justice, la police de Paris se rendit au bureau de chaque corporation, pour la dissoudre et pour « sceller les caisses ; » sur quoi, les ouvriers quittèrent les ateliers avec des cris de joie. La plupart envahirent cabarets et guinguettes, où ils burent jusqu'à la nuit close ; d'autres ; rapporte un témoin, « louèrent des carrosses de remise, » pour promener par les rues « le délire de leur allégresse. » Spectacle qui réjouissait les bonnes âmes, mais dont s'inquiétaient les gens sages, car les déceptions du lendemain sont faites des folles espérances de la veille.

V

L'éclatante victoire de Turgot semblait devoir consolider sa situation politique. Ce fut, dans le premier moment, l'impression générale. « Le crédit de M. Turgot est tellement établi, affirmait un contemporain[41], qu'il a écarté toute concurrence, et les observateurs éclairés ne voient plus dans M. de Maurepas, vis-à-vis du contrôleur général, qu'un subdélégué vis-à-vis de son intendant. » Les « observateurs éclairés » n'eurent pas longtemps à attendre pour constater, non sans surprise, que la confiance et la faveur du Roi s'éloignaient insensiblement du ministre réformateur. Plus d'un historien a pensé que le lit de justice était cause, en partie du moins, de ce refroidissement subit et que Turgot avait « fatigué » son souverain en exigeant de lui un si considérable effort[42]. La chose n'a rien d'invraisemblable. Tout accès d'énergie est suivi, chez les faibles, d'une dépression de volonté, parfois même d'une secrète rancune contre ceux qui les ont provoqués à l'action. Le Journal de Véri constate, en effet, chez Louis XVI, après le coup de vigueur du 12 mars, un surcroît d'irrésolution, additionnée d'une sorte d'indolence qu'on ne lui connaissait pas encore ; et l'abbé nous montre Maurepas « assez découragé d'avoir toujours à arracher par force des décisions sur les moindres objets, » tandis qu'il dépeint le jeune Roi « passant ses matinées, dans son cabinet de travail, à regarder, au moyen de son télescope, les gens qui arrivent à Versailles, » ou bien encore « à balayer lui-même, à clouer ou à déclouer, » en un mot, gaspillant les heures qu'il occupait naguère à de meilleures besognes.

Cette défaillance pourtant ne fut que passagère. On n'en peut dire autant de l'opposition qui s'élevait contre le contrôleur général, de la coalition formée pour préparer sa chute. « M. Turgot, écrit l'ambassadeur de Suède[43], est en butte à la ligue la plus formidable, composée de tous les grands du royaume, de tous les parlemens, de toute la finance, de toutes les femmes de la Cour et de tous les dévots, » c'est-à-dire de tous ceux dont les édits récens lésaient les intérêts, blessaient les préjugés ou inquiétaient l'orgueil. Cette « ligue » allait trouver de puissans et ardens alliés jusque dans les entours du trône. Il ne sera pas superflu, avant de pénétrer dans ce dédale d'intrigues, de noter les changemens survenus à Versailles au cours de la dernière année.

La Reine, après les incidens du Sacre, avait paru d'abord renoncer à la politique. Elle ne l'avait jamais aimée, et il avait fallu, pour la fourvoyer dans la lutte, les excitations de Besenval, les menées du parti Choiseul. Les échecs l'avaient refroidie ; Choiseul, d'ailleurs, semblait s'être retiré sous sa tente ; et Marie-Antoinette, livrée à ses goûts personnels, n'intervenait plus guère dans les choses de l'État. Sans doute cette abstention eût-elle été durable, si certains personnages, entrés depuis peu dans sa vie, lui eussent permis de s'endormir dans une molle insouciance. « Elle cherchait à faire des heureux plutôt que des ministres, » a-t-on dit justement[44], et sa rentrée dans une carrière où elle n'avait à recueillir que tracas et déboires fut la plus grande preuve d'affection qu'elle pût donner à ses nouveaux amis.

La Reine avait traversé, au courant de l'été de 1775, ce que l'on peut appeler une crise sentimentale. Fort isolée, malgré un constant entourage, dans une cour dont la froide et pompeuse étiquette la glaçait et l'exaspérait tour à tour, n'ayant guère avec son époux que des relations officielles, et séparée de lui par la barrière qu'établissaient deux natures foncièrement contraires, trop scrupuleuse pourtant, — du moins à cette époque, — pour chercher au dehors ce qu'elle ne trouvait pas au foyer conjugal, elle n'avait de consolation que la seule amitié, consolation précieuse sans doute, mais souvent refusée aux reines et pour elles fertile en dangers. Deux femmes, charmantes toutes deux, lui en avaient, ces derniers temps, procuré l'illusion, la princesse de Lamballe et la comtesse Dillon ; mais le désenchantement avait été rapide, et, sans incident ni rupture, l'intimité s'était graduellement refroidie. Le vide de sa jeune âme déçue n'en fut que plus sensible, et depuis lors, dit le comte de Saint-Priest[45], « elle cherchait une amie comme elle eût cherché à remplir une place dans sa maison. » Le hasard d'une rencontre plaça près d'elle, sur l'entrefaite, celle qui, presque du premier jour, lui parut faite exprès pour animer son cœur et pour intéresser sa vie, et jamais il ne fut pressentiment plus juste, puisque quinze ans d'étroite liaison ne firent qu'affermir davantage un si pur et tendre attachement.

Yolande de Polastron, mariée en l'an 1767 au comte Jules de Polignac[46], n'avait que vingt-six ans quand, sans l'avoir cherché, elle fit ainsi son apparition dans l'histoire.

Le ménage était pauvre. De la fortune des Polignac, jadis considérable, de leurs immenses possessions en Velay, il ne restait que de maigres débris ; le jeu, le gaspillage, les prodigalités de générations successives avaient progressivement amené la ruine de cette puissante maison[47]. Jules de Polignac et sa femme résidaient presque toute l'année dans une petite terre de famille, à Claye, en Picardie ; l'hiver seulement, ils passaient quelques mois dans un modeste appartement de l'hôtel Fortisson, rue des Bons-Enfans, à Versailles, ne se montrant que rarement à la Cour. Il fallut, pour les y amener d'une manière plus fréquente, que la sœur du comte Jules, la comtesse Diane de Polignac, entrât, en qualité de « dame pour accompagner, » dans la maison de la Comtesse d'Artois et vînt s'établir au château. Sa belle-sœur, lui rendant visite, y rencontra la princesse de Lamballe et la Comtesse d'Artois qui, frappées de son charme, l'attirèrent l'une et l'autre dans leurs salons, où fréquentait la Reine. Ainsi naquit et se noua fortuitement l'intimité de la comtesse avec celle qui bientôt ne verra plus que par ses yeux.

Pour juger de la séduction d'Yolande de Polignac, il n'est qu'à constater l'accord des mémorialistes du temps. Tous, quelle que soit leur opinion, s'entendent pour célébrer son délicieux visage, pour admirer sa bouche menue et sa lèvre vermeille, son nez « un peu en l'air sans être retroussé, » ses yeux « d'un bleu céleste, » son « sourire enchanteur, » et cette chevelure bouclée flottant sur les épaules, et cette taille souple et svelte, harmonieusement aisée, et, plus encore que tout cela, l'air de bonté, de douceur, d'« innocence, » l'expression « angélique, » qui, après que les traits avaient ébloui les regards, attendrissaient et conquéraient les cœurs. Il faut joindre à ces dons un naturel parfait, une sorte de « grâce négligée, » une causerie, non pas étincelante, mais d'une simplicité enjouée qui tenait lieu d'esprit brillant et mettait les gens en confiance. Aucune ambition personnelle ; point d'avidité pour soi-même ; en revanche, une âme un peu molle et influençable, et, — par malheur pour elle comme pour la Reine — un dévouement à sa famille, à ses amis, à tout son entourage, qui fit d'elle l'instrument docile de gens intéressés à exploiter son crédit à la Cour. C'est la malchance de Marie-Antoinette que, répugnant par nature à l'intrigue, ayant pris pour amie une femme qui lui ressemblait sur ce point, elle ait servi les convoitises, les machinations, les rancunes d'un petit groupe d'hommes sans scrupules qui mirent en coupe réglée sa facile complaisance.

Tout le mal vint, à l'origine, de la façon dont la souveraine comprit et pratiqua les devoirs d'amitié. Qu'elle eût admis sa favorite dans son intimité, dans sa société familière, rien de plus naturel ; mais ce fut la Reine, au contraire, qui entra dans la société de la comtesse de Polignac et qui adopta ses amis[48]. Il se trouva, par une mauvaise fortune de plus, que ces amis, pour la plupart, étaient aussi ceux de Choiseul. C'était, en première ligne, le marquis de Vaudreuil, homme d'un âge déjà mûr, autoritaire et ambitieux, fort avant, disait-on, dans les bonnes grâces d'Yolande de Polignac, qu'il gouvernait d'une manière despotique, et c'étaient le comte d'Adhémar, aimable et fin, habile à plaire, insinuant et peu sûr, Breteuil, Coigny, le baron de Besenval qui, lié de date ancienne avec les Polignac, « ne manqua pas de fréquenter dans ce petit cénacle, dès qu'il en sentit l'importance[49], » enfin le comte de Guines, qui, fort de cet appui, rentrera prochainement en scène. Dans ce milieu de gens d'esprit, unis en apparence et se voyant presque quotidiennement, régnèrent pendant un temps « la confiance et la liberté. » Il semblait à la Reine qu'elle y respirait plus à l'aise. L'étiquette en était bannie. « Là, s'écriait-elle, je suis *moi*[50]. » Elle y passa bientôt la plus grande part de ses journées. Un des premiers effets de ce changement de vie fut d'éloigner peu à peu de la Cour ce qui naguère en faisait le décor. « Les gens âgés, s'y croyant déconsidérés, n'y parurent que rarement. » Mesdames, déjà très retirées, ne s'y montrèrent désormais plus du tout. « Les princesses du sang n'y allèrent que les jours de cérémonie, les dames titrées que pour l'exercice de leurs charges. » La reine de France, aux regards du public, passa pour « la prisonnière d'une coterie[51]. »

Une autre conséquence des habitudes nouvelles fut le redoublement de la « dissipation » et des plaisirs mondains. « Le goût de la parure, les recherches du luxe, les signes de la frivolité, firent un progrès rapide, note le comte de Saint-Priest, et la Reine, emportée par le flot plus que le dirigeant, s'y livra sans réflexion. Le Roi, naturellement disposé à la vie simple, retirée et économe, laissait couler ce torrent et n'empêchait rien. » De cette époque date la folie du jeu, qui passa promptement toute mesure. Les reines de France, jusqu'à ce jour, avaient laissé aux favorites le scandale de cet amusement, se bornant, pour leur compte, au « cavagnol, » plus tard au whist, jeux où l'argent ne tenait qu'une place accessoire. Il était réservé à Marie-Antoinette, soit chez elle, soit chez ses amis, d'inaugurer le lansquenet, le pharaon et autres jeux de hasard. Elle y risquait des sommes considérables, perdant quelquefois cinq cents louis dans le cours d'une soirée, et les parties se prolongeaient jusqu'à une heure avancée de la nuit. « La cour de France, écrira Joseph II, est devenue une manière de tripot. » Lors d'un voyage à Fontainebleau, où Louis XVI, par prudence, n'avait autorisé « qu'une seule partie de pharaon, » la « séance » dura trente-six heures, à peu près sans interruption. Sur une observation du Roi, Marie-Antoinette répliqua qu'en permettant une seule partie, il avait négligé d'en fixer la durée : « Allez, répondit-il en riant, vous ne valez rien, tant que vous êtes ! » Les dettes, à ce régime, montèrent à un chiffre important. Aux derniers jours de l'année 1776, lorsque la Reine fit établir ses comptes, le déficit de sa cassette était de 487 000 francs, que Louis XVI, débonnaire, paya sur sa bourse privée.

Si fâcheuses que fussent ces pratiques, il faut déplorer davantage, au point de vue de l'opinion, les inconvéniens de tout genre produits par la passion effrénée du plaisir.

J'entends par-là la multiplicité des fêtes, bals, redoutes et soupers, promenades de nuit, sous le masque et le domino, par les terrasses, sous les charmilles du jardin de Versailles, ou encore soirées prolongées chez la princesse de Guéménée, femme de réputation douteuse, qui recevait un monde mêlé, où une reine de vingt ans n'était guère à sa place. Tant de divertissemens nocturnes ne nuisaient pas à ceux de la journée ; la Reine y apportait un laisser-aller familier, un mépris des anciens usages, dont se scandalisaient les vieux habitués de la Cour. Ecoutons gémir l'un d'entre eux : « Au lieu[52] de ces voitures lourdes et superbes, dont la feue Reine se servait et dans lesquelles se plaçaient avec elle toutes ses dames, Marie-Antoinette employait des chars élégans, pour elle seule, et Mme de Polignac avec elle. Les dames d'honneur, d'atours ou du palais n'étaient même pas averties de ces courses. Point d'officiers ni de gardes d'escorte. » On allait en cet équipage tantôt à Trianon, tantôt dans quelque pavillon dépendant du domaine royal, et l'on s'y ébattait, innocemment sans doute, mais dans une liberté qui prêtait à la calomnie. Le Comte d'Artois, comme bien on pense, était l'âme de toutes les parties, l'inspirateur de toutes les équipées. Les encouragemens pernicieux qu'il prodiguait à sa belle-sœur l'emportaient aisément sur les reproches et sur les homélies des conseillers plus sages : « On réussit tellement à tenir la Reine hors d'elle-même et à l'enivrer de dissipations, se lamente Mercy-Argenteau[53], qu'il n'y a, dans certains momens, aucun moyen de faire percer la raison. » Toute la jeune Cour, entraînée par l'exemple, se lançait dans le tourbillon, faisait cortège à la souveraine, el c'était une rage d'amusemens dont l'un de ceux qui y participaient parlera plus tard en ces termes : « On eût dit qu'on faisait amas de joie pour tout le temps qu'on allait pleurer, et il y avait quelque chose de prophétique dans cette indigestion de plaisir qu'on se donnait à l'envi. Nous avions l'air de nous divertir par prudence, comme les gens qui s'approvisionnent contre la disette. »

Louis XVI souffrait de ces allures, mais son mécontentement ne se manifestait que par de passagères boutades, vite regrettées et rachetées aussitôt par une condescendance plus grande. Dans la plupart des cas, sa faiblesse pour la Reine, sa crainte de lui déplaire, le poussaient à faire bon visage à ceux-là mêmes dont il regrettait l'influence. « Une chose fort désagréable, dit un observateur du temps[54], c'est que le Roi ne traite bien en public que les gens que la Reine protège, ce qui fait un très grand mal, par le dégoût que cela cause à tous ceux qui ne sont pas aimés de la Reine et qui n'en sont pas moins d'excellens sujets et de bons serviteurs du Roi. » Le seul qui aurait pu prévenir ces défaillances, Maurepas, fermait volontairement les yeux, souriait bénévolement aux fantaisies les plus osées de Marie-Antoinette. « M. de Maurepas, reprend le même témoin, est toujours faible pour ce qui regarde la Reine, et celle-ci, qui connaît sa faiblesse, se moque de lui et lui lave la tête quand il se fait quelque chose qui ne va pas à son caprice. » Cette indulgence, si l'on en croit Maurepas, lui était inspirée par un profond calcul. Certain jour que Louis XVI le consultait sur le danger qui pouvait résulter des inconséquences de la Reine, il eut, assure Mme Campan[55], « la cruelle politique de répondre au Roi qu'il fallait la laisser faire, que ses amis avaient beaucoup d'ambition et désiraient la voir se mêler des affaires, et qu'il n'y avait pas de mal à lui laisser prendre un caractère de légèreté. »

VI

De vrai, le mobile secret de Maurepas était de ménager la Reine, pour chercher près d'elle un appui contre le crédit de Turgot. Il n'avait pu voir sans dépit l'estime que professait Louis XVI pour le contrôleur général, les entretiens fréquens du souverain avec son ministre. « J'ai lieu de croire, écrira Turgot à Louis XVI quelques jours avant sa retraite, qu'il a craint que je n'obtinsse de Votre Majesté une confiance personnelle, indépendante de la sienne[56]. » À cette jalousie politique s'ajoutaient des griefs d'un ordre plus intime. Le contraste entre les deux hommes était trop absolu pour que leur entente fût durable. Nul n'était moins fait que Turgot pour comprendre et manier le caractère fuyant, insaisissable de Maurepas. Les fortes convictions de l'un se heurtaient, sans les entamer, contre le léger scepticisme, l'ironique insouciance de l'autre[57]. Il en résultait des conflits, où Turgot n'apportait ni patience ni souplesse. « S'il a le don de voir juste, écrit de lui Véri, il n'a pas l'art d'amener à son but la volonté des autres. Il n'a point avec eux d'aisance dans la discussion, ni d'aménité dans la contradiction, ni cette apparence d'égards que la politesse française donne aux gens les plus médiocres. »

Malesherbes, son plus cher ami, avait eu lui-même à souffrir de cette rigidité : « Au plus fort de la lutte contre le parlement, il se voyait sèchement refuser, par celui auquel il se dévouait, une charge pour un de ses parens, qui était d'ailleurs plein de mérite. Turgot en convenait, mais ce choix contrariait les règles générales de son administration, et il ne pouvait se décider à y porter atteinte[58]. »

Une obstination analogue faillit, au même moment, provoquer un plus grave éclat avec le vieux conseiller de Louis XVI. Certain matin, Véri, passagèrement absent, recevait une lettre éplorée de Mme de Maurepas : « Vous êtes tranquille dans vos champs, et nous ne le sommes guère ici. Vous êtes le seul homme qui puissiez faire entendre raison à l'un de vos amis (Turgot) ; je crains bien que, pour une misère, il ne se brouille avec M. de Maurepas, qui ne veut pas en avoir le démenti. Il se fait beaucoup d'affaires avec tout le monde… » Il s'agissait, en effet, d'une « misère : » un protégé de M, de Maurepas, dont les fonctions avaient été supprimées par Turgot et pour lequel son protecteur demandait une compensation. A toutes les instances du Mentor, Turgot ne répondait que par un refus opiniâtre. Il fallut, pour le faire fléchir, les objurgations répétées de l'abbé de Véri, des négociations qui durèrent une semaine. Aussi conçoit-on l'impatience qui perce entre les lignes de ce billet écrit par le médiateur[59] : « Sans vouloir examiner de quel côté sont les torts, je blâmerai toujours celui qui ne saura pas faire de sacrifices à la paix. Si vous êtes contrarié sur des bagatelles, n'oubliez pas cependant que vous avez été jusqu'à ce jour le maître absolu des grandes opérations de votre département. » La concession, arrachée à grand'peine et « de fort mauvaise grâce, » laissa l'abbé plein d'inquiétude sur l'harmonie future entre les deux collègues : « Leur fond à tous les deux est bon, soupire-t-il mélancoliquement, mais une légère goutte d'huile leur manque. La seule utilité qu'ils ont pu trouver dans m'a vieille liaison avec eux, c'est que je place quelquefois cette goutte d'huile ; mais, quand elle ne vient que d'une main tierce, l'effet de la goutte n'a qu'un temps[60] ! »

En mauvais termes avec Maurepas, Turgot n'était pas mieux placé dans le cœur de la Reine et de sa « société. » La chose datait de loin. Entre le contrôleur et Marie-Antoinette, il régnait une certaine froideur depuis un incident qui remontait au début de son ministère. Louis XVI avait promis, sur l'instante prière de Turgot, qu'il ne serait plus payé désormais d'« ordonnances au comptant ; » à quelques jours de là, on présente au Trésor, avec la signature du Roi, un bon de 500 000 livres au nom « d'une personne de la Cour, » qui n'était autre que la Reine. Turgot se rend aussitôt chez Louis XVI : « On m'a surpris, balbutie celui-ci. — Que dois-je faire ? interroge Turgot. — Ne payez pas, » répond le Roi[61] L'affaire s'arrangeait néanmoins, mais Marie-Antoinette en conservait un vif ressentiment. Un an plus tard, au mois d'août 1775, nouvelle affaire amenée par la vacance de la surintendance des postes, sans titulaire depuis plus de cinq ans[62]. La Reine voulait la place pour un de ses amis, le chevalier de Montmorency ; Turgot, pour des raisons d'économie, désirait supprimer l'emploi. Il l'emporta dans le conseil, et la Reine en fut si outrée, au dire de Mercy-Argenteau, que, quand le contrôleur, au lendemain de cette décision, parut en sa présence, elle refusa de lui adresser la parole. D'ailleurs, poursuit l'ambassadeur, Turgot, « en conséquence de la simplicité de ses mœurs, s'en ressenti ! si peu, qu'il déclara à ses amis avoir été bien content de la réception de la Reine[63]. »

Il fallut bien se départir de cette indifférence dans la querelle qu'il eut, un peu plus tard, avec Mme de Polignac. Celle-ci avait obtenu de Louis XVI, par l'entremise de Marie-Antoinette, une pension de deux mille écus pour la comtesse d'Andlau, sa tante et jadis sa tutrice. C'était en vain que le contrôleur général avait combattu cette largesse, en alléguant l'intérêt du Trésor et le renom médiocre de la dame, disgraciée jadis sous Louis XV à la suite d'un scandale. Mme de Polignac crut cependant habile d'ignorer cette opposition et elle écrivit à Turgot pour le remercier de cette grâce : « Vous mettrez le comble à ma reconnaissance, ajoutait-elle, si vous avez la bonté de faire dater le brevet du 1er octobre. Je n'oublie point que le Roi m'a recommandé le secret sur cette affaire[64]. » L'austérité puritaine de Turgot repoussa cette avance : « Madame, répondit-il sèchement, vous ne me devez point de remerciemens, puisque j'ai fait tout ce que j'ai pu et dû pour m'y opposer[65]. » La comtesse, justement blessée, réplique sur l'heure par quelques lignes « fort piquantes, » qu'avant de les faire parvenir, elle soumet à Maurepas : « Si jamais vous êtes mécontente de moi, goguenarde celui-ci, donnez-moi deux soufflets, mais ne m'écrivez point pareille lettre ! Cependant il faut en amuser le Roi ; remettez-la à la Reine. » Ce fut, dans l'après-midi du même jour, l'entretien de la « société. » On jugea la réponse « trop douce, » et l'on en rédigea une autre, en présence de la Reine. Cette lettre, copiée de la main de la comtesse de Polignac, s'est retrouvée plus tard[66] parmi les papiers de Turgot : « Versailles, 14 décembre 1775. — Je reprends mon remerciement, monsieur ; je conçois que je ne vous en dois à aucun égard. Votre ton augmente ma reconnaissance pour les bontés du Roi. Je ne me serais jamais attendue que, sur une affaire décidée, vous me feriez des reproches, qui blâment en même temps la conduite du Roi. Au reste, monsieur, la preuve que la grâce que j'ai demandée pour Mme la comtesse d'Andlau était juste, c'est que le Roi me l'a accordée. » Si Turgot ressentit l'offense, il eut du moins la sagesse de se taire, et ne se plaignit pas au Roi, comme on s'y attendait, comme on le désirait peut-être[67].

Ainsi, de tous côtés, s'amoncelaient les inimitiés ; ainsi mille nuages, épars à l'horizon, annonçaient la prochaine venue de l'orage. On peut, sans blesser la justice, faire la part de Turgot dans la faillite, imminente aujourd'hui, de sa noble entreprise. Non qu'il se soit montré inférieur à sa lâche ; mais le talent d'administrer ne saurait suffire à lui seul, sans l'art de gouverner les hommes. Turgot possédait l'un, et il ignorait tout de l'autre ; il semblait démontré qu'il ne s'y instruirait jamais. « M. Turgot, remarque Sénac de Meilhan, ne savait point composer avec les faiblesses humaines… Il agissait comme un chirurgien qui opère sur des cadavres et ne songeait pas qu'il opérait sur des êtres vivans. » De là, l'invincible découragement que l'on constate dès lors dans le langage de ses meilleurs amis. « Nous ne devons plus, lui écrira l'un d'eux[68], vous tourmenter des reproches dont nous vous avons accablé sur les accessoires répréhensibles de votre abord et de votre maintien. Ni vous ni moi nous ne corrigerons vos défauts… Mon ami, faites le bien comme vous l'entendrez. Ecrivez beaucoup au Roi, car vous écrivez parfaitement, mais vous ne discutez pas de même de vive voix. Agissez dans l'intérêt public, et croulez, si besoin est, pour l'avoir voulu servir avec courage. — Je ne veux que ce que je crois le bien du Roi, répondait le ministre. Il a plus besoin de moi que je n'ai besoin de lui. S'il me renvoie, ou si je le quitte parce que ma besogne deviendra impossible, qu'est-ce que je perds ? » Et il reprenait peu après : « Quand le Roi devrait me congédier demain, je lui dirais aujourd'hui : *Voilà, selon moi, ce que vous devez faire. Je ne vous le répéterai pas après-demain, puisque vous ne voulez plus de moi, mais il est de mon devoir de mettre jusque-là cette vérité sous vos yeux.* Lorsqu'on n'a pas l'art des ménagemens, concluait-il, la vérité est toujours la meilleure ressource. Si la vérité ne réussit pas, je m'en irai avec elle. »

Un homme qui pense et parle de la sorte se grandit sans doute pour l'avenir, mais il se perd dans le présent. Il nous reste à montrer quelles machinations d'un côté, quelles maladresses de l'autre, allaient, en l'espace de quelques semaines, précipiter le dénouement.

MARQUIS DE SEGUR.

1. ↑ Copyright, by Clamann-Lévy, 1909
2. ↑ Voyez la *Revue* des 1er et 15 février, du 15 septembre et du 1er octobre 1909.
3. ↑ Cette appellation était fondée sur la prétention séculaire du clergé de ne pouvoir être taxé par le pouvoir temporel et de n'accorder de subsides que *proprio motu*. En fait, chaque fois que le souverain le jugeait nécessaire, on convoquait l'épiscopat en assemblée extraordinaire et on le pressurait selon les besoins du royaume.
4. ↑ *L'ancien clergé de France*, par l'abbé Sicard.
5. ↑ En décembre 1774, notamment, l'archevêque de Paris ayant refusé les sacremens à un vieux prêtre de Saint-Séverin, suspect de jansénisme, Louis XVI le manda à Versailles et l'apostropha en ces termes : « Le Roi, mon aïeul, vous a exilé plusieurs fois à cause du désordre que vous avez causé parmi ses sujets. Je ne vous exilerai point, mais je vous livrerai à toute la sévérité des lois. Je vous donne ma parole royale que je n'en arrêterai point l'activité pour vous. Vous m'entendez, retirez-vous. » — Lettre du sieur Régnier au prince X. de Saxe, du 22 décembre 1774. — Arch. de l'Aube. — Le fait est également mentionné dans le Journal de Hardy.
6. ↑ *Les intendans des provinces sous Louis XVI*, par Ardascheff.
7. ↑ Archives nationales, O 1473.
8. ↑ Documens publiés à la suite des *Mémoires* de Soulavie.
9. ↑ Journal inédit, *passim*.
10. ↑ Journal de Véri, *passim*. — Voir aussi *l'Espion anglais*, tome II, 14 décembre 1775.

11. ↑ Lettre du sieur Rivière au prince X. de Saxe, du 28 septembre 1775. — Archives de l'Aube.
12. ↑ *Ibidem.*
13. ↑ Une assez vive discussion s'éleva notamment au sujet de l'édit de Louis XV qui, en réglementant le noviciat dans les ordres religieux, avait fixé à dix-huit ans pour les filles et à vingt et un ans pour les hommes l'âge de prononcer des vœux. Certains ordres alléguaient que, depuis l'application de cette règle, il n'y avait presque plus de novices, et l'évêque de Cahors se fit le porte-parole de ces réclamations. Le débat fut violent. L'archevêque de Toulouse riposta par une sorte d'attaque contre les ordres religieux, dont il jugeait le nombre excessif, et dont quelques-uns, alla-t-il jusqu'à dire, n'étaient plus qu'une retraite pour l'indolence et l'oisiveté. « Des vœux faits à quinze ans, ajouta-t-il, ne sauraient être regardés comme faits avec la prudence et les lumières nécessaires ; il serait étonnant que les lois permissent à un citoyen de disposer de sa liberté pour toute sa vie, dans un âge où elles lui défendent d'aliéner un pouce de terre. » Sur ce sujet comme sur les autres, le débat resta sans issue. — Lettre du sieur Rivière au prince X. de Saxe, du 9 décembre 1775. — Arch. de l'Aube.
14. ↑ Procès-verbaux des assemblées générales du clergé de France, tome VIII.
15. ↑ Lettre du 29 juillet 1773. — Ed. Asse.
16. ↑ Journal inédit, *passim.*
17. ↑ Saint-Germain avait alors soixante-huit ans.
18. ↑ Journal de l'abbé de Véri.
19. ↑ Lettre de Mme de Maurepas à la duchesse d'Aiguillon, du 25 octobre 1775., — Archives du marquis de Chabrillan.
20. ↑ Journal de Véri.
21. ↑ Lettre du sieur Rivière au prince X. de Saxe, du 24 octobre 1775. — Archives de l'Aube.
22. ↑ Lettre du sieur Rivière au prince X. de Saxe, du 27 octobre, et Journal de Véri.
23. ↑ Le comte de Saint-Germain ayant perdu la plus grosse partie de sa fortune par la malhonnêteté d'un homme d'affaires, Maurepas, dès le début du règne de Louis XVI, lui avait fait donner une pension sur la cassette du Roi.
24. ↑ *Mémoires* du prince de Montbarrey.
25. ↑ Journal de l'abbé de Véri, *passim.*
26. ↑ *Ibidem.*
27. ↑ Lettre de septembre 1774. — *Correspondance de Condorcet et de Turgot*, publiée par M. Charles Henry.

28. ↑ L'abbé de Véri mentionne que le projet d'édit, avant sa rédaction définitive, avait été « envoyé par Turgot aux intendans des provinces, pour demander leurs observations. » La plupart se prononcèrent pour la suppression des corvées. « Le Roi, ajoute Véri, sentait d'ailleurs lui-même la dureté, l'injustice, la perte de travail, qui résultaient de cet usage. » — Journal inédit, *passim*.
29. ↑ Le seul point sur lequel Turgot consentit à céder fut la participation du clergé au nouvel impôt ; non qu'il abandonnât le principe, dont il maintenait, au contraire, la justesse, mais à cause du peu d'intérêt qu'il y avait, au point de vue financier, à exiger cette contribution, et surtout par respect pour les scrupules du Roi. « Peut-être, écrivit-il, les opinions du Roi et des ministres ne sont-elles point assez décidées, pour qu'il ne soit pas à propos d'éviter d'avoir deux querelles à la fois. » — *Turgot*, par Léon Say.
30. ↑ Journal de Véri, *passim*.
31. ↑ Remontrances du parlement au Roi.
32. ↑ Lettre du 13 avril 1776. — Ed. Asse.
33. ↑ Journal inédit, *passim*.
34. ↑ « Les opinions publiques, confiera quelques mois plus tard Turgot à Louis XVI, font sur M. de Maurepas une impression incroyable pour un homme d'esprit, qui, avec ses lumières, doit avoir une opinion par lui-même. Je l'ai vu changer dix fois d'idée sur le lit de justice, scion qu'il voyait ou M. le garde des Sceaux, ou M. Albert, lieutenant de police, ou moi. C'est cette malheureuse incertitude, dont le parlement était fidèlement instruit, qui a tant prolongé la résistance de ce corps. Si l'abbé de Véri n'avait pas contribué à fortifier son ami, je ne serais point étonné qu'il eût tout abandonné et conseillé à Votre Majesté de céder au parlement. » — Lettre du 30 avril 1716. — Journal de Véri, *passim*.
35. ↑ Lettre du 6 mars 1776. — Ed. Lescure.
36. ↑ Lettre du sieur Rivière au prince X. de Saxe, du 20 février 1776. — Archives de l'Aube.
37. ↑ Journal de l'abbé de Véri, *passim,*
38. ↑ D'après une lettre du sieur Rivière au prince X. de Saxe, le prince de Conti termina ainsi la dispute : « Monsieur de Choiseul, avant d'être en place, vous étiez un étourdi ; quand vous avez été en place, vous avez été un insolent ; et depuis que vous n'y êtes plus, vous êtes un pied-plat. » (Lettre du 22 mars 1776. — Arch. de l'Aube.) — Métra rapporte aussi l'incident en termes presque analogues. « Il n'est pas étonnant, mandait à ce propos le comte de Creutz a Gustave III, que le prince de Conti s'oppose avec tant de violence à la suppression des jurandes, puisqu'il perd par-là le bénéfice de la franchise du Temple et 50 000 livres de

rente. » — Lettre du 16 mars 1776, citée dans l'introduction à la Correspondance de Mercy-Argenteau publiée par d'Arneth.
39. ↑ *L'Espion anglais*, tome III.
40. ↑ Lettres des 1er et 15 mars 1776. — Correspondance générale.
41. ↑ Lettre du sieur Rivière au prince X. de Saxe, du 22 mars 1776. — Archives de l'Aube.
42. ↑ *Turgot*, par Léon Say.
43. ↑ Lettre du comte de Creutz à Gustave III, du 14 mars 1776.
44. ↑ *Marie-Antoinette*, par Goncourt.
45. ↑ *Mémoires inédits* du comte Guignard de Saint-Priest. — Collection de M. le baron de Barante.
46. ↑ Il fut créé duc en 1780.
47. ↑ Jacqueline du Roure, comtesse de Polignnc, mère du cardinal et grand'mère du comte Jules, était pour une bonne part responsable de cette situation, ayant fait vendre à son mari seize terres importantes, dont le prix fut mangé à la Cour en dépenses de toutes sortes. En 1775, il ne restait guère au comte Jules qu'une trentaine de mille livres de rente, grevées de charges nombreuses. (Renseignemens communiqués par M. le comte Melchior de Polignac.)
48. ↑ *Réflexions historiques*, etc., par le Comte de Provence, *passim*.
49. ↑ *Mémoires inédits* du comte de Saint-Priest, *passim*.
50. ↑ *Portraits et caractères*, par Sénac de Meilhan.
51. ↑ *Mémoires inédits* du comte de Saint-Priest, et *Mémoires* de Soulavie.
52. ↑ *Mémoires* du comte de Saint-Priest, *passim*.
53. ↑ Lettre du 16 mai 1776. — Correspondance publiée par d'Arneth.
54. ↑ Lettre du sieur Pomiès au prince X. de Saxe, du 20 mars 1776. — Archives de l'Aube.
55. ↑ *Mémoires*.
56. ↑ Lettre du 30 avril 1776. — Journal de Véri.
57. ↑ Turgot en conviendra lui-même, lorsqu'il écrira à Louis XVI : « Mon caractère plus tranchant que le sien doit naturellement lui faire ombrage. Ma timidité extérieure a peut-être fait dans les premiers temps quelque compensation. » — Lettre du 30 avril, *passim*.
58. ↑ Journal de Véri, *passim*.
59. ↑ L'abbé de Véri à Turgot. — Journal de Véri, *passim*.
60. ↑ Une anecdote rapportée par Moreau témoigne, à cette même date, de la rancune de Maurepas. Certain jour que le contrôleur avait demandé une audience au Roi, le duc de Duras raconta à Louis XVI que « le pauvre homme toussait à faire pitié. — Eh bien ! j'irai chez lui, » dit simplement le Roi. Quelqu'un entend le propos, court le redire à Maurepas, lequel arrive aussitôt et fait si bien qu'il empêche le Roi de se rendre chez le

contrôleur, auquel on se contente d'envoyer un huissier pour le dispenser de venir — *Souvenirs* de Moreau.
61. ↑ *Turgot,* par Léon Say.
62. ↑ Le duc de Choiseul avait été longtemps titulaire de l'emploi ; depuis sa disgrâce, il n'y avait pas été remplacé. Turgot se fit donner le titre et la fonction, sans recevoir pour cela aucune rétribution.
63. ↑ Dépêche au prince de Kaunitz, du 16 août 1775. — *Correspondance* publiée par d'Arneth.
64. ↑ Lettre du 13 décembre 1775. — Documens publiés par M. Dubois de l'Estang.
65. ↑ Journal de Véri, et *Souvenirs* de Moreau.
66. ↑ Documens publiés par M. Dubois de l'Estang. — cette lettre et la précédente sont renfermées dans une chemise, où on lit cette annotation de la main de Malesherbes : « Deux lettres de Mme de Polignac qui ont l'ait du bruit dans le temps, et qu'on fera peut-être bien de brûler. »
67. ↑ Journal de Véri.
68. ↑ Lettre de l'abbé de Véri à Turbot. — Journal de Véri.

AU COUCHANT DE LA MONARCHIE[1]

VI.[2]

LA DISGRACE DE TURGOT

I

L'équilibre du ministère reposait tout entier sur l'entente politique entre Turgot et le comité de Maurepas. Que cette union fût définitivement détruite, la combinaison s'écroulait, tout était remis en question. C'était donc sur ce point vital que devait se porter l'effort des adversaires du Cabinet, et c'est ce que saisirent fort bien les petits Machiavel de la société de la Reine. Nous retrouvons encore ici l'initiative du baron de Besenval. Dans une conversation qu'il eut avec Mme de Polignac, tous deux tombèrent d'accord que « l'on ne pouvait se flatter d'ébranler le crédit de M. de Maurepas, » que, « ne pouvant rien contre lui, » il était à souhaiter qu'on le rapprochât de la Reine, afin de l'avoir dans son jeu[3]. Cette résolution prise, on se partagea la besogne ; Mme de Polignac se chargea de la Reine, Besenval de Maurepas. Chacun d'eux s'acquitta heureusement de son rôle. Les argumens dont se servit Besenval pour décider Maurepas les peignent au vif l'un et l'autre : « Je consens, lui dit le baron, à me lier avec vous et à vous rapprocher de la Reine ; j'y ferai ce que je pourrai. Il vous est plus aisé qu'à qui que ce soit de parvenir à gagner son amitié ; vous êtes gai, très aimable ; en l'amusant, vous pourrez l'instruire. C'est un des devoirs de la place où le Roi vous a mis, et celui qui peut le plus contribuer au bien des affaires et à l'agrément de la Cour. »

C'était prêcher un converti. Maurepas comprit à demi-mot et accepta de se prêter à ce qu'on désirait de lui. La Reine, de son côté, fut aisée à convaincre. Une entrevue fut arrangée entre elle et le Mentor. Une fois de plus, Maurepas promit son dévouement, Marie-Antoinette sa confiance ; ils échangèrent les plus gracieux propos. Louis XVI, qu'on avait eu soin d'avertir, entra pendant cette scène touchante : « Sire, s'écria Maurepas, vous voyez l'homme le plus heureux, le plus pénétré des bontés de la Reine, et qui n'existera dorénavant que pour lui en témoigner sa reconnaissance et lui prouver son zèle ! » La Reine parla de même, toutefois avec moins de chaleur : « J'ai reconnu, dit-elle, que j'étais dans l'erreur au sujet des sentimens de M. de Maurepas. Je vous déclare que je suis contente de lui. » Le Roi, rapporte l'abbé de Véri, « courut alors à elle pour l'embrasser, en serrant d'une de ses mains celle de M. de Maurepas. La Reine, se soulevant de son canapé pour répondre aux caresses du Roi, laissa tomber sa coiffure, que M. de Maurepas se trouva à portée de relever, tandis qu'il se baissait pour baiser la main du Roi. Tout cela produisit un mélange d'attendrissement et de gaîté[4]. »

Un accommodement analogue eut lieu entre Maurepas et la comtesse de Polignac, qui, jusqu'alors, plutôt méfiante à l'égard du vieil homme d'Etat, fit soudain volte-face et prôna ses mérites avec une telle ardeur que quelques personnes de la Cour en conçurent des soupçons : « J'ai découvert et fait voir à la Reine, mande l'ambassadeur autrichien[5], que la comtesse de Polignac était manifestement gagnée et conduite par le comte de Maurepas. Mes preuves à cet égard ont acquis le plus grand degré d'évidence à la suite des propos que la comtesse a hasardé d'insinuer, pour persuader la Reine qu'il serait de son intérêt de déterminer le Roi à nommer le comte de Maurepas premier ministre. » Mercy revient, à quelques jours de là, sur les rapports « plus que suspects » établis secrètement entre la favorite et le conseiller de Louis XVI, ainsi que sur l'utilité de mettre la souveraine en garde contre l'union de ces deux puissans personnages. Peine perdue ; la coalition a désormais un chef ; elle marche vers un but précis, dont nul ne parle ouvertement, mais que chacun poursuit dans l'ombre : le renversement de Turgot, la destruction de ses réformes.

Certaines imprudences du ministre, qu'on ne peut passer sous silence, servirent singulièrement les projets de ses adversaires. Rude avec ses contradicteurs comme nous le connaissons, il avait des faiblesses pour ceux qui flattaient ses idées et se proclamaient ses disciples. Sa droiture, sa candeur, l'ardeur même de ses convictions, l'entraînèrent ainsi plus d'une fois à protéger des hommes qui méritaient peu sa confiance. De cette crédulité fâcheuse il me serait aisé de multiplier les exemples ; je n'en rapporterai qu'un seul, caractéristique, il est vrai, par l'importance du personnage et par le tort que fit cette aventure au prestige de Turgot. Je veux parler de Jean Devaines[6], type curieux de cette race de gens qui, partis de plus ou moins bas, prétendent arriver à tout prix et s'accrochent, pour s'élever, à ceux dont leur instinct subtil a su deviner la fortune. Fut-il vraiment « fils de laquais, » comme l'ont écrit quelques mémorialistes ? Une ombre plane sur sa naissance et sur ses débuts dans la vie. Toujours est-il qu'il marcha d'un pas leste, tour à tour secrétaire d'un intendant de province, puis d'un riche fermier général, ensuite rédacteur officieux des gazettes du duc de Choiseul, se glissant par cette voie dans l'intimité de Diderot, de Suard, de Morellet, des chefs de l'Encyclopédie, enfin directeur des domaines à Limoges, où Turgot était intendant. Il semble avoir, l'un des premiers, pressenti les hautes destinées de son voisin de résidence. Dans tous les cas, il s'appliqua dès lors, avec un plein succès, à gagner le cœur du grand homme, épousant toutes ses théories, entrant dans toutes ses vues et se pliant à tous ses goûts. Plusieurs années durant, le parvenu vaniteux et épris de luxe, insolent avec ses égaux et familier avec les grands, dont nous ont laissé le portrait ceux qui l'ont rencontré plus tard au temps de sa prospérité[7], prend la figure d'un philosophe austère, détaché des biens de ce monde, ennemi et dédaigneux du faste. « Point de jeu, point de valet de chambre, en un mot la plus grande simplicité, c'est-à-dire au ton de M. Turgot ; » ainsi le jugent ceux qui fréquentent chez le contrôleur général[8].

Comment Turgot se serait-il défié d'un si fidèle disciple ? A peine est-il installé au contrôle, qu'il mande Jean Devaines[9] à Paris, en fait le premier commis des finances, un personnage considérable, qui dispose des emplois et qui manipule les millions. Cependant, avec les grandeurs, commence l'ère des tribulations. En juillet 1775, un sieur Blonde, avocat, lance un pamphlet, où, sous couleur d'éclairer le ministre, il attaque son « bras droit » avec une impressionnante précision, dénonçant les spéculations, les pots-de-vin reçus, les malversations de toute sorte. La brochure fait grand bruit ; Devaines semble « accablé sous ce coup de massue. » Mais Turgot fait tête à l'orage ; il a confiance dans son commis, il le défendra publiquement, avec une chaleur généreuse. Il demande et obtient pour lui la place de « lecteur ordinaire de la Chambre du Roi, » qui donne droit aux « entrées, » et il l'en informe aussitôt, par une lettre qu'il l'autorise à rendre publique à son gré : « Je me devais à moi-même de montrer authentiquement mon mépris pour des calomnies atroces. Il est dans l'ordre que vous y soyez exposé, vous, tous ceux qui ont quelque part à ma confiance, et moi peut-être plus que personne. Trop de gens sont intéressés au maintien des abus, pour que tous ne fassent pas cause commune contre quiconque s'annonce pour vouloir les réformes… Je vous prêche la morale que je tâcherai de suivre pour moi-même. Si la raison ne peut dissiper entièrement l'impression que vous a faite cet amas d'atrocités, je souhaite que l'assurance de mon estime et de mon amitié vous serve de consolation[10]. »

Ce baume est à peine appliqué, que la blessure se rouvre. Une deuxième bombe éclate, un réquisitoire mieux écrit, plus modéré que l'autre, et plus redoutable d'autant : *Lettre écrite à M. Turgot par un de ses amis*. On soupçonne d'en être l'auteur, — l'inspirateur du moins, — un fermier général du nom de Gérard de Mesjean, « secrétaire des commandemens de M. le Comte de Provence. » Nouvel émoi dans le public, nouvel affolement de Devaines, nouveau geste de protection du contrôleur général. Sur son ordre, on perquisitionne chez le secrétaire de Mesjean, la police interdit la vente de la brochure, les colporteurs sont pourchassés, l'un d'eux est mis à la Bastille, où Blonde, l'auteur de la première attaque, ne tarde pas à le rejoindre. Ces mesures aggravent le scandale ; le parlement s'agite et délibère, toutes chambres assemblées, au sujet des arrestations. Chacun attend avec une curiosité impatiente le grand procès engagé par Devaines pour démontrer son innocence. Hélas ! cette attente est déçue… Après quelques semaines, le plaignant se désiste, les prisonniers sont libérés, le silence se fait sur l'affaire ; personne jamais n'en pénétrera le mystère. Ce qui reste de cette histoire, c'est non seulement un fâcheux discrédit pour le héros de l'aventure, mais les éclaboussures qui rejaillissent sur son patron et son obstiné protecteur. Nul ne suspecte assurément l'exacte probité, la parfaite bonne foi de Turgot, mais on doute de sa clairvoyance, de son talent à discerner les hommes ; et l'on imagine le parti que peuvent tirer de l'incident ceux qui ont intérêt à le desservir près du Roi.

II

Les insinuations personnelles font cependant moins d'effet sur l'esprit du maître que les murmures contre les actes. Construits avec absolutisme et appliqués avec raideur, les édits de Turgot provoquaient maintenant les critiques de ceux-là mêmes qui les acclamaient au début. De fait, cette réaction était peut-être inévitable. Toute réforme profonde, avant d'être entrée dans les mœurs, amène quelques perturbations, un désarroi dans les vieilles habitudes, certains désordres passagers. Les erreurs de détail rendent les contemporains injustes envers les bienfaits de l'ensemble, et le présent leur cache l'avenir. Les innovations de Turgot traversaient cette phage difficile. Le renchérissement survenu à la suite de l'édit sur la circulation des grains n'avait pas encore disparu, et la loi qui portait suppression des corvées, en grevant d'un impôt nouveau les gros propriétaires fonciers, les forçait, disait-on, à vendre à plus haut prix le produit de leurs terres. Il est certain que le pain se maintenait au-dessus du taux habituel, « mal plus réel pour le peuple, écrivait le duc de Croy, que sa gêne d'auparavant. » On se racontait à l'oreille que le contrôleur général, tout en interdisant les magasins de blé, était bien obligé, pour assurer la nourriture du peuple de Paris, de recourir à ce qui subsistait encore des approvisionnerons jadis faits par l'abbé Terray[11].

L'abolition des maîtrises et jurandes était une autre cause de trouble. Dans nombre d'ateliers, à Paris et dans les grandes villes, les ouvriers, affranchis par la loi, avaient, sans crier gare et du jour au lendemain, « planté là leurs patrons » et interrompu le travail. « Ce n'est qu'en haussant les salaires que l'on peut à présent parvenir à s'en procurer, » écrit au prince Xavier de Saxe un de ses correspondans habituels[12]. Des incidents se produisaient, qui, de nos jours, passeraient inaperçus, mais qui excitaient en ce temps la stupeur et l'indignation de la bourgeoisie parisienne. On citait, par exemple, le cas d'un maître serrurier qui, ayant accepté une forte commande à date fixe, voyait « tous ses garçons, » débauchés par l'un d'eux, le quitter brusquement, sans avertissement préalable, et laisser la besogne en plan. Désespéré de ne pouvoir terminer ni livrer l'ouvrage, « le malheureux homme » portait plainte au commissaire de son quartier : les « déserteurs, » admonestés, menacés de Bicêtre, narguaient impertinemment la police, qui s'avouait enfin impuissante et laissait ruiner le patron[13]. Ces scènes, journellement renouvelées, répandaient, disait-on, parmi la population ouvrière, l'habitude du désœuvrement et, par suite, de l'ivrognerie, et la police avait beaucoup à faire pour réprimer tous les excès commis dans les faubourgs. « Tous ces faits, ou vrais, ou controuvés, ou exagérés, sont colportés de bouche en bouche, conclut la relation d'où j'ai tiré ces traits, et les clameurs qu'ils produisent dans la bourgeoisie s'élèvent contre la besogne de M. Turgot. » Tout Paris répéta le mot attribué à l'abbé Terray : « Pendant mon ministère j'ai fait le mal bien, et M. Turgot fait le bien on ne peut plus mal. »

Aussi voit-on bientôt une pluie de récriminations, de plaintes au sujet des édits, s'abattre sur le parlement, lequel profite de l'occasion pour satisfaire ses vieilles rancunes. Un arrêt dogmatique émané de ce corps rappelle les lois fondamentales de la société, « ébranlée en ce moment par des esprits inquiets, » recommande aux vassaux, aux paysans, aux artisans, de ne se point écarter de leurs devoirs d'obéissance, « dont nul fantôme de liberté ne peut ni ne doit les relever. » Cet arrêt, d'après les on-dit, devait être bientôt suivi de remontrances au Roi, pour dévoiler les conséquences des « prétendues réformes » et dénoncer solennellement « au tribunal de la nation » le mal déjà fait à la France par le contrôleur général.

Les méfaits dont on accusait les réformes réalisées redoublaient la défiance à l'égard des nouveaux projets que Turgot portait dans sa tête et que l'on soupçonnait vaguement, sans en savoir au juste la nature. Mieux renseignés que les contemporains, nous en connaissons les grandes lignes. Un mémoire rédigé, ébauché plutôt, par Turgot, peu de semaines avant sa chute et publié après sa mort par Dupont de Nemours, nous a livré le fruit secret de ses méditations. Ce programme gigantesque comportait une refonte complète de l'ancienne administration française, un système ingénieux d'assemblées électives, paroissiales, provinciales, urbaines, couronnées au sommet par une manière d'assemblée nationale qui siégerait à Versailles et que Turgot appelait « la grande municipalité, » une assemblée qui n'aurait point de pouvoir politique, et dont la fonction essentielle serait d'organiser et de répartir l'impôt. Par ce système affirmait hardiment Turgot, « au bout de quelques années, le Roi aurait un peuple neuf et le premier des peuples. Le royaume s'embellirait chaque jour comme un fertile jardin. L'Europe, rire, vous regarderait avec admiration et respect. » A quel moment précis ce document fut-il communiqué au Roi, la chose est incertaine ; mais il est établi que Louis XVI en eut connaissance et qu'il ne crut guère à l'âge d'or que prophétisait son auteur, ainsi qu'en témoignent ces lignes inscrites par lui en marge du mémoire[14] : « Le passage du régime aboli au régime que M. Turgot propose actuellement mérite attention. On voit bien ce qui est, mais on ne voit qu'en idée ce qui n'est pas, et on ne doit pas faire des entreprises dangereuses, si on n'en voit pas le bout. » — « J'ignore, dit-il plus loin, si la France gouvernée par les élus du peuple et les plus riches serait plus vertueuse… Je trouve, dans la suite des administrateurs nommés par mes aïeux, et dans les principales familles de robe et même de finance, des administrateurs qui auraient illustré toutes les nations connues. »

Je n'ai pas à juger ici le mérite intrinsèque de ces conceptions de Turgot, les avantages ou les inconvéniens qui eussent pu résulter de leur application ; mais on conçoit qu'une révolution si hardie ait pu effaroucher Louis XVI et l'inquiéter sur la sagesse de son contrôleur général. Tout ce qu'il entendait était d'ailleurs bien fait pour augmenter ses craintes. De quelque part qu'il se tournât, des doléances, des récriminations et de funestes prédictions retentissaient à ses oreilles. J'ai tour à tour énuméré l'hostilité des grands, l'anathème du clergé, le trouble de la bourgeoisie, la haine du parlement. Turgot n'est guère plus épargné par ceux qui siègent auprès de lui dans les conseils du Roi. Si l'on en excepte Malesherbes, il n'y compte plus un seul ami. Nous connaissons l'attitude de Maurepas, qui le crible de ses railleries, qui murmure d'un ton d'ironie : « Il est trop fort pour moi[15], » qui, passé maître en l'art de ridiculiser toutes choses, « transforme les nouveaux systèmes en projets romanesques, en rêves et en chimères, qu'il est insensé de concevoir et dangereux d'adopter[16]. » C'est aussi Saint-Germain, blessé de voir ses comptes soumis à la révision d'un collègue, s'efforçant à secouer le joug et se rapprochant du Mentor dans l'espérance de sortir ainsi de tutelle[17]. Et c'est encore Sartine, gagné, dit-on, par le parti Choiseul[18], s'associant sournoisement aux manœuvres d'un intrigant dans le procès scandaleux qu'il intente au président Turgot, frère aîné du ministre. En discréditant sa famille, on compte atteindre du même coup le contrôleur lui-même. Vergennes et Berlin restaient neutres et gardaient un silence prudent ; mais leur réserve froide était sans bienveillance.

Surpris, déconcerté par cette levée de boucliers, Louis XVI, au, fond du cœur, s'en prenait à celui qui, l'an dernier si populaire, s'était si promptement attiré la désaffection générale. Un trait rapporté par Véri nous révèle sa pensée intime. Comme il félicitait Malesherbes d'avoir échappé jusqu'alors aux attaques du public : « C'est sans doute, répondait celui-ci en souriant, que je remplis mai la place que Votre Majesté m'a donnée ; car, si je m'en acquittais bien, je ferais une foule de mécontens. » Alors le Roi, avec une mélancolique amertume : « Ce serait donc comme M. le contrôleur général, qui ne peut jamais être aimé ! »

Comme pour donner corps au mouvement, un puissant adversaire entrait tout à coup dans la lice et résumait tous les griefs dans un réquisitoire d'une acre et brûlante éloquence. Le 1er avril 1776, une brochure anonyme[19], répandue, dans la capitale, provoquait une sensation vive, car l'auteur, disait-on, était le propre frère du Roi, le Comte de Provence. S'il n'avait pas tenu la plume, on ne doutait pas, en tout cas, qu'il n'eût inspiré ce libelle, véhémente philippique contre le ministère et spécialement contre Turgot. « Il y avait en France, y lit-on, un homme épais, lourd, né avec plus de rudesse que de caractère, plus d'entêtement que de fermeté, plus d'impétuosité que de tact, charlatan d'administration ainsi que de vertu, fait pour décrier l'une et dégoûter de l'autre, du reste sauvage par amour-propre, timide par orgueil, aussi étranger aux hommes, qu'il n'avait jamais connus, qu'à la chose publique, qu'il avait toujours mal aperçue… C'était une de ces têtes demi-pensantes, qui adoptent toutes les visions, toutes les manies gigantesques. Nuit et jour, il rêvait philosophie, liberté, égalité, produit net. On le croyait profond ; il était creux. Il s'appelait Turgot… » Tous les actes du contrôleur sont passés en revue, habilement travestis, présentés sous un jour perfide. Il n'est pas jusqu'à la répression de l'émeute pour les blés qui n'y soit appréciée en termes que, quinze ans plus tard, n'auraient pas désavoués les chefs de la Révolution : « Turgot déploie le grand étendard de la liberté. Le peuple, prenant la liberté au pied de la lettre, se soulève. Turgot appuie ses raisonnemens de la force. Il prêche très militairement ce pauvre peuple, son bien-aimé ; il emprisonne, il fait pendre. Il se méprend, par exemple, sur les vrais coupables. N'importe ; ce qui est pendu est bien pendu ; le calme est rétabli en France. » Le Roi, poursuit l'auteur, abusé par « ce faux prophète, » et dont « ce prétendu grand homme annihile toutes les volontés, » le Roi, livré aux mains de son ministre, n'est plus « qu'une sorte de mannequin. » Ses ancêtres jadis régnaient sur un seul peuple ; grâce à Turgot, qui a « décomposé l'État, » Louis XVI en tient deux sous son sceptre : l'un, — les privilégiés, — qu'il est « devenu juste de fatiguer » et de dépouiller à merci ; l'autre, — les roturiers, — que l'on s'applique « à caresser, à rendre libre et insolent. » Quel sera, dans ces conditions, le prochain avenir de la France, l'auteur n'hésite pas à le dire : Turgot, si on lui en laisse le loisir, « renversera la monarchie, » et il « restera seul debout au milieu des ruines. »

III

Parmi de tels assauts, dans cette marée montante d'injures, Turgot conservait son sang-froid et poursuivait sa tâche avec une constance héroïque. « La tranquillité d'âme et, je puis dire, la gaîté sont toujours dominantes chez lui, témoigne un homme qui vit dans son intimité. En butte à toute la Cour, haï des financiers qui veulent sa chute, contredit par les parlementaires, étourdi des cris que l'on fait pousser à cette populace de Paris pour laquelle il combat, abandonné par les ministres, jalousé par ses confrères médiocres, aidé seulement dans ses vues par M. de Malesherbes, dont les bourrades d'impatience pour quitter le ministère le découragent plus que tous les autres embarras, c'est dans ces conditions qu'il a l'âme calme et qu'il suit avec persévérance ses plans, sans jamais rien sacrifier à des considérations qui ne soient pas fondées sur le bien de l'Etat[20]. » S'il est un reproche à lui faire, c'est bien plutôt sur son indifférence, sur son silence de parti pris, où perce du dédain pour ses contradicteurs. Il va jusqu'à se refuser à informer le conseil des ministres des résultats heureux de son administration financière. Certain jour que Véri l'engage à publier, dans un tableau succinct, les sommes épargnées au Trésor par ses opérations, les avantages réalisés dans les divers services : « Que voulez-vous ? objecte-t-il, il me semble que l'on ne va dire ces choses-là que pour s'en faire un mérite. Cette idée m'arrête. » Pour qu'il consente au moins à renseigner Louis XVI, l'abbé doit lui faire observer que « son devoir est de mettre le Roi au courant des affaires de la France, qui sont aussi les siennes. » Détachement excessif, où peut-être entre-t-il moins de modestie que d'orgueil.

Ce calme et cette sérénité ne tinrent pas cependant devant la perspective de la retraite imminente de Malesherbes, dont la nouvelle se répandit aux derniers jours d'avril. Rien, à vrai dire, n'était moins imprévu. Depuis qu'il s'était résigné à accepter le ministère, pas un jour ne s'était passé que Malesherbes n'eût déploré son inutilité et gémi sur son impuissance, qu'il n'eût dénoncé les intrigues qui paralysaient, disait-il, tous ses efforts pour faire le bien, pour réformer les multiples abus qui blessaient sa conscience. Du moins prétendait-il, selon son expression, « sauver par sa démission volontaire un quart de son honneur, craignant d'avoir perdu les trois autres quarts depuis le peu de temps qu'il était en place[21]. » Ce découragement, sans nul doute, tenait pour une bonne part au caractère de l'homme ; il faut reconnaître pourtant qu'il n'était pas injustifié.

Une des premières difficultés qu'il avait rencontrées venait de « l'administration des lettres de cachet, » qui ressortissait au ministère de la Maison du Roi. L'abus en avait été criant sous Louis XV ; l'abolition de ce procédé arbitraire était l'un des dogmes sacrés du *credo* encyclopédique. Lorsque le « parti philosophe » était arrivé aux affaires, il avait fallu, malgré tout, subordonner la rigueur des principes à la raison d'Etat. Turgot, tout le premier, avait senti la nécessité de fléchir ; à Sénac de Meilhan, qui lui envoyait un mémoire pour le rappeler à ses idées d'antan, il répondait d'un ton embarrassé : « J'applaudis aux principes d'humanité et de justice que vous développez… Mais, dans cette espèce de conflit entre la loi et l'autorité, pour établir des principes fixes, il faudrait peut-être distinguer entre les lois faites et les lois à faire. Je crois que, dans l'état actuel des lois et de la police, les actes particuliers d'autorité peuvent être souvent nécessaires, et il est bien difficile d'y éviter tous les abus[22]. » Malesherbes, comme Turgot, en prenant le pouvoir, avait fait amende honorable. Il avait consenti au maintien d'une pratique ancienne, laquelle, d'ailleurs, observait justement Vergennes, ne s'exerçait le plus souvent que dans l'intérêt des familles, le Roi « usant des lettres de cachet pour empêcher le scandale et le déshonneur » et « se prêtant à corriger pour empêcher la justice de punir[23]. » Mais, sans abolir le système, il entendait en restreindre l'usage et en atténuer la dureté. Son premier soin, lorsqu'il se vit ministre, fut de soumettre à une révision minutieuse les hôtes des citadelles et des prisons d'Etat, de rechercher scrupuleusement les prisonniers détenus par une décision arbitraire et sans raisons valables. On prétend que, dans toute la France, il n'en put découvrir que deux rentrant dans cette catégorie[24]. Non content de cette précaution, il aurait voulu obtenir qu'il ne fût lancé à l'avenir nulle lettre de cachet sans un examen préalable dans le conseil du Roi. Mais là il se heurta à une résistance invincible. Il fallut, pour chaque-cas nouveau, batailler, soit contre le Roi, soit contre un des ministres ; de là des conflits incessans. Plus d'une fois, rapporte Hardy, le Roi prit le parti de faire expédier par Bertin telle lettre de cachet refusée par Malesherbes, de même qu'on vit Louis XVI, devant les sollicitations des personnes de son entourage, on arrêter telle autre que le ministre avait jugée « de nécessité indispensable[25]. »

Chacun de ces légers déboires emplissait d'amertume l'âme sensible et douce de Malesherbes. Rebuté par le moindre obstacle, il désertait la lutte, se renfermait dans une inaction désolée, que lui reprochaient ses amis. « Particulier, écrit Condorcet à Voltaire, il avait employé son éloquence à prouver aux rois et aux ministres qu'il fallait s'occuper du bien de la nation ; devenu ministre, il l'emploie à prouver que le bien est impossible. » C'est, au reste, ce dont il convenait lui-même quand il lançait cette boutade familière : « M. de Maurepas rit de tout, M. Turgot ne doute de rien, et moi je doute de tout et je ne ris de rien. Voilà un f… ministère[26] ! »

L'échec de son grand projet de réformes dans la Maison du Roi vint achever son dégoût. Des différens chapitres de dépense, c'était assurément, selon sa judicieuse remarque, celui où les abus provoquaient le plus de scandale, celui où l'on pouvait « tailler » avec le moins de scrupules : « Dans la Guerre, la Marine, les Affaires étrangères, écrivait-il au Roi, en même temps qu'on demande la diminution des dépenses, on craint aussi de diminuer les forces du royaume ; dans la Maison du Roi, on n'a pas la même crainte. » Aussi préparait-il, d'accord avec Turgot, « un plan général de réformation économique. » Ce plan fut prêt en avril et soumis sur-le-champ à l'examen de Maurepas. Ce dernier jeta les hauts cris ; pas une des mesures proposées ne trouva grâce à ses yeux. Il eût sans doute cédé devant une ferme volonté et une longue insistance ; Malesherbes, semble-t-il, n'essaya même pas de la lutte. Discuter, se fâcher, imposer ses résolutions, nul rôle ne convenait moins à ce charmant rêveur, aussi éloquent et habile dans le maniement des idées que gauche et désarmé dans la bataille contre les hommes. Sa démission, de ce moment, fut arrêtée dans son esprit ; ce fut bientôt chez lui un désir maladif. Maurepas, loin de le retenir, paraît avoir tout fait pour l'y encourager. En écartant le seul allié que le contrôleur général conservât dans le ministère, en isolant Turgot dans le conseil du Roi, il se sentait sûr de sa chute, et il se saisit de l'atout avec son astuce ordinaire.

On ne sait à quelle date précise Louis XVI fut informé de la décision de Malesherbes. La lettre qu'on va lire indique du moins qu'au début de cette crise il n'y eut pas d'explication verbale entre le Roi et son ministre. Cette lettre, écrite par Malesherbes à Louis XVI au mois d'avril 1776[27], est empreinte d'une émotion grave qui gagne le lecteur, et je me reprocherais de ne pas citer en entier ce qui en est parvenu jusqu'à nous :

« Sire, il y a huit jours, j'ai osé représenter à Votre Majesté que c'est un état fâcheux et embarrassant que celui d'un de vos ministres, qui, n'ayant reçu aucune autre preuve de mécontentement de Votre Majesté, est privé de la liberté de lui parler à Elle-même sur tout ce qui doit le plus l'intéresser. J'ose ajouter aujourd'hui que l'état incertain où je suis nuit aux affaires de votre service dans mon département, surtout dans celui de Paris, où les subalternes ne savent à qui ils doivent obéir, du ministre actuel ou de celui qu'ils imaginent devoir être son successeur.

« Une troisième considération m'engage à demander à Votre Majesté la permission de m'expliquer avec Elle-même. Je quitte le ministère pour les mêmes raisons qui me faisaient craindre d'y entrer ; mais, dans ce moment décisif où il faut tout dire à Votre Majesté, je me crois obligé de lui avouer que mon amour pour la liberté et mon peu d'ambition n'étaient pas les seules causes de ma répugnance. Il est vrai que j'aime la liberté, mais je ne crains pas le travail, et Votre Majesté peut croire, d'après la conduite que j'ai eue toute ma vie, que je suis aussi sensible qu'un autre à la gloire la plus flatteuse, qui est celle de rendre au Roi et à l'Etat des services utiles… Je ne me suis donc refusé si longtemps à la place éminente à laquelle on voulait m'appeler que parce qu'il m'était démontré que je ne pourrais pas y remplir l'attente que Votre Majesté avait conçue de moi.

« J'en suis convaincu plus que jamais, depuis que j'ai vu les affaires de plus près. Or, sire, je ne puis m'empêcher d'observer que les raisons qui font désespérer à un ministre de pouvoir faire le bien méritent d'être connues du Roi ; et, si je n'ai pas pu vous servir aussi utilement que je l'aurais voulu, étant en place, il me semble que je suis dans le moment où je puis vous en rendre un plus considérable, en vous exposant au vrai la situation de mon administration[28]… »

L'audience réclamée par Malesherbes eut lieu à quelques jours de là[29]. Des paroles qui s'y échangèrent, nous connaissions seulement la phrase mélancolique échappée à Louis XVI en acceptant la démission de ce bon serviteur : « Vous êtes plus heureux que moi, vous pouvez abdiquer ! »

Le Roi exigea seulement l'engagement que cette affaire restât secrète pendant quelques semaines[30] et il pria Malesherbes de garder ses fonctions jusqu'au jour de son remplacement. La promesse fut faite et tenue ; mais, malgré les précautions prises, l'événement s'ébruita vite dans le monde de la Cour, et les compétitions surgirent pour recueillir la succession ouverte.

IV

Si peu surpris qu'il en pût être, ce fut avec un vif chagrin que Turgot apprit la nouvelle de la défection de Malesherbes. C'était, il n'en pouvait douter, un pas fait vers sa propre chute, la ruine presque assurée de ses belles espérances. Il se refusait, malgré tout, à quitter la partie, à renoncer de soi-même à la lutte, à laisser inachevée, sans un effort suprême, la tâche au succès de laquelle il croyait attaché le salut de la monarchie. Faute de l'homme de son choix, du collaborateur en qui il avait mis toute sa confiance, il se raccrochait à l'espoir de rencontrer, dans le successeur de Malesherbes, un auxiliaire, et peut-être un ami. Il est certain qu'il songea pour ce poste à l'abbé de Véri ; Mercy le dit expressément dans sa dépêche officielle du 16 mai ; Véri lui-même le confirme dans son journal[31]. L'intimité qui unissait l'abbé au ménage du Mentor rendait la chose possible, et Mme de Maurepas semble y avoir été un moment favorable. Turgot mit aussi en avant le nom de Bernard de Fourqueux, intendant des finances, bon administrateur et habile financier. Enfin, comme pis aller, il se rabattait sur Sartine, dont il reconnaissait la stricte probité et la capacité réelle. Les griefs personnels qu'il pouvait avoir contre l'homme s'effaçaient en son âme devant l'intérêt des affaires et le souci du bien public.

Entre ces divers candidats, Maurepas flottait irrésolu. Pour le décider à agir, il fallut les exhortations d'un personnage assez médiocre, le fermier général Augeard, esprit fumeux, intrigant subalterne, féru de politique, où il se croyait passé maître. Augeard, dès qu'il fut informé du portefeuille vacant, alla trouver sa tante, la marquise d'Annezaga, parente et amie de Maurepas, laquelle avait pour fils le sieur Amelot, intendant de Bourgogne et conseiller d'Etat. Le dit Amelot était d'une nullité notoire ; sa propre mère ne retint pas un sursaut d'étonnement lorsque Augeard prononça son nom pour la succession de Malesherbes : « Mon fils, objecta-t-elle, est-il capable d'être secrétaire d'Etat[32] ? » Il fallut, pour la rassurer, cette considération qu'étant donnée sa parenté avec le conseiller du Roi, Amelot serait bien dirigé et, malgré « son faible génie[33], » ne ferait sans doute pas « plus de sottises qu'un autre. » Le consentement de la marquise arraché non sans peine, Augeard courut endoctriner Maurepas. Nouvelle explosion de surprise : « M. de Maurepas, confesse Augeard, m'envoya presque promener. » Augeard insista néanmoins et tint au vieux conseiller de Louis XVI ce discours plein de sens : « Prenez-y garde, si vous mettez à ce département un intrigant, ou un être systématique comme M. Turgot, il vous fera enrager. Il faut mettre là un homme absolument à vos ordres… Je sais que M. Amelot n'est pas bien fort, mais vous le guiderez, et ce département-là n'est pas la mer à boire. Donnez-lui un bon premier commis. » Ces mots produisirent leur effet. Après quelques hésitations, le Mentor accepta l'idée, se chargea d'arranger l'affaire. La Reine, mise au courant de la combinaison projetée, s'y rallia sans difficulté ; Louis XVI, devant cet accord, ne fit guère plus de résistance. Il fut implicitement convenu que Malesherbes, en se retirant, serait remplacé par Amelot. Maurepas, trop avisé pour être bien glorieux d'un pareil dénouement, s'en consolait par une boutade : « Au moins, bouffonnait-il, on ne m'accusera pas d'avoir pris celui-là pour son esprit[34] ! »

Turgot apprit par la rumeur publique le nom de son futur collègue. Un tel choix, dans un tel moment, lui causa une douleur et une indignation dont on trouve l'expression dans les lignes brûlantes, et comme jaillies du cœur, que nous a pieusement conservées l'ami auquel s'adresse cette confidence, j'ai nommé l'abbé de Véri. Découragé, peut-être las, du rôle de conciliateur et d'arbitre qu'il remplissait en vain depuis de si longs mois, l'abbé avait quitté Versailles pour se réfugier en Berri, dans une terre de famille. C'est là que lui parvint ce billet de Turgot, daté du 30 avril[35] : « Croirez-vous, mon ami, ce que je vais vous mander, et à quel point vos amis (M. et Mme de Maurepas) vont se faire tort dans l'opinion publique ? Leur choix est fixé sur M. Amelot pour remplacer M. de Malesherbes ! La chose est encore secrète, mais elle perce, au point que je ne l'ai apprise que par le public. Vous imaginez bien qu'on s'est gardé de me faire une pareille confidence... Oh ! si vous étiez ici, vous les décideriez du moins à un choix raisonnable, comme serait celui de M. de Fourqueux. Je n'ose vous dire : changez tous vos projets de voyage ; mais je vous dis qu'il s'agit de l'honneur de vos amis, du repos et de la gloire du Roi, du salut de plus de vingt millions d'hommes pendant tout son règne, et peut-être pendant des siècles ! Car nous savons quelles racines le mal jette dans cette malheureuse terre, et ce qu'il en coûte pour les arracher ! Je vous embrasse, mon ami, dans l'amertume de mon cœur. »

Le même jour, sous le coup de la même émotion, Turgot écrivait à Louis XVI une lettre longue et passionnée, que l'on peut regarder comme son testament politique. Ce document, d'une si grande importance, ne fut longtemps qu'imparfaitement connu. Un historien, quelquefois imprécis, mais généralement véridique, le fameux abbé Soulavie, avait affirmé avoir lu, parmi les papiers de Louis XVI enfermés dans l'Armoire de fer, des lettres de Turgot au Roi, datées du temps de sa disgrâce et lui disant des vérités « dures, terribles, épouvantables. » L'une de ces lettres, raconte-t-il, avait été mise par Louis XVI « dans une enveloppe cachetée du petit sceau royal, grand comme un centime, avec cette inscription de sa main : *Lettre de Turgot*[36]. » Et Soulavie en cite de mémoire quelques lignes, qui l'ont plus spécialement frappé. C'est cette même lettre dont Véri reçut, ainsi qu'il le rapporte, une copie faite de la main de Turgot. Il la reproduit tout entière dans le précieux Journal auquel j'ai déjà fait tant d'emprunts[37]. Le texte, dans l'ensemble, est conforme au souvenir qu'en avait gardé Soulavie. Tous les voiles y sont déchirés avec une singulière audace. C'est l'accent d'un loyal sujet qui, à la veille d'être chassé du service de son maître, cherche à soulager sa conscience en lui tenant, une dernière fois, le langage de la vérité.

Pour arriver au Roi, Turgot, à cette époque, n'avait guère d'autres voies que la correspondance. Louis XVI en usait avec lui comme il avait accoutumé de faire envers les gens dont il se détachait. Il ne lui parlait plus, lui répondait à peine, fuyait tout tête-à-tête, évitait toute explication, « le renvoyait à M. de Maurepas chaque fois qu'il présentait quelque projet ayant rapport à ses dernières opérations[38]. » Force était donc au contrôleur d'écrire ce qu'il désirait faire savoir. Il confiait ces messages à son ami, le comte d'Angivilliers, suivant une convention acceptée par Louis XVI. Cet étrange et blessant mutisme du souverain est le sujet des plaintes qu'on lit au début de la lettre.

« 30 avril 1776. — Sire, je ne veux point dissimuler à Votre Majesté la plaie profonde qu'a faite à mon cœur le cruel silence qu'Elle a gardé avec moi, dimanche dernier, après ce que je lui avais marqué avec un si grand détail dans mes lettres précédentes sur ma position, sur la sienne, sur le danger que courent son autorité et la gloire de son règne, sur l'impossibilité où je me verrais de la servir, si Elle ne me donnait du secours. Votre Majesté n'a pas daigné me répondre… Il faut donc que Votre Majesté n'ait pas cru un mot de ce que je lui avais dit et écrit. Il faut donc qu'Elle m'ait cru un fourbe ou un imbécile… »

À ces reproches pour des procédés dont il souffre — « car, dit-il, un ministre qui aime son maître a besoin d'en être aimé, » — succèdent des remontrances hardies sur « le manque d'expérience d'un roi de vingt-deux ans, » qui, « ne pouvant juger les hommes ni les choses » par lui-même, devrait du moins se rappeler les leçons du règne précédent, évoquer le triste tableau de ce qu'était l'autorité royale à la mort du Roi son grand-père : « Sire, vous avez vingt-deux ans, et les parlemens sont déjà plus animés, plus audacieux, plus liés avec les cabales de la Cour, qu'ils ne l'étaient en 1770… Votre ministère est presque aussi divisé et plus faible que celui de votre prédécesseur. Songez que, suivant le cours de la nature, vous avez cinquante ans à régner, et, pensez au progrès que peut faire un désordre qui, en vingt ans, est parvenu au point où nous l'avons vu ! Ah ! sire, n'attendez pas qu'une pareille expérience vous soit venue, et sachez profiter de celle d'autrui. »

Sortant des généralités, Turgot tranche alors dans le vif et vient à la question du jour, la crise ministérielle ouverte par la retraite de Malesherbes et le choix scandaleux que l'on propose au Roi. De ce danger pressant, il se prend franchement à Maurepas. Il peint, en termes saisissans, avec une vigueur implacable, la légèreté, la versatilité de ce vieux conseiller du Roi, dominé par tous ses entours, dominé par sa femme, — « qui, avec infiniment moins d'esprit, mais beaucoup plus de caractère, lui inspire toutes ses volontés, » — changeant d'idées dix fois de suite, cédant « aux cris des gens de Cour, » et craignant en même temps tous ceux qui pourraient le soutenir et lui donner l'énergie qui lui manque. « Sire, vous avez besoin d'un guide ; il faut à ce guide lumière et force. M. de Maurepas a la première de ces qualités, et il ne peut avoir la seconde, s'il n'a lui-même un appui. » Il se défend pourtant de toute hostilité à l'égard d'un collègue qui jouit de la confiance du Roi et qui, — il ne cherche pas à le nier, — possède aussi des droits sur sa propre reconnaissance : « Je dois à M. de Maurepas la place que Votre Majesté m'a confiée, jamais je ne l'oublierai… Mais je dois mille fois davantage à l'Etat et à Votre Majesté. Je ne pourrais sans crime sacrifier les intérêts de l'un et de l'autre. Il m'en coûte horriblement pour dire à Votre Majesté que M. de Maurepas est vraiment coupable s'il vous propose M. Amelot, ou du moins que sa faiblesse vous serait aussi funeste qu'un crime volontaire. M. Amelot est incapable d'aucune vue supérieure ; dans tous les temps de sa vie, il a passé pour un homme sans talent. Voilà, sire, le ministre qu'on veut vous donner ! »

Plus sa plume court sur le papier, plus l'écrivain s'anime. Son style s'échauffe, s'élève, touche à la réelle éloquence : « Voilà où vous en êtes : un ministère faible et peu uni, tous les esprits en fermentation, les parlemens ligués avec toutes les cabales, enhardis par une faiblesse notoire, des revenus au-dessous de la dépense, la plus grande résistance à une économie indispensable, nul ensemble, nulle fixité dans les plans, nul secret dans les résolutions du Conseil. Et c'est dans ces circonstances qu'on propose à Votre Majesté un homme qui n'a d'autre mérite que la docilité !... C'est dans ces circonstances que Votre Majesté peut n'être pas frappée des dangers que je lui ai montrés avec tant d'évidence ! » Une phrase, parmi ces adjurations chaleureuses, une phrase jetée comme au hasard et inconsciemment prophétique semble éclairer d'une lueur sanglante les abîmes obscurs de l'avenir : « N'oubliez jamais, sire, que c'est la faiblesse qui a mis la tête de Charles Ier sur un billot[39] ! »

La lettre se termine par de courtes excuses sur la rudesse de ce langage, que lui inspirent seuls, assure-t-il, son zèle pour le bien de l'Etat, son affection pour la personne du Roi : « Il faut bien que je sois animé par une trop forte conviction, pour que je me sois permis de dire ce que je pense sur la trop grande faiblesse de M. de Maurepas, au risque de déplaire à Votre Majesté... Je vous supplie de réfléchir encore, avant de vous déterminer à un choix qui serait mauvais en lui-même et funeste par ses suites. Si enfin j'ai le malheur que cette lettre m'attire la disgrâce de Votre Majesté, je la supplie de m'en instruire Elle-même. Dans tous les cas, je compte sur son secret. — Turgot. »

Si j'ai fait une si large place à ce document historique, ce n'est pas uniquement à cause de son pathétique intérêt, mais pour l'effet que cette lettre exerça sur la politique générale, en hâtant la chute de Turgot. « Louis XVI, dit l'abbé de Véri, l'a jugée suivant la portée médiocre de son esprit. Il y a vu des critiques dictées par l'intrigue et l'ambition, au lieu d'y voir l'intention pure d'un ministre intègre, qui ne veut qu'indiquer à son souverain ce qu'il croit être son vrai bien. » Ce résultat, Turgot l'avait d'ailleurs prévu : « La démarche que j'ai faite et qui paraît vous avoir déplu, écrira-t-il au Roi peu de jours après sa retraite, vous aura prouvé qu'aucun motif ne pouvait m'attachera ma place, car je ne m'y serais pas exposé, si j'avais préféré ma fortune à mon devoir[40]. » Louis XVI fut spécialement blessé des attaques dirigées contre le vieux ministre auquel il était attaché et qu'il considérait comme son conseiller le plus sûr. Il eut l'impardonnable tort de trahir le secret réclamé par Turgot et de révéler à Maurepas ce qui n'était destiné qu'au Roi seul, dans la plus intime confidence : « Ne croyez pas, lui souffla-t-il, que M. Turgot soit de vos amis. J'ai la preuve du contraire[41]. » Et il lui lut la plus grande partie de la lettre, « en ne passant que les endroits qui étaient personnels au Roi. » On imagine le ressentiment du vieillard, l'indignation qu'il éprouva pour une conduite qu'il crut dictée par la basse convoitise de le supplanter dans sa place, et qu'il regarda de bonne foi comme la plus noire ingratitude. Dès lors, il n'eut plus qu'une pensée, se débarrasser au plus tôt de ce dangereux collègue, saisir la première occasion pour le jeter hors du pouvoir. Il n'eut pas longtemps à attendre. Le malencontreux épisode dont il me faut aborder le récit allait fournir, à point nommé, le prétexte cherché pour satisfaire à cette rancune.

V

Ce fut aux premiers jours de mai que la « coterie » de Marie-Antoinette apprit l'arrivée à Versailles d'un puissant auxiliaire, le comte de Guines, naguère ambassadeur à Londres. Relevé de son poste, il débarquait à l'improviste, bouillonnant de colère contre Turgot et ses amis. Entre Guines et Turgot, la mésintelligence remontait à un incident qui avait un moment ému l'opinion britannique. Vers la fin de l'année 1775, Turgot, dans son désir d'effacer peu à peu l'effet de la persécution contre les réformés, avait expédié secrètement en Angleterre et en Allemagne des émissaires chargés de « travailler sous main » les protestans français connus pour « les plus riches, les plus industrieux, » et de leur persuader qu'ils pouvaient désormais rentrer dans leur ancienne patrie. A Londres, cette mission échut à « trois abbés, » dont les noms restent inconnus et qui agissaient de concert[42]. La chose, malgré les précautions, finit par transpirer ; elle fut connue du ministère anglais, qui se plaignit au comte de Guines. Sur quoi, l'ambassadeur mandait chez lui les trois abbés, les tançait vertement, puis, sans prendre le soin d'en référer à la cour de Versailles, les réembarquait sur-le-champ et les réexpédiait en France. On devine les suites de l'histoire : profond mécontentement de Turgot, lettres « vives et blessantes » échangées les semaines suivantes entre le diplomate et le contrôleur général, plaintes réciproques au Roi sur les procédés discourtois dont on s'accusait des deux parts[43].

Les choses en étaient là, lorsqu'une nouvelle affaire, d'un caractère plus grave, aviva cette hostilité. Le 1er février

1776, l'ambassadeur d'Espagne en France, le comte d'Aranda, remettait à Vergennes une lettre du prince de Masseran, ambassadeur d'Espagne à Londres. Cette lettre rapportait des confidences étranges faites par le comte de Guines sur l'attitude présumée de la France au cas où la guerre éclaterait, comme il semblait probable, entre l'Espagne et Portugal. Si ces propos étaient fondés, c'était, affirmait d'Aranda, la dénonciation de l'alliance espagnole et la rupture du pacte de famille. L'indignation fut vive dans le conseil du Roi, quand Vergennes y donna lecture de cette pièce. Louis XVI, justement irrité, proposa le rappel de son ambassadeur ; les ministres unanimement approuvèrent cette motion, Turgot, dit-on, avec plus d'empressement et de véhémence que les autres[44]. Il fut convenu que Guines aurait avis de sa révocation et que le marquis de Noailles lui succéderait un peu plus tard. La faute de Guines était si évidente, que ses plus chauds amis, dans le premier moment, firent mine de déserter sa cause. Choiseul, son ancien protecteur, le déclarait inexcusable, disait que, si son propre fils eût fait pareille sottise, la seule faveur qu'il demanderait serait « qu'on le mît à la Bastille[45]. »

Cette sagesse, par malheur, fut de courte durée. La coterie de la Reine ne crut pas devoir supporter qu'un de ses membres fût frappé sans que le parti se levât pour prendre sa défense, sans quoi, disait Lauzun à Marie-Antoinette, « il serait impossible aux plus fidèles serviteurs de la Reine de compter sur ses bontés et sur son intérêt. » Un « complot » se forma pour sauver la victime de Vergennes et de Turgot, et la Reine s'y jeta avec une passion singulière, qui désolait le comte de Mercy-Argenteau. « Votre Majesté, écrit-il à l'Impératrice[46], sera sans, doute surprise que ce comte de Guines, pour lequel la Reine n'a ni ne peut avoir aucune affection personnelle, soit cependant la cause de si grands mouvemens. Mais le secret de cette énigme consiste dans les entours de la Reine, qui se réunissent tous en faveur du comte de Guines. Sa Majesté est obsédée… On parvient à piquer son amour-propre, à l'irriter, à noircir ceux qui, pour le bien de la chose, veulent résister à ses volontés. Tout cela s'opère pendant les courses et autres parties de plaisir. »

Guines, resté à son poste jusqu'à l'arrivée de Noailles, attisait habilement le feu. Il adressait lettre sur lettre au Roi, demandant à se justifier, réclamant « une confrontation » avec ceux des ministres qu'il dénonçait comme ses ennemis, le prenant de si haut, que Louis XVI, devant cette audace, commençait à faiblir et que Vergennes avait beaucoup à faire pour maintenir chez son maître un semblant d'énergie. « Si Votre Majesté, écrivait-il au Roi[47], daigne se rappeler que c'est par son commandement exprès que j'ai annoncé au comte de Guines son rappel, Elle sentira que la seule explication que je puisse avoir avec lui est de lui dire ingénument qu'il a été rappelé parce que Votre Majesté m'a ordonné de le faire… Il s'agit bien moins, ajoutait-il, de la justification du comte de Guines que de jeter dans votre ministère une confusion dont on espère profiter. » Il menaçait de se démettre, au cas où le Roi jugerait bon de conserver dans la carrière un homme qui, disait-il, « a trop prouvé que sa vocation n'est pas pour être ambassadeur… Je n'entends rien aux tracasseries. Insuffisant à un genre de combat qui m'est nouveau, je supplie Votre Majesté de me permettre de le refuser et d'offrir le sacrifice de la place dont Elle m'a honoré au respect de son autorité et à mon attachement inviolable pour sa gloire. »

C'est au milieu de ce débat que l'arrivée du personnage à la cour de Versailles venait apporter au conflit une acuité nouvelle. Guines était renseigné ; il savait Turgot ébranlé ; ce fut contre Turgot qu'il dirigea l'effort de ses amis. L'assaut fut rude, mené avec adresse, à la muette et dans l'ombre, sans qu'aucun bruit donnât l'éveil à celui qu'on visait. La Reine, à qui l'on avait fait la leçon, semblait, assure le comte de Creutz, indifférente à la querelle de Guines, affectait en public de ne lui point adresser la parole. « On le croyait abandonné, « tandis que la « cabale » travaillait pour sa cause avec une ardeur acharnée[48]. Tous les moyens furent jugés bons pour échauffer Louis XVI. On alla même, d'après le témoignage de Dupont de Nemours, jusqu'à forger, en imitant son écriture, des lettres de Turgot, pleines de sarcasmes injurieux à l'égard de la Reine, de paroles blessantes sur le Roi. « Toute cette correspondance était portée à Louis XVI ; il la communiquait à M. de Maurepas, qui n'exprimait point, on le pense bien, des doutes trop fermes sur son authenticité. » Mais l'arme la plus efficace fut l'obsession tenace de Marie-Antoinette. Elle harcelait jour et nuit son époux, passant des larmes aux menaces, de la douceur à la colère. Sa véhémence dépassa toute mesure. Non contente d'exiger, sous forme d'un titre ducal, une éclatante réparation pour l'ambassadeur révoqué, elle voulait que « le sieur Turgot fût chassé » le jour même où Guines recevrait cette faveur. Elle alla jusqu'à demander que le contrôleur général fût envoyé à la Bastille. « Il fallut, dit Mercy, les représentations les plus fortes et les plus instantes pour la détourner d'insister sur une pareille folie[49]. »

Louis XVI, devant un tel emportement, pensa sans doute faire preuve de fermeté en n'accordant qu'une part de ce que réclamait sa femme : le prochain départ de Turgot, une lettre au comte de Guines pour panser sa blessure et lui conférer le duché. Cette lettre, il l'écrivit sous l'œil soupçonneux de la Reine ; trois fois, elle la lui fit refaire, « ne la jugeant jamais assez favorable[50]. » Elle fut enfin rédigée en ces termes : « Versailles, 10 mai. — Lorsque je vous ai fait dire, monsieur, que le temps que j'avais réglé pour votre ambassade était fini, je vous ai fait marquer en même temps que je me réservais de vous accorder les grâces dont vous êtes susceptible. Je rends justice à votre conduite, et je vous accorde les honneurs du Louvre, avec la permission de porter le titre de duc. Je ne doute pas, monsieur, que ces grâces ne servent à redoubler, s'il est possible, le zèle que je vous connais pour mon service. Vous pouvez montrer cette lettre. — Louis[51]. »

C'est, comme on voit, une capitulation complète, et rien n'est plus tristement instructif sur l'humiliante faiblesse d'un prince qui, à quelques semaines de distance, se déjuge publiquement avec cette docilité complaisante. « Le Roi, observe Mercy-Argenteau, se trouve ainsi dans une contradiction manifeste avec lui-même. Il se compromet, et il compromet tous ses ministres, au su du public, qui n'ignore aucune de ces circonstances, et qui n'ignore pas non plus que tout cela s'opère par la volonté de la Reine et par une sorte de violence exercée de sa part sur le Roi. » Le scandale provoqué par cette palinodie se mesure au retentissement qu'elle eut dans l'opinion. Les amis sincères de Louis XVI se montrèrent « consternés, » partagèrent le chagrin de Mercy-Argenteau et de l'Impératrice. « Les Choiseul, » en revanche, exultèrent. C'était, depuis l'exil de d'Aiguillon, la première victoire du parti ; ils l'accueillirent avec ivresse. « Que d'événemens, que de surprises, et je peux ajouter que de joie et de plaisir ! s'écrie la marquise du Deffand[52]. Ce qui m'en a fait le plus, c'est le triomphe de M. de Guines. J'y vois non seulement tout ce qu'il a de brillant, de flatteur, de charmant, mais j'y vois mille autres choses, qui s'étendent bien loin ! » La duchesse de Choiseul, à quelques jours de là, appuie plus cruellement encore et tire la morale de l'histoire : « J'ai été[53] comme transportée de joie du triomphe de M. de Guines. Je trouve que la disgrâce des deux ministres, qui l'a accompagné, le fait ressembler aux triomphateurs romains qui traînaient leurs esclaves à leur suite. »

VI

Turgot, tandis que se machinait cette intrigue, semble avoir ignoré le coup médité contre lui. Il savait sa chute imminente, mais croyait avoir, pour tomber, le choix de l'heure et du terrain. « Eh bien ! mandait-il le 10 mai à l'abbé de Véri, tout est dit. Votre vieil ami (Maurepas) a mis tant de force et d'art à parvenir à son but, qu'il a décidé le Roi ce matin. Il vient d'annoncer à notre ami Malesherbes que le Roi l'enverrait chercher ce soir ou demain pour conclure, et il lui a annoncé pour successeur M. Amelot. J'ai lieu de croire que, depuis longtemps, il travaillait à détruire vos deux amis dans l'esprit du maître. Il compte avec raison sur ma retraite… Il me faut peu de jours pour mettre sous les yeux du Roi le plan de réforme dans sa Maison. Il ne sera sûrement pas adopté, et je demanderai ma liberté. » Il ne dissimulait d'ailleurs pas son chagrin de cette perspective : « Je partirai avec le regret d'avoir vu dissiper un beau rêve et de voir un jeune Roi, qui méritait un meilleur sort, et un royaume entier, perdus par celui qui devait les sauver. Mais je partirai sans honte et sans remords[54]. » Un billet du lendemain le montre inquiet à plus brève échéance : « M. de Guines a le brevet de duc, par conséquent blanc comme neige. Le choix de M. Amelot sera déclaré peut-être aujourd'hui. Vous pouvez, d'après ces nouvelles, former vos spéculations politiques. » Enfin, trois jours plus tard, c'est l'annonce du fait accompli : « 14 mai. — Ce que vous pouviez prévoir est arrivé, quoique d'une manière un peu différente. Votre vieil ami m'a fait renvoyer, sans attendre que je demandasse ma retraite. Je vous raconterai ce que je puis deviner de tout cela, si vous voulez venir me voir à la Roche-Guyon, où je dois passer quelque temps. » Si Turgot, comme il le confesse, était encore à ce moment mal instruit du dessous des cartes, nous connaissons, par les détails que l'on a lus plus haut, l'origine immédiate et les raisons cachées de ce brusque renvoi.

Louis XVI, la promesse arrachée et la décision prise, avait senti l'impatience d'en finir. Son procédé, comme il arrive aux faibles, eut même quelque chose de brutal. Turgot, dans l'après-dînée du 10 mai, s'était rendu au château de Versailles, dans l'espoir d'obtenir du Roi quelques explications. Il fut annoncé par Vergennes. Louis XVI, en entendant son nom, eut un mouvement d'humeur ; il ferma un tiroir avec une si grande violence, « qu'il en pensa fausser la clé. » Il se leva, parut sur le seuil de son cabinet : « Que voulez-vous ? dit-il au contrôleur général. Je n'ai pas le temps de vous parler, » et, lui tournant le dos, il rentra dans la chambre[55]. Cette tentative, renouvelée trois fois le lendemain, eut toujours le même insuccès. Le dimanche 12, vers dix heures du matin, Malesherbes, sortant du château, où, suivant la convention faite, il venait d'apporter lui-même sa démission au Roi, fut chez Turgot pour lui en donner la nouvelle. Sa visite terminée, il prit congé de son ami ; dans l'escalier, il rencontra Bertin, l'homme à tout faire, qui, depuis la retraite du duc de La Vrillière, était chargé d'annoncer leur disgrâce aux ministres qu'on renvoyait[56]. Il devina sans peine le sens de cette démarche matinale, remonta les degrés, entra sur les pas de Bertin dans l'appartement de Turgot : « Je comptais partir seul, s'écria-t-il avec gaîté, nous partirons deux ensemble ! » Turgot prit la chose plus gravement. Lorsque Bertin lui eut « brièvement notifié l'ordre du Roi, de remettre son portefeuille en même temps que sa démission de la surintendance des postes, » il parut, au dire de Hardy[57], « aussi surpris que mortifié. » Malgré l'injonction faite, — « sans d'ailleurs prescrire de délai, » — de quitter la ville de Versailles sans paraître à la Cour, une dernière fois il essaya d'obtenir une audience du Roi. Cette faveur lui fut refusée. Alors seulement il partit pour Paris, et de là pour la Roche-Guyon, chez la duchesse d'Anville. Ceux que l'on doit considérer comme les auteurs de cette disgrâce éprouvèrent, semble-t-il, dans le premier moment, un peu de gêne de leur victoire et comme une involontaire confusion. La Reine, en annonçant l'événement à sa mère, décline toute responsabilité directe : « J'avoue à ma chère maman que je ne suis pas fâchée de ces départs, mais je ne m'en suis pas mêlée[58]. » L'Impératrice ne fut qu'à demi convaincue : « Je suis bien contente, répondit-elle[59], que vous n'ayez point eu de part au changement des deux ministres, qui ont bien de la réputation dans le public… Vous dites que vous n'en êtes pas fâchée ; vous devez avoir vos bonnes raisons ; mais le public, depuis un temps, ne parle plus avec tant d'éloge de vous et vous attribue tout plein de petites menées qui ne seraient convenables à votre place. » De même que Marie-Antoinette, les Maurepas s'évertuèrent à retirer leur épingle du jeu. Le jour même du renvoi, la comtesse de Maurepas adressait à Véri ces lignes de condoléance, d'une féminine hypocrisie[60] : « Je vous mandais hier la retraite de M. de Malesherbes. Aujourd'hui je vous dirai que le Roi a remercié M. Turgot. Je vous avouerai que cela me fait beaucoup de peine, et, ce qui l'augmente, c'est que je crois qu'il tenait à sa place plus que vous ne le pensiez. Il y a un mois que cet orage gronde sur sa tête, sans qu'il ait voulu s'en apercevoir. Je lui ai parlé de façon à lui faire voir que le Roi n'était pas prévenu pour lui ; il n'a pas voulu me croire. Enfin voilà tous vos amis hors de la Cour. Il n'y reste plus que nous ; l'âge et les infirmités nous en feront bientôt sortir. » Il n'est pas jusqu'à Maurepas qui, le même jour, n'ait essayé, assez gauchement d'ailleurs, de donner le change à Turgot : « Si j'avais été libre, monsieur, de suivre mon premier mouvement, ne craignit-il pas d'écrire, j'aurais été chez vous. Des ordres supérieurs m'en ont empêché. Je vous supplie d'être persuadé de toute la part que je prends à votre situation. » Ce qui lui valut cette réplique, d'une ironique amertume : « Je reçois, monsieur, la lettre que vous m'avez fait l'honneur de m'écrire. Je ne doute pas de la part que vous avez prise à l'événement du jour, et je vous en ai la reconnaissance que je dois… Quand on n'a ni honte ni remords, quand on n'a connu d'autre intérêt que celui de l'Etat, quand on n'a ni déguisé, ni tu aucune vérité à son maître, on ne peut être malheureux. »

Si peu sincères qu'elles fussent, les excuses déguisées témoignaient tout au moins d'une espèce de pudeur. On n'en peut dire autant de l'attitude des courtisans et des privilégiés. La chute du ministère fut saluée à Versailles par une explosion d'allégresse. A peine la nouvelle du renvoi se répandit-elle au château, ce furent, dit Dupont de Nemours, « des rires bruyans et multipliés, des félicitations réciproques, dans la galerie, dans l'antichambre, dans la chambre même du Roi. » Les princes du sang montraient l'exemple : « Monsieur[61]et le Comte d'Artois manifestent leur joie avec une indécence que quelques personnes regardent comme le plus bel éloge qu'on pût faire du ministre tombé. » Le comte de Saint-Germain, que Turgot, l'année précédente, comme le rappelle Véri, avait « tant désiré, si amicalement accueilli, » oublie toutes ses obligations pour « se réjouir publiquement de sa chute. » L'archevêque de Paris, par allusion à l'événement du jour, déclare dans une audience « qu'il faut attribuer ce succès aux prières du jubilé. » Quant au parti Choiseul, il faut, une fois de plus, recourir à la plume de Mme du Deffand pour connaître de quelle façon on y piétine sur les vaincus : « Le Malesherbes[62]est un sot, bon homme sans talent, mais modeste, qui n'avait accepté sa place que par faiblesse. Il eût voulu faire le bien, mais il ne savait comment s'y prendre. Il aurait fait le mal qu'on lui aurait fait faire, faute de lumière, et par sa déférence pour ses amis… Pour le Turgot, il aurait tout bouleversé. Il avait les plus beaux systèmes du monde sans prévoir aucun moyen. Qui est-ce qui lui succédera, je l'ignore, mais on ne peut avoir pis qu'un homme qui n'a pas le sens commun… De plus, il est d'un orgueil et d'un dédain à faire rire. En voilà assez sur ce sot animal ! »

On n'en juge pas partout ainsi. Une étrangère, la princesse de Kaunitz, dans une lettre adressée de Vienne à l'abbé de Véri, résume ainsi qu'il suit l'état de l'opinion publique : « Je conviens que M. Turgot allait un peu vite et que ses opérations portaient préjudice à la fortune de bien des particuliers haut placés, mais quelle multitude innombrable n'a-t-il pas soulagée ! Versailles se réjouira, et les provinces seront désolées[63]. » Cette formule est exacte. Si l'on excepte ceux « dont l'existence tient aux abus, » l'impression qui domine, dans tout l'ensemble du royaume, c'est un étonnement douloureux et une déception vive. « Tous les honnêtes gens de ce pays-ci gémissent sur le renvoi de M. Turgot, » reconnaît un témoin sincère. Dans la bourgeoisie éclairée, ceux-là mêmes qui le critiquaient, qui redoutaient les entreprises trop promptes « d'un génie un peu chimérique, » envisagent à présent comme une calamité la chute d'un homme dont les vertus, les talens, le zèle généreux, honoraient le pays qui possédait un tel ministre et le prince qui l'avait choisi. Louis XVI portait le poids du mécompte général ; sa popularité en reçut une mortelle atteinte. « Que penser en effet, dit un gazetier du temps[64], d'un Roi qui, après s'être enthousiasmé de son ministre, après avoir adopté ses idées, après avoir résisté aux remontrances de ses cours, avoir déployé les coups d'autorité les plus frappans, tenu deux lits de justice en moins d'un an, retire sa main protectrice à l'auteur d'une constitution nouvelle, non seulement avant d'en avoir pu reconnaître les vices ou les inconvéniens, mais au milieu de la confusion et du désordre qu'entraîne dans son commencement toute opération vaste, alors que tout le mal est fait et qu'on ne peut encore démêler le bien qui doit en résulter ? »

Bien des gens, de ce jour, se sentent l'âme oppressée d'angoisse devant le mystère de l'avenir et sont pris du découragement que l'abbé de Véri confesse sous cette forme éloquente[65] : « Je me réjouissais naguère de ce que l'on travaillait à réparer solidement un bel édifice que le temps avait endommagé. Désormais on verra tout au plus boucher quelques-unes de ses crevasses. Je ne me livre plus à l'espoir de sa restauration ; je ne peux plus qu'en redouter la chute plus ou moins tardive… J'avais eu mon beau rêve, en imaginant que la France pouvait avoir un ministère honnête, capable et uni, dont M. de Maurepas serait le lien. Mon cœur éprouve une vive amertume, quand je pense que les trois hommes publics avec lesquels j'étais le plus lié ont été placés par le sort dans le même ministère, qu'ils semblaient destinés à rendre le règne actuel le plus glorieux de tous, et qu'ils en ont laissé échapper l'occasion, le premier (Malesherbes) faute de volonté pour rester au pouvoir, le second (Turgot) faute de conciliabilité, le troisième (Maurepas) faute d'âme pour suivre ses lumières. Et c'est ainsi que nous avons perdu la circonstance la plus favorable qui se soit rencontrée dans l'histoire pour des hommes d'Etat patriotes et éclairés. »

Les sentimens exprimés par Véri sont aussi, à n'en pas douter, ceux de Turgot lui-même. Sans doute est-il blessé des procédés du Roi, de la brusque façon dont on lui a signifié son congé ; mais la douleur de voir son œuvre arrêtée soudainement, bientôt détruite peut-être, étouffe en lui toute pensée personnelle. De ce détachement de soi-même, le manuscrit que je viens de citer rapporte un trait assez frappant. Turgot, quelques jours après sa retraite, alla faire visite à Véri. Il s'y rencontra par hasard avec M. de Clugny, son successeur au contrôle général. L'entretien se porta sur une grave épizootie qui désolait le Limousin. Turgot s'anima sur ce thème et se mit tout à coup à parler des mesures à prendre, en s'adressant à M. de Clugny, sur un tel ton d'autorité, qu'on eût cru entendre un ministre donnant ses instructions à un intendant de province. « Je riais à part moi de ce ton, dit l'abbé de Véri, et quand je lui en fis l'observation, après le départ de M. de Clugny, il en fut tout surpris. Il n'avait vu que la chose sur laquelle son cœur s'était échauffé, sans aucun retour sur ce qu'il n'était plus rien. »

Même noble désintéressement dans le dernier billet, daté du 18 mai, — six jours après sa chute, — qu'il écrivit au Roi pour refuser tout dédommagement pécuniaire autre que la pension de ministre[66] : « Si je n'envisageais, dit-il en terminant, que l'intérêt de ma réputation, je devrais peut-être regarder mon renvoi comme plus avantageux qu'une démission volontaire, car bien des gens auraient pu regarder cette démission comme un trait d'humeur déplacé… et moi-même j'aurais toujours craint d'avoir mérité le reproche que je faisais à M. de Malesherbes. J'ai fait, sire, ce que je croyais de mon devoir, en vous exposant, avec une franchise sans exemple, les difficultés de la position où j'étais et ce que je pensais de la vôtre[67]. Tout mon désir est que vous puissiez toujours croire que j'avais mal vu et que je vous montrais des dangers chimériques. Je souhaite que le temps ne me justifie pas et que votre règne soit aussi heureux, aussi tranquille, pour vous et pour vos peuples, qu'ils se le sont promis d'après vos principes de justice et de bienfaisance. »

Après ce vœu suprême, il se renferma pour toujours dans la retraite et le silence. Une fois pourtant, à quelques mois de là, quand il connut les projets préparés pour abroger ses principales réformes, il ne put réprimer un mouvement de révolte. Il prit sa plume, écrivit à Maurepas, le conjura de réfléchir avant d'entrer dans une voie si funeste : « Il m'est inconcevable que vous ayez seulement pu en avoir l'idée !… Je veux essayer de vous rappeler à vous-même, à ce que vous avez mille fois pensé et dit, à ce que vous devez au public, au Roi, à votre propre réputation… Pardonnez-moi cette franchise. Mon intention n'est pas de vous blesser par des vérités dures ; mais vous me connaissez assez pour juger que je ne puis voir, sans un sentiment très douloureux, détruire un très grand bien, auquel j'avais eu le bonheur de contribuer, que la volonté du Roi avait soutenu contre les obstacles qui y étaient opposés, et que je devais croire solidement affermi. Je suis sensible sans doute à cet intérêt, j'ose l'être encore à l'honneur du Roi, qui peut être compromis par un changement si prompt, et qui doit m'être cher, comme citoyen, et comme ayant eu part à sa confiance et à ses bontés… » Cette lettre ne fut pas achevée, par conséquent pas envoyée. La réflexion en démontra sans doute la parfaite inutilité. Le brouillon, retrouvé plus tard dans les archives du château de Lantheuil[68], subsiste en témoignage de l'âme sincère et passionnée de celui qui jeta ce généreux cri de souffrance.

Ainsi prit fin la plus vaste entreprise, ainsi échoua le plus puissant effort, qui aient été tentés pour rénover la monarchie, lui donner le moyen et la force de vivre. Quel eût été, si les circonstances eussent permis de la mener jusqu'à son terme, le succès d'une telle œuvre ? Turgot, maintenu et soutenu par Louis XVI, aurait-il réussi à limiter, à canaliser, si j'ose dire, le flot montant de la Révolution ? La royauté, se transformant d'elle-même et de sa propre initiative, serait-elle parvenue à concilier, dans un heureux accord, la tradition et le progrès, le passé et l'avenir ? Enfin, eût-on vu se produire, comme le rêvait Turgot, la fusion du fait historique et du droit national ? Toutes les hypothèses sont permises. Il me sera permis de dire qu'elles sont également vaines. Broder en imagination sur des événemens accomplis et refaire après coup l'histoire est un divertissement d'esprit pour lequel je me sens peu d'aptitude et peu de goût.

Mais une autre question se pose, sur laquelle nous avons des données plus précises et à laquelle, par suite, on peut essayer de répondre : c'est quelle fut l'influence, sur le sort de la monarchie, du ministère réformateur, et quel résultat produisit, dans les conditions politiques où se fit l'expérience, la tentative avortée de Turgot. J'ai rendu aux lumières comme au caractère de Turgot un assez respectueux hommage pour avoir le droit de dire qu'à mon avis le résultat final fut nuisible à la royauté. Turgot, sans peut-être en avoir conscience, concevait la monarchie comme une démocratie royale, où un despote vertueux régnerait seul sur un peuple nivelé. Il semble n'avoir point compris la nécessité primordiale, dans un pays constitué comme la France, d'une aristocratie solide, élargie à sa base, tempérée dans ses privilèges, assez puissante toutefois pour être le support du trône, pour lui servir de digue contre l'assaut de la vague populaire. La vieille constitution française était trop vermoulue pour qu'on pût, sans danger, retirer les étais qui maintenaient encore l'édifice Louis XVI, tout médiocre qu'il fût, en avait eu le sentiment comme en font foi les notes ajoutées de sa main aux éloquens mémoires de son ministre ; le simple instinct de la conservation lui enseignait ce que n'avait pu découvrir l'impeccable logique d'un théoricien de génie. L'échec des projets de Turgot découle essentiellement de cette conception fausse, et cet échec ne pouvait qu'aggraver le péril menaçant. En éveillant des espérances qui ne furent point réalisées, en annonçant de beaux projets qui ne purent aboutir, en faisant luire aux yeux des misérables un idéal qui s'évapora en fumée, Turgot, selon toute apparence, précipita les catastrophes qu'il prévoyait avec lucidité et que son noble cœur voulait épargner à la France. Il avait, en effet, rendu sensibles et, pour ainsi dire, éclatantes, « deux vérités également funestes à la monarchie : la nécessité d'une grande réforme, et l'impuissance de la royauté à l'accomplir[69]. »

Seize ans plus tard, sous la Terreur, au fond du noir cachot qu'il ne devait quitter que pour la guillotine, le confident et le collaborateur de Turgot, Malesherbes, méditait sur les événemens de sa vie. Avec ce détachement et cette clairvoyance supérieure que donnent aux âmes élevées l'attente prochaine et la certitude de la mort, voici comment il appréciait les faits dont on vient de lire le récit[70] : « M. Turgot et moi, nous étions de fort honnêtes gens, très instruits, passionnés pour le bien. Qui n'eût pensé qu'on ne pouvait mieux faire que de nous choisir ? Cependant nous avons très mal administré. Ne connaissant les hommes que par les livres, manquant d'habileté pour les affaires, nous avons laissé diriger le Roi par M. de Maurepas, qui ajouta toute sa faiblesse à celle de son élève, et, sans le vouloir, nous avons, par nos idées mêmes, contribué à la Révolution. » Je ne saurais, au bas de la présente étude, inscrire une meilleure conclusion que ce mélancolique aveu.

MARQUIS DE SEGUR.

1. ↑ *Copyright* by Calmann-Lévy, 1909.

2. ↑ Voyez la *Revue* des 1er et 15 février, 15 septembre, 1er et 15 octobre 1909.
3. ↑ *Mémoires* de Besenval, tome II.
4. ↑ Journal inédit de l'abbé de Véri, *passim*.
5. ↑ Lettre du 13 avril 1776. — *Correspondance* publiée par d'Arneth.
6. ↑ Consulter sur Devaines l'intéressante notice de M. Frédéric Masson : *Un académicien de l'an XI*. — *Revue hebdomadaire* du 27 octobre 1906.
7. ↑ *Mémorial* de Norvins. — *Mémoires* de Frénilly, etc.
8. ↑ Lettre de Mlle de Lespinasse du 29 août 1774. — Éd. Asse.
9. ↑ Entre temps, celui-ci avait coupé son nom en deux et s'était appelé de Vaines, s'anoblissant de la sorte à bon compte.
10. ↑ Lettre du 26 septembre 1775, reproduite par le sieur Rivière dans sa correspondance avec le prince X. de Saxe. — Archives de l'Aube.
11. ↑ *Particularités*, etc., par M. de Montyon, *passim*.
12. ↑ Lettre du sieur Rivière, du 14 avril 1776. — Archives de l'Aube.
13. ↑ *Ibidem*.
14. ↑ *Mémoires* de Soulavie. — *Les Réformes de Louis XVI*, par Sémichon.
15. ↑ Journal de l'abbé de Véri, *passim*.
16. ↑ *Particularités*, etc., par M. de Montyon.
17. ↑ Un des griefs du comte de Saint-Germain était la remise au Roi par Turgot de deux mémoires, dont l'un proposait deux millions de réduction immédiate dans le département de la Guerre, et dont l'autre faisait prévoir, sur ce même chapitre, quinze millions d'économies pour les années suivantes.
18. ↑ Lettre de Turgot à Louis XVI du 30 avril 1776. — *Mémoires* de Soulavie.
19. ↑ *Le songe de M. de Maurepas*, ou *les Machines du gouvernement français*.
20. ↑ Journal de l'abbé de Véri, *passim*.
21. ↑ Journal de Hardy, 13 mai 1776, *passim*.
22. ↑ Lettre du 2 novembre 1775. — *Les Autographes*, par Lescure.
23. ↑ Vergennes a Sénac de Meilhan. — *Ibidem*.
24. ↑ Les *Intendans*, etc., par Ardascheff, *passim*.
25. ↑ Journal de Hardy, mai 1776, *passim*.
26. ↑ *Souvenirs* de Moreau.
27. ↑ Le brouillon, malheureusement incomplet de cette lettre, que je crois inédite, fait partie de la belle collection de M. Gustave Bord, qui a bien voulu me le communiquer.
28. ↑ Le brouillon s'arrête sur cette phrase.
29. ↑ Journal de Hardy, *passim*.

30. ↑ « Jusqu'à la Pentecôte, » spécifie Turgot dans la lettre à l'abbé de Véri dont il sera question plus loin.
31. ↑ « L'objet principal, écrit-il, pour lequel Turgot voulait *mon association,* ou celle de tout autre, était son plan de réformes dans la Maison du Roi. » — Journal de Véri.
32. ↑ *Mémoires secrets* d'Augeard.
33. ↑ Journal de Hardy, *passim.*
34. ↑ Allusion aux critiques qui avaient naguère accueilli l'élévation de Miromesnil au poste de garde des Sceaux. — Moreau donne de ce mot de Maurepas une version un peu différente : « Ils doivent être las des gens d'esprit ; nous verrons s'ils aiment mieux une bête. »
35. ↑ Journal de Véri. — Cette lettre et celles qui suivent ont été jadis communiquées au baron de Larcy, qui les a publiées en 1866 dans l'article du *Correspondant* auquel je me suis plus d'une fois référé.
36. ↑ *Mémoires historiques sur le règne de Louis XVI,* par Soulavie.
37. ↑ Si un témoignage de plus était utile pour démontrer l'authenticité de cette lettre, il suffirait d'invoquer une note récemment retrouvée dans les archives du château de Lautheuil et inscrite par Malesherbes sur la chemise d'un dossier vide. Cette chemise, rapporte Malesherbes, renfermait les minutes de quatre lettres de Turgot adressées à Louis XVI à la veille de sa retraite. L'analyse succincte qu'il en donne est exactement conforme à la lettre conservée par l'abbé de Véri. Malesherbes, en terminant, exprimait le vœu que ces lettres fussent détruites, par une discrète réserve à l'égard des personnes qui y sont désignées et par respect pour la mémoire du Roi. Ce souhait fut exaucé, et les lettres seraient perdues si l'abbé de Véri n'eût préservé l'une d'elles, et sans doute la plus importante.
38. ↑ Journal de Hardy, 14 avril 1776.
39. ↑ C'est cette phrase qu'avait retenue Soulavie et qu'il cite presque textuellement dans ses Mémoires.
40. ↑ *Œuvres de Turgot,* avec les notes de Dupont de Nemours.
41. ↑ Journal de Véri.
42. ↑ Lettre du sieur Rivière au prince. X. de Saxe, du 22 mars 1776. — Archives de l'Aube.
43. ↑ *Ibidem.*
44. ↑ D'après une lettre de Mme du Deffand, Turgot aurait d'abord chargé Malesherbes de parler à Louis XVI contre le comte de Guines, croyant qu'il aurait mieux que lui l'oreille du Roi, et Malesherbes, cédant à l'ascendant de son ami, se gérait décidé à faire « cette sotte démarche. » (Lettre du 5 juin 1776. — Éd. Lescure.) Il est plus probable que Turgot et

Malesherbes tombèrent d'accord pour faire à ce sujet de justes représentations dans le conseil du Roi.
45. ↑ *Mémoires* du duc de Lauzun.
46. ↑ Lettre du 16 mai 1770. — Correspondance publiée par d'Arneth.
47. ↑ *Correspondance* de Vergennes avec Louis XVI. — Archives nationales, K. 164.
48. ↑ Dépêche du comte de Creutz à la cour de Suède, du 12 mai 1776.
49. ↑ Dépêche de Mercy-Argenteau du 16 mai 1776. — Correspondance publiée par d'Arneth.
50. ↑ Dépêche de Mercy-Argenteau du 16 mai 1776. — Correspondance publiée par d'Arneth.
51. ↑ Ce billet du Roi est renfermé dans la lettre du comte de Guines à Mme du Deffand du 14 mai 1776. — Correspondance publiée par M. de Lescure.
52. ↑ Lettre du 14 mai 1776. — Édition Lescure.
53. ↑ Lettre du 18 mai 1776. — Édition Sainte-Aulaire.
54. ↑ *Journal* de l'abbé de Véri, *passim*.
55. ↑ *Souvenirs* de Moreau.
56. ↑ Lettre du sieur Rivière au prince X. de Saxe, du 15 mai 1776. — Archives de l'Aube.
57. ↑ Journal inédit, *passim*.
58. ↑ Lettre du 15 mai 1776. — Correspondance publiée par d'Arneth.
59. ↑ Lettre du 30 mai 1776. — *Ibid*.
60. ↑ Lettre du 12 mai 1776. — Journal de l'abbé de Véri.
61. ↑ Journal de Hardy, *passim*.
62. ↑ Lettre du 5 juin 1776. — Édition Lescure.
63. ↑ Journal de l'abbé de Véri.
64. ↑ *L'Espion anglais,* 3 juin 1776.
65. ↑ Journal de Véri, *passim*.
66. ↑ *Œuvres de Turgot*, avec des notes de Dupont de Nemours.
67. ↑ Allusion évidente à la lettre du 30 avril ci-dessus reproduite.
68. ↑ Ce document fut communiqué par les héritiers of Turgot à M. Léon Say, qui l'a publié dans l'ouvrage déjà cité.
69. ↑ Albert Sorel, *l'Europe et la Révolution*.
70. ↑ Fragment d'une lettre de Malesherbes adressée à l'un de ses amis. — Collection de M. Gustave Bord.

AU COUCHANT DE LA MONARCHIE[1]

VII.[2]

LA SUCCESSION DE TURGOT

I

Le renvoi de Turgot marque la date la plus considérable du règne de Louis XVI, avant l'époque de la Révolution. L'ancien régime, un instant menacé, opère alors un retour offensif. Si Ion veut oublier les questions personnelles, — rancunes, vengeances, intrigues de Cour, — pour considérer en lui-même l'événement du 12 mai 1776, on y reconnaît avant tout l'échec définitif de ce que le jargon du temps nomme « le système physiocratique, » c'est-à-dire du corps de doctrines chères aux économistes, l'échec du vaste plan de réformes sociales lentement élaboré au cours du dernier demi-siècle. Composé de penseurs, d'hommes réfléchis, instruits et bien intentionnés, ce parti, depuis des années, constituait pour la France une sorte de réserve. Nombre de gens, dans les hautes classes et dans la bourgeoisie, s'accrochaient à l'espoir de trouver dans cette grande école les formules efficaces qui remédieraient aux abus et guériraient les plaies invétérées, la magique panacée qui procurerait la rénovation du royaume. Maintenant, ce rêve s'était enfui. Turgot parti, croulait la foi dans la vertu curative des principes, dans la puissance des théories, dans les bienfaits de la logique. C'en est fait, désormais, jusqu'en 1789, de la philosophie appliquée à la politique, des idées générales présidant à la direction des affaires de l'Etat. Le grand médecin ayant échoué, il ne restait plus, pensait-on, qu'à essayer des empiriques. La chute d'une généreuse et tenace illusion ne pouvait manquer de produire, dans toutes les couches de la nation, un douloureux et profond ébranlement.

A un point de vue plus étroit, la défaite de Turgot, par une conséquence naturelle, est la victoire du Parlement, ennemi né des innovations, refuge de toutes les traditions, conservatoire de toutes les vieilles routines. Dès le lendemain du geste de Louis XVI congédiant son ministre, on voit cette victoire s'affirmer par des déclarations publiques, par une altitude orgueilleuse, au détriment de la puissance et du prestige du trône.

Enfin, et pour les mêmes raisons, c'est également la revanche de Maurepas. Son horreur des complications, l'insouciante légèreté qui lui fait sacrifier d'instinct à la tranquillité présente tout progrès obtenu au prix d'une lutte ou d'un effort, son égoïsme de vieillard qui ne prétend qu'à jouir en paix de ses dernières années, reçoivent une satisfaction éclatante par le départ de l'homme dont le hardi programme bouleversait implacablement des institutions séculaires. Il se croit assuré de faire prévaloir à l'avenir la politique qu'il préconise, la politique de ménagemens, qui temporise, ajourne et remplace par des expédiens la solution des difficiles problèmes, méthode plus commode que glorieuse, mais, il faut bien le reconnaître, singulièrement conforme à la secrète humeur du Roi. Cet espoir du Mentor ne sera point déçu. « Le règne de M. de Maurepas, constate l'abbé Georgel[3], commence réellement à dater du renvoi de Turgot. » — « Le crédit de M. de Maurepas, écrit de son côté la marquise du Deffand[4], non seulement se maintient, mais il se fortifie ; il en jouira toute sa vie… Il est vrai, ajoute-t-elle avec philosophie, que, comme il se fait vieux, il y a de la marge dans l'avenir. »

On eut de cette faveur une preuve irrécusable dans la déclaration royale qui, la semaine suivante, attribuait à Maurepas l'emploi de « Chef du Conseil des finances, » sans titulaire depuis six ans. C'était, en quelque sorte, une place intermittente, que le Roi supprimait et rétablissait tour à tour, selon qu'il désirait ou non distinguer l'un de ses ministres et le mettre au-dessus des autres. Le dernier occupant avait été le duc de Praslin ; mais celui-ci n'en avait guère eu que le titre, sans presque exercer la fonction. L'intention de Louis XVI, en donnant ce poste à Maurepas, fut, au contraire, qu'il y jouât un rôle effectif. Le règlement qui intervint en est le témoignage. A dater de ce jour, on vit, en effet, chaque ministre venir, avant d'en référer au Roi, discuter chez Maurepas les affaires principales de son département. Au sortir de cet entretien, on rédigeait un court mémoire, résumant les vues échangées, mémoire que l'on adressait à Louis XVI. Cette procédure, quelque peu lente, avait pour objet essentiel de contenir et de refréner ce que Maurepas, d'un terme dédaigneux, qualifiait d' « esprit de système, » c'est-à-dire d'arrêter, par un examen préalable, les réformes trop radicales, les innovations trop hardies, de mettre obstacle aux vastes entreprises qui avaient provoqué le renvoi de Turgot.

Demeurer dans les routes frayées et restreindre les horizons, tel est à présent le mot d'ordre ; tel est le sûr moyen de conserver les bonnes grâces du Mentor. Non pourtant que Maurepas fût persuadé, dans le fond de son cœur, de l'excellence des vieux erremens, ni qu'il fût incapable d'envisager et de comprendre une politique plus large ; comme le dit un contemporain, « il aurait admiré les conceptions profondes du génie, parce qu'il avait dans l'esprit de la justesse et de la pénétration, mais il ne les aurait pas adoptées, parce qu'il voulait éviter les secousses[5]. »

L'ordonnance qui fit de Maurepas, sinon un premier ministre de nom, du moins en fait le ministre prépondérant, fut sans doute également, dans l'intention du scrupuleux Louis XVI, une espèce de compensation, de satisfaction d'amour-propre accordée au vieillard, pour lui faire oublier la petite mortification qu'il essuyait au même moment : j'entends par là le choix du nouveau contrôleur général des finances fait sans sa participation, sans même qu'il eût été ni consulté ni averti d'avance. Et cependant, en bonne justice, du procédé qui le froissait, Maurepas n'eût dû accuser que lui-même. En travaillant à renverser Turgot, il n'avait pas songé à s'assurer d'un successeur. Tout entier à sa haine et emporté par sa passion, il n'avait vu qu'une chose : satisfaire sa rancune et se délivrer d'un rival. La chose faite, étourdi d'un si rapide succès, il était, le jour même, parti pour Pontchartrain, afin d'y goûter un repos bien gagné et d'y savourer sa vengeance. Rien ne pressait, d'ailleurs, se disait-il. Bertin, l'homme à tout faire, prenait, selon les rites, l'intérim des finances. On avait tout le temps de réfléchir sur la situation.

Mais il avait compté sans les intrigues de Cour et les ambitions en éveil, sans la hâte des partis, sans la faiblesse du Roi. Dans le petit coup de théâtre qui se produit presque au lendemain du départ de Maurepas, on reconnaît encore la main cachée, l'infatigable main de Choiseul et de sa séquelle. Jean Etienne Bernard de Clugny, intendant de Guyenne[6], qui, le 21 mai, fut subitement porté au contrôle général, passait, non sans raison, pour un ami du duc et, plus encore, de son cousin de Praslin, sous les ordres duquel il avait servi autrefois au ministère de la Marine[7]. Les grands acteurs, toutefois, restèrent dans la coulisse, et l'instrument direct de cette élévation fut un personnage secondaire, le sieur d'Ogny, intendant des postes royales, dont l'influence occulte était grande sur Louis XVI. Ennemi personnel de Turgot, duquel il se montrait jaloux, c'était d'Ogny, autant qu'il y paraît, qui avait inventé et machiné naguère le stratagème des lettres fausses, dont on s'était servi pour perdre dans l'esprit du Roi le ministre réformateur. Il eut recours, dit-on, à une supercherie pareille pour convaincre le jeune souverain des talens de Clugny, de sa haute supériorité, pour lui faire croire, en plaçant sous ses yeux des pièces et des documens fabriqués, que son ami, l'intendant de Guyenne, jouissait de la confiance de ses administrés et possédait, dans sa province, une popularité réelle. Pour mieux assurer le succès, il mettait dans son jeu Thierry, le valet de chambre du Roi, qui avait l'oreille de son maître. C'est par l'accord secret de ces deux subalternes, médiocres tous les deux, tous les deux intrigans, que fut résolu brusquement, et comme à l'improviste, le grave et difficile problème de la succession de Turgot[8].

Dans son château de Pontchartrain, où il jouissait des douceurs du printemps, Maurepas fut informé par un billet du Roi de la décision prise. Il accourut sur-le-champ à Versailles, où tout son effort se borna à rabattre l'orgueil des amis de Choiseul, enflés d'une apparente victoire. Il y réussit sans grande peine. Le soir même de son arrivée, le Roi, s'adressant à Maurepas, disait tout haut, en présence de la Cour : « J'apprends que M. de Choiseul est à Paris. Que n'est-il à Chanteloup ? Quand on a le bonheur d'avoir une terre, c'est la saison d'y être. » Un grand silence accueillait ces paroles. Le duc, dès le lendemain, repartait pour Chanteloup.

II

L'élévation de Clugny au contrôle, dans la situation présente, n'était pas seulement, pour tout dire, un acte d'étrange légèreté, mais un lamentable scandale. Non qu'il fût dépourvu d'intelligence et de capacité ; mais il traînait derrière soi un passé qui faisait présager ce que serait l'avenir. A Saint-Domingue, où il avait fait ses débuts dans l'administration royale, on se rappelait encore avec horreur les exactions, les abus de tout genre qui avaient marqué son passage. On racontait même, à Paris, que le Conseil supérieur de la colonie avait exigé son renvoi, après l'avoir « menacé de la corde[9]. » A Perpignan et à Bordeaux, pendant son intendance, il s'était signalé par sa vie dissolue, son immoralité publique, — vivant avec trois sœurs, dont il avait fait ses maîtresses, — non moins que par une âpreté au gain et un « goût de l'argent, » qui confinaient à l'indélicatesse. Son nom patronymique étant Nuis de Clugny, ses administrés, disait-on, en avaient tiré l'anagramme : *indignus luce*, indigne de voir le jour. En outre, altier et dur, opiniâtre dans ses idées, ce n'était guère l'homme qu'il fallait pour manœuvrer parmi d'innombrables écueils, pour apaiser tant de vanités ombrageuses qu'avait naguère froissées la brusque honnêteté de Turgot. Pour ces raisons diverses, l'avènement de Clugny fut accueilli à la cour de Versailles avec une réserve méfiante, dans le public bourgeois avec une stupeur révoltée[10].

Louis XVI lui-même fut prompt à reconnaître son erreur. Quinze jours après l'entrée de Clugny aux affaires : « Je crois que nous nous sommes encore trompés ! » disait-il avec un soupir. Comme il était malhabile à dissimuler, cette inquiétude se traduisait par une froideur à l'égard du nouveau ministre, une antipathie silencieuse, dont le contrôleur général se plaignait à Maurepas. « Faites-nous du beau et du bon, répondait ce dernier avec une bonhomie railleuse, et le Roi reviendra de ses préventions. » A quoi Clugny répliquait cyniquement : « Ma foi, je crois que le plus habile ne saurait comment s'y prendre ; mais, puisqu'il faut faire parler de soi, je puis toujours culbuter d'un côté ce que M. Turgot a culbuté de l'autre[11]. »

La politique de réaction cachée sous cette boutade, c'était justement celle que désirait le Parlement, c'était celle dont Nicolay, président de la Cour des comptes, réclamait le retour, tout en enveloppant sa pensée dans la vague phraséologie de la rhétorique officielle, quand, lors de la prestation du serment, il accueillait Clugny par ces mots significatifs : « Monsieur, le Roi vous élève au ministère des Finances pour le bonheur de ses peuples. On vous propose pour modèles et pour guides les ministres habiles et sages qui, toujours amis de la propriété, de l'ordre et de l'état des personnes, n'eurent jamais d'ambition que d'être utiles. Ils firent le bien sans faste, sans étonner par des opinions nouvelles, sans alarmer par des spéculations hardies. Leur méthode, conforme aux principes, eut la justice et l'économie pour bases ; ils furent fidèles aux engagemens, ils ranimèrent le commerce, ils firent fleurir l'agriculture… La nation espère de vous, monsieur, tout ce qu'elle a droit d'en attendre. »

L'attente du Parlement ne devait pas être déçue. Le premier acte de Clugny fut pour donner satisfaction, sur le point qui avait soulevé les protestations les plus vives, aux tenaces préventions de la magistrature. Le 11 août, un édit de Louis XVI rétablissait solennellement le système des corvées, un édit dont le préambule désavouait le langage contraire tenu, six mois auparavant, quand Turgot dirigeait la plume. « La nécessité de réparer les grandes routes avant l'hiver, faisait-on dire au Roi, nous a engagé à examiner les moyens d'y pourvoir, et nous avons reconnu qu'il était impossible de mettre en usage ceux qui sont ordonnés par notre édit du mois de février dernier. Nous avons cru, d'ailleurs, devoir donner une attention particulière aux représentations de nos Cours… Nous avons donc jugé convenable de rétablir par provision l'ancien usage observé pour la réparation des grands chemins. »

Tout en imposant à Louis XVI cette palinodie humiliante, Clugny n'osait pourtant aller jusqu'au retour complet du vieil état de choses, dont il savait l'immense impopularité. Il fut permis aux intendans, quand ils le jugeraient à propos, de substituer à la corvée une taxe perçue en argent, qui viendrait s'ajouter à l'impôt de la taille. Quelques intendans, peu nombreux, eurent assez de courage pour user de cette faculté, notamment Dupré de Saint-Maur, intendant de Bordeaux, qui s'attira ainsi les violentes colères du Parlement de sa province. En certains lieux, comme dans l'Orléanais, les paysans refusèrent net de travaillera la réparation des routes, en s'appuyant sur la première déclaration du Roi ; il fallut employer la force et emprisonner les syndics de quatre gros villages. Un an après le rétablissement des corvées, si l'on en croit une des gazettes du temps, sur les trente-deux généralités du royaume, on n'en comptait encore que quatre où le nouvel édit fût intégralement appliqué[12].

J'ai dit, dans une récente étude, la douleur de Turgot en assistant à la destruction de son œuvre. Mais, si une mort prématurée ne l'eût privé des revanches de l'avenir, il eût eu la consolation de reconnaître une fois de plus qu'une bonne semence, dans un terrain soigneusement préparé, finit tôt ou tard par germer et par produire des fruits. Le successeur immédiat de Clugny, Necker, se risquait bientôt à son tour sur ce terrain brûlant. Ses idées étaient, sur ce point, fort voisines de celles de Turgot : « Cette question, disait-il au Roi, n'est, en dernière analyse, qu'un débat entre les pauvres et les riches. » Toutefois, prudent par caractère, temporisateur par calcul, il jugeait préférable de confier la réforme à ces administrations provinciales dont il faisait alors l'essai, de laisser aux corps électifs le choix de l'heure et des moyens. Chaque assemblée régla la question à sa guise, dans le sens de la liberté, et la mesure fut généralisée lors de l'assemblée des Notables. Quand survint la Révolution, la corvée avait disparu de toute la surface du royaume[13].

Quelques jours après les corvées, c'est le tour des jurandes. L'édit rendu le 19 août rétablissait six grands corps de marchands et, pour certaines industries spécifiées, des communautés d'arts et de métiers. Ici encore, le préambule dicté par Clugny à Louis XVI affecte le ton et l'accent d'une amende honorable envers le Parlement : « Notre amour pour nos sujets nous avait engagé de supprimer les jurandes et communautés de commerce, arts et métiers. Toujours animé du même sentiment et du désir de procurer le bien de nos peuples, nous avons donné une attention particulière aux différens, mémoires qui nous ont été présentés à ce sujet, et notamment aux représentations de notre Cour de Paris… » Suivent les raisons qui engagent le souverain à abroger, dans ses articles essentiels, l'édit rédigé par Turgot. De cet édit subsistent seules les dispositions accessoires qui détruisent des abus crians, comme l'exclusion des femmes de certaines professions convenant spécialement à leur sexe. Et la liberté du travail est également laissée aux humbles industries exercées par de petites gens, « savetiers, oiseleurs, vanniers, cardeurs de laine et faiseurs de lacets. » Pour tous les grands corps de métier, on revenait à l'ancienne réglementation.

Ce retour en arrière ne se fit pas sans résistance. Les travailleurs, quelque temps affranchis, ne reprirent pas le joug avec docilité. Des conflits renouvelés mirent de ce jour aux prises artisans et patrons. Des incidens surgirent, que les gens réfléchis n'envisageaient pas sans effroi. C'est ainsi que l'on vit, dans une manufacture, les ouvriers, formés en tribunal, condamner à l'amende ceux d'une fabrique voisine, pour n'avoir pas pris le parti de leurs camarades congédiés, et menacer de l'interdit tous ceux qui refuseraient de reconnaître la sentence. Devant de tels symptômes, en présence de ces mœurs nouvelles, de l'état d'esprit qu'elles décelaient, les sages se demandaient combien de temps pourrait tenir une politique de contrainte et de régression.

Les destructions opérées par Clugny furent cependant moins critiquées encore que certaines de ses créations, parmi lesquelles il faut noter surtout l'institution de la « Loterie royale de France. » C'était chez nous une chose nouvelle. Sans doute, malgré les nombreux règlemens qui proscrivaient tous les jeux de hasard, quelques loteries particulières, établies en faveur d'œuvres utiles ou bienfaisantes, comme l'Ecole militaire ou des communautés religieuses indigentes, étaient tacitement tolérées, à cause de leur objet. Mais Clugny osa davantage. En vue de procurer une ressource au Trésor, il s'avisa de supprimer toutes les loteries partielles, pour fonder une vaste loterie, fonctionnant au profit du Roi, administrée sous son autorité par des commissaires officiels[14]. La lettre où il annonce cette audacieuse innovation expose avec un cynisme candide les motifs qui l'inspirent et le but qu'il poursuit : « Sur ce qu'il a été représenté au Roi que les différentes loteries établies jusqu'à présent dans le royaume n'avaient pas pu empêcher ses sujets de porter leurs fonds dans les pays étrangers…, il a paru qu'il ne pouvait y avoir d'autre remède que de leur procurer une nouvelle loterie, dont les différens jeux, en leur présentant les hasards qu'ils veulent chercher, soient capables de satisfaire et de fixer leurs goûts. » Ce langage, succédant à celui de Turgot, ne pouvait manquer d'exciter une indignation assez vive. La note nous est donnée dans ce passage d'une des gazettes du temps : « Par cette érection infâme, y lit-on[15], le Roi s'établit en quelque sorte le chef de tous les tripots de son royaume, leur donne l'exemple d'une abominable cupidité et semble vouloir faire de ses sujets autant de dupes ! »

Mais le plus grand scandale fut provoqué par la conduite privée et les façons d'agir du nouveau ministre du Roi. A peine installé au pouvoir, son premier soin était de renouveler tous les baux de finance, pour en tirer des pots-de-vin, pour extorquer des « croupes » qu'il distribuait, sans nulle vergogne, à ses maîtresses et à ses complaisans. « Clugny, témoigne Marmontel, parut n'être venu que pour faire le dégât aux finances, avec ses compagnons et ses filles de joie, » et se livrer « à un pillage impudent dont le Roi seul ne savait rien. » — « Le contrôle, renchérit Augeard, était réellement devenu un mauvais lieu et le rassemblement des fripons et des catins de Paris. » Après trois mois de ce régime, la défiance devint telle dans le monde financier, que toutes les affaires languissaient, toutes les bourses se resserraient, les banques les plus solides refusaient leur crédit, et les effets royaux tombaient « avec une précipitation effrayante, » si bien que, pour certaines valeurs, la dépréciation atteignait vingt pour cent.

Maurepas, malgré sa légèreté, commençait à s'épouvanter. Il mandait son ami Augeard, lui confessait ses craintes, lui proposait à brûle-pourpoint la place d'intendant du Trésor, pour mettre un terme à cette gabegie et relever un peu le crédit de l'Etat. Augeard, comme bien on pense, se refusait à être, selon son expression, « le partenaire ou le jockey d'un être diffamé. » Maurepas, toutefois, ne se tenait pas pour battu ; apprenant que Clugny souffrait d'une forte attaque de goutte, il renouvelait et précisait son offre : « Que Clugny crève ou non, disait-il à Augeard, je partage le contrôle général en deux. Je vous donne le Trésor royal, et la partie contentieuse à Taboureau. »

La nature arrangea les choses et se chargea du dénouement. A peine débarrassé de son accès de goutte, Clugny, plus que jamais, se replongeait dans sa vie de débauches ; les premiers jours d'octobre, une crise nouvelle se déclarait, compliquée de « fièvre miliaire, » et le bruit courait aussitôt que sa vie était en danger. « M. de Clugny est toujours très mal, écrivait Mme du Deffand[16] ; on n'en désespère pas absolument, mais chacun lui nomme un successeur. » Une visite que Maurepas crut devoir faire au contrôle général, pour y chercher les pièces nécessaires aux affaires courantes, acheva de fixer l'opinion : il était venu, disait-on, « apporter au malade les derniers sacre-mens. » Clugny lui-même était sans illusion. A son ami de Vaines, qui, pour le rassurer, lui citait l'axiome populaire : « Un contrôleur général ne meurt jamais en place[17], » il répondait froidement : « Eh bien ! je ferai mentir le proverbe. » Un changement de médecin et de nouveaux remèdes procurèrent un mieux passager ; mais bientôt la poitrine se prit et, le 18 octobre, il rendit le dernier soupir, au milieu des « cinq femmes » qui entouraient son lit et qui « remplirent de leurs clameurs » l'hôtel du contrôle général : c'étaient, dit un récit du temps[18], « Mme de

Clugny, son épouse, Mme de Clugny, sa belle-sœur, Mme Tillorier, sa maîtresse favorite, cl les deux sœurs de cette dernière, qui la suppléaient tour à tour. »

La nouvelle de cette mort fut accueillie dans le public par un soupir de soulagement. « Vous jugez, s'écrie un gazetier[19], de la joie qu'on a reçue d'être délivrés de ce fléau, de ce monstre ministériel, très propre à ramener les calamités encore récentes de l'abbé Terray ! » On composa cette cruelle épitaphe :

> Ci-gît Clugny, de qui la fin
> De sa vie est digne, sans doute.
> Il aimait tant les pots de vin,
> Qu'il devait mourir de la goutte.

III

Le passage de Clugny au contrôle général peut être regardé comme un court accès de folie entre deux périodes de sagesse. Pendant ces quelques mois s'étaient amassées bien des ruines : un déficit de près de vingt-quatre millions, le crédit public ébranlé, la confiance du peuple détruite, un commencement de soulèvement profond contre les réactions, tant religieuses que politiques dont on croyait discerner la menace. La situation extérieure ajoutait à ces inquiétudes une cause grave de soucis. La révolte de l'Amérique contre la domination britannique, l'appui non déguisé que l'opinion française prêtait aux *Insurgens*, l'irritation qu'en éprouvait le peuple d'Angleterre, laissaient prévoir, à bref délai, l'éventualité redoutable d'un conflit maritime, et l'obligation s'imposait de renforcer la flotte de guerre, nouvelle source de grosses dépenses. Comment, dans l'état du Trésor, faire face à cette charge écrasante ? Le mot sinistre de banqueroute courait déjà sur bien des lèvres. On se rappelait les procédés sommaires et déshonnêtes des dernières années de Louis XV. Des gens bien informés assuraient qu'il était question du rappel de l'abbé Terray.

Maurepas, mieux que personne, était au fait de ces difficultés. Malgré sa frivolité légendaire, il en était profondément troublé. Sa défiance instinctive de tout génie qu'il sentait supérieur au sien, le goût qu'il professait pour les médiocrités, étaient prêts à fléchir sous la pression des nécessités du moment. Il admettait surtout que l'état des finances exigeait un rapide, un énergique secours. Dans cette perplexité poignante, un expédient s'offrit à son esprit, propre à concilier, pensait-il, l'intérêt du royaume avec ses répugnances à se donner un maître. Ne pourrait-on couper par le milieu le département des finances, regardé par beaucoup comme trop vaste pour un seul homme, le partager en deux districts, gouvernés par deux chefs distincts et indépendans l'un de l'autre ? La partie administrative, la comptabilité, le contrôle des dépenses, toute la partie technique enfin, seraient confiés à un spécialiste éprouvé ; tandis que le Trésor royal, la direction supérieure des finances, la partie du service qui confine à la politique, recevraient l'impulsion d'un homme de plus large envergure, et que la barre du navire en détresse serait mise en des mains plus fortes. Ingénieuse conception, où Maurepas, écrit l'abbé Georgel, crut découvrir « une innovation admirable.) » L'idée, dit-on, lui en fut suggérée par l'ancien ami de Turgot, le sieur de Vaines[20], ce brouillon ambitieux, qui, convoitant le contrôle pour lui-même, mais n'osant pas encore publier ses visées, comptait se voir choisi pour le second emploi.

Quant au premier poste, en effet, le titulaire était comme désigné d'avance. Louis-Gabriel Taboureau des Réaux, d'abord membre du Parlement, puis intendant de Valenciennes, aujourd'hui conseiller d'Etat, était de ces hommes probes, consciencieux et modestes, auxquels on songe, dans les temps difficiles, pour remettre de l'ordre au sortir du chaos et calmer par leur seule présence l'inquiétude des bons citoyens. Dans les dernières années du règne de Louis XV, « dès qu'il y avait un ministère vacant, dans quelque genre que ce fût, le public le nommait[21]. » Ces velléités, cependant, n'avaient jamais été suivies d'ellet, soit que l'on eût insuffisamment insisté, soit qu'il se fût alors dérobé à l'honneur. Dans tous les cas, sans ambition, un peu timide, de santé délicate, et « dénué de cette énergie qui enfante également les belles actions et les grands forfaits, » si Taboureau souhaitait un poste dans l'Etat, ce n'était assurément pas le contrôle général. « surtout dans la crise actuelle, exigeant ou l'heureux génie d'un patriote zélé ou l'âme atroce d'un scélérat intrépide[22]. » Malgré le désir de Maurepas et la pression de ses amis, malgré l'intervention du Roi, qui lui disait affectueusement : « Non seulement je le veux, mais le public le veut aussi[23], » il hésitait à charger ses épaules d'un fardeau si pesant. Même, assure-t-on, impatienté un jour par l'insistance indiscrète du Mentor, il se laissait aller jusqu'à lui adresser une mortifiante réponse ; comme il alléguait sa santé et que Maurepas lui objectait qu'il était encore jeune : « Monsieur le comte, répliquait-il au ministre septuagénaire, quand on a passé cinquante ans, on n'est plus guère propre aux affaires publiques. »

Pour triompher de ses refus, il fallut la promesse formelle qu'on le doterait d'un puissant auxiliaire, que l'adjoint désigné aurait « tout le pénible et le périlleux de la place. » Encore n'accepta-t-il qu'à titre provisoire, se réservant de s'en aller, si ce duumvirat ne donnait pas les bons résultats attendus, en quoi il faisait preuve de sagesse et de prévoyance.

Si l'avènement de Taboureau, escompté de longue date, ne provoqua dans le public ni enthousiasme ni surprise, on ne saurait en dire autant de l'« adjoint » choisi par Maurepas pour « soulager » le contrôleur de la partie la plus difficile de sa tâche. Le nom de celui-là ne pouvait manquer d'éveiller une sensation qui, chez certains, allait jusqu'au scandale. Un étranger, un hérétique, un banquier qui, jusqu'à ce jour, n'avait jamais touché aux affaires de l'Etat, il n'en fallait pas tant pour piquer les curiosités et surexciter les esprits. Jacques Necker, né à Genève en 1732, d'abord simple commis dans la maison de banque de l'un de ses concitoyens établi à Paris, était rapidement devenu, par son activité, par son intelligence, par sa probité scrupuleuse, par son mariage aussi avec la belle Suzanne Curchod, par sa fortune enfin, aussi grosse qu'honnêtement acquise, un personnage en vue, un personnage considérable dans la société de ce temps. Syndic de la grande Compagnie des Indes, puis résident de la République de Genève à Paris, il avait ainsi pris contact avec les financiers, avec les gens de Cour, avec les hommes d'Etat.

Les circonstances l'avaient servi ; il en avait tiré parti avec un habile à-propos. Au plus fort d'une crise financière, il avait provoqué un entretien avec Choiseul sur les affaires publiques, un entretien dont le ministre « avait été vivement frappé, » dont il avait toujours conservé le souvenir[24]. De là datait l'estime que le duc professait pour le banquier genevois ; de là l'appui qu'il lui donnera pour le faire monter au pouvoir. Quelques années plus tard, Necker eut l'occasion de rendre un service direct à l'Etat, par un prêt important consenti au Trésor dans un cas d'une extrême urgence. On a retrouvé l'autographe du billet que lui adressait l'abbé Terray, contrôleur général, en janvier 1772 ; le ton en est humble et pressant : « Nous vous supplions, y lit-on, de nous secourir dans la journée. Daignez venir à notre aide, pour une somme dont nous avons un besoin indispensable. Le moment presse ; vous êtes notre seule ressource ! » Sur ces adjurations, Necker envoyait un million. Il renouvelait pareille avance au mois de février suivant. Tous ces souvenirs allaient se raviver à l'instant décisif où se déciderait sa fortune.

C'est à la fin de cette année 1772 que Jacques Necker, se jugeant suffisamment riche et voulant être mieux qu'un grand manieur d'argent, quittait sa maison de commerce et renonçait définitivement à la banque, pour se consacrer tout entier à la littérature et à la politique. Il avait à peine quarante ans ; il se voyait dans la force de l'âge ; il se sentait des facultés qu'il prétendait utiliser pour le bien de l'Etat, non moins qu'au profit de sa gloire, car, par une alliance assez rare, il était ambitieux et désintéressé. Le hasard fit qu'à ce moment l'Académie française eût proposé un prix pour l'éloge de Colbert. Necker pensa l'occasion bonne pour faire connaître ses idées, qui, sur beaucoup de points, se rapprochaient de celles du ministre de Louis XIV. Il se mit sur les rangs, composa un discours, dont Voltaire déclara qu'il renfermait « autant de mauvais que de bon, autant de phrases obscures que de claires, autant de mots impropres que d'expressions justes, autant d'exagérations que de vérités, » et qui, dans tous les cas, fut jugé le meilleur de tous ceux qui avaient été soumis au concours. Necker remporta donc le prix, et ce premier succès attira sur son nom l'attention des lettrés.

Deux ans plus tard, publication nouvelle et plus retentissante. Turgot venait d'arriver au pouvoir et de lancer son fameux édit sur les blés. Necker fit paraître l'*Essai sur la législation* et le commerce des grains, *qui discutait les idées de Turgot et battait en brèche son système. C'était précisément le temps de la « guerre des farines, » et l'agitation de la rue avait gagné tous les esprits. Le traité de Necker, écrit, comme le dit un contemporain, avec « la plume d'un philosophe, » et où l'on admirait « une sensibilité exquise, une tournure républicaine, une imagination brillante, » fit dans le public parisien une sensation profonde. On s'habitua dès lors, dans certains cercles politiques, à parler de Necker comme de celui qui pourrait quelque jour succéder à Turgot, réparer « ses bévues, » et l'on citait avec approbation la phrase où l'auteur du traité avait paru se désigner lui-même, quand il souhaitait voir à la tête de l'administration royale « un homme modéré, tolérant, d'un esprit moelleux et flexible. » Dans tous les cas, cette brochure éloquente fournissait une arme acérée aux ennemis de Turgot. Celui-ci en conçut une vive colère et un ressentiment tenace. C'est, sinon de chez lui, tout au moins de son entourage, que partiront plus tard les premières attaques dirigées contre le nouveau directeur de la finance du Roi. Mais cette hostilité, qui sera dangereuse par la suite, servait, à l'heure présente, la fortune du banquier genevois, en flattant les rancunes et les jalouses impatiences de Maurepas. La mortification qu'infligerait à Turgot l'arrivée aux affaires de son contradicteur, le dépit qu'il aurait à se voir remplacé par son plus grand rival, cette idée remplissait de joie l'âme malicieuse et vindicative du Mentor. Dans le jeu de Necker, ce sera un précieux atout.*

Appuyé à la Cour, sympathique à Maurepas, soutenu par le parti Choiseul, prôné par l'*Encyclopédie,* Necker, à la mort de Clugny, était donc vraiment l'homme en vue. Il eût été sans doute « ministrable » par excellence, sans deux graves objections, dont la seconde surtout pouvait paraître insurmontable. Il n'était pas Français, et il n'était pas catholique. Sur la qualité d'étranger, les mœurs du temps pouvaient, à la rigueur, permettre de passer l'éponge. Dans les grands emplois militaires, nombreux étaient les hommes qui étaient venus du dehors apporter leur épée au service du royaume de France, et le nom de Maurice de Saxe était sur toutes les lèvres. Quant aux charges civiles, sans remonter à Mazarin, l'exemple de l'Ecossais Law, — encore que peu encourageant, — constituait cependant un précédent illustre.

L'état de protestant était un plus dangereux obstacle. Les durs édits de Louis XIV, adoucis en pratique par une tacite et croissante tolérance, demeuraient toujours suspendus comme une lourde menace, et les « frères égarés, » selon l'expression usitée dans les mandemens épiscopaux, n'avaient encore le droit ni de se marier publiquement, ni de donner à leurs enfans un état légitime. En quelques provinces éloignées, les derniers réformés sortaient à peine des derniers bagnes. Dans le Midi surtout, certains faits, rares sans doute, mais significatifs, venaient témoigner çà et là que le feu mal éteint couvait sourdement sous la cendre. En 1769, le maréchal prince de Beauvau, gouverneur de

Provence, avait failli être mis en disgrâce pour avoir osé libérer quelques vieilles hérétiques détenues dans les cachots d'Aigues-Mortes. Et peu d'années auparavant, le Parlement de Toulouse n'avait-il pas fait supplicier, pour avoir « exercé les fonctions de son ministère, » un pasteur protestant nommé François Rochette ? On l'avait vu, « tête nue, pieds nus, la hart au col, » marcher à l'échafaud, portant un écriteau où on lisait ces mots : *Ministre de la religion prétendue réformée*[25]. Presque au lendemain de si-effroyables rigueurs, appeler un de ces réprouvés au poste le plus important, le plus éclatant du royaume, était un acte de hardiesses devant lequel on pouvait croire que reculerait l'âme timide de Louis XVI.

IV

Une légende fort accréditée explique d'assez étrange façon la détermination du Roi. Si le plus dévot de nos princes put faire taire ses scrupules et donner son assentiment à un choix qui devait choquer ses sentimens les plus enracinés, ses plus respectables principes, c'est qu'il y fut poussé, dit-on, par une influence mystérieuse, l'influence occulte d'un homme qui, au début du règne, joua certainement, dans les coulisses de la scène politique, un rôle encore mal défini, indéniable toutefois. Si excessive que soit l'affirmation, elle renferme pourtant quelque parcelle de vérité. Dans tous les cas, elle trouva assez de créance, tant auprès des contemporains que de plus récens historiens, pour qu'il convienne de s'y arrêter un instant et de donner 'quelques détails sur ce singulier personnage.

Comme Necker genevois d'origine, et fils d'un ancien directeur des finances du duc de Lorraine, passé plus tard dans l'administration française, Jacques Masson, plus connu sous le nom de marquis de Pezai[26], avait débuté dans le monde, en l'an 1756, en qualité d'aide de camp du duc de Rohan. Elégant, bien tourné, d'esprit ouvert, doué, comme écrit un homme qui l'a connu, « d'une rare facilité à se plier à plusieurs objets et d'activité pour les suivre, » il avait paru dévoré, dès sa première jeunesse, d'une ambition démesurée, dont il ne faisait point mystère. A un ami qui lui conseillait le repos : « Je veux être, répondait-il, lieutenant général et ministre à quarante ans ; ainsi je n'ai pas de temps à perdre. » Pour atteindre son but, il cultivait et il menait de front l'art militaire, la politique et la littérature. C'est dans cette dernière branche qu'il rencontra tout d'abord le succès. Des vers aisés, d'aimables et légers opuscules, des traductions d'auteurs latins et, mieux encore que tout cela, l'amitié du poète Dorat, dont il se proclamait disciple, lui valurent de bonne heure quelque réputation dans les cénacles littéraires. A son nom roturier, il ajouta bientôt celui d'une terre de sa famille, et il ne signa plus que « marquis de Pezai. » Dès lors, il se sentit lancé dans la grande route de la Fortune.

On souriait bien un peu de son audace et de ses prétentions. La Harpe notamment, son ancien condisciple sur les bancs du collège d'Harcourt, ne se faisait pas faute de lui décocher des sarcasmes : « Il n'est pas gentilhomme, et il se fait appeler marquis ; il ne sait pas la syntaxe, et il écrit des volumes ; il ne sait pas le latin, et il le traduit. » Des épigrammes couraient, dont voici la meilleure :

> Ce jeune homme a beaucoup acquis,
> Beaucoup acquis, je vous assure.
> En deux ans, malgré la nature,
> Il s'est fait poète et marquis.

Le nouveau marquis laissait dire et poussait hardiment sa pointe. Il avait pour premier appui sa sœur, Mme de Cassini, une jolie femme, active, intelligente, ambitieuse comme son frère, peu scrupuleuse sur les moyens, qui tenait dans la capitale une manière de bureau d'esprit, et à qui sa liaison, publiquement affichée, avec le comte de Maillebois, donnait un pied dans le monde de la Cour. Il fut lui-même assez heureux pour obtenir la main de Mlle de Murard, peu dotée, mais fort belle et d'excellente naissance, ce qui contribua également à ouvrir pour lui bien des portes. Enfin, pour ne négliger aucune chance, il devint peu après l'amant de la princesse de Montbarey[27], cousine de Mme de Maurepas, sur qui elle exerçait une réelle influence. Etayé de la sorte, Pezai se vit, à trente-deux ans, colonel dans l'état-major, ce qui ne l'empêchait pas, dit La Harpe, « de se plaindre tout haut qu'on ne fît rien pour lui. »

L'avènement de Louis XVI surexcita ses espérances, fouetta son imagination. Il résolut de risquer son va-tout. Le moyen dont il se servit était d'une singulière audace. Il réussit à gagner le « garçon » préposé au service « des petits appartemens » de Versailles et s'assura sa connivence. Tout fut combiné de façon qu'un beau matin Louis XVI, sur la table du cabinet où il rédigeait ses dépêches, trouvât une lettre non signée dont le contenu piqua fort sa curiosité. On lui proposait dans cette lettre, conçue en termes respectueux, de lui fournir secrètement, à date fixe, de sûres informations sur toutes les affaires de l'Etat, sur les choses et sur les personnes, sur toutes questions politiques et mondaines dignes de l'attention royale. Cette première lettre, habile, intéressante, répondait fort bien au programme. L'auteur ne réclamait d'ailleurs nul salaire pour ses peines. Servir son maître avec zèle et franchise serait son unique récompense. Surpris et amusé, le Roi lut jusqu'au bout. D'autres lettres suivirent, qui rencontrèrent le même accueil ; et Louis XVI, peu à peu, prit goût à cette correspondance, qui demeura quelque temps anonyme.

Le jour vint cependant où Sartine fut chargé de découvrir le nom du mystérieux informateur, ce qui fut d'autant plus aisé que Pezai ne cherchait qu'à se faire reconnaître. Un entretien qu'il eut avec Sartine le convainquit de l'indulgence du Roi[28]. Il écrivit donc de plus belle, et la correspondance s'établit de la sorte, régulière, abondante, variée, tantôt divertissante, tantôt instructive pour le prince, qui daignait même parfois faire, de sa main, quelques mots de réponse[29]. Maurepas, mis au courant et prévenu par sa femme en faveur de Pezai, ne fit nulle objection à ce commerce épistolaire et, selon sa coutume, tourna la chose en plaisanterie. A quelque temps de là, dans un grand dîner qu'il donnait au duc de Manchester, celui-ci, désignant Pezai : « Quel est donc, interrogeait-il, ce monsieur en habit vert-pomme, veste rose et broderies d'argent, qui est assis au bout de la table ? — C'est le Roi, répondait Maurepas. — Comment ? — Oui, c'est le Roi, vous dis-je, et je vais vous en donner la preuve : il gouverne ma cousine, Mme de Montbarey, qui gouverne Mme de Maurepas, qui fait de moi tout ce qu'elle veut. Or je mène le Roi. Vous voyez bien que c'est ce monsieur-là qui règne[30] ! » Sans attacher à cette boutade plus d'importance qu'il ne convient, on ne peut nier que, pendant quelque temps, Pezai ne jouît auprès du Roi d'une sérieuse influence. « Il s'était créé, dit Véri, par sa correspondance avec le maître, comme un ministère clandestin. »

Il n'existe aucun doute que ce singulier personnage ne fût, depuis plusieurs années, en relations suivies avec Necker. Celui-ci lui trouvait de l'agrément dans les manières et de la souplesse dans l'esprit. Il rencontra bientôt en lui l'intermédiaire commode qui ferait parvenir directement au trône ses idées sur la politique et sur les finances de l'Etat, et il en profita dans une certaine mesure. Il inspira probablement, — si même il ne tint la plume, — certains mémoires où Pezai exposait au Roi tous les embarras du Trésor et y proposait des remèdes, mémoires clairs, substantiels, remplis d'aperçus ingénieux, dont Louis XVI fut frappé et qu'il fit lire à M. de Maurepas. Ainsi s'expliquent les insinuations de Turgot, quand il écrit à Condorcet[31] : « Je crois que M. Necker a envoyé ou donné à M. de Maurepas différents mémoires, soit pendant, soit depuis mon ministère, mais aucun ne m'a été renvoyé, *du moins sous son nom.* » Louis XVI et son vieux conseiller connurent plus tard cette collaboration et ils rendirent justice au véritable auteur des notes dont ils avaient apprécié le mérite.

V

Là se borne sans doute la part prise par Pezai à l'élévation de Necker. On a pourtant été plus loin. On a raconté que Pezai avait désigné le premier à l'attention du Roi son ami, son compatriote, qu'il avait vivement insisté pour que le financier genevois fût mis à la tête des affaires ; et Sénac de Meilhan, cité par Soulavie, aurait vu de ses propres yeux « le superbe Necker, enveloppé d'une redingote, » attendant anxieusement, « au fond de la remise d'un cabriolet, le moment où le favori devait revenir de Versailles, pour savoir ce qu'il avait fait en sa faveur[32]. »

Nul témoignage autorisé ne confirme cette assertion, qui émane, disons-le, d'un notoire ennemi de Necker. Tout au contraire, les archives de Coppet contiennent des lettres de Pezai adressées à Necker pour le complimenter de son avènement au pouvoir, lettres d'un ton fort déférent, qui ne font aucune allusion à des services rendus. Et cela seul suffit à rendre l'anecdote douteuse[33]. D'ailleurs Necker, à cette époque, n'avait réellement pas besoin d'un semblable auxiliaire, ni d'un porte-parole pour prôner ses mérites. Depuis quelque temps, en effet, il était en rapports directs avec le conseiller du maître et lui adressait des mémoires sur les affaires publiques. Il avait même avec Maurepas de longs et fréquens entretiens, que prolongeait une correspondance amicale, et Maurepas consultait Necker sur la plupart de ses projets. Lorsqu'il imagina sa fameuse division dans les services du contrôle général, c'est à Necker qu'il s'en ouvrit d'abord, ce fut à lui qu'il demanda conseil.

La réponse qu'il reçut mérite d'être citée ; elle est curieuse à plus d'un titre. Necker constate, en commençant, que la nouvelle de la combinaison projetée s'est répandue plus vite qu'on n'aurait cru et qu'« on en a parlé la veille chez Mme du Deffand ; » il proteste n'être pour rien dans cette divulgation, tout en disant que la mesure est généralement approuvée ; puis, abordant de front les questions personnelles et le choix de celui qu'on adjoindrait à Taboureau : « Il ne m'est venu, écrit-il[34], aucune idée sur la personne propre à cette fonction. Il arrive souvent qu'on ne peut indiquer les hommes qu'on connaît, par cela même qu'on les connaît. Ce que je désire par-dessus tout, c'est que vous mettiez la main sur quelqu'un qui vous aime, parce que ce sentiment sera un point de réunion immanquable. Je désire aussi que ce soit toujours moi que vous aimiez le plus… »

L'invite est claire. Elle fut comprise ; la lettre qu'on va lire montre que, peu de jours après, une offre positive était adressée à Necker. Celui-ci, tout d'abord, y remercie Maurepas d'un billet affectueux qui sera, déclare-t-il, « sur son cœur toute sa vie ; » il poursuit en ces termes : « Vous m'aimerez encore davantage, quand je pourrai, dans une carrière commune, vous rapporter tous mes sentimens et toutes mes pensées. Ne craignez donc point de déployer toute votre force ; je vous donne ma parole d'honneur que vous n'y aurez point de regrets… Si je puis bien faire, il faudra bien qu'on soit content. Si je ne le puis, par des circonstances que j'ignore, je ne serai pas embarrassé, car je m'en irai bien vite[35]… »

Enfin, du bref billet suivant résulte que Necker eut, à ce même moment, une audience privée de Louis XVI, où, pour la première fois, il fut admis auprès du maître qu'il servirait pendant de longues années : « J'ai été, écrit-il[36], si intimidé en présence du Roi, que je n'ai pu exprimer toutes mes pensées. Je prie M. de Maurepas de bien vouloir lui communiquer le mémoire dont il a eu connaissance et que je joins ici. »

C'est au cours de ces pourparlers que s'évanouirent les dernières objections soulevées contre le futur directeur général. Les craintes et les répugnances du clergé à voir nommer un hérétique durent elles-mêmes désarmer devant la nécessité impérieuse de rétablir l'ordre dans les finances. Contre ceux qui luttaient encore, Maurepas se fit hautement le champion de Necker. A un prélat qui l'accablait de doléances et de protestations : « Je vous l'abandonne volontiers, disait-il avec ironie, si vous voulez bien vous charger de payer les dettes de l'Etat. » Le 22 octobre 1776, la Cour étant à Fontainebleau, Louis XVI signa la pièce, « en forme de brevet, » dont je donne ici la teneur : « Sa Majesté, ayant jugé convenable au bien de son service, en nommant le sieur Taboureau des Réaux pour remplir la charge de contrôleur général, de se réserver la direction du Trésor royal, a cru ne pouvoir confier un détail aussi important à personne qui en fût plus digne que le sieur Necker… Sa Majesté l'a nommé et le nomme, pour exercer sous ses ordres la direction de son Trésor, avec le titre de conseiller des finances et de directeur général du Trésor royal… Louis. »

La « qualité de protestant, » comme s'expriment les contemporains, nécessita pourtant certains arrangemens de détail, certaines dérogations aux règles ordinaires. Ainsi fut-il convenu que Necker serait dispensé de prêter le serment d'usage à la Chambre des Comptes[37]. Il « travaillerait avec le Roi, » le plus souvent en présence de Maurepas, mais ne signerait pas les actes, le Roi devant seul se charger de cette formalité. En acceptant ces conditions, Necker en formulait une autre, qu'il devait maintenir fermement tout le temps de son ministère : il ne toucherait pas d'appointemens, sous quelque forme que ce fût. Il alla même encore plus loin, en refusant les menus avantages que la coutume attribuait aux ministres, comme les loges gratuites au spectacle. Ce désintéressement, connu, commenté du public, produisit dès le premier jour une avantageuse impression. Jusque dans les lointaines provinces, des légendes s'établirent, représentant le nouveau directeur comme un prodige d'austérité et de simplicité de vie, dédaigneux de tout faste, « se nourrissant uniquement de mets préparés de la main de sa vertueuse épouse. »

L'opinion, au surplus, lui était nettement favorable et l'on attendait ses débuts avec une curiosité sympathique. A peine perçoit-on çà et là quelques murmures vite étouffés, échos de déceptions ou d'inimitiés personnelles. C'est ainsi que le sieur de Vaines, — l'inventeur, comme on sait, de la division du contrôle, dont il comptait bien profiter, — prétend avoir été « dupé » et demande sa retraite, sous prétexte qu'il ne veut pas « travailler sous M. Necker[38]. » On note aussi quelque méchante humeur dans la famille de Taboureau, laquelle déclare que cet excellent homme est victime d'une « intrigue de Cour, » qu'il n'aura que le « simulacre » d'un emploi dont Necker sera le réel occupant. A clabauder ainsi autour de Taboureau, on obtient de lui la promesse qu'il « essaiera pendant six mois seulement » d'exercer son office et que, passé ce terme, s'il se voit impuissant à faire prévaloir ses idées, il quittera le pouvoir, « avec plus de plaisir sans doute qu'il ne s'est résigné à la volonté de son maître. »

Enfin, ce qui est plus sérieux, on remarque également un assez vif mécontentement parmi les amis de Turgot. Certains vont jusqu'à fulminer, rappelant l'attitude de Necker lors de l'affaire des blés, l'accusant d'avoir pactisé avec les émeutiers, le taxant de démagogie. « Attendons-nous à voir se renouveler les scènes des Gracques ! » s'exclame d'un ton tragique le chevalier Turgot, frère de l'ancien contrôleur général. Turgot, moins violent, est amer et sceptique ; il plaisante un peu lourdement : « Je ne sais, écrit-il[39], si le public sera émerveillé de la traduction que M. Necker nous donnera bientôt de ses grandes pensées ; mais j'ai peur qu'il ne fasse des miracles qu'en qualité de saint, ce qui suppose au préalable sa conversion au catholicisme. » Condorcet, d'une plume plus alerte, apprécie comme il suit la nouvelle administration des finances de l'Etat : « M. de Maure pas exerce notre foi, et le gouvernement sera aussi mystérieux que la théologie. Ce mystère-ci est une véritable Trinité. La finance sera gouvernée comme le monde. Le chef du Conseil (M. de Maurepas) a tout à fait l'air du Père Eternel. Taboureau représentera l'Agneau, dont il a la mansuétude. Pour M. Necker, c'est assurément le Saint-Esprit, et il faut lire les *Actes des Apôtres* pour avoir idée du fracas qui accompagne sa venue ! »

VI

Sans parler de son origine et des circonstances politiques où il arrivait au pouvoir, la personnalité même du nouveau directeur du Trésor était bien faite pour éveiller et pour retenir l'attention. Il n'était jusqu'à son physique qui ne pouvait passer inaperçu. Très grand, le corps massif et vigoureusement charpenté, il portait haut la tête, que surmontait un toupet relevé. Le visage long, au vaste front sans ride, au menton avancé, charnu, aux lèvres épaisses et serrées, avec un « arc de sourcil fort élevé, » dominant des yeux bruns, intelligens et vifs, avait, dit un contemporain, « une forme extraordinaire. » Le fameux Lavater, qui se livra à l'étude détaillée de sa physionomie, prétendait découvrir dans « la couleur, la coupe et l'enfoncement de l'œil un indice de sagesse, de noblesse, de gravité mêlée de douceur, » de même que « le teint d'un jaune pâle » décelait un caractère « foncièrement uni et paisible[40]. » La voix, timbrée et musicale, ajoutait du charme aux paroles. Ce qui frappait surtout, c'était un air d'autorité répandu sur toute la personne, un maintien imposant, une attitude de tranquille assurance, qui ne déplaisait pas, parce qu'on la sentait fondée sur un réel mérite. « Si j'avais vu M. Necker sans le connaître, dit encore Lavater dans le morceau que j'ai déjà cité, je ne l'aurais jamais pris pour un homme de lettres, ni pour un militaire, ni pour un artiste, ni pour un négociant. Il était dans l'âme prédestiné ministre. »

Son défaut dominant était incontestablement l'orgueil ; mais cet orgueil était une force, parce qu'il se mêlait à des intentions droites, à un réel amour du bien, à un grand respect de soi-même, le préservant ainsi de toute bassesse, de toute compromission. « Les hommages mêmes qu'il se rendait, l'engageaient, a-t-on dit finement, à en rester digne à ses propres yeux. Il se considérait, lui, sa femme et sa fille, comme d'une espèce privilégiée et presque au-dessus de l'humanité ; mais il en résultait qu'il aimait à remplir quelques-unes des fonctions de la Providence, et qu'avec des formes superbes, il faisait beaucoup de bien[41]. » Comment d'ailleurs eût-il pu douter de lui-même, encensé comme il fut, pendant tout le cours de sa vie, par ses amis, par sa famille, dont il était l'idole ? Sa femme, dans son propre salon, lui lira un jour son portrait qu'elle vient de composer, où le mot de « génie » revient presque à chaque paragraphe, où elle le compare tour à tour à un « lion, » à un « volcan, » à un « Apollon, » à une « colonne de feu. » Et le comte de Grillon dira à M. d'Allonville : » Si l'univers et moi professions une opinion, et que M. Necker en émît une contraire, je serais aussitôt convaincu que l'univers et moi nous nous trompons ! » Faut-il donc s'étonner que, vivant au milieu de telles adulations, il ait quelque penchant à glorifier, à vanter ses mérites et que faisant, vers la (in de sa vie, son examen de conscience, il écrive sans broncher ces lignes surprenantes : « A mon grand étonnement, je cherche en vain à me faire un reproche ? »

« Cette conviction d'impeccabilité qui caractérise le doctrinaire s'alliait toutefois avec une bonhomie réelle[42]. » Sainte-Beuve le dit ; tous les témoignages le confirment. Dans la vie ordinaire et au milieu de ses intimes, il se montrait facile, gai même au besoin, d'une vraie simplicité d'allures. Mais, si le cercle était nombreux, et fût-ce en son logis, il était, au contraire, grave, compassé, gourmé et comme distrait, ne se mêlant à la conversation que pour laisser tomber çà et là quelques mots, d'ailleurs bien dits et bien pensés ; après quoi, il rentrait dans son hautain mutisme. « Il manque à M. Necker, remarque Mme du Deffand[43], une des qualités qui rend le plus agréable, une certaine facilité qui donne, pour ainsi dire, de l'esprit à ceux avec qui l'on cause. Il n'aide point à développer ce qu'on pense, et l'on est plus bote avec lui que l'on est tout seul. » Mais cette réserve même, cette froideur, ce silence, seyaient bien à son personnage, lui composaient une physionomie dédaigneuse qui impressionnait fortement. Il devait à cette attitude une bonne part de son ascendant. On regardait avec admiration cet homme qui parlait peu et qui semblait juger les autres. Ce qu'il perdait en sympathie, il le regagnait en prestige.

Avec ces dehors imposans, était-il doué de fermeté, d'énergie dans le caractère ? Il semblerait que, par nature, il fût plutôt, sinon réellement indécis, du moins lent à prendre un parti. Meister en donne pour preuve qu'il l'a vu quelquefois rester « un quart d'heure dans un fiacre, » hésitant vers quel lieu il se ferait d'abord conduire. Sa fille, Mme de Staël, ne nie pas cette légère faiblesse, dont la cause était, assure-t-elle, sa conscience scrupuleuse. Quoi qu'il en soit, il est certain que, pendant son premier ministère, il lit preuve plus d'une fois de résolution et d'audace. Mais c'est qu'il se sentait alors soutenu par l'opinion publique, dont il fut, toute sa vie, le dévot serviteur et qu'il considérait comme une « reine infaillible. » Cette extrême déférence, cette espèce de superstition, lui ont été amèrement reprochées, et il est vrai que prendre l'opinion pour règle, c'est se donner un guide fugitif, mobile et trompeur. Remarquons cependant qu'en cette fin du XVIIIe siècle, l'opinion, dirigée par des hommes supérieurs, formée dans des milieux où dominaient le savoir et l'esprit, contrainte par la force des choses à surmonter force barrières, à lutter contre cent obstacles, — ordonnances de police, arrêts du Parlement, mandemens épiscopaux ; — l'opinion, dis-je, pour ces raisons diverses, était plus éclairée, plus contrôlée, et par conséquent plus puissante qu'à aucune époque de l'histoire. Si, malgré tout cela, lui obéir aveuglément fut, comme il paraît, une faiblesse, jamais faiblesse, du moins, ne fut plus excusable.

Les idées de Necker, ses tendances et ses conceptions portaient la triple empreinte de son lieu d'origine, de son éducation et de sa profession première. Né citoyen d'une libre république, il concevait mal le pouvoir absolu. Habitué dès l'enfance à la plus stricte économie, il avait le goût et l'instinct de l'ordre et de la régularité. Enfin, pendant vingt-cinq ans de sa vie a donné aux affaires de banque, il connaissait les questions de finance ; mais c'étaient, en réalité, les seules qu'il connût bien. En matière d'administration, il avait beaucoup à apprendre ; et c'est pourquoi, au début de son ministère, nous le verrons se confiner, avec une sage prudence, dans les réformes financières, pourquoi aussi, même quand il sera, par la suite, mieux au fait des rouages compliqués de l'administration française, il n'abordera les réformes d'ordre politique et social qu'avec une grande circonspection, tâtonnant avant de marcher, cherchant toujours plutôt à améliorer qu'à détruire, à corriger les abus de détail qu'à bouleverser l'ensemble du système.

Il faut encore noter une autre circonstance dont l'influence sur son esprit ne saurait être contestée. Quelques années avant de prendre le pouvoir, il avait fait en Angleterre un assez long séjour, il avait observé et étudié sur place la constitution britannique : de cette étude il avait rapporté une vive admiration pour le régime parlementaire et représentatif et la conviction arrêtée de la nécessité du contrôle national, pour enrayer le gaspillage des deniers de l'État, pour fonder le crédit public sur la confiance du peuple. De cette idée fondamentale procède en grande partie la politique financière de Necker.

On voit par là combien et en quoi il diffère des physiocrates en général et, plus spécialement, de Turgot. Ce dernier, tout imbu de formules et d'axiomes, hardi à briser les vieux cadres pour reconstruire d'après des plans nouveaux, d'ailleurs fermement persuadé que l'intérêt individuel, loyalement éclairé, aboutit forcément à servir tôt ou tard l'intérêt collectif, ne se confie, pour délivrer ces forces inconscientes, qu'à l'autorité absolue et prétend concentrer toute la puissance réformatrice entre les mains du Roi. Un programme radical réalisé par un vertueux despote, tel est, en résumé, l'idéal de Turgot. Necker, à l'opposé, croit fermement que, sans bouleverser l'édifice, on peut l'aménager et le rendre habitable ; il pense que, chez les hommes, l'intérêt personnel a besoin d'être dirigé, modéré par des freins solides, et qu'en attendant les leçons amères de l'expérience, il y faut suppléer par une sage réglementation. Pour réaliser les progrès, il voudrait ajouter à la bonne volonté du prince l'appui, l'encouragement de la nation elle-même, appelée, dans une certaine mesure, à faire connaître son avis sur quelques questions primordiales ; et la résurrection des États provinciaux, participant d'une manière efficace aux innovations désirables, lui semble le plus sûr moyen d'opérer les réformes. Necker tend donc à décentraliser, tandis que son prédécesseur inclinait à tout faire converger vers le centre. Plus conservateur que Turgot, il est aussi plus libéral.

Cette divergence de vues tient à une grande dissemblance de natures. Là où Turgot envisage surtout des principes, Necker tient compte essentiellement des circonstances et des nécessités. Il cherche à s'adapter aux conditions actuellement existantes et il ne prétend s'attacher qu'à des progrès immédiatement et entièrement réalisables. Pour tout dire en un mot, il fait la part des exigences de l'heure et de la résistance des hommes. Il n'est pas, comme l'a dit sa fille[44], « de ces esprits absolus qui croient tout perdu lorsqu'ils doivent faire quelque concession à la nature des choses et que la moindre colline ferait douter de la rondeur de la terre. » Moins profond penseur que Turgot, Necker est donc un meilleur politique. Il possède mieux le maniement des âmes, la pratique des affaires, l'habitude de résoudre les mille petites difficultés qui journellement se dressent à l'encontre des grands problèmes, le sentiment de la mesure, même dans ce qui est juste et bon.

Sans doute, pour ces raisons diverses, eût-il été à désirer que le ministère de Necker eût précédé l'avènement de Turgot. La souple habileté du premier aurait déblayé le terrain, facilité d'avance la réalisation des hautes conceptions du second, et le rétablissement de l'ordre financier eût sans doute rendu moins ardue l'exécution des réformes sociales. Mais le Destin qui mène les événemens se soucie peu de la logique et, sourd aux raisonnemens des hommes, il poursuit hautainement sa marche impitoyable.

VII

En face d'une personnalité aussi marquée, aussi originale que celle dont je viens de tracer l'esquisse, la physionomie un peu pâle de l'honnête Taboureau ne pouvait guère que s'effacer et bientôt disparaître. Il advint, en effet, ce qu'on pouvait prévoir sans être grand prophète, ce que le comte de Lauraguais avait prédit du premier jour, en ces termes humoristiques : « Je vous remercie de l'avis que vous me donnez du mariage de M. Taboureau avec M. Necker. Je connais ce dernier pour mauvais coucheur, et je crois qu'ils ne tarderont pas à faire lit à part. »

Ce furent d'abord, dans le département du contrôle général, entre les deux services arbitrairement disjoints, de petits conflits de détail, constamment renouvelés, mettant les vanités, les ambitions aux prises, puis ensuite des froissemens plus personnels et plus intimes. Les femmes mêmes s'en mêlèrent, l'amour-propre assez chatouilleux de Mme Taboureau ayant peine à souffrir l'évidente supériorité, physique, mondaine, intellectuelle, de l'épouse de Necker et l'éclat du salon tenu par sa rivale. Envenimée par ces discussions, surgit bientôt une querelle plus sérieuse. Les six « intendans des finances, » auxquels l'inamovibilité de leur charge conférait, d'après les usages, une large indépendance, firent mille difficultés pour travailler avec Necker et prétendirent enfin n'avoir affaire qu'à leur supérieur immédiat, le contrôleur général Taboureau. Las d'une lutte énervante, le directeur général du Trésor se décidait alors à provoquer la suppression d'un rouage plus encombrant qu'utile et arrachait au Roi cette mesure radicale. Sur quoi, fureur des intendans, réclamations auprès de Taboureau, protestations de ce dernier, débat ouvert entre les deux grands chefs de la finance publique, qui l'un et l'autre, au même moment, offrent leur démission au Roi.

« M. Taboureau, lit-on dans une lettre datée du 26 juin 1777, qui avait dimanche dernier renvoyé son portefeuille, a récidivé ce matin dimanche. Sa famille a exigé qu'il renonçât à jouer un rôle peu honorable et trop subordonné[45]. » Un gazetier écrit, le même jour, en style plus familier : « M. Taboureau, cul-de-jatte dans son ministère, ne pouvant remuer pied ni patte, puisqu'il n'avait point la destination de l'argent, s'est enfin lassé de son rôle absolument passif[46]. » Necker, de son côté, allait trouver Maurepas, lui dépeignait en paroles éloquentes la position périlleuse du Trésor, lui expliquait la nécessité impérieuse, pour celui qui serait chargé de remédier à tant de maux, d'être sûr de tous ceux qui le seconderaient dans sa tâche, affirmait qu'il se retirerait, si on ne le laissait « maître de sa partie[47]. »

Le choix du Roi était fait à l'avance. Taboureau, pris au mot, obtenait sur l'heure sa retraite, dont adoucissait l'amertume l'octroi d'une assez grosse pension sur la cassette royale ; Necker, par ce départ, devenait l'unique chef du département des finances, sans néanmoins, pour cause de religion, être admis au Conseil, ni porter le titre officiel de contrôleur général. Voici le texte du brevet qui fut signé par Louis XVI, à Versailles, le 29 juin 1777 : « Le Roi, ne jugeant pas convenable de nommer à la place de contrôleur général de ses finances, vacante par la démission du sieur Taboureau des Réaux, croyant cependant nécessaire de réunir entre les mains d'une seule personne les fonctions relatives à l'administration des Finances, et voulant donner au sieur Necker une preuve de la satisfaction qu'il a de ses services, l'a nommé et nomme pour exercer immédiatement sous ses ordres la place de directeur général de ses finances[48]. »

Le matin du même jour, Taboureau écrivait à sa sœur, Mme de Riancey : « Je sais qu'à quatre heures le Roi acceptera ma retraite, que je lui offris il y a huit jours. Je n'irai au contrôle qu'*incognito,* pour y prendre mes papiers. Je m'établis à Passy. » Et en effet, dès le lendemain lundi, Necker transportait ses pénates à l'hôtel du Contrôle, situé rue Neuve-des-Petits-Champs. Après sept mois de stage et d'autorité mitigée, il avait enfin les mains libres. On allait le juger à l'œuvre.

Une année tout entière avait été perdue depuis le renvoi de Turgot. La France entrait maintenant dans la seconde période de l'immense entreprise, du succès de laquelle allait dépendre le salut de la monarchie séculaire. Elle y entrait avec moins d'espérance sans doute, moins d'enthousiasme, moins d'élan que trois années auparavant, à l'aube du nouveau règne, mais avec plus de réflexion, avec le calme et le sérieux qui naissent de l'expérience acquise, du souvenir d'un récent mécompte, avec une sorte de bonne volonté tempérée de mélancolie. Bon nombre de contemporains semblent avoir dès lors compris que, suivant l'expression célèbre, il n'était « plus une seule faute à commettre, » qu'une déception nouvelle conduirait immanquablement aux abîmes redoutés.

SEGUR.

1. ↑ *Copyright by* Calmann-Lévy, 1911.
2. ↑ Voyez la *Revue* du 1er novembre 1909.
3. ↑ *Mémoires* de l'abbé Georgel.

4. ↑ Lettre du 24 juin 1776. *Correspondance* publiée par M. de Lescure.
5. ↑ *Mémoires* de l'abbé Georgel.
6. ↑ Il avait auparavant exercé les fonctions d'intendant de la généralité de Perpignan.
7. ↑ Journal de Hardy, 13 et 14 mai 1716.
8. ↑ Journal de l'abbé de Véri. — *Mémoires* d'Augeard. — *L'Espion anglais*, etc.. etc.
9. ↑ Journal de Hardy, 28 mai 1776.
10. ↑ Le public parisien, mal instruit des intrigues qui avaient entraîné la nomination de Clugny, s'en prenait à Maurepas de ce choix singulier, comme en témoigne ce passage du Journal de Hardy : « On ne pouvait pardonner au comte de Maurepas d'avoir abusé de la confiance de son Roi, au point d'oser lui désigner pour deux places de la dernière importance deux hommes si peu propres à les remplir, en la personne du sieur de Clugny et du sieur Amelot. Etait-il concevable qu'un ministre de soixante-quinze ans, appelé auprès d'un monarque de vingt ans, sans aucun vice et rempli de bonne volonté, loin de chercher à contribuer à la gloire de son jeune maître et au bonheur des peuples, pût s'oublier jusqu'à ne s'occuper que des intrigues de Cour, tandis qu'il traitait les affaires les plus sérieuses avec une coupable légèreté ? Et pouvait-on s'étonner d'entendre dire qu'à Versailles le cri général était que le dit comte de Maurepas radotait et qu'avant six semaines il serait invité à se retirer de la Cour et remplacé peut-être par le duc de Choiseul ? » — Jeudi 6 juin 1776.
11. ↑ Lettre de l'abbé Barthélémy à la duchesse de Choiseul, du 12 juin 1776. — *Correspondance secrète* de Métra.
12. ↑ *L'Espion anglais*, t. VI.
13. ↑ *Les Finances de l'ancien régime et de la Révolution*, par René Stourm, t. I.
14. ↑ Arrêt du Conseil du 30 juin 1770.
15. ↑ *L'Espion anglais*, tome IV.
16. ↑ Lettre du 13 octobre 1776. — *Correspondance* publiée par M. de Sainte-Aulaire.
17. ↑ La chose, effectivement, ne s'était jamais produite depuis Colbert.
18. ↑ Lettre du sieur Rivière au prince Xavier de Saxe. — Archives de Troyes.
19. ↑ *L'Espion anglais*, tome IV.
20. ↑ Voyez *Au couchant de la Monarchie*, tome I. p. 312.
21. ↑ *L'Espion anglais*, tome IV.
22. ↑ *Ibidem*.

23. ↑ Lettre du sieur Rivière au prince Xavier de Saxe, du 23 octobre 1776. — Archives de Troyes.
24. ↑ Notice d'Albert de Staël sur M. Necker.
25. ↑ Comte d'Haussonville, *le Salon de Madame Necker*, tome II.
26. ↑ Il naquit à Versailles en 1741. — Pour tous les détails qui suivent, j'ai consulté le *Journal* de l'abbé de Véri, les *Mémoires de Bésenval, de Soulavie, du comte de Tilly, la* Correspondance littéraire *de la Harpe, la* Correspondance secrète *de Métra,* l'Espion anglais, *etc.*
27. ↑ Thaïs de Mailly, mariée à l'âge de treize ans, en 1753, au comte, depuis prince, de Montbarey.
28. ↑ Si l'on en croit Bésenval, Louis XVI, quand lui fut révélé l'auteur, renvoya à Pezai une de ses lettres, après y avoir ajouté cette annotation : « J'ai lu, » ce qui ne pouvait manquer d'être pris pour un encouragement.
29. ↑ *Journal* de l'abbé de Vori.
30. ↑ *Mémoires* du comte de Tilly.
31. ↑ Lettre du 29 novembre 1776. — *Correspondance* publiée par M. Charles Henry..
32. ↑ *Mémoires* de Soulavie, tome IV.
33. ↑ Notons aussi que Necker, une fois au pouvoir, refusa à Pezai la succession, qu'il convoitait, de Trudaine aux Ponts-et-Chaussées et que la disgrâce du marquis suivit de près le ministère de son prétendu obligé. Pezai, se croyant assez fort, avait eu l'imprudence de glisser, dans ses lettres au Roi, quelques critiques et persiflages au sujet de Maurepas. Celui-ci en fut informé, très probablement par Louis XVI, et se vengea du personnage en le faisant nommer « inspecteur des côtes-maritimes, » ce qui l'éloignait de Paris. Pezai en fut si vivement affecté, que ce renvoi, dit-on, amena sa fin précoce. Il succomba à Blois, le 6 décembre 1777, à l'âge de trente-six ans.
34. ↑ Brouillon conservé dans les archives de Coppet.
35. ↑ Lettre citée par M. le comte d'Haussonville dans *le Salon de Mme Necker,* tome II.
36. ↑ Archives de Coppet.
37. ↑ Lettre du sieur Rivière au prince X. de Saxe, *passim.*
38. ↑ Il renonça à la pension à laquelle il disait avoir droit, mais réclama et obtint en échange des lettres de noblesse.
39. ↑ Lettre du 29 novembre 1776. *Correspondance* publiée par M. Charles Henry.
40. ↑ Portrait de M. Necker par Lavater, publié dans les *Mémoires* de Soulavie.
41. ↑ Portrait de Necker par Benjamin Constant, retrouvé dans les papiers de Mme Récamier et communiqué par elle à Mme Louise Colet. «

42. ↑ Sainte-Beuve, *Causeries du Lundi*.
43. ↑ Lettre du 20 mai 1776, à Walpole. — *Correspondance* publiée par M. de Lescure.
44. ↑ *Notice sur M. Necker*, par Mme de Staël, *passim*.
45. ↑ *Correspondance secrète*, publiée par M. de Lescure.
46. ↑ *L'Espion anglais*, t. IV.
47. ↑ *Ibid*.
48. ↑ *Le Salon de Mme Necker*, par le comte d'Haussonville, t. II.

AU COUCHANT DE LA MONARCHIE[1]

VIII.[2]
LA VISITE EN FRANCE DE L'EMPEREUR D'AUTRICHE

I

Les nécessités du récit m'ont fait précédemment omettre tout ce qui n'avait pas directement rapport à l'accession de Necker au pouvoir. Je dois maintenant revenir un peu sur mes pas et relater un événement qui s'était déroulé quelques semaines auparavant et dont l'influence fut sensible tant sur la politique que sur la disposition des esprits, à la Cour et dans le public. Il s'agit du voyage en France de Joseph II, empereur d'Autriche et beau-frère de Louis XVI. Pour apprécier comme il convient l'occasion, le but et l'effet de cette visite sensationnelle, jetons tout d'abord un coup d'œil sur la situation présente de la famille royale et de son entourage.

Louis XVI est resté tel qu'il s'est montré dès la première heure de son règne, loyal et bon, épris du bien public, désirant le bonheur du peuple et candidement avide de se gagner le cœur de ses sujets. Comme on l'a dit ingénieusement, « sous ses prédécesseurs, le monarque était l'objet du culte des Français : sous Louis XVI, les Français devinrent l'objet du culte du monarque[3]. » Dorénavant, l'humanité est le mot d'ordre, la popularité le but. Des mesures proposées par ses ministres successifs, toujours le Roi choisit et adopte de préférence celles qu'il imagine devoir plaire aux humbles et aux déshérités. Mais, vacillant en ses desseins, il ne sait pas poursuivre fermement ce qu'il a commencé et, en témoignant sa bonté, il néglige de prouver sa force. Ainsi laisse-t-il lentement péricliter et s'affaiblir entre ses mains l'autorité, sans quoi nul bien sérieux ne peut utilement s'accomplir. Ses qualités, ses vertus mêmes, par le gauche emploi qu'il en fait, portent atteinte au prestige de la royauté et contribuent involontairement à sa perte. Chaque expérience nouvelle n'a fait, jusqu'à ce jour, que confirmer la triste prédiction de l'abbé Galiani : « Attendez[4], et vous verrez avec quelle adresse, quel enchaînement admirable, le Destin, — cet être qui en sait bien long, — escamotera au meilleur des Rois, au mieux intentionné, tous ses desseins, détournera toutes ses bonnes intentions, et fera tout ce qu'il voudra et que nous ne voudrions pas. »

Dans la période du règne à laquelle nous sommes arrivés, Louis XVI possède encore, dans une assez large mesure, la sympathie et la confiance de la classe populaire. C'est chez ses proches, parmi les familiers du trône, qu'il est le plus injustement traité, le plus cruellement méconnu. Ses frères, ses cousins et ses tantes professent pour lui « un superbe dédain » et l'affublent dans leurs propos d'épithètes outrageantes[5]. Il ne rencontre chez les siens qu'hostilité, envie, intrigue ou trahison. Le Comte de Provence le jalouse et travaille sournoisement à déconsidérer son frère. Il se tient à l'écart, affecte un détachement et des manières bourgeoises, qui, chez le peuple parisien, lui valent de temps à autre une ombre de faveur ; mais sa main perfide se rencontre dans toutes les cabales politiques, dans tous les complots fomentés pour diminuer l'autorité du Roi et pour contrecarrer les vues de ses ministres. Cette malveillance secrète est plus dangereuse qu'une haine déclarée. Le Comte d'Artois, de jour en jour plus enfoncé dans son existence dissolue, grugé par la bande de fripons, de viveurs faméliques, auxquels il a remis le soin de gérer ses affaires, ne songe qu'à tirer de Louis XVI les millions nécessaires pour éteindre ses dettes, le flagorne quand il consent, le vilipende quand il résiste. Sur quelque refus de ce genre, il s'oublie jusqu'à dire tout haut que l'on devrait rayer un *n* des titres de son frère, ce qui ferait *roi de France et avare* ; à quoi le Roi, informé du propos, répond avec simplicité : « Je suis avare, en effet, puisque je n'ai d'autre bien que celui de mes sujets. » Quant aux princes des deux branches cadettes de la maison de Bourbon, Orléans et Conti, ils vivent dans une opposition ouverte et presque violente, et ils sont, pour Louis XVI, moins des parens que des adversaires acharnés. Ils donnent d'ailleurs, dans leur vie journalière, l'exemple de tous les scandales, « un vrai fléau pour le pays, » comme l'écrit Mercy-Argenteau.

Les deux belles-sœurs du Roi pensent et agissent comme leurs époux. La Comtesse de Provence, — *Madame*, selon l'expression usitée, — fausse, hypocrite, cauteleuse, ne perd aucune occasion de dénigrer tout bas les actions publiques ou privées du Roi et de la Reine. Malgré son soin de se cacher, elle réussit par cette conduite à s'attirer, de la part des souverains, une aversion que le sincère Louis XVI n'essaie guère de dissimuler. Laide et nulle, la Comtesse d'Artois répète sottement, dans un jargon semi-français et semi-italien, tous les méchans propos qui circulent dans son entourage et les aggrave sans les comprendre. A observer ces deux princesses, on pardonne aisément à Marie-Antoinette le mépris dont elle les accable dans ses lettres confidentielles : « Si ma chère maman pouvait voir les choses de près, la comparaison ne me serait pas désavantageuse. La Comtesse d'Artois a un grand avantage, celui d'avoir des enfans, mais c'est peut-être la seule chose qui fasse penser à elle, et ce n'est pas ma faute si je n'ai pas ce mérite. Pour Madame, elle a plus d'esprit, mais je ne voudrais pas changer de réputation avec elle[6] ! » Quant aux trois tantes, filles de Louis XV, Mesdames Adélaïde, Victoire et Sophie, terrées au château de Bellevue, elles persistent à fomenter, avec l'aigreur de vieilles filles oubliées, les sottes histoires, les médisances et, au besoin, les calomnies, qui se répandent dans le public et noircissent la réputation de la Reine et du Roi. Elles n'apparaissent que de loin en loin à la Cour, pour critiquer, blâmer, semer la zizanie dans le ménage royal[7].

Quels sont, après sept années de mariage et trois années de règne, les rapports établis entre Louis XVI et Marie-Antoinette ? La question est complexe et oblige à toucher certains points délicats, qui sont importans pour l'histoire. Un fait est avéré, c'est que Louis XVI, à cette époque, n'est pas encore, à proprement parler, le mari de la Reine, et que « l'état matrimonial, » pour employer le terme en usage dans les chancelleries, se borne entre les deux conjoints à des relations fraternelles. Les preuves abondent, et la correspondance de Marie-Antoinette avec Marie-Thérèse est pleine, sur ce sujet, de confidences fort claires, où percent son juste dépit et son regret de la maternité trop longtemps attendue. La cause réelle de cette situation bizarre est, quoi qu'on en ait dit, plus morale que physique. Louis XVI, selon la pittoresque expression de Sainte-Beuve, est, non pas « muet, » mais plutôt « bègue. » Une timidité invincible, la crainte du ridicule, une sorte de frayeur inavouée de sa femme, l'arrêtent au seuil de l'alcôve conjugale et lui font remettre sans cesse l'heure qu'il désire et redoute à la fois. Comme il arrive en pareille occurrence, la difficulté de l'action s'accroît avec la longueur du délai. Parmi ces tergiversations, mariée en 1770, reine en 1774, Marie-Antoinette n'est encore, en 1777, qu'une jeune fille couronnée.

Ceci explique sans doute et excuse bien des choses, que l'on reproche à l'épouse ainsi négligée : sa froideur un peu dédaigneuse envers ce singulier mari, l'indifférence maussade dont elle fait volontiers parade, l'affectation qu'elle met à se faire une vie séparée, à établir hautement qu'elle ne se plaît qu'avec « sa société » et que seuls « ses amis » comptent dans son existence. Et l'on conçoit aussi la gêne secrète, l'embarras mal dissimulé, dont Louis XVI ne peut se défendre en présence de sa femme, sa condescendance excessive, ses capitulations constantes devant ses plus audacieuses fantaisies, comme s'il éprouvait le besoin de désarmer l'irritation humiliée qu'elle éprouve et de se faire, par ses faiblesses, pardonner ses froideurs.

De toutes ces circonstances, inégalement fâcheuses, résulte pour Louis XVI un isolement complet, le plus cruel de tous, qui est l'isolement dans la foule. Sans parens, sans amis, sans maîtresse, sans femme légitime, peut-être aucun souverain ne connut à un tel degré l'amère souffrance de l'abandon. Un seul homme le console de cette détresse morale, par l'attachement passionné qu'il étale, le dévouement dont il proteste, le cas qu'il semble faire des capacités du jeune prince, c'est son vieux conseiller, c'est le comte de Maurepas. Aussi, entre l'habile Mentor et son royal élève, l'intimité croît-elle dans une progression continue. Il n'est guère de jour, à présent, où le prince n'admette le vieillard « dans son particulier, » ne s'entretienne confidentiellement avec lui. Maurepas a-t-il la goutte, Louis XVI gravit le petit escalier tournant qui, de l'appartement du Roi, monte à la chambre du malade, s'assied au pied du lit pendant des heures entières. Il a des attentions touchantes. Une fois, sans rien lui dire, il fait faire « son portrait en buste, » le place lui-même, en grand mystère, dans l'appartement du Mentor, se cache derrière un paravent pour jouir incognito de sa première surprise. L'effet dépasse ses espérances : effusions de Maurepas, exclamations de joie, émotion allant jusqu'aux larmes et grand attendrissement du Roi, qui dit le soir, en racontant la scène : « Je savais bien que M. de Maurepas m'était attaché, mais je n'aurais pas cru qu'il le fût au point dont j'ai été témoin aujourd'hui[8] ! » Les mauvaises langues prétendirent, il est vrai, que Mme de Maurepas, ayant surpris les intentions du Roi, avait averti son époux et dicté ses ardens transports.

II

Telles semblent être, à l'heure présente, les dispositions intérieures des principaux personnages de la Cour. Si, sous certains rapports, elles laissent à désirer, que dire de ce qui paraît au dehors, de ce qui s'en révèle aux regards du public ? Ici, quelque désir qu'on ait de faire preuve d'indulgence, la justice exige cependant qu'on mette la Reine en cause. Les excuses qu'on peut lui trouver ne sauraient empêcher de reconnaître et de juger ses torts. Son goût naturel du plaisir s'est augmenté dans des proportions inquiétantes ; il l'entraîne aujourd'hui à de véritables folies. Les fêtes succèdent aux fêtes, plus coûteuses les unes que les autres ; en septembre 1777, une seule soirée de Trianon se solde par une note de 400 000 livres. Ce sont, tantôt avec les Polignac, tantôt et plus souvent avec le Comte d'Artois, des « parties » continuelles, des bals et des courses « en masque, » des promenades aux flambeaux, de trop libres soupers qui se prolongent fort avant dans la nuit. « Point qui me fait le plus de peine, écrit l'Impératrice[9], c'est que tout cela se fait sans le Roi. »

À cette existence affolée, la Reine perd peu à peu cet instinct de décence et ce penchant vers l'honnêteté qui, à son arrivée en France, lui avaient autrefois valu l'estime et le respect d'une Cour foncièrement corrompue. Grâce aux propos, aux exemples surtout, de ceux qui vivent dans sa familiarité journalière, elle devient, chaque jour davantage, indifférente, complaisante même, aux faiblesses et aux vices qui s'étalent sous ses yeux et mérite les reproches que lui adresse, en pure perte d'ailleurs, son ancien confident, le digne abbé de Vermond : « Je passe[10] que vous ne preniez garde ni aux mœurs, ni à la réputation d'une femme, que vous en fassiez votre amie uniquement parce qu'elle est aimable ; mais que l'inconduite en tout genre, les réputations tarées ou perdues, soient un titre pour être admis dans votre société[11], voilà qui vous fait un tort infini ! »

À cette aggravation dans le laisser aller correspond une recrudescence de prodigalité. En deux ans, les frais d'écurie pour la maison de Marie-Antoinette ont augmenté de 30 000 livres. Quant aux charges nouvelles, aux sinécures et aux pensions, créées pour satisfaire l'insatiable appétit des amis et des familiers, le total dépasse annuellement 240 000 livres. Le comte de Mercy-Argenteau, tout en déplorant ces abus, constate, à la décharge de Marie-Antoinette, que, si elle réclame ces faveurs pour ceux qui lui sont chers, « c'est aussi souvent par embarras de refuser que par goût et par volonté. » Cela est vrai, sans doute, mais on n'en saurait dire autant du gaspillage personnel de la Reine, de la progression continue des dépenses de toilette, des achats de pierreries et surtout des pertes au jeu. La Reine, à sa table de pharaon, est comme prise de vertige ; les tas d'or fondent entre ses doigts, sans qu'elle semble en avoir conscience. Le Comte d'Artois la pousse, l'excite, l'entraîne avec soi sur cette pente. En une nuit, à Marly, la Heine perd 500 louis, son beau-frère 17 000. De tels excès donnent lieu, comme il est presque inévitable, à des altercations, à des « discussions indécentes, » à des « scènes tumultueuses, » où s'altère lamentablement la dignité du trône.

Sur ce terrain, Mercy et l'abbé de Vermond se sentent entièrement débordés et vaincus à l'avance ; ils finissent même par renoncer à faire de la morale. L'abbé, dans son découragement, songe sérieusement à quitter la partie, à prendre sa retraite ; il faut, pour le faire rester à son poste, les instances de Marie-Thérèse : « Ma fille court à grands pas à sa perte, étant entourée de bas flatteurs qui la poussent contre ses propres intérêts. Dans ces circonstances, elle a besoin de vos secours. Mercy et moi espérons que vous tâcherez de traîner votre retraite jusqu'à l'hiver. Si alors les choses ne changent, je ne saurais exiger de vous de nouveaux sacrifices. » Si Mercy est plus résigné, il n'a pas plus d'illusions que l'abbé sur l'efficacité de ses sages homélies : « Les momens[12] de parler de choses sérieuses sont courts. Sa Majesté les fuit souvent par un propos de gaîté, en disant que l'heure de la raison viendrait, mais qu'il fallait s'amuser. »

En attendant cette « heure de la raison, » les dettes, à ce métier, grossissent d'une manière effrayante. Vainement, depuis le jour de l'accession au trône, la pension de la

Heine a-t-elle été plus que doublée ; vainement, sous l'aiguillon de la nécessité, Marie-Antoinette en vient-elle à négliger ses plus sacrés devoirs, à étouffer tous ses instincts de souveraine charitable, à rogner les fonds destinés à ses aumônes privées et aux œuvres de bienfaisance ; malgré ces fâcheux sacrifices, le déficit s'accroît et le gouffre se creuse sans cesse. Elle se débat continuellement en de terribles embarras. Vers la fin de l'année 1776, Mercy, à sa demande expresse, se livre à un examen de ses comptes, fait le relevé de ses dettes, constate que le total se monte à 487 872 livres.

En face de ce gros chiffre, la Heine eut, semble-t-il, un mouvement d'épouvante et presque d'affolement. Métra prétend, dans sa *Correspondance secrète*[13], qu'en cet instant critique, elle se serait adressée à Necker. Le directeur, d'après ce même récit, lui aurait répondu « que l'état du Trésor ne lui permettait pas d'accorder cette demande, mais que sa fortune personnelle lui permettait d'offrir cette somme à la Reine. » Les lettres, aujourd'hui connues, de Mercy-Argenteau, infligent un démenti formel à cette version peu vraisemblable. C'est à Louis XVI, nous dit l'ambassadeur, que la Reine eut recours, « non sans peine, » il est vrai, ni sans précautions oratoires, et elle n'eut pas à regretter cette marque de confiance. « Au premier mot que la Reine prononça sur ce chapitre, le Roi, sans hésiter, et de la meilleure grâce du monde, consentit à payer toute la somme. Il ne demanda que quelques mois de délai, voulant que cette dette fût acquittée sur sa cassette particulière et sans l'intervention d'aucun ministre. » Il est établi que Louis XVI tint fort exactement parole, conduite « fort remarquable, observe Mercy-Argenteau, de la part d'un souverain naturellement fort économe, surtout de l'argent qui est sous sa main, » de la part du prince minutieux qui inscrit dans ses comptes une dépense de « deux livres pour l'achat d'une pièce de morue et de deux maquereaux, » de « deux livres huit sols pour le repassage d'un rabat, » et qui réplique au Comte d'Artois, se lamentant d'avoir perdu une forte somme au jeu : « Notre famille est dans le malheur, car j'ai perdu aussi un écu de six francs ! »

Cette étrange longanimité n'est point admise dans les classes populaires. On se refuse à croire qu'un prince aussi vertueux, aussi modeste dans ses goûts, d'une telle simplicité de vie, puisse tolérer sans une indignation profonde les légèretés, le gaspillage dont la vue effarouche le bourgeois parisien. Des bruits circulent dans le public, des légendes s'accréditent, dont on surprend l'écho dans les notes de Hardy : « On donnait pour certain, rapporte le libraire, que le Roi s'était laissé aller à un tel accès de fureur qu'il avait souffleté la Reine, ou qu'il l'avait frappée d'un coup de canne; on allait beaucoup plus loin encore, et l'on débitait ce qu'on devinera mieux que je ne pourrais l'écrire. »

La vérité, bien différente, est que Louis XVI, sauf quelques bouderies passagères, quelques boutades un peu brutales, d'ailleurs aussitôt désavouées, témoigne la plupart du temps une extraordinaire indulgence envers les folies de sa femme. Sans doute pense-t-il, comme le dit l'abbé de Vermond, que « la jeunesse et le goût de tout effleurer sans rien approfondir sont la seule source de ses torts, » que les années corrigeront tout et remettront les choses en ordre. Sans doute aussi la cause intime que j'ai indiquée tout à l'heure contribue-t-elle grandement à lui fermer la bouche. Toujours est-il qu'il étonne toute la Cour par sa complaisance sans limite, qui confine à la soumission. « Son maintien, dit Mercy, est celui du courtisan le plus attentif, au point qu'il est le premier à traiter avec une distinction marquée ceux des entours de la Reine qu'elle favorise, tandis que l'on sait de notoriété qu'il ne les aime pas. » — « Quand, après les représentations les plus énergiques, reprend plus tard l'ambassadeur, la Reine répond que rien n'arrive sans le bon plaisir du Roi et qu'il est parfaitement content, toute réplique perd une bonne partie de sa force[14]. »

Louis XVI, à dire le vrai, se contente, la plupart du temps, de constater avec satisfaction que Marie-Antoinette, depuis la disgrâce de Turgot et le *tolle* qui en est résulté, a presque entièrement renoncé à s'occuper des affaires de l'Etat. Les derniers changemens de ministres l'ont trouvée inactive et comme indifférente. Elle n'y a pris aucune espèce de part; elle semble même « n'avoir été informée qu'après coup de l'élévation de Necker au poste de directeur général des Finances et du renvoi de Taboureau[15]. » Tous ses rapports avec Necker se borneront, pendant les premiers temps, à solliciter çà et là quelques faveurs pour ses amis, sous forme de pensions, sinécures ou « parts dans les fermes. » Quant à Maurepas, de tous temps sa bête noire, c'est à peine si parfois quelque raillerie piquante, quelque mot aigre-doux, rappelle de loin en loin l'ancienne antipathie, légers accès d'humeur, vite apaisés par l'habile souplesse du ministre, par l'officieuse intervention du Roi. En matière politique, le calme règne présentement dans le ménage royal, et c'est à quoi Louis XVI attache un prix particulier. Il est bien, sur ce point, le docile élève de Maurepas, car le mot d'ordre du vieillard, depuis le commencement du règne, est de se montrer indulgent pour les inconséquences privées, afin de détourner la Reine d'exercer son activité sur les affaires publiques. Cette tactique, pour l'instant, semble avoir plein succès.

III

Nulle part dans toute l'Europe, — sans même en excepter Versailles, — la situation difficile que je viens d'esquisser n'est plus exactement connue et plus amèrement déplorée qu'à la cour impériale d'Autriche. Par les rapports précis et consciencieux de Mercy-Argenteau, par les lettres confidentielles de l'abbé de Vermond, la vieille Marie-Thérèse et son fils, l'empereur Joseph II, sont tenus au courant des faits et gestes quotidiens des jeunes souverains qui règnent sur la France et des plus menus incidens de leur intimité. Ce qui leur est révélé de la sorte les remplit de chagrin, de confusion et d'inquiétude. La sollicitude maternelle se double, chez l'Impératrice, d'un sentiment d'humiliation profonde. Elle souffre à la pensée que, dans cette cour française, dont la frivolité, la légèreté, la « ridiculité, » comme elle dit volontiers en son patois tudesque, sont, de longue date, pour elle et pour son fils, un sujet habituel de blâme et de scandale, la plus frivole, la plus légère, soit une princesse de la maison d'Autriche. Cette idée la poursuit et blesse cruellement son orgueil.

Elle craint aussi, — et Joseph II le redoute plus encore, — que cette déplorable conduite, le désordre qui en résulte, l'effréné gaspillage d'argent, n'affaiblissent rapidement la puissance d'une nation alliée, dont l'Empire a besoin pour contenir l'ambition de sa dangereuse voisine, la Prusse.

Pour ces raisons diverses, et d'ailleurs toutes intéressées, la cour de Vienne souhaite ardemment voir la cour de Versailles revenir à des sentimens et des pratiques plus sages. Elle ne négligera rien pour parvenir à un si heureux résultat. Tels sont assurément la première origine et l'objet principal de la visite de Joseph II chez le Roi son beau-frère, effectuée au printemps de 1777. Les lettres publiées du prince et de ses confidens ne laissent là-dessus aucun doute.

Fils aîné de l'empereur François Ier de Lorraine, mort en 1765, et depuis lors associé par Marie-Thérèse au gouvernement de l'Empire, mais encore contenu et bridé par une mère jalouse du pouvoir, Joseph II jusqu'alors possédait une autorité plus honorifique qu'effective. De cette pénible dépendance il prenait une revanche en exerçant sur le reste de sa famille, et principalement sur ses sœurs, un contrôle un peu despotique, s'érigeant en censeur de leurs propos et de leurs actes, ne leur ménageant pas les remontrances bourrues et les reproches sévères. Tel il s'était montré, depuis son avènement au trône, à l'égard de la reine de France, ce dont était, entre elle et lui, résulté une certaine froideur. Las de morigéner en vain, voyant les lettres sans effet, peut-être, pensait-il, des entretiens en tête à tête, des observations faites de bouche, produiraient-ils de meilleurs fruits. C'était du moins son espérance.

Par malheur, l'humeur du souverain et sa nature d'esprit devaient faire douter du succès de sa diplomatie, surtout pour discuter avec une créature quelque peu nerveuse et sensible. Instruit, d'esprit ouvert, simple dans ses façons, il gâtait ces bonnes qualités par une sécheresse de cœur, par une rudesse de ton, une brusquerie d'allures, une mésintelligence des nuances, bien faites pour blesser les aines délicates. Deux fois veuf, il fuyait les femmes, méprisait leur commerce et s'en vantait très haut : « Je rétrograde furieusement en galanterie, et l'*hibouisme* me gagne, écrivait-il à son frère Léopold[16]. La compagnie des femmes est, ma foi, insoutenable à un homme raisonnable à la longue, et je peux dire que souvent les propos des plus huppées et spirituelles me tournent l'estomac. » Cette prétention à être constamment sérieux allait jusqu'à la pédanterie, et son souci de tout approfondir donnait quelque lourdeur à sa conversation.

On peut lui reprocher aussi le goût de se faire remarquer, le désir d'étonner, de s'attirer la popularité par des moyens vulgaires, qui frisent ce que la langue moderne nomme le *cabotinage*. Lui-même en convient sans détour, témoin cette phrase d'une de ses lettres à son frère : « Vous valez mieux que moi, mais je suis plus charlatan. Je le suis de raison, de modestie ; j'outre un peu là-dessus, en paraissant simple, naturel, réfléchi[17]. » Il plaisait, au reste, à la foule par sa bonne mine et par son visage noble — « la bouche jolie, les dents belles, le sourire agréable[18], » — par le soin qu'il prenait de traiter avec distinction les gens les plus modestes. « Dieu m'a fait naître gentilhomme, disait-il volontiers ; je fais le prince le moins que je peux. » Il eût été pourtant peu prudent de s'y fier ; à la moindre contradiction, il reprenait bien vite « un ton et une contenance de maître[19]. »

Le projet du voyage en France remontait chez l'Empereur à l'époque des fiançailles de Marie-Antoinette. A son départ de Vienne, en lui disant adieu, il avait dit et répété qu'il irait la voir à Versailles. Plus d'une fois, depuis lors, il avait rappelé cette promesse, mais plus mollement de jour en jour, et sans recevoir de sa sœur un encouragement bien marqué. Mais, au cours de l'été de l'an 1776, l'idée prend corps soudain, et, sur-le-champ, il s'occupe de fixer une date. « Je compte toujours, mande-t-il à Mercy-Argenteau[20], choisir un moment propice pour venir voir la Reine et la France... Voilà comment je penserais arranger cette course : je voudrais être les derniers jours du carnaval à Paris, en voir le bruit, et ensuite, pendant le carême, m'occuper des détails tant de la vie privée de ma sœur que des objets d'instruction et de curiosité que cette grande ville contient. » A quelque temps de là, il précise son dessein et revient avec insistance sur son désir de corriger sa sœur et de la mettre « dans le droit chemin, » car, ajoute-t-il, « il me parait qu'elle commence à s'en égarer, et vous pouvez compter que ce ne sera qu'après avoir bien vu et après avoir gagné sa confiance que je réglerai mes propos. »

L'annonce de cette visite fut accueillie, ainsi qu'on devait s'y attendre, avec une visible froideur par les hôtes de Versailles. « La Reine, écrit Mercy[21] au vieux prince de Kaunitz, premier ministre de l'Empire, la Reine est combattue entre le désir de voir son auguste frère, qu'elle aime bien véritablement, et la crainte qu'il n'aperçoive de trop près tout ce qu'elle présume qu'il trouvera à redire au système de conduite de la Reine, et un jour elle en est convenue avec moi. » Louis XVI, de son côté, — encore que pour d'autres raisons, — se sent vaguement inquiet du jugement que pourra porter sur les gens et les choses, et notamment sur les rapports conjugaux du ménage, cet incommode beau-frère. Les ministres, enfin, redoutent l'ingérence de Joseph dans les affaires publiques de France, soit intérieures, soit extérieures, la pression qu'il peut exercer sur un prince jeune et faible pour l'entraîner dans la politique de l'Empire. Vergennes rédige même à l'avance, à l'intention du Roi, un mémoire détaillé, où il énumère les questions que, dans leurs entretiens intimes, pourra soulever l'Empereur, et indique les réponses qu'il conviendra de faire[22].

Kaunitz, dans une lettre à Mercy, résume assez exactement cet état des esprits, dont il prend son parti avec une bonhomie narquoise : « Il m'a paru, dit-il[23], tout simple que la Reine, le Roi et son ministère n'aient exprimé que très sobrement le plaisir que devrait leur faire le voyage de l'Empereur. En voici, selon moi, les causes : la Reine a peur d'être sermonnée, le Roi appréhende que l'Empereur ne le mette dans l'embarras en lui parlant affaires, et le ministère craint que l'Empereur n'insinue des choses favorables aux uns et défavorables aux autres. Et moyennant tout cela, il n'y a pas lieu de s'étonner que tous ces gens-là aient reçu un peu froidement une nouvelle, que certainement ils auraient accueillie tout autrement, s'ils avaient su ou pu croire qu'il n'arriverait rien de tout cela. »

Marie-Thérèse elle-même, malgré l'importance qu'elle attache à voir sa fille ramenée vers une existence plus sérieuse, n'est pas très rassurée sur la façon dont s'y prendra Joseph, sur le succès de ses semonces. « Je ne compte guère sur le bon effet de ce voyage, confie-t-elle à Mercy. Si je ne me trompe pas, il s'ensuivra une de ces deux choses : ou ma fille gagnera par ses complaisances et agrémentera (*sic*) l'Empereur, ou bien il l'impatientera en la voulant trop endoctriner. » De ces deux hypothèses, elle croit, ou feint de croire, la première plus probable : « Il aime, reprend-elle, à plaire et à briller. Je crois que, jolie et agaçante comme est ma fille, mêlant de l'esprit et de la décence dans la conversation, elle remportera son approbation, et il en sera flatté[24]. » Le voyage, dans ce cas, deviendrait inutile, peut-être même plus nuisible que profitable.

Pour remédier à ces inconvéniens divers, le prudent et subtil Kaunitz s'avise de dicter à l'Empereur tout un plan de campagne, qui n'est pas dénué d'habileté : « Qu'en arrivant[25] il dise avec cordialité à sa sœur et à son beau-frère : *Je ne viens ici que pour donner à tous deux, par la visite que je vous fais, une marque de ma bonne et sincère amitié*. Qu'à tous deux, ainsi qu'à leurs ministres, il ne parle d'aucune affaire, ni domestique ni autre, à moins qu'ils ne lui en parlent les premiers. Pour ce qui est de la Reine, quoi qu'il puisse voir pendant son séjour, qu'il ne lui dise rien du tout, jusqu'au moment où il prendra congé d'elle ; mais qu'il lui dise alors : *Je ne vous ai pas dit un mot, ma chère sœur, pendant tout le temps que j'ai passé ici avec vous, sur ce qui vous regarde, parce que je n'ai pas voulu vous mettre dans le cas de supposer que je veux me mêler de vos affaires. Mais je crois devoir vous dire amicalement ma pensée à cet égard, à présent que je suis sur le point de vous quitter.* » Suit tout un modèle de harangue, remplie de bons conseils, d'exhortations à la sagesse, du ton le plus attendrissant, de la plus vertueuse éloquence.

Dûment endoctriné, Joseph promet tout ce qu'on veut, et le prince de Kaunitz s'empresse, d'en informer son ambassadeur à Paris : « Je vous prie d'aller dire de ma part à la Reine que l'Empereur ne vient à Paris que pour avoir le plaisir de la revoir et d'établir une bonne et sincère amitié personnelle entre lui et le Roi son époux, qu'elle peut être assurée qu'il ne lui parlera d'aucune affaire quelconque, ni domestique, ni autre, à moins qu'elle ne lui en parle, et qu'il serait utile qu'elle prévînt là-dessus en secret le Roi et ses ministres, afin que tout le monde ait l'esprit en repos[26]. »

On négocie parallèlement sur tous les détails du séjour. L'empereur tient avant tout à conserver l'incognito dans la mesure possible. Il ne sera pas Joseph II, mais le comte de Falkenstein, du nom d'un fief de sa maison situé aux frontières de Lorraine, et il sera traité comme tel du jour de l'arrivée jusqu'au jour du départ. « Il est essentiel, écrit-il[27], que je puisse voir les choses dans leur état naturel et qu'on me traite en comte de Falkenstein, tant à la Cour qu'en ville et dans les provinces ; tout le fruit de mon voyage et tout l'agrément en dépendent. »

Ce désir d'être pris pour un simple particulier, il le poussera, au cours de son voyage, jusqu'à la mystification. Dans une auberge où il couchera, la servante « qui lui tient le plat, dans le temps qu'il se rase, » lui demandant s'il n'a point, par hasard, quelque emploi auprès de l'Empereur : « Oui, répondra-t-il gravement, c'est moi qui lui fais la barbe. » Ailleurs, son cuisinier, avec son agrément, se fera passer pour l'Empereur, recevra les harangues du maire et du curé, leur donnera sa main à baiser[28].

Un point qui le préoccupe fort, — et le seul qui soulève quelques difficultés, — est la question du logement à Versailles. « Je suis très décidé, mande-t-il à Mercy-Argenteau, de n'accepter de logement ni au château, ni au Petit-Trianon, ni dans aucun endroit appartenant à la Cour ou aux princes. Il me faut y être logé pour mon argent, et je préférerais retourner plutôt tous les soirs à Paris que de renverser, pour une seule nuit que j'accepterais de loger à la Cour, tout l'édifice de mon incognito[29]. » Après d'assez longs pourparlers, des observations inutiles, il en faut bien passer par là, en dépit du petit scandale que cause cette fantaisie et des craintes qu'on éprouve sur les « gloses » du public. « Il me sera dur de ne pouvoir le loger auprès de moi, déclare[30]. Marie-Antoinette à sa mère. On en sera surpris. Mais je sacrifie tout à ses goûts. Il sera logé et vivra comme il l'ordonnera. » De même, on accepte à Versailles, dans ses détails un peu puérils, la mise en scène de comédie réglée à l'avance par Joseph. « Le jour où l'Empereur arrivera, spécifie Mercy-Argenteau[31], je conduirai Sa Majesté par des passages détournés jusque dans les cabinets de la Reine, de façon qu'il ne soit aperçu de personne. Le Roi surviendra quelques momens après, par la communication intérieure de son appartement avec celui de la Reine… »

IV

Différentes circonstances, notamment la mauvaise saison, firent ajourner le voyage de quelques semaines. Le vendredi 18 avril, eut lieu enfin l'arrivée à Paris. Vêtu de gris, sans décoration, sans escorte, deux laquais sur le siège, un aide de camp assis à ses côtés, l'auguste voyageur occupait une petite voiture, « laide et légère, » entièrement découverte, et, comme il pleuvait à torrens, il « était trempé d'eau[32]. » Il descendit l'ambassade d'Autriche, au « Petit-Luxembourg[33], » d'où, le lendemain matin, on le conduisit à Versailles dans une voiture de poste. Tout se passa comme il était convenu, et sans aucun cérémonial. Dans les premiers instants, entre Joseph II et sa sœur, on crut remarquer quelque gêne ; il fallut, pour les mettre à l'aise, l'entrée du Roi, cordial et simple, sincèrement affectueux. On dîna peu après dans la chambre à coucher de Marie-Antoinette, les trois convives « perchés sur des plians égaux, » d'une manière assez incommode ; on écartait ainsi des difficultés d'étiquette. L'Empereur, au cours de ce repas, semblait un peu embarrassé ; il avait l'air, dit le duc de Croy, « d'un étranger respectueux. » Le service était fait par les femmes de la Reine. Le dîner fut rapide ; Louis XVI, contre son habitude, fit presque tous les frais de la conversation.

A quatre heures, on se sépara, et Joseph se rendit à pied chez le comte de Maurepas. Il trouva l'antichambre « pleine de solliciteurs, » et comme, au nom du comte de Falkenstein, le valet, ignorant la qualité du visiteur, « ne se pressait pas d'annoncer, » l'Empereur alla se mettre au milieu de la foule, le dos contre la cheminée, affectant de dire à voix haute : « S'il est en affaires, ne le dérangez pas. » Maurepas, prévenu, accourut bientôt, essoufflé[34]. L'entretien terminé, Joseph retournait à Paris et se réinstallait au Petit-Luxembourg. Trois jours plus tard, il allait encore à Versailles, y demeurait le soir et couchait à l'hôtel du *Juste*, tenu par le baigneur Touchet. Il y dormait sur une paillasse avec une peau d'ours pour matelas.

Ces détails singuliers, embellis, amplifiés, commentés dans toutes les gazettes, provoquent la curiosité tout d'abord, puis l'admiration du public. Ce détachement, cette bonhomie, cette « familiarité vraiment philosophique, » plaisaient à l'opinion, s'accordaient merveilleusement bien avec l'esprit du temps. « Tout le monde, écrit avec ironie la comtesse de la Marck, courait après ce monarque extraordinaire, » qui méprisait le faste et, comme il le disait lui-même, « couchait au cabaret. » Partout où il allait, une multitude, pleine d'enthousiasme, se pressait sur ses pas, s'émerveillant de la simplicité et des allures bourgeoises de ce souverain d'un vaste empire, qui se promenait à pied par les rues de la capitale, suivi de deux laquais en gris, et qui entrait dans les boutiques pour y faire lui-même ses achats. On se pâmait sur ses moindres paroles : « On répétait les lieux communs qu'il disait avec une emphase à faire mourir de rire. La tête en tournait à tout Paris[35]. »

Aussi le peuple fondait-il les plus grandes espérances sur la bienfaisante influence que ne pourrait manquer d'avoir un prince si admirable. Après avoir donné l'exemple, il saurait donner la leçon. Il arrêterait le gaspillage, convertirait la Reine, assagirait la Cour. Et, comme « il voyait tout et s'instruisait sur tout, » il conseillerait le Roi de la manière la plus utile, il lui rapporterait le fruit de ses observations, lui parlerait avec franchise sur les abus et les réformes[36].

Il n'est pas dans mon plan de raconter par le menu les faits et gestes de l'Empereur pendant les six semaines de son séjour sur les rives de la Seine. D'autres ont fait ce récit avant moi, et je ne puis mieux faire que d'y renvoyer le lecteur[37]. Je ne veux rapporter ici que ce qui touche aux grandes affaires, ainsi qu'aux principaux personnages de la Cour. Au point de vue de la politique générale, et particulièrement de la politique extérieure, Joseph tient fort scrupuleusement les promesses faites à Mercy-Argenteau. Il ne s'y aventure qu'avec une grande circonspection, par allusions voilées, et, somme toute, il témoigne de plus de réserve et de tact que l'on ne pouvait en attendre. Trois fois il se rend chez Necker, sans le trouver chez lui, ne s'étant pas fait annoncer à l'avance, et, quand il le rencontre enfin, la conversation ne roule guère que sur des choses banales, ce qui ne l'empoche pas, dit-il, de « remporter l'idée la plus avantageuse de l'esprit » du nouveau directeur des Finances, idée « bien conforme, ajoute-t-il, à celle de son caractère, au sujet duquel il n'y a qu'une voix[38]. » C'est de la même manière qu'il cause avec Maurepas, auquel il promet néanmoins « sa protection » auprès de Marie-

Antoinette[39], mais sans sortir des généralités, sans s'ingérer dans la politique intérieure, sans souffler mot des intrigues et cabales de la Cour.

Les amis de Choiseul s'étaient flattés de l'espérance que l'Empereur parlerait du duc et chercherait à dissiper les préventions et les défiances du Roi. Une des inquiétudes de Louis XVI était même de voir son beau-frère aborder avec lui ce sujet délicat. Joseph, tout au rebours de ce qu'on supposait, se montra très peu favorable au retour de l'ancien ministre et il félicita le Roi d'avoir tenu bon sur ce point, attitude imprévue qui causa le plus vif dépit à Marie-Antoinette. Bien mieux encore, à quelques jours de là, lors d'une visite de Joseph II chez Mme de Brienne, la duchesse de Gramont, sœur du duc de Choiseul, « ayant fait tomber le discours à plusieurs reprises sur son frère, » en disant à l'Empereur qu'il « viendrait dans peu à Paris et qu'il serait très empressé à lui faire sa cour, » le prince ne répond rien et tourne les propos sur la pluie et le beau temps, » ce dont la duchesse de Gramont se montre « extrêmement mortifiée[40]. »

V

Circonspect sur les choses d'Etat, Joseph prend sa revanche avec les questions de personnes et les détails de vie privée. Après les premiers jours employés à se renseigner, à observer ce qui se passe, il se laisse aller peu à peu à sa manie critique, à son esprit frondeur, à son goût de morigéner. C'est sa sœur, la plupart du temps, qui sert de cible à ses sarcasmes, à ses remarques ironiques, parfois à ses coups de boutoir. Il censure ses manières, ses propos, ses dépenses, son penchant pour le luxe ; il lui reproche durement la société qu'elle s'est choisie et « l'entourage de ses valets[41]. » Il court dans le public des mots piquans qu'il a, dit-on, décochés à la Reine, comme le jour où, celle-ci le consultant sur sa coiffure surmontée d'un panache de plumes : « Je la trouve bien légère pour porter une couronne, » aurait-il répondu.

Elle supporte ces flèches, pendant les premiers temps, avec une patience méritoire, mais non toutefois sans témoigner qu'elle en ressent la pointe. « L'Empereur est toujours le même, écrit-elle à sa sœur. Il fait des observations très justes sur tout ce qu'il voit et donne des conseils comme personne n'en sait donner. Des fois, il faut l'avouer, il y met une forme un peu brusque. » Mais à mesure que le séjour s'avance, ces attaques répétées l'énervent, l'irritent davantage ; elle lui reproche, non sans raison, de « pousser la franchise jusqu'au défaut de courtoisie ; » plus d'une fois, à présent, il s'élève de « petites querelles, » que suivent « de légères bouderies. » Joseph continuant de plus belle, l'heure vient enfin où la Reine se fâche tout à fait et demande nettement à son frère de renoncer, du moins, « à la critiquer en public[42]. »

Louis XVI n'est pas exempt non plus des remontrances de son beau-frère, mais il les prend avec une douceur désarmante. « Le Roi, dit Marie-Antoinette, le regarde avec amitié et, comme il est très timide et peu parlant, il 1 écoute volontiers sans mot dire ; quand notre frère lui donne de ses coups de critique, il se borne à sourire et se tait. » Si l'on en croit Mercy, Louis XVI, en plusieurs circonstances, aurait provoqué de lui-même les observations de Joseph, lui confiant avec bonhomie les choses les plus intimes, l'entretenant notamment de ses rapports avec la Reine, de sa réserve conjugale, expansif jusqu'au point de gêner son beau-frère, qui ne se retient pourtant pas de lui donner quelques conseils pratiques. On assure que l'Empereur, après ces confidences, eut avec le médecin Lassonne un entretien secret, peu de jours avant son départ, et que ce qu'il lui dit eut une grande influence sur la conduite ultérieure de Louis XVI. Joseph exhorte aussi le Roi à se montrer davantage au public, à sortir du cercle fermé où il se confine d'ordinaire, à observer choses et gens par ses yeux et à tenir parfois « des cercles de conversation, » car rien n'instruit un homme, affirme-t-il, « comme la causerie, le débat des idées. »

Véri, dans son Journal, rapporte un entretien où Joseph s'est vanté à lui d'avoir donné ces excellens conseils : « J'ai dit au Roi, raconte l'Empereur, qu'il ferait bien, les après-dînées, d'aller, en petit cercle, causer chez M. de Maurepas. Il n'y dira rien d'abord, mais, à la fin, il fera comme tout le monde. — Personne en effet, acquiesce l'abbé Véri, ne serait plus propre à remplir cette vue que M. de Maurepas, car c'est précisément dans la conversation qu'il a le plus de lumières. Il discute bien, il voit à merveille, et si l'action y répondait !… »

Il semble bien, d'ailleurs, que, sur la plupart des sujets abordés dans leurs entrevues, les deux souverains soient tombés à peu près d'accord. Telle est leur bonne entente, au moment du départ, qu'ils conviennent, une fois séparés, de ne pas rompre leur commerce et d'entretenir ensemble une correspondance régulière.

Il en est tout différemment avec les princes du sang, surtout avec les Comtes de Provence et d'Artois. De leurs torts et de leurs défauts, rien n'échappe aux regards du trop clairvoyant visiteur : les intrigues du premier, ses menées souterraines pour s'attirer, au détriment du Roi, la faveur populaire, le soin constant qu'il prend de contrecarrer sournoisement les intentions et les vues de son frère ; la vie débauchée du second, ses étourderies, ses folies, sa fureur de dépenses. Joseph ne peut, dans ses lettres intimes, retenir l'expression de son antipathie, de son aversion même, pour la plus grande partie de la famille royale : « Monsieur, écrit-il à son frère, est un être indéfinissable ; mieux que le Roi, il est d'un froid mortel. Madame, laide et grossière, n'est pas Piémontaise pour rien, remplie d'intrigue. Le Comte d'Artois est un petit-maître dans toutes les formes ; sa femme, qui seule fait des enfans, est imbécile absolument[43]. »

Le hasard veut que les deux princes entreprennent, à cette heure, un grand voyage à travers les provinces, dans l'Est et le Sud de la France. Ils y déploient un fastueux « appareil, accompagnés d'une suite nombreuse, donnant et recevant partout les fêtes les plus coûteuses, provoquant le scandale de tous les pays qu'ils parcourent. La comtesse de la Marck, dans ses lettres à Gustave III, nous donne la note du sentiment public : « Monsieur et le Comte d'Artois, écrit-elle[44], viennent de voyager, mais comme ces gens-là voyagent, avec une dépense affreuse, la dévastation des postes et des provinces, et n'en rapportant qu'une graisse étonnante. Monsieur est revenu gros comme un tonneau. Pour M. le comte d'Artois, il y met bon ordre par la vie qu'il mène. » On juge quelles sont, à ce spectacle, les impressions du souverain économe qui, pour un voyage de deux mois, s'enorgueillit de n'avoir pas, en tout, dépensé un million, en comptant dans cette somme de riches présens et des charités abondantes. « Je n'ai pu voir tout cela sans indignation, confie-t-il à Mercy[45], et à moins que votre Maurepas ne soit une pomme cuite (*sic*), on ne conçoit pas qu'il souffre chose pareille ! »

La vraie opinion de Joseph sur les personnes et les institutions, c'est dans les lettres qu'il adresse à son frère Léopold[46] qu'il convient d'en chercher surtout la sincère expression. Au demeurant, et malgré ses vertes critiques, on y voit bien qu'il n'est pas pour sa sœur un juge foncièrement malveillant ; il rend même hommage en passant à certaines de ses qualités : « La Reine est une jolie femme ; mais c'est une tête à vent, qui est entraînée toute la journée à courir de dissipation en dissipation, parmi lesquelles il n'y en a que de très licites… Elle ne pense qu'à s'amuser ; elle ne sent rien pour le Roi. Sa vertu est intacte ; elle est même austère par caractère… C'est une aimable et honnête femme, un peu jeune, peu réfléchie, mais qui a un fond d'honnêteté et de vertu. Le désir de s'amuser est bien puissant chez elle, et, comme l'on connaît ce goût, on sait la prendre par son faible… » Quand il parle du Roi, il le trouve « mal élevé, faible pour ceux qui savent l'intimider, et par conséquent mené à la baguette, dans une apathie continuelle, » point sot pourtant, assez instruit, rempli d'intentions droites.

Il met le doigt avec justesse sur le vice capital de la haute administration dans les dernières années de l'ancienne monarchie française : « Chaque ministre, dans son département, est maître absolu, mais avec la crainte continuelle d'être, non dirigé par le souverain, mais déplacé. Par là, chacun ne tend qu'à se conserver, et aucun bien ne se fait, s'il n'est analogue à cette vue. Le Roi n'est absolu que pour passer d'un esclavage à un autre. »

VI

Six semaines s'étaient écoulées à cette espèce de revue générale, passée par le souverain de la nation alliée. Tant chez les hôtes que chez le visiteur, une certaine lassitude commençait à se faire sentir. Le public parisien revenait peu à peu de l'engouement des premiers jours, de l'excessive admiration qu'avaient d'abord excitée les allures d'un prince aussi original. « On s'est peut-être trop accoutumé à le voir, remarque Mme Du Deffand. Les impressions qu'il a faites sont usées. La simplicité plaît, mais à la longue paraît peu piquante. » L'Empereur, de son côté, se fatiguait visiblement de maintenir sans relâche l'attitude affectée à laquelle il devait la plus grande part de son succès. « J'ai passé pour un oracle sans l'être, confesse-t-il à son frère. Je quitte ce royaume sans regret, car j'en avais assez de mon rôle. » Les derniers jours du mois de mai furent employés par lui aux préparatifs du départ et à la réalisation du but essentiel du voyage.

A la veille de quitter Paris, se ressouvenant sans doute des conseils de Kaunitz, il s'occupe, en effet, de rédiger, pour la laisser à Marie-Antoinette, une instruction écrite, où elle trouvera un guide moral pour se conduire désormais dans la vie. Voici comment la Reine en informe l'Impératrice : « J'avouerai[47] à ma chère maman qu'il m'a donné une chose que je lui ai bien demandée et qui m'a fait le plus grand plaisir : c'est des conseils par écrit qu'il m'a laissés. Cela fait ma lecture principale dans le moment présent. » En dépit des affirmations de Marie-Antoinette, on a droit de concevoir des doutes sur l'efficacité de cette longue homélie, édifiante à coup sûr, mais filandreuse, déclamatoire, d'une sensiblerie larmoyante et d'une vague phraséologie, où manque essentiellement l'accent de la sincérité : « Vous êtes faite pour être heureuse, vertueuse et parfaite ; mais il est temps, et plus que temps, de réfléchir et de poser un système qui soit soutenu. L'âge avance ; vous n'avez plus l'excuse de l'enfance. Que deviendrez-vous, si vous tardez plus longtemps ? Une malheureuse femme, et encore plus malheureuse princesse ; et celui qui vous aime le plus dans toute la terre, vous lui percerez l'âme ! C'est moi, qui ne m'accoutumerai jamais à ne pas vous savoir heureuse… » Joseph comptait beaucoup sur l'effet de cette éloquence : « Vous me ferez plaisir, écrit-il à Mercy quelques jours après son départ, de me dire si mes sermons ont produit quelque fruit et changement dans la vie de la Reine. »

A en croire Marie-Antoinette, elle eût été d'abord profondément touchée. Rien, disons-le, n'empêche de supposer que, sur cette âme douce et frivole, ces marques d'intérêt, ces adieux solennels, aient fait d'abord quelque impression, une impression vite effacée. On le croirait d'après ses premières lettres : « Madame ma très chère mère, le départ de l'Empereur m'a laissé un vide, dont je ne puis revenir. J'étais si heureuse pendant ce peu de temps, que tout cela me paraît un songe dans ce moment-ci. Mais ce qui n'en sera jamais un pour moi, c'est tous les bons conseils et avis qu'il m'a donnés et qui sont gravés à jamais dans mon cœur… » Elle parle encore, un peu plus loin, de son émotion violente et de son « désespoir » à l'heure de la séparation. Elle se loue fort aussi des « attentions et des recherches de tendresse du Roi, » pour atténuer sa peine, attentions et recherches, ajoute-t-elle d'un ton pénétré, « que je n'oublierai de ma vie et qui m'y attacheraient, si je ne l'étais déjà[48]. »

Il est juste de constater, dans les semaines qui suivent, comme un léger effort de Marie-Antoinette pour mettre un peu plus de sérieux dans sa vie. Les lettres de Mercy sont sur ce point formelles : « Elle m'a parlé[49] d'un ton fort recueilli sur ses projets de réforme de conduite. Depuis huit jours, elle n'a fait aucune promenade dans Paris, et elle n'a point joué aux jeux de hasard. Il est visible qu'elle réfléchit au point capital, d'être plus attentive avec le Roi et de se montrer plus fréquemment avec lui. » Deux mois après, assure l'ambassadeur, toute trace des leçons de Joseph n'a pas encore entièrement disparu. Il est vrai qu'il le dit à l'Empereur en personne, ce qui infirme un peu l'autorité du témoignage : « Cette auguste princesse[50] reste encore, dans plusieurs articles de sa conduite, dans les termes de réformes que Votre Majesté y a opérées. Les momens de retraite et de lecture subsistent, ainsi que le maintien plus attentif et plus amical avec le Roi. Il faut joindre à cela une diminution considérable dans les objets de dissipation bruyante. »

Mais, aussitôt après ces constatations consolantes, il se voit obligé d'avouer que, des torts de la jeune souveraine, le plus dangereux, « le plus fatal » reparaît de plus belle, à savoir la passion du jeu ; « La princesse perd maintenant assez pour se trouver très gênée dans toutes ses autres dépenses. Il n'y a plus de fonds pour les œuvres de bienfaisance, et le pire de tout, c'est le mauvais exemple, le regret qu'il cause au Roi, et l'effet fâcheux qu'il produit dans le public. »

Que l'on attende deux mois de plus, et tout reprendra comme devant, peut-être même avec aggravation. « Je ne reviens point de mon étonnement, dira le bon Mercy-Argenteau[51], sur la courte durée des impressions faites par Sa Majesté l'Empereur sur l'esprit de la Reine, et, après avoir vu cette auguste princesse, pendant deux mois, si bien pénétrée des vérités utiles qui lui ont été représentées, il est inconcevable que toutes choses reviennent à un état réellement pire qu'il n'était avant le voyage de l'Empereur. J'ai lieu de croire que le règlement écrit par Sa Majesté a été supprimé et jeté au feu ! »

Au bout du compte, le seul résultat appréciable, — et il est important sans doute, — du voyage de Joseph est le rapprochement conjugal qui s'opère à Versailles dans les premières semaines qui suivent le départ du souverain. « Enfin, me voilà reine de France ! » s'écriera Marie-Antoinette en s'adressant à sa lectrice, Mme Campan, entrée un matin dans sa chambre. Louis XVI lui-même, à quelque temps de là, envoie à son beau-frère ces lignes où respire une naïve et touchante fierté : « Vous me reprocherez de ne vous avoir pas mandé ce qui s'est passé entre la Reine et moi. J'attendais quelque chose de plus pour vous en faire part. Deux fois, nous avons eu quelques légères espérances ; mais, malgré qu'elles n'aient pas réussi, je suis sûr d'avoir fait tout ce qu'il faut, et j'espère que l'année prochaine ne se passera pas sans vous avoir donné un neveu ou une nièce[52]. » Après ces confidences intimes, il ajoute d'un ton attendri : « C'est à vous que nous devons ce bonheur, car, depuis votre voyage, cela a toujours été au mieux, jusqu'à parfaite conclusion. » A quoi l'Empereur réplique en ces termes encourageans : « Les nouvelles que vous voulez bien me donner de votre lien conjugal me font le plus grand plaisir, et vous voulez même presque me laisser l'opinion d'y avoir contribué par mes propos… Continuez de même. »

Prochainement, en effet, apparaîtront des symptômes de grossesse, et à Versailles les gens bien informés devinent à qui revient l'honneur de ce grand événement. « On en attribue le mérite à l'Empereur, écrit dans ses *Mémoires* le comte de Saint-Priest. En interrogeant sa sœur sur sa stérilité, il en apprit la cause. Il ne s'agissait que d'un peu d'adresse de la part de la Reine[53]… » À ce point de vue tout au moins, le voyage de Joseph n'avait pas été en pure perte.

Quant à l'effet produit sur l'opinion par la visite en France du monarque autrichien, il semble bien que cette visite ait été, tout compte fait, plus nuisible qu'utile. Nul ne doutait que le but de Joseph ne fût essentiellement de raisonner et d'assagir sa sœur, de l'arracher aux influences qui l'entraînaient dans des voies périlleuses, de remettre de l'ordre et de la décence à la Cour. Le désappointement fut profond, lorsqu'on vit les bonnes impressions si rapidement détruites et les anciennes façons de vivre si aisément ramenées à leur train coutumier. On avait beaucoup espéré ;

on s'en irrita davantage. La physionomie de façade adoptée par l'Empereur, son économie, son sérieux, sa simplicité d'existence faisant contraste avec le luxe et le goût du plaisir étalés à Versailles, suscitèrent dans l'esprit public des comparaisons désastreuses. La frivolité de la Reine en parut plus choquante, la faiblesse du Roi plus fâcheuse. On les jugea dès lors l'un et l'autre incurables, et la tentative avortée rendit les vices plus apparens, les abus plus intolérables.

SEGUR.

1. ↑ *Copyright by* Calmann-Lévy, 1912.
2. ↑ Voyez la *Revue* du 15 janvier.
3. ↑ Soulavie, *Mémoires sur le règne de Louis XVI.*
4. ↑ Lettre du 8 juillet 1774 à Mme d'Epinay. Édition Asse.
5. ↑ On l'appelait couramment dans la famille royale, rapporte Frénilly, *le serrurier* ou *le gros cochon.*
6. ↑ Lettre du 13 juin 1776. — *Correspondance* publiée par d'Arneth.
7. ↑ Voyez les lettres de Mercy-Argenteau à Marie-Thérèse, et notamment celle du 17 novembre 1778. — *Correspondance* publiée par d'Arneth.
8. ↑ Journal de Hardy, 17 août 1777.
9. ↑ Lettre du 31 octobre 1776. — *Correspondance* publiée par d'Arneth.
10. ↑ Note jointe par Mercy à sa lettre du 17 septembre 1776. — *Ibid.*
11. ↑ Allusion à la princesse de Guéménée.
12. ↑ Lettre du 17 novembre 1776. — *Correspondance* publiée par d'Arneth.
13. ↑ 14 janvier 1777.
14. ↑ Lettres des 15 novembre 1776 et 15 novembre 1777, à l'Impératrice. — *Correspondance* publiée par d'Arneth.
15. ↑ Lettre de Mercy du 15 août 1777. — *Ibid.*
16. ↑ Lettre du 13 juillet 1772. — *Maria-Theresia und Joseph II*, publié par d'Arneth.
17. ↑ Lettre du 11 juillet 1777. — *Maria-Theresia und Joseph II.*
18. ↑ *Souvenirs* du marquis de Valfons.
19. ↑ *Ibidem.*
20. ↑ Lettre du 22 août 1776. — *Correspondance* publiée par Flammermont.

21. ↑ Lettre du 15 novembre 1776. — *Correspondance* publiée par d'Arneth.
22. ↑ *Mémoire* du 12 avril 1777. — Archives nationales K. 164.
23. ↑ Lettre du 1er janvier 1777 à Mercy. — *Correspondance* publiée par Flammermont.
24. ↑ Lettres des 31 octobre et 30 novembre 1766 et 3 février 1777. — *Correspondance* publiée par d'Arneth.
25. ↑ Lettre du 1er janvier 1777. — *Correspondance* publiée par Flammermont.
26. ↑ Lettre du 3 janvier 1777. — *Correspondance* publiée par Flammermont.
27. ↑ Lettre à Mercy du 30 novembre 1776. — *Ibidem*.
28. ↑ *Journal* du duc de Croy. — *Autour de Marie-Antoinette,* par M. de Routry.
29. ↑ Lettre du 31 décembre 1776. — *Correspondance* publiée par Flammermont.
30. ↑ Lettre du 16 janvier 1777. — *Correspondance* publiée par d'Arneth.
31. ↑ Lettre du 17 janvier 1777. — *Correspondance* publiée par d'Arneth.
32. ↑ *Journal* de Croy.
33. ↑ La suite fut logée dans un petit hôtel de la rue de Tournon, aujourd'hui le restaurant Foyot.
34. ↑ *Journal* de Croy.
35. ↑ Lettre de la comtesse de la Marck à Gustave III de Suède, du 7 août 1777. — *Correspondance* publiée par d'Arneth.
36. ↑ *Correspondance secrète* publiée par M. de Lescure, 1er mai 1777.
37. ↑ On peut consulter notamment, dans l'ouvrage de M. de Routry, *Autour de Marie-Antoinette*, le chapitre sur *le Voyage de Joseph II en France*, p. 289-301. — Un des correspondans du prince Xavier de Saxe, le sieur Pommiès, ajoute les détails suivans sur l'un des incidens qui firent le plus de bruit à Versailles : « L'Empereur a été au pavillon de Louveciennes et a causé un quart d'heure avec Mme du Barry, qui était sortie dans ses jardins pour lui laisser la liberté de voir plus à son aise le pavillon. L'Empereur ayant demandé si la maîtresse de la maison était absente, on lui a dit qu'elle était dans le jardin. Alors il a été la chercher, lui a donné le bras jusqu'au pavillon, et ils ont causé d'une manière fort agréable. L'Empereur en a été charmé. » Lettre du 22 mai 1777. — Archives de Troyes.
38. ↑ Lettre de Joseph II à Mercy, du 4 mars 1780. — *Correspondance* publiée par Flammermont.
39. ↑ Lettre de Mercy à Marie-Thérèse, du 15 janvier 1777. — *Correspondance* publiée par d'Arneth.

40. ↑ Lettre du prince X. de Saxe du 30 avril 1777. — Archives de Troyes.
41. ↑ *Journal* de l'abbé de Véri. — *Passim*.
42. ↑ *Mémoires* de Mme Campan. — *Correspondance secrète* publiée par M. de Lescure, etc., etc.
43. ↑ Lettre du 11 mai 1777. — *Maria-Theresia und Joseph II. — Correspondance* publiée par d'Arneth.
44. ↑ Lettre du 7 août 1777. — *Correspondance* publiée par d'Arneth.
45. ↑ Lettre de Mercy à Marie-Thérèse, du 15 juillet 1777. — *Ibidem*.
46. ↑ *Maria-Theresia und Joseph II, passim*.
47. ↑ Lettre du 14 juin 1777. — *Correspondance* publiée par d'Arneth.
48. ↑ Lettre du 14 juin 1777. — *Correspondance* publiée par d'Arneth.
49. ↑ Lettre du 15 juin 1777. — *Ibidem*.
50. ↑ Lettre du 15 août 1777. — *Correspondance* publiée par Flammermont.
51. ↑ Lettre à Marie-Thérèse, du 17 octobre 1777. — *Correspondance* publiée par d'Arneth.
52. ↑ Lettre du 22 décembre 1777 à l'Empereur, citée par M. le comte de Pimo-dan, dans son livre récent sur *le Comte de Mercy-Argenteau*.
53. ↑ *Mémoires inédits* du comte Guignard de Saint-Priest.

AU COUCHANT DE LA MONARCHIE[1]

IX.[2] LE MINISTÈRE DU COMTE DE SAINT-GERMAIN

Le premier acte politique un peu considérable qui succédera au départ de l'empereur d'Autriche attestera, d'une manière éclatante, le peu d'effet produit sur les hôtes de Versailles par ses exhortations et le peu de durée des résolutions prises. Parmi les ministres du Roi, l'un de ceux que Joseph avait le mieux prônés, dont il avait vanté les vues avec le plus grand enthousiasme, dont il avait le plus chaudement recommandé le maintien à Louis XVI, était le comte de Saint-Germain, secrétaire d'Etat pour la Guerre. Il lui avait rendu visite dans son logement de l'Arsenal, s'était longuement entretenu avec lui, s'était fait expliquer par lui les réformes réalisées et celles qui étaient en projet. Il lui avait publiquement prodigué les marques de son estime, l'avait hautement encouragé à poursuivre une tâche difficile, que lui seul, assurait l'Empereur, pouvait mener à bien, « parce qu'il y apportait la constance d'un philosophe et le courage d'un soldat[3]. »

Quatre mois après cette visite, qui n'avait pas manqué de produire une vive sensation, le comte de Saint-Germain, en butte à l'hostilité de la Cour, trahi par M. de Maurepas, battu froid par la Reine et abandonné par le Roi, était contraint de se retirer des affaires, et l'on installait à sa place un courtisan frivole, un médiocre intrigant. Pour expliquer cette chute et en mesurer l'importance, il nous faut jeter un regard sur les opérations du ministre réformateur qui, par ses vastes plans, par ses intentions droites, par ses essais hardis et par son insuccès final, fut à certains égards, quoique avec une moindre envergure, une manière de Turgot, un Turgot militaire.

I

Son avènement[4], comme celui de Turgot, avait été accueilli du public avec une réelle allégresse. Par son passé, par les récits de ses anciens compagnons d'armes, en France, en Allemagne, en Danemark, partout où il avait servi dans sa carrière aventureuse, on connaissait son caractère entier, son honnêteté bourrue, son horreur des routines et des sentiers battus. On le savait aussi sans parti, sans coterie, « isolé à la Cour » et ne dépendant de personne. Et tout cela, dans les milieux bourgeois, philosophiques ou militaires, plaisait infiniment, donnait l'idée d'un homme qui ne ménagerait rien, flattait cet « esprit de réforme » qui, comme dit le duc de Croy, était alors « le goût à la mode, dans un pays où tout est mode[5]. »

Sauf quelques dignitaires pourvus de charges lucratives, quelques militaires haut placés, qui redoutaient toute innovation, tout changement, comme une menace pour leurs intérêts personnels, Saint-Germain, au début, ne rencontrait aucune hostilité sérieuse, aucune prévention malveillante. Maurepas, après son premier entretien avec le ministre nouveau, mandait à Mme de Praslin l'impression favorable qu'il ressentait, et chacun avec lui : « Il est inutile de vous exprimer la sensation agréable occasionnée par le retour de

M. le comte de Saint-Germain. Il n'y a qu'un cri dans tous les ordres, et l'on répète : il est toujours le même ! » Les salons, les bureaux d'esprit, formaient aussi les plus excellens pronostics : « Je crois que le choix de cet homme ne déplaira à personne, excepté à ceux qui étaient ses ennemis particuliers ; » ainsi s'exprime la marquise du Deffand. Et Mlle de Lespinasse renchérit en ces termes : « C'est un homme de mérite ; c'est un homme isolé. Il est arrivé là, sans intrigue. On doit croire qu'il ne voudra que le bien. » Voltaire lui-même renonçait à ses répugnances contre un officier général qui avait débuté par être « six ans jésuite » et convenait que, somme toute, « il y a d'honnêtes gens partout. »

La Reine, sans le connaître et sans avoir pris part à sa nomination, l'acceptait de bonne grâce : « M. de Saint-Germain, écrivait-elle à sa mère, est établi ici avec l'applaudissement de tout le militaire, si j'en excepte quelques grands seigneurs qui craignent de ne pas trouver leur compte avec lui. » Enfin Louis XVI, plus que personne, ne pouvait guère manquer d'être bien disposé envers celui qui, persécuté, et presque chassé de France autrefois, par l'influence du parti Pompadour, recevait sous le nouveau règne la réparation éclatante due à sa probité sévère. Il avait lu d'ailleurs les « mémoires sur le militaire » rédigés en exil par le général disgracié ; il en avait goûté la franchise, la hardiesse, la rude indépendance, et les premiers conseils d'Etat tenus après l'installation du comte de Saint-Germain n'avaient fait qu'augmenter la bonne opinion qu'il avait de ses mérites professionnels. Il s'y joignit bientôt de l'estime pour son caractère. Il lui sut notamment bon gré de son raccommodement loyal avec le maréchal de Broglie. Jadis leurs démêlés avaient été publics ; c'était au maréchal que Saint-Germain imputait, en partie, sa disgrâce ; cependant, à la Reine lui demandant un jour où en était cette vieille querelle, il avait répondu : « Madame, ma mémoire ne me rappellera jamais ce que mon cœur a pardonné. » Ce mot, rapporté à Louis XVI, l'avait profondément touché[6].

La bienveillance royale, pour ces divers motifs, devenait promptement si marquée que, dans le populaire, couraient des bruits sans doute exagérés : « On entendait dire[7], d'après les nouvelles de la Cour, que le comte de Saint-Germain prenait si bien dans l'esprit du Roi, qu'on commençait à être persuadé qu'au cas où le sieur de Maurepas viendrait à manquer, il serait fort possible que Sa Majesté lui accordât la même confiance qu'Elle avait paru en avoir pour ce seigneur, depuis la mort de Louis XV. »

Malgré sa « sauvagerie, » son ignorance des choses de Cour et son inexpérience des hommes, Saint-Germain comprenait l'importance capitale de profiter du premier enthousiasme, du « consentement quasi unanime » des débuts, pour frapper des coups décisifs et opérer, dans le département qui lui était confié, les « grandes révolutions » qu'il jugeait nécessaires. Quelques semaines lui suffirent, en effet, pour amorcer de graves réformes et en annoncer beaucoup d'autres. « La hardiesse des opérations du comte de Saint-Germain, dès les premières semaines de son arrivée au ministère, dit le gazetier Métra[8], étonne, étourdit comme un coup de foudre ! Bientôt tout sera changé, réformé dans son département. » Mais cette surprise heureuse et cette admiration charmée étaient une source de danger. Une légende se formait autour de Saint-Germain, dont il serait un jour victime. « Paris voulait que, pour sa gloire, il s'en allât un bâton à la main, qu'il vécût en ours, en homme singulier, et qu'il forçât pour emporter son plan. » Pour tout dire en un mot, on exigeait qu'il « sabrât tout, » et « quelque ferme que fut cet homme peu commun, Paris était encore plus ferme et plus sabrant que lui. » De là, de cet état d'esprit, viennent, du moins en partie, les mille difficultés qui vont prochainement l'assaillir. Toute temporisation passera pour une faiblesse, tout ménagement pour une « lâche reculade[9]. »

Pour nous permettre de connaître et d'apprécier, dans leur ensemble, les idées et les vues du comte de Saint-Germain, il est un document précieux : ce sont les « dix principes » rédigés de sa main et désignés dans ses *Mémoires*[10] comme contenant les règles immuables, — « éternellement vraies, » écrit-il, — qu'il jugeait devoir présider à l'administration de l'armée. On y trouve à la fois l'indice de son sens clairvoyant, de sa scrupuleuse honnêteté et de son esprit tout d'une pièce, systématique, dépourvu de souplesse. Voici, sous une forme abrégée, quelques-unes des maximes dont se compose ce *décalogue* :

— L'intérêt, dans l'armée, a pris la place de l'honneur. Il faut réagir contre cet élément de corruption. L'état militaire ne doit pas enrichir.

— Point de titre sans grade ; point de grade sans fonction.

— L'ancienneté dans l'avancement est une bonne méthode, mais elle ne doit avoir la préférence qu'à mérite égal, car « les « emplois ne sont pas faits pour les hommes, mais les hommes « pour les emplois. »

— Le militaire doit avoir toute sécurité relativement à son grade et à son emploi. Il ne doit en être privé que par sa propre faute, s'il manque à ses devoirs, et en entourant cette privation de formes juridiques.

— La religion et la morale sont « le thermomètre assuré « qui marque l'éclat des nations. Toute troupe sans religion et « sans mœurs ne sera jamais bonne. »

Sur ces principes, dont la plupart sont justes en eux-mêmes, Saint-Germain, dès les premiers jours, entreprit d'établir son plan général de réforme.

Au point de vue pratique, l'idée fondamentale à laquelle il s'attache est l'impérieuse urgence d'accroître, d'une manière importante, l'effectif de l'armée, qu'il juge insuffisant. La France, en temps de paix, n'entretient guère alors qu'une centaine de mille hommes[11], chiffre notablement inférieur, par proportion avec celui de la population, aux chiffres relevés chez les puissances voisines, et notamment en Prusse. Cet effectif restreint,

Saint-Germain prétend le doubler, et l'on verra qu'il y réussit à peu près. Mais, en même temps, vu l'état des finances, il entend ne pas augmenter le budget de la Guerre ; et c'est là le point difficile, c'est là qu'avec une curiosité ironique l'attendent les gens qui doutent de son « génie. » Voici ce qu'on peut lire dans une gazette du temps : « Le premier soin de M. de Saint-Germain a été de représenter au Roi qu'il était inconvenable que, tenant le premier rang parmi les puissances d'Europe, la France fût celle qui eût le moins de troupes. Il lui a fait sentir la nécessité d'avoir au moins 200 000 hommes toujours sur pied, tant que le système de ses rivaux serait de tenir en activité d'aussi nombreuses armées... Mais voici son coup de génie : il prétend se suffire à lui-même ! Il demande seulement à Sa Majesté qu'Elle lui laisse carte blanche pour toutes les réformes et réductions qu'il voudra faire, et il se fait fort de retrouver, sur de certaines économies ou suppressions, de quoi remplir son plan. S'il réussit, il aura la gloire d'avoir découvert la pierre philosophale de l'administration[12] ! »

Si l'on néglige la forme légèrement malveillante, la pensée qui dirige, du début à la fin, toute l'administration du nouveau secrétaire d'Etat est fort exactement résumée en ces lignes. Beaucoup d'hommes avec peu d'argent ; aucun accroissement de dépenses et de larges économies. C'est vers ce double but que convergent tous ses efforts, c'est dans l'espoir de le réaliser qu'il promulgue, en moins de deux ans, quatre-vingt-dix-huit ordonnances, un code complet, transformant entièrement toute l'organisation de son département, et c'est ainsi qu'il s'attire le surnom, — tenu alors pour injurieux, — de *Maupeou militaire*. Je n'entreprendrai pas ici l'analyse détaillée d'une œuvre aussi considérable. Il me suffira d'esquisser les principales réformes, d'en indiquer les conséquences, de raconter les fautes commises et les obstacles rencontrés[13]. Une fois de plus, en cette histoire, on verra la bonne volonté, la droiture, le courage, aux prises avec l'intrigue et la cabale des Cours, avec l'égoïsme des uns, la défaillance des autres. On y verra aussi une preuve nouvelle de cette vérité reconnue, que le bon sens et l'honnêteté ne peuvent rien sans le savoir-faire, que les plus belles idées ne portent aucun fruit, si l'on n'y joint la science du maniement des hommes.

II

Dans l'ordre d'idées indiqué, la mesure la plus importante qui devait s'offrir tout d'abord à l'esprit du ministre était inévitablement la réforme complète des corps privilégiés, dont l'ensemble formait la « Maison militaire » du Roi. Sur nul autre chapitre il n'était permis d'espérer de faire une épargne aussi forte.

L'origine de l'institution n'était guère moins ancienne que celle même de la monarchie. Pour leur sûreté particulière et pour la splendeur de leur trône, toujours les rois avaient jugé utile de s'entourer d'une troupe d'élite constituant leur garde spéciale. Mais c'est seulement sous Louis XIV que ces corps avaient pris l'ampleur, l'extraordinaire éclat, dont le Grand Roi aimait à revêtir tout ce qui approchait de sa personne sacrée. Une ordonnance, datée du 6 mai 1667, en fixait la composition, réglait les détails du service, déterminait les préséances. A la fin du XVIIIe siècle, l'édifice construit par Louvois restait encore intact en ses lignes essentielles.

Non que les critiques eussent manqué. Dès 1717, le duc de Saint-Simon, membre du Conseil de Régence, en avait dénoncé hautement les vices et les inconvéniens : rivalité des corps entre eux, entraînant des querelles, des refus de service et des actes d'indiscipline ; excessives prétentions des chefs, presque exclusivement recrutés parmi les plus grands seigneurs du royaume ; embarras résultant de la foule d'équipages qui gênaient, en campagne, les mouvemens de l'armée, et surtout dépense effroyable occasionnée par ces troupes brillantes et fastueuses, quatre ou cinq fois plus onéreuses que les troupes ordinaires[14]. Avec le prix d'un de ces escadrons, assurait Saint-Simon, on eût aisément entretenu quatre escadrons de cavalerie. « Or, disait-il, quelque valeureuses qu'on ait éprouvé ces troupes, on ne peut espérer qu'elles puissent battre leur quadruple, ni même se soutenir contre ce nombre[15]. » Pour ces raisons diverses, le duc avait proposé au Régent de ne laisser debout que les gardes du corps et de supprimer tout le reste. Il dut bientôt battre en retraite devant l'opposition de puissans personnages, devant « les cris, les brigues, » que provoqua l'annonce d'une mesure aussi radicale. « Nous comprîmes qu'en proposant une réforme si utile, elle ne se ferait jamais, et que tout le fruit que nous retirerions de notre zèle serait la haine de tant d'intéressés[16]. »

Il faut reconnaître, d'ailleurs que de sérieuses raisons militaient en faveur de ces beaux escadrons. Sous Louis XIV et sous Louis XV, la Maison militaire s'était, à mainte reprise, acquis un renom immortel. A Steinkerque, à Nerwinde, elle avait sauvé la partie et décidé de la victoire. A Ramillies, elle avait mérité ce bel éloge du duc de Marlborough : « On ne peut battre la Maison du Roi, il faut la détruire. » C'est elle enfin qui, à Fontenoy, avait enfoncé et rompu l'invincible colonne du duc de Cumberland, forcé cette citadelle regardée comme inexpugnable. Tant de glorieux souvenirs lui composaient une sorte d'auréole. On pouvait encore invoquer, dans un temps où la royauté se voyait attaquée jusque dans son principe, l'utilité de respecter tout ce qui rehaussait le prestige et l'éclat du trône, tout ce qui servait à maintenir l'autorité personnelle du souverain. C'est là sans doute ce qu'entendait Louis XVI, lorsqu'il disait à Saint-Germain, pour justifier sa répugnance à certaines suppressions, que « dans un État comme le sien, il fallait parfois de grandes grâces pour attacher et conserver les grands seigneurs à son service[17]. » C'est aussi l'objection que le duc de Croy oppose aux conceptions du ministre réformateur, dans le passage de son *Journal* où il explique que l'exécution d'un tel plan était chose impossible, « à moins d'une refonte si dure, que c'eût été écraser tout le monde, une immensité ne vivant que sur le Roi. Louis XIV et même Louis XV, ajoute-t-il, ont monté trop haut, et quand on l'a fait, on ne peut plus descendre[18]. » En détruisant les corps privilégiés, a-t-on dit de nos jours[19], on risquait de détruire « le boulevard de la monarchie. » On s'en aperçut bien sous la Révolution, le 14 juillet et aux journées d'Octobre.

Malgré ces considérations, malgré les résistances et les difficultés prévues, ce fut pourtant sur cette institution que Saint-Germain, avant toute chose, résolut de porter ses coups. La nécessité capitale de se procurer des ressources en faisant des économies prima dans son esprit toutes les raisons politiques ou sentimentales. Son premier projet reprenait, à part quelques légers détails, celui de Saint-Simon : suppression pure et simple de la plupart des corps de la Maison du Roi, — gendarmes, gardes-françaises, mousquetaires et chevau-légers, — de quelques autres corps attachés aux maisons de la Reine et des princes du sang, maintien des seuls gardes du corps, jugés indispensables à la sûreté du trône. Telle fut l'économie de l'ordonnance qu'il ébauchait dans le secret de son cabinet de ministre et qui, rapidement divulguée par une indiscrétion funeste, provoquait une vive émotion, une violente fermentation, applaudie par les uns, censurée par les autres, avec une égale véhémence.

Dans la masse du public, c'était une sorte d'enthousiasme. « La ville, dit le duc de Croy, ne s'occupait que des projets de réformes absolues de M. de Saint-Germain, et c'était un déchaînement général contre les doubles emplois et un immense désir d'économie répandu dans tous les esprits. » Rien n'arrêtait les novateurs. On ne s'inquiétait guère des services éclatans rendus jadis par les régimens condamnés. On ne songeait qu'à l'argent qu'ils coûtaient, aux inégalités dont ils bénéficiaient. Une rage de destruction emportait tout le monde.

A la Cour, au contraire, et dans les hauts rangs de l'armée, la surprise, la crainte, la colère, croissent presque d'heure en heure. A la tête de chacun des corps visés par le ministre est, en effet, quelque grand personnage, qui s'agite, intrigue ou menace, résiste avec une ardeur acharnée. Pour les gendarmes de la garde, la bataille est menée par le marquis de Castries et le maréchal de Soubise, pour les chevau-légers, par le duc d'Aiguillon, le propre neveu de Maurepas. L'argument principal dont se servent ces défenseurs est que, dans les corps susnommés, les charges d'officiers ont été bel et bien achetées, payées à beaux deniers comptans, par ceux qui les exercent, et qu'on ne peut les abolir sans restituer l'argent. Rien que pour les gendarmes, ces remboursemens s'élèveraient, pour quarante charges, à la somme de quatre millions. De même des autres corps. Où trouver les fonds nécessaires, à une époque où *pas d'impôts nouveaux* est devenu la formule sacro-sainte ?

En même temps que les têtes s'échauffent, les incidens se multiplient. L'article relatif aux « carabiniers de Monsieur » suscite une discussion qui dégénère bientôt en querelle personnelle. Leur commandant, le marquis de Poyanne, soutenu sous main par le Comte de Provence, ne craint pas de s'en prendre en face au comte de Saint-Germain, lui disant avec insolence qu'« un jour viendrait où il ne serait plus ministre, et qu'on pourrait alors se faire rendre justice. » Sur quoi, Saint-Germain demandant s'il s'adressait au ministre du Roi ou bien au comte de Saint-Germain : « A tous les deux, » lui répondait Poyanne. « Eh bien ! monsieur, comme ministre, je vous ordonne de vous retirer, et comme Saint-Germain, vous me retrouverez. » Poyanne, enflammé de colère, écrivait au Roi pour se plaindre, et celui-ci se contentait de jeter le billet au feu, en murmurant : « Il faut que Poyanne ait perdu la tête[20] !

« Toutefois, peut-être eût-il sévi, sans le Comte de Provence, qui intervenait dans l'affaire, en arrêtait les suites et épargnait à l'auteur de cette incartade la disgrâce si bien méritée.

Dans ce concert de doléances, à peu près seuls les mousquetaires, tant « noirs » que « gris, » n'entendaient aucune voix s'élever pour les défendre. Depuis longtemps déjà, ils ne paraissaient plus sur les champs de bataille. Confinés en d'ingrates besognes, comme de porter les lettres de cachet et les ordres d'exil, ou, en cas d'émeutes populaires, de renforcer les compagnies du guet, ils avaient perdu le prestige attaché jadis à leur nom. Lors des luîtes de Maupeou contre les parlemens, c'étaient les mousquetaires qui avaient arrêté et conduit en exil les magistrats proscrits[21]. Au temps récent de la « Guerre des farines, » ils avaient contribué à réprimer les troubles. Tous ces souvenirs leur avaient aliéné le cœur du peuple parisien. D'ailleurs, de leurs deux chefs, l'un, M. de La Chèze, était sans crédit à la Cour, l'autre, M. de Montboissier, se laissa désarmer par la promesse du cordon bleu. En de telles conditions, la nouvelle de cette suppression ne provoqua que des railleries, des chansons plus ou moins piquantes. Ces troupes, au si glorieux passé, n'eurent pas d'autre oraison funèbre.

Pour les autres corps, au contraire, la résistance fut efficace. Les clameurs des dépossédés, les « intrigues ténébreuses, » dont, — écrit un contemporain, — « on voyait les effets sans en distinguer les ressorts, » toute cette effervescence troublait M. de Saint-Germain, déconcertait ses plans, ébranlait ses résolutions. Une grande déception lui venait de l'attitude, en cette affaire, de l'homme sur lequel il comptait, dans sa simplicité, pour seconder ses vues, le vieux conseiller du Roi, le premier ministre de l'ait. Non que Maurepas se montrât publiquement hostile à la réforme, ni fit écho aux détracteurs de l'audacieux projet, mais son scepticisme railleur, sa légère insouciance et ses conseils éternels de prudence, insufflaient peu à peu le doute dans l'âme candide de son collègue, décourageaient son ardeur batailleuse.

Louis XVI, dans cette tempête, se départait aussi de sa fermeté primitive. Lui qui, les premiers jours, disait à Saint-Germain : « Sachez, monsieur, qu'il n'y a que moi qui puisse ordonner ici et que, quand j'ai prescrit, vous ne devez avoir aucun égard aux protecteurs[22] ; » lui qui, au duc de Noailles s'enquérant des projets sur les gardes du corps, répliquait brusquement : « Je n'aime pas la curiosité, » ne tardait pas à se montrer flottant, inquiet et comme intimidé. Il maintenait encore les principes, mais il cédait sur les personnes ; il voulait bien détruire les privilèges, mais il craignait visiblement la colère des privilégiés ; et tout en condamnant les charges inutiles, il intervenait constamment pour empêcher les titulaires d'être privés de leur emploi. Ainsi l'arme naguère tranchante s'émoussait insensiblement. L'heure arrivait enfin où, comme dit le gazetier[23], l'auteur de la trop fameuse ordonnance, « voyant son plan dérangé chaque jour davantage, » l'achevait hâtivement, vaille que vaille, se dépêchait de le produire au jour, boiteux, mutilé, incomplet, « dans la crainte de n'en rien pouvoir exécuter, s'il donnait plus de temps aux cabales pour se former, agir, diriger et multiplier leurs efforts. »

De fait, la grande réforme aboutissait à supprimer, dans toute la Maison militaire, quelque chose comme un millier d'hommes, les mousquetaires compris. Pour le reste, tout se bornait à des mesures transactionnelles et à des modifications légères, redressement de quelques abus, remboursement de quelques charges, réglementation plus précise pour l'avancement des officiers. Le pire est que ces concessions n'éteignirent pas les haines et les ressentimens. Saint-Germain resta la bête noire des courtisans et des grands dignitaires, tandis qu'il perdait la confiance de ce que le libraire Hardy nomme « l'état mitoyen. » C'est la constatation que fait aussi le judicieux duc de Croy : « Au pinacle de l'opinion, tant qu'on avait pu croire qu'il jetterait tout à bas, il n'était plus bon à rien, le jour où l'on disait qu'il gardait quelque chose… Et comme on objectait que ce n'était pas de sa faute, que M. de Maurepas l'arrêtait bien malgré lui, chacun disait : *A la bonne heure : s'il envoie tout promener et qu'il quitte sa place, on ne s'en prendra pas à lui ; mais s'il la garde, c'est une lâcheté* ! »

III

La tentative de Saint-Germain pour réformer la Maison militaire fut à la fois la plus retentissante et la moins efficace de ses deux années de pouvoir. D'autres eurent un meilleur succès et, bien qu'également combattues, réalisèrent un progrès plus réel. On peut diviser ces réformes en deux catégories distinctes, celles relatives aux officiers et colles relatives aux soldats. Les unes et les autres présentent un puissant intérêt.

Toutes les mesures qui visent le commandement et l'état-major de l'année sont inspirées par une idée maîtresse : la tendance continuelle du comte de Saint-Germain est de favoriser la noblesse pauvre, la noblesse provinciale, qui, dit-il, « ne parvient à rien, quelque chose qu'elle mérite, » contre la noblesse riche et la noblesse de Cour, « qui trop souvent a tout sans rien mériter. » On se tromperait beaucoup, pourtant, en lui attribuant la pensée de démocratiser l'armée, de rendre les grades et emplois également accessibles à tous les citoyens, sans distinction de classe et de naissance. C'est une idée qui, dans ce temps, n'entrait encore dans la tête de personne. Pour Saint-Germain, comme pour l'immense majorité de ses contemporains, les grades supérieurs de l'armée doivent être, sauf de rares exceptions, réservés en principe à l'aristocratie, qui y est préparée par l'éducation atavique, qui ne peut d'ailleurs exercer d'autre métier que le métier des armes. Il prétend en barrer l'accès au flot montant de la roture. « Un homme de condition, lit-on dans ses *Mémoires*, un bon et ancien gentilhomme, ne veulent plus rester dans l'état subalterne, parce qu'ils s'y trouvent confondus avec trop de personnes d'un rang inférieur. » Aussi, s'il lutte, comme nous verrons bientôt, contre l'abus de la vénalité des charges, c'est avant tout dans l'espérance d'écarter de l'armée ceux qui, selon son expression[24], « sortis de la lie du peuple, ont amassé assez d'argent pour acheter les grades, sans avoir besoin de servir ni d'essuyer des coups de fusil. » — « Comme l'état militaire, fera-t-il encore observer[25], ne donne pas de quoi vivre, on n'y peut admettre que les gens qui ont du bien, et ce n'est pas toujours de la noblesse, ce qui est déjà un grand vice. »

Mais, s'il partage à cet égard le préjugé courant, il ne peut voir sans impatience et sans indignation les avantages presque exclusifs réservés par l'usage aux grands seigneurs, aux hommes de Cour, qui accaparent à leur profit tous les hauts grades et tous les emplois lucratifs. Il est certain que, dans les vingt dernières années de l'ancienne monarchie, l'Almanach militaire est, sur ce point, déplorablement instructif. En 1775, on compte neuf maréchaux de France, cent soixante-quatre lieutenans généraux, trois cent soixante et onze maréchaux de camp, quatre cent quatre-vingt-deux brigadiers, au total mille vingt-six officiers généraux, tous choisis dans la grande noblesse et coûtant au Trésor environ quinze millions par an, tandis que les autres officiers de l'armée en coûtent à peine dix à eux tous. Pendant ce temps, les petits gentilshommes végètent, sans espoir d'avancer, dans des grades inférieurs, dotés, après de longs services, de si maigres retraites, qu'on voit souvent de vieux chevaliers de Saint-Louis, tout criblés de blessures, cacher leur croix dans le fond de leur poche et « se louer » pour battre le blé ou pour travailler à la terre.

De cette classe sacrifiée, Saint-Germain se fait l'avocat, le soutien déclaré. Pour eux, pour leurs enfans, il ouvrira de nouvelles écoles militaires. Il cherchera, par mille moyens, à leur faciliter l'accès des grades supérieurs de l'armée, en décernant au seul mérite ce que jusqu'à ce jour on accordait à la faveur. « Les hommes, déclarera-t-il, ne peuvent se donner à eux-mêmes les talens ; il faut donc les chercher là où la nature les a placés. » C'est, comme j'ai dit plus haut, en vue de protéger les pauvres contre l'accaparement des riches, qu'il fera de louables efforts, — non pour détruire d'un trait de plume, ce qu'il juge impossible, — mais du moins pour restreindre et pour supprimer graduellement, par des rembourse-mens partiels, le système scandaleux de la vénalité des charges militaires, le trafic au grand jour des régimens, des compagnies, des emplois dans l'état-major.

Aux termes de son ordonnance du 25 mars 1776, tous les offices se trouveront libérés, à la quatrième mutation à partir du décret. Quant aux charges vacantes, aucune ne sera plus « vendue, achetée ou financée, par quelque motif et sous quelque prétexte que ce soit, » l'intention de Sa Majesté étant « de ne pas souffrir que, dans tout le [cours de son règne, il se donne dans ses troupes aucun emploi à prix d'argent. » Faut-il dire que, deux ans plus tard, au mois de février 1778, sous le successeur immédiat du comte de Saint-Germain, quarante offices de capitaine étaient publiquement mis en vente, avec la permission du Roi ?

Une opération plus durable fut le règlement relatif à la nomination des colonels et à leur avancement. Ici l'abus était flagrant. A l'avènement de Saint-Germain, pour 163 rëgimens on compte près de 900 colonels. Sur ce chiffre, 200 à peine font un service actif ; les autres demeurent sans emploi, ou n'occupent que des places fictives. C'est qu'en effet, à ceux qui ont des appuis à Versailles, on donne un régiment, comme on donne une pension ou une bonne sinécure. « Un jeune homme de naissance, disait déjà le maréchal de Saxe[26], regarde comme un mépris que la Cour lui fait, si elle ne lui confie pas un régiment à l'âge de dix-huit ou vingt ans. » Le vainqueur de Fontenoy signale le grave danger de laisser des corps importans à la disposition « d'enfans qui sortent du collège, » incapables de commander, « portés par leur jeunesse à des choses absolument contraires au service militaire. » Depuis ce cri d'alarme, les choses n'avaient que peu [changé. Les *colonels à la bavette,* pour citer le langage du temps, restaient encore nombreux dans l'état-major de l'armée. Vainement avait-on décrété que nul ne pourrait parvenir au commandement d'un régiment avant vingt-trois ans d'âge et sept ans de service : cette règle, bien insuffisante, était constamment violée.

A Saint-Germain revient l'honneur d'avoir déraciné ce déplorable usage. Désormais aucun officier, « quand même il serait de la naissance la plus distinguée, » ne sera gratifié du grade de colonel, s'il n'a au moins quatorze ans de service, dont six comme colonel en second, et s'il n'est bien noté par ses chefs hiérarchiques. Ainsi la porte s'ouvrait-elle aux officiers que leur manque de fortune condamnait jusqu'alors à ne pouvoir s'acheter un régiment et qui demeuraient confinés, quel que fût leur mérite, dans les grades inférieurs, majors ou capitaines, Quant aux colonels sans emploi, dont la foule encombrait l'armée, ils ne pourraient monter à un grade supérieur qu'après avoir effectivement exercé leurs fonctions pendant une durée de six ans. Pour utiliser ces derniers et pour occuper leurs loisirs, le ministre ressuscitait l'ancienne institution des colonels en second. Mais il n'eut guère à se féliciter du résultat de cette mesure. Il s'ensuivit dans bien des régimens des confusions d'autorité, des conflits personnels, qui furent encore aggravés par de mauvais choix, Saint-Germain ayant fait la faute de s'en remettre à des subordonnés de la nomination des colonels en second. Il s'en confesse, dans ses *Mémoires* avec une touchante bonhomie : « Tout ce que j'ai essuyé de blâmes et de reproches au sujet de ces colonels ne peut se concevoir, écrit-il, et il faut convenir que ces reproches étaient mérités. »

Pour compléter cette partie de son œuvre, Saint-Germain décidait, de plus, que le corps d'officiers, du haut jusqu'en bas de l'échelle, serait, en temps de paix, astreint dorénavant à un service actif. Jusqu'alors, pour les chefs, tant colonels que généraux, l'absence était la règle, la présence au corps l'exception. A peine quelques mois chaque année, pendant la belle saison, les voyait-on vaquer à leur emploi ; tout le reste du temps, ils vivaient à la Cour, à Paris ou dans leurs châteaux, abandonnant aux subalternes le commandement et l'administration des troupes. Il fallut changer de méthode, résider dans sa garnison au moins six mois par an, du premier avril jusqu'au premier octobre, ne s'absenter qu'avec un congé régulier, sous peine de perdre son traitement. Quant aux officiers inférieurs, capitaines ou lieutenans, ils sont assujettis à des obligations étroites, tenus constamment en haleine par de multiples inspections ; et ces exigences insolites les frappent d'une stupeur indignée. « Les choses ont bien changé[27], garnit tristement l'un d'entre eux. Un capitaine est aujourd'hui un homme attaché, garrotté pendant dix-huit mois de suite à une compagnie qu'il gère pour le Roi, qui pour cela lui donne 2 400 livres d'appointemens… Il ne peut pas dîner hors des murs de sa garnison sans la permission de plusieurs personnes ; s'il veut découcher, les difficultés sont plus grandes ; si c'est pour plusieurs jours, c'est une affaire d'Etat ! » En un mot, la noblesse, tout en gardant son privilège, aura dorénavant la charge en même temps que l'honneur, et l'état militaire devient véritablement un métier.

Le mécontentement s'aggrava par suite d'une prescription nouvelle, bien justifiée pourtant et d'une sagesse incontestable. Croirait-on qu'avant Saint-Germain il n'existait entre les divers corps aucun lien permanent, aucun groupement déterminé ? Isolés dans les garnisons et s'ignorant les uns les autres, les régimens n'avaient nulle organisation d'ensemble. Le jour où une guerre éclatait, on en réunissait en hâte un certain nombre ; on leur nommait un chef, qui, la plupart du temps, ne les connaissait pas la veille, et l'on entrait de la sorte en compagne. Pour remédier au vice d'un loi système, Saint-Germain imagine de distribuer les troupes du Roi en seize divisions militaires, dans lesquelles les différentes armes, — infanterie, cavalerie, artillerie et dragons, — sont réparties dans une proportion fixe, et dont chacune est commandée, soit en paix soit en guerre, par un lieutenant général et trois maréchaux de camp. Par des exercices répétés, des manœuvres fréquentes et des évolutions d'ensemble, ces unités tactiques devront être entraînées pour l'heure de la bataille ; car, disait le ministre[28], « tout le système militaire doit être constitué de façon que les armées soient toujours en état d'entrer en campagne du jour au lendemain... Prévenir l'ennemi fut et sera toujours l'un des meilleurs moyens pour le vaincre. »

La conséquence de cette mesure fut une distribution nouvelle des régimens dans les villes et provinces de France ; et ce fut là que les choses se gâtèrent. Les grands seigneurs et gens de Cour, — généraux, maréchaux de camp ou simples colonels — ne purent se pliera l'idée d'être envoyés au loin, astreints, en d'obscures garnisons, à de rudes et constantes besognes. De toutes parts éclatèrent les récriminations. Ces résistances et ces colères, Saint-Germain les avait prévues ; dans le Conseil où il avait exposé son plan à Louis XVI : « Sire, lui avait-il dit, j'ai vu tous les soldats de l'Europe, et j'ai reconnu que les meilleurs n'étaient pas les plus braves, mais les plus dociles. En conséquence, j'ai cru devoir rétablir dans vos troupes cet esprit d'ordre et de subordination, qui n'y a jamais régné, sans m'effrayer des plaintes. Un chirurgien ne fait pas une amputation à un malade sans le faire crier, mais il lui rend la santé et la vie[29]. » Les ministres demeurèrent muets ; mais le Roi répondit : « Achevez et maintenez votre ouvrage, monsieur, et ne vous inquiétez de rien. »

Une si belle fermeté ne tiendra pas longtemps contre l'influence de la Reine. Le domaine militaire est, en effet, celui où, de tous temps, s'est manifestée davantage la malencontreuse ingérence de Marie-Antoinette. Pour complaire à son entourage, elle intervient continuellement, soit dans le choix des chefs, soit dans le choix des garnisons. Du début à la fin du règne, pas un ministre de la

Guerre n'échappe à ses instances, et parfois à ses injonctions. On a pu dire que pendant quinze années, nul régiment n'avait été donné sans son avis ou sans sa permission. Les règlemens de Saint-Germain, en provoquant l'indignation de ses plus chers amis, l'émurent profondément, la jetèrent hors de toute mesure ; et Louis XVI, harcelé de plaintes, capitulait bientôt, avec sa faiblesse coutumière, devant des exigences parfois formulées avec larmes. Quand Saint-Germain, convoqué certain jour par Marie-Antoinette, par elle accablé de reproches, cherche refuge auprès du Roi, il est tout étonné de l'accueil qu'il rencontre : « Tout cela est fort bon, dit Louis XVI avec embarras, mais je ne veux pas mécontenter la Reine ; ainsi arrangez-vous de façon à la satisfaire. »

Une petite scène, entre bien d'autres, rapportée avec complaisance dans les *Mémoires* du comte Esterhazy, peint au vif la situation du malheureux ministre. Esterhazy, intime ami de Marie-Antoinette, voit son régiment désigné pour résider à Montmédy, qu'il considérait, écrit-il, « comme la garnison la plus désagréable de France. » Il court droit chez la Reine, se plaint de Saint-Germain, réclame violemment contre sa décision : « Laissez-moi faire, dit-elle, vous entendrez vous-même ce que je lui dirai. » Elle fait cacher Esterhazy dans une pièce attenant à sa chambre, puis envoie chercher le ministre et, dès qu'elle l'aperçoit : « Il suffit donc, monsieur, que je m'intéresse à quelqu'un pour que vous le persécutiez ? Pourquoi envoyez-vous le régiment d'Esterhazy à Montmédy, qui est une mauvaise garnison ? Voyez à le placer ailleurs. — Mais, madame, répond-il avec timidité[30] les destinations sont faites. Peut-on déplacer un ancien régiment pour en mettre un nouveau ? — Comme vous voudrez ; mais que M. Esterhazy soit content, et vous viendrez m'en rendre compte. » — « Sur quoi, ajoute le narrateur, elle lui tourna le dos et vint me trouver dans le cabinet où j'avais tout entendu. » Le lendemain, Saint-Germain envoie au comte un commis de son ministère pour lui montrer la liste des garnisons vacantes et le prier d'y faire son choix[31]. Ainsi, par ces humilians désaveux et ces palinodies publiques, s'affaiblit graduellement l'autorité d'un homme, qui jouit pourtant, à juste titre, de la confiance du peuple et de l'estime du Roi.

IV

Jusqu'à présent, en dépit d'erreurs de détail, l'ensemble des mesures imaginées par Saint-Germain pour réformer le commandement et l'état-major de l'armée constituaient un progrès sérieux et indéniable. Il suffit pour le démontrer que la plupart d'entre elles aient supporté l'épreuve du temps et forment encore aujourd'hui la base de notre système militaire. Le ministre fut moins heureux dans quelques-unes des prescriptions relatives aux soldats. Elles procèdent pourtant, comme les autres, d'un esprit de justice et d'un souci d'humanité, mais certaines maladresses, dues à sa raideur germanique, à son peu d'expérience des hommes en général, et plus spécialement des Français, compromirent fâcheusement le succès de son œuvre, lui valurent, dans les rangs inférieurs de l'armée, une injuste, mais explicable impopularité.

L'idée fondamentale, excellente à coup sûr, à laquelle il s'attache, est la nécessité de faire régner parmi les troupes du Roi une plus exacte discipline. L'insubordination, le « libertinage » du soldat était, et avait été de tout temps le grand vice de l'armée française, singulièrement accru par les revers de la guerre de Sept ans. Rien ne pouvait répugner davantage à l'homme strict, inflexible, épris d'ordre et d'autorité, qu'était le comte de Saint-Germain. Aussi est-ce sur ce point que portera son effort principal, d'un bout à l'autre de son ministère. La « puissance militaire » doit être, dans ses conceptions, un instrument souple, docile, maniable, bien en main, toujours prêt à frapper, un instrument aveugle. Il est partisan déclaré des armées de métier, plus solides que nombreuses, composées de vieilles troupes rompues à la fatigue, exercées de longue date et obéissant à la muette. Le soldat parfait, à ses yeux, tel qu'il l'a défini d'un terme pittoresque, c'est « un chien enchaîné, dressé pour le combat. »

Pour atteindre son but, il recourt à plusieurs moyens, et d'abord aux moyens moraux. Il remonte jusqu'à l'origine du mal et il s'attaque au mode de recrutement toléré par l'usage : emploi des sergens racoleurs, traquenards tendus aux pauvres hères alléchés par de belles promesses, attirés dans les cabarets où le racoleur, après boire, extorque l'engagement qui lie pour de nombreuses années. Saint-

Germain veut, avec raison, mettre ordre à ce scandale. Une réglementation sévère n'admet plus que des enrôlemens librement consentis, à des conditions débattues et acceptées d'avance. De plus, défense est faite d'embaucher des enfans imberbes, des gens faibles ou contrefaits, des individus mal famés, des repris de justice. Ainsi l'armée, pense-t-il, sera purifiée dans sa source. Une fois au corps, les jeunes recrues devront être traitées avec une douceur relative. Officiers et bas-officiers reçoivent l'interdiction de malmener, d'injurier, et même de « tutoyer » les hommes. Ils devront leur donner l'exemple d'une vie honorable, réglée, veiller sur leur conduite, sur leurs mœurs et sur leurs propos, les pousser à remplir leurs devoirs religieux, et au besoin, « les conduire à la messe[32]. » Peut-être était-ce trop exiger. Ces prescriptions, au siècle de Voltaire, risquaient de provoquer plus de sourires que de respect. A passer la mesure, le ministre s'expose à voir avorter son dessein.

L'ordonnance sur la désertion donna de meilleurs fruits. Ce crime, sous l'ancienne monarchie, était l'objet de terribles rigueurs, nez et oreilles coupés, fleurs de lys marquées au fer rouge sur les joues du coupable, la mort enfin, fût-on en temps de paix. Mais, comme il arrive d'ordinaire quand les peines sont trop dures, des grâces, des amnisties constantes énervaient l'action de la loi, et la pitié royale, dans la pratique courante, venait désarmer la justice. Dorénavant la peine de mort est réservée au temps de guerre ; un tableau, savamment gradué selon la gravité des cas, y substitue plus ou moins d'années de galères. Bien mieux encore : le Roi, « convaincu, dit le préambule, que la désertion est presque toujours l'effet d'une circonstance que suit le plus profond repentir, » accorde trois jours de sursis, — peu après portés à six jours, — à ceux « qui ont senti la honte et l'énormité de leur crime. » Les soldats qui reviennent au corps dans le délai fixé en seront quittes pour quinze jours de prison. Un billet de Louis XVI[33] indique de quel espoir se berçaient, à bon droit, le prince et son ministre : « Je compte que l'extrême adoucissement des peines aura ce bon résultat que les déserteurs cesseront d'être intéressans pour le public et que ceux de mes sujets qui se faisaient une sorte de devoir d'humanité de protéger leur fuite les abandonneront désormais à la loi. »

Tout cela, somme toute, est fort bon. Pourquoi faut-il que le même homme qui opère tant de belles réformes risque d'en détruire le succès par la maladroite prescription à laquelle, jusque de nos jours, son nom est resté attaché ? Pourquoi faut-il que, grâce à cette sottise, de toute son œuvre, si riche et si variée, beaucoup de gens ne se rappellent que ce misérable détail, et ne connaissent de Saint-Germain que l'inventeur des « coups de plat de sabre ? » Un article en trois lignes, inséré, sans presque y songer, dans une des grandes ordonnances qui réorganisaient l'armée, il n'en fallut pas plus pour déchaîner les protestations violentes et les assourdissantes clameurs dont, après plus d'un siècle, l'écho ne semble pas encore tout à fait amorti.

Jusqu'alors, dans l'armée française, les peines disciplinaires infligées pour les fautes légères se réduisaient au « piquet » et à la prison. Non pas que les châtimens corporels y fussent, de manière absolue, interdits par les règlemens. On trouve, en mainte vieille ordonnance, mention des verges ou des « baguettes » appliquées à la répression de certaines fautes déterminées, comme le vol, la tricherie au jeu, l'abandon du camp pour maraude. Mais cette peine n'était employée qu'à titre exceptionnel, pour des délits regardés comme déshonorans. Le soldat châtié de la sorte ne pouvait retourner au corps qu'après réhabilitation ; on lui faisait « passer le drapeau sur la tête, » pour « lui ôter, par cette cérémonie, l'idée de l'infamie » dont il avait subi l'atteinte[34]. Aussi la bastonnade en usage dans l'armée allemande était-elle, parmi nos soldats, un sujet constant de risée, « de mépris pour les hommes qui se laissaient avilir de la sorte[35]. »

Plus d'un général, cependant, regrettait ce moyen, comme à la fois plus efficace et plus rapide que la prison, moins « destructif, surtout, de la santé des hommes. » Le maréchal de Broglie était de cet avis ; il avait même, au cours de la guerre de Sept ans, institué la mode du bâton parmi les troupes qu'il commandait et il s'en était, disait-on, bien trouvé pendant la campagne. Le comte de Rochambeau, dans un mémoire sur la discipline militaire, avait proposé de créer, à l'usage des bas-officiers, une

« forte épée d'acier, » dont ils se serviraient pour « corriger les petites fautes, » et dont les coups seraient réglés d'après une espèce de tarif. En février 1775, un comité d'inspecteurs généraux avait, à l'unanimité, émis un vœu en faveur de cette invention.

En ordonnant les coups de plat de sabre comme peine disciplinaire, Saint-Germain, de bonne foi, n'imaginait donc pas faire chose exorbitante. « Si ce moyen, écrivait-il, est redouté du soldat français, il sera d'autant plus sûr à employer pour le succès de la discipline. » Les coups, dont le nombre variait de vingt-cinq à cinquante, seraient donnés au délinquant par un bas-officier, sur l'ordre exprès du capitaine, à la parade du jour, en présence de la compagnie dont faisait partie le coupable. Ainsi l'effet moral, dans la pensée de Saint-Germain, viendrait doubler l'effet de la souffrance physique.

Le résultat, à cet égard, dépassa son attente. On ne vit que trop, en effet, à quel point c'était méconnaître le tempérament national, les habitudes héréditaires. « En France, observe Soulavie[36], le grand ressort des troupes avait toujours été l'honneur, l'amour de la gloire, l'amour-propre militaire. » Punir des fautes légères en infligeant une douloureuse blessure à ce sentiment de l'honneur, en humiliant profondément des hommes auxquels tout inculquait l'orgueil de leur métier, choisir pour cette besogne le sabre, « l'arme noble par excellence, » changer enfin, comme écrira un poète militaire dans une supplique à Marie-Antoinette, changer

L'instrument de la gloire en celui du supplice,

cette idée malheureuse provoqua dans les régimens une effervescence incroyable. « J'ai vu, témoigne un ancien officier[37], j'ai vu, à Lille, des grenadiers répandre au pied de leur drapeau des pleurs de rage, et leur colonel, le duc de la Vauguyon, mêler ses larmes aux leurs. » Là où la prescription fut rigoureusement appliquée, la colère des soldats se retourna contre les chefs. « Le régime établi par M. de Saint-Germain, assure un mémorialiste du temps, en mécontentant le soldat, l'éloigna de l'officier et le rapprocha du peuple révolutionnaire. » Au reste, certains colonels se refusèrent à exécuter l'ordonnance et certains généraux encouragèrent cette résistance. Le plus grand nombre, il est vrai, se soumirent, mais avec répugnance et en cherchant tous les moyens pour éluder l'ordre ministériel.

Ce fut bien pis encore dans la masse du public, là où nul frein ne retenait l'essor des sentimens. La Cour, la ville, les bourgeois, « les abbés, les femmes mêmes, disputaient avec acharnement. » Six mois durant, cette affaire fut l'objet de tous les entretiens. Les Mémoires de l'époque citent des traits singuliers. Un camarade de régiment du jeune comte de Ségur venait le trouver un matin, se condamnait lui-même à recevoir une vingtaine de coups de sa main, pour s'assurer, par une expérience personnelle, si le moyen était réellement efficace. Sans pousser si loin la conscience, quelques admirateurs de la méthode prussienne « soutenaient qu'avec les coups de plat de sabre, notre armée égalerait promptement en perfection celle du Grand Frédéric[38]. » Mais cette opinion était rare ; la grande majorité s'indignait, protestait, répétait le mot attribué au grenadier frappé pour quelque peccadille : « Nous n'aimons du sabre que le tranchant. » Les ennemis du ministre ne manquèrent pas d'exploiter contre lui cette irritation générale ; et peu à peu, comme une marée montante, il s'élevait un mouvement qui, des hauts sommets de l'armée, se propageait jusque dans les casernes. Une légende se formait, qui représentait Saint-Germain comme l'ennemi du soldat et « le bourreau de son honneur. » Lorsqu'il quitta le ministère, affirme Soulavie, « le mécontentement était porté à un tel point, que le Roi n'était pas sûr d'un régiment ! »

Une autre faute, moins grave sans doute et surtout moins retentissante, ajoutait peu après à cette impopularité. On ne peut nier pourtant qu'en cette fin du XVIIIe siècle, si, dans le domaine militaire, il était une institution qui donnât prise à la critique et appelât une réformation, c'était l'Hôtel des Invalides, jadis établi par Louvois. Depuis la fondation, les choses avaient beaucoup changé. Primitivement créé pour fournir un asile aux vieux soldats, infirmes, estropiés, dénués de toutes ressources, l'Hôtel, avec le temps, avait été singulièrement détourné de son but. On y admettait, à présent, qu'ils eussent été blessés ou non, ceux qui comptaient vingt-quatre ans de service. Comme on pouvait s'engager à seize ans, bon nombre de ces « invalides » étaient des hommes d'une quarantaine d'années, bien portans, vigoureux, mais corrompus par l'oisiveté et tombés dans la pire débauche. Abus plus déplorable, souvent l'on y admettait par faveur ceux qui n'avaient jamais servi que dans l'office ou l'écurie des grands seigneurs, des gens en place. Lorsque, dans les dernières années du règne de Louis XV, le comte de Guibert fut nommé gouverneur de l'Hôtel, il y trouva « six cents prétendus invalides qui n'avaient jamais fait la guerre, mais qui, en revanche, avaient été cochers, laquais ou palefreniers dans d'illustres maisons[39]. » C'est pour un tel objet que, malgré les pieuses fondations faites en faveur de cet établissement, il en coûtait annuellement deux millions au département de la Guerre.

La première intention du comte de Saint-Germain, quand il arriva au pouvoir, fut de faire table rase et de bouleverser entièrement l'ouvrage édifié par Louvois. L'austérité de ses principes répugnait à maintenir ce qu'il considérait « comme un monument de la vanité, plutôt que de la bienfaisance de Louis XIV[40]. » Il développait à ce propos une de ses maximes favorites : « L'armée est destinée à vivre dans la peine et le travail, dans la sobriété et la privation ; il ne faut donc rien y admettre qui puisse lui inspirer des mœurs coûteuses. » Dans la fastueuse demeure érigée par le Roi-Soleil, il ne voyait qu'une inconséquence périlleuse : pourquoi fallait-il « un palais » pour abriter des gens « qui devraient vivre comme des moines[41] ? » Disperser en province les pensionnaires de la maison, les réunir par petits groupes en des établissemens où ils travailleraient en commun, chacun suivant ses forces, tel était son projet, que les scrupules du Roi, des difficultés de tout genre, lui firent abandonner, pour en réaliser un autre, plus modeste.

Une ordonnance du 17 juin 1776 laissa l'institution debout, mais en y apportant des modifications notables. L'Hôtel ne devra plus contenir que 1 500 pensionnaires, tous anciens militaires, infirmes ou blessés, et reconnus après enquête comme incapables de servir. L'ordre et la discipline, parmi les invalides maintenus, seront désormais assurés par une surveillance rigoureuse. A cela, rien à dire sans doute. Mais Saint-Germain voulut aller plus loin et donner à son ordonnance effet rétroactif. Au lieu d'agir par extinction, d'attendre que la mort eût réduit les bénéficiaires au chiffre fixé par la loi, il prescrivit que, dès cette heure, au-delà des 1 500 dont il se réservait le choix, tous les occupans de l'Hôtel seraient expédiés en province, où ils recevraient des pensions qui les aideraient à vivre. Le nombre de ces sacrifiés dépassa un millier, qui reçurent, du jour au lendemain, l'annonce de leur renvoi.

L'ordre était dur et l'exécution fut brutale. Trois jours durant, les 29 et 30 juin et le 1er juillet 1770, les anciens pensionnaires du Roi, expulsés de leur belle demeure, furent entassés dans des chariots pour être emmenés loin de la capitale. Ce ne fut pas sans cris, sans protestations de leur part. Il y eut des scènes émouvantes : « Un des chariots chargés de vieux soldats s'étant arrêté fortuitement sur la place des Victoires, ils descendirent, les yeux en pleurs, et s'agenouillèrent devant la statue île Louis XIV, l'appelant *leur père* et disant qu'ils n'en avaient plus[42]. » Racontés, amplifiés par les gazettes et par les nouvellistes, ces faits touchèrent vivement la sensibilité publique, et la réputation du comte de Saint-Germain en reçut une nouvelle atteinte. Quel résultat produisit, au surplus, ce coup d'autorité ? La plupart de ces malheureux, sans famille, sans métier, sans autres moyens d'existence que leur maigre pension, tombèrent dans une si grande misère, qu'il fallut, l'année même, réintégrer les cinq sixièmes dans cet Hôtel d'où on les avait arrachés.

V

À ces actes malencontreux, Saint-Germain joint souvent des formes maladroites qui tiennent à sa nature et à son caractère, et moins peut-être à ses défauts qu'à l'excès de ses qualités. C'est sa sincérité, c'est sa franchise bourrue qui font qu'en conversant avec les commis de son ministère, il dit à chacun d'eux le mal qu'il pense des autres et que, tout haut, chaque soir, au sortir de son cabinet, « il se répand en plaintes amères » sur ceux avec lesquels il vient de travailler[43]. C'est son sentiment du devoir, c'est son intransigeance vertueuse, qui lui font exiger de ses subordonnés un détachement de leur intérêt personnel, qui ne s'accorde guère avec l'humaine faiblesse. Le jour où le duc de Croy demande une récompense pour un officier de son corps, qui s'est distingué par son zèle au cours d'une épizootie, le ministre se fâche et répond brusquement : « Toujours des récompenses pour faire ce dont on a été chargé ! On est payé pour le faire. Il faudrait bien déshabituer cette nation de demander des grâces pour avoir fait son devoir ! » C'est par cette apparente dureté « qu'il se faisait haïr, » observe justement Croy[44]. Enfin, c'est sa scrupuleuse honnêteté qui, chaque fois qu'il refuse quelque faveur injustifiée, lui inspire des accens d'une indignation méprisante, qui blesse bien plus que le refus. A la suite d'un mot de ce genre, Choiseul s'emportera jusqu'à menacer le ministre « de lui en demander raison, l'épée à la main, » et il faudra, pour arranger l'affaire, l'intervention de Marie-Antoinette[45].

C'est grâce à de pareils procédés qu'après une année de pouvoir, de tous côtés des nuages se forment, assombrissent l'horizon autour de Saint-Germain. Il n'a plus seulement pour ennemis, comme dans les premiers temps, les grands états-majors, les chefs des corps privilégiés, les titulaires de sinécures ; il s'est, de plus, aliéné la confiance des troupes et des bas-officiers. Il est suspect comme étranger ; on lui reproche ses allures « germaniques » et l'ignorance du caractère français. Il est suspect encore comme dévot, comme « ancien jésuite, » ayant conservé les idées et les préjugés de son ordre. Le vide se fait autour de lui. « Son audience est déserte ; on le fuit plus qu'on ne le recherche[46]. » Aussi Maurepas, prompt à prendre le vent, se détache chaque jour davantage d'un homme qui a soulevé trop d'hostilités contre lui. Il le ménage pourtant, dans une certaine mesure, ne se presse pas de le faire renvoyer, parce qu'il se rend compte que, malgré tout, ce maladroit fait œuvre utile et pense qu'il sera temps de s'en débarrasser lorsqu'il aura terminé une besogne dont nul autre, sans doute, ne voudrait se charger. Du moins est-ce le calcul que lui prêtent bon nombre de gens[47]. Mais, s'il patiente encore, il contrecarre sous-main ses principales opérations, le dénigre, le raille impitoyablement, en attendant que, par une manœuvre sournoise, comme on verra bientôt, il le mette en lisières.

Seul Louis XVI, au milieu de toutes ces défections, persiste à soutenir l'honnête homme dont il goûte la droiture, le défend au besoin contre certaines attaques et, tout en s'effrayant souvent quand il le voit toucher à de trop puissans personnages, lui témoigne hautement son estime. « Je le perdrais avec peine, écrit-il, connaissant tout son dévouement et sa capacité pour me servir[48]. »

Il fallait ce haut patronage pour réconforter Saint-Germain lui faire avaler ses déboires, combattre le découragement dont il se sentait envahi. « J'ai vu, écrit Guibert, son auxiliaire et son ami, j'ai vu ce malheureux ministre succombant sous le poids du travail, fatigué au physique, encore plus au moral, dégoûté des contrariétés qu'il essuie. Il me disait, avec un soupir qui venait du fond de son âme, qu'il renoncerait à tout, s'il ne voulait auparavant faire le bien qui lui était possible à exécuter[49]. » C'est ce que Saint-Germain lui-même confirmera, au lendemain de sa chute, dans une note écrite de sa main : « Si je m'étais abandonné au mouvement de mon âme, j'aurais demandé au Roi la permission de me retirer dans mon ermitage. Quelques personnes à qui je m'en ouvris m'en dissuadèrent… On me flatta que le caractère du Roi, sa fermeté, sa simplicité, son amour pour la justice, son aversion pour l'intrigue, me seconderaient, malgré l'indifférence de M. de Maurepas. Pour un tel monarque, je me livrai au plan de réforme de mon département[50]. » Il est certain que s'il se résigna, contre son goût, à garder le pouvoir, ce fut surtout par crainte, s'il se retirait avant l'heure, de « compromettre à tout jamais sa gloire et sa réputation, » et de « faire dire de lui ce qu'on avait dit de Turgot[51]. » Il reste donc, mais en restant, il se laisse arracher toute force et toute autorité par la concession désastreuse qui est la plus grande faute de sa vie politique.

VI

Fort peu de temps après son entrée aux affaires, Saint-Germain s'était aperçu que sa santé, déjà chancelante, ne résisterait pas, s'il n'était sérieusement aidé, à l'écrasante besogne qu'il avait sur les bras, et que, pour mener à bonne fin l'œuvre de refonte générale de son département, il lui fallait, de toute nécessité, des collaborateurs dignes de sa confiance. L'idée lui vint d'instituer auprès du ministre un *Grand conseil militaire*, où il ferait entrer les meilleurs généraux, et dont l'avis, sur toutes les questions importantes, lui serait un précieux renfort[52]. Maurepas, auquel il soumit ce projet, l'en dissuada vivement ; il redoutait d'accroître ainsi la puissance d'un collègue dont l'esprit l'inquiétait. Mais il lui conseilla, pour l'aider dans sa tâche, de doter l'administration d'un rouage nouveau, par l'adjonction d'une sorte de « second, » qui recevrait le titre de « directeur de la Guerre » et qui suppléerait le ministre en quelques-unes de ses fonctions. Une grave fluxion de poitrine qui, en janvier 1776, faillit emporter Saint-Germain, acheva de le déterminer à prendre ce parti dangereux. Une deuxième balourdise aggrava la première, car il accepta pour ce poste l'homme que lui désignait Maurepas.

Alexandre-Marie Léonor de Saint-Maurice[53], comte de Montbarey, devenu prince du Saint-Empire à beaux deniers comptans, lieutenant général des armées, commandant des Suisses de Monsieur, deux fois blessé dans la guerre de Sept ans, devait surtout son crédit à la Cour à son mariage avec Mlle de Mailly, cousine de Mme de Maurepas. C'était, disent les chroniques, une femme spirituelle, intrigante, dominant par son influence la comtesse de Maurepas qui, flattée de cette parenté[54] avait fait d'elle son inséparable compagne. Par une favorable rencontre, le prince de Montbarey, — ainsi se faisait-il appeler, — était lié de longue date avec le comte de Saint-Germain. Originaire comme lui de Franche-Comté, il lui avait, au temps de sa disgrâce, proposé l'hospitalité dans un de ses châteaux ; il lui avait même, assure-t-on, en apprenant plus tard sa ruine, offert une somme d'argent pour l'aider à payer ses dettes ; il s'était acquis de la sorte des titres à sa gratitude. Aussi lorsque Maurepas, sous l'inspiration de sa femme, souffla à Saint-Germain le nom de Montbarey, il ne trouva guère d'objection et le décret nommant le nouveau directeur fut signé par le Roi le 25 janvier 1776.

Le prince de Montbarey raconte, dans ses *Mémoires*, l'excellent accueil qu'il reçut, le jour de son installation, de son vieil et naïf ami : « Il avait fait rassembler dans son cabinet tous les agens principaux de son ministère. Lorsque j'y entrai, il me sauta au col et me présenta à ces messieurs en leur disant que j'étais directeur de la Guerre et par conséquent un *second lui-même,* en qui il mettait toute sa confiance… Rien ne peut égaler les marques d'amitié paternelle qu'il me donna quand nous fûmes seuls. Il me dit que, dorénavant, nous ne devions plus faire qu'une seule et même personne[55]. »

Malgré ces effusions, il n'en reste pas moins que la désignation du prince de Montbarey était singulièrement fâcheuse. « C'est un homme très borné, d'une naissance très obscure, et sans aucun mérite distingué, » écrit la marquise du Deffand[56]. Telle est bien, en effet, l'opinion courante à la Cour. Celle de l'armée n'est pas plus favorable. Le prince, dans les différens postes où il avait servi, s'était acquis la réputation d'un homme brave, courtois, de manières agréables, doué d'une facilité qui pouvait un moment faire illusion sur ses capacités réelles, mais peu instruit, léger, sans caractère, moins militaire que courtisan, d'ailleurs constamment dominé par le goût du plaisir, bref l'opposé, sur presque tous les points, du comte de Saint-Germain. Ce dernier n'allait guère tarder à être mal récompensé de sa condescendance. Montbarey, en effet, profitait rapidement de sa situation pour se créer, au sein du ministère, un parti personnel, recruté parmi les commis et les chefs de service que choquait, dans leurs vieilles routines, l'inflexible rigueur du comte de Saint-Germain, que froissait sa brusque franchise et que gênait aussi, parfois, son intransigeante probité. Sans faire de l'opposition déclarée, ni censurer ouvertement les décisions de son ministre, le prince laissait percer, dans toutes les occasions, sa défiance ironique et s'attachait les mécontens, bien moins par ses propos que par son attitude. « Je m'aperçus facilement, déclarera-t-il lui-même[57], que je pouvais compter sur eux. »

C'est de la même façon qu'il agissait avec Maurepas. Il avait promptement démêlé les inquiétudes que causaient au vieillard les velléités audacieuses de son ministre de la Guerre. Il en profitait habilement, se gardant bien débattre en brèche les mesures proposées et d'élever autel contre autel, mais témoignant, par son silence, par ses réticences calculées, quelquefois au moyen d'un mot tombé comme par mégarde, sa désapprobation intime. Il n'en fait d'ailleurs pas mystère : « Je me contentais, écrit-il[58], de faire sentir, quand j'étais consulté, que je n'étais pas du même avis que M. de Saint-Germain, sans chercher à faire prévaloir le mien. » Une occasion s'offrit bientôt d'éprouver et montrer sa force. En mai 1776, le comte de Saint-Germain appelait à ses côtés, avec le titre d' « intendant de l'armée, » un homme de robe, un administrateur de race et de métier, un ancien ami de Turgot, le sieur Sénac de Meilhan, chargé de guider le ministre parmi les affaires contentieuses, civiles et financières se rattachant au département de la Guerre. A cette nouvelle, le prince de Montbarey allait trouver Maurepas, prétendait que cette adjonction portait atteinte à ses prérogatives, compromettait sa dignité, et remettait sa démission. Maurepas, fort irrité, mandait sur-le-champ Saint-Germain, exigeait des explications, le tançait vertement, l'intimidait si bien qu'il lui arrachait le retrait de la nomination déjà faite et signée. Cette déroute humiliante avait le double résultat de discréditer le ministre et de lui attirer la rancune acharnée de Sénac de Meilhan.

A dater de cet incident, qui avait tourné à sa gloire, Montbarey, enivré d'orgueil, se jugea maître de la place, et il ne songea plus qu'à précipiter sa fortune. La santé précaire du ministre servit ses ambitieux desseins. « Le comte de Saint-Germain, dit-il[59], baissait à vue d'œil, sa tête s'affaiblissait… Il était si tourmenté qu'il en perdait le sommeil. » Tel fut le prétexte invoqué pour arracher au malheureux une capitulation nouvelle. Le 5 novembre 1776, le prince de Montbarey, à la demande de M. de Maurepas et avec l'agrément du comte de Saint-Germain, était nommé, par une innovation étrange, « secrétaire d'Etat pour la Guerre en survivance, » c'est-à-dire le coadjuteur du ministre en fonctions et son successeur désigné ; il devenait ainsi « le prince héréditaire, » comme bouffonnait Maurepas. Il recevait pour cet emploi 60 000 livres d'appointemens et il entrait au Conseil des Dépêches, où il se rencontrait avec les plus ardens adversaires du ministre, Sartine et le maréchal de Soubise. Aussi sera-t-il désormais, au département de la Guerre, l'homme important, le personnage en vue et quelque chose comme le soleil levant. C'est chez lui que se presse la foule des quémandeurs, habiles à flairer la faveur. Chaque jour, il passe plusieurs heures chez Maurepas, dans une intimité complète ; car ce dernier, de plus en plus, se tourne contre Saint-Germain et encourage par ses propos ceux qui poussent à sa chute. L'un de ceux-ci, le baron de Besenval, dit un jour au Mentor : « Il en sera de M. de Saint-Germain comme de M. Turgot. Il perdra voire armée comme l'autre a perdu vos finances. Mais vous ne le chasserez que lorsque tout sera si bien bouleversé, qu'il n'y aura plus de remède. — Ma foi, réplique Maurepas en éclatant de rire, je crois que vous avez raison ! »

VII

Quelle que fût sa candeur, il fallut bien que Saint-Germain comprît ce qui se tramait contre lui. Tout contribuait à lui ouvrir les yeux. Le Roi lui-même, maintenant, sous l'influence de son vieux conseiller, lui témoigne de la froideur, se montre las de ses projets nouveaux et de ses désirs de réformes. Dans le cours de l'été de l'an 1777, Louis XVI ne répond plus aux mémoires du ministre qu'après un long délai, pendant lequel il prend l'avis de ceux auxquels va sa confiance, Maurepas d'abord, puis Montbarey. Attaqué d'un côté, trahi de l'autre et abandonné par le maître, Saint-Germain reconnaît enfin sa cruelle impuissance et cède à un découragement complet : « Je voyais, écrit-il[60], le mal s'accroître et le bien impossible. Je voyais que les choses étaient parvenues à un tel degré de perversité, que les places, les dignités, les décorations et les grâces allaient être envahies par tous les courtisans et, de préférence, par les plus corrompus. » Il se rendait trop clairement compte que la mollesse du Roi ne lui permettrait pas longtemps de tenir tête à une meute acharnée. « Je n'ai pas ignoré, reprend-il, une seule des clameurs qui se sont élevées contre moi et contre la faiblesse qu'on me reprochait. Je ne conteste pas que j'eusse eu le pouvoir de faire un exemple sur des prévaricateurs obscurs et subalternes ; mais, pour cette raison même, cet exemple n'aurait produit aucun effet, et la trop grande bonté du Roi le rendait impossible contre des hommes puissans. »

Pour le jeter à bas, il ne fallut qu'un mince prétexte. Dans bon nombre de corps, le service d'aumônerie était livré, un peu à l'aventure, à des moines ignorans ou à des prêtres sans paroisse, le rebut des diocèses. Pour remédier à cet état de choses et relever le niveau de l'institution, Saint-Germain voulut établir, à l'Ecole militaire, un « séminaire d'aumôniers » pour les troupes, où se formeraient des sujets plus « éclairés » et plus « vertueux. » Aussitôt le bruit circula qu'il comptait réserver ces places à la Société de Jésus, condamnée, renvoyée de France par un arrêt du Parlement. La piété connue du ministre, les souvenirs de son noviciat dans la célèbre Compagnie, donnaient quelque créance à une imputation, d'ailleurs purement imaginaire, et contre laquelle Saint-Germain a protesté avec la dernière énergie[61]. Mais cette perfide manœuvre déchaîna contre lui la violente inimitié de ceux qui jusqu'alors le soutenaient ou, du moins, le ménageaient encore dans une certaine mesure, les philosophes, les rédacteurs de l'Encyclopédie, les novateurs, l'état-major enfin du parti des réformes. Ce fut, parmi ceux-ci, un *tolle* général.

En présence de ces défections, Saint-Germain crut, non sans raison, avoir maintenant tout le monde contre lui : les princes du sang, les gens de Cour et les hauts dignitaires, pour la guerre qu'il leur avait faite ; la noblesse pauvre et les officiers subalternes, pour n'avoir pu réaliser toutes les belles espérances qu'il avait fait luire à leurs yeux ; les soldats, pour ses ordonnances au sujet de la discipline ; les femmes de qualité, à cause de la rudesse qui rebutait leurs demandes de faveurs ; les philosophes enfin, à cause de ses sentimens religieux. Il fut trouver Maurepas, lui exposa sa triste position, ne rencontra nulle résistance au désir exprimé de prendre sa retraite et le chargea d'instruire le Roi de sa résolution. Tout fut décidé à l'amiable. Il fut convenu que la sortie du ministère s'exécuterait à quelques jours de là, un mois avant le départ de la Cour pour le château de Fontainebleau, et l'on ne songea plus qu'à régler les compensations accordées au démissionnaire. A cet égard, les choses furent faites d'une façon généreuse. Saint-Germain devait conserver, sa vie durant, son logement à l'Arsenal ; il recevrait une pension de 40 000 livres, plus 150 000 livres à titre d' « indemnité, » sans compter la promesse d'un « grand gouvernement. » Ces points fixés, sans plainte et sans murmure, le ministre céda la place au prince de Montbarey, qui, le 23 septembre 1777, s'installa dans son héritage comme en pays conquis. « Tout naturellement, écrit ce dernier[62] avec désinvolture, je me trouvai secrétaire d'Etat au département de la Guerre, et n'eus qu'à transporter, de l'appartement que j'occupais, mes effets et mes papiers au pavillon du ministre, dans la grande cour. »

Grâce à cette transmission rapide, la chute du grand réformateur provoqua peu de sensation, passa même presque inaperçue. « M. de Saint-Germain nous a quittés, se borne à dire Métra le nouvelliste. Il n'emporte pas nos regrets, mais un traitement avantageux. » Caraccioli, l'ambassadeur de Naples, devant lequel on déplorait tant de changemens rapides, tant d'essais infructueux pour améliorer le régime, tirait la morale de l'histoire en ces mots : « Il ne faut pas s'en étonner ; ce sont les dents de lait du Roi. »

Quelques semaines avant sa mort[63], qui suivit de près sa retraite, après s'être livré à une espèce d'examen de conscience, Saint-Germain concluait avec simplicité : « J'ai eu des torts ; je n'ai pas eu tous ceux que l'on m'impute ; mais Dieu permettra que tout se découvre. » Cette confiance n'a pas été vaine. Sans doute, l'histoire reproche à Saint-Germain des erreurs, des faiblesses, dont quelques-unes vinrent de son caractère, d'autres du temps où il vécut. Entier dans ses idées, ignorant l'art subtil des nuances, inhabile à proportionner la vigueur de l'effort à la force de la résistance, il voulut tout refondre en bloc et s'attaqua, sans préparation suffisante, à tous les problèmes à la fois. En cela, il est bien du siècle où le rêve presque universel est de voir transformer la société de fond en comble, en un clin d'œil, par un coup de baguette, et de reconstruire l'édifice sur des principes immuables. S'il a, par cette méthode, manqué parfois son but et compromis son entreprise, il reste cependant qu'avec une honnêteté vaillante et une réelle justesse d'esprit, il a porté la main sur les plus graves abus qui entachaient nos institutions militaires, — tant l'inégalité des corps que la vénalité des charges, — qu'il s'est efforcé d'introduire plus de justice dans l'obtention des grades, plus de fixité dans les cadres, qu'il a travaillé de son mieux à faire du « militaire de France » un corps discipliné, solide et homogène, qu'il a repris, enfin, après quatre-vingts ans d'oubli, les grandes traditions de Louvois.

Il reste encore qu'à son départ, l'effectif de la cavalerie, de l'infanterie, de l'artillerie, était presque doublé, sans que, grâce au bon ordre et à l'économie des différens services, les dépenses de la Guerre eussent sensiblement augmenté[64]. Il faut noter enfin qu'à l'opposé de ce qui advint à Turgot, les réformes de Saint-Germain lui survécurent pour la plupart et continuèrent après sa chute à produire d'heureux fruits. Quelques-uns de ses successeurs, avec plus de prudence peut-être, n'auront qu'à suivre la même voie, à appliquer les mêmes principes, pour forger l'instrument que la vieille monarchie, avant de disparaître, léguera à la Révolution, le glorieux instrument qui, pendant des années, résistera victorieusement à l'effort combiné de toutes les puissances de l'Europe.

SEGUR.

1. ↑ *Copyright by* Calmann-Lévy, 1912.
2. ↑ Voyez la *Revue* des 15 janvier et 1er février.
3. ↑ Lettre de Mercy à Marie-Thérèse, du 15 juin 1777. — *Correspondance* publiée par d'Arnim.
4. ↑ Voyez *Au Couchant de la Monarchie*, p. 265.
5. ↑ *Journal* de Croy.
6. ↑ *Journal* de Hardy, 6 janvier 1776.
7. ↑ *Ibid.*, novembre 1776.
8. ↑ *Correspondance secrète*, 1er janvier 1776.
9. ↑ *Journal* de Croy, janvier et février 1776.
10. ↑ Les *Mémoires du comte de Saint-Germain* ont été publiés en 1779, l'année d'après sa mort. Ils furent écrits, dit La Harpe, « dans l'intervalle qui s'est écoulé entre sa disgrâce et sa mort, » et imprimés par les soins d'un de ses amis, l'abbé de La Montagne. On a, dès leur apparition, contesté leur authenticité ; mais, sans même invoquer la forme et l'esprit de ces pages, qui concordent absolument avec tout ce que l'on connaît de M. de Saint-Germain, on a l'attestation du baron Christian de Wimpfen, qui fut longtemps le plus intime ami de l'auteur des Mémoires et qui, en les rééditant et en les commentant, affirme avoir « tenu l'original entre ses mains » et certifie qu'il « n'y existe pas un seul mot qui ne soit écrit de la main même de M. le comte de Saint-Germain. » Ce témoignage suffit à lever tous les doutes.

11. ↑ 170 000 sur le papier, mais beaucoup moins dans la réalité.
12. ↑ *L'Espion Anglais*, novembre 1775.
13. ↑ Pour tout ce qui va suivre, j'ai fait un grand usage de l'ouvrage consciencieux public en 1884 par M. Léon Mention, sous ce titre : *le Comte de Saint-Germain et ses réformes, d'après les Archives du dépôt de la Guerre*. Je l'indique ici une fois pour toutes, afin de n'y pas revenir à chaque page.
14. ↑ Pour n'en donner qu'un exemple, un lieutenant des gardes du corps touchait un traitement annuel de 10 000 livres, tandis qu'un lieutenant de compagnie détachée aux frontières n'avait que 400 livres de solde.
15. ↑ *Mémoires* de Saint-Simon, édition Chéruel, t. XV.
16. ↑ *Mémoires* de Saint-Simon, édition Chéruel, t. XV.
17. ↑ Note écrite par Saint-Germain après sa retraite. — *Mémoires* de Soulavie.
18. ↑ *Journal* du duc de Croy, *passim*.
19. ↑ M. Frédéric Masson, *L'Armée royale en 1789 (Écho de Paris*, du 7 mai 1911.)
20. ↑ *Journal* de Hardy, 24 janvier 1776.
21. ↑ Le *Journal* du libraire Hardy reflète fidèlement les rancunes de la bourgeoisie parisienne : « On ne pouvait s'empêcher de remarquer, en voyant ces militaires molestés à leur tour par des suppressions, que, lorsque le ministère avait frappé en 1771 sur toute la magistrature du royaume, pour ainsi dire, à bras raccourcis, ils n'avaient cessé de crier, dans les différentes villes du royaume, que le Roi était le maître, que son autorité devait prévaloir en tous lieux, comme aussi d'avoir entendu dire à quelques-uns d'entre eux, en parlant des magistrats alors si injustement persécutés : « Qu'on nous l'ordonne, et nous ferons feu sur tous ces b…-là ! » Des gens si dévoués à l'autorité royale ne pouvaient que donner, dans les circonstances actuelles, les preuves de la plus grande docilité et de la plus parfaite soumission. »
22. ↑ *Correspondance secrète* de Métra, 6 février 1776.
23. ↑ *L'Espion Anglais*, 1776.
24. ↑ *Mémoires* de Saint-Germain.
25. ↑ *Correspondance* avec Paris-Duverney.
26. ↑ *Traité des légions*.
27. ↑ *Mémoires* du marquis de Toulongeon (Archives de la Guerre).
28. ↑ *Mémoires* de Saint-Germain.
29. ↑ *Correspondance secrète* de Métra, 19 janvier 1776.
30. ↑ « En mourant de peur, » écrit Esterhazy.
31. ↑ *Mémoires* du comte Esterhazy.
32. ↑ Ordonnance du 23 mars 1776.

33. ↑ Lettre du 7 décembre 1777. — *Correspondance* publiée par Feuillet de Conches. — *Journal* de l'abbé de Véri.
34. ↑ *Mémoires sur l'art de la guerre*, par le maréchal de Saxe.
35. ↑ *Ibid.*
36. ↑ *Mémoires sur le règne de Louis XVI.*
37. ↑ *Souvenirs et anecdotes*, par le comte de Ségur.
38. ↑ *Mémoires* de Soulavie.
39. ↑ Chamfort, *Maximes et pensées.* — *Journal* de Hardy, du 27 juin 1776.
40. ↑ *Mémoires* de Saint-Germain, *passim.*
41. ↑ *Ibid.*
42. ↑ *L'Espion Anglais*, t. IV. — *Vie du comte de Saint-Germain*, par Grimoard.
43. ↑ *Mémoires* du prince de Montbarey.
44. ↑ *Journal* du duc de Croy.
45. ↑ *Correspondance secrète* publiée par M. de Lescure.
46. ↑ *Correspondance* de Métra, 15 juin 1776.
47. ↑ *Ibid.* — 24 août 1776.
48. ↑ Lettre du 6 septembre 1776. — *Portraits intimes du XVIIIe siècle*, par MM. de Goncourt.
49. ↑ Lettre de 1776. — *Correspondance de* Mlle de Lespinasse. Édition Villeneuve-Guibert.
50. ↑ Document publié dans les *Mémoires* de Soulavie.
51. ↑ *Correspondance* de Métra, 26 juillet 1776.
52. ↑ *Mémoires* de Soulavie, t. IV.
53. ↑ Il était né à Besançon, le 20 avril 1732.
54. ↑ *Journal* du duc de Croy, février 1776.
55. ↑ Montbarey, dans ses *Mémoires*, attribue ce bienveillant empressement de Saint-Germain à des motifs intéressés : « Je ne fus pas long, dit-il, à m'apercevoir que le ministre, d'un âge déjà avancé et ne tenant à personne à la Cour, où il était aussi étranger que s'il fût arrivé de Chine, avait jugé qu'en m'associant à ses travaux, il allait s'étayer et se former une famille à Versailles, qui s'intéresserait à ses succès et le soutiendrait… Je crois pouvoir assurer que l'idée de se faire, à la Cour, une famille de la mienne fut la cause déterminante qui l'engagea à m'associer à ses travaux. » Il est à peine nécessaire de faire remarquer que le caractère de Saint-Germain et la manière dont il en usa avec Montbarey suffisent à faire tomber cette insinuation tendancieuse, dont le but évident est d'excuser les mauvais procédés du prince envers son protecteur.
56. ↑ Lettre du 4 mars 1770, édition Lescure.
57. ↑ *Mémoires* de Montbarey.

58. ↑ *Mémoires* de Montbarey.
59. ↑ *Ibid.*
60. ↑ *Mémoires* de Saint-Germain, *passim*.
61. ↑ « Je proteste ici, lit-on dans ses *Mémoires*, et je renouvellerai cette protestation à l'article de ma mort, que jamais aucune idée de Jésuites n'est entrée dans mon projet de l'école des aumôniers, que j'ai demandé indistinctement à plusieurs évêques des sujets instruits et vertueux, sous la condition expresse qu'aucun n'eût été jésuite. »
62. ↑ *Mémoires, passim.*
63. ↑ Une gazette de l'époque rapporte qu'après sa retraite, le comte de Saint-Germain acheta à Montfermeil une maison de campagne, où il s'occupa sur-le-champ de tout bouleverser dans le parc, en vue de le refaire d'après un nouveau plan. Il commença par abattre les arbres, par détruire les parterres, par « mettre tout sens dessus dessous, » et il fut surpris par la mort au milieu de cette destruction. Dans ce trait, dont rien au surplus ne prouve l'authenticité, les détracteurs de Saint-Germain prétendirent voir l'image de son passage au ministère. — Il mourut le 15 janvier 1778.
64. ↑ Le budget du département de la guerre, qui était de 92 millions de livres à l'avènement de Saint-Germain, s'élevait à 93 millions 500 000 livres le jour de sa retraite.

AU COUCHANT DE LA MONARCHIE[1]

X[2]

LES RÉFORMES DE NECKER

I

Après l'exemple de Turgot, celui de Saint-Germain constituait pour Necker un enseignement suggestif. L'un et l'autre, comme on a vu, avaient été victimes des mêmes erreurs, des mêmes fautes de tactique. Quand même l'humeur, les habitudes d'esprit du directeur général des Finances ne l'eussent point engagé à restreindre son horizon et à limiter ses efforts, ce qu'il avait eu sous les yeux aurait suffi sans doute à rendre sa marche prudente et son programme modeste. Il comprit la leçon et il en profita. Cette sagesse calculée, ce souci de modération, seront, pendant le cours de ses cinq ans de ministère, et plus spécialement au début, la caractéristique de la méthode politique de Necker ; elles expliquent le succès de ses opérations.

Son premier soin, en montant au pouvoir, devait être celui de tout bon commerçant qui prend la direction d'une maison longtemps négligée : se procurer assez d'argent pour boucler le budget et pour relever les affaires. Il se trouvait à cet égard dans une position difficile. La brève, mais désastreuse, administration de Clugny avait creusé un vide nouveau dans les caisses de l'Etat, mis le Trésor en déficit pour le paiement des dépenses permanentes. Et d'autre part, la situation extérieure, l'approche rapide, inévitable, de la guerre avec l'Angleterre, dont il faudra bientôt parler, laissait prévoir l'urgente nécessité de ressources extraordinaires, dont le chiffre, encore inconnu, serait certainement formidable. Pour faire face à ces charges, qu'avait-on devant soi ? Un crédit public épuisé, une opinion soulevée contre la seule pensée de toute taxe nouvelle, un Roi jaloux de popularité et refusant, par conséquent, de pressurer ses sujets à outrance. En écartant l'augmentation d'impôts, un seul moyen restait, dont jusqu'alors en France on n'avait guère usé que dans des cas exceptionnels : l'emprunt, sous ses formes diverses, loterie, constitution de rentes fixes ou viagères, émission de valeurs garanties par l'Etat. *L'emprunt et non l'impôt*, ce fut la formule de Necker, et il n'est guère de point sur lequel, en son temps, il ait été plus vivement censuré.

Emprunter, disait-on dans les milieux physiocratiques, c'est sans doute éloigner la ruine, mais c'est en même temps l'aggraver, en accroissant la dette. Car tout emprunt, en dernière analyse, ne peut manquer d'aboutir à l'impôt, ne fût-ce que pour payer l'intérêt des sommes empruntées. « C'est reculer pour mieux sauter, » écrivait un gazetier. On prétendait y voir aussi quelque chose d'assez peu honnête : « On pouvait dire, disserte gravement Soulavie, qu'emprunter, si l'on pouvait imposer, c'était charger le Trésor de la somme à verser pour les intérêts aux prêteurs, et que, si l'on ne pouvait pas imposer, c'était tromper la confiance des prêteurs en les abusant sur le gage. » Les moralistes dénonçaient l'encouragement donné à la spéculation et à l'agiotage, la « destruction de l'esprit de famille » par la facilité de se faire des rentes viagères. Enfin d'autres disaient que chercher de l'argent par de semblables procédés était user d'un simple expédient dilatoire et d'un vulgaire trompe-l'œil ; ils comparaient Necker, emplissant les caisses du Trésor en affirmant : *Sans impôts, messieurs, sans impôts !* à l'arracheur de dents qui couvre les cris du patient en répétant sans cesse : *Sans douleur, messieurs, sans douleur* !

L'un des hommes les plus perspicaces, l'un des esprits les plus avisés de ce temps, le célèbre abbé Galiani, montrait déjà, proche et béant, le fossé où le novateur culbuterait avec son système : « Je plains[3] M. Necker sans le maudire. Obligé d'être un joueur de gobelets, il faut qu'il fasse croire qu'il n'a pas mis d'impôts. Mais point d'argent sans impôts... L'illusion disparait, le jeu des gobelets est découvert, et un homme qui paraissait un ange ou un alchimiste redevient homme, sans pierre philosophale, sans admirateurs, et, qui pis est, sans rencontrer des hommes justes et raisonnables qui ne lui fassent pas un crime de n'avoir pas fait l'impossible. »

À ces critiques multipliées, Necker objecte tout d'abord qu'il n'a pas le choix des moyens, que créer des taxes nouvelles sans opérer au préalable une complète réforme fiscale, sans remanier l'assiette même de l'impôt, sans refaire pièce à pièce le mécanisme suranné du mode de perception, serait, selon son expression, travailler « à remplir un tonneau percé par le fond. » Or, l'heure pressait ; il fallait à tout prix trouver assez d'argent pour éteindre les dettes criardes. Il alléguait aussi, — et l'événement lui a donné raison, — que la nation française, si obérée qu'elle fût par la gestion d'administrateurs maladroits, était, au fond, riche et pleine de ressources ; qu'avec de l'ordre, de l'économie, une probité sévère, on arriverait sans doute à rembourser les sommes prêtées et que l'avenir se chargerait d'acquitter les dettes du présent. Enfin, il faisait observer, — et aucune considération ne pouvait faire plus d'impression sur l'esprit de Louis XVI, — qu'en multipliant les rentiers, on augmentait le nombre des Français intéressés au maintien de l'autorité, le nombre des sujets dévoués au prince qui tenait en ses mains une part de leur fortune, et il citait, à l'appui de cette opinion, l'exemple concluant du gouvernement britannique, « Comment, ajoutait-il, un Roi qui, sans augmenter d'un écu le poids lourd des contributions, comblerait le gouffre creusé par ses prédécesseurs, ne serait-il pas assuré de voir son nom vénéré et béni jusqu'au fond des lointaines campagnes[4] ? »

S'il est permis de juger un système sur ses résultats immédiats, on ne peut nier, d'ailleurs, que celui de Necker n'ait porté en lui-même sa justification. Dès son premier emprunt, — quarante millions de rentes viagères, — on vit, aux guichets du Trésor, ce que, depuis la banque de Law, on n'avait jamais vu en France : une longue file de prêteurs assiégeant fiévreusement les portes, se pressant et se bousculant pour obtenir des titres, la somme totale entièrement souscrite en un jour. Deux ans plus tard, en 1779, un emprunt analogue, et plus considérable encore, excite un pareil enthousiasme : « Il a fallu, dit l'abbé de

Véri, envoyer une garde dans le jardin du Trésor royal, pour contenir la foule de ceux qui voulaient qu'on prît leur argent[5]. » Certains emprunts furent couverts plusieurs fois. L'étranger même, surtout la Hollande et la Suisse, envoyait des fonds à la France ; la seule ville de Genève fournit à peu près cent millions. Mais la majeure partie venait du peuple parisien. La province, trop tard avertie, n'avait guère le temps d'arriver, et les bas de laine des villages formaient comme une réserve intacte, où l'on pourrait puiser plus tard.

L'empressement de la multitude s'explique par des causes diverses, dont la première est l'exactitude scrupuleuse, la ponctuelle honnêteté qui président au paiement du revenu des sommes versées. Au cours de ces dernières années, nombre de banques particulières, par des faillites retentissantes, avaient ébranlé la confiance des capitalistes français. Avec Necker, on est sûr, au contraire, de recevoir, au jour de l'échéance, le total auquel on a droit. « On ne sait plus où placer son argent, répète-t-on couramment. Le Roi est encore le meilleur des débiteurs[6]. » Il faut également tenir compte des avantages, parfois exagérés, accordés aux prêteurs par le directeur des Finances, de la manière adroite dont il prépare d'avance tout appel au crédit, toute nouvelle émission de rentes, n'hésitant pas à employer, pour le bien de l'Etat, les moyens de publicité et les procédés de « réclame » habituels à un commerçant pour lancer une affaire. Il est de fait qu'en cinq années Necker se procurait ainsi cinq cent trente millions de livres. Sur ce chiffre, quarante millions servaient à combler annuellement le déficit des dépenses ordinaires, tandis que le surplus, c'est-à-dire trois cent trente millions, défrayait les dépenses de la guerre d'Amérique. Le public n'en revenait pas et criait au miracle. « M. Necker fait la guerre sans impôts ! » C'est l'exclamation générale. Chez certains, l'enthousiasme est tel qu'on va jusqu'à dire : « C'est un dieu ! »

Il s'élevait néanmoins déjà quelques voix discordantes, parmi lesquelles il faut noter les vives réclamations du parlement de Paris. L'indignation était grande, en effet, parmi la haute magistrature. Les décisions que je viens d'indiquer avaient été, comme il était légal, pour éviter les formalités compliquées et les retards de l'enregistrement, promulguées par simples arrêts, sans employer la voie solennelle des édits. Le parlement, grâce à cette procédure, n'avait pas eu à examiner la question ; il n'avait pu s'opposer d'une façon directe aux opérations du ministre. Il voulut du moins se venger en faisant parvenir au Roi de sévères « remontrances, » où il critiquait aigrement la politique financière de Necker : « Le Parlement, lit-on dans une de ces harangues, n'a pu voir sans douleur qu'après quatorze années de paix, au lieu de préparer les diminutions d'impôts tant de fois et si solennellement promises, l'état des finances exige d'avoir encore recours à un emprunt, qui sera nécessairement le germe d'une imposition... » Bien mieux, un peu plus tard, il prenait un biais détourné, en ordonnant l'exécution de vieilles lois sur l'usure qui remontaient à Charlemagne, des lois interdisant « les prêts contraires aux saints canons reçus et autorisés dans le royaume. » Or les dits « canons » prohibaient d'une manière absolue « tous prêts à intérêts, » sous quelque forme que ce fût. Il s'ensuivait qu'un homme qui constituait des rentes, escomptait des billets, prêtait ou empruntait de l'argent à un taux quelconque, risquait, si on lui appliquait l'édit de Charlemagne, l'exil ou les galères, ce qu'il était permis de trouver excessif. On souriait de ces vaines menaces, et elles n'intimidaient personne. Elles marquent cependant le début de l'opposition acharnée et systématique qui, croissant d'année en année, amènera finalement l'échec du programme de Necker et provoquera sa chute.

Sans partager l'engouement fanatique des uns, et moins encore les étroites préventions des autres, il est juste de rendre hommage aux heureux et habiles efforts du directeur général des Finances, pour manœuvrer parmi des embarras inextricables et sauver le Trésor public d'une ruine qui semblait menaçante. On lui reproche quelques fautes de détail, des erreurs de calcul dans la constitution de ses rentes viagères, certaines clauses qui furent, semble-t-il, inutilement onéreuses pour l'Etat. Je laisse aux spécialistes à décider sur ces points délicats. Ce qui est indéniable, et tout à l'honneur de Necker, c'est qu'il a, le premier, eu la claire intuition de la vitalité française, qu'il a deviné l'étendue des ressources cachées dont l'avenir devait démontrer la merveilleuse richesse, qu'il a inauguré chez nous, en matière de finances, la politique qui est aujourd'hui celle de toute nation civilisée, qu'il a créé, organisé en France le mécanisme du crédit public.

On ne saurait douter qu'il ait désiré davantage, qu'il ait envisagé la réforme complète de toutes les lois fiscales et compris la nécessité de substituer à la bizarrerie des impôts, à l'inégalité des charges, un régime d'ordre, de logique et de justice sociale, et ce que je dirai plus tard de ses essais d'Administrations provinciales suffira pour montrer ce qu'il prétendait faire et par quelle voie il comptait le réaliser. Mais, dans les circonstances troublées où il arrivait aux affaires, avec la perspective prochaine d'une grande guerre maritime, un tel remaniement était chose impossible. Il fallut donc ajourner à des temps meilleurs les plans d'ensemble, les réformes fondamentales, se contenter de vivre au jour le jour, tout en améliorant la situation existante et en détruisant les abus les plus intolérables. Dans cet ordre d'idées, les mesures édictées par le directeur des Finances peuvent être divisées en deux catégories distinctes : celles qui ont trait aux institutions mêmes, celles qui sont relatives au mode de perception ainsi qu'au personnel chargé de ce service. Je n'en saurais donner ici une énumération complète et je me garderai, pour cause, d'entrer dans les détails techniques. Il faut pourtant, avec la modestie qui sied à mon incompétence, indiquer brièvement certaines de ces opérations, les plus fécondes en résultats, les plus retentissantes aussi dans l'opinion du temps.

II

L'un des impôts les plus impopulaires, les plus justement exécrés, était l'impôt dit du *vingtième*, qui ressemble beaucoup à ce que l'on nomme de nos jours l'impôt sur le revenu. La taxe prélevée sous ce nom sur chacun des sujets du Roi était, à l'origine, de 5 p. 100 du revenu réel, évalué par des procédés nécessairement fort arbitraires. Elle fut doublée sous Louis XV et portée jusqu'à 10 pour 100. Cet impôt du vingtième ne frappait pas seulement le produit des domaines et des propriétés foncières, dont on pouvait, à la rigueur, malgré le défaut de cadastre, apprécier la valeur d'une manière approximative ; il s'étendait, de plus, aux produits du travail et de l'intelligence humaine : c'était ce qu'on appelait les *vingtièmes d'industrie.* Là, on nageait en pleine incohérence et en pleine fantaisie. Nulle contribution n'excitait tant de plaintes légitimes et de contestations fondées.

Faute de pouvoir, comme il l'aurait souhaité, procéder sur ce point à une réforme générale, transformer l'impôt du vingtième en un impôt exclusivement foncier, établi sur des bases sérieuses et rationnelles, « proportionné, suivant son expression, au revenu des biens fonds, d'après des principes uniformes et certains, » Necker voulut supprimer tout au moins ce qu'il jugeait avec raison l'article le plus irritant. Il abolit les vingtièmes d'industrie, non partout, il est vrai, car il excepta les grands centres, mais « dans les bourgs, villages et campagnes, » tant, disait-il, « pour y attirer davantage l'industrie, que parce que l'on ne pouvait pas y régler cette imposition comme dans les villes, où la répartition est confiée aux chefs des corps et communautés[2]. » Ainsi libérait-il d'une charge cruellement pesante la classe intéressante des travailleurs ruraux.

C'est dans le même esprit et c'est d'après la même méthode, faite (le prudence et d'équité, qu'il touche à l'impôt de la *taille*. Cette taxe, d'origine ancienne et d'un produit fructueux, était, dans son essence, prélevée sur la propriété foncière ; elle ne frappait qu'accessoirement les revenus fonciers et mobiliers. Elle avait un vice capital, c'était son inégalité criante, l'exemption dont jouissaient une bonne part des sujets du Roi, et les plus opulens d'entre eux, les membres du clergé, les membres de la noblesse, les titulaires de certaines charges accessibles à la roture en y mettant le prix. Ces dernières charges, au nombre de quatre mille environ, étaient souvent acquises dans le seul dessein de se soustraire ainsi à la perception de la taille, de sorte que, selon l'observation de Dupont de Nemours, « le plus sûr moyen d'échapper à l'impôt était de faire fortune. » Une autre anomalie, non moins fâcheuse, non moins injustifiée, distinguait cette contribution de la plupart des autres : par une dérogation étrange à la règle commune, la taille pouvait être augmentée sans le contrôle du parlement et sans le consentement des Etats-Généraux. Une simple décision du Roi, publiée par décret, sans aucun examen public, sans même qu'il fût besoin d'alléguer un motif, en fixait le montant d'une manière arbitraire, d'où l'expression de

« taillable à merci. » Aussi, par suite de cette facilité, la taxe avait progressivement monté, s'était aggravée à chaque règne. Gréée par Charles III pour produire 2 millions par an, sous Louis XVI elle s'élevait à plus de 90 millions[8].

Necker agit à l'égard de la taille comme il avait agi à l'égard du vingtième. Il en respecta le principe, pour ne s'en prendre qu'à l'abus. Abolir le scandale des exemptions privilégiées, organiser parmi tous les sujets du Roi l'égale répartition des charges, c'était son rêve secret, qu'il ne crut pas pouvoir réaliser d'un trait de plume. Il se contenta pour l'instant de mettre un frein légal au bon plaisir du prince et au caprice du fisc. Louis XVI, sur son avis, déclara qu'à l'avenir la taille serait soumise à la règle ordinaire en matière de contributions, qu'elle ne pourrait être augmentée sans l'accord préalable du Roi avec les parlemens. C'était parer du moins aux aggravations imprévues, dictées par un besoin pressant, décrétées brusquement par quelque ministre aux abois. Tout incomplète qu'elle fût, cette réforme fut accueillie avec une joie sincère. On y voyait un acheminement vers un régime plus libéral, une limite apportée au pouvoir absolu, un coup porté à l'arbitraire. On y voyait aussi, de la part de Necker, l'indice de son respect pour la magistrature, la volonté de rendre hommage aux lumières, à l'autorité de la suprême Cour de justice. Le parlement fut seul à considérer cette avance comme un témoignage de faiblesse[9].

Porter ainsi la main, si légère, si prudente fût-elle, sur des institutions consacrées par un long usage, c'était déjà, sans doute, faire preuve de fermeté. Combien plus hasardeux, toutefois, serait tout essai de réforme portant sur l'administration du fisc et sur le personnel préposé à la perception ! Car, ici, détruire un abus, changer ou supprimer un rouage, remanier un service, serait toujours, en fin de compte, léser un intérêt privé, tarir une source de profits pour certains fonctionnaires. Tout s'arrangeait, tant bien que mal, lorsqu'on lie touchait qu'aux principes ; dès qu'on s'attaquait aux personnes, là commençaient vraiment les risques périlleux. Necker, rendons-lui cette justice, ne redouta pas d'abord cette seconde partie de sa tâche et de s'aventurer sur ce terrain brûlant.

La machine financière, en France, était alors d'une complication prodigieuse, dont on pouvait, pour une bonne part, accuser le système de la vénalité des charges, issu lui-même des besoins du Trésor. « Sire, disait à Louis XIV M. de Pontchartrain, contrôleur général, toutes les fois que Votre Majesté crée une charge. Dieu crée un sot pour l'acheter. » De là, l'institution d'un nombre inouï d'emplois, d'offices et de judicatures, ressource toute trouvée aux heures où l'argent était rare, mais ressource dangereuse, commode dans le présent, onéreuse pour l'avenir. La pensée constante de Necker, qu'il maintint sans faillir d'un bout à l'autre de son ministère, fut de réduire au minimum, dans la mesure possible, l'innombrable cohorte des fonctionnaires et des intermédiaires, d'élaguer les branches superflues, de faire régner ainsi dans l'administration de son département plus d'ordre, d'unité, plus de simplicité surtout. Entreprise étrangement ardue, dont les contemporains reconnaissent la difficulté. « Si M. Necker n'en voulait qu'au pauvre peuple, lit-on dans une correspondance du temps[10], tout irait à sa volonté. Mais, dans notre gouvernement, tout monarchique qu'il soit, l'intention du monarque lui-même est souvent combattue et assez de fois vaincue. Il faut donc chez nous à un ministre novateur une souplesse de caractère, une adresse d'esprit incroyables, pour apaiser les uns, gagner les autres, désintéresser enfin ceux qui prennent parti sans avoir de motif réel, mais pour se rendre importans. » La marquise du Deffand écrit à la même date : « Les abus de la perception sont immenses, et si M. Necker parvient à les réformer, il fera un grand chef-d'œuvre ! Il s'y prend très bien, mais il faut que le Maurepas le soutienne, et voilà ce qui est bien scabreux[11] ! »

L'état-major de l'armée financière se divisait en deux sections distinctes : d'une part, les *fermiers généraux*, qui affermaient les impôts indirects pour une somme fixée à l'avance, se partageant entre eux le surplus de l'argent provenant des contribuables ; les *receveurs généraux*, d'autre part, préposés aux impôts directs, qu'ils percevaient pour le compte de l'État. Les uns et les autres, d'ailleurs, se tenaient étroitement entre eux, se reconnaissaient solidaires, se regardaient enfin comme membres de la même famille. Il fallait de l'audace pour s'attaquer à cette double puissance, devant laquelle avaient tremblé tant de contrôleurs généraux. Cette centaine d'hommes, unis, ligués par l'intérêt commun, tenaient entre leurs mains la fortune du royaume.

Les fermiers généraux, « rois plébéiens, » comme les nommait Voltaire, rois dont chacun tirait de ses sujets un revenu annuel de 300 000 livres environ, étaient au nombre de soixante. Le premier acte de Necker, lorsqu'il dut renouveler leur bail, fut de les réduire à quarante. De plus, en évaluant le produit normal des impôts à 126 millions de livres, il décida que l'excédent serait partagé par moitié entre l'Etat et les fermiers, transformés de ce fait en régisseurs intéressés. Par une juste compensation, il les libérait en partie du lourd et scandaleux fardeau dont on les chargeait d'ordinaire à chaque renouvellement : il modéra l'usage des croupes, si fort en honneur pendant tout le XVIIIe siècle. On entendait par là les parts secrètement réservées dans les bénéfices des fermiers et attribuées à de hauts personnages, grands seigneurs ou belles dames, totalement étrangers aux affaires de finance, auxquels le Roi constituait à bon compte, et sans bourse délier, une rente quelquefois assez forte au détriment du Trésor de l'Etat. Necker, par deux arrêtés successifs, défendit pour l'avenir tout trafic de ce genre. Toutefois, fidèle à son système de respecter avec scrupule les engagemens passés, il laissait subsister jusqu'à l'expiration du bail les croupes anciennement consenties. Il put, par ce tempérament, faire accepter une réforme notable, dont une plus grande rigueur aurait sans doute compromis le succès.

Les receveurs généraux furent plus durement traités. Ils étaient quarante-huit, qui coûtaient à l'Etat plus d'un million par an. Ils furent restreints à douze, avec des attributions modifiées, et leur traitement total fut réglé à 300 000 livres. Ici, la chose ne passa pas sans exciter des récriminations. Les receveurs avaient de puissans appuis à la Cour ; ils firent agir leurs partisans, ou, pour mieux dire, leurs obligés. Louis XVI fut assailli de réclamations et de plaintes. On fit appel à sa pitié ; on allégua, dans l'espoir de toucher son cœur, le triste sort des subalternes que « l'implacable cruauté » du directeur général des Finances allait, par contre-coup, plonger dans l'infortune. On montrait avec larmes « trois cents familles détruites, » et cinq cents petits employés réduits à la misère !...

Les princes du sang intervinrent également, mais en invoquant des raisons d'un ordre moins sentimental. Ils avaient jusqu'alors le droit de désigner eux-mêmes les receveurs préposés à la perception dans les terres de leurs apanages. Six de ces charges étaient ainsi à leur nomination. Ils jetèrent les hauts cris, quand ils connurent l'arrêté de Necker, se prétendirent frustrés, affirmèrent que le Roi lui-même ne pouvait, sans leur consentement, toucher à leur prérogative. « Tous les princes, écrit M. de Kageneck[12], sont ligués contre M. Necker à cette occasion. » Le Comte d'Artois, surtout, montrait une indignation violente ; il fut trouver la Reine, la conjura d'agir auprès du Roi et de plaider la cause de la famille royale. Mais Marie-Antoinette eut assez de bon sens pour opposer, cette fois, un refus absolu à ces sollicitations déplacées ; et, du coup, toute l'effervescence tomba, comme une flambée de paille. Au plus fort de l'orage, comme le directeur général prenait congé du Roi pour se rendre à Paris : « Vous laissez beaucoup d'ennemis ici, lui dit affectueusement Louis XVI, mais je vous défendrai. »

Plusieurs autres opérations, portant sur des fonctionnaires moins en vue, réalisèrent aussi des économies appréciables. Dans le seul mois d'août 1777, furent supprimés et remboursés quatre cent dix-sept offices et charges inutiles, contrôleurs des domaines, gardes généraux des eaux et forêts, et autres emplois du même genre. Dans le même temps, le directeur pratiquait une coupe salutaire dans la haute administration des postes. Ils étaient dix qui touchaient annuellement chacun une centaine de mille livres[13] ; Necker institua une régie ; la même besogne fut faite par six commis, aux appointemens de vingt-quatre mille livres.

Un arrêté qui fit un moment quelque bruit est celui qui réglementa l'administration supérieure de la Loterie royale. Clugny, comme on l'a vu, avait érigé la loterie en institution permanente, régie par des agens spéciaux, au nombre d'une douzaine, sous la haute direction du contrôleur général des Finances. Necker, malgré ses répugnances, ne crut pas pouvoir renoncer, dans l'état actuel du Trésor, à un système qui procurait des ressources considérables[14], mais il réduisit de moitié le comité des administrateurs et s'y prit d'une manière assez originale. Il assembla les douze intéressés, leur déclara son intention et les mit en demeure de procéder eux-mêmes au sacrifice, en désignant les victimes à ses coups. Voici, rapportent les gazettes, le langage qu'il leur tint : « Messieurs, le Roi a trouvé des abus dans votre gestion. Je n'en accuse personne ; mais le Roi pense que vous êtes trop de moitié. Il faut donc réformer six d'entre vous. Je ne crois pouvoir mieux faire que de laisser à votre choix ceux qui sont à conserver. Voici du papier et de l'encre. Que chacun de vous donne son suffrage aux six qu'il croira les plus propres à remplir ces fonctions[15]. » Bon gré mal gré, il fallut en passer par là L'Etat gagna à cette exécution l'économie annuelle d'une bonne soixantaine de mille livres.

III

Les doléances, les « criailleries, » excitées par de telles mesures dans le monde financier, étaient, cependant, peu de chose à côté des clameurs soulevées par la réforme des Maisons du Roi et de la Reine. C'était là, en effet, sous l'ancienne monarchie, une question capitale. Aucune réforme n'était plus urgente, plus juste en soi, plus vivement réclamée par l'opinion publique, et en même temps plus difficile, plus dangereuse à tenter. Pour l'avoir naguère entreprise, Malesherbes avait dû se démettre, Turgot avait été chassé. Tout récemment encore, sous les yeux de Necker, le comte de Saint-Germain venait de succomber aux rancunes provoquées par ses essais de réduction parmi les corps privilégiés qui constituaient la

Maison militaire. Ces souvenirs étaient inquiétans. Necker refusa, malgré tout, de se soustraire à cette tâche redoutable, mais il attendit patiemment que plusieurs années de succès, de services signalés rendus au Roi et à l'Etat, lui eussent créé une situation assez forte. Il se contenta jusque-là d'opérations préparatoires, telles que le règlement relatif aux dépenses de la Maison du Roi. Le désordre y était affreux, l'habitude étant prise de ne solder chaque dette que quatre années après qu'elle était contractée ; aussi l'arriéré s'élevait-il à une somme formidable. Une révision approfondie des comptes et la liquidation générale du passif permirent, tout au moins, de voir clair dans la situation. Ceci fait, Necker ajournait à une date ultérieure la réformation plus complète, le grand « coup de balai, » qu'on espérait de lui. Ce fut au commencement de l'un 1780 qu'il se jugea suffisamment solide pour se risquer à cette besogne.

On a peine à imaginer ce que représentait alors, comme personnel et comme dépense, la machine, aux rouages innombrables, qu'on nommait la Maison du Roi. Depuis plus de deux siècles, chaque souverain, chaque ministre, y avait, peut-on dire, ajouté quelques pièces et l'avait enrichie de quelque organe nouveau. En revanche, rien jamais n'en était supprimé, tout retranchement passant pour une atteinte portée au prestige du souverain et à la majesté du trône. Vers la fin du XVIIIe siècle, sous le règne du plus simple et du plus modeste des princes, la seule Maison civile comprend vingt-deux services, auxquels président quarante-deux officiers des cérémonies, sous l'autorité du Grand Maître. Cinquante médecins, chirurgiens et apothicaires, pour ne citer que ce détail, sont attachés à la personne du Roi, chacun pourvu d'un gros traitement. La Maison militaire, malgré les réductions qu'y a opérées Saint-Germain, comprend une dizaine de mille hommes, avec force grands dignitaires. La Maison de la Reine, bien que moins imposante, occupe aussi un nombreux personnel. L'abus est plus flagrant encore lorsqu'il s'agit des princes du sang. Dans la Maison du Comte d'Artois sont quatre cent quarante « officiers, » deux cent soixante dans celle de son épouse. Quand Mesdames tantes vont prendre les eaux à Vichy, elles mènent pour le voyage deux cent cinquante personnes et cent soixante chevaux.

Bref, si l'on veut faire le calcul de tous les offices et emplois, largement rétribués, qui se rattachent de quelque manière à la Cour, on arrive au total de six mille charges civiles et de neuf mille charges militaires, qui, réunies, coûtent environ trente-neuf millions de livres, soit le douzième, ou peu s'en faut, du revenu général du Trésor, chiffre auquel il faut ajouter les pensions, gratifications et « grâces » de toute nature dont je parlerai tout à l'heure.

Telle était la forêt épaisse, inextricable, au travers de laquelle Necker s'aventurait, la cognée à la main, non pas sans doute pour tout jeter à bas, mais pour y pratiquer des coupes et pour éliminer la végétation parasite. Par une mesure préliminaire, décrétée au mois de juillet 1779, il supprimait les nombreuses « trésoreries » des deux Maisons du Roi et de la Reine, qu'il remplaçait par un unique « trésorier-payeur général des dépenses de Leurs Majestés. » Il substituait ainsi un seul office à vingt et un, aux applaudissemens du public, qui découvrait dans ce prélude l'annonce de coups plus décisifs. « Le préambule de cet édit, qui est un chef-d'œuvre de bienfaisance et d'honnêteté, ravit et enchante tous les cœurs et tous les esprits. On est dans l'extase et dans l'enthousiasme[16] ! » C'est sur ce mode lyrique que s'exprime le gazetier Métra.

L'année suivante allait voir ces espoirs se réaliser en partie. Ce sont d'abord les deux édits promulgués le 19 janvier 1780, dont l'un abolit force places d'intendans et de contrôleurs dans les divers services des Maisons royales et princières, dont l'autre, plus hardi, enlève aux titulaires de certaines grandes charges de Cour le privilège, lucratif autant qu'abusif, de vendre à leur profit les charges subalternes. Puis, le 1er septembre, c'est un nouvel édit, rayant, d'un trait de plume, quatre cent six places et emplois, dont beaucoup remontaient aux règnes des plus anciens rois et dont les appellations singulières évoquaient, selon l'expression d'une gazette, « la barbarie des siècles primitifs. » La majeure partie des emplois abolis de la sorte se référaient au service de la *cuisine-bouche*. Entraient dans cette catégorie : huit *écuyers* qui apportaient au Roi le bouillon du matin, seize *hâteurs* de rôts, chargés de veiller au rôti, six sommiers de broche, *huit* sommiers de bouteilles, quinze *galopins*, deux *aides pour les fruits de*

Provence, deux *avertisseurs à cheval*, qui suivaient le Roi en campagne et dont la fonction principale était d'avertir l'office de la bouche de l'heure fixée pour le repas, quatre *coureurs de vins*, qui, à la chasse, portaient la collation du Roi dans un « baudrier de drap rouge, » deux conducteurs de la haquenée, *qui, en voyage*, accompagnaient le pain, les fruits, les confitures, le sel, la « tasse pour faire l'essai du vin, » et avaient pour mission spéciale d'empêcher tout retard dans la préparation de la table royale. Je ne poursuivrai pas plus loin cette burlesque énumération.

Un mois plus tard, le 30 septembre, une réforme de même espèce visait la chasse du Roi. Le personnel en était diminué de treize cents titulaires, gardes, piqueurs et valets de chiens. L'économie obtenue de la sorte montait à près de six millions. Les meutes et les chevaux étaient, bientôt après, réduits dans la même proportion.

Ce que ces amputations répétées soulevaient de lamentations, de colères, il est superflu de le dire. Le directeur général des Finances n'était accusé de rien moins que du crime de lèse-majesté ; certaines gens affirmaient qu'il « décomposait pièce à pièce » l'antique royaume de France[17]. Versailles retentissait de cris et de protestations, qui s'élevaient parfois jusqu'au trône. La comtesse de Brionne, mère du prince de Lambesc, grand écuyer du Roi, sur le bruit de réformes projetées dans le service des grande et petite écuries, s'essayait à parer le coup, venait trouver Louis XVI, cherchait à démontrer l'impossibilité des réductions en cause, mais le prince lui fermait la bouche aux premiers mots de son discours : « Madame, de quoi vous mêlez-vous ? Ce ne sont pas là vos affaires. » Un même accueil, plus brusque encore, était fait au duc de Coigny, réclamant au sujet d'une mesure analogue : « Je veux, criait Louis XVI, mettre l'ordre et l'économie dans toutes les parties de ma Maison ; ceux qui y trouveront à redire, je les casserai comme ce verre[18] ! » Et ce disant, le Roi, alors à sa toilette, jetait à terre un « gobelet de cristal, » qui volait en éclats[19].

Si l'on a gardé le souvenir de la conduite de Marie-Antoinette en quelques occasions semblables, on sera peut-être surpris de la voir adopter cette fois, bien qu'avec plus de douceur dans la forme, la même attitude que le Roi. Les réductions dans sa Maison, les sacrifices demandés par Necker à son goût naturel du luxe, la trouvent, sauf de rares exceptions, non seulement résignée, mais presque approbative. Les doléances, les récriminations des princes, celles notamment du Comte d'Artois, qui se multiplie en instances pour qu'elle s'associe à ses plaintes, se heurtent constamment à une muette résistance, parfois à une dénégation fort nette. Il faut attribuer cette sagesse, — et Mercy-Argenteau le constate souvent dans ses lettres, — au savoir-faire du directeur général des Finances, à la manière habile dont il s'y prend avec la jeune souveraine, respectueux, « soumis » en paroles, et même galamment empressé, se gardant bien, quoi qu'elle demande, de la blesser par un refus formel. Bien au contraire, à chaque désir exprimé par la Reine, il se rend auprès d'elle, discute avec patience, raisonne avec modération, expose « les possibilités ou les obstacles » qu'il prévoit, s'arrange, quand il le peut « sans blesser la justice, » pour tourner les difficultés qui, au premier abord, semblaient insurmontables. Ainsi, tout en maintenant les principes essentiels, se donne-t-il l'apparence de déférer aux volontés, aux caprices même de l'impérieuse princesse. Ainsi cède-t-il sur les détails pour faire accepter les grandes choses[20].

Le succès couronne cette tactique. « De tous les ministres du Roi, observe Mercy-Argenteau[21], M. Necker est celui dont la Reine a la meilleure opinion et qu'elle considère le plus. » Le témoignage personnel de la Reine vient pleinement confirmer cette appréciation. Dès le lendemain des premières réductions demandées par Necker, « le Roi, écrit Marie-Antoinette à sa mère, vient de donner un édit qui n'est qu'une préparation à la réforme qu'il veut faire dans sa Maison et la mienne. Si elle s'exécute, ce sera un grand bien, non seulement pour l'économie, mais encore pour l'opinion et la satisfaction publiques. Il faut attendre les effets pour pouvoir y compter ; on l'a tentée sans succès sous les deux derniers règnes. » Un mois plus tard, les suppressions déjà réalisées, elle s'exprime en ces termes, dans une lettre à Mercy : « Comme vous vous trouvez quelquefois avec les Necker, et que j'ai très bonne opinion des talens de M. Necker, je vous autorise à le lui faire connaître, en ajoutant que c'est toujours avec plaisir que je lis les nouvelles de ses opérations de finance[22]. »

Dix ans après sa retraite du pouvoir, dans une note tout intime, écrite, semble-t-il, pour lui-même, où il résume en quelques mots sa carrière politique pendant son premier ministère, Necker caractérise ainsi les obstacles comme les appuis qu'il a rencontrés en haut lieu et rend ce juste hommage à la bonne volonté de la Reine et du Roi : « Je trouvais, écrit-il[23], quelque courage auprès du Roi. Jeune et vertueux, il pouvait et voulait tout entendre. La Reine aussi m'écoutait favorablement. Mais, autour de Leurs Majestés, à la Cour, à la ville, à combien d'inimitiés et de haines ne me suis-je pas exposé ! C'étaient toutes les factions de l'intérêt particulier que j'avais à combattre et, dans cette lutte continuelle, je risquais à tout moment ma fragile existence. »

IV

L'instigateur secret, sinon le chef avoué, de la lutte incessante ainsi dénoncée par Necker est «. le ministre principal, » le conseiller intime du Roi, le vieux comte de Maurepas lui-même, c'est un point sur lequel il n'existe aucun doute. Plus jaloux du pouvoir à mesure qu'il avance en âge, le Mentor n'a pu voir sans un vif déplaisir le crédit solide et soutenu, la popularité croissante du directeur général des Finances. De plus, parlementaire dans l'âme, il partage les défiances et les craintes que tout novateur inspire à la magistrature suprême. Enfin certains mécomptes, certains conflits où il avait eu le dessous, et dont j'aurai à parler par la suite, avaient encore accru sa malveillance et son antipathie. Augeard, confident de Maurepas, dépositaire de ses rancunes, ne cherche pas à l'aire mystère de cette disposition d'esprit : « Dès 1779, dit-il dans ses *Mémoires,* M. de Maurepas était déjà fatigué de Necker ; mais la pénurie des sujets, ou, pour mieux dire, l'ineptie et la mauvaise réputation des intrigans qui se présentaient pour le remplacer, faisaient qu'il différait le renvoi de ce Genevois, le plus possible. » Il se vengeait, à sa manière, de cette patience forcée par des sarcasmes et des mots d'esprit. Aux louanges qu'en sa présence on donnait un jour à Necker : « Oui, c'est un faiseur d'or, répondait-il en riant. Il a fondé le gouvernement de la pierre philosophale ! » Et il disait encore qu'il craignait fort que le royaume de France ne fût « tombé de la *Turgomanie* dans la *Nécromanie,* » qui ne valait guère mieux[24].

Le malheur est que cette opposition ne se bornait pas aux paroles. C'était, dans le Conseil, une résistance doucereuse, mais obstinée, à la plupart des projets proposés : c'étaient des réserves discrètes, des objections présentées légèrement, sans insistance, sous une forme ironique ; c'étaient des exigences qui, sans détruire le principe des réformes, en annulaient l'effet. Un des nouvellistes du temps garantit l'authenticité de ce petit dialogue, qui est, en tout cas, vraisemblable. Après l'édit réduisant la table du Roi, Necker porte à Maurepas un nouveau plan d'économies portant sur un autre service. Maurepas écoute d'un air approbateur, puis, avec un sourire : « C'est très bien, monsieur ; mais avez-vous des fonds pour rembourser les offices supprimés ? — Ils seront payés en cinq ans, comme ceux de la bouche ; j'ai fait mes dispositions en conséquence. — Il n'est pas question de cela, monsieur ! Le Roi veut que toutes les charges qu'il supprime soient remboursées argent comptant. — Je comprends ce que cela veut dire, » réplique Necker avec découragement, et il reprend le chemin de Paris, remportant son projet en poche[25].

De l'attitude de M. de Maurepas provient, en grande partie, ce qu'a de défectueux, d'inégal, d'incomplet, la grande réforme, la réforme d'ensemble, souhaitée par le directeur des Finances dans les Maisons royales. Les emplois abolis, comme on a pu le remarquer plus haut, ne visent guère que des subalternes, les petits parasites des cuisines et des écuries. Les charges les plus importantes et les plus coûteuses sinécures subsistent à peu près intactes ; les gros poissons s'échappent hors des mailles du filet ; seul est pris le menu fretin. Necker l'a reconnu et s'en est excusé, en rejetant la faute sur l'hostilité du Mentor. Il a raconté les dégoûts dont une guerre mesquine et sournoise abreuvait journellement son âme. Il faut l'entendre, sur ce point, dépeindre ses tristesses ; on ne peut lire sans émotion ces sincères confidences :

« Je me rappelle encore[26] cet obscur et long escalier de M. de Maurepas, que je montais avec crainte et mélancolie, incertain du succès auprès de lui d'une idée nouvelle dont j'étais occupé. Je me rappelle ce cabinet en entresol, placé sous les toits de Versailles, mais au-dessus des appartemens du Roi[27]. C'était là qu'il fallait entretenir de réformes et d'économies un ministre vieilli dans le faste et dans les usages de la Cour. Je me souviens de tous les ménagemens dont j'avais besoin pour réussir, et comment, plusieurs fois repoussé, j'obtenais à la fin quelques complaisances pour la chose publique, et les obtenais, je le voyais bien, à titre de récompense des ressources que je trouvais au milieu de la guerre. Je me souviens de l'espèce de pudeur dont je me sentais embarrassé, lorsque je mêlais à mes discours quelques-unes des grandes idées morales dont mon cœur était animé... »

Il serait pourtant excessif d'attribuer à la seule influence de Maurepas ce que l'on peut reprochera Necker de timidité dans ses actes, la disproportion qu'on observe entre les principes qu'il émet, les désirs qu'il proclame et les mesures qu'il réalise. Si l'on veut apprécier sainement et justement son œuvre, si l'on veut faire la part exacte de toutes les responsabilités, il faut aussi lui tenir compte des circonstances exceptionnelles qui entravent fréquemment sa marche et l'empêchent d'appliquer ses vues. Pour n'en citer qu'un exemple frappant, c'est bien la situation extérieure qui lui a défendu d'abolir la gabelle, l'impôt flétri par tous les philosophes et économistes du temps, l'impôt qui a fait couler tant de sang et que Necker a jugé en ces termes : « Un cri universel s'élève, pour ainsi dire, contre lui... C'est assez longtemps avoir vécu sous des lois de finance véritablement ineptes et barbares ! C'est assez avoir exposé des millions d'hommes aux atteintes continuelles de la cupidité ! C'est assez avoir mis en guerre une partie de la société contre l'autre[28] ! » Si, en dépit de cette éloquente apostrophe, il a dû reculer devant l'abolition d'une taxe intolérable, c'est que la gabelle, chaque année, rapporte 52 millions et qu'on ne peut vraiment, en pleine guerre d'Amérique, priver l'État d'une telle ressource. Cette grave question du sel, c'est à peine s'il y touche pour tenter d'établir légalité du prix dans toutes les provinces du royaume, ce qui aurait détruit au moins le mal de la contrebande intérieure. Cette modeste réforme elle-même, il ne peut que la préparer ; il n'aura pas le temps de la mener jusqu'à la conclusion parfaite.

Ici, et dans certains autres cas analogues, on ne peut accuser que la force des choses. Mais c'est bien le comte de Maurepas, c'est bien l'appui qu'il prête à l'égoïste résistance des classes privilégiées, qui arrêtera Necker dans l'abolition désirée d'un des abus les plus odieux légués par l'époque féodale. N'est-il pas singulier qu'à la fin du XVIIIe siècle, on rencontre encore des vestiges du droit exorbitant de « mainmorte et de servitude, » que certains grands seigneurs continuaient d'exercer sur la fortune de leurs vassaux, prélevant à leur profit les biens de ceux qui décédaient sans enfans légitimes et s'arrogeant le droit d'apporter de grandes restrictions à la liberté de tester ? Si tenaces cependant étaient encore les préjugés, si puissante la cupidité qui, sous couleur de tradition, s'obstinait au maintien d'une législation surannée, que Necker n'osa pas braver tant de colères et décréter franchement une suppression que l'on représentait comme une « atteinte à la propriété[29]. »

Assourdi de clameurs, il s'avisait d'un biais, qu'il espérait devoir être efficace. Il abolissait la mainmorte dans les domaines royaux, comptant, par cet auguste exemple, convertir les récalcitrans. L'édit, daté du 10 août 1779, est précédé d'un préambule, rédigé par Necker, et dont certains fragmens méritent d'être cités : « Mettant notre principale gloire à commander une nation libre et généreuse, faisait-il dire au Roi, nous n'avons pu voir sans peine les restes de servitude qui subsistent dans plusieurs de nos provinces. Nous avons été affecté de voir qu'un grand nombre de nos sujets, servilement attachés à la glèbe, sont regardés comme en faisant partie et qu'ils n'ont pas la consolation de disposer de leurs biens après eux... Justement touché de ces considérations, nous aurions voulu abolir sans distinction ces vestiges d'une féodalité rigoureuse. Mais nos finances ne nous permettant pas de racheter ce droit aux seigneurs, et retenu par les égards que nous avons pour les lois de la propriété, nous abolissons le droit de servitude, non seulement dans nos domaines, mais dans tous ceux engagés par nous et par les rois nos prédécesseurs. Nous verrons avec satisfaction que notre exemple et l'amour de l'humanité, si particulier à la nation française, amènent sous notre règne l'abolition complète des droits de mainmorte et de servitude, et que nous soyons ainsi témoin de l'entier affranchissement de nos sujets[30]. »

Cet édit si bien justifié, si anodin dans sa teneur, si prudent dans sa forme, le parlement ne l'enregistra cependant qu'avec peine, avec bien des réserves et des restrictions. Est-il d'ailleurs nécessaire d'ajouter que ce moyen sentimental et ce touchant appel n'eurent pas l'effet qu'en attendait Necker ? De ceux auxquels il s'adressait, presque tous firent la sourde oreille. Pour enfoncer les dernières résistances, il faudra la poussée brutale de la Révolution.

V

Enfin, c'est encore à Maurepas et au parti dont il est le porte-parole qu'on a droit d'imputer l'échec des premiers projets de Necker pour purifier le régime bourbonien d'un vice qui, de longue date, lui cause un tort irréparable, pour guérir la plaie vive qui ronge la monarchie, l'abus, le déplorable abus des pensions et des grâces, poids écrasant pour les finances, cause permanente de déficit pendant tout le XVIIIe siècle. C'est une question assez considérable pour qu'il me soit permis de m'y arrêter un moment.

Quel est exactement, au temps dont nous nous occupons, le total des pensions et des allocations annuelles consenties par le Roi, il est bien difficile de le déterminer, le mode de comptabilité en usage sous l'ancien régime ne fournissant, pour ce calcul, aucune base certaine et précise. Necker, dans son célèbre *Compte rendu* de 1781, l'évalue à 28 millions. De nos jours, M. Stourm, dans la belle et savante étude à laquelle je me suis fréquemment référé[31], pense qu'on peut adopter, d'une manière approximative, le chiffre de 32 millions. Nous sommes encore loin, à coup sûr, des chiffres fabuleux allégués par les pamphlétaires de la Révolution. L'excès n'en est pas moins flagrant, surtout si l'on considère que, comme l'ont démontré de rigoureux calculateurs, pour toutes les autres monarchies d'Europe, l'ensemble des dépenses inscrites sous cette rubrique ne passe pas 14 millions.

Quoi qu'il en soit, pour rester équitable, on doit, sur ce chapitre, faire une distinction nécessaire. Il faut grouper à part, comme constituant une dépense légitime, les pensions, les indemnités, les gratifications, civiles ou militaires, qui récompensent à juste titre les services rendus à l'Etat, en se gardant de les confondre avec les faveurs abusives, tout au moins arbitraires, accordées par le Roi, selon son bon plaisir, à tel ou tel personnage de la Cour. C'est sur ce dernier point que les mœurs établies offrent un vrai scandale. On a peine à imaginer quel flot de sollicitations, de toutes parts, à toute heure, assaillent le Roi, la Reine, leur entourage, les ministres, les gens en place. Pour augmenter ou pour rétablir sa fortune, pour marier ses enfans ou pour payer ses dettes, on compte toujours sur la cassette royale, on tend la main infatigablement, sans scrupule, sans vergogne. Jadis, sous Louis XIV et surtout sous Louis XV, quand un grand seigneur convoitait une faveur de ce genre, il courtisait la favorite ; il s'adresse maintenant à la Reine et à sa société ; » c'est la seule différence qu'ait amenée le changement de règne. On demande indifféremment une pension, une aide temporaire, une exemption de droits ou une grosse sinécure. « L'impertinence du ton corrigeait seule, en certains cas, l'humiliation de la demande[32]. » Lorsqu'un ministre essaie de regimber et de se mettre en travers du torrent, c'est une stupeur sincère, suivie d'une indignation générale. Turgot l'avait tenté en vain ; Necker, pour en avoir d'abord annoncé le dessein, soulevait contre soi toute la Cour, et le prince de Beauvau, pour l'avoir, presque seul, publiquement approuvé, en recevait d'amers reproches : « Voilà comme vous êtes, vous ! Toujours du parti de l'opposition[33]. » L'*opposition*, c'était la timide résistance aux furieux appétits de la meute affamée.

D'après les meilleures statistiques, les pensions viagères constituées dans ces conditions représentent, sous Louis XVI, environ sept millions de livres, dont plus de huit cent mille sont prélevées par les frères du Roi. Il y faut ajouter les sommes une fois données, les gratifications accordées en passant, « de la main à la main, » dont il est difficile de retrouver la trace, mais qui s'élèvent assurément à un chiffre considérable. Pour combler, dans les heures de crise, le gouffre ainsi creusé dans les caisses de l'État, les prédécesseurs de Necker ne connaissaient guère qu'un moyen, qui était la faillite. De temps en temps, et presque à époque fixe, des arrêtés ministériels, au nom des nécessités du Trésor, exerçaient de grosses retenues ou réduisaient les arrérages des rentes consenties par le Roi. C'était chaque fois, comme bien on pense, un concert de protestations contre la rupture d'engagemens librement contractés, mais le Trésor public n'y gagnait pas grand'chose. Pour se prémunir à l'avance contre les réductions futures, les solliciteurs avaient soin de grossir leurs demandes ; ou bien encore on obtenait quelque pension nouvelle, qui se joignait à la première et bouchait largement la brèche. Les lettres de l'époque sont pleines, à ce propos, de révélations édifiantes.

Ce fut presque uniquement à proscrire le retour de pareils procédés que se restreignit finalement le directeur général des Finances. Son esprit d'ordre, sa probité de scrupuleux comptable, se révoltèrent contre un système qui n'était, après tout, qu'une violation de promesse, une banqueroute déguisée. Ne pouvant extirper l'abus, il voulut le réglementer. Quatre édits successifs, rendus en l'espace de trois ans, posèrent quelques principes d'une incontestable sagesse. Un tableau général dut être dressé chaque année, qui mettrait sous les yeux du Roi la liste des pensions et celle des extinctions, en regard l'une de l'autre. Ainsi pourrait-on désormais établir une balance et connaître dans quelle mesure les largesses consenties chargeraient le Trésor. Necker fit ensuite décréter que la Chambre des Comptes fixerait annuellement, et d'après ces données, le chiffre maximum des grâces et des pensions que chaque ministre proposerait au Roi pour son département. Pour compenser ces prudentes restrictions, toutes les pensions, tant anciennes que nouvelles, furent solennellement déclarées « incessibles et insaisissables ; » les titulaires furent avertis qu'ils pourraient compter à l'avenir, eu toute sécurité, sur la totalité du revenu alloué. C'est le principe fondamental qui, de nos jours encore, régit toute la matière ; à Necker revient le mérite de l'avoir proclamé.

Pour être insuffisante, la réforme n'en est pas moins louable. On ne peut autant admirer l'application qui en fut faite. Ni les freins ingénieux inventés par Necker, ni la bonne volonté du Roi, rien ne put prévaloir contre les mœurs et les préjugés séculaires, contre l'insouciance de Maurepas, contre l'avidité des uns et la mollesse des autres. Devant les réclamations virulentes ou les supplications de ceux qui vivent dans les entours du trône, Louis XVI se montre désarmé. A chaque requête qu'on lui apporte, il « chicane » un moment, soupire, et finit toujours par céder. Pour en fournir la preuve, nul témoignage ne vaut contre celui des faits, et la liste en est accablante. En 1778, la sœur du Roi, Madame Elisabeth, âgée de quatorze ans, voit sa dépense annuelle augmentée de 108 000 livres ; l'année suivante, son inoculation est payée 20 300 livres à ses médecins et chirurgiens. En 1779, les dettes du Comte d'Artois, d'après une estimation détaillée, se montent à dix millions de livres, dont une partie est soldée par Louis XVI, au moyen d'une augmentation des apanages concédés à son fière. L'éducation des enfans du même prince coûte au Trésor royal 770 000 livres par an. De mars 1778 au 1er avril 1781, le total des pensions nouvelles constituées par le Roi, pour récompenser des fonctions et emplois purement domestiques, s'élève à 206 000 livres.

N'entrent pas dans ce compte les immenses libéralités arrachées par la Reine au profit de sa « société, » Mercy les énumère, pour deux années seulement, en 1779 et en 1780 : « 400 000 livres, écrit-il, pour payer les dettes de la comtesse de Polignac, une terre de 35 000 livres de revenu, 800 000 livres en argent pour la dot de sa fille, 30 000 francs par an pour Vaudreuil. » Le duc de Guines, le comte d'Adhémar, d'autres encore de l'entourage de Marie-Antoinette, sont traités de la même façon. Et tout est à l'avenant lorsqu'il s'agit des grands personnages de la Cour.

Ainsi s'élargit graduellement l'abîme où s'engloutit, drainée par mille canaux obscurs, l'épargne, lentement amassée, d'une nation laborieuse, en attendant l'heure proche où la monarchie même y trouvera son tombeau.

VI

Si j'ai dû faire quelques réserves, non sur les intentions, mais sur la fermeté, l'énergie de Necker à pousser jusqu'au bout sa politique de réforme administrative et d'économie financière, il est, en revanche, un domaine où l'on ne peut qu'approuver entièrement les actes et les résultats : ce sont les améliorations sociales et les progrès humanitaires qui ont marqué son passage au pouvoir. L'administration des finances, sous l'ancienne monarchie, présentait, comme on sait, mille ramifications, permettant à celui qui en était chargé d'étendre, en réalité, son action sur toute la vie publique. Turgot avait usé largement de cette faculté. Les goûts, les idées de Necker le portaient à agir de même. A un esprit philosophique il joignait une nature sensible, un penchant généreux vers la philanthropie. Il y était encouragé et soutenu par sa femme, aussi vertueuse qu'intelligente, aussi bienfaisante qu'éclairée. Des excursions du directeur général des Finances sur le terrain social, je laisse de côté, pour l'instant, la plus retentissante, l'expérience qu'il tenta des « Administrations provinciales ; » cette question, en effet, est étroitement liée à sa chute ; nous la retrouverons à son heure. Mais le tableau en raccourci que j'ai voulu tracer de sa carrière ministérielle ne serait pas complet, si j'omettais ici les innovations charitables auxquelles son nom reste honorablement attaché. Elles offrent toutes ce trait commun qu'elles visent à apporter dans les relations de l'Etat avec les humbles et les misérables plus de douceur et de pitié, à donner quelque soulagement à la souffrance humaine.

Les hospices, hôpitaux, asiles de mendians et d'infirmes présentaient, au XVIIIe siècle, dans toute l'étendue du royaume, et plus spécialement à Paris, un aspect dont l'horreur passe l'imagination. Les descriptions qu'en ont laissées ceux qui ont vu les choses de près, — tant les visiteurs étrangers que les commissaires officiels chargés d'étudier la question, — sont remplis de détails qu'on ne peut lire sans frémir de dégoût[34]. « Je savais, comme tout le monde, écrit un voyageur anglais, que Bicêtre était à la fois un hôpital et une prison ; mais j'ignorais que l'hôpital eût été construit pour engendrer des maladies et la prison pour enfanter des crimes. » C'était à Bicêtre, en effet, qu'on enfermait la plupart des mendians et des infirmes sans ressources, reconnus incapables de gagner leur vie. Ils y vivaient dans une promiscuité presque complète avec les prisonniers, les repris de justice, le « gibier de galères, » dont le contact avait vite fait de pervertir irrémédiablement ceux qui n'étaient d'abord qu'à plaindre. Tous étaient entassés dans des salles basses, étroites, sans air pendant l'été, sans feu pendant l'hiver. Durant la saison rigoureuse de 1775, plusieurs centaines périrent de froid. Faute de place et de, matériel, il n'existait souvent qu'un seul lit pour huit occupans ; force était que quatre d'entre eux dormissent « sur le carreau, » en attendant que les quatre autres cédassent leurs places dans la « couchette. » Nulle distinction ni de sexe, ni d'âge ; aucune séparation des malades et des bien portans. D'affreuses exhalaisons ; une nourriture infecte, parcimonieusement distribuée. Pour le partage des alimens, comme pour celui des lits, c'étaient de continuelles batailles. Les habiles et les forts pouvaient seuls espérer « dormir et manger leur content. » — « Impossible de se figurer, conclut un étranger après avoir parcouru cet enfer, la manière inhumaine et barbare dont on y traite les malheureux. Qu'une nation aussi civilisée et, en vérité, aussi sensible, puisse tolérer « le pareilles horreurs au sein même de sa capitale, je n'en reviens pas d'étonnement[35] ! »

L'hospice Sainte-Marguerite était spécialement réservé aux femmes enceintes favorisées d'une haute recommandation ; elles y étaient installées et soignées d'une manière à peu près décente. Mais que dire des infortunées qui peuplaient, par centaines, la maison dite de Saint-Joseph ? Là, on plaçait pêle-mêle femmes légitimes et femmes de mauvaise vie, d'où résultait un grave inconvénient moral, femmes saines et femmes malades, d'où résultait un grand dommage physique. Les accouchées étaient souvent quatre dans un même lit, si serrées et si mal tenues que, « quand on entr'ouvrait ces lits, il en sortait, dit un témoin, comme des vapeurs chaudes et infectes, qu'on pouvait diviser et écarter avec la main. » Les blessées et les opérées étant groupées dans des salles contiguës aux salles des malades ordinaires, et séparées par une simple cloison, les cris, les gémissemens empêchaient tout sommeil, et parfois l'infection des plaies gagnait les accouchées. Les religieuses préposées à la tâche de soulager ces malheureuses y apportaient, nous disent les relations, « un tendre dévouement et une louable sollicitude ; » malheureusement, imbues de préjugés, ignorantes des lois de l'hygiène, elles négligeaient en général « d'ouvrir les fenêtres et de laver les chambres. » Aussi l'odeur était affreuse et « l'air irrespirable. »

Mais rien ne surpassait en incurie et en cruauté inconsciente le plus célèbre et le plus important des asiles de malades, l'Hôtel-Dieu de Paris, dont de nombreux récits ont retracé la condition affreuse. Chaque lit ne devait, en principe, y recevoir que deux personnes ; mais, aux périodes d'encombrement, qui se renouvelaient chaque année, on y installait côte à côte quatre malades, quelquefois six, dont chacun disposait de « huit à treize pouces environ » pour y loger son corps. Aussi, pour obtenir quelques heures de sommeil, doivent-ils « se concerter entre eux pour que les uns se lèvent et veillent une partie de la nuit, tandis que les autres reposent. » Il advenait souvent qu'un des malades décédât brusquement et que le mort restât quelques heures en contact avec ses anciens compagnons d'infortune. D'ailleurs, quand l'un des occupans était mort ou parti, changer les draps était considéré comme un luxe inutile. Le nouvel arrivant était mis sans scrupule dans le lit encore chaud de son prédécesseur, celui-ci eût-il succombé à une affection contagieuse.

La petite vérole, il est vrai, à cause de sa fréquence, était soignée dans un local à part, mais cette faveur n'était que pour les hommes ; les femmes atteintes de ce terrible mal étaient mêlées, dans la salle Sainte-Monique, avec les « fébricitantes ordinaires. » La salle de chirurgie était située à côté de la salle des morts ; par suite, les émanations des cadavres « envenimaient et empoisonnaient » les plaies et les blessures. Les opérations se faisaient au centre de cette salle, et ceux qui attendaient leur tour pouvaient assister de leur lit aux « préparatifs du supplice, » entendaient les cris de souffrance, voyaient ruisseler le sang, s'instruisaient ainsi par avance de ce qu'ils endureraient eux-mêmes tout à l'heure ou demain.

Les égards dus à mes lecteurs m'empêchent de charger davantage les couleurs d'un tableau si répugnant et si lugubre. Mais faut-il s'étonner qu'en de telles conditions, la mortalité atteignît, d'après une statistique dressée à cette époque, des proportions véritablement effrayantes : un malade sur quatre à Paris, tandis qu'on en comptait un sur huit à Versailles, un sur douze à Lyon, un sur vingt-cinq à Edimbourg.

Tel était l'état lamentable auquel Necker entreprenait d'apporter un remède, aux applaudissemens de tous ceux qui connaissaient la vérité. Sur le seul bruit de ces projets, Marmontel abondait en félicitations : « Le bon moment, écrit-il à Mme Necker[36], pour mettre sous les yeux du Roi l'abominable condition des pauvres dans le cloaque de l'Hôtel-Dieu et les déprédations criantes qu'on y exerce !... M. Necker a cause gagnée, et il sera reconnu réformateur de l'Hôtel-Dieu, comme des autres hôpitaux. »

C'est, en effet, par l'Hôtel-Dieu que le directeur des Finances commence l'œuvre d'assainissement dont la nécessité s'impose à son humanité. Louis XVI, informé par ses soins de la situation que je viens de décrire, fut ému de pitié et promit de le seconder. Ils résolurent tous deux d'aller au plus pressé, de réformer sur l'heure les pires abus, tout en se réservant de dresser par la suite un plan d'ensemble, commun à tous les hôpitaux. « Nous avons reconnu, lit-on dans le préambule de l'édit, combien il était difficile de remplir entièrement nos vues ; mais ne voulant pas que le vain désir de la perfection arrêtât l'exécution d'un très grand bien, nous nous sommes déterminé à adopter un plan qui, en satisfaisant aux principales vues d'humanité, n'oblige ni à de très grands sacrifices, ni à une longue attente... » Après ces sages paroles, le Roi, pour le moment, se bornait à prescrire que l'Hôtel-Dieu fût « disposé de manière qu'il pût contenir au moins trois cents malades seuls dans un lit, placés dans des salles différentes suivant les principaux genres de maladies, et en observant encore que les hommes et les femmes soient mis dans des lits séparés. »

Ce modeste progrès fut accru et facilité par une circonstance imprévue. Christophe de Beaumont, archevêque de Paris, ayant, à la suite du gain d'un procès, touché 300 000 livres, versées entre ses mains par la Ville de Paris, décida d'employer cette somme à l'amélioration du principal hospice de son diocèse. Il la fit remettre à Necker, en joignant à l'envoi la note dont voici la teneur, qui honore également l'auteur et le destinataire : « Nous soussigné[37], archevêque de Paris, voulant contribuer aux projets que M. le directeur général des Finances a conçus pour procurer aux pauvres malades de l'Hôtel-Dieu les secours dont on n'a pu jusqu'à présent les faire jouir, consentons que mondit sieur directeur général dispose des fonds qui nous sont dus par la Ville de Paris et qui nous ont été adjugés par l'arrêt du parlement, et ce comme il le jugera à propos, sans qu'il puisse lui être demandé par nos héritiers aucun compte, nous reposant entièrement sur le zèle dont il est animé pour le bien public et sur son amour pour les pauvres. »

Les mesures prises pour l'Hôtel-Dieu se généralisèrent bientôt, grâce à l'institution d'une commission spéciale, chargée d'étudier les moyens d'apporter aux hospices, sans trop surcharger le Trésor, les améliorations urgentes, et de rédiger un programme en vue de cet objet. De plus, pour agir par l'exemple et fournir un modèle aux membres de cette commission, Necker créait de ses deniers, au quartier Saint-Sulpice, une maison destinée aux malades indigens, où seraient appliquées toutes les règles et prescriptions que la médecine du temps estimait désirables. C'est l'hôpital qui, aujourd'hui encore, porte le nom de son généreux fondateur. Mme Necker en fut la directrice et garda cet emploi jusqu'à l'époque de la Révolution. Un traité passé en due forme avec la communauté des Filles de la Charité de Paris[38] assurait l'assistance de onze religieuses de cet Ordre, pour soigner les malades et pour faire marcher la maison, sous l'autorité supérieure d'une laïque et d'une protestante.

VII

D'après ce que je viens de dire du traitement réservé, avant la réformation de Necker, aux malades indigens, on peut imaginer quel était, à la même époque, le sort des prisonniers., qu'ils fussent détenus avant jugement, ou que, condamnés par sentence, ils expiassent leurs fautes dans les geôles. Si les hospices étaient des bagnes, que devaient être les prisons !

Quelques années auparavant, la Cour des Aides, par l'organe de Malesherbes, avait déjà signalé à Louis XV certains barbares excès, vestiges du moyen âge, et particulièrement les cachots de Bicêtre. « Ces cachots, écrivait Malesherbes[39], sont tels, qu'il semble qu'on se soit étudié à ne laisser aux prisonniers qu'on y enferme qu'un genre de vie qui leur fasse regretter la mort. On a voulu qu'une obscurité entière régnât dans ce séjour. Il fallait cependant y laisser entrer l'air nécessaire pour la vie ; on a imaginé de construire, sous terre, des piliers percés obliquement dans leur longueur et répondant à des tuyaux qui descendent dans les souterrains. C'est par ce moyen qu'on a établi quelque communication avec l'air extérieur, sans laisser aucun accès à la lumière. Les malheureux qu'on enferme dans ces lieux humides et infects sont attachés à la muraille par une lourde chaîne, et on leur donne de la paille, de l'eau et du pain. Votre Majesté aura peine à croire qu'on ait eu la barbarie de tenir plus d'un mois, dans ce régime d'horreur, un homme qu'on *soupçonnait de fraude*. Personne dans votre royaume, Sire, n'est assuré de ne pas voir sa liberté sacrifiée à une vengeance, car personne n'est assez grand pour être à l'abri de la haine d'un ministre, ni assez petit pour n'être pas digne de celle d'un commis des fermes... »

A l'Abbaye, au For l'Evêque et au Petit-Châtelet, le régime était analogue. De toutes les prisons de Paris, la

Conciergerie, disait-on, était « la seule dont le séjour ne fût point rapidement mortel. » De même dans les provinces. A Lyon, d'après un relevé daté de juin 1776, vingt-neuf condamnés s'entassaient dans quatre étroits cachots, malades pour la plupart, n'ayant qu'une chemise pour vêtement, nourris avec une livre et demie de pain par jour.

Dans la plupart de ces maisons régnait une promiscuité révoltante. Hommes, femmes, enfans, prévenus et condamnés, scélérats punis pour forfaits, simples détenus pour dettes, tous étaient enfermés pêle-mêle. La corruption la plus affreuse régnait parmi cette multitude. Le vice y fleurissait et le crime y tenait école. Bon nombre de prisons étant dénuées d'infirmeries, les malades y restaient sans soins. En d'autres, les infirmeries étaient si malsaines, si infectes, que parfois les médecins n'osaient pas s'y aventurer.,

Un scandale non moins déplorable était l'impunité assurée aux gardiens qui, chichement rétribués, dispensés de toute surveillance, tyrannisaient les prisonniers, les rançonnaient impitoyablement, se livraient aux pires exactions. L'enquête ordonnée par Necker sur les prisons de Paris[40] révéla des faits incroyables : pour avoir refusé de l'argent aux geôliers, un officier de cavalerie, détenu pour quelque peccadille, est roué de coups, bâtonné sans pitié, jusqu'à tomber malade ; une femme près d'accoucher est, pour la même raison, jetée à terre, foulée aux pieds et blessée grièvement. Ailleurs, des prisonniers, accusés, — sans l'ombre d'une preuve, — d'avoir tenu sur leurs gardiens « quelques méchans propos, » sont réveillés au milieu de la nuit, « mis à bas de leurs lits, traînés par les cheveux, » plongés dans un cachot, où on les laisse quinze jours, tandis que les guichetiers louent à des prisonniers plus riches les chambres et les lits rendus vacans par ce moyen commode. Car, par une tolérance qui dégénère vite en abus, les gardiens sont autorisés à louer à leur profit certaines pièces plus spacieuses, plus habitables que les autres, pour lesquelles ils réclament des prix « exorbitans. » Quelques-uns se font de la sorte « un revenu énorme… » Bref, comme dit le mémoire, en des lieux destinée à venger la morale et à faire régner la justice, on ne voit que « licence, désordre et anarchie. »

Pour mettre un terme à cet état de choses, le premier soin du directeur général des Finances fut de créer des inspecteurs spéciaux, chargés de rendre compte aux magistrats supérieurs de chaque Cour des faits qu'ils auraient remarqués et de tenir la main à « la stricte observance de tous les règlemens[41]. » Ces inspecteurs devront réprimer sévèrement les exactions, les abus de pouvoir, les brutalités des guichetiers, veillera ce que les hommes et les femmes soient détenus, autant que possible, en des lieux séparés, qu'une division semblable soit établie entre les prisonniers enfermés « pour causes criminelles » et les simples prévenus, établir, en un mot, dans les prisons du Roi la décence et l'humanité, et, comme l'écrit Louis XVI,

« prêter une main secourable à ceux qui ne doivent leur infortune qu'à leurs égaremens d'un moment. »

Necker ne s'en tenait pas là. A son instigation, une décision royale du 30 août 1780 établissait, « sur le terrain et dans les bâtimens de l'hôtel de la Force, » une maison destinée « aux prisonniers civils qui, jusqu'à présent, ont été confondus, dans les prisons de notre bonne ville de Paris, avec les criminels de toute espèce. » — « Cette nouvelle institution, lit-on[42] dans la déclaration du Roi, a paru d'autant plus utile qu'en remplissant nos vues de justice et de bienfaisance, elle sera le modèle de tous les asiles de ce genre. » Dans cette « prison modèle, » les sexes étaient séparés, les occupans groupés, selon les cas, en des catégories distinctes et isolées les unes des autres, pour recevoir des traitemens différens, le Roi ne voulant pas « que des hommes, accusés ou soupçonnés injustement, et reconnus ensuite innocens par les tribunaux, aient subi d'avance une punition rigoureuse, par leur détention dans des lieux ténébreux et malsains. » Par une autre disposition, qui fait honneur à sa philanthropie, le souverain prenait à sa charge la nourriture et l'habillement des « pauvres prisonniers, abandonnés jusqu'à ce jour à la misère la plus profonde, » et publiait sa volonté de leur procurer désormais « le logement, la propreté et l'air nécessaires à leur existence. » Enfin l'infirmerie était remise aux mains des Sœurs de Charité, « vouées par état au soulagement des pauvres et qui, dans toute l'étendue du royaume, n'ont cessé de donner des preuves manifestes de leur désintéressement, de leur zèle et de l'utilité de leurs soins[43]. »

La réforme opérée dans le régime pénitentiaire en entraînait bientôt une autre, qui en est comme le corollaire. C'est à Necker qu'est due l'abolition du vieil et redoutable usage, que certains tribunaux, — comme celui du Châtelet, — avaient déjà, en l'ait, laissé tomber en désuétude, mais dont la pratique se maintenait en plusieurs Cours et tribunaux de province, l'odieuse *question préparatoire*, qu'il ne faut pas confondre avec la *question préalable*. Cette dernière, en effet, s'appliquait uniquement aux condamnés à mort, quelques momens avant l'exécution, pour obtenir qu'ils nommassent leurs complices. La question dite préparatoire avait lieu, au contraire, pendant le cours de l'instruction, dans l'espoir d'amener l'accusé à confesser son crime. Depuis longtemps, les philosophes protestaient contre un tel moyen. « C'est une étrange manière de questionner les hommes ! » s'écrie Voltaire, dans une ardente brochure, où il représente l'accusé « hâve, pâle, défait, les yeux mornes, la barbe longue et sale, couvert de la vermine dont il a été rongé dans un cachot, » amené devant un magistrat, au teint rubicond et fleuri, qui le fait longuement torturer, tandis qu'un chirurgien tâte gravement le pouls du patient. Selon ce que dit l'homme de science, le « jeu » s'interrompt ou reprend, jusqu'à ce que le misérable ait parlé, « excellent moyen, dit Voltaire, pour sauver un coupable robuste et perdre un innocent trop faible. «

Dans une lettre au garde des Sceaux où il ordonne la suppression de cette méthode cruelle, Louis XVI s'approprie les idées et reproduit, jusqu'à un certain point, le langage de Voltaire. « Je me suis toujours demandé, dit-il[44], si, dans l'application de la question, ce n'était pas le plus souvent la force des nerfs qui décidait du crime ou de l'innocence. » Il constatait, d'ailleurs, que d'après les rapports des magistrats les plus instruits, « il était rare que la question préparatoire eût tiré la vérité de la bouche d'un accusé. » Aussi, malgré sa répugnance à « abolir, sans de graves motifs, les lois que leur ancienneté et un long usage ont rendues respectables, » lui paraît-il prouvé qu'un « moyen aussi violent » renferme, tout compte fait, « plus de rigueur contre l'accusé que d'utilité pour la justice. » C'est pourquoi il approuve la proposition de Necker.

L'effet de cette résolution royale fut excellent sur l'opinion publique. Ce passage du gazetier Métra donne la mesure de l'approbation générale : « Si l'Europe, écrit-il[45], admire avec raison les hautes vertus du jeune Titus qui nous gouverne avec tant de sagesse, combien la France ne doit-elle pas être touchée de la sollicitude de son cœur !... Il est probable que les Cours souveraines recevront cet édit avec transport et qu'elles saisiront cette occasion de témoigner leur reconnaissance au Roi, avec autant d'empressement qu'elles en ont lorsqu'il s'agit de soutenir leurs prétendus droits. »

La politique habile et modérée dont j'ai tenté d'esquisser les grandes lignes, les réformes prudentes, pratiques et bienfaisantes dont j'ai noté les principales, avaient produit un résultat, qu'on peut considérer comme un rare phénomène. Après quatre ans d'exercice du pouvoir, le directeur général des Finances était plus en faveur que le jour de son avènement. Louis XVI lui savait gré de ne point l'effrayer par un bouleversement rapide des institutions établies, tout en satisfaisant ses goûts d'économie et ses instincts d'humanité. La Reine était reconnaissante des attentions qu'il avait envers elle, des efforts sincères qu'il faisait pour ne contrarier ses désirs que lorsqu'ils paraissaient vraiment irréalisables. Parmi les grands seigneurs, beaucoup, — les jeunes surtout, qu'attiraient les idées nouvelles, — revenaient de leurs préventions, se ralliaient au ministre qui, sans les inquiéter gravement sur leurs places, sur leurs biens et sur leurs privilèges, donnait un aliment à leurs aspirations vers un généreux idéal et faisait naître l'espérance d'une ère de liberté, de douceur et de tolérance. La bourgeoisie goûtait sa probité sévère, son esprit d'ordre et de méthode, la pureté de sa vie privée. Le peuple avait conscience du souci qu'il montrait de soulager les déshérités de ce monde et d'alléger le poids de la misère humaine. Enfin ceux qui formaient alors et qui gouvernaient l'opinion, les philosophes, les gens de lettres, les coryphées des bureaux d'esprit, reconnaissaient en lui un confrère, un allié, un coreligionnaire. Le salon de Mme Necker était le centre respecté où, sous la direction d'une femme intelligente et belle, se nouait, chaque jour plus étroitement, l'accord heureux des techniciens et des idéologues, des amis de la tradition et des réformateurs.

Ainsi se développait dans toutes les classes de la nation un sentiment d'approbation, ou, pour mieux dire, un engouement, justifié dans son fond, encore qu'excessif dans la forme, selon la coutume de l'époque. Nul ministre, depuis Colbert, n'avait paru peut-être aussi solide, aussi fortement établi. Et cependant déjà quelques observateurs sagaces, — Galiani, Mercy-Argenteau, — sondant le lointain horizon, découvraient des points menaçans, prédisaient l'ouragan qui, dans une heure prochaine, jetterait bas l'édifice de cette brillante fortune.

SEGUR.

1. ↑ *Copyright by* Calmann-Lévy, 1912.
2. ↑ Voyez la *Revue* du 15 février.
3. ↑ Lettre du 22 juillet 1780. — Édition Asse.
4. ↑ *Journal* de Véri.
5. ↑ *Journal* de l'abbé de Véri.
6. ↑ *Ibidem.*
7. ↑ Le Parlement crut devoir faire parvenir au Roi des remontrances au sujet de cette réforme. Louis XVI y répondit par une note détaillée, qui fut, dit-on, rédigée par Necker et qui fut très mal accueillie par la magistrature. « Cette réponse, dit à ce propos l'un des membres du Parlement, ressemble à l'épée de Charlemagne, en ce qu'elle est longue et plate. » (Correspondance publiée par Lescure. 17 février 1778.)
8. ↑ *Les Finances sous l'ancien régime,* par Stourm, *passim.*
9. ↑ *Journal* de Véri.
10. ↑ Correspondance publiée par Lescure, 18 juillet 1777.

11. ↑ Lettre du 13 juillet 1777 à Horace Walpole. (*Correspondance générale de Mme du Deffand.*)
12. ↑ Lettres de Kageneck, 9 avril 1780.
13. ↑ Lettre de Mme du Deffand à Walpole, du 23 août 1T77. (*Correspondance générale* publiée par Lescure.)
14. ↑ La Loterie royale subsista jusqu'en 1793.
15. ↑ *Correspondance secrète* de Métra, 30 juillet 1777. — Mémoires de Soulavie, etc., etc.
16. ↑ *Correspondance* de Métra, 26 juillet 1779.
17. ↑ *Mémoires* de Soulavie.
18. ↑ Coigny, si l'on en croit Métra, se retirait en murmurant que « mieux valait encore être rayé que cassé. »
19. ↑ *Correspondance* publiée par Lescure. — Lettres de Kageneck. — *Correspondance secrète* de Métra.
20. ↑ *Journal* de Véri.
21. ↑ Lettre du 17 avril 1780. — *Correspondance* publiée par d'Arneth.
22. ↑ Lettres des 15 février et 3 mars 1780. — *Correspondance* publiée par d'Arneth.
23. ↑ Note écrite en 1791, et citée par Auguste de Staël dans une notice sur son grand-père, mise en tête des Œuvres complètes de Necker.
24. ↑ *Mémoires* de Soulavie.
25. ↑ *Correspondance secrète* publiée par Lescure.
26. ↑ Note écrite par Necker, *passim.*
27. ↑ C'étaient les appartemens jadis occupés par Mme du Barry et que l'on montre aujourd'hui sous ce nom.
28. ↑ Compte rendu des finances pour l'année 1781, par Necker. — *Traité de l'administration des finances,* publié par le même en 1784.
29. ↑ *Journal* de Véri.
30. ↑ *Journal* de l'abbé de Véri.
31. ↑ *Les finances sous l'Ancien régime..., passim.*
32. ↑ A. de Staël, notice citée plus haut.
33. ↑ *Ibidem.*
34. ↑ *Mémoire* adressé au Roi par Malesherbes au nom de la Cour des Aides, en 1770. — État des prisons et hôpitaux en France, par John Howard, traduit de l'anglais en 1784. — Rapport des commissaires de l'Académie des Sciences chargés d'examiner le projet d'un Hôtel-Dieu, etc., etc.
35. ↑ *Lettres* de Von Vizine, avril 1778.
36. ↑ Archives du château de Coppet.
37. ↑ Archives du château de Coppet.
38. ↑ Acte signé le 21 juillet 1778. — Archives de Coppet.
39. ↑ Mémoire adressé au Roi en 1770.

40. ↑ Manuscrit conservé dans les archives du château de Coppet.
41. ↑ Manuscrit conservé dans les archives de Coppet.
42. ↑ Archives de Coppet.
43. ↑ Les sœurs de charité reçurent aussi pour mission de surveiller tous les détails relatifs à « l'ameublment, la subsistance, les linges et les vêtemens des pauvres prisonniers, » de « faire travailler ceux qui seront en état de le faire, » de s'assurer que ce travail puisse profiter à ceux qui l'auront accompli. — Archives de Coppet.
44. ↑ 20 août 1780.
45. ↑ *Correspondance secrète*, 27 août 1780.

AU COUCHANT DE LA MONARCHIE[1]

XI.[2]

LA GUERRE D'AMÉRIQUE. — LE CONFLIT AUSTRO-PRUSSIEN

Tout le ministère de Necker, du premier jour jusqu'au dernier, est dominé par la politique extérieure. On ne peut ni clairement comprendre, ni apprécier sainement son administration, si l'on n'a présent à l'esprit le grand fait qui explique la plus grande partie de ses actes, qui lui fait, comme j'ai dit précédemment, restreindre ou ajourner certaines réformes nécessaires, qui lui dicte également certaines résolutions dont il faudra bientôt parler. La clé de sa conduite, pendant ses cinq années d'exercice du pouvoir, se trouve dans les constantes, dans les graves préoccupations causées par la guerre d'Amérique. Sans m'écarter du plan et du dessein de cette étude, — consacrée aux efforts suprêmes tentés pour rénover la monarchie française et éviter la Révolution menaçante, — sans m'égarer dans le détail des pourparlers diplomatiques et des opérations guerrières qui remplissent la période à laquelle nous sommes arrivés, il me faut cependant rapporter brièvement comment cette guerre, si anciennement prévue, si longtemps différée, devint enfin inévitable, et quelle répercussion elle eut, tant sur la politique intérieure du royaume que sur les destinées futures de la dynastie bourbonienne.

I

L'insurrection du Nouveau-Monde contre la domination britannique, quand la nouvelle en vint en France, y secoua l'opinion avec une subite violence. Les humilians souvenirs de la guerre de Sept Ans avaient laissé, un peu partout, un ardent désir de revanche. L'idée d'exercer cette revanche sur la nation que l'on appelait alors « l'ennemie héréditaire » et de venger la perte de tant de belles et de riches colonies, en arrachant une ancienne et fructueuse conquête de ces mêmes mains qui nous avaient ravi les Indes, le Canada, la plus grande partie des Antilles, brusquement cette idée surgit dans l'âme française et s'y implanta fortement. Il s'y mêlait, en outre, une sympathie confuse pour les séduisantes théories de liberté, d'égalité humaine, au nom desquelles les treize États réclamaient leur indépendance, pour les principes philosophiques que proclamait, à la face de la terre, leur fameux manifeste : « Nous regardons comme des vérités évidentes que tous les hommes ont été créés égaux et qu'ils ont reçu de leur Créateur certains droits indéniables… C'est pour assurer ces droits que les gouvernemens ont été établis, tirant leur juste pouvoir du consentement des gouvernés… »

Rancune patriotique, instinct guerrier, élan vers des doctrines qui paraissaient alors aussi audacieuses que nouvelles, tout conspirait à provoquer dans les diverses classes de la nation française une excitation, sourde encore, qui devait croître d'heure en heure. « Je vous ai toujours assuré, écrira dès le premier jour un des nouvellistes du temps, du désir du Roi de conserver la paix ; mais la nation, qui ne pense pas aussi sagement que son chef, ne rêve et ne parle que guerre. »

Les gouvernans, Louis XVI en tête, se montraient, en effet, — ou du moins la plupart d'entre eux, — moins ardens que les gouvernés. Durant les derniers mois du ministère Turgot, on s'était déjà occupé, dans le Conseil d'Etat, des affaires d'Amérique. Certains ministres, assure-t-on, avaient paru dès lors enclins à prendre le parti de la colonie révoltée, dans l'espoir d'affaiblir la puissance britannique. Turgot s'y était opposé de toute son énergie. « Ses tendances, écrit Soulavie[3], le portaient cependant vers les patriotes américains, mais ses projets de réforme en France dominaient tout, et il sentait qu'il ne pourrait les exécuter pendant une guerre. » Dans un mémoire sur les finances, daté d'avril 1716, quelques semaines avant sa chute, il revenait sur cette question et exprimait son sentiment en ces termes catégoriques[4] : « Il faut éviter la guerre comme le plus grand des malheurs, parce qu'elle rendrait impossible, pour longtemps et peut-être pour toujours, une réforme. En faisant aujourd'hui prématurément usage de nos forces, nous risquerions d'éterniser notre faiblesse. »

Necker, pour des raisons pareilles, partageait au fond cet avis. « Il pensait, dit son petit-fils[5], qu'aucun succès ne pouvait être mis en balance avec les avantages que la paix procurerait à la France. » Maurepas le fortifiait dans ces dispositions, moins par des motifs politiques que par répugnance personnelle à troubler, par une entreprise aussi aventureuse, la tranquillité de ses vieux jours. Il agissait donc sur le Roi dans le sens pacifique et le trouvait docile. Louis XVI était pourtant, par atavisme et par instinct, plutôt hostile à l'Angleterre. L'*anglomanie* qui sévissait dans les premiers temps de son règne, l'introduction chez nous des modes et des mœurs britanniques, lui inspiraient une sorte d'impatience, qui se traduisait quelquefois par d'assez rudes coups de boutoir. A Lauzun qui, en sa présence, vantait avec excès, au détriment des habitudes françaises, celles de nos voisins d'outre-Manche, il répondait un jour avec un dépit agacé : « Monsieur, quand on aime autant les Anglais, on doit aller s'établir chez eux et les servir ! » Mais son caractère débonnaire et ses tendances humanitaires l'emportaient, en cette occasion, sur ses antipathies, le détournaient de toute politique agressive, de tout coup de force audacieux. Aussi résista-t-il longtemps à l'idée d'un conflit armé. Et quand, enfin, il dut céder à la pression des circonstances, il ne le fit qu'à contre-cœur et avec une secrète souffrance. Jusque dans la déclaration où il annoncera publiquement l'ouverture des hostilités, il évitera, remarqua-t-on, d'inscrire le mot de *guerre*, comme si ce mot brûlait sa plume. En marge d'un mémoire où Vergennes exposait l'urgente nécessité de passer des menaces aux actes et de donner la parole au canon, il écrira cette phrase mélancolique : « Faut-il que des raisons d'Etat et une grande opération commencée m'obligent de signer des ordres si contraires à mon cœur et à mes idées ! »

Quant à Vergennes, à qui, plus qu'à tout autre, incombait le poids lourd d'une telle responsabilité, il était, au début, tiraillé de façon cruelle entre des sentimens et des désirs contraires. En vieux routier de la diplomatie, il saisissait tout l'avantage de profiter d'une si belle occasion d'abattre l'orgueil britannique, toute l'importance de relever, aux regards de l'Europe, le prestige des armes françaises. De plus, sans illusion sur les dispositions réelles du gouvernement d'Angleterre et n'ajoutant que peu de foi aux protestations amicales dictées par le péril du jour, il était convaincu qu'une fois vainqueurs de leur colonie en révolte, ces voisins, aujourd'hui si pleins d'aménité, n'hésiteraient pas à se retourner contre nous et à nous faire payer les chaudes sympathies populaires qui se manifestaient en faveur des Etats-Unis. Enfin, vivement frappé du mouvement d'opinion, ayant peu de confiance en la fermeté de Louis XVI à résister au courant général, il se voyait déjà, s'il se déclarait pour la paix, obligé de quitter son poste et de céder la place à un plus hardi successeur[6]. Les raisons d'intérêt public jointes à ces considérations privées l'empêchaient d'insister hautement pour une attitude pacifique.

Mais, d'autre part, il savait bien que cette guerre, une fois engagée, serait longue, difficile, coûteuse, et sa prudence le détournait de tenter l'aventure sans avoir mis, du moins, les meilleurs atouts dans son jeu. Il entendait par là la réfection d« nos forces navales et la promesse du concours effectif de la flotte espagnole, qui semblait alors fort douteux. Il devait aussi tenir compte des objurgations de l'Autriche, inquiète de nous voir entreprendre une grande guerre maritime et dépenser ainsi, sans bénéfice pour notre alliée, des forces militaires qu'elle eût voulu voir réserver pour une lutte plus fructueuse contre la Prusse, la rivale de l'Empire. Cette frayeur se fait jour dans la correspondance du vieux prince de Kaunitz, premier ministre de l'Empereur, avec son ambassadeur à Paris : « Je crains comme vous, lui écrit-il[7], que, peu accoutumés à voir leur marine un peu passablement bien, ces bons Français ne se fassent illusion sur la figure qu'elle pourra faire en cas de guerre, attendu qu'indépendamment de la disproportion toujours immense du nombre des vaisseaux (par rapport avec l'Angleterre), celle de la valeur intrinsèque des officiers et des matelots est bien plus grande encore. Et je ne pense par conséquent qu'en tremblant à tout ce qui pourra leur arriver, si, par malheur, ils en viennent à une guerre envers la Grande-Bretagne. »

Vergennes, mieux renseigné, savait bien à quoi s'en tenir sur ces jugemens peu bienveillans et ces prévisions pessimistes. Mais les avertissemens, journellement répétés, de Mercy-Argenteau ne laissaient pas d'influer sur ses vues et d'augmenter sa circonspection naturelle. Pour tant de motifs différens, il inclinait donc au parti d'atermoyer et de gagner du temps, et il se réfugiait dans une attitude équivoque, donnant de bonnes paroles à chacun des belligérans, Anglais ou « Insurgens, » laissant aux deux partis l'espérance d'obtenir un jour l'appui de la puissance française. On attendrait ainsi les nouvelles des premières rencontres. Si l'effort des Américains paraissait s'affirmer, si la cause de l'indépendance était servie par la fortune, il serait temps alors de se déclarer au grand jour et de jeter dans la balance l'épée qui emporterait la victoire.

Politique, si l'on veut, médiocrement glorieuse, sage néanmoins, aisément défendable, et dont le principal défaut était d'être difficile à maintenir parmi l'effervescence d'un peuple impressionnable, sentimental et chevaleresque. Chaque jour davantage, en effet, à voir ces opprimés en lutte avec leurs oppresseurs, à entendre ces voix qui s'élevaient pour la liberté, à se souvenir, surtout, contre quels adversaires éclataient ces appels adressés, a travers les plaines de l'Atlantique, aux armées du Roi très chrétien, un frémissement patriotique courait sur les libres françaises. La jeune noblesse, tout spécialement, « élevée, comme dit l'un d'eux, par un contraste singulier, au sein d'une monarchie dans l'admiration des héros des républiques grecque et romaine[8], » cette noblesse sentait croître en elle un noble et sincère enthousiasme pour la cause de l'insurrection, qui lui apparaissait sacrée. L'attitude de réserve, de temporisation, adoptée par Vergennes, passait, aux yeux de ces jeunes gens, pour pusillanime et honteuse ; une sourde irritation s'amassait dans leurs âmes.

II

Dans les dernières semaines de l'an 1776, une circonstance inattendue aviva cette fermentation. L'un des grands chefs du mouvement insurrectionnel, l'illustre Benjamin Franklin, débarquait soudainement au Havre, dans l'intention de rejoindre à Paris deux députés américains, Arthur Lee et Sileas Deane, qui s'y trouvaient déjà, et de s'unir à eux pour solliciter notre appui. Sur cette nouvelle, l'ambassadeur anglais, lord Stormont, se rendait chez Vergennes, lui remettait une note où il l'informait, en substance, que « le jour où le chef des rebelles mettrait le pied à Paris, il partirait sans demander de congé. » Vergennes, un peu embarrassé, employait une échappatoire : il avait, disait-il, « expédié un courrier au port de débarquement, pour prier le sieur Franklin de ne point venir à Paris ; » mais si, comme il se pouvait faire, le courrier arrivait trop tard, il ne saurait « pousser la complaisance jusqu'à faire expulser le sieur Franklin de la capitale du royaume[9]. » Lord Stormont, bien qu'assez blessé, se résignait à se contenter, vaille que vaille, de cette apparente concession.

Le courrier, comme on pense, ne put accomplir sa mission. Franklin, le 21 décembre, s'installait à Paris, dans l'unique dessein, disait-il, d'y assurer à sa vieillesse un asile honorable et sûr, mais y fixant tous les regards et servant, par sa seule présence, la cause de ses compatriotes. Sans être reçus à la Cour, sans voir, du moins ostensiblement, les ministres, les trois Américains, avec leur « habillement rustique » et leurs cheveux sans poudre, leur « maintien simple et lier, » leur langage libre et dépourvu d'apprêt, cet « air antique » enfin, qui semblait, disait-on, transporter dans nos murs, parmi les élégances et le faste de nos salons, l'austérité « des vieux républicains du temps de Caton et de Fabius[10], » offraient un spectacle nouveau, qui ravissait tous les esprits. Philosophes, militaires, hommes de bureau et hommes de Cour se les disputaient à l'envi. On recherchait leur entretien, on répétait leurs mots. Les récits qu'ils faisaient des premiers combats de leurs hommes, simples cultivateurs arrachés à leurs champs, contre les milices britanniques, mieux armées, mieux instruites, dressées de longue date au métier ; ces récits, qui faisaient couler les pleurs des jolies femmes, faisaient aussi cliqueter dans leurs fourreaux les épées des jeunes officiers.

Vers ce même temps, il parvenait, au ministère de la Marine, un document confidentiel qui agitait Sartine d'une sincère émotion. Un intelligent officier, le comte de Kersaint, chargé par lui d'explorer secrètement les provinces insurgées, pour examiner leurs ressources et pour se rendre compte de leur état d'esprit, adressait au ministre un rapport nourri, substantiel, où était démontrée, pour des motifs probans et dans un langage enflammé, la nécessité de la guerre. « Tout nous y invite, disait-il[11], notre honneur, notre sûreté, notre intérêt. Notre honneur, en ce que nous aurions décidé cette séparation des deux mondes, époque mémorable à jamais et à laquelle nous devrions brûler d'associer le nom français. Notre sûreté, en ce que ce serait l'unique occasion de rabattre la puissance anglaise, de la réduire au point de ne pouvoir plus balancer la nôtre. Notre intérêt, en ce qu'il en résulterait immanquablement des avantages, qui tourneraient au profit de notre commerce, objet si essentiel aujourd'hui. » Il dépeignait le peuple d'Amérique comptant fermement sur la France, s'étonnant déjà des délais de notre intervention. Cette espérance déçue serait sans doute fatale à la cause de la liberté. Notre inertie aurait pour résultat le triomphe britannique, et ce triomphe serait notre œuvre. Si la France, concluait Kersaint, ne fait pas la guerre à présent, « c'est donc qu'elle ne la fera jamais plus… Alors, qu'elle brûle ses flottes et qu'elle licencie son armée ! Le souvenir de ce moment, si nous le laissons échapper, sera pour nous un sujet d'éternel regret et une tache ineffaçable, aux premiers jours d'un règne que cette circonstance inespérable pourra il illustrer à jamais ! »

Cette argumentation serrée et ces exhortations ardentes, ces raisons d'intérêt et ces raisons de sentiment, le mouvement d'opinion qui s'accentuait de plus en plus, tout cela, peu à peu, enhardissait Vergennes, le décidait à témoigner aux colons révoltés mieux qu'une sympathie platonique, sans pourtant qu'il osât encore se déclarer ouvertement pour eux. Les assister sous-main par des envois d'argent, d'armes, de munitions, en continuant à protester de la neutralité française, c'est le parti auquel il s'arrêta, parti qui mériterait sans doute le reproche de duplicité, si les principes de la morale courante étaient de mise en matière politique. Un exemple, entre vingt, suffit à indiquer la méthode de Vergennes : aux instances répétées des députés américains pour obtenir deux cents pièces de canon et l'équipement de 25 000 hommes, le Cabinet de Versailles oppose le plus catégorique refus ; mais Beaumarchais, sous un nom supposé, reçoit la mission clandestine d'expédier ces subsides par des voies souterraines. L'Angleterre, disons-le, n'est pas longtemps dupe de ce jeu ; elle use bientôt de représailles, saisissant nos vaisseaux sous prétexte de contrebande et exerçant maintes vexations sur les marins français. Deux pleines années durant, les relations diplomatiques entre les Cabinets de Londres et de Versailles ne sont qu'une série continue de plaintes, de récriminations, de réclamations réciproques, pour la plupart également justifiées, amenant entre les deux nations une tension progressive, dont l'issue n'était guère douteuse.

Chaque jour, d'ailleurs, des incidens nouveaux ajoutaient à l'effervescence. Il faut noter parmi les plus retentissans le départ du jeune La Fayette pour la colonie insurgée. Les députés américains, en séjour à Paris, cherchaient à recruter, pour leurs milices improvisées, des chefs notoires, propres à les instruire et à les diriger ; leur propagande s'exerçait particulièrement parmi la jeune noblesse. Des officiers de notre armée, les trois premiers qui se proposèrent pour cette tâche furent le marquis de La Fayette, le vicomte de Noailles et le comte de Ségur, trois proches parens et trois amis intimes, dont le plus vieux n'avait pas vingt-trois ans. La permission qu'ils demandèrent au ministre de la Guerre fut nettement refusée ; mais, deux mois après ce refus, Ségur voyait, un beau matin, s'ouvrir la porte de sa chambre et entrer La Fayette, qui lui disait à brûle-pourpoint : « Je pars pour l'Amérique. Tout le monde l'ignore, mais je t'aime trop pour avoir voulu partir sans te confier mon secret[12]. » Après lui avoir expliqué qu'orphelin, riche, maître de sa fortune, rien ne le retenait de risquer l'aventure, il lui confiait les moyens préparés : un vaisseau frété en Espagne, un équipage secrètement enrôlé, tout un romanesque programme qui, parmi de nombreuses traverses, allait se réaliser point par point. On sait ce qui en résulta, le succès du jeune officier, l'accueil que lui fit Washington, l'emploi qui lui fut conféré dans l'état-major des rebelles, et l'on imagine aisément la répercussion de ces faits sur la sensibilité française.

Tout était donc bien préparé pour une attitude offensive. Pourtant Louis XVI et le comte de Maurepas se montraient encore hésitans, lorsque, sur l'entrefaite, il parvint à Versailles une nouvelle dont l'effet fut de précipiter les choses. Le 16 octobre 1777, l'armée anglaise commandée par Burgoyne avait capitulé près de Saratoga ; six mille hommes de vieilles troupes anglaises avaient mis bas les armes ; le général et les soldats étaient à la discrétion des vainqueurs. Au bruit de cette victoire, un cri de délivrance s'était élevé dans toutes les provinces en révolte, saluant déjà, comme un fait accompli, l'indépendance des États-Unis d'Amérique. De ce moment, dans le Conseil du Roi, la politique d'atermoiement ne pouvait plus tenir contre le courant unanime. Une plus longue résistance eût déchaîné, selon l'expression d'un gazetier, « une redoutable fermentation dans toutes les têtes françaises. » Maurepas, Louis XVI, Necker lui-même, cédèrent à la nécessité, se résignèrent à « tenter le saut décisif. » Des pourparlers, qui restèrent d'abord clandestins, s'engagèrent sur-le-champ avec les États victorieux, et, le 6 février suivant, un « traité de commerce, d'amitié et d'alliance » scellait l'accord conclu avec le Nouveau-Monde, reconnaissait officiellement l'existence d'une nation nouvelle. Le préambule prévoyait l'hypothèse d'une conflagration entre la France et l'Angleterre ; un article secret mentionnait l'engagement du Roi, si la guerre s'ensuivait, « de ne déposer les armes qu'après avoir fait reconnaître par la Grande-Bretagne l'indépendance et la souveraineté des États-Unis d'Amérique. »

Le corollaire de la signature du traité fut la réception solennelle, à la cour de Versailles, des députés américains, présens depuis des années à Paris. Cette « étonnante présentation, » comme écrit le duc de Croy, qui en fut le témoin, eut lieu le vendredi 20 mars. Voici comment le duc raconte la scène : « Le Roi[13], sortant du prie-Dieu, s'arrêta et se plaça noblement. M. de Vergennes présenta M. Franklin, M. Deane et M. Lee. Le Roi parla le premier et dit : « Assurez bien le Congrès de mon amitié. J'espère que ceci sera pour le bien des deux nations. » M. Franklin remercia au nom de l'Amérique et dit : « Votre Majesté peut compter sur la reconnaissance du Congrès et sur sa fidélité dans les engagemens qu'il prend. » Ensuite le premier commis des Affaires étrangères les ramena chez M. de Vergennes… Les voilà donc, ajoute Croy, traités de nation à nation et le Congrès bien reconnu, ainsi que l'indépendance, par la France la première. Tous les esprits étaient exaltés ! »

Le même jour, M. de Noailles, ambassadeur de France à Londres, était reçu, sur sa demande, par le roi d'Angleterre et lui communiquait divers articles du traité. « Est-il vrai, demandait alors George III, que le Roi votre maître ait signé ce traité ? — Oui, Sire. — Sans doute qu'il en a prévu les suites ? — Oui, Sire, le Roi est prêt à tout événement. » Sur quoi, tournant le dos à notre ambassadeur, George III s'éloignait, en proie à l'agitation la plus vive[14].

A quelques jours de là, la Chambre des Communes délibérait, à Londres, sur la situation. Les esprits étaient divisés ; une poignante inquiétude assiégeait tous les cœurs. On savait que l'Espagne était prête à joindre sa flotte à celle préparée par Sartine. On savait, d'autre part, que l'Angleterre, en acceptant la lutte, ne pouvait espérer nul appui sérieux en Europe. Ni l'Autriche, notre alliée, ni la Prusse, occupée ailleurs, ne songeaient à entrer en lice. La Grande Catherine, sollicitée, refusait nettement tout secours. A peine certains principicules allemands, en cas de guerre continentale, faisaient-ils vaguement entrevoir l'envoi de quelques milliers d'hommes. Devant cet état de choses angoissant, les députés ne savaient que résoudre. Lord North, ministre des Affaires étrangères, se faisait l'interprète de ces hésitations. : Dans un discours embarrassé, il laissait même paraître, à mots couverts et d'un accent timide, certaines velléités d'accommodement avec la colonie rebelle. Après lui, un autre orateur, en termes plus catégoriques, proposait de céder devant l'inévitable et concluait à reconnaître l'indépendance des provinces d'Amérique. Un silence consterné accueillait cette motion.

Mais, presque au même moment, à la Chambre des Lords, il se passait une scène émouvante et grandiose, une scène digne des temps antiques. L'illustre Pitt, comte de Chatham, malade, infirme, accablé d'ans, soutenu d'un côté par son fils, de l'autre par son gendre, entrait dans la haute assemblée, demandait la parole et, d'une voix forte encore, exprimait son indignation de l'abandon projeté. « Je me réjouis, s'écriait-il, de ce que le tombeau ne s'est pas encore fermé sur moi et de ce que je respire encore, pour élever ma voix contre le démembrement de cette antique monarchie… La France nous insulte. Les ambassadeurs de ceux que vous appelez des rebelles sont à Paris, où se négocient les intérêts de l'Amérique et de la France, comme l'on traite entre puissances souveraines et l'on n'ose plus, dans ce pays, ni témoigner du ressentiment, ni venger l'honneur et la dignité de la Grande-Bretagne ! Ce grand royaume, qui a survécu entier aux déprédations des Danois, aux incursions des Écossais, à la conquête normande, aux formidables arméniens des Espagnols, irait se prosterner devant la maison de Bourbon ! Un peuple qui, il y a dix-sept ans, était la terreur de l'Univers, peut descendre assez bas pour dire à son ennemi invétéré : *Prends ce que nous avons : donne-nous seulement la paix* ? C'est impossible !… Au nom de Dieu, s'il est absolument nécessaire de se déclarer pour la paix ou pour la guerre, et que la paix ne puisse s'obtenir avec honneur, pourquoi hésitera commencer la guerre ? Milords, tout vaut mieux que le découragement. Faisons un dernier effort, et, si nous devons tomber, tombons comme des hommes ! »

Sur une réplique de lord Richmond, insistant en faveur de la conciliation, Chatham essayait, par trois fois, de se lever de son banc pour répondre. Les forces lui manquaient ; il retombait sans connaissance… Impressionnés par ce spectacle, les lords suspendaient la séance. Ils la reprenaient le lendemain et votaient pour la guerre. Chatham mourait un mois plus tard.

III

Tout paraissait donc résolu, et l'on eût cru qu'il ne restait qu'à entrer en campagne. Pourtant, dans chaque gouvernement, si grand était le désir de la paix, et telle surtout l'incertitude sur les chances de la lutte, que, de la part des deux puissances, de secrètes négociations se poursuivirent pendant plusieurs semaines. « Il est constant, lit-on dans une gazette à la date du 12 juin 1778, que M. de Maurepas et tous ceux de son parti voudraient encore maintenir la paix, à quelque prix que ce soit, tandis que M. de Sartine et d'autres ont désiré que la France profitât d'une occasion, peut-être unique, pour achever d'abattre son ennemi le plus dangereux[15]. » Le Roi penchait vers le premier parti, Vergennes vers le second. Plus d'une fois, durant cette période, on se « chamailla fortement » au conseil des ministres. De même en Angleterre, où l'effort principal de la diplomatie se portait sur Madrid, dans l'espoir d'empêcher que la flotte espagnole ne renforçât la flotte française. Mais, des deux parts aussi, tandis que les politiques discutaient, les arméniens se poursuivaient, les vaisseaux s'équipaient avec une activité pleine de lièvre.

L'affaire de la *Belle-Poule,* survenue le 17 juin, fut l'étincelle qui embrasa l'amas des matières combustibles. Le matin de ce jour, la frégate du Roi, la *Belle-Poule*, armée de vingt-six canons de douze, naviguant près du cap Lizard, aperçut au loin des vaisseaux qu'elle reconnut bientôt pour une escadre anglaise. Un des navires de cette escadre, la frégate l'*Aréthuse,* dont l'armement était quelque peu supérieur au nôtre[16], s'en détachait, rejoignait vers le soir le bâtiment français, hélait son commandant, le sieur Chédeau de la Clocheterie, le sommait en anglais d'aller trouver l'amiral britannique : « Le sieur de la Clocheterie[17] répondit qu'il n'entendait pas l'anglais ; on le héla alors en français, » en lui répétant le même ordre. « Le capitaine français assura qu'il n'en ferait rien. Alors la frégate anglaise lui envoya toute sa bordée, et le combat s'engagea, dans un moment où le vent était faible et permettait à peine de gouverner. »

L'action, acharnée et sanglante, se poursuivit de six heures à onze heures du soir, les deux navires se canonnant « à portée de pistolet. » Alors, le vent ayant fraichi, l'*Aréthuse*, toute désemparée, cessa le feu et se replia sur l'escadre. On ne pouvait songer à la poursuivre sans risquer de tomber sur vingt vaisseaux anglais. La *Belle-Poule* vira donc de bord ; deux jours après, elle entrait dans le port de Brest, d'où La Clocheterie envoyait à Sartine son rapport sur cet événement : « J'ai cinquante-sept blessés, disait-il, je ne sais pas encore au juste le nombre des morts, mais on croit qu'il passe quarante. Je ne saurais trop louer la valeur intrépide, le sang-froid de mes officiers. M. de la Roche, blessé après une heure et demie de combat, a été se faire panser et est venu reprendre son poste. M. Bouvet, blessé assez grièvement, n'a jamais voulu descendre. MM. de Bastrot et de la Galernie se sont comportés en gentilshommes français. Je suis tout dégréé ; mes mats ne tiennent à rien ; le corps de la frégate, les voiles, tout en un mot, est criblé de coups de canon, et je fais eau. » Il ajoutait avec simplicité : « Deux contusions, l'une à la tête, l'autre à la cuisse, me font souffrir actuellement, de manière que je n'ai guère la force d'écrire plus longtemps. »

A la nouvelle de cette attaque, que n'avait précédée nulle déclaration de guerre, un cri d'indignation s'éleva dans le royaume. « On ne saurait, dit un contemporain, exprimer l'ardeur et le désir d'en venir aux mains qui animent les officiers et les soldats… A Paris, M. Franklin est couru, suivi, admiré, adoré, partout où il se montre, avec fureur et fanatisme[18]. » Louis XVI en oublia ses instincts pacifiques. Au duc de Penthièvre, grand amiral de France, il adressa une lettre d'un ton assez ferme[19] : « L'insulte faite à mon pavillon par une frégate du roi d'Angleterre, la confiscation de navires appartenant à mes sujets, m'ont forcé de mettre un terme à la modération que je m'étais proposée. La dignité de ma couronne et la protection que je dois à mes sujets exigent que j'use de représailles… Je vous fais cette lettre pour vous dire qu'ayant ordonné aux commandans de mes escadres et de mes ports de prescrire aux capitaines de mes vaisseaux de courir sus à ceux du roi d'Angleterre, vous fassiez délivrer des commissions en course à ceux de mes sujets qui en demanderont. »

Le vieux Maurepas lui-même, si prudent et si étranger à l'esprit d'aventure, croit devoir céder au torrent. Il étonne l'abbé de Véri par l'énergie de son langage et sa volonté belliqueuse. « Je fus surpris, écrit l'abbé[20], du ton hostile dont il me parla contre l'Angleterre. *Il n'est plus temps de temporiser* ! me dit-il. Il se refuse à toutes les insinuations qu'on lui fait, que l'Angleterre serait sans doute disposée à subir toutes les conditions pour conserver la paix. *Il faut profiter*, répond-il, *du moment favorable pour affaiblir cette puissance ennemie*. Je ne puis plus douter, ajoute Véri, de ses intentions guerrières. L'ordre est signé pour la marche des troupes et pour les préparatifs nécessaires à une entreprise sur les possessions de l'Angleterre, suivant que les circonstances le permettront. »

Ainsi fut décidée et commencée une guerre, qui ne devait se terminer qu'en 1783, et dont les conséquences politiques furent si graves. Si l'on met en balance les avantages et les désavantages, il faut reconnaître, avant tout, le regain de prestige qui en résulta pour nos armes. Depuis le traité de

Paris, signé en l'an 1763, pour mettre fin à une guerre désastreuse, ni l'Europe, ni la France elle-même, n'avaient d'idée précise sur notre puissance militaire. On savait que de bons ministres, Choiseul, du Muy et Saint-Germain, avaient travaillé de leur mieux à relever notre armée de sa ruine, que Turgot et Sartine s'étaient pareillement appliqués à restaurer notre marine. Mais qu'avaient produit ces efforts ? Nous avions des soldats, des officiers, une artillerie bien outillée ; nous avions des vaisseaux dont le nombre était presque égal à celui de la flotte anglaise ; mais que valaient ces instrumens ? A l'usage seul, on pourrait le connaître. On fut d'ailleurs promptement fixé. De multiples succès, tant sur mer que sur terre, sanctionnés par une paix honorable, presque glorieuse, allaient, après quinze ans de doute, rendre à la France la confiance en soi-même et lui restituer du même coup le respect de l'Europe. C'est un profit moral qui n'est certes pas négligeable. Habilement exploité, ce retour de fortune aurait peut-être pu, sinon sauver la dynastie, du moins prolonger sa durée.

Mais, d'autre part, on ne peut oublier quelle funeste répercussion cette guerre heureuse devait avoir sur les finances, quel gouffre effrayant elle creuserait dans le Trésor public, déjà presque épuisé. Il faut entendre là-dessus l'avis d'un homme de cette époque, d'un témoin bien placé pour voir et pour juger, diplomate rompu au métier et politique sagace : « C'est cette malheureuse reconnaissance des Etats-Unis, écrit le comte de Saint-Priest dans ses précieux Mémoires[21], qui nous a tous perdus, par les effroyables dépenses de la guerre avec l'Angleterre, qui en était l'inévitable suite… J'ai assisté à la séance du Conseil royal des finances tenue pour la clôture des dépenses de deux années de cette guerre ; chaque année se montait à plus de douze cents millions. Quand, sur cette somme totale, il n'y en aurait que six cents à attribuer à la guerre d'Amérique, ce serait, en cinq années, trois milliards. Ce que je ne crois pas toutefois avoir été si loin, mais ce qui a suffi à former le fameux déficit qui a amené l'assemblée des Notables, l'assemblée des Etats-Généraux et, en dernier ressort, la ruine de la France. » Même en faisant la part de l'exagération des chiffres[22], on ne saurait douter que cette charge écrasante n'ait effectivement contribué, dans une large mesure, à la Révolution, tant par l'irritation des populations pressurées, que par l'empêchement apporté aux réformes fondamentales. Le déficit d'une part, d'autre part la violation des promesses faites dans le début du règne, ce sont les deux causes efficientes du grand effondrement final.

Enfin, il faut encore noter l'état d'esprit qu'une pareille guerre, soutenue pour une telle cause, ne pouvait manquer d'exciter et d'entretenir parmi les sujets de Louis XVI. La royauté, en France, ne devait guère sa force qu'à la croyance du peuple au droit primordial de ses princes, à son aveugle soumission envers une autorité mystérieuse, dont l'origine était dans une désignation divine. Faire cause commune avec une nation insurgée contre son souverain légitime, appuyer un mouvement dont le principe était qu'un gouvernement, quel qu'il fût, ne devait tenir son pouvoir que du consentement populaire, devenir à la fois artisan de révolution et fondateur de république, c'était, pour un roi absolu, une entreprise étrangement hasardeuse, c'était ébranler par la base la fiction séculaire sur laquelle reposait tout le vénérable édifice. Le peuple eut la vague intuition de cette anomalie. Les classes plus éclairées en furent frappées comme d'un jet de lumière. Le fétichisme monarchique reçut donc une mortelle atteinte, une idole discutée équivalant à une idole détruite. Il ne fallut pas dix années pour qu'on en eût la preuve. Comme le constate justement Soulavie, « le plus grand nombre de ces gentilshommes démocrates qui, en 1789, proposèrent la Déclaration des droits, abolirent les privilèges, détruisirent les fondemens de l'antique royauté, avaient fait aux Etats-Unis leurs études révolutionnaires[23]. »

IV

La guerre de l'indépendance d'Amérique n'est pas le seul fait extérieur qui, dans cette même période, ait influé sur la marche des événemens et contribué, par contre-coup, au dénouement du drame. Pour dresser le bilan exact de la grande faillite monarchique, il convient également de faire entrer en compte le conflit, moins grave à coup sûr et surtout moins retentissant, qui faillit dissoudre entièrement et qui ébranla pour toujours l'alliance de la France et de l'Autriche, et jeta Marie-Antoinette dans les plus douloureuses angoisses, dans la situation la plus fausse et la plus dangereuse où puisse se trouver une souveraine. Peut-être aucune circonstance de sa vie ne lui aliéna-t-elle d'une manière plus profonde, — et aussi plus injuste, — le cœur de la nation française. Il faut, pour l'intelligence du récit, remonter un peu en arrière, jusqu'au retour de l'empereur Joseph II à Vienne, après trois mois de séjour en France.

Le voyage impérial, s'il manqua son but essentiel, — qui était, comme nous l'avons vu, de modifier l'esprit de la cour de Versailles, — aboutit néanmoins à un résultat important autant qu'inattendu. Il changea l'opinion du souverain autrichien sur la valeur de son alliée. En parcourant nos principales provinces, Joseph avait eu beau dénigrer, censurer, morigéner sans cesse, remarquer avec clairvoyance et dénoncer avec aigreur les abus, les vices, les faiblesses de l'administration française, il n'avait pu, toutefois, ne pas constater de ses yeux, avec un étonnement mélangé de dépit, quelle force et quelle richesse représentait, dans la réalité, la nation sur laquelle régnaient sa sœur et son beau-frère. Il avait comparé, comme le dit un contemporain, ce territoire « fertile et partout habité, » ce peuple laborieux, cette bourgeoisie économe et cossue, aux provinces misérables, aux grands espaces déserts, aux populations indigentes, dont, en tant de régions, se composait alors l'Empire. Il avait comparé, surtout, ce pays homogène, « arrondi, sans enclaves ni solution de continuité, » à ses États faits « de lambeaux et de pièces rapportées. » Il avait cruellement souffert de ces comparaisons. Arrivé chez nous en curieux, en curieux malveillant, il en était sorti « dévoré de jalousie, » hanté par des rêves d'ambition, brûlant de trouver l'occasion d'agrandir son domaine et de développer sa puissance. Cette occasion propice, il crut la rencontrer, lorsqu'il apprit, le 30 décembre 1777, le décès de Maximilien-Joseph, électeur de Bavière, mort sans enfans, sans héritiers directs.

Certes, c'eut été là, pour l'Empire, une riche proie. La Bavière, en effet, aux mains de Joseph II, lui assurerait la communication avec ses provinces du Midi, avec ses provinces du couchant ; le Danube, a-t-on dit, « n'aurait plus cessé désormais de couler dans ses terres. » Peut-être même, qui sait ? une fois nanti de ce bel héritage, pourrait-il s'annexer un jour le duché de Wurtemberg et s'étendre ainsi vers le Rhin, ce qui lui permettrait « d'atteindre directement la France[24]. » Joseph II, à cette perspective, se sentit comme pris de vertige. Il résolut de tout oser pour s'assurer tout ou partie de la succession convoitée. L'héritier naturel de l'électeur défunt était son cousin Charles-Théodore, électeur palatin, prince modeste et timide. Par persuasion ou par menace, il paraissait aisé de s'entendre avec lui. On ferait valoir certains droits, qui remontaient au XVe siècle, sur une moitié de la Bavière, et l'on offrirait en échange quelques morceaux de territoire dans les Pays-Bas autrichiens. Les pourparlers, entamés à la hâte, rondement menés, amenèrent le résultat souhaité par Joseph II. Le 3 janvier 1778, une convention était signée, qui consacrait l'accord. Il ne restait qu'à effectuer en fait la conquête inscrite sur papier, et c'était là le difficile,

Il était, en effet, trop facile de prévoir que ce que Joseph II appelait lui-même « son coup pour arrondir l'Empire » aurait pour résultat de mécontenter fortement son puissant voisin Frédéric, et il fallait l'aveuglement causé par sa folle convoitise pour croire que le roi de Prusse laisserait paisiblement grandir près de lui son rival, et qu'une telle aventure se passerait en douceur, sans explications ni querelle. La France, de son côté, ne pouvait pas non plus se montrer satisfaite. Les alliances, quelles qu'elles soient, ne sont pas éternelles, et nous n'avions pas intérêt à voir se fortifier et s'étendre vers nos frontières une grande puissance que, récemment encore, nous rencontrions devant nous sur tous les champs de bataille. Les lettres de l'Empereur à Mercy-Argenteau montrent d'ailleurs que, sur ce dernier point, il se faisait peu d'illusions ; mais il ne s'en émouvait guère : « C'est une de ces époques, mandait-il à l'ambassadeur[25], qui ne viennent qu'une fois dans des siècles et qu'il ne faut point négliger. Un corps de 12 000 hommes va être mis en marche pour prendre possession de ce que nous appelons la Basse-Bavière… *Cela ne plaira pas trop où vous êtes*, ajoutait-il avec désinvolture ; mais je ne vois pas ce qu'on y pourra trouver à redire, et les circonstances avec les Anglais paraissent très favorables. — Il n'est pas douteux, répliquait Mercy-Argenteau[26], que les mesures prises par Votre Majesté, ainsi que l'arrangement arrêté avec l'électeur palatin, ne sont pas vus ici de très bon œil ; mais, dans le moment présent, la France a tant de motifs à devoir être modérée et sage, qu'elle ne pourrait pas se livrer à de grands écarts. »

De fait, la surprise générale, la nécessité de s'entendre et de voir plus clair dans ce jeu, semblèrent, pendant quelques semaines, paralyser l'action des différens intéressés. L'optimisme de Joseph II s'accrut de cette apparente inertie ; il pensa la partie gagnée. « Nos affaires bavaroises, écrit-il à Mercy[27], ont pris la tournure jusqu'à présent la plus favorable. Un mois que l'électeur est mort, et nous avons signé, ratifié une convention, nous sommes en possession de tout le district avec les fiefs qui nous échoient, et personne ne nous a encore dit un mot !… Mandez-moi par curiosité, ajoute-t-il néanmoins, ce que le public raisonnable de Paris en pense. » A cette question, Mercy répond, d'une plume un peu embarrassée : « Au premier aspect, le public de Paris a témoigné généralement rendre la justice qui est due aux bonnes mesures, à la fermeté et à la promptitude avec lesquelles il a été pourvu à la sûreté des droits de l'auguste Maison sur une partie de la succession bavaroise. Mais bientôt ce même public n'a plus vu dans l'objet susdit que les fantômes inquiétans que lui ont présentés tous les propos absurdes de guerre et de bouleversement général en Europe. Ces idées ont excité de la joie parmi le militaire, mais beaucoup d'humeur dans l'ordre civil. »

L'impératrice Marie-Thérèse ne partageait ni l'allégresse, ni les illusions de son fils. Elle vieillissait entourée de casuistes, de confesseurs et de directeurs de conscience, tourmentée de remords au souvenir des iniquités commises dans l'affaire de Pologne, assaillie de terreurs à l'idée que, peut-être, elle verrait couler de nouveau, avant de comparaître au tribunal suprême, un sang dont elle répondrait devant Dieu. Car elle avait, du premier jour, trop nettement aperçu les complications, les dangers, que provoquerait inévitablement la politique téméraire de Joseph. « L'électeur de Bavière vient de mourir, avait-elle écrit à Mercy sur la première nouvelle[28], événement bien fatal et auquel j'ai toujours souhaité de ne pas survivre. Le roi de Prusse ne laissera sûrement pas de s'opposer à nos vœux d'agrandissement et de tâcher de nous enlever la France, où il a nombre de partisans… Je serais inconsolable de voir s'écrouler tout notre système vis-à-vis de la France, par des troubles occasionnés par des différends sur la succession de Bavière ! »

La vieille souveraine y voyait clair. Toutes les appréhensions exprimées dans ces lignes allaient se réaliser point par point. Louis XVI, surpris de la brusque entreprise tentée par son beau-frère, blessé d'ailleurs de n'avoir su les choses que lorsqu'elles étaient accomplies, était peu disposé à laisser son alliée poursuivre et consolider sa conquête. Sans doute, — pour maintes raisons, — était-il décidé au maintien de la paix, sous cette condition, cependant, que rien ne serait modifié dans l'équilibre de l'Europe et que l'Empire serait maintenu dans ses anciennes limites. Aussi, dès le début, avait-on, à Versailles, accueilli favorablement les secrètes ouvertures du Cabinet prussien. Par l'intermédiaire de Jaucourt, ministre de France à Berlin, et du baron de Goltz, ministre de Prusse à Paris, une politique d'entente se négociait entre les deux puissances. La Prusse nous laisserait les mains libres dans notre lutte avec la Grande-Bretagne ; la France, de son côté, laisserait agir la Prusse dans le conflit probable avec l'Autriche ; car Frédéric était bien résolu à s'opposer, au besoin par la force, à l'annexion des provinces bavaroises, et déjà les forces prussiennes se rassemblaient aux frontières de Bohème.

Louis XVI, Maurepas, Vergennes, Necker, tous, cette fois, se trouvaient d'accord pour soutenir cette sage politique. Il ne fallait pas moins que cette parfaite union pour parer aux difficultés qu'entraînerait vraisemblablement, en cette passe délicate, la présence sur le trône français d'une princesse autrichienne. Marie-Antoinette, à dire vrai, avait d'abord assez vivement blâmé, avec son bon sens naturel, l'initiative audacieuse de Joseph. Elle mandait à sa confidente, Mme de Polignac, qu'elle « craignait bien que, dans l'occasion présente, son frère ne fit des siennes[29]. » Le propos, répété, avait fait du bruit à Versailles. Aussi Mercy, fort alarmé de ces dispositions, s'était-il dépêché de faire la leçon à la Reine. « D'une parole inconsidérée, on pourrait conclure, disait-il, que la Reine, loin d'adopter les vues de son auguste Maison et de les soutenir, les craint, au contraire, et les désapprouve. » Il n'avait donc rien épargné pour démontrer à sa royale élève le scandale d'une pareille conduite et la ramener à une attitude plus conforme à la politique autrichienne. La cour de Vienne fit bientôt chorus avec lui. On commençait à ressentir d'assez graves inquiétudes. L'annonce des préparatifs de la Prusse, la suspicion des pourparlers qui avaient lieu entre les Cabinets de Berlin et de Versailles, ces nouvelles donnaient à penser que l'affaire n'irait pas si aisément qu'on avait cru d'abord. La résolution fut donc prise de ne rien négliger pour tirer le meilleur parti de l'atout qu'on avait en main, grâce au mariage de Marie-Antoinette.

Une vive campagne s'engagea pour pousser la jeune Reine à intervenir dans la cause et à employer son crédit pour l'avantage de sa famille. Joseph, Kaunitz, Mercy, l'Impératrice elle-même, malgré sa désapprobation intime, tous travaillèrent avec ardeur à gagner cette précieuse recrue, et Marie-Antoinette se vit, un mois durant, en butte à une obsession véritable[30]. Comment eût-elle pu résister à un aussi furieux assaut ? Elle céda donc. L'Autriche n'y gagna rien ; la Reine allait beaucoup y perdre.

V

Ce fut après une longue conversation avec l'ambassadeur d'Autriche, avec le vieux serviteur de sa mère, avec le guide de sa jeunesse, après une scène d'objurgations et de supplications pressantes, que Marie-Antoinette, dûment endoctrinée, consentit à parler au Roi et à lui exposer comme quoi la « conduite équivoque » du ministère français amènerait infailliblement « le refroidissement de l'alliance. » Mercy rapporte ainsi la fin de l'entretien entre les deux époux : « C'est l'ambition de vos parens qui va tout bouleverser, répondit Louis XVI à sa femme. Ils ont commencé par la Pologne ; maintenant la Bavière fait le second tome. J'en suis fâché par rapport à vous. — Mais, repartit la Reine, vous ne pouvez pas nier, Monsieur, que vous étiez informé et d'accord sur cette allaire de la Bavière ? » A quoi, le Roi réplique avec vivacité : « J'étais si peu d'accord, que l'on vient de donner ordre aux ministres (plénipotentiaires) français de faire connaître, dans les Cours où ils se trouvent, que ce démembrement de la Bavière se fait contre notre gré et que nous le désapprouvons[31] ! » La Heine se retirait sans avoir obtenu le plus mince avantage.

Une note confidentielle de Louis XVI à Vergennes confirme, en ajoutant quelques renseignemens sur ses vues personnelles, le récit de l'ambassadeur. « La Reine, écrit Louis XVI[32], m'a paru fort affectée d'un sentiment d'inquiétude bien juste sur la guerre qui pourrait éclater, d'un moment à l'autre, entre deux rivaux si près l'un de l'autre (l'Empire et la Prusse). Elle m'a parlé aussi de ce que vous n'aviez pas assez fait pour la prévenir. J'ai tâché de lui prouver que vous aviez fait ce qui était en vous ; mais, en même temps, je ne lui ai pas laissé ignorer le peu de fondement que je voyais aux acquisitions de la Maison d'Autriche et que nous n'étions nullement obligés à la secourir pour les soutenir. De plus, je l'ai bien assurée que le roi de Prusse ne pourrait pas nous détourner de l'alliance et qu'on pouvait désapprouver la conduite d'un allié sans se brouiller pour cela avec lui… Tout cela, termine prudemment le Roi, est pour votre instruction, afin que vous puissiez parler le même langage que moi. »

De la sorte éconduite, la Reine, pendant un certain temps, se renfermait dans une réserve qui s'accordait d'ailleurs, au fond, avec son insouciance et sa légèreté naturelles. Toutes les prières, toutes les exhortations des siens, se heurtent à une inertie dont rien ne peut la faire sortir, au grand scandale de sa famille. C'est en vain que l'Impératrice lui trace, dans une lettre à Mercy, une ligne de conduite : « Il faut que ma fille agisse avec vivacité, et aussi avec beaucoup de prudence, pour ne pas se rendre importune, ni même suspecte au Roi[33]. » C'est en vain qu'elle s'adresse au cœur de Marie-Antoinette, en essayant de l'effrayer sur l'imminence et la gravité du péril : « L'occasion est pressante. Mercy est chargé de parler clair et de demander conseil et secours. Si les hostilités sont une fois commencées, il sera bien plus difficile de concilier les choses. Vous connaissez notre adversaire (Frédéric II), qui fâche à frapper de grands coups au commencement. Jugez de ma situation[34] ! » Cette insistance est en pure perte, et la mollesse de Marie-Antoinette est dénoncée avec aigreur par l'ambassadeur impérial : « Si la Reine, écrit-il[35], mettait un peu de suite dans ses démarches, tout réussirait ici presque sans obstacle. Mais je suis loin d'obtenir une conduite si désirable, et Votre Majesté ne doit nullement craindre que son auguste fille se mêle des affaires de l'Etat de manière à se compromettre ! »

Pour secouer l'indolente princesse et l'enhardir à de nouvelles démarches, au risque de subir une nouvelle rebuffade, il fallut l'événement qui, en comblant les vœux du Roi et de la nation tout entière, augmentait du même coup l'importance de la Reine et son crédit auprès de son époux. Dans le courant d'avril apparaissaient des signes de grossesse ; Louis XVI et ses sujets frémissaient à l'espoir d'avoir bientôt un héritier du trône. Cette circonstance, connue à Vienne, y déchaînait un redoublement d'insistances. L'effet en fut assez promptement sensible. Presque chaque semaine, à présent, la Reine mande auprès d'elle soit Maurepas, soit Vergennes, et quelquefois les deux ensemble, pour causer avec eux de « l'affaire de Bavière. » Son langage, néanmoins, témoigne encore de quelque hésitation. Elle n'ose réclamer formellement l'approbation de la politique impériale, l'adhésion sans réserve aux annexions de territoires ; elle se borne à souhaiter, en cas de guerre avec la Prusse, le concours, pour l'Empire, d'un corps d'armée français. « J'ai fait venir MM. de Maurepas et de Vergennes, écrit-elle le 19 avril à sa mère, je leur ai parlé un peu fortement, et je crois leur avoir fait impression, surtout sur le dernier. Je compte leur parler encore, peut-être même en présence du Roi[36]. »

Voici comment cette entrevue est racontée par l'abbé de Véri, qui tient sa version de Maurepas : « La

Reine[37] convia MM. de Maurepas et de Vergennes et leur dit qu'elle désirait que l'on fit quelque démonstration publique en faveur de l'Autriche. M. de Maurepas fit voir qu'une démonstration publique devient aisément un engagement de guerre. Il se rejeta sur la volonté du Roi ; sur quoi, la Reine fit plusieurs gestes de tête, signifiant que la volonté du Roi n'était, à ses yeux, que celle de ses ministres. À la fin, M. de Maurepas lui dit : « . Madame, faites-vous médiatrice d'un accommodement. Les reines ont souvent joué ce beau personnage. Engagez l'Empereur à céder une partie de ce qu'il a pris en Bavière. Nous pourrons alors essayer de faire agréer au roi de Prusse qu'il conserve le reste. » Au sortir de cette conférence, continue l'abbé de Véri, « M. de Vergennes alla trouver Louis XVI et lui rendit un compte fidèle de la conversation. Le Roi y répondit en insistant sur sa ferme volonté de ne se point mêler à la guerre d'Allemagne : « Il est d'ailleurs naturel, ajouta-t-il, que la Reine soit affligée de l'embarras où se trouve son frère et qu'elle fasse effort pour lui procurer du secours. »

Plusieurs fois renouvelées, les tentatives de Marie-Antoinette ne parvinrent pas à ébranler la détermination de Louis XVI et du Cabinet. Ils persistèrent à nier obstinément que les « usurpations » de l'Empire constituassent l'un des cas prévus par le traité d'alliance, le *casus fœderis* invoqué par Joseph. Si la Prusse en venait à envahir l'Autriche, si elle pénétrait, notamment, dans les Pays-Bas autrichiens, alors seulement la France. devrait intervenir ; mais elle n'irait pas au-delà[38].

La fermeté du Cabinet français, l'attitude menaçante que prend Frédéric II, engagent alors la Cour de Vienne à user de tous les moyens et à employer les grands mots. L'Impératrice et l'Empereur, tour à tour, harcèlent la jeune souveraine, qui, troublée, angoissée, ne sait visiblement que faire et que résoudre. Tantôt sa mère lui peint, en termes émouvans, — dans un langage, d'ailleurs, que l'on pourrait dire prophétique, — les dangers qu'une Prusse trop puissante fera courir tôt ou tard à l'Europe : « C'est lui (Frédéric) qui veut s'ériger en dictateur et protecteur de toute l'Allemagne ! Et tous les grands princes ne se tournent pas ensemble pour empêcher un malheur pareil, qui tombera, un peu plus tôt ou un peu plus tard, sur eux tous !... Depuis trente-sept ans, il fait le malheur de l'Europe, par son despotisme et ses violences. Je ne parle pas pour l'Autriche ; c'est la cause de tous les princes. L'avenir n'est pas riant. Si on lui laisse gagner du terrain, quelle perspective pour ceux qui nous remplaceront ! » Tantôt Joseph s'adresse à la sensibilité de la Reine, en mettant sous ses yeux la vision des batailles prochaines : « Puisque vous ne voulez pas empêcher la guerre, nous nous battrons en braves gens. Dans toutes les circonstances, ma chère sœur, vous n'aurez pas à rougir d'un frère qui méritera toujours votre estime[39]. »

Ces accens solennels, au dire de Mercy-Argenteau émeuvent Marie-Antoinette « jusqu'aux larmes, » lui arrachent l'engagement de tenter un suprême effort. « C'est mon cœur seul qui agit, » écrira-t-elle ingénument. D'ailleurs, l'ambassadeur accourt à la rescousse ; il montre à la souveraine son crédit ébranlé, l'échauffe, comme il s'en vante, sur « l'avanie qui lui est faite, » lorsqu'on néglige de prendre son avis, lorsqu'on négocie ouvertement avec la Prusse, sans lui soumettre les dépêches, sans même la tenir au courant des résolutions prises. Longuement chapitrée, excitée, la tête montée par ces propos, la Reine s'en va trouver Louis XVI et lui adresse d'amers reproches. Il s'ensuit une scène pathétique, où la jeune femme plaide avec la plus vive chaleur pour sa famille, pour sa première patrie, et enfin, à bout d'argumens, se met elle-même en cause : « Je n'ai pu cacher au Roi la peine que me faisait son silence. Je lui ai même dit que je serais honteuse d'avouer à ma chère maman la manière dont il me traitait dans une affaire aussi intéressante pour moi !... »

Dans cette conjoncture difficile pour un époux épris, devant ces plaintes mêlées de larmes, la simple bonhomie du Roi lui inspira la seule réponse à faire. « J'ai été désarmée par le ton qu'il a pris, confesse Marie-Antoinette à sa mère. Il m'a dit : « Vous voyez que j'ai tous les torts, et je n'ai pas un mot à vous répondre[40]. »

De fait, rien ne fut modifié dans la ligne adoptée. Aucune raison de sentiment ne prévalut contre les circonstances et les nécessités publiques. Si Louis XVI eut montré, dans la politique intérieure, la même clairvoyante fermeté qu'il conserva presque toujours dans les choses du dehors, la même ténacité courtoise à maintenir ses propres idées contre celles-de sa femme, que de mal il eût évité, quelles fautes il n'aurait pas commises !

VI

La résistance de Louis XVI et de ses ministres suscita tout d'abord à Vienne une indignation violente. Kaunitz, d'ordinaire mesuré, ne trouve pas assez d'invectives pour flétrir l'attitude de ces pusillanimes alliés, qui poussent, ainsi qu'il dit, l'Autriche à acheter la paix avec ignominie, — entendons par là restituer ce qu'elle s'est adjugé sans droit, — chose, ajoute-t-il, que le roi de Prusse lui-même n'avait pas osé proposer ! » Lorsque Frédéric II, quelques semaines plus tard, pose à son tour le même ultimatum, Kaunitz s'emporte contre lui et fulmine de plus belle : « Il faut être, le diable m'emporte, le roi des fous pour faire des propositions pareilles, et des imbéciles comme MM. de Maurepas et de Vergennes pour ne point en avoir senti l'absurdité[41] ! » Par malheur, les injures ne remédiaient à rien. Dans les premiers jours de juillet, on apprenait que, passant des paroles aux actes, Frédéric II, avec l'assentiment tacite de la France et de la Russie, faisait filer une armée en Bohême, où elle campait en face des Impériaux. Le point choisi pour la concentration était un petit bourg, au nom alors obscur, aujourd'hui trop célèbre : il s'appelait Sadowa.

Il est curieux et instructif de noter le changement à vue qui s'opère, dès ce jour, dans les dispositions de la Cour impériale. Décidément, l'aventure tournait mal et l'on risquait de récolter des coups. Aussi les paroles de colère et les airs de bravoure faisaient-ils soudain place aux gémissemens, aux adjurations éplorées : « Nous voilà en guerre, mande l'Impératrice à Mercy ; c'est ce que je craignais depuis janvier. Et quelle guerre, où il n'y a rien à gagner et tout à perdre ! Le roi de Prusse est entré en force à Nachod ; il va nous entourer de tous côtés, étant plus fort de 40 000 hommes que nous... Il est sûr que la France nous a fait bien du mal par ses cachotteries. Nous avions bien des torts aussi vis-à-vis d'elle[42]... » Un mois plus tard, le 6 août : « Le commencement de la campagne n'est pas heureux. Le prince Henri (de Prusse) étant entré de tous côtés de la Saxe avec force, Laudon[43] n'a pas cru pouvoir lui tenir tête et s'est replié... Voulant sauver mes États de la plus cruelle dévastation, je dois, coûte que coûte, chercher à me tirer de cette guerre. Il ne convient pas à la France que nous devenions subjugués à notre cruel ennemi. Nos alliés nous aideront à nous tirer d'affaire avec honneur. »

À ces nouvelles, à ce langage, on imagine la peine et l'embarras de Marie-Antoinette. « Depuis que la Reine a reçu la nouvelle de l'invasion des troupes prussiennes en Bohème, lit-on dans une correspondance du temps, elle a perdu toute sa gaieté ordinaire. Elle est rêveuse, soupire, cherche la solitude. » Son angoisse agit sur ses nerfs. Elle s'en prend tour à tour à Louis XVI et à ses ministres. Le

Roi la trouve un jour « en larmes » dans sa chambre ; fort affecté par ce spectacle, il lui exprime son vif chagrin de l'impossibilité qu'il trouve, « dans l'intérêt de son royaume, » à rien faire pour venir au secours de l'Autriche. Mais elle n'écoute rien, elle persiste à pleurer, à accuser le Cabinet de faiblesse, d'égoïsme et presque de lâcheté. Avec le comte de Maurepas, « sa bête noire, » elle le prend de plus haut. Le vieux ministre ayant voulu, selon sa méthode habituelle, pour colorer ses résistances, amadouer la souveraine par quelques bonnes paroles, se retrancher derrière des formules ambiguës, la Reine redresse la tête et enfle soudainement la voix : « Voici, Monsieur, dit-elle, la quatrième ou cinquième fois que je vous parle des affaires. Vous ne m'avez jamais fait d'autre réponse. Jusqu'à présent, j'ai pris patience ; mais les choses deviennent trop sérieuses, et je ne veux plus supporter de pareilles défaites[44] ! » Au courant de cette algarade, Mercy se voit contraint de prêcher la douceur, de supplier la Reine de ménager l'ami du Roi, par crainte de l'offenser et d'augmenter ses dispositions malveillantes. Mais la Reine s'y refuse, en alléguant « qu'il y aurait de la bassesse à montrer de la bonté envers un homme dont elle avait trop à se plaindre ! »

Force fut cependant bientôt de baisser pavillon et de changer de note. La situation empirait. La Russie, à présent, semblait prête à entrer en scène. La Grande Catherine massait des régimens aux frontières de Pologne, sommait l'Empereur de conclure avec Frédéric « un arrangement légal et à l'amiable de toute la succession bavaroise. » Le péril grandissant faisait tomber les dernières arrogances, et Marie-Antoinette était réduite à implorer modestement du Roi « la médiation » de la France, ces bons offices de modérateur officieux, naguère si dédaigneusement rejetés. « Pour le décider, écrit-elle, j'ai préféré de l'aller trouver dans le moment où je le savais avec MM. de Maurepas et de Vergennes[45]. » Une conversation générale s'engage alors à ce sujet, et l'on convient, en termes encore un peu vagues, qu'on enverra *peut-être* un négociateur chargé d'engager Frédéric à écouter, d'une oreille favorable, les propositions de l'Autriche. Mercy-Argenteau se résigne à paraître content de cette demi-promesse, bien qu'il redoute encore les hésitations de Maurepas : « Il faudrait, pour ainsi dire, mande-t-il à l'Impératrice[46], mettre un bandeau sur les yeux du vieux ministre, le porter à faire un pas, tel qu'il puisse être, et le conduire insensiblement, de démarche en démarche, sans qu'il s'en aperçoive lui-même distinctement, au point où on cherchera à l'amener. »

Les finasseries n'étaient plus guère de mise. De jour en jour, sous la pression des événemens, le ton se radoucit à la Cour impériale. Kaunitz, si hautain au début, mande le 25 novembre, à son ambassadeur en France : « J'espère que nous parviendrons à faire la paix cet hiver. Je le désire, et il me paraît presque impossible qu'elle ne se fasse, à moins que nos médiateurs ne soient assez injustes ou déraisonnables pour nous proposer ce que, par raison d'Etat ou sans se déshonorer, on ne pourrait accorder. »

L'Impératrice est encore beaucoup plus traitable. Dans une lettre confidentielle adressée à Louis XVI, elle annonce nettement l'intention de se tirer d'affaire par une reculade générale : « Je suis déterminée, s'il n'est absolument pas d'autre moyen de mettre fin à la guerre, que j'abhorre par principe d'humanité : 1° à rendre à la maison palatine toute la partie de la succession de Bavière que je possède actuellement ; 2° à renoncer même à tous droits et prétentions à cet égard[47]. »

La tâche, en de telles conditions, devenait plus aisée pour les médiatrices, la France et la Russie. Les négociations étaient menées avec activité. En mars 1779, il s'ouvrait, à Breslau d'abord, et ensuite à Teschen, un congrès des puissances, où se réunissaient tous les intéressés. Dès le 13 mai suivant, un traité en due forme rétablissait la paix européenne, en remettant toutes choses au même état qu'avant l'incartade de Joseph, sauf une mince bande de territoire que l'on concédait à l'Empire, comme fiche de consolation.

C'est à ce maigre résultat qu'aboutissait toute une année d'agitations, d'armemens, de démonstrations militaires. On ne saurait dire cependant que cette affaire manquée fut une affaire sans suites. A l'extérieur, l'alliance avec l'Empire recevait une profonde atteinte. Officiellement, sans doute, on se congratulait, on louait les éminens services rendus par les médiateurs ; le Cabinet de Vienne adressait des remerciemens à celui de Versailles. Mais il restait une vive rancune contre ce que l'on appelait, en Autriche, un inqualifiable abandon. Les dépêches de Kaunitz[48] font foi de cet état d'esprit : « Nous avons eu sujet d'être très mécontens de la conduite de notre alliée, écrit-il à Mercy, et surtout de la mauvaise volonté qui en a toujours été et en est encore le principe... Ce qu'il y a de pis, c'est que cette conduite met dans tout son jour les intentions de la France relativement à nos intérêts et ce qu'il faut en attendre, quoiqu'il ne puisse pas convenir, quant au présent, de faire sentir à ces messieurs qu'ils sont démasqués vis-à-vis de nous. »

En attendant les représailles, « ces messieurs, » comme dit Kaunitz, sont traités de la bonne manière dans cette correspondance : *gauches, bêtes et impudens*, c'est par ces gentillesses que se traduit la gratitude du gouvernement impérial. Dès cet instant, on voit poindre et se dessiner le mouvement ultérieur qui entraînera l'Autriche vers la nouvelle nation dont elle vient d'éprouver la force, la nation moscovite. Un mois après la paix signée, Joseph se rendra en Russie pour voir la Grande Catherine et pour lier commerce avec elle.

A l'intérieur, le conflit avorté laissait aussi des traces. Dans le public français, nul n'avait ignoré l'intervention de Marie-Antoinette, ses démarches réitérées auprès de son époux, ses scènes avec Maurepas ; les détails, vrais ou faux, en étaient partout colportés, tant dans les faubourgs de Paris que dans les couloirs de Versailles. Ces tentatives malencontreuses avaient échoué, sans doute ; mais on en savait moins de gré à la fermeté de Louis XVI qu'on n'en voulait à la complaisance de la Reine envers sa patrie d'origine. Elle avait, disait-on, « sacrifié la France à l'Autriche, » en cherchant à nous engager, tandis que nous étions en pleine guerre maritime, dans une affaire avec la Prusse, d'où aurait pu sortir une guerre européenne. Une amertume en subsistait contre celle que, plus que jamais, on flétrissait du nom de l'*Autrichienne.* La grossesse de la Reine, l'espérance d'un dauphin, suspendaient pour un temps les manifestations de la rancune publique, mais elle restait enfouie dans les âmes populaires, comme ces épaves perdues dans les profondeurs de la mer, dont rien ne révèle la présence, jusqu'à l'instant où une tempête les ramène inopinément à la surface des eaux.

Marquis DE SEGUR.

1. ↑ *Copyright by* Calmann-Lévy 1912.
2. ↑ Voyez la *Revue* du 1er mars.
3. ↑ *Mémoires sur le règne de Louis XVI.*
4. ↑ Document cité par Soulavie. *Ibidem.*
5. ↑ *Notice sur M. Necker,* par Auguste de Staël.
6. ↑ *Mémoires inédits* du comte Guignard de Saint-Priest.
7. ↑ Lettres de Kaunitz à Mercy-Argenteau, du 1er octobre 1777. — *Correspondance* publiée par Flammermont.
8. ↑ *Souvenirs et anecdotes,* par le comte de Ségur.
9. ↑ *Correspondance secrète,* publiée par Lescure, 1777.
10. ↑ *Souvenirs et anecdotes, passim.*
11. ↑ Lettre du 24 décembre 1776. Document cité par A. Jobez, dans son ouvrage : *La France sous Louis XVI*, tome II.
12. ↑ *Souvenirs et anecdotes* du comte de Ségur.
13. ↑ *Journal* du duc de Croy, mars 1778.
14. ↑ *Correspondance secrète,* publiée par Lescure.

15. ↑ *Correspondance* publiée par Lescure.
16. ↑ Elle portait vingt-huit canons de douze.
17. ↑ *Supplément à la Gazette de France* du 26 juin 1778.
18. ↑ *Correspondance* publiée par Lescure, 2 juillet 1778.
19. ↑ Lettre du 10 juillet. Archives nationales. Carton *Ordres du Roi*.
20. ↑ Journal de l'abbé de Véri, juillet 1778, *passim*.
21. ↑ *Mémoires inédits* du comte Guignard de Saint-Priest, *passim*.
22. ↑ Autant qu'il est possible d'évaluer cette dépense, avec les documens incomplets qui sont venus jusqu'à nous, il semblerait, que le total n'ait guère dépassé un milliard, chiffre d'ailleurs considérable pour l'époque.
23. ↑ *Mémoires sur le règne de Louis XVI*.
24. ↑ *Mémoires sur le règne de Louis XVI*, par Soulavie, tome IV.
25. ↑ Lettre du 5 janvier 1778. — *Correspondance* publiée par Flammermont.
26. ↑ Lettre du 17 janvier 1778. — *Ibidem*.
27. ↑ Lettre du 31 janvier 1778. — *Correspondance* publiée pur Flammermont.
28. ↑ Lettre du 4 janvier 1778. — *Correspondance* publiée par d'Arneth.
29. ↑ Lettre de Mercy-Argenteau à l'Impératrice, du 17 janvier 1778. — *Correspondance* publiée par d'Arneth.
30. ↑ Dans la plupart des Cours européennes, il régnait une grande inquiétude au sujet de cette campagne. On craignait que l'action combinée de l'impératrice Marie-Thérèse et de la reine de France n'aboutît à provoquer une conflagration générale. Cette frayeur se fait jour dans ces lignes confidentielles adressées par le roi de Suède à Maurepas, le 4 janvier 1778 : « Les orages semblent se rassembler de nouveau et peut-être ne seront-ils pas longtemps à éclater. L'ambition et l'humeur vindicative des femmes ont toujours cause des malheurs, et quand cet esprit se joint à une grande puissance, on ne peut douter qu'elles ne rompent tôt ou tard les digues qu'on leur oppose. Il n'y a que la modération, et surtout la fermeté, qui peuvent retenir quelque temps. Il serait heureux si tous les princes adoptaient les vues pacifiques de votre jeune Roi… Les nouveaux principes de droit public que les puissances d'aujourd'hui ont introduits ne sont bons ni pour la morille ni pour la politique ! » — Archives du marquis de Chabrillan.
31. ↑ Lettre du 18 février 1718. — *Correspondance* publiée par d'Arneth.
32. ↑ Document publié par Soulavie dans ses *Mémoires sur le règne de Louis XVI*.
33. ↑ Lettre du 3 mars 1778. — *Correspondance* publiée par d'Arneth.
34. ↑ Lettre du 14 mars 1778. — *Correspondance* publiée par d'Arneth.
35. ↑ Lettre du 20 mars 1778. — *Ibidem*.

36. ↑ Lettre du 20 mars 1778. — *Ibidem*.
37. ↑ *Journal* de Véri. — 22 avril 1778.
38. ↑ Il semble que l'abbé de Vermond, lecteur de Marie-Antoinette, ait cherché, en cette circonstance, à la suggestion de Mercy, à faire tourner l'état de grossesse de la Reine au profit des intérêts de la Cour impériale. Le journal de Hardy fait allusion à cette tentative : « On est informé, dit-il, que l'abbé de Vermond a engagé le premier médecin de Sa Majesté (M. de Vermond, frère de l'abbé et accoucheur de la Reine) à représenter au Roi qu'il serait dangereux de contredire la Reine et de la mortifier dans l'état où elle se trouvait, voulant faire sentir au Roi qu'il devait lui accorder les 30 000 hommes de troupes auxiliaires pour l'Empereur son frère, ce que Sa Majesté avait si bien compris, qu'elle avait répliqué au dit médecin : « Je vous entends, mais il faut que la Reine ne me demande rien de ce que je ne peux pas lui accorder. »
39. ↑ Lettres des 20 avril et 17 mai 1778. — *Correspondance* publiée pur d'Arneth.
40. ↑ Lettre du 12 juin 1778. — *Ibidem*.
41. ↑ Lettre à Mercy du 1er juillet 1778. — *Correspondance* publiée par Flammermont.
42. ↑ Lettre du 7 juillet 1778. — *Correspondance* publiée par d'Arneth.
43. ↑ Le baron de Laudon, généralissime des armées autrichiennes.
44. ↑ Dépêche de Mercy, du 17 juillet 1778. — *Correspondance* publiée par d'Arneth.
45. ↑ Lettre de Marie-Antoinette à l'Impératrice, du 14 août 1778. — *Corespondance* publiée par d'Arneth.
46. ↑ Lettre du 17 août 1778. — *Ibidem*.
47. ↑ Lettre du 25 novembre 1778. — *Correspondance* publiée pur Flammermont.
48. ↑ *Correspondance* publiée par Flammermont, année 1779. — Le journal de l'abbé de Véri contient une lettre de la princesse de Kaunitz, femme du premier ministre de l'Empire, adressée à l'auteur du journal, où l'on trouve l'expression de ces mêmes sentimens, avec quelques détails en plus : « Je vois, dit-elle, un nuage se former entre vous et nous. Les esprits s'écartent, on ne s'entend pas, on ne s'aime pas, on se méfie les uns des autres. Votre ambassadeur ici n'est pas aimé, et l'Empereur surtout s'en mêle. Ajoutez à cela que notre nation n'est nullement portée pour la vôtre. Cette paix, à laquelle la France a tant de part, achève d'indisposer contre vous. Il s'établit un commencement de haine, qui, j'en ai peur, éclatera quelque jour, pour le malheur des deux peuples… Ce n'est pas l'Empereur qui est le plus indigné de la paix, ce sont les

citoyens. Notre peuple de Vienne en est presque furieux et dit : Nous ne voulions ni agrandissement, ni conquête, mais le roi de Prusse ne doit pas nous donner la loi ! C'était le moment de lui faire reprendre le rang qui lui convient et de le placer au second, qui a toujours été le sien. Et la mauvaise volonté de la France nous prive de ce bien ! »

AU COUCHANT DE LA MONARCHIE[1]

XII.[2]

LE RENVOI DE SARTINE ET DE MONTBAREY

I

Le dépit ressenti, à la cour impériale, pour le piteux échec de l'affaire bavaroise eut, sur les événemens qui font l'objet de cette étude, une influence, indirecte il est vrai, mais certaine pourtant et sérieuse, et qu'à ce titre, il est nécessaire d'indiquer. L'effort de Joseph II, de l'Impératrice, de Mercy et de leurs agens à Paris consiste désormais à pousser Marie-Antoinette vers l'activité politique, à obtenir qu'elle intervienne d'une manière plus suivie dans les choses de l'Etat. Les mêmes qui, jusqu'alors, la détournaient, assez durement parfois, de s'ingérer dans le gouvernement, de « se mêler sans droit, comme disait son frère, des affaires de la monarchie[3], » sont les plus ardens, aujourd'hui, à gourmander son indolence, à exiger qu'elle prenne de l'empire sur le Roi. Louis XVI, lui répète-t-on, ne peut se passer d'un Mentor ; il faut que ce Mentor se trouve dans la dépendance de la Reine et qu'il devienne « sa créature[4]. » C'est Mercy-Argenteau qui lui donne ce conseil, dont le contraste est grand avec le langage d'autrefois.

L'homme qui, depuis le commencement du règne, tient ce rôle de tuteur du Roi, Maurepas, est chargé d'ans, sa santé s'affaiblit : « la goutte le ronge » et peut l'emporter brusquement. Il convient donc que, dès maintenant, la Reine s'occupe, comme le dit Mercy-Argenteau, de « son remplacement éventuel, » et c'est l'objet de nombreuses conférences entre la jeune princesse et lui. Mais, en attendant ce moment, il serait bon que Marie-Antoinette cherchât à agir sur Maurepas et à faire de lui un allié. Ce serait chose aisée, pour peu qu'elle s'en donnât la peine. Il suffirait, sans doute, de « flatter son amour-propre par des démonstrations de confiance. » La Reine, jusqu'à ce jour, s'y est fort mal prise avec lui ; elle n'a jamais « su le réduire, ni par la force, ni par de bons traitemens. » Qu'elle s'applique donc à changer de méthode. « Naturellement vain, faible et timoré, Maurepas, assure l'ambassadeur, serait aux ordres de la Reine, » à condition qu'il crût trouver près d'elle « un appui solide et durable. » Il faut que Marie-Antoinette s'adonne sans tarder à cette tâche et qu'elle consente à jouer cette petite comédie. C'est le refrain qui, constamment chaulé aux oreilles de la jeune souveraine, ne saurait manquer, à la longue, de faire impression sur son âme.

Il est un fait certain, c'est que, loin de faiblir, rattachement du Roi pour Maurepas augmentait avec les années. Tous les témoignages le proclament, à commencer par l'abbé de Véri, que son intimité dans la maison de Maurepas mettait à même d'être bien renseigné. « Il est le seul, écrit-il à cette date[5], que le Roi traite avec considération. Je ne dis pas par là qu'il maltraite les autres minisites, mais ils ont souvent de la peine à obtenir de lui des momens de travail, et ce n'est que M. de Maurepas qui les leur procure. L'indifférence du Roi pour leurs personnes et pour les affaires surmonte chez lui les effets d'un bon naturel et d'une volonté portée au bien. On ne lui voit aucun goût de préférence pour qui que ce soit, M. de Maurepas excepté… Il disait l'autre jour, en parlant de lui : *Outre sa mémoire et sa gaîté, qui surprennent à son âge, il a la tête très bonne.* » L'abbé de Véri, sur ce point, s'accorde avec Louis XVI : « Le Roi ne se trompe pas, dit-il, M. de Maurepas voit parfaitement bien, et, s'il avait un caractère conforme aux vues de son esprit, il serait un homme supérieur. » Mercy, en traçant à la Reine sa ligne de conduite, n'avait donc pas tort d'attacher une sérieuse importance à la conquête de cet octogénaire.

Ces exhortations répétées ne laissaient pas Marie-Antoinette insensible. On la voit, en effet, faire, vers ce temps, quelques efforts sincères pour se rapprocher de Maurepas. Une démarche de ce dernier pour obtenir que son neveu, le duc d'Aiguillon, tout récemment rappelé d'exil, eût également la permission de se remontrer à la Cour, servit de prétexte à la Reine pour mander le vieillard et lui parler d'un ton auquel elle ne l'avait guère habitué. Sans doute, à sa requête oppose-t-elle un refus, mais ce refus est tellement adouci, il est comme enveloppé de paroles si gracieuses, qu'il semble ouvrir la porte à un raccommodement. « Je sais, concluait-elle[6], combien Mme de Maurepas désirerait que M. d'Aiguillon eut cette liberté (de reparaître à Versailles). Je voudrais, de tout mon cœur, lui faire ce plaisir, à elle et à vous, et je regrette fort que cela ne se puisse pas. Il a été un temps où je ne vous en aurais pas dit autant. J'ai eu des préjugés contre vous. J'en suis bien revenue, et je suis véritablement affligée de ne pas vous contenter, vous et Mme de Maurepas. »

Mais ces avances, accueillies avec joie, sont malheureusement sans lendemain. L'esprit de suite n'est pas le fort de Marie-Antoinette. Le plus futile grief, la plus légère insinuation de la « société »de la Reine suffisent à ranimer l'ancienne antipathie. Quelques semaines après l'audience ci-dessus relatée, sur le simple soupçon que Maurepas pousse le Roi à faire des « cachotteries[Z], » à prendre certaines décisions sans consulter sa femme, on voit cette dernière s'emporter, déblatérer contre Maurepas, refuser aigrement de lui adresser la parole. Toutes les homélies de Mercy sont impuissantes à calmer sa fierté blessée ; entre elle et le ministre, les rapports redeviennent plus tendus que jamais.

C'est donc par un autre moyen qu'il faudra que la Reine gagne de l'influence sur les affaires publiques. Le plus sûr et le plus direct est qu'elle conquière l'esprit du Roi, qu'elle s'occupe davantage de plaire à un époux trop longtemps négligé. Les circonstances étaient particulièrement favorables, la grossesse de la Reine étant bien faite pour émouvoir le sensible Louis XVI et ajouter encore à sa complaisance conjugale. Les observateurs de la Cour avaient cru, il est vrai, dans les premières semaines, remarquer des tendances contraires. Le Roi paraissait, disaient-ils, plus libre et plus enjoué d'humeur, plus « assuré » surtout, dans ses rapports avec sa femme, il lui parlait d'un ton plus « dégagé, » et l'on en inférait déjà qu'il montrerait sans doute une volonté plus ferme. Véri se fait l'écho de ces suppositions : « La nature, professe-t-il, a mis une certaine dose de bonté et de timidité chez les maris qui n'en remplissent pas les devoirs. Le Roi a passé plusieurs années dans cette incertitude. La grossesse est venue lui confirmer l'assurance du contraire, et c'est sans doute ce qui le rend moins craintif avec la Reine[8]. » L'explication est juste : mais cette confiance en soi n'était pas pour détruire l'effet des sentimens nouveaux qui s'éveillaient dans le cœur de Louis XVI, une affection croissante pour la femme qu'aujourd'hui seulement il regardait vraiment comme sienne, une reconnaissance attendrie pour « le gage si précieux qu'elle portait en son sein. »

La Reine, habilement dirigée, touchée sans doute aussi de la tendresse du Roi, sut profiter de ces dispositions. On remarque dès lors une différence sensible dans son langage et ses manières. Elle abdique ses anciennes froideurs, ses négligences, ses affectations de dédain ; elle prend souvent la peine de consulter Louis XVI sur ses « affaires particulières, » sur ses amis, sur ses plaisirs, l'emploi de ses journées ; elle le mêle davantage à son existence quotidienne ; et elle, achève de le gagner par des prévenances, des « gentillesses, » dont il avait, jusqu'à ce jour, ignoré la douceur. Cette méthode réussit au gré de ses désirs. C'est à partir de ce moment qu'elle devient réellement puissante et qu'elle domine les volontés du Roi. Ce que Louis XVI lui concédait jadis par faiblesse, presque par contrainte, il l'accorde à présent par affection, avec un empressement joyeux. Toute la Cour constate ce changement. Maurepas confie à l'abbé de Véri que, dès qu'un ministre, au Conseil, a signé quelque « grâce » pour l'un des amis de la Reine, on voit Louis XVI, « la feuille en main, s'échapper de son cabinet, » courir chez son épouse, pour être le premier à lui en porter la nouvelle[9]. Ce n'est plus un mari qui plie par crainte des bouderies et des scènes, c'est un homme amoureux qui veut plaire à sa femme. Nous aurons bientôt l'occasion de remarquer le résultat de ce nouvel état d'esprit.

Les « espérances » données par Marie-Antoinette ne sont pas non plus sans effet sur l'opinion publique. Il est facile de reconnaître une certaine différence d'accent dans les documens qui reflètent l'impression populaire. « Notre charmante Reine se porte à merveille et reçoit chaque jour les hommages les plus flatteurs de toute la nation... Les juifs et les protestans ont établi dans leurs églises des prières solennelles pour son heureuse délivrance[10]. » Ainsi s'exprime une des gazettes les plus habituellement malveillantes pour la jeune souveraine. « La grossesse de la Reine, écrit un autre nouvelliste, lui a ramené bien des gens, et a fait oublier différens torts qu'ils imputaient à cette princesse. » C'est avec anxiété que, dans le peuple et dans la bourgeoisie, on attendait l'issue des couches. Tant de personnes, pour être plus tôt informées, s'étaient établies à Versailles, dans les dernières semaines avant la délivrance, que, devant l'affluence, le prix des logemens et des vivres avait presque triplé. La naissance d'un dauphin faisait l'objet de tous les vœux. Ce fut une fille qui vint, et la déception fut immense.

Pourtant, à la nouvelle de l'accouchement laborieux de la Reine, des dangers qu'elle avait courus, l'émotion ressentie amena comme un nouveau regain de popularité. Le péril, en effet, avait été réel. Le rejeton royal n'avait paru qu'après douze heures de vives souffrances. Une foule considérable, selon l'usage barbare du temps, se pressait dans la chambre et entourait le lit, au point de gêner les mouvemens de l'accoucheur Vermond. Aux premiers vagissemens, il y eut des acclamations et de « bruyans battemens de mains, » auxquels succéda brusquement le plus morne silence, quand on connut le sexe de l'enfant. La Reine, tout épuisée qu'elle fût, comprit, leva les bras, s'écria : « C'est une fille ! » puis retomba sans connaissance[11]. Une abondante saignée du pied parvint à conjurer les suites de cette « révolution funeste, » mais l'alarme avait été chaude. Dans le public, on colportait des détails émouvans sur les angoisses du Roi, puis sur ses touchantes effusions une fois la crise passée. « Le jeune monarque, selon l'expression de Hardy, n'avait pas craint de témoigner à son auguste épouse toute la tendresse d'un bon bourgeois de la capitale, qui serait le meilleur des maris. » Et tout cela était d'un excellent effet. « Les couches de la Reine, écrivait Mercy-Argenteau, ont fait ici généralement dans tous les ordres une grande sensation. Lorsqu'on l'a crue en danger, le peuple a marqué pour elle un vrai attachement. Les petites critiques ont cessé... Ce serait un moment précieux à saisir, et dans lequel Sa Majesté la Reine pourrait donner à sa considération l'essor le plus étendu et le plus solide. Il ne faudrait pour cela que quelques légères réformes dans l'article du jeu, dans les prédilections pour les favoris et les favorites, un peu plus d'actes de bienfaisance, et témoigner quelque intérêt aux objets sérieux et utiles[12]. »

Quelques-uns de ces vœux se réalisèrent en partie. On ne peut contester que la maternité n'ait agi favorablement sur l'âme de Marie-Antoinette, n'ait amené dans sa vie quelques progrès heureux. Non contente du changement que j'ai noté plus haut dans ses manières avec le Roi, elle évite avec plus de soin ce qui peut faire scandale ; sa conduite est plus réfléchie, ses allures moins évaporées. Sans doute, de loin en loin, tombe-t-elle encore dans quelques imprudences, comme par exemple au mois d'avril suivant, lorsque, souffrante de la rougeole, elle prendra pour gardes-malades, avec la permission du Roi, quatre de ses amis, — Coigny, Esterhazy, Guines et Besenval, — les établira dans sa chambre de sept heures du matin jusqu'à dix heures du soir, tandis que les dames du Palais et les « charges de la Maison » seront impitoyablement exclues. « La compagnie de ces quatre messieurs dont ma fille a fait choix, pendant sa maladie, m'a bien affligée ! » gémira l'Impératrice[13]. Néanmoins ces « frasques » sont rares, et c'est avec bonne foi que la princesse, dans une lettre à sa mère, se rend ce témoignage : « Ma chère maman peut être rassurée sur ma conduite. Si j'ai eu anciennement des torts, c'était enfance ou légèreté, mais, à cette heure, ma tête est bien plus posée, et elle peut compter que je sens bien mes devoirs sur cela. D'ailleurs, je le dois au Roi, pour sa tendresse et, j'ose dire, sa confiance en moi, dont je n'ai qu'à me louer de plus en plus[14]. »

Ce qui n'a pas changé, ce qui ne changera guère jusqu'aux dernières années du règne, c'est l'influence exagérée de la société de la Reine, qui, du reste, à présent est presque devenue la société du Roi, c'est cette condescendance extrême envers les favoris, qui, à la Cour comme dans le peuple, excite tant de murmures et provoque tant de haines ; et c'est aussi la désolante passion du jeu, qui ne semble parfois faiblir que pour reprendre ensuite avec plus de fureur. Durant l'automne de 1779, le séjour de Marly fut, à cet égard, désastreux. Non seulement Marie-Antoinette et son beau-frère, le Comte d'Artois, y réinstallent ouvertement, dans le salon du Roi, le jeu du *pharaon*, qui en avait été proscrit, mais ils parviennent à y entraîner avec eux le vertueux, l'économe Louis XVI ; et celui-ci paraît y prendre goût au point d'épouvanter Maurepas. « Vous pensez bien, confie le vieux ministre à l'oreille de Véri, que, si ce goût-là devient considérable, je n'ai plus rien à faire ici et que je dois m'en aller[15]. » Le bonheur fut que Louis XVI n'eut aucune chance au jeu ; il perdit en quelques soirées plus de 1 800 louis ; cet insuccès le refroidit si bien qu'il se jura d'abandonner les cartes ; il tint scrupuleusement parole[16]. La Reine, bien qu'aussi maltraitée, n'eut pas le même scrupule : les mêmes folies continuèrent à creuser dans la cassette royale le même gouffre, toujours plus large et plus difficile à combler.

Ce perpétuel besoin d'argent, les embarras qui en étaient la suite, joints aux conseils de la Cour impériale, furent ce qui contribua le plus à rapprocher la Reine du directeur général des finances, à établir entre eux l'espèce d'« alliance » que relatent les mémoires du temps. Non qu'il faille en croire la légende, accréditée parmi le populaire et recueillie dans les notes de Hardy, d'après laquelle Necker aurait, de ses propres deniers, soldé tout ou partie des dettes de Marie-Antoinette et versé dans sa caisse jusqu'à 1 500 000 livres[17]. Rien n'autorise une telle supposition : tout, au contraire, semble la démentir. Ce qui, en revanche, est établi, c'est que le directeur, loin d'opposer aux demandes de la Reine l'inflexible rigueur, les résistances indignées d'un Turgot, la traite avec douceur, discute avec modération, cherche des expédiens, encourage même parfois les élans généreux du Roi pour augmenter les sommes attribuées à sa femme, et que, par cette conduite, sans concession dangereuse et sans compromettre gravement l'intérêt du Trésor, il s'acquiert la reconnaissance de Marie-Antoinette, s'assure de son appui pour la campagne qu'il prépare, pour cet espèce de petit « coup d'Etat, » dont il est temps, à présent, de parler.

II

Parmi les collègues de Necker, celui qui, presque dès la première heure, lui avait témoigné le plus d'hostilité était sans contredit Sartine, le ministre de la Marine, dont la situation paraissait alors fort solide. Sorti d'une maison de commerce pour entrer dans la robe, puis, à trente ans, lieutenant général de police, fonction qu'il avait exercée, quinze pleines années durant, avec une heureuse énergie, Gabriel de Sartine, lorsque, en 1774, il avait accepté de remplacer Turgot au ministère de la Marine, avait, dans le premier moment, suscité quelques doutes sur sa capacité à se tirer d'un aussi difficile emploi. On le savait bon administrateur, actif, souple d'esprit, mais sceptique et léger, fort accessible à la faveur et médiocrement scrupuleux. De plus, dans une partie qui réclamait des connaissances spéciales, parvenu au pouvoir à la veille d'une guerre maritime qu'il faudrait préparer en hâte, comment ferait-il face à cette tâche écrasante ? C'était ce que, dans le public, chacun se demandait avec une certaine inquiétude. On colportait dans les salons le bon mot de Sophie Arnould, qui, pendant la répétition d'un opéra nouveau, voyant le ministre sortir au moment où la scène figurait un combat naval, s'était écriée plaisamment : » C'est grand dommage que M. de Sartine s'en aille, il aurait fait, du moins, un petit cours de marine[18] ! »

Sartine, il fallut en convenir, ne justifia pas ces sarcasmes. Son administration fut des plus honorables. Il se montra grand travailleur, écouta les avis des meilleurs officiers, donna une puissante impulsion aux constructions navales, au recrutement des équipages et à l'armement des vaisseaux. On lui dut également certaines innovations qui marquaient un réel progrès, le blindage des navires et des batteries flottantes, le perfectionnement des canons. Il contribua ainsi, pour une part importante, à nos premiers succès dans la guerre contre l'Angleterre. Mais ces bons résultats et ces utiles services ne pouvaient contrebalancer le mal causé par sa facilité d'humeur et ses périlleuses complaisances. La marine souffrait, de longue date, de l'antagonisme incessant, des tiraillemens journellement renouvelés, entre l'élément militaire et l'élément civil, les officiers et les comptables, entre « la plume et l'épée, » selon l'appellation courante. Sartine, malgré ses origines bourgeoises, ou plutôt à cause d'elles et dans l'espoir de les faire oublier, se montra pour « l'épée » d'une partialité excessive. Mans les ports, dans les arsenaux, comme sur les bâtimens du Roi, la direction des services financiers et administratifs fut enlevée aux gens du métier, au profit des états-majors, des chefs d'escadre et des commandans de navires. Les intendans, les commissaires et tout le personnel civil se virent réduits au rôle de scribes, n'eurent plus, pour ainsi dire, qu'une besogne d'enregistrement.

Il résulta de ce système un gaspillage inouï, un intolérable désordre. Des plaintes s'élevèrent de tous côtés, parfois même dans les rangs de ceux qui, par esprit de corps, eussent pu être portés à embrasser le « parti militaire. » Le comte d'Estaing, tout le premier, ne craignit pas de dénoncer hautement, à bord de ses vaisseaux, l'absence complète de comptabilité, la dilapidation qui en était la suite. « Il est absurde de vouloir faire un commis d'un officier de marine. *Tout comptable doit être pendable*, » déclarait-il énergiquement. Et Marmontel, transmettant à Mme Necker ces doléances du grand marin, renchérissait sur ces accusations : « Tous les chefs d'escadre, disait-il, se plaignent aussi de l'incapacité de M. de Sartine. Il y va de l'intérêt de l'Etat que M. de Maurepas et le Roi soient instruits de ce qui se passe. Il y va de l'intérêt de M. Necker, qui n'est pas fait pour se tuer le corps et l'âme à amasser de l'argent, pour le voir gaspiller par un sot et dilapider par des brigands[19] ! »

Tout en faisant, dans ers propos, la part de l'exagération, on ne peut révoquer en doute l'insouciance de Sartine, son incurie en matière financière. Les dépenses ordinaires de son département progressaient, en effet, dans une mesure que la guerre d'Amérique ne pouvait pas entièrement justifier. Le budget de la Marine, qui, à l'avènement de Sartine, était de trente-quatre millions, montait, quatre ans plus tard, à cent soixante-neuf millions, en n'y comprenant pas les dépenses spéciales de la guerre. Par une conséquence naturelle, de fous les ministres du Roi, le ministre de la Marine était celui qui répugnait le plus à soumettre ses comptes et ses opérations à l'examen et au contrôle du directeur général des finances. A chaque instant, ses trésoriers émettaient des billets, contractaient des emprunts, sans entente préalable avec le service des finances, qui n'en était informé qu'après coup. Ces irrégularités fâcheuses amenaient, dans les séances de comités, entre Necker et Sartine, des explications orageuses, parfois même des scènes violentes, que mentionnent les gazettes et les lettres du temps, et qui aboutissaient souvent, de la part de l'un ou de l'autre, à l'offre de sa démission. Louis XVI et le comte de Maurepas étaient constamment occupés à calmer ces querelles et à ramener la paix entre les deux collègues[20]. Grâce à leurs soins, chaque fois, jusqu'à ce jour, intervenait une réconciliation, tout au moins apparente ; on s'attendait pourtant, dans un temps plus ou moins prochain, à quelque irréparable éclat.

On crut cette heure venue dans la séance du 4 juillet 1780. Sur une riposte assez impertinente du ministre de la Marine, Necker, cédant à la colère, lui déclarait tout net que, « s'il avait besoin de sa place, il pouvait la garder, mais que, comme il n'avait, quant à lui, nul besoin de la sienne, il était prêt à la remettre entre les mains du Roi. » Maurepas, présent, s'interposait, apaisait de son mieux les interlocuteurs, parvenait, non sans peine, à les raccommoder. Malgré ce replâtrage, à la séance suivante, où Sartine était convoqué, Necker « s'abstenait de paraître, » si bien que plus d'un nouvelliste annonçait déjà sa retraite[21].

Ces conflits d'ordre financier se compliquaient d'une profonde divergence de vues sur la politique extérieure, Sartine étant le plus chaud partisan de la continuation de la guerre avec l'Angleterre jusqu'à complète victoire, tandis que le directeur général, appuyé sous main par Louis XVI, souhaitait qu'on écoutât toute parole de conciliation et qu'on ramenât la paix par tous les moyens honorables[22]. Ces tendances opposées se faisaient jour dans toutes les occasions ; elles entretenaient, dans les conseils ministériels, une sourde aigreur, un perpétuel malaise.

De cet ensemble il résultait, entre Necker et Sartine, un état de guerre permanent, tantôt latent et tantôt déclaré, une lutte à mort où chacun avait ses alliés, non moins passionnés que les chefs. Sartine avait pour lui Vergennes et le « parti dévot, » l'archevêque de Paris en tête. Ce dernier, en effet, bien qu'en bons termes avec Necker, subissait sur ce point l'influence de la tante du Roi, Madame Louise de France. La carmélite, du fond de son monastère de Saint-Denis, plaidait la cause du ministre de la Marine, excitait l'archevêque à prôner ses mérites, comme elle le protégeait elle-même auprès de son royal neveu. Sartine avait, en revanche, un dangereux adversaire, en la personne du comte d'Estaing, vice-amiral de France, auquel son haut commandement dans la flotte et ses récens succès donnaient alors une autorité reconnue, et qui avait entraîné, disait-on, dans l'opposition qu'il faisait au ministre de la Marine, deux princes du sang royal, le Comte d'Artois et le Duc de Chartres[23]. On colportait à ce sujet certaine parole de Louis XVI à d'Estaing, qui s'était plaint à lui des injustes attaques dont il était l'objet et des « tours » que lui jouait le ministre de la Marine : « Comte d'Estaing, aurait dit le Roi, vous avez beaucoup d'ennemis ; mais vous avez deux amis, qui ne vous manqueront jamais au besoin, M. de Maurepas et moi[24]. »

Le propos, s'il est authentique, était, en tout cas, hasardé ; car Maurepas, suivant sa coutume, hésitait, louvoyait entre les camps adverses. Déjà détaché de Necker, il eût craint de le fortifier en embrassant ouvertement sa cause. De plus, Sartine ayant habilement lié partie avec le prince de Montbarcy, ministre de la Guerre, proche parent, comme on sait, et ami très intime de Mme de Maurepas, la déférence conjugale du Mentor l'empêchait de se prononcer contre un homme aussi bien soutenu. Mais il comprenait, d'autre part, dans la situation présente, l'immense danger de la démission de Necker, la quasi impossibilité, si le directeur général retirait ses services, de trouver l'argent nécessaire pour poursuivre la guerre. Dans cette difficile conjoncture, il gardait donc une sorte de neutralité, se retranchant derrière son esprit de concorde et parant ses perplexités du beau nom de modération.

La Reine était dans le même embarras, mais pour des raisons différentes. Elle avait eu jadis de la bienveillance pour Sartine, dont l'âme légère et l'humeur complaisante paraissaient faites pour lui convenir. Depuis quelques mois cependant, sous certaines influences dont il faudra bientôt parler, il s'était opéré en elle un grand changement à l'égard de ce personnage. Elle le traitait avec froideur, ne lui adressait plus que rarement la parole, et, dans son cercle familier, si elle venait à prononcer son nom, elle y ajoutait volontiers des appellations peu flatteuses, le nommant « l'avocat Patelin » ou « le doucereux menteur. » Mais, dans cette malveillance nouvelle, elle était retenue, gênée jusqu'à un certain point par l'appui que Sartine rencontrait à la cour de Vienne. L'impératrice Marie-Thérèse, comme

Joseph II, comme Mercy, leur porte-parole, témoignaient, en effet, au ministre de la Marine une active sympathie, bien moins par goût pour ses mérites que par crainte de lui voir donner un successeur moins souple et moins accommodant. Pressée par tous les siens de « demeurer passive » dans le « duel » qui se préparait, la Reine semblait se résigner à ne point combattre Sartine, sans rien faire néanmoins pour empêcher sa chute.

III

Au mois de mai 1780, un incident, assez peu grave en soi, parut, à tous les gens au courant de la politique, l'annonce et le prélude de plus importans événemens. Le « cinquième secrétaire d'Etat, » le directeur de l'agriculture, des haras, des manufactures, le sieur Bertin enfin, se vit un beau jour congédié, sans motif déclaré, sans avertissement préalable. Son emploi était supprimé, ses attributions réparties entre ses collègues de la veille[25]. Sans doute ce médiocre et vieux petit homme, dernier débris des serviteurs du règne précédent, jusqu'à cette heure préservé du renvoi par son insignifiance, ne jouait dans le gouvernement qu'un rôle bien effacé. On le soupçonnait cependant d'être, en secret, hostile au directeur général des finances, de favoriser sournoisement ce qui se tramait contre lui. Necker, en obtenant qu'il fût mis hors du ministère, s'assurait le double avantage d'exonérer le trésor de l'État d'une charge superflue et de se délivrer lui-même d'un adversaire établi dans la place. Malgré les dédommagemens accordés aux anciens services de Bertin, — une grosse pension, un logement à Versailles, — sa démission forcée fut partout regardée comme une sérieuse victoire pour le directeur général, une première manche gagnée dans la partie en cours.

Il semble bien que ce succès ait, en effet, encouragé Necker à frapper le grand coup. Il crut pourtant qu'il lui fallait d'abord chercher, dans l'entourage du trône, un concours solide et précis, qui appuierait son mouvement offensif. Mme de Polignac, l'amie de Marie-Antoinette, lui parut la plus propre à remplir ce rôle de confiance. J'ai dit les grâces exorbitantes accordées par la Reine à la comtesse, à sa famille et à certains de ses amis, notamment au comte de Vaudreuil et au comte d'Adhémar. Necker, jusqu'à ce jour, s'était constamment opposé, au nom de l'intérêt public, à ce que ces largesses, — pensions, paiemens de dettes, dotations sous diverses formes, — présentaient vraiment d'excessif, et, bien que toujours modérée, respectueuse dans les termes, sa résistance n'en était pas moins énergique. « Ses représentations à la Reine, le langage qu'il m'avait tenu, affirme Mercy-Argenteau[26], devaient me convaincre qu'il était en opposition directe avec les favoris. » On imagine donc la surprise, ou, pour mieux dire, le scandale de l'ambassadeur, lorsqu'il découvre soudainement que cette opposition s'est transformée en une sorte d'entente, discrète, mais évidente, qu'entre le directeur et la « société » de la Reine, s'est établie, selon son expression, « une coopération effective, » qu'il s'est noué « un traité d'alliance, » dont il nous est aisé de discerner les principaux articles.

Necker, déclarons-le, n'abandonne pas « ses vues économiques, » ne renonce pas à la défense des deniers du Trésor. Les récompenses qu'il autorise, qu'il sollicite même, assure-t-on, au profit de la favorite, et qui bientôt seront chose accomplie, ne sont qu'honorifiques, mais ce sont les plus éclatantes et les plus enviées à la Cour : c'est, pour le comte de Polignac, un titre héréditaire de duc, un « tabouret » pour son épouse. Faut-il, à ces hautes distinctions, ajouter la promesse d'une terre « pour asseoir » le duché ? Mercy-Argenteau le soupçonne, mais il ne cite aucune preuve à l'appui. Mme de Polignac s'engagera, en retour, à décider la Reine au renvoi de Sartine, à lui faire agréer le successeur désigné par Necker. La « société » entière unira ses efforts à ceux de la nouvelle duchesse. On agira promptement, avec ensemble ; on gardera surtout un inviolable secret, ce qui, assure Mercy, fut observé de point en point.

L'accord s'étendait, comme on voit, au choix du remplaçant de M. de Sartine. Certains indices donnent à penser que Necker songea un instant à réunir dans les mêmes mains les portefeuilles des Finances et de la Marine, a se charger, a lui tout seul, de ces deux grands services. Une partie du public lui prêta, ce dessein[27]. Quoi qu'il en soit, s'il eut cette intention, il y renonça vite. Il fut convenu qu'on soumettrait au Roi le nom du marquis de Castries, lieutenant général des armées, gouverneur militaire de la

Flandre et du Hainaut. L'idée était heureuse. Castries, bon officier, dans la force de l'âge[28], avait pour qualités maîtresses une sévère probité, une fermeté de caractère qu'il poussait jusqu'à la rigueur et une rare puissance de travail. Tout cela pouvait suppléer au manque de connaissances spéciales en matière maritime. Lié de longue date avec Necker et son ardent admirateur, il était également un fidèle ami de Choiseul, ce qui devrait lui concilier les sympathies de Marie-Antoinette. On disait même que cette dernière avait jadis pensé à lui pour le ministère de la Guerre. Cette bienveillance, en revanche, n'était guère partagée par M. de Maurepas. En causant un jour avec lui, Necker, pour tâter le terrain, ayant mis en avant le nom du marquis de Castries, le Mentor s'était récrié, traitant Castries d'« esprit médiocre » et de « petit génie, » bon tout au plus pour être « le ministre des dames[29]. » Necker n'avait pas insisté, se réservant, au moment opportun, de découvrir son jeu et de faire donner ses batteries. Jusqu'à l'heure décisive, le nom du ministre choisi demeurerait le secret de la coalition.

Les choses ainsi réglées, Necker, dans les derniers jours de septembre, se décidait à entrer en campagne. Il se risquait à entretenir le Roi, dans un ferme langage, des nombreux embarras causés par le désordre et la légèreté de Sartine ; il laissait entrevoir que, si les choses continuaient de la sorte, il faudrait prochainement opter entre son collègue et lui. Louis XVI, selon son habitude, rapportait aussitôt cette conversation à Maurepas, dans une lettre confidentielle, « parfaitement raisonnée, » assurait le Mentor, où toutes les raisons pour et contre étaient clairement et impartialement exposées. Le Roi concluait ainsi : « Renverrons-nous Necker ? Renverrons-nous Sartine ? Je ne suis pas mécontent de ce dernier : mais je crois que Necker nous est plus nécessaire[30]. » Maurepas, dit l'abbé de Véri, crut devoir parler de cette lettre au directeur général des finances, « qui eut alors l'audace de lui en demander lecture, » ce que Maurepas considéra « comme une humiliation, » mais ce qu'il n'osa refuser, « si grand et si pressant était le besoin d'argent[31]. » Le Conseil des dépêches et le Conseil d'Etat furent également consultés par Louis XVI, dans le plus grand mystère, sur la solution du conflit. Vergennes reçut mission de résumer l'affaire : il se prononça pour Sartine : « Mieux valait, disait-il, laisser partir M. Necker que lui laisser prendre le ton d'un maître et mettre le marché à la main, à chaque volonté qu'il aurait[32]. »

Au cours des jours suivans, la bataille commencée se poursuivait avec des chances diverses. Sartine, sentant venir l'orage, sollicitait de Louis XVI une audience, dans l'espoir d'arriver à une explication directe. Mais le Roi, comme toujours en pareille occurrence, se dérobait au tête-à-tête. Alors Sartine se rabattait sur le comte de Maurepas, lequel, « ne pouvant si facilement éluder ses questions, se contentait de réponses vaines, non sans souffrir du personnage simulé qu'il devait jouer, sur un point qui n'était pas encore résolu[33]. » La Reine, de son côté, se voyait « assaillie » par la duchesse de Polignac et le comte de Vaudreuil, s'efforçait à tous deux d'obtenir qu'elle engageât franchement le Roi « au renvoi du sieur de Sartine et à la nomination du marquis de Castries. » Le plan était de la faire d'abord consentir à donner à Castries une audience, où elle lui promettrait ouvertement sa protection, « de manière, disait-on, qu'il connût qu'il lui serait entièrement redevable de son élévation[34]. » Une fois qu'elle se serait ainsi compromise dans la cause, il faudrait bien qu'elle poussât les choses jusqu'au bout. Mais Mercy-Argenteau, averti par une confidence de Marie-Antoinette, la détourna vivement de brûler ses vaisseaux. Il lui montra, comme une perspective vraisemblable, le mécontentement de Maurepas, son opposition déclarée, l'effraya de l'idée d'entrer directement en lutte avec le conseiller du Roi, lui arracha finalement la promesse de demeurer « passive, » simple spectatrice du combat. Il ne put empêcher pourtant que la Reine ne reçût, à quelques jours de là, le directeur général des finances et qu'elle ne le traitât avec une bienveillance marquée, tout en se gardant soigneusement de prononcer des mots irréparables.

Malgré cette réserve prudente, ce fut cet assez banal entretien qui, rapporté par Necker lui-même à Maurepas, lui donna à penser que Marie-Antoinette prenait décidément parti pour le directeur général, et le détermina, par suite, à garder la neutralité, du moins en apparence. « Il vit dès ce moment, dit l'abbé de Véri, une intelligence de Necker avec la Reine, à laquelle il lui faudrait bien céder[35]. » Lorsque, par la suite, il connut, d'une manière plus exacte, à quoi s'étaient réduits les propos de la Reine, il se crut joué par le directeur général et lui garda rancune de ce qu'il voulut considérer comme une « perfide manœuvre. »

IV

La crise en était là, lorsque, dans la première semaine d'octobre, Necker apprenait tout à coup que le sieur Boudard de Saint-James, trésorier général de la marine et des colonies, « âme damnée » de Sartine, avait, sans consulter le service des finances, mis en circulation pour quatre millions de billets[36], qu'il ne pouvait payer à l'échéance, et qu'il se trouvait, de ce chef, dans le plus terrible embarras. Peu satisfait, Necker avertissait Maurepas : puis, ses soupçons se trouvant ainsi éveillés, il se faisait apporter sur-le-champ les comptes et écritures du ministère de la Marine, pour les examiner lui-même. Cet examen lui révélait que les billets émis de cette façon irrégulière se montaient à une somme totale de plus de vingt millions. Stupéfait de cette découverte, il adressait à Maurepas ce billet[37], vibrant d'indignation sincère :

« Vous avez vu samedi, monsieur le comte, mon chagrin et mon étonnement de ce que M. de Saint-James s'est permis de faire quatre millions de billets à mon insu, et vous avez partagé ces sentimens. D'après une nouvelle conférence que j'ai eue avec lui, ce n'est plus quatre millions, c'est vingt, tant en billets qu'en engagemens contractés avec ordre de me les cacher, et qui n'étaient point compris dans les états qu'il certifiait véritables. C'est un coup de bombe aussi inattendu qu'incroyable. Le trésorier ne sait comment s'excuser, d'autant plus que j'ai maintenant deux états, à quatre jours de distance, qui diffèrent de seize millions !

« Je voulais aller vous conter tout cela moi-même ; mais je suis si étourdi du bateau, je sais si peu, dans ce moment, ce qu'il faut faire, que j'ai besoin de réflexion. Qu'il est malheureux de voir tant de soins et d'efforts compromis, et les intentions du Roi ainsi violées et contrariées ! »

Maurepas, quand il reçut ces lignes, se trouvait à Paris, malade. Un violent accès de goutte l'y tenait confiné dans son hôtel de la rue de Grenelle-Saint-Germain[38]. Il venait d'écrire à Louis XVI, près de s'installer à Marly, afin de l'informer de son pénible état ; il lui mandait aussi que, ne pouvant, avant ce très prochain départ, aller le trouver à Versailles et désireux pourtant de ne pas retarder la marche des affaires, il préparerait le travail de son lit et que Necker irait le porter à la signature. Le même courrier priait Necker de s'acquitter de cette mission. C'était là pour le directeur, qui n'avait jamais jusqu'alors travaillé seul avec le Roi, une occasion inespérée. Il en comprit aussitôt l'importance et résolut de mettre ce coup de fortune à profit.

Le lendemain[39], jeudi 12 octobre, Necker se rend, en effet, à Versailles. A peine est-il auprès du Roi, qu'il lui expose l'affaire, lui montre les pièces et les preuves, accuse nettement Sartine d'avoir connu et inspiré la faute de son subordonné. Le Roi, dès les premières paroles, entra dans une « furieuse colère ; » il prononça le mot de « dilapidation, » jura qu'il « chasserai ! » sur-le-champ l'auteur de ce méfait. Puis, soudain, comme se ravisant : « Mais qui mettrons-nous à sa place ? » demandait-il d'un ton plus apaisé. Necker nomma le marquis de Castries, ajoutant que la Reine serait satisfaite de ce choix. Louis XVI acquiesça, et la chose parut résolue. Toutefois, Necker parti, le Roi fit atteler un carrosse, et, ne prenant que le prince de Tingry, capitaine de ses gardes, courut à Paris, chez Maurepas, pour lui raconter toute l'histoire. Il trouva le vieillard couché, souffrant beaucoup, « fort affaissé. » Maurepas écouta le récit avec une émotion qu'augmentait sa faiblesse. L'irritation manifeste du Roi, la crainte de voir partir Necker, jointes à ce qu'il croyait savoir des dispositions de la Reine, aussi opposées à Sartine que favorables au marquis de Castries, tout cet ensemble « l'étourdit, » le détermina rapidement à ne point mettre obstacle à la « révolution » projetée. « Il crut, dit Mercy-Argenteau, prendre un parti très politique en paraissant concourir lui-même à un arrangement qu'il supposait impossible de changer[40]. » Il fut donc entendu entre Louis XVI et son vieux conseiller qu'on renverrait Sartine et qu'on nommerait Castries à sa place.

Sartine, pendant ce temps, était fort loin de se douter du coup qui s'apprêtait. La veille, il avait dîné à Paris, chez Gilbert de Voisins, conseiller au Parlement, et s'y était montré enjoué, d'humeur charmante[41]. Aussi fut-il bien surpris le lendemain, lorsque, à trois heures après midi, dans son appartement de Versailles, tandis qu'il conférait avec le comte d'Aranda, ambassadeur d'Espagne, on lui annonça la visite du sieur Amelot, ministre de la Maison du Roi, « porteur d'un message de Sa Majesté. » Le billet de Louis XVI était ainsi conçu : « Les circonstances actuelles me forcent, Monsieur, de vous retirer le portefeuille de la Marine, mais non mes bontés, sur lesquelles vous pouvez compter, vous et vos enfans, dans toutes les circonstances. — Louis. » Amelot était chargé d' « insinuer », par surcroit, que le désir du Roi serait que tout se fit avec célérité et que le ministre déchu cédât, sans perdre temps, la place à son successeur désigné[42]. Ainsi fut fait. Sartine, encore que « foudroyé » du coup, vaqua en hâte à ses préparatifs ; une heure plus tard, il montait en carrosse et roulait vers Paris.

Maurepas, dans l'intervalle, reprenait ses esprits. Le renvoi de Sartine l'offusquait moins que le choix du marquis de Castries, nommé sans son concours et contre lequel, on le sait, il nourrissait des préventions. « C'est un bon militaire, mais je ne le crois pas bon marin, confia-t-il à l'abbé Georgel. Le Roi a été entraîné. » Il ajoutait pourtant : « La chose est faite ; on peut en essayer. » C'était, en pareil cas, sa formule favorite[43]. Quelques instans plus tard, causant avec sa femme et son ami le duc de Nivernais, tous les deux au pied de son lit, il agita de nouveau la question : « Il faut sacrifier Sartine, conclut-il avec un effort, puisque nous ne pouvons pas nous passer de Necker. » Il eut, le même jour, la visite du directeur général des finances, qui, ignorant la démarche du Roi, venait rendre compte au Mentor. Celui-ci l'accueillit froidement : « Le Roi, dit-il, vient de m'en instruire lui-même. Je désire qu'il ait fait un bon choix. » Puis, d'un ton sec et ironique : « Vous êtes sûrement fatigué du travail et de la route ; moi, je le suis de la goutte ; je crois que nous avons tous les deux besoin de repos[44]. »

Les jours suivans ne firent qu'aviver son dépit. Son entourage lui persuada qu'il avait été « joué, » qu'on avait « fait parler la Reine. » Il se crut victime d'une intrigue, d'une « cabale » montée contre lui par le directeur général, et une rancune amère s'amassa dans son cœur[45].

Dans le public, la disgrâce de Sartine excita des transports de joie. La nouvelle fut sue, le soir même, dans les cafés de la capitale ; elle fut saluée par des acclamations, des « battemens de mains » unanimes. On colportait mille bruits fâcheux sur le ministre renvoyé : on l'accusait d'avoir, tant comme lieutenant de police que plus tard comme ministre, exercé des malversations, pillé à son profit les finances du royaume, et l'on citait des chiffres fabuleux : le même homme, disait-on, qui, trente années auparavant, était contraint d'emprunter 12 000 francs pour s'acheter un office au parlement de Paris, possédait à présent de 5 à 600 000 livres de rente[46]. Et l'on composait des couplets, on rédigeait des « épitaphes, » dont la meilleure paraît être celle-ci :

> J'ai balayé Paris avec un soin extrême :
> Mais, en voulant des mers balayer les Anglais,
> J'ai vendu si chers mes balais,
> Que l'on m'a balayé moi-même.

À quelques jours de là, un entrefilet maladroit de la *Gazette de France* aggravait encore les soupçons. La *Gazette* annonçait que le « marquis de Castries avait été nommé par le Roi secrétaire d'État au ministère de la Marine, qu'en conséquence il était entré en cette qualité au Conseil, le dimanche 15 octobre. » Pas un mot de Sartine et de sa démission. On commentait avec animation « ce silence extraordinaire, » et l'on citait cette phrase de l'Ecriture : *Nec nominetur in nobis,* que son nom odieux ne soit plus prononcé parmi nous[47]. Quelques personnes bien informées affirmaient, d'un ton de mystère, que le concussionnaire était « gardé à vue » jusqu'à ce que l'on eut décidé sur son sort ; d'autres le disaient enfermé derrière les murs de la Bastille.

La vérité, bien différente, est que, Sartine tombé et Castries établi en sa place, une réaction rapide s'était opérée à la Cour. Les artisans de la chute de Sartine sollicitaient en sa faveur la générosité royale ; la Reine, Vaudreuil, Mme de Polignac, faisaient valoir ses longs services et obtenaient pour lui une grosse somme pour payer ses dettes, une forte pension de retraite, réversible sur ses enfans. Il semblerait même que Maurepas eût un moment songé à le porter au ministère de la Maison du Roi, en remplacement d'Amelot, vraiment trop incapable. Mais l'opposition de Necker aurait fait échouer le projet.

Quoi qu'il en soit de ces détails, le fait essentiel et certain est que l'influence politique du directeur général des finances fut, de ce jour, puissamment fortifiée. Son crédit sur l'esprit du Roi parut à tous « prépondérant, » et l'on crut reconnaître en lui, comme écrit Soulavie, « le baril de poudre destiné à faire sauter Maurepas. » De même pour Marie-Antoinette. Sans doute, en cette affaire, ce n'est pas elle qui avait mené la bataille. Son rôle, bien qu'important, n'avait été que secondaire. C'était Necker, surtout, dont le coup d'œil, l'audace heureuse, avaient assuré l'avantage. Mais, en présence du résultat, la jeune souveraine ne s'en crut pas moins victorieuse[48], et le succès qu'elle s'attribua augmenta sa confiance, l'enhardit à entrer plus ostensiblement en lice. « La Reine est maintenant assez disposée à s'occuper de grandes affaires ; cette idée même semble lui plaire[49]. » Ainsi s'exprime le comte de Mercy-Argenteau, et il put bientôt constater que sa prévision était juste.

V

Un des premiers effets des événemens qu'on vient de lire fut d'entraîner un classement nouveau des partis à la cour de Versailles. Aux deux grands partis en présence, celui de Necker et celui de Maurepas, s'adjoignirent deux autres groupemens, de force presque égale, dont l'un avait pour chef la Reine et l'autre Mme de Maurepas. « Les spéculateurs politiques, déclare le libraire Hardy[50], continuaient d'annoncer des changemens dans le ministère, comme n'étant pas fort éloignés. A les entendre, il y avait à la Cour deux partis qui s'entre-choquaient mutuellement, celui de la Reine et celui de la dame comtesse de Maurepas. Cette dernière, désirant, après la retraite du comte son époux, — que son grand âge et ses infirmités mettent hors d'état de travailler encore longtemps, — conserver la même influence sur les affaires du gouvernement, croise de toutes ses forces les vues de Sa Majesté la Reine… » Le libraire est bien informé. On ne saurait douter que Mme de Maurepas, sortant de la pénombre où elle s'était, jusqu'à cette heure, discrètement confinée, ne se lance désormais dans l'arène politique et ne se porte hardiment au secours de son timide et louvoyant époux.

Le rôle actif joué par la vieille comtesse dans l'épisode dont le récit va suivre est rapporté par tous les Mémoires de l'époque, et les contemporains ne s'étonnent pas autant qu'on pourrait croire du crédit usurpé par une femme de soixante-seize ans, sans brillant dans l'esprit, sans grâce dans les manières, mais suppléant à ces défauts par les plus utiles qualités : une constance invariable à l'égard de tous ceux dont elle fait ses amis, une persévérance indomptable à les soutenir envers et contre tous, une ténacité dans l'esprit qui fait qu'elle « pense sans cesse à ce qu'elle a une fois résolu » et qu'elle suit ses desseins sans une minute de défaillance. Avec un souverain comme Louis XVI et un ministre comme Maurepas, il n'en fallait pas plus, à la cour de Versailles, pour devenir un personnage. On savait, on disait partout que Mme de Maurepas gouvernait son mari, qui gouvernait le Roi. Aussi avait-elle ses flatteurs, ses courtisans, ses créatures. Dans son bel hôtel de Paris, elle tenait table ouverte, elle donnait chaque soir à souper, et son salon ne désemplissait pas. Là s'assemblaient quotidiennement les politiques français ou étrangers, la plupart des ambassadeurs, une partie des ministres, — ceux d'aujourd'hui, d'hier ou de demain, — une multitude de femmes titrées, solliciteuses de grâces pour elles ou leurs amis. Mille petits complots ténébreux et mille combinaisons savantes s'ourdissaient sous ses yeux, avec son entremise. « On intriguait, dit le duc de Croy, dans tous les cabinets : nul endroit n'y était plus propice et plus agréable. » Bref, reprend-il plus loin, c'est chez elle qu'était « la vraie cour, » une cour sans étiquette, et « d'autant plus commode. »

Dans le camp de la Reine, outre ses familiers, — les Polignac, Vaudreuil, d'Adhémar, Guines, Besenval et toute leur clientèle, — se trouve au premier rang Necker, qui fait cause commune avec elle. Elle le soutient auprès du Roi ; il est, quand il se peut, indulgent à ses fantaisies. Cet échange de bons procédés se soutiendra jusqu'au bout de son ministère. Il faut citer encore une recrue fort inattendue, le Duc de Chartres, naguère ennemi juré de Marie-Antoinette, mais que sa brouille avec Maurepas, à la suite de propos blessans échappés au Mentor[51], rapproche passagèrement du parti de la Reine. Quant aux deux frères du Roi, ils sont actuellement divisés. Le Comte d'Artois, par suite de son intimité familière avec sa belle-sœur, la suit, bien que sans enthousiasme, dans la voie politique où elle s'est engagée, et semble épouser sa querelle, Le Comte de Provence, au contraire, gardant rancune au directeur des refus opposés à son avidité, fera campagne avec Maurepas, mais à sa façon coutumière, en sourdine, sans se découvrir, en se cachant derrière des prête-noms et des subalternes.

Enfin n'oublions point un appoint important. Choiseul et ses amis, quelque temps assoupis, comme rebutés par leurs nombreux échecs, relèvent maintenant la tête, se reprennent à l'espoir. L'entrée de Castries au ministère leur assurait des intelligences dans la place ; ils rêvaient de nouvelles conquêtes. Ne pourrait-on s'entendre avec Necker et, en lui laissant la haute main sur tout ce qui touche aux finances, ressaisir peu à peu la direction des affaires de l'État ? Cette pensée, à coup sûr, hante l'esprit de l'ancien ministre. Ses partisans s'agitent ; la Reine, à leur instigation, multiplie dans l'oreille du Roi les suggestions, les conseils officieux : Maurepas est bien âgé pour conduire une grande guerre, Vergennes bien timide et bien mou pour négocier avec le gouvernement britannique ; un seul homme serait propre à « remonter les ressorts de la politique, » et ce serait Choiseul[52]. À ces insinuations Louis XVI, jusqu'à ce jour, ne répondait que par des « paroles évasives, » mais peut-être, à la longue, cette idée, cent fois ressassée, germerait-elle dans son esprit.

Le champ clos désigné pour la première rencontre était le département de la Guerre, confié depuis trois ans au prince de Montbarey. Le successeur du comte de Saint-Germain n'avait que trop bien justifié les pronostics formés par toutes les personnes éclairées lors de son avènement. Administrateur par métier, mais courtisan par goût, il songeait moins à gouverner qu'à plaire. Arrivé par l'intrigue, il se maintenait par la faveur. À peine au ministère, il avait cherché tout d'abord, — ce qu'on ne peut lui imputer à crime, — à adoucir la rigueur excessive de certains règlemens qu'avait édictés Saint-Germain, et il s'était acquis par là, tant dans les hauts états-majors que dans les rangs inférieurs de l'armée, une popularité facile. De plus, recevant tout le monde et écoutant tous les avis, promettant à chacun ce qu'il semblait souhaiter, il s'était attiré, par ce contraste avec l'accueil sévère et la mine rogue de son prédécesseur, d'assez vives sympathies dans le monde de la Cour. Mais on avait vite découvert ce que ces séduisans dehors et cette aimable humeur cachaient de légèreté, de négligence et d'incurie. Voluptueux et cupide, faisant toujours passer ses intérêts ou ses plaisirs avant les devoirs de sa charge, non seulement, la plupart du temps, il laissait ses commis (brider seuls sur les plus importantes affaires, mais ces derniers obtenaient à grand'peine qu'il lût le travail préparé et qu'il signât les ordres. Les bureaux décrétaient et administraient à leur guise ; le ministre s'enrichissait, passait ses nuits et ses journées en fêtes.

Le pire était que la guerre avec l'Angleterre donnait maintenant d'assez sérieux mécomptes. Les heureux succès du début avaient été suivis d'une phase d'embarras, de revers, plus désagréables que graves, mais qui énervaient l'opinion. Dans les plaines d'Amérique, après l'échec de Savannah, nos troupes avaient dû reculer, et nous avions perdu la ville de Charlestown. En Europe, l'idée d'une descente sur les côtes britanniques, saluée naguère avec tant d'enthousiasme, avait clé abandonnée en présence des difficultés qu'avait rencontrées l'entreprise. Le public attribuait, non sans quelque raison, ces déboires au manque de direction, de suite et d'énergie ; dans l'administration supérieure de la Guerre.

Cependant, à Versailles, ces griefs d'ordre général, tout fondés qu'ils pussent être, faisaient peut-être moins de tort au prince de Montbarey que certains écarts de conduite et certaines faiblesses scandaleuses, qu'on se racontait à l'oreille et dont l'écho parvenait parfois jusqu'au trône. Une fille de l'Opéra, la demoiselle Renard, que le ministre affichait pour maîtresse, avait pris peu à peu sur lui un ascendant qui passait toute mesure. Hardie et âpre à la curée, elle avait mis en coupe réglée le département de la Guerre ; elle se mêlait de l'avancement, de la collation des emplois, touchant un pot-de-vin pour chaque « grâce » octroyée. « Elle rançonnait sans merci, dit une gazette du temps, les militaires d'un haut grade, les croix de Saint-Louis, les officiers à la retraite et les adjudications du matériel. » On évalue ces exactions et ces « menus profits » à un chiffre total de 600 000 livres par an.

Déjà, en 1778, un exploit de celle créature avait failli amener la disgrâce de son protecteur. Un marché de fourrages, où l'adjudicataire avait versé une forte somme à Mme Renard, ayant fait l'objet d'un litige, les débats avaient établi la prévarication, et le Roi ont vent de l'histoire. Son honnêteté s'émut : « En voilà un, aurait-il dit, que je prends la main dans le sac, et je ferai un exemple ! » Pour calmer cette colère et sauver Montbarey, il avait fallu toute l'astuce et toute l'éloquence du Mentor, toute l'insistance surtout de Mme de Maurepas. La vieille comtesse, à quelques jours de là, jouant au piquet avec Louis XVI, s'était plainte à lui, « avec larmes, » des affreuses calomnies semées sur son parent, des préventions injustes jetées dans l'âme du Roi. Elle avait si bien fait, qu'elle avait obtenu, « pour dissiper ces rumeurs affligeantes, » la promesse pour le prince d'entrer dans le Conseil d'Etat, faveur qui n'était accordée qu'aux ministres privilégiés. Dès le lendemain, ce fut chose faite[53].

Cette marque de confiance, dont on avait été surpris, n'avait d'ailleurs mis lin ni aux fâcheux trafics, ni aux médisances du public, et le raffermissement ne parut qu'éphémère. C'était l'heure où la Reine entrait ouvertement en scène, intervenait avec une ardeur juvénile dans les choses de la politique. De cette intervention, le prince avait beaucoup à craindre. Marie-Antoinette, en effet, n'aimait pas Montbarev, qu'elle regardait comme

« tout Maurepas » en qui elle ne voyait qu'une « créature » du conseiller du Roi. Il avait eu d'ailleurs, en plusieurs occasions, l'insigne maladresse de faire passer les protégés de Mlle Renard avant les protégés de Marie-Antoinette : d'où, chez la fière princesse, une indignation violente. On sait combien la Reine, pour satisfaire son entourage, était jalouse de garder la haute main sur la distribution des grades et sur le choix des garnisons. Naguère, sur ce terrain, les vertueuses résistances du comte de Saint-Germain avaient parfois excité ses colères ; que devait-elle penser de refus inspirés par une lâche déférence aux caprices d'une fille entretenue ?

L'irritation, longtemps contenue, éclata brusquement dans les derniers jours de septembre 1780. La souveraine désirait vivement une compagnie pour un jeune officier qui lui était recommandé par quelqu'un de sa société, et Montbarey, sollicité par elle, lui en avait fait la promesse. Elle apprit tout à coup que le brevet avait été donné, non à son candidat, mais à un sieur Renard, propre frère de la courtisane qui, selon l'expression de M. de Kageneck, faisait avec le prince « un échange de faveurs[54]. » C'en était trop. Elle manda Montbarey, le tança vertement, le congédia tout interdit. Elle ne s'en tint pas là ; elle popularisa l'histoire. Les jours suivans, il lui arriva plus d'une fois, en rencontrant des officiers fraîchement promus à un grade supérieur, de leur demander à voix haute « quelle somme ; ils avaient payée à Mlle Renard pour obtenir leur emploi. » La Cour ne s'entretenait que de cet incident.

Maurepas lui-même s'émut ; il eut avec le prince une explication des plus vives, à la suite de laquelle le ministre fut sur le point « de faire ses malles et de plier bagages. »

Pour amener un raccommodement, la comtesse de Maurepas dut intercéder derechef. A force de pleurs et de cris, elle fléchit son époux ; il s'opéra un « replâtrage. » Et déjà, grâce aux assurances de sa vieille protectrice, sur sa promesse formelle que ni elle, ni M au repas n'abandonneraient jamais sa cause, Montbarey reprenait confiance, quand survenait une nouvelle aventure, provoquant un nouveau tapage : un pot-de-vin de 50 000 livres versé à Mlle Renard par un officier général qui voulait être « cordon rouge. » L'affaire ayant échoué, le dupé exigeait qu'on lui rendit l'argent. Refus, menaces, scènes violentes, et, pour la seconde fois, accès de révolte du Roi, résolu, semblait-il, à sévir pour de bon. Il avertit Maurepas qu'il voulait « chasser le ministre, mettre la fille à l'hôpital, casser l'officier général. » Il ne fallut pas moins que la crainte du scandale pour l'y faire renoncer. Il se contenta d'ordonner que Montbarey rompit avec une personne si dangereuse et que l'on expédiât Mlle Renard à Bruxelles, avec interdiction de passer la frontière, ce qui fut fait effectivement[55].

VI

L'orage, pour le moment, semblait donc conjuré. Mais Maurepas comprenait qu'il faudrait bientôt sacrifier un parent trop compromettant, et se mettait dès lors en quête d'un successeur.

Il jeta tout d'abord les yeux sur le duc d'Aiguillon, grand favori de Mme de Maurepas ; cette circonstance aurait facilité les choses et désarmé les résistances prévues. Mais, dès les premières ouvert lires, la Reine se récria : jamais elle n'admettrait un homme qui l'avait jadis offensée ! Un nom s'offrit alors à l'esprit du Mentor, le nom d'un lieutenant général, militaire estimé, qu'il connaissait depuis de longues années et sur le dévouement duquel il se croyait des droits certains : c'était le comte de Puységur. En y réfléchissant, il jugea l'idée bonne, mais il la garda pour lui-même et se borna à faire devant le Roi l'éloge de son candidat éventuel, se réservant, à l'heure voulue, de pousser plus avant sa pointe.

Pendant ce temps, dans le camp opposé, on se livrait à semblable recherche. A quoi bon, en effet, congédier Montbarey, si l'on n'avait pas sous la main, prêt à mettre à sa place, un homme sur qui l'on pût compter ? La légèreté de Marie-Antoinette ne permettait guère d'espérer qu'elle fit elle-même ce choix avec discernement. Il y eut donc, dans le parti, des entretiens préparatoires et des conciliabules dont il parut inutile de l'instruire[56]. Trois hommes, que l'on a déjà rencontrés au cours de cette étude, se tirent, avec Mme de Polignac, les promoteurs de l'entreprise, trois hommes qui, depuis quelque temps, semblaient être d'accord pour se partager l'influence : l'un était le comte de Vaudreuil, qui, dans la coterie de la Reine, symbolisait la droiture, la conscience, l'autre le comte d'Adhémar, qui y apportait l'agrément d'un esprit fin, délié et fertile en ressources, enfin le baron de Besenval, qui y représentait l'audace. A en croire ce dernier, — lequel, dans ses *Mémoires*, a conté, tout au long, les détails de cette crise, — c'est lui qui a, du début à la fin, tout fait, tout organisé, tout conduit. Il faut, dans son récit, faire la part de sa hâblerie et remettre les choses au point. Il n'en est pas moins établi que c'est réellement Besenval qui, dans le cours d'un entretien avec Vaudreuil et d'Adhémar, prononça le premier, pour le portefeuille de la Guerre, le nom du marquis de Ségur, et le fit agréer, d'abord par ses amis, par la duchesse de Polignac ensuite, finalement par Necker, avant d'en parler à la Reine.

Compagnon d'armes du marquis de Castries depuis le temps de leur commune jeunesse, Ségur avait, comme lui, fait une belle carrière militaire. Malgré de graves blessures, — notamment le bras gauche emporté à Lawfelt, — il conservait une grande activité, tant morale que physique. Il était alors gouverneur de Bourgogne et de Franche-Comté, et il venait de déployer, dans l'administration de ces deux provinces agitées, des qualités qui lui avaient valu l'estime de ceux qui l'avaient vu à l'œuvre. Il avait un esprit plus solide que brillant, un courage à l'épreuve dans toutes les circonstances. Le trait marquant de son humeur était une sorte de fermeté froide, d'énergie mesurée, qui, lorsqu'il avait pris un parti, excluait toute hésitation, interdisait tout retour en arrière. Il était un peu lent à décider quelle voie il devait suivre, mais, une fois engagé, il y marchait sans défaillance, avec une constance inflexible. C'était ce dont l'armée avait le plus besoin. Si la carrière antérieure de Ségur semblait, comme disait un contemporain[57], « en faire un homme plus propre à se battre contre les ennemis de l'Etat qu'à s'astreindre à un travail de cabinet, » on devait espérer qu'il trouverait dans sa force d'âme l'instrument nécessaire pour réprimer l'indiscipline qui, grâce à Montbarey, commençait à gagner « tout le corps militaire. »

À ces raisons d'intérêt général, Besenval ajoutait d'autres motifs particuliers. La douairière de Ségur, mère du futur ministre, était en grande liaison avec la comtesse de Maurepas, ce qui, sans doute, empêcherait cette dernière de témoigner une hostilité trop directe au fils de son ancienne amie. Ce choix présenterait encore l'avantage d'être agréable à Choiseul et aux siens. Dix ans plus tôt, lors de l'exil du duc, Ségur avait été l'un des premiers à faire, comme on disait alors, « le pèlerinage de Chanteloup ; » son nom, dans le parc du château, était inscrit sur la fameuse colonne. Le renfort du « parti Choiseul » n'était pas négligeable ; il ferait impression sur Marie-Antoinette.

Aux argumens ainsi développés par Besenval, ni Vaudreuil, ami de Ségur, ni d'Adhémar, qui avait servi sous ses ordres et lui devait, en partie, sa fortune, ne pouvaient faire de sérieuses objections. Ils se rallièrent à cette idée et promirent leur concours. Vaudreuil se chargea de gagner Mme de Polignac, sur l'esprit de laquelle il avait grand empire, et il y réussit sans peine. La duchesse, à son tour, prit l'engagement d'agir sur Marie-Antoinette. Elle y mit beaucoup de chaleur. Elle put bientôt annoncer au trio qu'elle avait rempli son office et que la Reine avait définitivement adopté « et le renvoi de M. de Montbarey et la nomination de M. de Ségur[58]. »

Restait à convaincre Necker. Ce fut la part que se réserva d'Adhémar. Ce dernier, depuis quelque temps, au témoignage de Besenval, « courtisait d'autant plus le directeur général des finances, que celui-ci avait tout l'air de devenir un jour le maître. » Il avait, en le cajolant, trouvé moyen « de se mettre dans ses bonnes grâces. » L'intermédiaire était donc heureusement choisi, et sa mission eut plein succès. Necker, qui connaissait Ségur et le considérait, donna son approbation sans réserve. Louis XVI, jusqu'à nouvel avis, fut tenu en dehors des résolutions arrêtées.

Il fallait maintenant avertir le principal intéressé, qui, confiné dans sa province et tout entier aux devoirs de sa charge, était fort loin de soupçonner le rôle que lui destinaient ses amis. Besenval attacha le grelot, et il fut d'abord mal reçu. « A la première ouverture que je lui fis, dit-il dans ses *Mémoires*, M. de Ségur me regarda avec le plus grand étonnement et me crut devenu fou. » Il se remit pourtant, écoula de sang-froid l'historique détaillé, que lui fit Besenval, des circonstances, des chances de succès de J'allaire, mais refusa de s'engager et donna les motifs de son hésitation : il savait « mieux servir que plaire, » expliqua-t-il en substance ; sa franchise un peu rude ne s'accommoderait guère des finesses de la politique, et, s'il ne craignait pas les responsabilités, ni même les périls du pouvoir, il se sentait fort éloigné des calculs, des intrigues de Cour. Ce qu'il ne dit pas à Besenval, mais ce qu'il confessa plus tard, c'est qu'il comprenait le danger de devoir son élévation à la seule volonté d'une femme, — fût-ce une souveraine, — et de ses favoris. Il prévoyait trop bien les difficultés qu'il aurait à maintenir son indépendance contre les fantaisies de l'une et l'ambition des autres. Un deuxième entretien ne put encore dissiper ses scrupules. Pour emporter son adhésion, il fallut les encouragemens, les instances de Choiseul, auquel il s'adressa dans sa perplexité. Le duc était trop clairvoyant pour négliger pareille aubaine. Castries et Ségur dans les conseils du Roi, c'était comme un commencement de revanche, l'espoir d'une victoire plus complète. Ses avis furent pressans, et ils furent écoutés[59].

VII

Tout était donc convenu, et l'on n'attendait plus que l'instant favorable, quand une faute de tactique faillit tout faire échouer. La Reine, dès qu'elle fut informée de l'acceptation de Ségur, crut habile de « tâter » le Roi. Dans un entretien tête à tête, elle lui parla de Montbarey, fit valoir ses propres griefs, montra « le cri de l'opinion » qui s'élevait de toutes parts contre un ministre incapable et taré. Lorsqu'elle vit Louis XVI ébranlé, elle aborda la grande question, le choix du successeur, et elle nomma Ségur, mais sans y insister et « parmi plusieurs autres, » à dessein de « masquer ses véritables intentions. » L'insinuation, toutefois, fut si bien entendue, que le Roi, le jour même, en entretint Maurepas. Le Mentor, pris au dépourvu, gêné d'ailleurs par l'intimité de sa femme avec la douairière de Ségur, par l'estime que lui-même, en plus d'une occasion, avait publiquement témoignée pour le candidat proposé, ne répondit que par de vagues paroles. Mais la frayeur de voir Marie-Antoinette et Necker faire un ministre de la Guerre, comme ils venaient de faire un ministre de la Marine, sans doute aussi, comme dit Besenval, « l'humeur de ce que M. de Ségur ne s'était pas adressé à lui, » le déterminaient *in petto* à s'opposer de toutes ses forces à la nomination projetée. Il résolut d'attendre et de mettre en usage tous les moyens que lui offrirait la fortune.

Il fut servi à souhait ; car Ségur, vers ce temps, crut devoir, contre sa coutume, venir « faire sa cour » à Versailles et remercier la Reine de ses bienveillantes intentions. Il relevait à peine d'une assez forte crise de goutte, comme il en éprouvait parfois. On le vit pâle, défait, marchant avec difficulté, se soutenant sur une canne de la seule main qui lui restait, l'air vieux et usé avant l'âge[60]. Maurepas, avec adresse, se saisit de l'atout. Il vint trouver le Roi et lui représenta qu'on lui avait donné « un conseil ridicule, » en lui proposant de confier une lourde et écrasante besogne à un homme cacochyme et criblé de blessures. Il prit prétexte de ce fait pour dénoncer l'ambition indiscrète de la duchesse de Polignac, qui, disait-il, abusait de son ascendant sur Marie-Antoinette et de la bonté de celle-ci, pour l'engager, à son profit particulier, en de fâcheuses démarches. Il se garda bien, au surplus, de défendre trop fortement le prince de Montbarey, laissa même entrevoir qu'il serait aisé de l'amener à demander de lui-même sa retraite. Il ajouta que, dans ce cas, le comte de Puységur serait tout indiqué pour le portefeuille de la Guerre.

Cet entretien donna de l'humeur à Louis XVI. Il s'expliqua sur l'heure avec sa femme, lui reprocha vivement, et en termes peu mesurés, d'agir sans réflexion, d'obéir docilement aux suggestions de ses amis. Quant à Ségur, termina-t-il, « il n'y avait pas moyen d'y penser, » car « la goutte le rongeait, et il n'en pouvait plus[61]. » Irritée, à son tour, de s'être attiré cette leçon, la Reine s'en prit, quelques instans plus tard, à la duchesse de Polignac. Elle l'accusa de l'avoir « compromise, » de l'avoir « sacrifiée à des vues personnelles, » et, s'animant à ses propres paroles, elle vint à lui prêter de bas calculs, des manœuvres intéressées, dont elle était réellement incapable.

Il s'ensuivit une scène douloureuse, pathétique, dont les détails sont venus jusqu'à nous. La duchesse était douce, mais elle avait l'âme fière. Elle ne put supporter une aussi criante injustice. Pourtant, calme et maîtresse d'elle-même, elle réfute d'abord, point par point, les allégations de la Reine ; puis elle se lève, et, d'une voix ferme : « Du moment, lui dit-elle, que la Reine avait sur son compte l'opinion qu'elle venait de lui montrer, il ne convenait plus à ce qu'elle se devait de lui être attachée… » Elle allait donc partir sur l'heure, se retirer à jamais de la Cour ; mais, « prenant ce parti, elle ne devait pas conserver les bienfaits qu'elle avait reçus de la Reine ; dès cet instant, elle les lui remettait tous, y compris la charge de son mari[62], qui ne l'en dédirait sûrement pas. »

Etonnée de ce ton, émue de cette résolution, la Reine se radoucit, cherche à rattraper ses paroles ; la duchesse reste inébranlable, maintient sa décision avec une respectueuse froideur. Les argumens les plus pressans, les rétractations, les regrets, les instances mêmes de Marie-Antoinette, échouent devant une opiniâtreté tranquille, plus émouvante que des colères. Alors la perspective de perdre une amitié qu'elle sent nécessaire à sa vie jette la souveraine dans un vrai désespoir. Abdiquant tout orgueil, elle éclate en sanglots, « tombe aux genoux » de la duchesse, la conjure de lui pardonner, recourt pour l'attendrir aux expressions les plus touchantes. Mme de Polignac ne peut tenir longtemps devant une douleur si sincère ; des larmes inondent son visage ; elle relève Marie-Antoinette et la serre dans ses bras. Une longue explication a lieu entre les deux amies, explication tendre et loyale, qui dissipe enfin tous les nuages. Le raccommodement est complet ; « les nœuds de l'amitié sont plus resserrés que jamais, » et, pour sceller l'accord, la Reine s'engage, avec une volonté plus forte, à faire congédier Montbarey et à faire arriver Ségur.

C'est à cette conclusion qu'aboutit, tout compte fait, le calcul sournois de Maurepas.

Pendant toutes ces menées de Cour et ces drames de boudoir, ceux qui, à leur insu, en étaient la cause innocente n'y prenaient aucune part et « laissaient agir la fortune. » Ségur et Puységur, en adversaires courtois, avaient, dès le début, pris rengagement mutuel de ne « rien faire l'un contre l'autre, » d'attendre l'événement dans une neutralité parfaite ; et tous les deux tenaient scrupuleusement parole. Dans l'autre camp, le prince de Montbarey ne montrait pas, de son côté, beaucoup d'ardeur à se défendre. Il paraissait pourtant un peu plus agité. Sans imiter Sartine, qui entretenait des espions à ses gages pour l'informer de tout ce qu'on disait sur son compte[63], il n'était pas sans être renseigné sur la « ligue » formée contre lui. Il se savait haï de Marie-Antoinette, difficilement supporté par Necker, battu en brèche par de hauts personnages, irrités des passe-droits dont eux ou leurs amis croyaient avoir été l'objet : « Sans parler du prince de Condé, du prince de Conti, du duc de Chartres, du duc de la Trémoille et du maréchal de Richelieu, dit une gazette du temps, on cite au moins vingt seigneurs et une centaine de militaires de la première volée, qu'il a eu l'art de mécontenter sans retour. » Le secret appui de Monsieur et la protection affichée de Mme de Maurepas ne le rassuraient qu'à demi contre la disgrâce imminente, dont il sentait déjà la menace peser sur sa tête.

Il était visible, en effet, que Louis XVI, chaque jour davantage, se détachait d'un serviteur dont la moralité lui était devenue suspecte. Certains mouvemens d'humeur lui échappaient, d'où l'on pouvait conjecturer ses sentimens intimes. A la fin de novembre, une quarantaine de places étant vacantes à l'Ecole militaire, Montbarey, suivant l'habitude, présentait à la signature une longue liste de candidats, entre lesquels le Roi devrait choisir ; en regard de chaque nom, le prince avait inscrit celui du protecteur : *recommandé par la Reine, par Monsieur, par Mesdames*, etc., etc. A la queue de la liste, une douzaine de noms, tout au plus, étaient sans apostille. Louis XVI, en y jetant les yeux, demanda brusquement par qui ceux-là étaient recommandé : « Par personne, Sire. — Eh bien ! Monsieur, c'est donc moi qui les recommande. » Et saisissant la plume, le Roi mit les douze noms en tête des candidats élus[64]. Sauf quelques boutades de ce genre, Louis XVI n'adressait plus, d'ailleurs, la parole au ministre. C'était, comme on sait, sa méthode, lorsqu'il était mal satisfait d'un homme et songeait à le renvoyer.

La Cour entière, est-il nécessaire de le dire ? connaissait ces détails, suivait les phases du duel avec une curiosité passionnée. « On ne parlait d'autre chose dans le monde, et les cabales étaient grandes[65]. « Jusque dans le salon du Roi, au château de Marly, on se risquait à des allusions transparentes, en présence de Leurs Majestés. On y jouait, certain soir, au petit jeu de société qui se nommait *la peur*, un jeu où chacun « meurt » et « revit » tour à tour.

Montbarey s'y aventura ; dès qu'on le vit sur la sellette, les mots de *peur*, de *mort* et de *résurrection* furent prononcés avec tant d'insistance, avec des intonations si marquées et des coups d'œil si expressifs, que le prince n'y tint pas et quitta la partie. Les témoins de cette petite scène augurèrent de cette « hardiesse » que la catastrophe était proche. Et ce fut également l'avis de la victime. Mais il voulut, en homme d'esprit, mettre du moins les rieurs de son côté. On l'entendit, dès lors, plus d'une fois plaisanter lui-même sur sa prochaine disgrâce. A une dame de la Cour qui l'interrogeait sur son âge : « Madame, répondait-il, en mars prochain j'aurai quatre-vingts ans (c'était l'âge de Maurepas), et si ma goutte ne se fixe pas, je n'irai pas loin[66]. »

VIII

Il fit mieux encore que railler ; il se décida brusquement à accélérer l'agonie. Les attaques de la Reine, la froideur de Louis XVI, la molle défense de Maurepas, l'exemple récent de Sartine, tout était fait pour dessiller ses yeux. Mieux valait partir de bon gré que de recevoir son congé. La protection trop ostensible de Mme de Maurepas doublait son embarras, en ajoutant au risque du renvoi celui du ridicule, qu'on jugeait alors redoutable. Voici comment, dans ses *Mémoires*, il présente sa résolution : « Je me déterminai, le 13 décembre, à parler à M. de Maurepas, à lui ouvrir mon cœur… L'idée de ma retraite, sollicitée par moi, réveilla toute sa tendresse et dissipa tous les nuages que les propos de mes ennemis avaient pu élever dans son cœur. Il sentit, en même temps, qu'il allait se trouver isolé dans le Conseil, ou forcé de se livrer à des personnes moins dévouées et moins sûres que moi ; el, d'après ces deux sentimens, il fit tout ce qui dépendait de lui pour me détourner de ma résolution... Je fus inébranlable. Il céda enfin et promit d'en parler au Roi. »

En rédigeant ses *Mémoires* après coup, Montbarey semble avoir un peu arrangé le récit et embelli son attitude. La vérité, telle qu'elle résulte de témoignages plus désintéressés, est qu'il pria seulement Maurepas de « tâter discrètement » Louis XVI, de lui faire pressentir, plutôt que de lui annoncer, la démission probable du ministre, si le Roi n'était résolu à le soutenir ouvertement. Le Mentor, en effet, « s'acquitta de la commission, » et la réponse du Roi « ne fut pas pour donner confiance[67]. » C'est le dimanche 17 au soir, à l'issue du Conseil, que Montbarey reçut le message de Maurepas, lui rendant compte de sa démarche et de l'accueil qu'y avait fait Louis XVI. Il prit aussitôt son parti : « Lorsque mes gens eurent soupe[68], j'envoyai à M. de Maurepas la clé de mon cabinet. Nous partîmes ensuite pour aller coucher à Paris, où nous arrivâmes à une heure et demie du matin. Mme de Montbarey, ma fille et tout ce qui m'entourait avaient l'air de la joie, quand nous entrâmes dans ma maison de l'Arsenal. Nous chantâmes, nous dansâmes en rond, nous fîmes une espèce de réveillon, et je puis assurer que je dormis du plus doux et du plus profond sommeil. »

Tandis que, — du moins à l'en croire, — Montbarey se livrait à cette joie sans mélange, une fuite aussi précipitée jetait dans le Conseil un certain désarroi. Vergennes reçut, par intérim, l'administration de la Guerre, el, pendant quatre jours, l'on « cabala, » et l'on intrigua de plus belle. La Reine, la coterie Polignac, Necker et le marquis de Castries tenaient bon pour Ségur et n'en démordaient pas. Mais Maurepas s'entêtait et poussait toujours Puységur. Chacun des deux partis se disputait l'esprit du Roi, qui demeurait perplexe et ne savait de quel côté il ferait pencher la balance. A Versailles, à Paris, la fermentation était grande ; il circulait mille bruits divers. On assurait que Castries allait réunir dans ses mains les portefeuilles de la Guerre et de la Marine. D'autres croyaient savoir, — et cette idée parait avoir été un moment agitée, — qu'on ne ferait pas de ministre et qu'on établirait seulement un Conseil de la Guerre, dont M. de Ségur aurait la présidence. Quelques personnes inclinaient à penser que le choix du souverain se porterait sur M. de Vogué, populaire dans l'armée et réputé pour un officier remarquable[69]. Notons aussi la rumeur persistante que le comte de Maurepas, mécontent de voir Montbarey chassé deux mois après Sartine et renversé par les mêmes mains, alléguait son âge avancé, sa lassitude et sa mauvaise santé, pour se retirer des affaires, et laissait ainsi le champ libre au directeur général des finances. La Reine elle-même envisagea cette éventualité. Mercy rapporte, à cette même date, un entretien confidentiel entre la jeune souveraine et lui, où elle sollicite son avis pour le remplacement du Mentor : « Comment trouver, lui demande-t-elle, un sujet qui nie convienne, ainsi qu'au bien de la chose ? Cherchez-le-moi ; je ne pourrais m'en rapporter qu'a vous[70]. » Mais Mercy-Argenteau demeure singulièrement sceptique sur la démission du vieillard : « Ce propos, écrit-il, d'une apparence si importante, quoique tenu de bonne foi, n'en est pas moins illusoire. »

Rien de plus justifié que l'incrédulité de Mercy. Le lendemain même du jour où il expédiait cette dépêche, Maurepas avait avec Louis XVI une longue conversation, et il y insistait si fort pour faire agréer Puységur, qu'il arrachait, ou peu s'en faut, le consentement du Roi. « Je ne crois pas que la Reine ait quelque chose contre celui-là ? » interrogeait pourtant le prince avec une légère inquiétude[71]. Et Maurepas s'efforçait de rassurer ce scrupule conjugal. Adiré vrai, l'insouciance de Marie-Antoinette, son « manque de nerf, » comme dit Besenval, furent sur le point de donner raison au Mentor. Informé par le Roi lui-même de la promesse faite à Maurepas, elle se borna à de faibles réserves et n'osa pas opposer son veto. L'après-dinée du 24 décembre, comme la Cour, selon l'habitude à la veille de Noël, était « aux porcelaines, » qu'on exposait tous les ans, a cette date, dans les appartenions du Roi, la Reine, « tirant à part » Mme de Polignac, lui « souffla dans l'oreille » que la partie était perdue, que le portefeuille de la Guerre serait pour Puységur. Sans s'émouvoir, en apparence, de cette révélation, sentant d'ailleurs peser sur elle les regards curieux de la foule, la duchesse ne répliqua rien, mais elle rentra promptement chez elle, où elle trouva Vaudreuil et d'Adhémar. On se concerta à la hâte sur la situation ; il fut convenu que la duchesse enverrait sur l'heure un billet à Marie-Antoinette, où elle lui manderait simplement « qu'il était de la dernière conséquence qu'elle eut un entretien avec elle et qu'elle la suppliait de venir, dès qu'elle le pourrait. »

Onze heures du soir sonnaient, quand entra Marie-Antoinette. ' L'entretien fut sérieux, et il fut décisif. Mme de Polignac « remontra avec force » la gravité des circonstances, le retentissement d'un échec. Elle décrivit la Cour entière, les ambassadeurs étrangers, le public parisien, suivant avec un ardent intérêt le combat engagé entre la reine de France et le ménage Maurepas, chacun se demandant quelle en serait l'issue. Elle piqua l'orgueil de la femme, en parlant du « soufflet affreux » qu'elle recevrait à tous les yeux, si elle était vaincue, de la joie insolente qu'en aurait le parti vainqueur. Bref, elle prêcha si habilement, elle déploya tant d'éloquence, que Marie-Antoinette sortit entièrement convaincue, échauffée pour la lutte, résolue aux « derniers efforts » pour s'assurer le gain de cette partie[72].

Dès sept heures du matin, elle était chez le Roi[73] et envoyait chercher Maurepas, qui accourait tout effaré. A peine mettait-il le pied dans la chambre, que la Reine prenait la parole, et, (initiant « le ton despotique » qu'elle employait trop souvent avec lui, elle exposait l'affaire dès l'origine, elle en rappelait tous les détails ; elle affirmait en termes modérés, qu'elle n'envisageait uniquement que le bien de l'Etat, que, si elle tenait pour Ségur, c'était qu'elle le croyait le plus propre à faire cette besogne et qu'aucune autre considération n'influait sur sa volonté. Puis, s'adressant plus directement à Maurepas, elle le priait d'expliquer nettement, sans ambages, quels étaient ses motifs pour s'opposer à cette nomination. Le Mentor, pris de court et mis au pied du mur, invoquait avec embarras quelques argumens assez faibles, se défendait de toute hostilité contre le marquis de Ségur, finissait même par quelques mots d'éloges sur le candidat de la Reine. Louis XVI, qui avait gardé jusqu'alors un silence plein d'incertitude, interpellait Maurepas : « Voyons, Monsieur, faites comme si vous étiez moi, décidez. — Je n'aurais garde de décider dans une telle compagnie, répliquait le vieillard, dont le malaise allait croissant, mais je persiste dans mon avis. — Et je vous en estime, interrompait la Reine, car je trouverais fort mal que vous en changiez pour moi. Cependant, moi non plus, je ne puis pas changer. »

Ici, Louis XVI balbutiait quelques mots, que l'on pouvait interpréter comme favorables à Ségur. Aussitôt Marie-Antoinette prenait la balle au bond et, transformant avec audace une vague approbation en injonction formelle, elle retournait au ton impératif : « Monsieur, disait-elle à Maurepas, vous entendez la volonté du Roi. Envoyez tout de suite chercher M. de Ségur, et apprenez-la-lui. » Il n'était plus qu'à obéir. Le vieillard s'inclina, se dirigea vers la porte en silence. Comme il passait auprès du Roi, Louis XVI parut soudain pris de honte, d'inquiétude, peut-être de remords ; il l'arrêta, saisit sa main et la pressa fortement dans les siennes, puis se penchant vers lui : « Ne m'abandonnez pas ! » lui murmura-t-il à l'oreille.

Marquis DE SEGUR.

1. ↑ *Copyright by* Calmann-Lévy. 1912.
2. ↑ Voyez la *Revue* du 1er novembre.
3. ↑ Juillet 1775. — *Correspondance* publiée par d'Arneth.
4. ↑ Lettre du 15 juillet 1780. — *Ibidem*.
5. ↑ *Journal* de Véri, 1779.
6. ↑ *Journal* de Véri, 1779.
7. ↑ Lettre de Mercy à l'Impératrice, du 17 mai 1779. — *Correspondance* publiée par d'Arneth.
8. ↑ *Journal* de Véri, 1778.
9. ↑ *Journal* de Véri, 1779.
10. ↑ *Correspondance* publiée par Lescure, 10 octobre 1778.
11. ↑ *Journal* de Hardy. 21 décembre 1778. — Madame Royale naquit le 19 décembre, à onze heures et demie du matin.
12. ↑ Lettre à l'Impératrice du 25 janvier 1779. — *Correspondance* publiée par d'Arneth.
13. ↑ Lettres de Mercy à l'Impératrice et de l'Impératrice à Mercy, des 15 et 39 avril 1779. — *Correspondance* publiée par d'Arneth.
14. ↑ Lettre du 16 août 1779. — *Correspondance* publiée par d'Arneth.
15. ↑ *Journal* de l'abbé de Véri, 1779.
16. ↑ Lettres de Mercy à l'Impératrice du 17 novembre 1779. — *Correspondance* publiée par d'Arneth.
17. ↑ *Journal* de Hardy, 1779.
18. ↑ *Correspondance secrète* publiée par Lescure, 17 février 1777.
19. ↑ Lettre à Mme Necker du 14 janvier 1780. — Archives de Coppet.
20. ↑ *Correspondance* publiée par Lescure, 13 novembre 1778, 5 juillet 1779. — *Journal* de Hardy, 1779. — *Mémoires* de Soulavie. — *L'Espion anglais*, etc.
21. ↑ *Journal* de Hardy, juillet 1780.
22. ↑ *Lettres* de Kageneck, 10 juillet 1779. — *Correspondance* de Métra, 21 juillet 1779.
23. ↑ D'après le *Journal* de Hardy, entre le comte d'Estaing et Sartine, la tension était arrivée à tel point, que le premier avait refusé un beau jour

d'adresser ses dépêches au ministre de la Marine et qu'il avait obtenu de Louis XVI la permission de correspondre directement avec lui. — Septembre 1779.
24. ↑ *Journal* de Hardy. 14 janvier 1780.
25. ↑ *Gazette de France* du 30 mai 1780. — *Journal* de Hardy, mai 1780.
26. ↑ Lettre à l'Impératrice du 18 novembre 1780. — *Correspondance* publiée par d'Arneth.
27. ↑ *Journal* de Veri.
28. ↑ Né en 1727, il avait alors cinquante-trois ans.
29. ↑ *Journal* de Véri, septembre 1780.
30. ↑ *Ibidem*, octobre 1780.
31. ↑ *Ibidem*.
32. ↑ *Ibidem*, et *Lettres* de Kageneck. 20 octobre 1780.
33. ↑ *Journal* de Véri.
34. ↑ *Ibidem* et *Lettre de Mercy à l'Impératrice* du 18 novembre 1780. — *Correspondance* publiée par d'Arneth.
35. ↑ « M. de Maurepas ajoute Véri, demanda à Necker si la Reine, dans cette entrevue, avait parlé de lui : « *Avec beaucoup de considération,* » lui répondit Necker. Cette réponse ne se concilie pas avec divers indices que j'ai de l'opinion de la Reine. Selon moi, c'est une politesse de Necker... Voilà, termine le narrateur, le premier pas que nous voyons faire à la Reine pour se mêler des places ministérielles, avec le consentement du Roi, car elle a dit à Necker qu'elle avait la permission de son mari de lui parler de cette affaire. »
36. ↑ Un arrêt du Conseil du 18 octobre 1778 avait formellement interdit aux trésoriers des divers départemens ministériels de faire des billets à terme sans l'autorisation de l'administration des finances. Le sieur de Saint-James, pour avoir contrevenu à cette défense, fut, le mois suivant, révoqué de son emploi, sur la demande de Necker. — *Journal* de Hardy, novembre 1780.
37. ↑ *Notice sur M. Necker,* par Auguste de Staël, *passim*.
38. ↑ Cet hôtel était tout voisin de la fontaine qu'on voit encore aujourd'hui dans cette rue.
39. ↑ *Journal* de Véri, — *Mémoires* de Soulavie. d'Augeard, de l'abbé Georgel, etc.
40. ↑ *Lettre à l'Impératrice,* du 18 novembre 1780. — *Correspondance* publiée par d'Arneth.
41. ↑ *Journal* de Hardy, 15 octobre 1780.
42. ↑ *Ibidem*.
43. ↑ *Mémoires* de l'abbé Georgel.
44. ↑ *Mémoires* de l'abbé Georgel.

45. ↑ *Journal* de Véri. — *Mémoires* de Soulavie, de Marmontel, de l'abbé Georgel
46. ↑ Le fait était faux. Sartine, d'après les plus sûrs témoignages, n'avait en propre, en quittant le pouvoir, qu'une vingtaine de mille livres de rente.
47. ↑ *Journal* de Hardy, 20 octobre 1780.
48. ↑ *Journal* du duc de Croy, 1780.
49. ↑ Lettre de Mercy à l'Impératrice, du 18 novembre 1780, *passim*.
50. ↑ *Journal* de Hardy. 3 janvier 1780.
51. ↑ Après le combat naval d'Ouessant, où le Duc de Chartres, conjointement avec d'Orvilliers, commandait l'escadre française, les amis du jeune prince avaient fait sonner haut ses prétendus exploits, dont les relations officielles donnaient lieu de douter. Peu de temps après, revenu à Paris, le Duc de Chartres, entrant à l'Opéra, était salué par une ovation du public. Mme Amelot, qui se trouvait dans la loge de Maurepas, interrogea celui-ci sur le motif de ces acclamations. Le vieux ministre, à cette question, répondit par cette citation :

> Jason partit, je le sais bien ;
> Mais que fit-il ? Il ne fit rien.

Le propos, répété au prince, excita son ressentiment. Il attribuait, de plus, en grande partie à M. de Maurepas la résistance que rencontrait son vif désir d'être nommé amiral de France. C'est ce qui le jeta du côté de Necker et de son parti.

52. ↑ *Journal* de Véri. — *Correspondance* publiée par d'Arneth.
53. ↑ *Correspondance secrète* publiée par Lescure. mai 1778. — *Corr.* de Métra. — *L'Espion anglais*, etc.
54. ↑ *Lettres* de Kageneck, 1er octobre 1780.
55. ↑ *Correspondance* publiée par Lescure. — *Mémoires* du baron de Besenval.
56. ↑ J'ai consulté, pour l'épisode qui suit, le *Journal* de Véri, le *Journal* de Hardy, les *Mémoires* de Besenval, les *Souvenirs et anecdotes* du comte de Ségur, les *Lettres* de Kageneck, etc.
57. ↑ *Lettres historiques, politiques et militaires* du chevalier de Metternich, décembre 1780.
58. ↑ *Mémoires* de Besenval, tome II.
59. ↑ *Souvenirs et anecdotes* du comte de Ségur. — *Lettres* de Kageneck,
60. ↑ Il avait alors cinquante-six ans.
61. ↑ *Mémoires* de Besenval, *passim*.
62. ↑ Il avait été fait premier écuyer du Roi.

63. ↑ *Correspondance* de Métra, 10 août 1779.
64. ↑ *Correspondance secrète publiée par Lescure, 28 novembre 1780*.
65. ↑ *Mémoires* de Besenval.
66. ↑ *Correspondance* publiée par Lescure. — *Correspondance* de Métra. — *L'Espion anglais*.
67. ↑ *Journal* de Véri. — *Mémoires* de Besenval.
68. ↑ *Mémoires* de Montbarey, *passim*.
69. ↑ *Journal* de Véri. — *Souvenirs d'un chevau-léger*, par le marquis de Belleval. — *Correspondance* du chevalier de Pujol, publiée par M. Paul Audebert, *passim*.
70. ↑ Lettre du 22 décembre 1780 au prince de Kauntz. — *Correspondance* publiée par Flammermont.
71. ↑ *Journal* de Véri.
72. ↑ *Mémoires* de Besenval. — *Journal* de Véri.
73. ↑ Pour la scène qui suit, j'ai combiné les détails donnés par l'abbé de Véri, interprète de Maurepas, avec ceux fournis par Besenval, écho de la société de la Reine. La concordance des deux versions garantit l'authenticité des paroles rapportées ci-après.

AU COUCHANT DE LA MONARCHIE[1]

XIII.[2]

L'APOGÉE DE NECKER — LES PREMIERS ASSAUTS CONTRE LUI

I

La nomination de Ségur, dans les conditions qu'on a vues, était cruellement mortifiante pour l'orgueil de Maurepas. « Il a confié à quelqu'un qui me l'a redit, écrit le baron de Besenval, que cet ordre avait été le *coup de poignard* le plus sensible qu'il eût reçu de sa vie, et je le conçois. » Pour la première fois, en effet, Louis XVI agissait publiquement contre le vœu de son vieux conseiller, se dérobait d'une manière ostensible à sa jalouse tutelle, et le retentissement de l'acte ajoutait à l'humiliation. Il est établi que Maurepas, pendant les journées qui suivirent, songea vraiment à la retraite. Il écrivit au Roi qu'il le priait avec instance, « puisque ses soins n'étaient plus jugés utiles, de trouver bon qu'il se retirât à Pontchartrain, et que, dans cette campagne, il lui fût permis de soigner sa santé et d'achever tranquillement ses jours. » Il partit, en effet, pour sa chère résidence ; il fallut, pour l'en arracher, les instances affectueuses du Roi, auxquelles, par complaisance, se joignit Marie-Antoinette. Il se laissa enfin faire violence, et répondit en déclarant que « les bontés actuelles de Leurs Majestés le dédommageaient amplement de cette méprise qui lui avait fait croire qu'il n'était plus digne de leur confiance. » Il se résignait donc à demeurer en place, en répétant sa formule favorite, « qu'on pouvait faire l'essai des talens de M. de Ségur, qu'il le soutiendrait de son mieux par respect pour le choix du Roi et la protection de la Reine. » Mais, en reprenant le harnais, il n'abdiquait pas sa rancune. Quelqu'un l'interrogeant sur le compte des nouveaux ministres : « Ne me demandez pas, disait-il, s'ils sont à mon gré. A mon âge, on ne cherche pas à faire de nouvelles connaissances[3]. »

A Versailles, à Paris, l'émotion restait vive. On remarquait, dit un contemporain, « une fermentation affreuse à la Cour, » et la « double révolution » accomplie en quelques semaines y suscitait l'attente des plus grands événemens[4]. On voulait, à toute force, y voir à la fois plus et mieux qu'un simple changement de ministres, mais une orientation nouvelle, la promesse d'un régime meilleur, la fermeté succédant à l'incohérence, l'économie au gaspillage, le sérieux à la légèreté. des gazetiers flétrissaient, en se voilant la face, la singulière frivolité de ceux qui présidaient naguère aux destinées françaises, et l'on rappelait avec scandale certain bal costumé, donné naguère en pleine guerre d'Amérique, où Maurepas, presque octogénaire, avait figuré Cupidon, où Sartine était en Neptune, où Vergennes, en Mappemonde, étalait sur son cœur la carte des Etats-Unis et sur son dos la carte d'Angleterre. On découvrait dans ces enfantillages le symbole d'un monde Unissant. On ne revenait plus ces choses. Ainsi, une fois de plus depuis l'essor du nouveau règne, du besoin de salut naissait une espérance.

Maurepas restait sans doute le chef du Cabinet, mais seulement, pensait-on, pour la parade et sans action réelle. La direction effective du royaume échappait à ses faibles mains. Le « sceptre » qu'il tenait encore n'était plus qu'

« un hochet pour amuser sa vieille enfance. » Qui recueillerait son héritage ? A qui passerait l'autorité vacante ? Un nom était sur toutes les lèvres, celui de Marie-Antoinette. L'entrée de Ségur aux affaires, bien plus encore que celle de Castries, était son œuvre propre, le signe et la consécration de sa prépondérance. On n'imaginait pas qu'elle pût s'arrêter là, sans pousser plus loin sa victoire. « C'était M. Necker, remarque le duc de Croy, qui avait renvoyé M. de Sartine et fait nommer M. de Castries à sa place ; mais ce fut la Reine qui l'emporta sur M. de Maurepas et qui fit nommer M. de Ségur. Alors, on ne douta plus qu'elle n'influât principalement sur le choix des ministres et des grandes charges. Tout courut à elle et à sa société[5]. » C'est le langage de la Cour ; voici l'impression populaire : « On assurait, dit le libraire Hardy, que la Reine acquérait de jour en jour un nouvel empire sur l'esprit du Roi, son auguste époux, qu'elle avait non seulement désigné, mais *nommé* elle-même le marquis de Ségur secrétaire d'Etat au département de la Guerre, d'où l'on inférait tout naturellement qu'elle ne manquerait pas d'influer encore dans le changement des autres ministres[6]. » Ecoutons, pour finir, ce que dit l'abbé de Véri, écho des cercles politiques : « Le choix de M. de Ségur a été dicté par la Reine, contre l'idée de M. de Maurepas. Il va donc être décidé, dans l'esprit de toute l'Europe, que M. de Maurepas n'a plus le crédit principal et que la Reine sera la volonté dominante… La Reine acquiert ainsi dans le gouvernement une influence qu'aucun roi de

France n'a jamais laissé prendre à sa femme. Si l'enfant qu'elle porte dans son sein est un dauphin, la voilà consolidée pour un terme très long… Elle a d'ailleurs réfléchi d'elle-même qu'elle aurait intérêt à conserver Maurepas, parce que, sous son ombre, elle prendra sur son mari et sur les affaires un ascendant progressif, qui deviendra par le temps supérieur à tout[7]. »

Telle est bien, comme on voit, l'opinion générale. Mais l'un des hommes qui ont le mieux connu, le plus exactement jugé le caractère et la nature intime de Marie-Antoinette, le comte de Mercy-Argenteau, démêle bien, dès ce jour, quel usage elle fera de cette indéniable puissance. Un mois après la chute de Montbarey, il écrit à l'empereur Joseph[8] : « L'ascendant que la Reine a gagné sur l'esprit du Roi est tel, qu'elle pourrait tout effectuer, même en matière d'Etat, si elle en avait la volonté. Mais je ne puis cacher à Votre Majesté que cette auguste princesse a jusqu'à présent une répugnance si marquée pour toute affaire sérieuse, qu'elle n'y donne que très momentanément l'attention nécessaire. Ses alentours favoris abusent à leur profit de son crédit ; mais, quand il s'agit de choses qui la touchent immédiatement, la Reine devient incertaine, craintive dans ses démarches, et finit par tomber dans l'inaction. » L'histoire de tout ce qui va suivre est résumée d'avance en ces quelques phrases de Mercy. La Reine, après avoir triomphé de Maurepas et conquis de haute lutte « le premier crédit dans l'Etat, » n'utilisera guère son pouvoir que pour des objets secondaires. On la croirait indifférente à tout ce qui devrait pourtant l'intéresser plus que personne, puisque, déjà femme du souverain, elle va devenir prochainement mère du dauphin, de l'héritier du trône[9]. Presque jamais, dans la période où nous entrons, on ne la voit intervenir dans les occasions importantes. Par légèreté, par nonchalance, elle laisse Maurepas reconquérir son influence perdue, saper dans le conseil du Roi les hommes dont elle reste l'alliée, dont elle apprécie les services, dont, avec un léger effort, elle pourrait défendre la cause. Le jour du renvoi de Necker, elle pleurera de bonne foi le départ du ministre, mais elle n'aura rien fait pour empêcher sa chute.

En revanche, elle ne s'épargne pas, quand il s'agit de satisfaire sa société particulière. Plaire à son entourage est l'unique but de son activité, et, comme cet entourage est généralement fort avide, elle use sa force à procurer des faveurs et des grâces. « Elle se mêlait, dit le comte de Saint-Priest[10], de toutes les nominations. Les places de colonel, les ambassades, les charges de Cour et les emplois de finance, tout était de son ressort. Sa facilité déplacée à s'intéresser à ceux qui lui demandaient sa protection venait assurément d'un fond naturel d'obligeance, quoique peut-être mélangé du plaisir d'étaler son pouvoir... On imagine aisément le petit nombre de gens reconnaissans parmi ceux qui étaient promus, le nombre plus grand des ingrats et l'infinité des mécontens. Rien ne lui a valu plus de haines, et l'on ne peut nier ses torts à cet égard. » De ces « torts » elle convenait d'ailleurs avec franchise, en s'excusant de sa

« facilité » sur le malaise qu'elle éprouvait à voir des mines boudeuses et des visages maussades. « J'aime qu'on ne me quitte jamais mécontent, » confessera-t-elle au jeune comte de Ségur. Il faut reconnaître, toutefois, que, lorsqu'elle rencontrait une opposition un peu ferme, elle se rendait sans grande difficulté aux bonnes raisons qu'on lui donnait. « Dès qu'on avait le courage de lui résister, un alléguant le bien de l'Etat, reprend le même Saint-Priest dont j'ai cité le sévère témoignage, elle cessait d'insister. » Mais ce courage, qui l'avait auprès d'elle ? Des instincts bons et généreux, aucune volonté personnelle pour les mettre en usage, aucune direction extérieure pour suppléer à cette insuffisance, c'est toute la vie de Marie-Antoinette et le secret de son malheur.

Un autre contre-coup des événemens récens est le revirement qui s'opère en faveur du duc de Choiseul. Huit jours après la nomination de Ségur, le duc s'établit à Versailles, où il tient « un (Hat splendide, » où toute une petite cour gravite autour de lui. La Reine le reçoit fréquemment, recherche sa conversation d'une manière ostensible. Le Roi lui-même est presque désarmé. A l'un des « grands couverts » qui suivent l'arrivée du duc à la Cour, Louis XVI, pour la première fois de sa vie, lui fait un accueil fort gracieux, lui donne place « derrière son fauteuil, » lui adresse, de bonne grâce, la parole à plusieurs reprises[11]. Quelques semaines plus tard, Ségur, en constituant ce Conseil de la guerre qui fut une des innovations heureuses de son long ministère[12], y fait entrer des hommes tenus de longue date à l'écart : « Il le peuple, écrit un gazetier, des anciens amis de Choiseul. » Tous ces faits, remarqués, commentés à la Cour, font augurer que la rentrée aux affaires de l'ancien ministre est une des éventualités que tient en réserve l'avenir. Aussi déjà Choiseul voit-il voler vers lui des dévouemens et des hommages dont, depuis de nombreuses années, il avait perdu l'habitude.

Toutes les causes qui précèdent paraissaient concourir à l'affermissement de Necker. Bien vu de Marie-Antoinette et de sa « société, » soutenu par le parti Choiseul, il a maintenant, dans le Conseil, des auxiliaires fidèles et sûrs. Louis XVI lui rend justice et l'encourage hautement par des témoignages de confiance. A la séance du Comité tenue le 3 février 1781, le directeur s'étant plaint de quelques attaques dirigées contre lui par des diffamateurs obscurs, le Roi, dit-on, lui réplique en ces termes : « Monsieur Necker, je suis charmé d'apprendre que vous avez des ennemis et que vous êtes jalousé ; vous le seriez moins, si vous aviez moins de mérite. Au surplus, tous les propos qu'on tient sur votre compte, loin d'affaiblir mes sentimens pour vous, ne font que redoubler mon estime et mon amitié. » Malgré certains précédens trop connus, bien faits pour inspirer des doutes sur la solidité de ceux auxquels Louis XVI donnait de pareilles assurances, le public voulait voir dans ces propos flatteurs un gage de force et de durée. Jamais ministre, disait-on, n'avait été « si fortement ancré » dans la faveur du Roi[13].

D'ailleurs, des faits confirmaient ces paroles. Comme les lois toujours en vigueur rendaient bien difficile l'entrée d'un protestant dans le « Conseil d'Etat, » Louis XVI, vers cette époque, nommait un « Comité secret, » qu'il présidait lui-même et qui, trois fois par semaine, délibérait sur les plus importantes affaires. Necker en était membre, ainsi que Maurepas et Vergennes, et la fréquence des réunions le décidait, contre son habitude, à quitter l'hôtel du contrôle général, à Paris, pour s'installer quelque temps à Versailles.

A cet appui du Roi s'ajoutait le solide soutien de l'opinion publique. La popularité du directeur général des finances allait croissant sans cesse, gagnait toutes les classes du royaume, s'étendait dans tous les milieux, des grands seigneurs les plus fameux aux plus humbles bourgeois, et des philosophes aux évêques. Elle rayonnait aussi hors des frontières de France. Sur un bruit ridicule qui avait un moment couru, — Necker, assurait-on, avait « fait scandale » à Versailles, en se montrant « en bottes fortes » au château, — la Grande Catherine mandait à Grimm : « Pauvres gens ! Les gens non bottés ne peuvent souffrir ceux qui sont trop fermes sur leurs pieds, trop constamment d'aplomb, trop forts et trop pleins de raison ! » Marie-Thérèse et Joseph II, écrivant à Mercy, parlent d'un ton d'admiration du « génie » de Necker, envient au roi de France un si « merveilleux serviteur. »

II

Et cependant, malgré cette quasi unanimité, malgré l'indéniable sincérité de ces jugemens flatteurs, une situation si brillante n'est guère, en réalité, qu'une façade, et ces fleurs couvrent bien des pièges. C'est à cette heure même, en effet, que, parmi le fracas des louanges, il se forme une « cabale » puissante, dont le but direct et précis est le renversement de Necker, une ligue occulte, dont l'action sera bientôt sensible. Le chef en est Maurepas, excité, poussé par sa femme. Le vieil « embaucheur de ministres, » comme l'appelle un contemporain, ne pouvait prendre son parti de ces deux récens portefeuilles arrachés, puis donnés, sans lui. Surtout la chute de Montbarey, coup droit porté à Mme de Maurepas, irritant la bile du ménage, avait délivré le Mentor de ses derniers scrupules. Longtemps, tout en contrecarrant la plupart des vues politiques du directeur général des finances, il avait cru devoir le ménager, par nécessité financière et, pour ainsi dire, malgré lui. Necker parti, se disait-il, où trouverait-on l'argent pour combler les vides du Trésor et continuer la guerre ? Mais cet honorable souci cède désormais devant l'âpre soif de vengeance. Ne pouvant s'en prendre à la Reine, tout son ressentiment se tourne vers Necker. Du jour où fut signée la nomination de Ségur, la chute du directeur fut résolue dans le cœur de Maurepas.

Pour l'aider dans son entreprise, ce dernier rencontrait, dans le sein même du Cabinet, un précieux auxiliaire en la personne de son collègue des Affaires étrangères. Presque du premier jour, Vergennes avait ressenti pour Necker un éloignement instinctif, qui s'était changé graduellement en antipathie violente. « Il était, écrit Soulavie[14], le plus dangereux adversaire de M. Necker, parce qu'il était le plus réservé et qu'il était dans le Conseil le plus zélé partisan du despotisme. » Tous les faits confirment ce dire. Honnête et de sens droit, timoré par nature, absolu par principe, respectueux à l'excès des traditions anciennes, ennemi né des innovations, avant tout homme d'ancien régime, Vergennes ne pouvait voir dans le directeur général qu'un brouillon et un agité, un dangereux révolutionnaire. La « qualité de protestant, » comme il disait dans un mémoire au Roi, choquait sa dévotion étroite, de même que « l'État d'étranger » blessait son patriotisme exclusif. De plus, son humeur ombrageuse supportait avec impatience le contrôle que Necker prétendait exercer sur les comptes de tous ses collègues. Il se croyait d'ailleurs des capacités financières. Après la retraite de Necker et la mort de Maurepas, il arrachera de la faiblesse du Roi l'institution d'un comité, dont il sera le chef, chargé de surveiller la gestion des autres ministres, de décider sur toutes dépenses nouvelles, et voudra s'arroger ainsi la direction suprême du Trésor de l'Etat[15].

Enfin, depuis deux ans, une divergence de vues, sur un point essentiel, achevait d'aigrir les rapports des deux hommes. Necker, obligé avant tout de subvenir aux frais écrasans de la guerre, poursuivi par l'idée que les réformations urgentes rencontraient de ce fait un obstacle invincible, appelait ardemment de ses vœux le retour de la paix. Ce désir l'obsédait, au point de se départir quelquefois de la réserve à laquelle l'obligeait sa situation officielle. Bientôt, dans un document destiné à la publicité, après avoir énuméré une série de réformes qu'il juge indispensables, il laissera échapper ces lignes remplies d'amertume : « L'exécution de ces projets, qui promettaient tant, aurait été facile, si les dépenses inévitables de la guerre n'avaient pas dévoré tant d'économies et d'améliorations ; c'est là, continuellement, la réflexion que je fais. Il n'y a aucune conquête, aucune alliance, qui puisse avoir autant de valeur pour Votre Majesté que les avantages qu'Elle pourra tirer un jour du développement de ses propres forces[16] ! »

Ainsi condamne-t-il publiquement la politique guerrière, ainsi pousse-t-il sans cesse le Roi à une rapide conclusion de la paix. Rien ne blessait, rien n'irritait Vergennes comme ce pacifisme impatient, comme cette ingérence passionnée, « indiscrète » à ses yeux, dans un domaine qui lui appartenait en propre. Lui aussi, disait-il, désirait la fin de la guerre, mais non pas à tout prix et seulement après la victoire. Dans les séances des Comités, cette question provoquait des discussions constantes et des scènes aigres-douces, après lesquelles Vergennes soulageait sa colère en exprimant, avec une étrange liberté, fût-ce parfois en présence du corps diplomatique, sa méprisante antipathie pour le directeur général[17]. S'il s'oubliait ainsi devant des étrangers, on imagine de quels termes il se servait lorsqu'il causait avec Maurepas. Il ne cessait d'attiser ses rancunes, d'aviver son dépit, au sujet des visées secrètes, des prétentions ambitieuses de Necker. Il montrait ce dernier usurpant peu à peu les fonctions de premier ministre, cherchant, en quelque sorte, à exercer la « dictature « dans les conseils du Roi, ou encore à organiser, selon l'expression de Hardy, une manière de *triumvirat* dont il serait le chef, avec pour acolytes MM. de Castries et de Ségur[18]. Il trouvait là chez le Mentor un terrain trop bien préparé. L'union formée contre Necker entre ses deux collègues, — les deux plus influens, les plus solidement investis de la confiance royale, — constituait un péril dont l'évidence aurait dû lui ouvrir les yeux.

Les deux frères de Louis XVI, chacun à sa manière et suivant sa tournure d'esprit, n'étaient pas moins hostiles au ministre réformateur. Le Comte d'Artois, pour faire sa cour à Marie-Antoinette, avait bien, il est vrai, lors de la crise récente, pris parti contre Montbarey, le protégé de Mme de Maurepas, mais ce n'était, de sa part, qu'une passade. Le chiffre énorme et croissant de ses dettes, — dont Mercy, quelques mois plus tard, évalue le total à vingt et un millions[19], — faisait de ce dissipateur l'adversaire naturel du probe et vigoureux comptable qu'il trouvait toujours sur sa route dans ses appels constans à la bourse du Roi. D'ailleurs, Necker avait dû, à plus d'une reprise, sévir contre la bande d'agioteurs et d'aigrefins qui foisonnaient parmi les familiers du prince, et ceux-ci s'en vengeaient en excitant leur « patron » contre lui. Dans ce concert de plaintes intéressées, son surintendant des finances, le sieur Radix de Sainte-Foix, dont on lira prochainement l'aventure, se distinguait, pour cause, d'une manière toute spéciale. Ces « criailleries » portaient leurs fruits. La main du Comte d'Artois se retrouvera dans la misérable manœuvre qui sera l'occasion de la chute de Necker.

Quant au Comte de Provence, son animosité contre le directeur avait une origine précise. Au mois d'avril 1779, son intendant, Cromot du Bourg, ex-agent de l'abbé Terray, réclamait, au nom de son maître, le remboursement intégral d'une somme d'un million de livres environ, qu'il prétendait rester due à Monsieur sur la succession paternelle. Une lettre de Cromot, d'un ton presque comminatoire, sommait l'administrateur des finances de faire droit à cette exigence. La réponse de Necker à cette tardive réclamation est dédaigneuse, hautaine. Après avoir rejeté la demande comme entièrement injustifiée, il remarque combien il est « extraordinaire » qu'ayant attendu tant d'années dans un complet silence, l'intendant du prince ait choisi, pour faire valoir cette prétention, « le moment même où les finances sont accablées du poids d'une guerre infiniment dispendieuse, » et il termine par cette phrase assez dure : « Comme le Roi ne trouve pas mauvais que vous fassiez valoir les droits de Monsieur selon vos lumières, j'espère que Son Altesse Royale ne désapprouvera pas que je discute les intérêts de Sa Majesté selon ma conscience[20]. »

Ni Monsieur, ni Cromot n'étaient des gens à digérer une si verte leçon. L'année d'après, paraissait un libelle où le directeur général était pris à partie avec une odieuse perfidie, toutes ses opérations tournées en ridicule, sa vie même et son caractère diffamés sans vergogne. On en cherchait vainement l'auteur, quand, un certain soir de septembre, dans un café de la capitale, le sieur Cromot, entendant « un particulier » faire l'éloge de cette pièce, avait, comme dit Hardy, « la faiblesse ou l'amour-propre de s'en avouer le rédacteur. » Sur quoi, rapport fait à Necker, plainte adressée par ce dernier, perquisition opérée chez Cromot, à la suite de laquelle on découvrait le brouillon du libelle entièrement écrit de sa main, et ordre du Roi à Monsieur de se priver désormais des services de ce trop zélé fonctionnaire[21]. Le prince, de mauvaise grâce, déférait à cette injonction ; mais il ruminait sa vengeance et la préparait patiemment. Elle sera bien digne de lui, habile, sournoise, empoisonnée.

III

Ainsi, malgré la solidité apparente du « restaurateur des finances » et les racines profondes jetées dans l'opinion, de gros nuages, chargés de menaces, s'assemblaient sur les cimes, et des souffles couraient dans l'air, annonçant la prochaine rafale. Les symptômes précurseurs furent une avalanche de pamphlets, dont celui de Cromot semble avoir fourni le modèle. Le nombre en fut si grand, qu'on put, cette même année, en choisissant seulement les plus notoires et les mieux rédigés, en emplir trois volumes, qui les ont transmis jusqu'à nous[22]. Les mémoires, les gazettes et les correspondances du temps en mentionnent encore beaucoup d'autres, — comme l'*Anti-charlatan*, publié en anglais, comme le *Dialogue entre Mme Necker, M. de Lessart et le marquis de Pezai*, — qui firent plus ou moins de bruit dans le monde. Certains de ces morceaux sont habilement tournés, rédigés avec art ; il en est d'autres, plus nombreux, qui sont d'une plate et grossière malveillance. On y dénonce « l'incapacité » de Necker ; on l'y attaque sur sa naissance, sur ses manières, sur son *charlatanisme*. On l'y compare souvent à Law ; l'une des brochures présente un assez ingénieux et adroit parallèle entre les procédés des deux financiers étrangers et leur prédit une fin semblable. Dans quelques pièces, plus venimeuses encore, on met sa probité en doute. Sa femme même n'est pas épargnée, et les railleries abondent sur ses prétentions littéraires et son prétendu « pédantisme. »

Que Maurepas, tout en protestant hautement de son indignation, ait toléré sous main, même encouragé cette campagne, il est difficile d'en douter. Mieux encore, il parait certain qu'il en a plus d'une fois inspiré les auteurs. Deux des pièces les plus répandues étaient l'œuvre d'Augeard, *alter ego* du vieux ministre et confident de ses rancunes contre le directeur. D'ailleurs, Augeard, dans ses *Mémoires*, laisse échapper à ce propos des aveux significatifs : « Je partageais bien véritablement, dit-il, les peines de M. de Maurepas. Je lui offris mes services, en le priant de ne jamais me nommer ni me compromettre. Je l'engageai à faire de petites notes de tout ce que dirait M. Necker, et, comme j'étais obligé d'aller deux fois par semaine à Versailles pour ma charge, je lui disais, avec toute la franchise possible, ce que je pensais sur les différentes besognes, projets et propositions de ce jongleur[23]. » Quelques personnes bien informées soupçonnaient bien cette complicité du Mentor. Plus d'une lettre de cette époque exprime la désapprobation que suscitaient parmi les âmes élevées ces fâcheux procédés. « M. Necker, écrit le chevalier de Pujol, est persécuté par ses ennemis et ses envieux. Celui qui devrait le défendre et engager le Roi à faire taire les malintentionnés donne le ton sur cet objet… Je hais M. de Maurepas comme la peste ! »

Toute cette guerre clandestine affectait plus qu'il n'eût fallu le directeur général des finances. Son orgueil chatouilleux souffrait de ces piqûres journellement renouvelées ; il s'en plaignait avec amertume à sa femme, que le spectacle de sa peine mettait « au désespoir. » Aussi s'avisa-t-elle d'en écrire à Maurepas, à l'insu de Necker, qui l'en eût sans doute détournée[24]. Elle le priait avec instance d'user de son autorité, d'arrêter les attaques, de sévir, au besoin, contre les pamphlétaires. Dictée par le zèle le plus louable, cette lettre n'en était pas moins une lourde maladresse. Mme de Staël la juge ainsi : « Cette fausse démarche, écrit-elle, en apprenant à M. de Maurepas combien M. et Mme Necker étaient sensibles à tout ce qui pouvait leur ôter la faveur de l'opinion publique, lui fit connaître quel était le plus sûr moyen de les blesser[25]. » Effectivement, on remarqua dès lors une recrudescence de libelles, une audace redoublée de la part des diffamateurs.

Ce qu'on remarque encore, c'est un complet revirement d'humeur chez Maurepas. Abattu, comme découragé, dans les semaines qui suivent la dernière crise ministérielle, il se relève maintenant, reprend son enjouement et sa belle insouciance. « Ecrasé de goutte, dit Croy, il se soutient toujours gaiement, et le Roi le ménage fort. » Il le prend aussi de plus haut avec le directeur général des finances, s'applique, dans leurs fréquens conflits, à lui faire sentir son pouvoir et sa suprématie. A la suite d'une de ces querelles, Necker lui ayant dit que, si les choses devaient ainsi durer, « il commanderait des chevaux de poste pour s'en retourner à Genève, » le Mentor répliquait, d'un ton mi-sérieux, mi-goguenard, « qu'on n'en donnait aux étrangers qui avaient manié les finances que sur un ordre exprès du Roi. »

Un trait curieux, rapporté par Augeard, souligne d'une manière frappante cette confiance reconquise, ce renouveau de jactance chez Maurepas. Les premiers jours de février 1781, le comte communique à Augeard un manuscrit confidentiel soumis à son approbation par le directeur général et lui demande d'en dire son sentiment : « Si vous faites bien, répond Augeard après avoir parcouru le morceau, vous ne laisserez jamais paraître cet ouvrage-là ; il est horriblement dangereux… Prenez garde, ajoute-t-il, cet homme s'aperçoit que vous le négligez, depuis le renvoi de Sartine. Il se forme un grand parti dans le royaume, composé des protestans, des banquiers et des académiciens de toute espèce. » À ces mots, où il voit un doute sur l'étendue de sa puissance, Maurepas, piqué, se lève, regarde la pendule, et d'un ton péremptoire : « Il est sept heures et demie du soir. Si je voulais que cet homme-là fût à dix heures à la Bastille, et qu'il n'y fût pas, j'irais coucher à Pontchartrain. Voilà comme je suis premier ministre[26] ! »

IV

Le 19 du même mois, l'ouvrage soumis, comme on a vu, à l'examen d'Augeard était livré à la publicité, et l'effet produit était tel, que Maurepas retombait dans ses perplexités. Car le manuscrit en question n'était rien moins que le brouillon du fameux *Compte rendu*, l'acte le plus retentissant de la carrière politique de Necker, l'ouvrage le plus répandu, le plus lu, le plus amèrement critiqué, le plus ardemment glorifié, le plus universellement discuté par les contemporains, l'ouvrage dont la lecture inspirera à Buffon cette phrase dithyrambique : « Par cet écrit en lettres d'or, je vois M. Necker, non seulement comme un génie, mais comme un dieu tutélaire, amant de l'humanité, qui se fait adorer à mesure qu'il se découvre[27]. »

Cette émotion, si vive qu'elle soit, n'est pas injustifiée, et ce n'est pas exagérer que de traiter le *Compte rendu* comme un événement capital, presque une révolution dans les mœurs politiques. Le secret des finances était, sous l'ancienne monarchie, une espèce de dogme tacite, auquel personne, pas même Turgot dans son bref passage aux affaires, n'avait encore osé toucher. D'après les usages établis, le contrôle général dressait annuellement, pour le Roi, un état, plus ou moins complet, où étaient évalués en bloc les dépenses et les revenus prévus pour l'exercice courant, puis, à la fin de chaque année, un autre compte des sommes perçues et des sommes dépensées. Parfois, comme dit Necker, « lorsque l'on voulait emprunter, » on indiquait, dans le préambule de l'édit, quelques chiffres sommaires et approximatifs, soi-disant destinés à fournir aux prêteurs un aperçu de la situation financière. Mais le public, dans la réalité, ignorait tout sur les comptes généraux, et les subsides fournis par la nation pour assurer son existence étaient employés, peut-on dire, au milieu des ténèbres. C'est grâce à cette méthode que, peu à peu, en France, s'était formée l'idée que le souverain était, non pas dépositaire, mais bien propriétaire légal de tout l'argent versé par ses sujets. Sous le règne même de Louis XVI, un courtisan avait pu dire, pour excuser certaines prodigalités excessives, qu' « un homme qui a 477 millions de rente avait bien droit à quelques fantaisies. » Il se trouvait des hommes d'Etat pour ériger ces procédés en doctrine nationale et en glorifier leur pays. Voici ce qu'écrira Vergennes dans une note adressée au Roi : « L'exemple de l'Angleterre, qui publie ses comptes, est pris chez un peuple inquiet, calculateur, égoïste. Son application à la France est une injure faite au caractère national, qui est sentimental, confiant et tout dévoué à ses rois[28]. »

Devant un tel état d'esprit, exposer tout au long et à tous les regards, dans un document officiel, mis en vente pour une somme modique, l'état des finances du royaume, le fonctionnement, le rendement des impôts, l'usage que l'on comptait en faire, dévoiler en même temps les erremens du passé, les prévisions pour le lendemain, une pareille confession, faite avec l'autorisation royale, pouvait passer, selon les idées de chacun, pour un chef-d'œuvre de loyale franchise, ou pour un affreux sacrilège, dans tous les cas, pour un acte extraordinaire. C'est pourtant ce qu'osa Necker, en publiant, le 19 février 1781, son *Compte rendu au Roi,* volume de 116 pages in-4º, vendu chez le libraire Panckoucke, pour le prix d'un écu, au profit, disaient les gazettes, « des œuvres de Madame Necker. »

Le directeur général des finances, en risquant ce coup audacieux, était guidé par des mobiles divers, dont on connaît les uns et dont on peut conjecturer les autres. Le but avoué était d'éclairer la nation sur ses propres ressources, de lui montrer que, malgré l'apparence, elle se trouvait dans une situation prospère, puisque, pour l'exercice en cours, le budget se soldait par un excédent important, de relever par ce moyen la confiance des prêteurs, d'asseoir enfin sur la publicité, pour le présent et pour l'avenir, le crédit de l'Etat. « Je ne sais pas, déclarait nettement l'auteur, si une semblable institution, devenue permanente, ne serait pas la source des plus grands avantages. L'obligation de mettre au grand jour toute son administration influerait sur les premiers pas que fait un ministre des Finances dans la carrière qu'il doit parcourir. Les ténèbres de l'obscurité favorisent la nonchalance ; la publicité, au contraire, ne peut devenir un honneur qu'autant qu'on a senti toute l'importance de ses devoirs et qu'on s'est efforcé de les remplir... Enfin, et c'est une considération digne du plus sérieux examen, une telle institution pourrait avoir la plus grande influence sur la confiance publique, car cette conduite simple et franche multiplierait les moyens du souverain et le défendrait à jamais de toute espèce d'injustice. »

Par une arrière-pensée aisément transparente, Necker se flattait également d'intimider, de décourager l'Angleterre, en lui prouvant, chi tires en main, que les finances françaises étaient sensiblement plus solides que les siennes, que nous pouvions, sans nous obérer dangereusement, poursuivre encore longtemps la guerre. Il pensait travailler ainsi au rétablissement de la paix. Il est non moins certain que, dans l'espérance de Necker, l'exposé méthodique de tous les progrès accomplis depuis son avènement, de toutes les réformes projetées, de tout le bien fait et à faire, en regard des abus anciens et des erreurs de ses prédécesseurs, affermirait sa situation personnelle, consoliderait sa popularité et assurerait la durée de son œuvre. Dans une époque où l'opinion était devenue une puissance, mettre l'opinion dans son jeu lui parut un coup de partie. Dans la plupart de ces calculs, il ne se trompait qu'à demi.

V

De ce vaste exposé, la première partie, certainement, était la plus heureuse. Necker y expliquait, avec une rare lucidité, le mécanisme compliqué de l'administration fiscale. Il projetait la lumière sur les innombrables canaux destinés à drainer l'or des particuliers pour l'amener dans les caisses publiques. Il introduisait ses lecteurs dans le dédale, jusqu'alors mystérieux, des modes de perception et des diverses taxes. La taille, la dime, la capitation, la gabelle, cessèrent d'être, aux regards de la plupart des Français de ce temps, d'obscures et effrayantes machines, dont on sentait les coups sans en savoir le fonctionnement et sans en discerner les rouages. Somme toute, Necker, en ces pages substantielles, faisait l'éducation financière du pays.

Mais ses révélations ne s'arrêtaient pas là. L'argent ainsi perçu, il prétendait encore en indiquer l'emploi, sans rien dissimuler des vices et des abus, et là commençait le péril. Pour la première fois, en effet, on apprenait, par une voie authentique et de source certaine, le chiffre vraiment scandaleux des pensions et des grâces, de toutes les sommes plus ou moins extorquées à la faiblesse des rois par la cupidité des grands. Certains passages de ce chapitre sont moins d'un homme d'Etat que d'un moraliste sévère, ressemblent plus à un réquisitoire qu'à un rapport ministériel. « Acquisitions de charges, y lit-on, projets de mariage et d'éducation, pertes imprévues, espérances avortées, tous ces événemens étaient devenus une occasion de recourir à la munificence du souverain ; on eût dit que le trésor royal devait tout concilier, tout aplanir, tout réparer… Les intérêts dans les fermes, dans les régies, dans beaucoup de places de finance, dans les marchés de toute espèce, et jusque dans les fournitures d'hôpital, tout était bon… L'obscurité prévenait la réclamation publique, et l'apparence d'une convenance réciproque délivrait du joug de la reconnaissance. »

Après avoir montré le mal, l'auteur indiquait le remède, énumérait tout ce qu'il avait fait et tout ce qu'il considérait comme demeurant à faire. Il expliquait en quoi sa gestion différait de celle de ses prédécesseurs, en quoi surtout elle l'emportait sur ce qu'on faisait avant lui. Toute cette partie de son travail respire un contentement de soi qui peut provoquer le sourire. Necker s'y décerne à lui-même, ainsi qu'à son épouse, des louanges, très méritées sans doute, mais que l'on préférerait ne pas rencontrer sous sa plume. « Il chantait si bien son éloge, reconnaîtra l'un de ses plus chauds partisans, que l'on a dit qu'il avait publié d'avance son oraison funèbre[29]. » Ainsi parle Croy ; mais, après la critique, il présente aussitôt l'excuse : « Au reste, il ne tirait rien du Roi, et c'était là son vrai salaire mérité. » C'est ce qu'allègue aussi le chevalier de Pujol[30] : « Quant à moi, pourvu que la vérité y soit, je lui pardonne son égoïsme, et j'approuve fort l'éloge qu'il fait de sa femme. Il lui est bien permis de se vanter, quand il ne fait point payer d'aussi grands services, qu'une haine si opiniâtre s'efforce à décrier. »

Dans une dernière partie, et presque en appendice, se trouve comme rejeté ce qui est cependant le point essentiel du mémoire, ce qui en est, du moins, la justification et la vraie raison d'être, c'est-à-dire le compte détaillé des recettes et dépenses prévues pour l'année commençante, c'est-à-dire pour l'année 1781. Necker y évalue le total des recettes à 264 millions, le total des dépenses à 254 millions, d'où il résulte un excédent de 10 millions de livres. Présentée de la sorte, après le déficit laissé par les ministres précédens, après deux ans d'une guerre maritime fort coûteuse, la situation paraissait merveilleusement brillante. Le directeur lui-même y insistait avec orgueil : « Il n'est pas présomptueux de ma part de donner à Votre Majesté l'assurance qu'il n'y a certainement aucun souverain en Europe qui puisse montrer un pareil rapport entre ses recettes et ses dépenses ordinaires, et, en particulier, il s'en faut de beaucoup que l'état financier de l'Angleterre puisse soutenir la comparaison. »

Il faut rabattre quelque chose de ce *satisfecit*, et force est bien de constater que dans ce chapitre final est le point faible de l'ouvrage, l'endroit par où Necker donne le plus de prise aux critiques. Sans doute, pour qui lit avec attention, indique-t-il loyalement que ces excellens résultats sont ceux de l'année « ordinaire, » et cette réserve exclut, pour tout homme averti, d'une part, les frais « extraordinaires » nécessités par la guerre d'Amérique, et, d'autre part, les ressources exceptionnelles et les expédiens temporaires, tels que les « anticipations. » — On entendait par là le produit des sommes empruntées aux fermiers généraux sur le produit futur des contributions ultérieures, et ce produit montait à 155 millions. — Ce correctif à ses calculs, Necker, je le répète, ne le dissimule pas, mais il néglige d'y insister ; il ne fait l'aveu qu'en passant, d'une manière presque détournée. De fait, presque tout le monde s'y trompa. D'où le reproche d'« escamotage » qui lui fut plus tard adressé par ses contradicteurs. Quand on vint au fait et au prendre, pour l'exercice de 1781 les recettes effectuées s'élevèrent à 436 millions et les dépenses à 526 millions, ce qui occasionna un déficit de 90 millions. Même pour le budget ordinaire, les chiffres de Necker ne sont pas entièrement exacts, ce qui s'explique, du reste, par ce fait qu'il s'agissait alors de simples prévisions et que les sommes inscrites dans le rapport, au début de l'année courante, n'étaient encore ni perçues ni utilisées. Le seul tort de Necker fut de présenter l'hypothèse pour la réalité et de donner ainsi à la multitude ignorante une impression trop optimiste, dont il fallut vite déchanter.

Le *Compte rendu* se terminait par quelques phrases émues, où le directeur général faisait un retour sur lui-même, affirmait, d'un ton solennel, ses honnêtes intentions et se rendait le témoignage de n'avoir cherché que le bien : « Je n'ai sacrifié ni au crédit, ni à la puissance, et j'ai dédaigné les jouissances de la vanité. J'ai renoncé même à la plus douce des satisfactions privées, celle de servir mes amis ou d'obtenir la reconnaissance de ceux qui m'entourent... Si quelqu'un doit à ma simple faveur une place ou un emploi, qu'on le nomme ! Je n'ai vu que mon devoir. » Aussi était-ce avec confiance qu'il déclarait s'en remettre aujourd'hui à l'opinion de ses contemporains, comme au jugement de la postérité : « Je l'avoue aussi, j'ai compté fièrement sur cette opinion publique, que les méchans cherchent en vain d'arrêter ou de créer, mais que, malgré leurs efforts, la justice et la vérité entraînent après elles. »

VI

Rien ne peut exprimer la sensation extraordinaire produite par cet ouvrage et l'enthousiasme prodigieux qu'il déchaîna dans toutes les classes de la nation. Le jour de la publication, l'étroite rue du Buttoir, qui était la demeure de l'éditeur Panckoucke[31], fut envahie par une multitude de curieux, se disputant les exemplaires fraîchement sortis des presses. Avant le soir, il s'en vendit 6 000. Le succès se ralentit peu dans les journées suivantes. On estime le tirage total à 100 000 exemplaires, chiffre jusqu'alors inconnu[32]. Panckoucke, dit-on, fit du coup une petite fortune. Après avoir fait les délices des hommes d'Etat, des banquiers et des gens du monde, la « prodigieuse » brochure se répandit dans les masses populaires. Elle circula dans les faubourgs des villes, dans les cabarets des villages. On la lut à la fois dans les plus élégans boudoirs et dans les plus humbles chaumières. L'admiration fut égale dans tous les milieux. « Les citoyens vrais patriotes, constate le *Journal* de Hardy, regardaient cet ouvrage comme très propre à déconcerter les faiseurs de libelles et les frondeurs de profession. » Les chiffres de Necker, presque universellement acceptés comme exacts, ranimaient les cœurs abattus, faisaient envisager l'avenir avec plus d'assurance. Même impression et même succès à l'étranger qu'en France. Le volume, aussitôt paru, était traduit dans toutes les langues. Le duc de Richmond, pour sa part, en achetait 6 000 exemplaires, qu'il répandait sur le territoire britannique[33].

Au point de vue pratique et immédiat, l'effet du *Compte rendu* fut bien celui qu'en attendait Necker. Tous les prêteurs d'argent furent comme subitement emportés par un grand élan de confiance. Les particuliers, les banquiers, se ruèrent vers les caisses de l'Etat, pour y jeter, les uns le fruit de leur épargne, les autres leurs fonds disponibles. Un emprunt, nouvellement émis, de 70 millions attira au Trésor royal des versemens pour la somme de 108 millions. L'Europe suivit le même mouvement et crut au crédit de la France. « Cet ouvrage, connu dans les pays étrangers, dit le chevalier de Pujol[34], portera un coup sensible à l'Angleterre, si, comme on le dit, les Hollandais en retirent leurs fonds. » Et le nouvelliste Métra renchérit en ces termes : « S'il est vrai, comme le pense toute l'Europe, que les grandes querelles nationales ne sont plus que des guerres d'argent, les Anglais ne doivent pas tarder à s'avouer vaincus. D'habiles ministres valent bien, en ce siècle, d'habiles généraux pour remporter des victoires[35]. » A consulter les faits aussi bien que les témoignages, il est donc difficile de nier que le coup de Necker n'ait très efficacement servi l'intérêt national.

Quant au renom personnel de l'auteur et à sa popularité, il faut, pour s'en représenter le progrès foudroyant, feuilleter, aux archives de Coppet, l'énorme liasse de lettres qui affluèrent alors à l'hôtel du Contrôle, pour louer, pour remercier Necker, bénir son nom et le porter aux nues. C'est le maréchal de Mouchy qui complimente « le ministre éclairé qui a fait, en quatre ans, ce qui illustrerait une longue vie. » C'est Marmontel qui, le visage inondé de larmes heureuses et poussant des « cris de délire, » divague d'admiration, se sent, dit-il, « devenir fou » dans l'excès de son allégresse. C'est l'évêque de Mirepoix qui regarde Necker « comme placé sur un rocher immense, contre lequel tous les flots de la mer viennent se briser[36]. » Le *Journal* de Hardy signale, dans la bourgeoisie parisienne, une pareille poussée d'enthousiasme. Bref, pour cette « opinion publique, » à laquelle il attache une valeur peut-être excessive, Necker est, de ce jour, selon l'expression de Véri, « un héros de finance. »

Ce tracas, comme on pense, n'était pas pour plaire à Maurepas. Sans parler de sa jalousie, il pouvait avoir, à vrai dire, des raisons personnelles d'être peu satisfait. En ce long exposé de l'administration fiscale dans le cours des dernières années, Necker, soit oubli, soit vengeance, n'avait pas une seule fois prononcé le nom du Mentor, du « principal ministre, » du « chef du Conseil des finances. » Celui-ci se montrait fort blessé de cette omission. Il ne pouvait, toutefois, blâmer ouvertement l'ouvrage, ayant été consulté pour la forme, ayant même, comme j'ai dit, lu le manuscrit à l'avance, et ayant consenti, encore qu'à contrecœur, à sa publication[37]. Mais, à défaut d'attaques formelles, il se livrait, du moins, à sa verve gouailleuse. Quand on lui demandait ce qu'il pensait du *Compte rendu* : « Je le trouve, disait-il, aussi vrai que modeste ! » Le ton et le regard soulignaient l'intention. Ou bien, par allusion à la nuance azurée de la couverture du volume, il le surnommait le *Compte bleu*. Le mot faisait fortune, donnait naissance à une brochure intitulée *La réponse au Compte bleu*, où bien des gens assuraient reconnaître l'inspiration directe et le tour d'esprit de Maurepas. D'autres pamphlets jaillissaient coup sur coup, où les allégations, les chiffres de Necker, étaient discutés, épluchés, où l'on raillait sa suffisance, ses prétentions à l'infaillibilité, jusqu'à sa tendresse conjugale. Certains reproches avaient plus de portée. Dans un article du *Mercure*, le directeur est nettement accusé « de faire tous ses efforts pour transformer le roi de France en chef d'une république bien dirigée, » ce qui, comme observe un contemporain, « passait alors pour une imputation atroce[38]. »

Au fond, toute cette guerre d'épigrammes était de peu d'effet, et ces traits, plus ou moins piquans, ne traversaient pas la cuirasse. Necker lui-même, tout chatouilleux qu'il fût, était alors trop enivré d'encens pour ne point négliger ces mesquines représailles[39]. Ce que voyant, ses adversaires se résolurent à changer de méthode et à laisser les menues flèches pour recourir à la massue.

VII

Le 20 avril 1781, une « émotion extraordinaire, » qui ne fit que s'accroître pendant les jours suivans, éclatait soudainement au sein du Parlement de Paris. Dans toutes les « chambres de justice, » on ne voyait que magistrats assemblés en conciliabules, discutant et gesticulant avec animation. Les têtes étaient montées, les esprits exaltés. Dans plusieurs groupes, on entendait des propos inquiétans : les uns parlaient de réclamer la convocation immédiate « des princes et des pairs du royaume ; » d'autres rappelaient les temps héroïques de Maupeou, et se déclaraient prêts, plutôt que de céder, à subir un exil nouveau. Bref, comme écrit le chevalier de Pujol, « le feu était aux quatre coins du Palais. » Dans tous les entretiens revenait le nom de Necker, accablé de malédictions et chargé d'anathèmes[40].

La cause de cette effervescence était certaine brochure qu'avaient reçue, le matin même, « six des membres les plus influens du Parlement de Paris, » parmi lesquels le premier président d'Aligre et le conseiller d'Eprémesnil, ennemis acharnés de Necker, et qui, les jours d'après, fut distribuée, par une main inconnue, aux deux cents magistrats. Cette brochure renfermait un assez long *Mémoire au Roi sur les assemblées provinciales*, que quelques personnes, au début, croyaient avoir été rédigé par

Pezai, mais que l'on sut bientôt être tout entier de la plume du directeur général des finances. Ce Mémoire, disait-on, ne tendait à rien moins qu'à réduire tous les Parlemens à « la simple fonction de juges, » en leur enlevant celle de dépositaires et vérificateurs des lois, à leur ravir, par conséquent, leur prérogative essentielle. Et chacun frémissait à découvrir, ainsi publiquement dévoilées, « les vues criminelles de cet étranger, convaincu de calomnier la magistrature tout entière, d'inspirer à un jeune prince une mauvaise opinion des principaux Ordres de l'État et d'entreprendre l'entier bouleversement de la monarchie[41]. »

Presque dans le même temps, paraissait une seconde brochure, intitulée *Lettre d'un bon Français,* une brochure bientôt répandue dans toutes les parties du public, qui reproduisait des passages du Mémoire de Necker, en faisait une critique fort vive, en montrait le danger et surexcitait perfidement les passions déjà déchaînées. L'une et l'autre publication avaient d'ailleurs une commune origine, et, en remontant à la source, on arrivait au premier prince du sang, à l'un des frères du Roi, à M. le Comte de Provence.

Pour bien comprendre cette étrange histoire, il faut jeter un regard en arrière, car le Mémoire incriminé, — et qui est l'honneur de Necker, — quand il fut ainsi publié, avait quatre ans de date. Il avait été rédigé au mois de février 1778, dans les conditions qu'on va lire.

Presque dès le début de son arrivée aux affaires, Necker avait été frappé des graves inconvéniens que présentaient, en de nombreuses provinces, l'omnipotence des intendans, toujours interposée entre les citoyens et le pouvoir central, et par suite l'impuissance où étaient les sujets du Roi à faire parvenir jusqu'au trône l'expression de leurs vœux, de leurs besoins ou de leurs plaintes. Cette organisation était d'ailleurs une nouveauté dans la vieille monarchie française. Jusqu'à l'époque de Richelieu, toutes les provinces étaient administrées par des « États » particuliers, essentiellement chargés de voter les contributions et de les répartir. Depuis Louis XIII seulement, — sauf dans quelques « pays d'Etats » qui conservèrent leurs anciens privilèges et continuèrent à délibérer sur l'impôt sous la tutelle des intendans, — la nation presque entière fut livrée sans défense à l'arbitraire des fonctionnaires royaux. Trente et une « généralités, » que régissaient trente et un intendans, subissaient à la muette une tyrannie administrative et fiscale, plus ou moins rigoureuse, plus ou moins lourde à supporter, selon l'humeur de l'homme qui exerçait cette autorité sans appel. Ce système, fertile en abus, avait été combattu, de tous temps, par de libres esprits. Fénelon, dans son « Plan de réformes » écrit pour le Duc de Bourgogne, proposait le rétablissement des Liais dans toutes les provinces et il terminait ce chapitre en s'écriant : « Plus d'intendans ! » Quelques années plus tard, le marquis d'Argenson, effrayé, lui aussi, des maux causés par une centralisation excessive, préconisait le même remède. Il comparait la France à une gigantesque araignée : « Grosse tête et bras maigres, » disait-il en sa langue imagée. Tout récemment, enfin, le marquis de Mirabeau avait soutenu des idées analogues avec sa verve débridée. Vers la fin du XVIIIe siècle, cette réforme, à vrai dire, était partout dans l'air.

Turgot, tout le premier, s'était préoccupé de cette question brûlante. Au moment de sa chute, il était, — on peut s'en souvenir[42], — en train d'élaborer un vaste projet de refoule des institutions du royaume, qui comportait, d'abord dans chaque paroisse, dans chaque province ensuite, suivant un ordre savamment gradué, certaines assemblées électives, dont la fonction serait d'organiser l'impôt. Il plaçait au sommet, et pour couronner l'édifice, ce qu'il appelait « la Grande Municipalité, » c'est-à-dire une espèce d'assemblée nationale sans attributions politiques. C'est cette partie de son programme qui avait surtout excité les appréhensions de Louis XVI, qui l'avait fait, comme il disait lui-même, « se roidir contre cette nouveauté. » C'était à ce propos qu'en marge du mémoire présenté par le contrôleur il inscrivait cette espèce de protestation : « Il ne faut pas être fort savant, pour juger que le présent mémoire est fait pour établir en France une nouvelle forme de gouvernement et pour décrier les institutions anciennes, que l'auteur suppose être l'ouvrage de siècles d'ignorance et de barbarie[43]. » Les sentimens ainsi exprimés par Louis XVI avaient été l'une des causes primordiales du brusque renvoi de Turgot.

En face de ces récens souvenirs, il fallait à Necker une belle dose de courage pour reprendre, deux ans plus tard, bien que sous une tout autre forme, des idées analogues et pour réclamer, à son tour, l'institution d' « assemblées provinciales, » qui, placées près de l'intendant, lui faisant équilibre, surveilleraient les travaux publics, répartiraient les taxes et présenteraient des vœux dans l'intérêt local ou général. Mais, plus habile et plus politique que Turgot, il se gardait de proposer en bloc une transformation radicale de l'administration française. Il se bornait à demander que l'on fit, dans quelques provinces, un essai provisoire du système qu'il imaginait. Ainsi, expliquait-il au Roi, « les personnes qui désirent cette nouvelle forme d'administration y applaudiront comme à un premier pas qui peut conduire à une amélioration générale. Ceux, au contraire, qui craignent toute espèce de changement et respectent jusqu'aux plus grands abus quand ils sont anciens, approuveront l'esprit de sagesse de Votre Majesté, qui l'aurait engagée à ne faire qu'un essai[44]. »

De plus, les assemblées qui serviraient à l'expérience seraient, non électives, comme le voulait Turgot, mais nommées par le Roi pour un tiers de leur effectif, les autres membres étant désignés par l'assemblée elle-même. Sur les quarante-huit membres dont se composerait l'assemblée, douze seraient pris dans la noblesse, douze autres dans le clergé, vingt-quatre dans le tiers-étal. Ils « délibéreraient en commun, » et le vote aurait lieu « par tête, » et non « par Ordre. C'était trancher, dix années à l'avance, le grand débat de 1789, et Necker, sur ce point, est réellement un précurseur. La présidence de ce groupement, qui ne serait, au bout du compte, qu'une « commission de propriétaires, » appartiendrait de droit à l'archevêque ou à l'évêque de la région. Cet hommage à l'Eglise romaine, de la part d'une âme protestante, était une adroite précaution, qui semblait propre à désarmer des oppositions redoutables.

Une fois de plus, on peut saisir ici la profonde divergence d'esprit qui sépare Necker de Turgot. Je n'entends pas seulement par là la tactique circonspecte et mesurée de l'homme d'affaires comparée à la marche impitoyablement logique du théoricien homme d'Etat. La différence est plus profonde. Les deux systèmes, voisins en apparence, procèdent, dans la réalité, de deux conceptions opposées. Turgot, partisan déclaré du pouvoir absolu, en instituant son nouvel organisme, prétend donner à l'intendant, représentant du Roi, un guide et un allié pour l'aider dans sa tâche. Necker cherche, au contraire, à le contenir et à le diminuer. Le premier envisage une collaboration ; le second souhaite un contrôle et un frein, et, en dressant auprès de l'intendant une grande puissance rivale, un corps composé de notables, de riches propriétaires et de hauts personnages, il a pour objectif de lui enlever une part de son autorité. Bref, tandis que Turgot, fidèle à ses principes, renforce le pouvoir central, Necker, logique avec les siens, poursuit un but de décentralisation. L'exposé des motifs ne laisse sur ce point aucun doute.

Ce n'est pas la seule dissemblance. Necker, lorsqu'il assigne à la vieille aristocratie une belle place dans ses assemblées, cherche à lui restituer par là un peu de l'influence perdue, à l'intéresser, comme jadis, à l'administration locale, à rendre à la noblesse quelque chose de ce rôle qui fut longtemps sa raison d'être. Rien, comme on sait, ne peut être plus éloigné des intentions du démocrate Turgot, comme rien ne peut le choquer davantage, dans ses idées philosophiques, que la présidence conférée à un dignitaire de l'Eglise. A étudier dans ses détails le projet de Necker, on comprend cette parole attribuée à Turgot : « Cela ressemble à mes municipalités, comme un moulin à vent ressemble à la lune ! »

Ce qu'il faut admettre pourtant, comme une vérité supérieure et d'une portée plus large, c'est que tous deux, par des moyens divers et avec des vues opposées, ne pouvaient manquer d'aboutir à un résultat identique, qui était d'exciter parmi les citoyens l'espoir et le désir d'administrer eux-mêmes, avec moins de frais et de charges, les affaires du pays. « Par ces mesures prudentes et silencieuses, comme l'observe un contemporain[45], la France passait de la royauté absolue à une situation indécise et préparatoire, où s'affaiblissaient les ressorts de l'autorité royale. » A la suite de ces expériences, suivies d'un plein succès, des provinces, jusqu'alors inertes, s'éveilleront à la vie publique, s'accoutumeront à penser et à agir d'elles-mêmes, contribueront ainsi, pour une part importante, au mouvement général de réorganisation qui sera, lors de ses débuts, « l'œuvre réellement bienfaisante de la Révolution française[46]. » Elles prépareront la voie aux réformes profondes, et bientôt il ne manquera plus, pour donner l'impulsion suprême, que d'instituer auprès du Roi « une assemblée centrale de délibération, » celle qui portera dans l'histoire le nom d'*Assemblée Nationale*. Du jour où Louis XVI accepta, à si petite dose que ce fût, le remède ingénieux inventé par Necker, la monarchie devint « un État mixte, » et la Révolution ne fut plus qu'une question de temps.

Louis XVI, d'ailleurs, ne voyait pas si loin. C'est presque sans hésitation, malgré les objections qu'y fit tout d'abord son Conseil, qu'il donna son assentiment au projet qui lui fut soumis et qu'il en permit l'expérience, d'abord dans le Berri, puis dans le Dauphiné, et peu après dans la généralité de Montauban[47]. Les résultats furent jugés excellens, si bien que, le 19 mars 1780, une nouvelle ordonnance établissait une quatrième assemblée provinciale, qui devrait siéger à Moulins et régirait le Bourbonnais, la Marche et le Nivernais. Au point de cette étude où nous sommes arrivés, l'affaire était encore pendante et l'ordonnance n'avait pas reçu force de loi. L'intendant de Moulins, le sieur Guéant de Réverseaux, résistait de tout son pouvoir, et le parlement de Paris opposait mille difficultés à l'enregistrement. Vaincre et réduire ces mauvaises volontés était, à l'heure présente, un des pressans soucis du directeur général des finances.

VIII

Le mémoire où Necker avait développé les idées que j'ai résumées tout à l'heure avait été remis au Roi par son auteur en février 1778. Ecrit uniquement pour Louis XVI et strictement confidentiel, il renfermait certains passages où Necker s'était exprimé avec la liberté permise dans un entretien tête à tête. Il s'y trouvait notamment des critiques fort vives contre les intendans : « A peine, disait Necker, peut-on donner le nom d'*administration* à cette volonté arbitraire d'un seul homme, qui, tantôt présent, tantôt absent, tantôt instruit, tantôt incapable, doit régir les parties les plus importantes de l'ordre public, qui ne considère sa place que comme un échelon à son ambition et un lieu de passage… » Et il montrait les intendans « plus impatiens de venir à Paris qu'occupés de faire leur devoir, » et laissant souvent la besogne à des commis, à des subdélégués, « timides devant les puissans et arrogans envers les faibles. »

Mais l'endroit le plus incisif, le plus dangereux aussi, de ce curieux mémoire était celui où le directeur général démontrait l'avantage qui résulterait pour le Roi, en cas grave et urgent, et lorsqu'il s'agirait d'obtenir sans retard des subsides extraordinaires, d'avoir affaire à ses assemblées provinciales, plutôt qu'aux parlemens, toujours chicaneurs ou rétifs. Il rappelait avec force « le désir continuel, commun à tous les parlemens, de se mêler de l'administration. » — « Ils s'y prennent, ajoutait-il, comme tous les corps qui veulent acquérir du pouvoir, en parlant au nom du peuple et en se disant les défenseurs des droits de la nation, et l'on ne doit pas douter que, bien qu'ils ne soient forts, ni par l'instruction, ni par l'amour pur du bien de l'Etat, ils se mettront en avant dans toutes les occasions, aussi longtemps qu'ils se croiront appuyés de l'opinion publique. Il faut donc, ou leur ôter cet appui, ou se préparer à des combats répétés, qui troubleront la tranquillité du règne de Votre Majesté et conduiront successivement ou à la dégradation de l'autorité, ou à des partis extrêmes dont on ne peut pas mesurer au juste les conséquences. L'unique moyen de prévenir ces secousses et d'attacher essentiellement les parlemens aux fonctions honorables et tranquilles de la magistrature, c'est de soustraire à leurs regards constans les grands objets de l'administration. » Huit ans à peine après les batailles de Maupeou et au lendemain des luttes où avait succombé Turgot, ces considérations étaient certes bien propres à faire impression sur Louis XVI. Aussi contribuèrent-elles, dit-on, dans une large mesure, à entraîner en faveur du projet présenté par Necker l'adhésion du jeune prince, qui, précisément en ce temps, à propos de quelque incartade de la magistrature, murmurait presque malgré lui : « Je vois bien que M. de Maupeou n'avait pas autant de tort qu'on a voulu me le faire entendre[48] ! »

Ces vérités, toutefois, si évidentes et si utiles qu'elles fussent, n'étaient pas bonnes à crier sur les toits, et le directeur général s'en rendait compte mieux que personne. Tout en laissant courir sa plume, avec l'idée très arrêtée qu'il n'écrivait que pour le Roi, il avait pris ses précautions pour éviter les indiscrétions périlleuses. Le mémoire, en effet, était demeuré manuscrit et copié à deux exemplaires. L'une des copies avait été remise au Roi, qui, après lecture faite, l'avait « serrée dans sa cassette, » et l'autre était restée dans les mains de l'auteur. Necker se croyait donc à l'abri des divulgations, et il comptait, non sans raison, « sur un secret inviolable. » On se représente sa surprise et son émotion indignée, quand, après quatre ans de silence, il apprit soudainement la publication de son œuvre, la distribution faite au sein du Parlement. Sa première pensée fut qu'on avait forcé ses tiroirs ; mais, vérification faite, il vit qu'il n'en était rien. Maurepas, auquel il se plaignit, « lui fit entendre que le coup partait sans doute de quelque commis infidèle[49]. » Cette vague explication paraissait suffire au Mentor ; elle ne satisfait pas Necker, qui poussa plus loin ses recherches. Ce qu'il apprit lui livra la clé du mystère. Nous en sommes également instruits. Le comte de Mercy-Argenteau, dans une note adressée, un mois plus tard, au prince de Kaunitz[50], a raconté les détails de cette trahison, et son rapport est confirmé par d'autres témoignages, non moins formels et non moins accablans.

Voici comment se reconstitue cette histoire. Quelques jours après la remise du manuscrit au Roi, celui-ci, oubliant vraisemblablement ses promesses, en avait dit un mot à son frère, le Comte de Provence, et Monsieur, rencontrant Necker sur l'entrefaite, l'avait prié avec instance de lui communiquer « son magnifique mémoire. » Le directeur n'osa pas refuser de faire connaître ses idées au premier prince du sang, à celui qui, comme dit Mercy, était, à cette époque, « l'héritier présomptif du trône. » Il vint donc lui lire son travail, seul à seul. Il eut bien soin, d'ailleurs, de remporter le manuscrit et fit jurer au prince de garder le silence sur cette lecture confidentielle. Mais, au mépris de la parole donnée, le comte de Provence, peu après, en entretenait Cromot, son surintendant des finances. L'affaire semblait devoir en rester là, lorsque éclataient, trois ans plus tard, entre Necker d'une part, Cromot et son maître de l'autre, les démêlés dont j'ai fait plus haut le récit. Cromot, à ce moment, se ressouvint, fort à propos, « de la confidence de son maître. » Il entrevit un bon moyen de « perdre » ou de compromettre gravement le directeur général des finances, de le brouiller, dans tous les cas, avec la haute magistrature. Entre Monsieur et lui, tous deux altérés de vengeance, s'ourdit un plan perfide, un plan savamment machiné et qui réussit à merveille.

Le prince, un beau malin, reparlait à Necker, avec de grands éloges, du mémoire qui l'avait si fortement frappé et insistait pour qu'il le lui confiât, l'espace de quelques jours, pour le revoir et le méditer à loisir. Le directeur, sans acquiescer à ce vœu, chargeait « l'un de ses confidens, » M. de Lessart, d'aller chez le Comte de Provence et de « lui lire lui-même » les parties principales de l'œuvre. A l'heure dite, le sieur de Lessart se rendait chez le prince, son rouleau sous le bras. Monsieur lui faisait dire alors qu'il se trouvait « trop occupé pour lui donner audience, » et qu'il n'avait qu'à laisser le mémoire, lequel, sans faute, serait retourné aussitôt. Lessart, simple employé, crut devoir obéir. Il se dessaisit de l'ouvrage. Monsieur l'avait à peine reçu, qu'il le transmettait à Cromot, et l'intendant, avec célérité, en faisait prendre une copie intégrale par des gens à ses gages. Le mémoire, quelques heures plus tard, rentrait au contrôle général, sans que Necker, autant qu'il y parait, eût connu l'imprudence commise. Mais la copie restait aux mains de ceux qui, à l'heure opportune, se réservaient d'en faire usage. On devine aisément la suite, et il est superflu d'insister davantage sur l'origine de la publication qui, peu de mois après, faisait si grand tapage.

La vérité, d'ailleurs, transpira rapidement dans le monde de la Cour. Huit jours après la divulgation du mémoire, on lit dans un billet du chevalier de Pujol[51] ces lignes significatives : « Il a été envoyé à Mme la duchesse de Gramont deux exemplaires de cet ouvrage, d'une si belle impression, que l'on se croirait assuré qu'elle est de l'Imprimerie Royale, *si l'on ne savait que celle de Monsieur ne le cède pas à celle-là pour la beauté des caractères.* »

Réserve faite sur les moyens, on ne peut qu'admirer l'adresse et l'ingéniosité du coup. Il eût fallu longtemps chercher avant de rien trouver qui fût plus propre à émouvoir les susceptibilités de la magistrature, et c'était la frapper au point le plus sensible. Depuis la destruction de l'œuvre de Maupeou, les parlemens se persuadaient, tous les jours davantage, que leur rôle politique était le principal, leur rôle judiciaire l'accessoire, qu'ils étaient faits pour remplir une mission d'arbitres entre la royauté, encline au despotisme, et la nation, avide de liberté, que, — comme dans un arrêt, le parlement de Rennes l'avait publiquement déclaré, — leur « objet » était, avant tout, « de juger l'équité, l'utilité des lois nouvelles, » d'exercer « une juridiction souveraine et de police générale sur toutes les actions et sur toutes les personnes[52]. » Avec de telles dispositions, le mémoire de Necker et les principes qu'il proclamait leur parurent une cruelle insulte et un criminel attentat. Ils y virent l'intention avouée de retirer aux cours souveraines, pour les transmettre aux assemblées tout récemment créées, leur prérogative essentielle, le droit de vérifier et d'enregistrer les édits, soumis par la coutume séculaire du royaume à l'examen du parlement. Ils y virent même le noir dessein de leur ravir le droit de « remontrance, » qui leur tenait encore plus étroitement au cœur.

J'ai dit quelle violente tempête suivit cette découverte. D'Eprémesnil, en pleine audience, s'écriait publiquement : « Quel est cet *aventurier*, quel est ce *charlatan*, qui ose mesurer le patriotisme de la magistrature française, qui ose la supposer tiède dans ses affections civiques et la dénoncer au jeune Roi ! » Dans une réunion de magistrats, il fut sérieusement proposé, si le directeur général demeurait au pouvoir, que le parlement refusât, comme sous le ministère Maupeou, de rendre la justice, « ce qui, écrit Hardy, semblait, surtout en temps de guerre, une perspective effrayante et que, pour cette raison, ou ne pouvait envisager sans ressentir une patriotique émotion[53]. »

Le corps des intendans n'était pas moins furieux. L'un d'entre eux, Sénac de Meilhan, allait trouver Maurepas et fulminait contre Necker. Le Mentor ripostait sur le mode persifleur. « Et s'il vous demandait, interrogeai ! Sénac, la permission de faire couper la tête aux intendans ? — Peut-être, répliquait Maurepas avec sang-froid, le lui permettrions-nous, si cela devait nous rapporter quelques millions[54]. » Ce ton, ces ironies, étaient peu faits pour calmer les esprits.

Necker s'est toujours défendu, — et on doit le croire sur parole, — d'avoir nourri contre les magistrats les desseins menai-ans qui lui furent attribués. Quelques semaines après sa chute, il protestait encore contre une telle interprétation. « Il n'est jamais entré dans mon esprit, écrivait-il à son ami Devaulx[55], qu'il put être du bien de l'Etat, ni même favorable à l'autorité, que les parlemens fussent privés des droits dont ils jouissent, et entre autres de celui de faire des remontrances. On a tiré du mémoire que j'ai lu au Roi en 1778 des conséquences absolument contraires à mes intentions… Ceux qui ont adressé ce mémoire au parlement de Paris savaient bien qu'une fausse opinion se prendrait sur quelques paroles et qu'ils feraient l'effet qu'ils se proposaient. Il n'y a pas d'exemple d'un procédé plus infâme ! »

IX

Que pouvaient, au surplus, les plus éloquens démentis devant le *tolle* furibond et le mouvement d'indignation qui, du sein de la capitale, se propagèrent bientôt parmi toutes les cours de province ? Le parlement de Paris se chargea d'exercer les premières représailles. Il se hâta de mettre en délibération l'édit établissant une assemblée provinciale dans le Bourbonnais, et vota tout d'une voix, presque sans discussion, le refus d'enregistrement. Après cette manifestation, il fut convenu qu'on enverrait des remontrances au Roi, pour réclamer la suppression de l'injurieux mémoire.

Louis XVI, informé du projet, trouva, pour y parer, un semblant de vigueur. Le premier président d'Aligre fut mandé à Marly. En entrant dans la pièce où se trouvait le Roi, la première chose qu'il vit fut le souverain qui, « dans l'embrasure d'une fenêtre, » causait familièrement avec le directeur, « en lui tenant la main appuyée sur l'épaule. » Il parut bien à tous que ce tableau touchant était prémédité. Entre le Roi et le ministre, l'entretien dura trois quarts d'heure. Quand Necker se fut retiré, le Roi appela le premier président : « J'ai appris, lui dit-il, que l'on devait délibérer au Parlement sur un mémoire que M. Necker m'a présenté. Je voudrais qu'il n'en fût pas question, et je vous exhorte à l'empêcher. — Sire, je ne le pourrai à la rigueur, mais je ferai tout ce qui sera en mon pouvoir. — En ce cas, reprenait le Roi, je vous ordonne de lever le siège et de rompre la séance, dès qu'on voudra parler. Je vous l'ordonne ; je ne veux pas que mon Parlement se mêle, en aucune manière, des affaires de l'administration. Vous pouvez vous retirer[56]. »

Louis XVI, après cette petite scène, déclarait à haute voix que, « si le Parlement voulait lui causer autant d'ennuis qu'il avait fait à son aïeul, *il le casserait comme verre.* » C'était une phrase qu'il affectionnait spécialement, mais qui, trop souvent répétée et trop rarement suivie d'effet, ne produisait peut-être pas toute l'impression qu'on en pouvait attendre. Cependant, à la suite de cette vive admonestation, le parlement parut « se tenir coi. » C'est que, malgré toutes les fanfaronnades, la leçon de Maupeou portait encore ses fruits. « Ces messieurs, comme dit un gazetier, avaient pu reconnaître alors, par une dure expérience, que l'on pouvait se passer d'eux sans que le royaume en souffrit. » Ce fut assez pour les maintenir « dans les bornes de la prudence et de la modération ; » mais la lutte engagée contre le directeur, pour être moins bruyante, n'en l'ut pas moins active et n'en fut que plus redoutable. Ceux qui savaient le fond des choses craignirent, de ce moment, que le dernier mot ne restât à la magistrature, car, écrit un contemporain, « les parlemens ne pardonnent jamais, et l'on n'a pas d'exemple qu'un ministre en guerre avec eux ait pu faire davantage que se débattre pendant quelque temps[57]. »

Le sursaut d'énergie du Roi fut, effectivement, sans lendemain. Vainement, les jours suivans, Necker demanda-t-il, comme sanction des paroles royales, des « lettres de jussion, » pour obliger le parlement d'enregistrer l'édit, et la destitution de l'intendant du Bourbonnais, dont la résistance insolente était intolérable. Il rencontra, sur l'un et l'autre point, non un refus formel, mais une nonchalante inertie dont il ne put pas triompher. Chose plus forte, il n'obtint même pas qu'on ouvrit une information pour rechercher l'auteur de la *Lettre d'un bon Français*, qui n'était qu'un tissu de diffamations et d'insultes, ainsi qu'on en jugera par cet échantillon : « Après avoir commencé comme Law, voudriez-vous finir comme Cromwell ? Monsieur Necker, si j'avais choisi Genève, votre patrie, pour mon domicile, et que j'eusse employé mon esprit et mes loisirs à y semer la discorde, à y ménager une révolution qui en changerait le nom et la forme, je vous le demande, monsieur Necker, à quelle autre peine qu'à la mort le tribunal des *Deux-Cents* pourrait-il me condamner ? Ignorez-vous que, dans les anciennes républiques, où la vertu mâle et féroce maintenait l'austère constitution, le citoyen le plus vertueux était réputé celui qui poignardait l'artisan de la tyrannie ? »

Cette brochure « vraiment séditieuse, » comme dit Hardy dans son Journal, cet appel à l'assassinat, que l'on croirait écrit par un membre futur du club des Jacobins, ce factum sanguinaire enfin, fut tiré, assure-t-on, à six mille exemplaires et répandu partout par des mains inconnues. Dans certains riches hôtels du faubourg Saint-Germain, il en fut déposé des « ballots » véritables ; les femmes, en montant en carrosse, trouvaient des exemplaires jetés sur les coussins. Pourtant, en dépit des instances, des réclamations de Necker, Maurepas ne souffrit pas qu'on fit aucune recherche[58]. La découverte eût sans doute été trop aisée, elle eût surtout mené trop loin…

En présence d'un tel parti pris, les plus chauds partisans du directeur général des finances paraissent avoir perdu confiance dans la durée de son pouvoir. Beaucoup, toutefois, s'accrochaient à l'espoir qu'il pourrait se maintenir jusqu'au moment où la nature ferait justice de son principal adversaire, de celui qui, sous main, menait toute la campagne. L'âge de Maurepas, le mal dont il était atteint et dont les crises étaient de plus en plus fréquentes, leur faisaient supposer que l'attente ne serait pas longue. C'est ce qu'avoue l'un d'eux, ingénument et sans ambages : « M. Necker essuie toujours des persécutions. Bien des gens craignent qu'il ne se dégoûte. Moi, j'ai meilleure opinion de sa façon de penser ; j'espère qu'il prendra patience, jusqu'à ce qu'une attaque de goutte bien prononcée le délivre de son ennemi[59]. »

SÉGUR.

1. ↑ *Copyright by* Calmann-Lévy 1912.
2. ↑ Voyez la *Revue* du 15 novembre.
3. ↑ *Mémoires* de l'abbé Georgel. — *Lettres* du chevalier de Metternich. — *Lettres* de Kageneck. — *Correspondance* publiée par Lescure.
4. ↑ *Lettres* du chevalier de Pujol, *passim*.
5. ↑ *Journal* de Croy, 1781.
6. ↑ *Journal* de Hardy, 9 janvier 1781.
7. ↑ *Journal* de Véri, février 1781.
8. ↑ Lettre du 21 janvier 1781. — *Correspondance* publiée par Flammermont.

9. ↑ Le 22 octobre 1781, Marie-Antoinette mettait au monde un prince, qui reçut le nom de Louis-Joseph et fut dauphin de France, jusqu'à sa mort prématurée, survenue dans sa huitième année, le 4 juin 1789.
10. ↑ *Mémoires inédits* du comte. Guignard de Saint-Priest.
11. ↑ *Correspondance* publiée par Lescure, janvier 1781.
12. ↑ Le marquis de Ségur conserva le portefeuille de la Guerre jusqu'au 29 août 1787.
13. ↑ *Journal* de Hardy. — *Journal* de l'abbé de Véri. — *Lettres* de Kagenerk.
14. ↑ *Mémoires sur le règne de Louis XVI*.
15. ↑ Louis XVI, en signant à contre-cœur l'ordonnance qui organisait ce contrôle, semble en avoir senti les graves inconvéniens, car il ajoutait ces mois en tête de la feuille : *Bon pour quelque temps*. Cette institution souleva effectivement de nombreux conflits et dut être assez rapidement supprimée. — Voyez sur cette affaire mon livre *Le Maréchal de Ségur*, p. 252 et suivantes.
16. ↑ *Compte-rendu au Roi pour l'année 1781*.
17. ↑ *Correspondance* publiée par Flammermont. — *Journal* de Véri.
18. ↑ *Journal* de Hardy. — *Journal* de Véri.
19. ↑ *Lettre* à Joseph II, du 16 octobre 1781. — *Correspondance* publiée par Flammermont.
20. ↑ Lettre citée par. M. le comte d'Haussonville dans son *Salon de Madame Necker*, t. II.
21. ↑ *Journal* de Hardy, 21 septembre 1780.
22. ↑ *Collection complète de tous les ouvrages pour et contre M. Necker, avec des notes critiques, politiques et secrètes* ; 3 vol. in-8. Utrecht, 1781. — Malgré le titre de ce recueil, il ne renferme, en réalité, à l'exception du Compte rendu et du *Mémoire sur les Assemblées provinciales*, que des attaques contre Necker, ou plutôt une partie d'entre elles, dont plusieurs sont d'une habile malice.
23. ↑ *Mémoires* d'Augeard, *passim*.
24. ↑ *Notice sur M. Necker*, par A. de Staël, *passim*.
25. ↑ *Du caractère de M. Necker*, par Mme de Staël.
26. ↑ *Mémoires* d'Augeard, *passim*.
27. ↑ *Le Salon de Mme Necker*, par le comte d'Haussonville, *passim*.
28. ↑ *Note* de Vergennes sur le *Compte rendu* de Necker, publiée par Soulavie dans ses *Mémoires sur le règne de Louis XVI*.
29. ↑ *Journal* du duc de Croy, année 1781.
30. ↑ Lettre du 21 février 1781. — *Loc. cit.*
31. ↑ Ancien hôtel de Thon, dans le quartier Saint-André des Arts.

32. ↑ On fit circuler les vers suivans, mis dans la bouche des ouvriers de l'imprimerie de Panckoucke :
>Pour Dion, Monsieur, cessez d'écrire !
>Nous payons trop cher vos honneurs.
>A la foule de nos lecteurs
>Notre zèle ne peut suffire.
>Si vous n'avez pitié de notre triste sort,
>Votre immortalité nous donnera la mort !
>(*Correspondance* de Grimm.)
33. ↑ *Journal* de Hardy. — *Correspondance* publiée par Lescure. — *Journal* du duc de Croy. — *Lettres* de Kageneck.
34. ↑ Lettre du 21 février 1781. — *Loc. cit.*
35. ↑ *Correspondance secrète*, 7 mars 1781.
36. ↑ *Le Salon de Mme Necker*, par le comte d'Haussonville, t. II.
37. ↑ *Journal* de l'abbé de Véri.
38. ↑ *Souvenirs* de Moreau, t. II.
39. ↑ *Journal* de Véri.
40. ↑ *Journal* de Hardy. — *Lettres* du chevalier de Pujol. — *Mémoires* de Soulavie, et
41. ↑ *Mémoires* de Soulavie. — *Journal* de Hardy. — *Correspondance secrète* publiée par Lescure.
42. ↑ Voir *le Couchant de la Monarchie*, t. I, p. 319 à 321.
43. ↑ Document publié par Soulavie dans ses *Mémoires sur le règne de Louis XVI.*
44. ↑ *Mémoire au Roi sur les assemblées provinciales.*
45. ↑ *Mémoires* de Soulavie.
46. ↑ Stourm, *Les finances sous l'ancien régime, passim.*
47. ↑ Ordonnances des 12 juillet 1718, 17 juillet et 26 novembre 1779.
48. ↑ *Journal* de Hardy, 9 septembre 1778.
49. ↑ *Journal* de Hardy, 26 avril 1781.
50. ↑ Note du 31 mai 1781. — *Correspondance* publiée par Flammermont.
51. ↑ Lettre du 30 avril 1781, *loc. cit.*
52. ↑ Arrêt cité par M. M. Carré dans son volume sur *La fin des parlemens.*
53. ↑ *Journal* de Hardy, 2'i avril 1781. — *Mémoires* de Soulavie.
54. ↑ *Mémoires* de Soulavie.
55. ↑ Lettre du 4 juillet 1781. — Archives de Coppet.
56. ↑ *Correspondance* publiée par Lescure, 1er mai 1881. — *Souvenirs* de Moreau, tome II. — *Notice sur M. Necker*, par A. de Staël. — *Lettres* du chevalier de Pujol, *loc. cit.*
57. ↑ *Correspondance* publiée par Lescure, 25 avril 1781.

58. ↑ Note de Mercy au prince de Kaunitz, *passim*.
59. ↑ *Lettres* du chevalier de Pujol, *loc. cit.*

AU COUCHANT DE LA MONARCHIE[1]

XIV.[2]

LA CHUTE DE NECKER

I

Aux derniers jours d'avril 1781, la situation de Necker n'était pas sans similitude avec celle de Turgot, cinq années plus tôt, jour pour jour. Comme Turgot, en effet, il avait contre lui les parlemens, animés d'une pareille rancune, une partie des privilégiés et une moitié du ministère, à savoir MM. de Maurepas, de Vergennes et de Miromesnil. De ces trois collègues de Necker, le premier l'abhorrait par jalousie sénile, les deux autres le combattaient au nom de leurs principes, ou plutôt de leurs préjugés, en hommes d'ancien régime hostiles d'instinct à toute réformation profonde. Comme Turgot également, Necker était soutenu par l'opinion publique, c'est-à-dire non seulement par les salons et les bureaux d'esprit, mais par la bourgeoisie et par la masse du peuple, qui avaient mis en lui leurs dernières espérances.

Là cependant s'arrête l'analogie. Un examen plus détaillé révèle d'importantes dissemblances. Marie-Antoinette, en effet, qui détestait Turgot, penchait, comme on sait, pour Necker. Elle résistait même, sur ce point, aux suggestions d'une partie de son entourage, la coterie Polignac, pour des raisons mal définies, s'étant retournée depuis peu contre le directeur. « La Reine, écrit à cette époque Mercy à Joseph II[3], daigne encourager et protéger le directeur général des finances. On a essayé toute sorte de voies pour lui nuire auprès de Sa Majesté, mais, quoique cette cabale fût dirigée par les alentours favoris, elle n'a point eu d'effet. » Il résultait, pourtant, de ces attaques multipliées, un peu plus de mollesse dans le soutien accordé par la Reine à un homme dont, au fond du cœur, elle appréciait le caractère et reconnaissait le mérite. Il faut encore noter que, plus heureux que son prédécesseur, Necker comptait au sein du Cabinet des appuis chaleureux : Castries et Ségur demeuraient, de cœur et de fait, sincèrement dévoués à sa cause. Choiseul, leur ami à tous deux, les fortifiait dans cette fidélité.

Mais la différence essentielle était dans les dispositions et dans l'attitude du clergé, dont la plus grande partie, en dépit du protestantisme, semblait ralliée de bonne foi à Necker, lui prêtait publiquement le secours de son influence. Sans doute, dans le début, il s'était rencontré par là des répugnances à vaincre, des préventions à dissiper, que j'ai mentionnées en leur temps. Mais, comme dit un gazetier[4], Necker avait eu la sagesse « de ne pas se roidir » contre une méfiance, après tout naturelle, et de s'appliquer, au contraire, à désarmer, par des avances adroites et des concessions opportunes, une hostilité redoutable. « Il a pris le parti, confirme le même publiciste, d'avoir beaucoup de liant avec les prélats, d'en avoir même à sa table et de leur rendre des services. » Sa politique ne s'était pas restreinte à de bons procédés mondains et il n'avait pas reculé devant des preuves plus efficaces de sa volonté conciliante, en abandonnant des projets dont le succès lui eût certainement été cher. Nul ne saurait douter qu'il n'eût ardemment désiré, dans le fond de son cœur, d'obtenir le retrait des prescriptions cruelles édictées autrefois contre ses coreligionnaires, de restituer aux protestans le libre exercice de leur culte et le statut légal ; de faire sanctionner, en un mot, par un document officiel, la tolérance qui, sauf quelques rares exceptions, existait en fait dès ce temps, les mœurs étant, là comme partout, plus fortes que les lois. Il y renonça néanmoins, il se tut, il remit à des jours meilleurs une si juste réforme, dont il laissa l'honneur à l'un de ses successeurs au pouvoir. Comment, d'un tel silence, ne lui eussent pas su gré les membres de l'épiscopat, à l'heure même où l'un d'eux[5], dans l'assemblée de 1780, croyait devoir dénoncer comme un grand scandale « l'audace des faux pasteurs prêchant jusqu'aux portes des villes, » montrait avec fracas l'Eglise romaine « odieusement exposée, par cette impunité, à partager l'empire avec une orgueilleuse rivale[6]. »

De même, il est certain que le directeur général eût voulu abolir, ou du moins réformer la dîme, si excessive et si impopulaire, et transformer le « don gratuit, » voté tous les cinq ans par l'assemblée générale du clergé, en taxe fixe, en taxe régulière, perçue annuellement sur la masse des biens fonds ecclésiastiques et des domaines appartenant aux ordres religieux. Cette légitime et utile réglementation, certainement Necker y songea ; il la prépara même, dit-on, « dans le silence du cabinet. » D'avance, le « parti philosophe » en frémissait de joie, le « parti dévot » d'inquiétude. Pourtant rien ne parut au jour. Les espérances des uns et les frayeurs des autres furent pareillement déçues.

Necker recueillit le salaire de cette modération. Il eut d'abord pour lui l'approbation des prélats libéraux, la faveur de ces hommes d'Eglise, éclairés, tolérans, nombreux à cette époque, dont, a-t-on dit[Z], « l'orthodoxie était suffisante, les mœurs honnêtes, mais qui ne dédaignaient ni le suffrage des beaux esprits, ni le commerce du monde. » Ces amis de la première heure s'appelaient Cicé, archevêque de Bordeaux, Boisgelin, archevêque d'Aix, Phélypeaux, archevêque de Bourges, Dillon, archevêque de Narbonne, tous gens de haute culture et d'excellent renom. Rien de surprenant à cela ; mais ce qui étonne davantage, c'est que le directeur sut aussi conquérir, sinon l'absolue confiance politique, du moins la sympathie privée de bon nombre de ces prélats que le jargon du temps surnommait les *Évangélistes*, et dont le chef était le fameux Christophe de Beaumont, archevêque de Paris. J'ai dit plus haut l'espèce d'entente qui s'était établie, sur le terrain de la philanthropie et de la charité, entre l'ennemi fougueux du jansénisme et le ménage Necker. Peu à peu cette action commune engendra des rapports cordiaux et presque familiers. On vit un jour le directeur général des finances dîner, ainsi que son épouse, « en compagnie de dix prélats, » à la table de l'archevêque.

C'est que Necker, le fait est très constant.
N'est janséniste… il n'est que protestant.

disait une épigramme qui courut les salons.

Symptôme encore plus important : en juin 1780, l'assemblée du clergé, rédigeant en fin de session son rapport général, y insérait « un compliment à l'adresse de M. Necker et une apologie de ses opérations[8]. » Que, dans ces manifestations flatteuses, il y eût une part de calcul, il n'est certes pas impossible. « On caresse un chat pour lui faire rentrer ses griffes, » dit un contemporain sceptique en rapportant le fait. Toujours est-il que cet appoint, quel qu'en fut le motif, n'était pas négligeable, ne fut-ce que comme indication de l'irrésistible courant qui entraînait alors tous les esprits, tous les cœurs, vers Necker.

Par malheur, en ce temps, que huit années à peine séparent de la Révolution, l'opinion générale, si puissante qu'elle parut, était bien peu de chose auprès du bon plaisir du Roi, et Louis XVI, malgré ses promesses et ses propos encourageans, commençait, insensiblement, à se détacher de Necker. Il n'avait jamais ressenti pour lui l'élan de sympathie, d'affection personnelle qui l'avait autrefois attiré vers Turgot. Il appréciait la scrupuleuse honnêteté de sa vie, la droiture de ses intentions et son amour du bien public ; il admirait, il partageait sa pitié pour les humbles et pour les misérables ; mais il ne trouvait pas en lui cette simplicité d'âme qui l'avait séduit chez Turgot ; la « roideur genevoise » de Necker glaçait sa bonhomie, de même que l'orgueilleuse suffisance du ministre offusquait la timidité, blessait la modestie du prince.

On peut conjecturer aussi, d'après certains indices, d'après certaines boutades échappées çà et là, que Louis XVI, dès cette heure, était mis en défiance contre l'ambition de Necker, contre son goût de dominer et de « tirer la couverture à lui, » pour citer l'expression dont se sert l'abbé de Véri[9]. Un récent incident venait, tout justement, d'augmenter ces appréhensions. Le prédicateur de la Cour, pour le carême de 1781, était l'abbé Maury, le futur cardinal, considéré alors comme un « jeune ecclésiastique qui ne manquait pas d'esprit et de talent et comme ayant autant de politique et de désir de faire son chemin que de dons pour la chaire[10]. » Grand partisan du directeur, il ne perdait nulle occasion de prôner ses mérites, d'afficher son zèle pour sa cause. Le dimanche des Rameaux, prêchant dans la chapelle du Roi en présence de la Cour, emporté par son éloquence, il eut la téméraire idée « d'insinuer à Sa Majesté qu'il serait de son devoir de ne pas laisser reposer le gouvernement du royaume en des mains débiles et tremblantes, par où il désignait clairement le sieur comte de Maurepas[11]. » À ces paroles, grand émoi parmi l'assistance, suspicion partout répandue que l'orateur n'eût pas ainsi parlé, s'il n'eût été « inspiré de quelqu'un qui, par son canal, voulait faire parvenir de grandes vérités aux oreilles du jeune monarque. » Si bien qu'à la descente de chaire, le Roi s'approchait de Maury et l'interpellait en ces termes : « Monsieur l'abbé, je vous ordonne de ne parler à l'avenir que de Dieu, de son évangile, de ses Saints, et de ne plus vous immiscer dans les affaires de mon gouvernement. » L'incartade ne pouvait manquer d'être fort exploitée par les adversaires de Necker, donnée comme une démonstration nouvelle de son désir de supplanter Maurepas et de prendre en son lieu la direction suprême des affaires du royaume.

Dans les dispositions d'esprit qui résultaient de ces diverses causes, Louis XVI était plus accessible encore aux insinuations de Maurepas et aux avertissemens de ses frères. L'effervescence des parlemens acheva de le troubler. L'apparente fermeté de la première minute avait, chez lui, promptement fait place à des manières plus radoucies. Cinq jours après celui où il avait apostrophé le premier président d'Aligre, il consentait à recevoir, dans le particulier et sans titre officiel, quelques membres du parlement, qui désiraient lui apporter leurs plaintes. Il leur parlait « avec bonté » et leur expliquait en substance « que le mémoire attribué au sieur Necker, et devenu public par abus de confiance, ne contenait rien qui dut leur inspirer des craintes ni donner lieu à aucune réclamation de leur part, qu'au surplus il leur ferait savoir ses intentions, mais que, quant au fond des objets qui y étaient traités, il s'en réservait à lui seul la connaissance[12]. » Ainsi de la menace déjà il passait à l'excuse. L'audace de la magistrature croissait en proportion de la faiblesse du Roi.

En de telles conditions, les gens qui connaissaient la nature de Louis XVI et ses façons d'agir ne tardaient guère à relever des symptômes de disgrâce pour le directeur général. Louis XVI, assuraient-ils, ne lui parlait maintenant que peu, et presque pas « en dehors du service, » évitait avec soin les occasions « de travailler seul avec lui[13]. » Dans le Conseil, les propositions de Necker sont discutées mollement, modifiées sans raisons valables et souvent ajournées. « Je doute, écrit la marquise du Deffand, qu'on lui laisse exécuter tous ses projets… Si on veut les morceler, comme on a fait de ceux de M. de Saint-Germain, il ne l'endurera pas, il quittera, tout s'écroulera, le crédit sera perdu, on tombera dans le chaos. »

II

En attendant l'accomplissement de cette lugubre prophétie, il est visible que Necker semble, dès ce moment, douter, non de lui-même, mais du succès de ses efforts, et qu'il sent faiblir son courage. Aux derniers jours d'avril, Mercy, en lui rendant visite, le trouvait rempli d'amertume et « le cœur ulcéré. » D'un ton triste et désabusé, Necker lui confiait ses ennuis : son *Compte rendu* avait provoqué « des attaques dont les auteurs connus n'étaient pas inquiétés ; » ni Maurepas, ni le Roi ne lui prêtaient l'appui dont il aurait besoin pour soutenir tant d'assauts ; il allait jusqu'à dire « qu'il ne voyait plus autre chose à faire que de chercher les moyens de se tirer avec honneur de cet abîme[14]. » Le lendemain de cette confidence, si l'on en croit une rumeur répandue, Necker aurait rendu son portefeuille au Roi ; Louis XVI, après avoir réfléchi vingt-quatre heures, le lui aurait fait reporter « par l'entremise du marquis de Castries, » chargeant ce dernier de lui dire « qu'il retenait sa lettre de démission, pour le mettre dans l'impossibilité de jamais la lui offrir de nouveau, qu'il ne voulait pas entendre parler de sa retraite, qu'il le soutiendrait envers et contre tous, etc., etc.[15]. » Il n'était pas besoin d'avoir une longue mémoire pour apprécier à leur valeur ces affirmations rassurantes.

Au commencement de mai 1781, les matières explosibles étaient si bien accumulées aux entours de l'hôtel du contrôle général, qu'il ne fallait qu'un léger choc pour en déterminer l'éclat. Comme presque toujours en tel cas, ce fut un chétif instrument qui produisit ce choc et provoqua la catastrophe. Il faut conter cette affaire en détail, car l'importance du résultat rehausse la médiocrité des moyens[16].

Quelques semaines auparavant, un certain Radix de Sainte-Foix, qui portait le titre pompeux de « surintendant des finances et bâtimens de Mgr le Comte d'Artois, » ex-agent de l'abbé Terray tout comme le sieur Cromot, et pas plus recommandable que lui[17], avait eu un vif démêlé avec le directeur général des finances. Ce dernier, en effet, en étudiant « l'état des diverses pensions payées sur la cassette royale, » avait, non sans surprise, reconnu que ledit Sainte-Foix, ayant jadis obtenu de l'abbé Terray le remboursement intégral du capital d'une pension viagère de 8 000 livres, — accordée, au surplus, sans droit ni titre valable, — continuait comme devant à toucher sa pension ; d'où résultait, pour les quatre dernières années, un total de 32

000 livres extorquées au Trésor. Bien qu'indigné d'une pareille indélicatesse, Necker se bornait cependant à arrêter l'abus, en faisant rayer la pension. Sainte-Foix, sur cette nouvelle, avait l'impudence de se plaindre ; plusieurs lettres de lui adressées à Necker demeuraient sans réponse. Alors, payant d'audace, il se présentait à l'audience du directeur général des finances et réitérait de vive voix sa singulière réclamation. La réponse de Necker fut celle qu'on imagine : non seulement, lui dit-il, il n'admettait pas sa demande, mais il « le jugeait redevable envers le Roi des 32 000 livres indûment perçues, » et il se proposait « de rendre compte de ce fait à Sa Majesté. » Sainte-Foix se retirait, plein de colère, ruminant une vengeance.

Voici ce qu'il imaginait : il s'associait sur l'heure à un sieur Bourboulon, ex-commis des finances congédié par Turgot, attaché, lui aussi, en qualité de « trésorier, » à la maison du Comte d'Artois[18], et ces deux personnages, vieux routiers dans leur profession, habiles à manœuvrer dans le dédale des comptes, rédigeaient en commun un examen critique du fameux *Compte rendu* qui faisait la gloire de Necker. Plus modérée de ton et partant plus habile que les autres libelles, cette brochure appuyait, avec un art perfide, sur les points faibles du rapport, signalait certaines omissions, relevait par endroits quelques erreurs de, chiffres, dont les auteurs tiraient parti pour généraliser, pour accuser Necker des plus graves inexactitudes et des pires falsifications. Ils terminaient par un défi jeté au directeur de réfuter leurs dires et de répondre à leurs imputations. Paris fut inondé des exemplaires de ce factum ; le Comte d'Artois lui-même « en distribuait à tout venant. » L'émotion redoubla lorsqu'on apprit que le sieur Bourboulon, sachant qu'on recherchait le rédacteur de cet écrit, resté jusqu'alors anonyme, s'était présenté hardiment chez le lieutenant de police et avait revendiqué la paternité de l'ouvrage. C'était montrer qu'il ne craignait point la Bastille, qu'un protecteur puissant lui assurait l'impunité.

Necker trouva, non sans raison, que l'audace était un peu forte et qu'une conduite si impudente était intolérable. On peut juger pourtant qu'il prit l'affaire trop au sérieux, en exigeant du Roi qu'une commission, prise dans le Cabinet et composée de trois de ses collègues, entendit ses explications et vérifiât ses comptes. Disons qu'il reçut sur ce point les satisfactions désirables. Les trois arbitres désignés furent MM. de Maurepas, de Vergennes et de Miromesnil, tous ennemis notoires de Necker. Celui-ci justifia ses chiffres, produisit les pièces authentiques, réfuta point par point les allégations du libelle. Ses auditeurs ne firent aucune réplique et admirent tout sans objection. Le seul Maurepas, dit Marmontel, accueillit ces explications « avec un air d'intelligence, comme un homme qui en sait long, mais qui ne veut pas parler[19]. » Necker eût pu s'en tenir là ; mais il jugea insuffisante cette réparation à huis clos ; il demanda, comme témoignage public « de son innocence reconnue, » la suppression du calomnieux écrit, le renvoi du sieur Bourboulon de la maison du Comte d'Artois.

A vrai dire, pour ce prince, la situation paraissait assez embarrassante. Après l'encouragement donné ouvertement par lui aux auteurs du libelle, tous deux ses familiers, tous deux à son service, une mise en cause aussi directe ne lui permettait plus le commode refuge du silence. Soutenir Bourboulon jusqu'au bout, malgré la sentence des arbitres, ou le chasser comme un coupable, c'était pour lui deux choses également difficiles. Il prit un moyen terme et il chargea son « chancelier, » le sieur Auget de Montyon, — bien connu par la suite pour ses fondations charitables, — d'écrire en son nom à Necker une lettre dont voici les termes[20] : « J'ai rendu compte à Mgr le Comte d'Artois du mémoire par lequel le sieur Bourboulon, son trésorier, attaque la vérité de l'état des finances du Roi, que vous avez rendu public par ordre de Sa Majesté. L'étude que j'ai faite depuis longtemps des objets discutés dans ce mémoire m'a convaincu que, dans plusieurs articles sur lesquels j'ai des notions certaines, il est tombé dans des erreurs évidentes. Je l'ai fait connaître à Mgr le Comte d'Artois, qui m'a chargé de vous témoigner son estime et son affection et de vous assurer qu'il apprenait avec plaisir que le sieur Bourboulon était dans l'erreur. » Le prince, après ce faible désaveu infligé à son trésorier, lui maintenait son emploi et lui conservait ses bonnes grâces. « Bourboulon restait en faveur et se montrait partout, même au souper du Roi[21]. »

C'en était trop pour l'orgueil de Necker, disons même pour sa dignité. Il lui parut que son autorité serait désormais compromise, s'il n'obtenait une preuve éclatante et publique de la confiance du Roi, qui confondit les faiseurs de cabales et fermât définitivement la bouche à ses contradicteurs[22]. Une idée lui vint à l'esprit, qu'il est permis de trouver naturelle : il demanda son admission dans ce Conseil d'Etat, — que l'on nommait également « le Conseil d'en haut, » — dont il était jusqu'à ce jour exclu. Plus que jamais, à l'heure présente, il estimait nuisible au service de l'Etat, et blessant pour lui-même, de n'avoir son entrée que dans les « Comités » où se traitaient les questions financières, sans prendre part aux réunions où se réglait l'emploi des sommes qu'il était appelé à fournir. Si l'on regarde au fond des choses, la faveur réclamée était plus honorifique que réelle, car, en fait, toutes les graves affaires se traitaient dans les Comités, et le Conseil d'Etat n'était guère occupé qu'à sanctionner les résolutions prises. « Ce n'est, reconnaîtra plus tard Necker[23], qu'une conférence en présence du Roi, où les voix ne sont pas comptées et où Sa Majesté seule décide. » Mais le directeur général n'ignorait pas que l'obstruction à ses principaux projets de réformes venait presque toujours de ce Conseil dont il était absent, que Maurepas, notamment, ne cessait pas d'y critiquer et d'y persifler ses idées. C'était assez, sans compter l'opportunité, pour motiver le vœu du directeur général des finances.

La grande difficulté venait de la religion de Necker. Admettre un protestant dans le conseil intime, le conseil supérieur du Roi, en faire un « ministre d'Etat, » pouvait alors passer pour une dangereuse audace. Ce fut, du moins, la réponse de Maurepas, lorsque Necker vint, pour la première fois, l'entretenir de l'affaire et lui demander son appui. Le Mentor l'écouta, puis, d'un ton sarcastique : « Pour être roi, dit-il, il faut aller à la messe, comme Henri IV. — Sully n'allait pas à la messe, et Sully entrait au Conseil, » lui répliqua vivement Necker, de quoi Maurepas prit texte pour publier partout que Necker se croyait Sully[24]. Cette réponse de Maurepas eut pour effet de blesser fortement Necker. Il y crut démêler plus qu'une impertinence, un conseil déguisé qui ressemblait à une insulte. Plusieurs années après, revenant sur cette entrevue dans une note écrite pour lui-même, il apostrophe Maurepas avec indignation : « Vous qui, bien sûr que je n'y consentirais pas, m'avez proposé de changer de religion pour aplanir les obstacles que vous me prépariez, de quoi m'auriez-vous cru digne après une telle bassesse[25] ! »

Disons d'ailleurs que, sur l'instant et après cette première passe d'armes, Maurepas se garda bien de trop décourager le directeur de l'idée qu'il avait conçue. Augeard, toujours bien renseigné sur les intentions du Mentor, nous dévoile ainsi son calcul : « En vieux routier de Cour, dit-il, il lui laissa enfiler cette route, » se réservant, si Necker insistait et donnait le choix à Louis XVI « entre sa démission et son admission au Conseil, » d'invoquer « les lois du royaume qui interdisaient cet honneur à un étranger et à un protestant. » Ainsi serait-il délivré d'un encombrant collègue « sans s'être donné l'air de l'avoir renvoyé[26]. »

Au sortir de cet entretien, Necker se rendit chez le comte de Mercy-Argenteau, le mit au fait de ses perplexités, renouvela ses affirmations sur sa volonté arrêtée de prendre sa retraite s'il n'obtenait les satisfactions désirées. L'heure présente, ajouta-t-il, semblait « convenable pour se retirer, » parce que les fonds nécessaires pour continuer la guerre étaient assurés pour un an et qu'ainsi « le nouveau ministre aurait tout le temps suffisant pour se procurer des ressources en vue des besoins à venir. » Mercy lui prêcha la patience, le dissuada de rien précipiter et lui conseilla finalement d'aller trouver la Reine. Le conseil fut suivi. Marie-Antoinette, dit Mercy, lui tint le même langage que l'ambassadeur autrichien et « employa tous les moyens en son pouvoir pour lui rendre courage, » ou, tout au moins, « pour obtenir qu'il reculât l'exécution de son projet jusqu'à la fin de la guerre. »

Ces visites, ces exhortations laissèrent Necker plus hésitant, plus troublé que jamais. Il se résolut le lendemain[27] à rédiger une note, en forme de mémoire, où il établissait qu'après « le coup qui lui avait été porté, » il ne pourrait plus, à l'avenir, « se rendre utile dans son emploi, » si le Roi ne lui accordait « un témoignage public de sa faveur, » qui relèverait « le crédit perdu du ministre. » Il indiquait pour cela trois moyens : 1° de l'appeler au

« Conseil d'en haut, » sans qu'il fût besoin pour cela de lui donner le titre de « ministre d'Etat ; » 2° de contraindre le parlement, « par commandement exprès du Roi, et au besoin par un lit de justice, » à voter sur-le-champ l'enregistrement de l'édit établissant dans le Bourbonnais la quatrième assemblée provinciale ; 3° de lui confier l'inspection des marchés pour la Guerre et pour la Marine, ce qui serait d'ailleurs aisé, le directeur s'étant par avance entendu avec le marquis de Castries, et l'assentiment de Ségur n'étant pas plus douteux[28].

Ce mémoire terminé, il retourna le soumettre à Maurepas. Le Mentor ergota, se récria sur chaque article, critiqua tour à tour chacun des moyens proposés. Il finit son discours en demandant au directeur « s'il resterait inébranlable » et ne se plierait pas à quelque équivalent. Sur réponse de Necker que « tous moyens lui seraient agréables, pourvu qu'ils eussent le même effet, » Maurepas offrait alors de s'employer à obtenir pour lui « les grandes entrées du cabinet du Roi. » Necker l'interrogeant sur ce que valait cette faveur, le Mentor, avec une malice sournoise, s'appliquait à la rabaisser, racontait, d'un ton dédaigneux, que lui-même, autrefois, avait reçu cette grâce, mais qu'il avait eu soin « d'empêcher qu'on l'insérât dans la *Gazette de France.* » Bref, il s'y prit si bien que Necker s'en alla plus froissé que jamais et ne gardant plus aucun doute sur « le mauvais vouloir » du vieux conseiller de Louis XVI.

Le Roi, jusqu'à cette heure, avait été tenu en dehors de l'affaire. Il en fut informé par les soins de Maurepas, qui présenta les choses à sa façon, tantôt raillant Necker, tantôt blâmant son intraitable orgueil et son insatiable ambition, et le représentant comme imbu, dans le fond du cœur, « d'idées républicaines, » qui venaient de son origine. Le mot était bien calculé ; il ne manqua pas son effet. Quatre ans plus tard, à ce souvenir, Louis XVI disait, sur un ton de colère : « Je ne veux pas faire de mon royaume *une république criarde*, comme est la ville de Genève ! » Maurepas dépeignait aussi son collègue comme « voulant se mêler de tout, » osant se comparer à l'illustre Sully, prétendant « dominer et surveiller » tous les autres ministres, « s'asseoir, enfin, sur le trône à côté du Roi. » Plus encore que la précédente, cette dernière phrase piqua Louis XVI au vif : « C'est trop fort ! s'écria-t-il. Cet homme veut se placera côté de moi ! » Puis, serrant la main du Mentor : « Vous ne faites pas cela, vous, » murmura-t-il d'un accent attendri[29].

Toutefois, demeuré seul, quand la réflexion fut venue, le Roi fut comme pris de scrupule. Il connaissait la rivalité de Maurepas et du directeur général ; il suspecta, dans l'occurrence, l'impartialité du premier. Il se résolut donc à demander l'avis d'un homme de sens rassis, du plus ancien des secrétaires d'État, de celui-là avec lequel, depuis plusieurs années, il correspondait secrètement sur les affaires diplomatiques, et il pria Vergennes de lui dire par écrit son sentiment sur la personne et sur l'administration de Necker.

Nous possédons la réponse de Vergennes[30]. C'est une note étendue, une sorte de consultation, du style lourd et diffus dont est coutumier son auteur, modérée dans la forme, certainement empreinte de bonne foi, mais témoignant d'un esprit routinier que toute nouveauté effarouche, d'un sectarisme étroit et d'autant plus dangereux qu'il est plus honnête et sincère. C'est donc un document intéressant à double titre, et par l'action qu'il exerça sur les résolutions royales, et par le jour qu'il jette sur les idées, sur les dispositions intimes d'un parti nombreux et puissant, dont on ne saurait dire qu'il a disparu sans retour.

Vergennes, en homme d'honneur, commence par déplorer les calomnies dont Necker est l'objet, et il les désapprouve nettement. Il indique, pourtant, en passant, le « grand inconvénient » qu'entraînent « ces querelles scandaleuses, » pour « le bien du service » et pour l'autorité du Roi. Il entre ensuite dans le vif du sujet, et il attaque ouvertement Necker comme protestant, comme étranger et comme innovateur. Voici, en résumé, ce qu'il entend par ces griefs. Quant au point de vue religieux, — et nous savons qu'ici il exagère singulièrement les choses, — Vergennes présente « la masse du clergé de France » comme « effrayée de voir son ennemi naturel » placé et maintenu par le Roi à la tête des finances ; car, dit-il, « malgré l'étude approfondie de M. Necker pour ne pas se compromettre avec le premier Ordre de l'État, les élémens des deux religions sont trop opposés » pour ne pas entretenir, malgré les apparences, une défiance réciproque, un état de conflit latent. Il montre ensuite Necker, — et l'injustice est encore plus flagrante, — poussé, comme malgré lui, de par son origine, à quelque complaisance envers les nations étrangères, notamment envers celle qui est notre mortelle ennemie, et il signale « les éloges qu'on lui donne dans une partie du Parlement britannique, dont toutes les fractions se réunissent quand il faut nous haïr et nous nuire. » De là provient sans doute, — bien que Vergennes glisse rapidement sur ce point délicat, — l'instinctive tendance de Necker à se poser en adversaire de la guerre avec l'Angleterre, à prôner, à tout prix, le rétablissement de la paix. On mesure la portée d'une telle insinuation, l'impression qu'elle put faire sur l'âme molle et crédule du Roi.

Mais l'argument principal de Vergennes, celui qui, en diverses formes, revient constamment sous sa plume, c'est le péril pressant que fait courir, dit-il, à l'existence même du royaume l'effrénée passion de changement et de bouleversement qui respire dans tous les propos du directeur général des finances et qui dicte tous ses projets. L'intention primitive du Roi n'était, sans aucun doute, que de faire du banquier genevois « un simple directeur du Trésor royal, en état de dépendance. » Cependant « peu à peu M. Necker s'est relevé de cette première situation, « jusqu'à prétendre diriger toute l'administration française, et voici maintenant qu'il aspire à de « nouvelles faveurs, » qui augmenteront encore cette puissance usurpée. Quel usage fait-il donc du pouvoir que le Roi lui laisse ? Il s'aliène tour à tour, grâce à ses prétendues réformes, « toutes les classes les plus respectables, » tout ce qui compte dans le royaume : « A la Cour même se forme un parti contre lui. Les familles les plus distinguées dans l'administration et la magistrature ne cachent pas leur répugnance et leur haine,… et Votre Majesté voit chaque jour le nombre des mécontens s'accroître parmi ses sujets. »

Danger plus grave encore, par ses écrits comme par ses actes, il encourage « l'esprit d'innovation » qui s'élève de tous les côtés et qui menace les institutions séculaires, et « il tourmente des hommes qu'il fallait assoupir au lieu de les exciter. » C'est ainsi qu'aujourd'hui « l'administration du royaume, ce grand résultat de la sagesse de vos augustes ancêtres, se trouve menacée par toutes les folies du temps et des circonstances. » Le réquisitoire de Vergennes, — car on ne peut lui donner d'autre nom. — prend fin sur cette péroraison, qui en résume l'esprit et dont l'allure, quelque peu solennelle, n'est pas sans éloquence : « Si *l'opinion publique* de M. Necker peut prévaloir définitivement, si les principes anglais et genevois s'introduisent dans notre administration, Votre Majesté doit s'attendre à voir commander la partie de ses sujets qui obéit, et la partie qui régit prendre sa place… Je pense que Votre Majesté ne peut demeurer simple spectatrice de cet événement, ni tarder à sacrifier l'opinion publique de M. Necker à l'opinion, aux principes, à l'administration sage et pacifique des ordres et des corps qui, depuis des siècles, ont opéré la puissance et la grandeur de cet empire. Votre Majesté se voit encore une fois dans la situation où Elle se trouva vis-à-vis de M. Turgot, lorsqu'Elle jugea à propos d'accélérer sa retraite. Les mêmes dangers et les mêmes inconvéniens dérivent de la nature de leurs systèmes analogues. »

III

Tandis que le Roi consultait, que Maurepas goguenardait et que dogmatisait Vergennes, le contre-coup de ces incidens politiques se faisait sentir à Paris. Il s'y colportait les nouvelles les plus contradictoires. Le *Journal* de Hardy se fait l'écho de cette agitation et donne avec exactitude la note de l'esprit populaire. L'émotion du libraire lui suggère même parfois des métaphores, de grandiloquentes expressions, très nouvelles sous sa plume. « Le bruit, dit-il[31], se répandait que le sieur Necker, toujours en butte aux noires critiques de l'envie, placé comme au milieu des flots écumans d'une mer sans cesse agitée par les plus violentes tempêtes, avait encore offert au Roi sa démission, que Sa Majesté avait paru mécontente de ce que ledit sieur Necker lui mettait, pour ainsi dire, si fréquemment le marché à la main,… que, le lundi, le sieur Necker, de retour à Paris, avait donné des ordres pour terminer quelques besognes courantes, tendant à faire croire qu'il s'attendait à une retraite prochaine. » Mais, ajoutait-il peu après, d'après certaines informations, « la Reine, étant intervenue, avait arrangé les affaires, » si bien que le directeur général était « plus ancré que jamais » et qu'il « tenait comme Gibraltar, dont les Espagnols faisaient le siège depuis si longtemps, sans espérance de pouvoir de sitôt s'en rendre maîtres. »

Les jours suivans, même effervescence du public et même incertitude. Mille bruits se propageaient, se détruisant les uns les autres. Le Roi, s'adressant aux ministres, leur aurait dit : « Que celui d'entre vous qui croit pouvoir se flatter de faire mieux que M. Necker prenne sa place, mais qu'il se souvienne que, s'il vient à prévariquer, je le ferai pendre ! » Et l'on applaudissait ces peu vraisemblables propos. En revanche, d'autres assuraient que « Mgr le Comte d'Artois avait fait un pari de cent mille livres concernant la très prochaine retraite du directeur général, » et l'on craignait beaucoup qu'il ne gagnât cette gageure. Notons aussi la rumeur persistante que Necker, dans ces derniers temps, aurait reçu « plusieurs lettres anonymes, où on lui présentait, s'il s'obstinait à demeurer en place, l'affreuse expectative de périr par le fer ou par le poison, » si bien que le directeur général « n'osait plus rien manger que son épouse n'eût préparé elle-même et ne paraissait au milieu des personnes conviées à sa table qu'après qu'on avait servi le dessert ; encore ne touchait-il à rien[32]. »

D'ailleurs, tout le monde s'accordait pour maudire la « cabale » formée contre « un respectable étranger, imitateur de Colbert et de Sully, » pour regarder comme « une calamité » la chute possible de « ce sage administrateur ; » et, en envisageant cette éventualité, « certains comparaient le royaume à une nacelle percée et faisant eau de plusieurs côtés, que l'on s'entêterait néanmoins à exposer au courant rapide d'une rivière. » Dans les rues et dans les carrefours, on vendait pour trois francs une belle estampe allégorique, qui remportait un vif succès : on y voyait, sous la figure d'une femme, la France qui, « le *Compte rendu* à la main, indique une pyramide où est gravé le nom du directeur général des finances... Au bas sont l'Equité, l'Humanité, l'Abondance et la Charité. L'Economie ordonne à la Muse de l'Histoire d'effacer de nos fastes le mot *impôt*. » Et tout cela avait pour titre : *La Vertu récompensée*.

Plus encore que ces traits, un fait démontre sans réplique l'impression générale : chaque fois, au cours de ces journées d'attente, que le bruit s'accrédite de la démission de Necker, « on constate sur la place une baisse assez considérable des effets royaux ; » tandis que la nouvelle contraire provoque une hausse immédiate[33].

On vient de lire les bruits répandus dans la rue et les commentaires de la foule ; voici maintenant ce qui se passait réellement. Le samedi 19 mai[34], Necker se rendit à Marly, où résidait la Cour. Il vit d'abord Maurepas, auquel, en peu de mots, il renouvela l'espèce d'*ultimatum* dont on connaît les termes : ou il aurait entrée dans le Conseil d'Etat, ou il quitterait le ministère. Maurepas feignit quelque chagrin de cette résolution, lui rappela les promesses et « les paroles consolantes » de Louis XVI ; il maintint pourtant ses refus et, devant « son obstination, » il engagea Necker à présenter lui-même sa démission au Roi. Obéissant à ce conseil, le directeur se transportait à l'appartement du souverain. Il ne pouvait être reçu, « la porte venant d'être, à ce moment, défendue à tout le monde. » Peut-être se souviendra-t-on que même réponse, dans les mêmes circonstances, avait été faite à Turgot.

Necker, en désespoir de cause, se décidait alors à demander une audience à la Reine, qui se montrait plus accueillante. Il entra dans la chambre, tenant en main, pour le soumettre à Marie-Antoinette, le billet qu'il venait d'écrire[35] et dont voici les termes : « La conversation que j'ai eue avec M. de Maurepas ne me permet plus de différer de remettre entre les mains du Roi ma démission. J'en ai l'âme navrée. J'ose espérer que Sa Majesté daignera garder quelque souvenir des années de travaux heureux, mais pénibles, et surtout du zèle sans borne avec lequel je m'étais voué à la servir. — NECKER. »

L'entrevue de la Reine avec le directeur fut longue et d'un ton amical. « La conversation dura une heure, » spécifie le petit-fils de Necker[36]. Le ministre rappela toutes les difficultés qu'il rencontrait, exposa les refus qu'il essuyait sur des points essentiels, exprima le découragement qui remplissait son âme ; il termina en insistant, avec un accent résolu, sur « son désir de vivre désormais tranquille, » et de se dérober ainsi « aux persécutions d'ennemis trop puissans pour qu'il pût entreprendre de lutter contre eux[37]. » Il remit ensuite à la

Reine la brève lettre de démission qu'on a pu lire plus haut, en la priant de la transmettre au Roi. Marie-Antoinette, à ces mots, fut véritablement émue. Elle comprenait qu'elle perdait un ami : elle sentait pareillement, sans peut-être en saisir toute la réelle portée, que le Roi, lui aussi, allait être privé d'un bon, d'un utile serviteur. Elle tenta donc encore de détourner Necker d'une si grave détermination ; elle versa même, assure-t-on, « quelques larmes, » que la clarté confuse du jour à son déclin déroba aux yeux du ministre ; il ne l'apprit que le lendemain, par la confidence d'un ami : « Je rends grâce à l'obscurité, s'écria-t-il alors avec attendrissement ; car si j'avais aperçu ces larmes, j'y aurais sacrifié ma réputation et mon bonheur[38] ! »

Voyant ses efforts inutiles, la Reine promit de remettre la lettre au Roi, et elle s'en acquitta sur l'heure. Aurait-elle pu faire davantage ? Si elle avait, pour conserver Necker, montré la même ténacité, fait entendre les mêmes prières, usé des mêmes moyens, que jadis pour chasser Turgot, aurait-elle pu obtenir gain de cause ? Mercy semble le croire, et il se peut qu'il ait raison. « La Reine, confie-t-il à Kaunitz[39], continue de reconnaître ouvertement les mérites de ce ministre ; mais soit par défaut d'expérience, soit par timidité, elle n'a pas réussi à dissiper ou à détourner l'orage, quelque agréable qu'il lui eut été de pouvoir maintenir plus longtemps en place un homme devenu si utile à la France. » La vérité, — Mercy ne le savait que trop, — c'est qu'il manquait à Marie-Antoinette la faculté de mettre une persévérance énergique au service de ses volontés ; elle n'en mettait qu'au service de ses fantaisies.

Au reste il était bien tard pour agir ; Louis XVI avait pris son parti. Le mémoire de Vergennes, les objurgations de ses frères dans ces dernières journées, tout le complot savamment préparé depuis de longues semaines, avaient eu finalement raison des objections dictées par son bon sens et son amour du bien public. « Depuis soixante-dix ans que j'habite la Cour, disait à ce propos le maréchal de Richelieu, je n'ai jamais remarqué autant d'intrigues, de cabales, de noirceurs, que durant les huit derniers jours du voyage de Marly. » Maurepas porta le coup suprême en venant annoncer au Roi son irrévocable intention, si Necker recevait son entrée au Conseil, de se retirer sur-le-champ, suivi par tout le Cabinet, à l'exception de Castries et de Ségur[40]. Enfin, il semble aussi, malgré la mesquinerie d'une pareille considération, que le ton résolu et les termes catégoriques du billet de Necker aient fâcheusement impressionné la susceptibilité du Roi. Il jugea ce billet, dit-on, « peu respectueux » et s'en montra profondément « piqué. » Deux ans après, dans une lettre adressée au maréchal de Castries, qui le poussait à reprendre Necker, il écrivait avec aigreur : « Quant à ce qui regarde M. Necker, je vous dirai franchement que, d'après la manière dont je l'ai traité et celle dont il m'a quitté, je ne peux plus songer à l'employer nulle part[41]. »

Quoi qu'il en soit, à peine eut-il reçu, par l'entremise de Marie-Antoinette, la lettre de Necker, qu'il fit passer cette note laconique à Maurepas : « La Reine m'a donné la démission de M. Necker. Je l'ai acceptée. Prévenez M. Joly de Fleury[42]. » Dans la nuit même, le directeur, à peine rentré dans son domicile parisien, fut averti que, par ordre du Roi, il eût, sans perdre de temps, à remettre son portefeuille. Il quitta le lendemain matin l'hôtel du contrôle général, et partit pour Saint-Ouen, où il avait une maison de campagne.

IV

L'annonce de ce grand événement fut répandue, dès le matin, dans toute la capitale. La sensation produite dépasse toute description. Augeard lui-même, ennemi déclaré de Necker, se voit obligé d'en convenir : « Ce furent, dit-il avec dépit, des cris, des hurlemens dans tout Paris, comme si la France était perdue ! » Toutefois, les manifestations bruyantes ne vinrent qu'au bout de quelques heures. Dans les premiers momens, ce fut plutôt une espèce de morne stupeur. Le 20 mai était un dimanche. Par les rues et par les promenades, on voyait l'affluence d'un beau jour de printemps. Mais cette foule restait muette et « la consternation était peinte sur tous les visages, » comme lorsque éclate la nouvelle d'un désastre. « Les lieux publics dit Grimm, étaient remplis de monde, mais il y régnait un silence extraordinaire ; on se regardait, on se serrait tristement la main[43]. » Le soir seulement, l'émotion générale fit explosion avec une soudaine violence. Les comédiens du Roi donnaient, au Théâtre-Français, que l'on appelait alors le théâtre du Louvre, une pièce du répertoire, *La partie de chasse d'Henri IV*. Le sujet de cette comédie était « la conduite admirable » tenue par le roi populaire quand « le vertueux Sully, » persécuté par des envieux et en butte aux intrigues de Cour, trouve auprès du souverain un suret ferme appui, qui déjoue les complots, fait taire les perfides calomnies. Y eut-il préméditation de la part de la troupe ? Les comédiens crurent devoir s'en défendre. Toujours est-il que jamais pièce ne parut davantage être « de circonstance, » ni prêter plus aux faciles allusions. La salle était bondée de monde. A l'une des premières scènes, lorsque Henri IV dit, à propos de Sully : « Ils m'ont trompé, les méchans ! » le parterre tout entier, comme un écho retentissant, répondit à plusieurs reprises : « Oui, oui, Sire, on vous trompe[44] ! » Peu après, à l'acte suivant, quand le bon Roi, voyant Sully tomber à ses genoux et les courtisans s'approcher, dit au ministre intègre : « Relevez-vous, Sully, ils croiraient que je vous pardonne, » il s'éleva une immense clameur ; l'assistance cria, tout d'une voix : « Le ministre resterai Monsieur Necker ! Monsieur Necker ! *Vox populi, vox Dei* ! » Le cri se renouvela, se prolongea tellement, « avec une si prodigieuse véhémence, » que le spectacle fut interrompu pendant « un gros quart d'heure. » Quelques jeunes gens, particulièrement excités, furent arrêtés, conduits au corps de garde, mais il fallut les relâcher, devant les réclamations de la foule[45]. Le soir, et les jours qui suivirent, on ne parlait que de cet incident dans les cafés et les endroits publics.

Un autre petit fait, non moins rare que touchant, causa un grand attendrissement. Le surlendemain de la démission de Necker, l'un de ses serviteurs « étant allé aux Halles pour la provision de la maison, » les harengères et les poissardes, après l'avoir servi, refusèrent tout paiement, en hurlant à tue-tête « qu'elles ne voulaient point recevoir d'argent d'un homme qu'elles considéraient comme *leur père*[46] ! »

Cette violente agitation ne se calma pas vite. A quelques jours de là, un certain Bailli du Rollet, compositeur d'une *Iphigénie en Aulide*, ayant déclaré publiquement, dans le foyer de l'Opéra, « qu'on était fort heureux d'être délivré d'un homme tel que M. Necker, » fut entouré, hué par la foule, et il fallut, pour le soustraire aux coups, l'intervention de la police. Un peu plus tard, au jardin du Palais-Royal, Bourboulon, auteur du libelle qui avait été l'occasion de la retraite du directeur, reconnu par quelques promeneurs et dénoncé par eux, dut fuir en toute hâte, sous peine d'être saisi, houspillé, « jeté au bassin » par la multitude irritée[47]. Le 11 juillet, près de deux mois après la démission de Necker, plusieurs marchands d'estampes furent conduits en prison pour avoir colporté, avec un succès incroyable, une image populaire représentant l'illustre financier, avec ces quatre vers au bas :

> Necker, victime de l'envie.
> Fait pleurer tout bon citoyen.
> Pauvres, à qui sa femme a conservé la vie,
> Gémissez sur sa perte et n'espérez plus rien[48] !

Enfin, beaucoup plus tard encore, dans les derniers jours de septembre, Necker, faisant visite au « Salon des tableaux du Louvre, » était l'objet d'une ovation inouïe. Une foule nombreuse l'escorta d'abord en silence ; puis, une voix s'étant écriée : *Voici le restaurateur des Finances ! Vive M. Necker* ! » tout le monde fit chorus, avec des battemens de mains, des acclamations enthousiastes. Confus, Necker voulut se retirer ; plus de deux mille personnes se précipitèrent sur ses pas, l'accompagnèrent « jusque dans son carrosse[49]. »

Dans le monde des affaires la désapprobation se traduisit d'une manière plus frappante encore. « On voyait à la Bourse, dit Hardy[50], tout le monde muet et consterné ; il y avait beaucoup de vendeurs d'effets royaux, mais point d'acheteurs, ou fort peu, et ces effets commençaient à éprouver déjà une diminution considérable. » Les chiffres que cite le libraire viennent à l'appui de cette affirmation. Le lendemain même de la démission de Necker, les actions de la Compagnie des Indes perdaient 70 francs sur les cours de la veille et les *billets d'emprunt* baissaient de 25 livres. Les gazettes de l'époque font des constatations analogues. « La confiance du public étant ébranlée, on ne trouve plus d'argent pour les emprunts, » affirmera l'un d'eux. On se plaindra bientôt aussi des retards apportés au paiement des rentes sur l'Etat, naguère si ponctuellement versées. Dès le mois de juillet, Hardy remarque avec aigreur que les « payeurs du Roi, » au lieu de verser au public « l'argent promis pour la Saint-Pierre, » c'est-à-dire pour le 29 juin, ont ajourné les paie-mens à huitaine, « comptant sans doute sur beaucoup plus d'indulgence et surtout moins d'exactitude à cet égard, de la part du sieur Joly de Fleury, aujourd'hui ministre des Finances[51]. » Bien que peu grave en soi, ce changement dans les habitudes faisait mal augurer du reste.

Il résultait de tout cela une défiance grandissante, un découragement général, qui se propageaient peu à peu dans les couches profondes du pays. « On craignait de voir se renouveler l'affreux chaos que l'on avait vu subsister sous le précédent règne et que deux hommes doués d'une âme honnête, les sieurs Turgot et Necker, avaient osé entreprendre de débrouiller, en faisant succéder l'ordre à la confusion, la confiance publique à l'ancien découragement, par l'intégrité des procédés et des opérations… Conduite admirable sans doute, mais que n'avaient pu soutenir les ennemis de tout bien, les âmes bassement cupides, sans cesse appliquées à fuir la lumière, parce que leur soif ardente de l'or ne peut trouver à s'étancher que dans les plus épaisses ténèbres[52]. » Ce langage du libraire Hardy interprète fidèlement les sentimens de la bourgeoisie parisienne. Aussi, dans ces milieux, une vive appréhension, une suspicion trop justifiée, répondaient à la « joie tumultueuse, indécente » manifestée par certains financiers, joie qui trouvait écho chez certains puissans personnages. Une brochure fort en vogue rappelait, à ce propos, le mot sanglant de Marmontel après le renvoi de Turgot : « Je me représente, d'après tout ce que je vois, l'image d'une troupe de brigands assemblés dans la forêt de Bondy, à qui l'on vient d'annoncer que le grand prévôt est renvoyé. »

D'ailleurs, les satisfaits sont rares. Les regrets populaires sont généralement partagés par les classes plus élevées, sans distinction de nuances. Dans les salons où règne l'*Encyclopédie,* la tristesse et la déception se font jour, même chez ceux auxquels Necker est le moins sympathique. « Quoique ce ministre n'aimât ni les lettres, ni les gens de lettres, je regarde sa démission comme un malheur. Je le crois bien difficile, ou même impossible à remplacer[53]. » C'est d'Alembert qui parle ainsi, et Galiani renchérit de la sorte : « Faut-il croire[54] qu'il y ait une loi éternelle, qui ait livré les hommes aux méchans et aux imbéciles, et exclu à jamais les héros ? Si cette loi existe, il faut courber le dos et plier la tête. Si elle n'existe pas, je maudirai les parlemens, les intrigans, les cabalans et les *rien-entendans,* d'avoir fait ce massacre. » Buffon, sous une forme plus grave, exprime au fond la même idée : « Il semble, en vérité, que le génie ou l'incapacité, le vice ou la vertu, soient indifférens au maintien de ce monde… Si de tels maux se font sous un bon Roi, que peut-on espérer des autres[55] ? »

Tel est le ton des philosophes. Parmi beaucoup de grands seigneurs et de dames haut titrées, le chagrin est pareil et la protestation semblable. Pendant toute la semaine qui suivit l'événement, le chemin qui menait de Paris à Saint-Ouen, où s'était retiré Necker, fut, du matin au soir, « sillonné de carrosses. » Parmi les visiteurs, l'archevêque de Paris, les ducs d'Orléans et de Chartres, le prince de Condé, le maréchal de Richelieu, les ducs de Luxembourg, de Noailles, de Choiseul, deux ministres en exercice, MM. de Castries et de Ségur.

Quant aux lettres de sympathie et de condoléance, elles sont réellement innombrables. Mme Necker, en les classant, aura le droit d'écrire : « L'effet produit par la retraite de M. Necker fut si extraordinaire, qu'il nous étonna nous-mêmes ! » La plupart de ces témoignages furent détruits, ajoute-t-elle, dans les premières semaines, l'ourlant ce qui subsiste encore aux archives de Coppet remplirait tout un gros volume. Les femmes notamment se distinguent par leur ardeur et leur sincérité d'accent. C'est la duchesse de Rohan, née d'Uzès, écrivant à Mme Necker qu'elle « s'affligeait comme citoyenne, » et c'est la marquise de Créqui s'écriant avec désespoir : « En prévoyant le très prochain avenir, je dis : O Aristide, comme vous nous auriez donné du secours ! Et je pleure seule et sans témoin. » Il faut encore noter, en raison de sa signataire, le billet ci-après de Madame Louise de France, la propre tante du Roi, qui s'adresse à l'ex-directeur, de son monastère de Saint-Denis : « Votre retraite, monsieur, me désole, ainsi que tout le monde. N'avez-vous pas quelque regret de laisser imparfait un si bel ouvrage, si bien commencé ? Mais ce que vous n'avez pas fait ne nous empêche pas de reconnaître ce que vous avez fait[56]. »

Necker, crut devoir, le jour même, répondre à ce billet, et sa réponse éclaire d'un jour précieux ses sentimens intimes, en cette phase cruelle de sa vie : « Je suis bien sensible aux regrets que Madame me témoigne. Ce n'est pas sans un véritable déchirement, dont je ne serai pas de sitôt guéri, que j'ai quitté une administration où j'avais placé mon unique intérêt, et que je me suis séparé d'un maître dont les qualités personnelles m'avaient sensiblement attaché. Je croyais n'avoir demandé qu'une marque de confiance raisonnable, efficace, à mes yeux, au service du Roi, et que des attaques de toute espèce avaient rendue nécessaire. Mais, sans doute, je me trompais, puisque le Roi m'a refusé. Ce sera le malheur de ma vie, et je ne trouverai pas de consolations suffisantes dans le souvenir de tout ce que j'ai fait pour le servir, avec un absolu dévouement[57]… »

V

Cette mélancolie de Necker, ce regret de l'œuvre inachevée, c'est chez lui la note dominante dans les premières semaines. Quelques jours après sa retraite, en classant ses papiers, ses regards se portèrent sur les cahiers où se trouvaient, sommairement résumés, ses plans de réformes futures : suppression des gabelles, changemens dans le régime des douanes, extension à la France entière de son système d'administrations provinciales. Il ne put soutenir cette lecture : « Par un mouvement involontaire, il rejeta ces écrits loin de lui, se couvrit le front de ses mains ; des larmes coulèrent sur ses joues[58]. » A quelque temps de là, à l'heure du décès de Maurepas, survenu l'année même, des remords se mêlèrent à ces honorables regrets. Il se rappela le mot de son ami le marquis de Castries : « Nous ne vous demandons que six mois de patience ! » Avec plus de souplesse d'humeur, de facilité résignée, avec moins de hauteur surtout, peut-être aurait-il pu demeurer au pouvoir, jusqu'à l'instant prochain où la mort d'un octogénaire lui aurait laissé les mains libres…

Ces tristesses, ces scrupules le hantèrent si assidûment, le tourmentèrent si fort, qu'il en tomba malade et qu'on craignit un moment pour ses jours. « Il a été attaqué à Paris, chez un ami, rue des Jeûneurs, paroisse Saint-Eustache, de la maladie dite *le pourpre blanc,* espèce de *millet,* annonce d'un sang décomposé, qui le met dans le plus grand danger. Sa Majesté a paru d'autant plus consternée, en recevant cette nouvelle, qu'Elle croyait devoir se faire aider relativement à toutes les opérations de finance par ledit sieur Necker[59]. » Il se remit pourtant ; il retrouva son équilibre ; sous l'empire de la réflexion, ses sentimens se modifièrent. Il en vint à se persuader, — et cette manière de voir est sans doute mieux fondée, — que la jalousie de Maurepas, l'hostilité des parlemens, fussent, en tout cas, promptement venues à bout de la molle résistance du Roi, qu'il eut été, quelques semaines plus tard, brutalement sacrifié, congédié comme Turgot, et qu'en tombant ainsi, il aurait perdu à jamais toute chance de rentrer aux affaires, compromis l'avenir sans retour. Puis, suivant la pente naturelle qui le portait à s'admirer lui-même, il regarda bientôt sa retraite spontanée comme une action méritoire et glorieuse. Dans une note manuscrite, espèce d'examen de conscience rédigé par lui-même, dont j'ai déjà donné quelques extraits : « J'ai quitté le ministère, écrira-t-il, en laissant des fonds assurés pour une année entière, dans un moment où il y avait au Trésor royal plus d'argent comptant et d'effets disponibles qu'il ne s'en était jamais trouvé de mémoire d'homme, et où la confiance publique, entièrement ranimée, s'était élevée au plus haut degré… Il est une pensée méprisable, qu'on découvre aisément dans les replis du cœur humain, c'est de choisir pour sa retraite le moment où l'on peut jouir de l'embarras de son successeur. J'aurais eu honte à jamais d'une pareille conduite ! J'ai choisi la seule (conduite) convenable à un homme qui, ayant aimé sa place pour des motifs honorables, ne peut, en la quittant, se séparer un instant de la chose publique[60]. »

Toute modestie à part, le raisonnement est juste. Necker, en s'en allant, a servi sa gloire personnelle. Son départ, on l'a vu, eut quelque chose de triomphal ; l'éclat en rayonna jusque par-delà les frontières. La Grande Catherine célébra les mérites de l'ex-directeur général ; l'empereur Joseph fit mieux, il écrivit à Mercy-Argenteau : « Serait-ce un rêve bien ridicule que de vous prier de me dire bien sincèrement si vous croyez que cet habile Genevois serait capable de sortir de France et de se transporter en Allemagne ? » Et l'ambassadeur impérial, tout en répondant à Joseph qu'il doutait fort du succès de cette offre, concluait par ce bel éloge du ministre tombé : « Son administration aurait infailliblement remonté cette monarchie au-delà peut-être de la convenance de l'Europe[61]. »

Voilà quelle fut l'opinion concordante des citoyens français et des cours étrangères. On s'est pourtant demandé, de nos jours, si la démission de Necker fut véritablement, comme le crurent ses contemporains, une calamité nationale. Son administration, sa politique surtout, pendant son premier passage au pouvoir, ont rencontré des juges sévères. Certains ont discuté ses chiffres et contredit ses comptes, critiqué ses méthodes et contesté leurs résultats. Si les fonds publics, a-t-on dit, se sont rapidement relevés à dater de son avènement et ont constamment progressé durant son ministère, les cours sont restés, à tout prendre, plus bas qu'ils n'étaient sous Turgot, et, sauf quelques crises passagères, ils ont continué à monter pendant deux ans après sa chute. A quoi l'on peut aisément répliquer qu'après les ravages de Clugny, et au cours de « cinq ans de guerre ou de préparation de guerre[62], » avoir relevé le crédit et rempli les coffres du Roi, sans recourir à un impôt nouveau, peut être envisagé comme un assez beau tour de force, et que, si la montée des fonds a continué sous le successeur de Necker, il est permis de l'attribuer, tout au moins pour partie, à ses heureuses réformes, à l'esprit d'ordre et d'honnêteté, aux habitudes d'économie, à tous les progrès, en un mot, réalisés par lui dans la gestion des finances du pays. S'il est exact qu'un système d'administration doit être jugé sur ses fruits, le système de Necker ne peut que faire bonne figure dans l'histoire.

Mais l'objet des plus graves critiques est moins l'administration financière de Necker que sa politique générale et ses vues d'homme d'Etat. Quand, dans son *Compte rendu au Roi*, il dénonçait avec éclat les abus et les vices de l'ancien régime monarchique, il fournissait, lui reproche-t-on, une arme redoutable aux adversaires du trône, il attirait les regards du pays sur ce qui eût gagné à demeurer dans l'ombre. De même, par ses essais d'assemblées provinciales, il provoquait chez la nation française l'idée, le goût de gérer ses propres affaires, d'où découlerait nécessairement le désir de se gouverner elle-même. Il a donc doublement aidé au déchaînement de la Révolution ; il en a, tout au moins, précipité la marche. Cette argumentation paraît irréfutable. Reste à savoir si, en frayant la voie à tout ce qui, dans la Révolution française, fut juste, utile et bienfaisant, en devançant par des réformes sages, et en atténuant par là même, le mouvement qui poussa les Etats-Généraux à tout jeter à bas pour tout refaire ensuite, reste à savoir, — en supposant qu'il ait pu terminer son œuvre, — si Necker n'aurait pas rendu à la royauté défaillante le plus grand des services, s'il n'eût pas limité à 1789 la rénovation nécessaire. Qu'on puisse, à son propos, se poser cette question, n'est-ce pas déjà, pour sa mémoire, un rare et magnifique hommage ?

A quoi bon d'ailleurs s'attarder à ces problèmes oiseux et errer à travers le champ, vaste et stérile, de l'hypothèse ? Il est un fait certain, palpable et hors de discussion, c'est qu'à partir du départ de Necker, les affaires de l'Etat ne cesseront de péricliter et de s'acheminer vers la ruine, jusqu'à la catastrophe finale ; c'est que, plus spécialement, le département des finances ne sera plus administré que par de médiocres sous-ordres, comme Joly de Fleury et son successeur d'Ormesson, ou bien par des jongleurs et par des charlatans, tels que Calonne et Loménie de Brienne. Or nul n'ignore que c'est le déficit qui désarma la monarchie française, la mit à la merci de ceux qui complotaient sa perle. Le sage, l'honnête Malouet a, dans ses mémoires impartiaux, inscrit cette phrase, qui est le jugement de l'histoire : « Quoi qu'on puisse dire, c'est de la retraite de M. Necker, en 1781, et de l'impéritie de ses successeurs, que datent les désordres qui nous ont conduits aux Etats-Généraux. »

VI

Sur la manière dont fut choisi le nouveau chef du département des Finances, il existe une légende, dont Marmontel s'est fait l'écho. Il raconte que Maurepas, le soir de la démission de Necker, rentrant « tout joyeux » au logis, fut questionné par des amis présens sur le choix du futur contrôleur général et qu'il avoua n'y avoir point pensé. « Le cardinal de Rohan, qui se trouvait là par hasard, prononça le nom de Joly de Fleury, et ce fut lui qui fut nommé. » Les quelques lignes adressées par Louis XVI à Maurepas, dont j'ai plus haut donné le texte, suffisent à détruire cette version et à démentir l'anecdote. Dans la réalité, depuis l'origine de la crise, quatre noms étaient discutés entre le Roi et le Mentor : Lefèvre d'Ormesson, Charles-Alexandre de Calonne, Foulon et Joly de Fleury. Pour le remarquer en passant, trois de ces quatre personnages devaient se succéder à la tête des Finances. Mais, dans l'instant, le choix tomba sur le dernier, Jean-François Joly de Fleury, conseiller d'État ordinaire depuis l'an 1760 et récemment entré au Conseil des Dépêches. Il y avait, dit l'abbé de Véri, la spécialité exclusive des « questions de procédure, » et il y montrait « quelque esprit, du travail, une intelligence assez souple. » Par ses alliances avec « de vieilles familles de robe, » et par son attitude au temps du parlement Maupeou, on pouvait espérer qu'il serait *persona grata* auprès de la magistrature, et cette idée était faite pour plaire à Maurepas. Mais son âge, ses infirmités, la faiblesse de son caractère, le rendaient suspect à l'avance « aux gens droits et désintéressés et aux bons citoyens, » en même temps qu'« agréable aux courtisans et aux agioteurs[63]. » Au reste, on doutait fort qu'il pût rester en place. La plus grande partie du public, au rapport de Hardy, « ne lui donnait guère que trois mois pour mourir de perplexité ou se trouver forcé de demander de lui-même sa retraite. » Il courait dans la capitale le petit billet que voici : « On annonce que *Le Glorieux*, capitaine Necker, a été coulé bas par les ennemis de l'État, après la plus honorable résistance. Il a été remplacé par Le Joli, capitaine Fleury, qui fait eau de toutes parts. On craint que ce vaisseau, étant déjà fort usé, ne tienne pas longtemps la mer[64]. »

Le trait distinctif de Fleury était l'absence de tout plan préconçu et de toute méthode personnelle. Maintiendrait-il les principes de son devancier ? Ou bien détruirait-il son œuvre ? S'en tiendrait-il au système de l'emprunt ? Ou bien recourrait-il au système de l'impôt ? Lui-même n'en savait rien ; Louis XVI n'était pas plus fixé. Dans la lettre où le Roi annonce à Joly de Fleury son avènement au contrôle général, on lit cet aveu ingénu : « Ne voulant pas encore nous expliquer sur la forme en laquelle nous nous proposons de gouverner un département aussi important au bien du royaume, nous avons cru ne pouvoir faire un meilleur choix que celui de votre personne pour l'administrer. »

Au cours de la première audience qu'il accorda aux receveurs et fermiers généraux, Fleury se contenta de déclarer, en peu de mots, qu'il n'avait accepté cette place que par soumission aux ordres du Roi, qu'il suivrait d'ailleurs, en tous points, « les erremens et les engagemens de son prédécesseur, et n'apporterait nul changement à l'ordre de choses établi. » Il fit tenir, le lendemain, même langage à la Bourse. « Ce n'était donc pas la peine de renvoyer M. Necker ! » s'écria l'un des assistans, ce qui causa quelque scandale[65]. On reconnut pourtant bientôt que l'affirmation était fausse et que tout changeait, au contraire, dans l'administration fiscale. Fleury n'était pas de trois mois en place, que des taxes nouvelles excitaient les murmures de la population. « Deux sols de plus par livre » sur les droits de consommation, et un « troisième vingtième sur les biens fonds, » augmentaient les impôts d'environ quarante-cinq millions par an. Ce fut, à cette nouvelle, un grand mécontentement parmi « les citoyens et habitans de la bonne ville de Paris, qui regardaient comme un fort mauvais début ce premier effort du génie du successeur immédiat du sieur Necker, que l'on regrettait plus que jamais, et l'édit crié par les rues échauffait toutes les têtes[66]. » Les récriminations ainsi mentionnées par Hardy étaient sans doute peu justifiées, car les emprunts s'annonçaient mal depuis le nouveau ministère[67], et force était au contrôleur de se procurer de l'argent pour couvrir les frais de la guerre. Mais, depuis bientôt cinq années, comme l'observe un contemporain, « le peuple s'était accoutumé à voir les charges de l'Etat se succéder sans que les siennes augmentassent, et il ne prévoyait pas qu'elles s'accumulaient pour l'écraser un jour[68]. »

D'ailleurs, d'autres mesures, moins nécessaires et plus fâcheuses, achevaient d'irriter l'opinion. Bon nombre des emplois supprimés par Necker étaient rétablis tour à tour. De douze, les receveurs généraux des finances étaient portés à quarante-huit, les receveurs des tailles de deux cent quatre à quatre cent huit ; plusieurs des charges abolies dans la Maison de la Reine, — trésoriers, contrôleurs et autres sinécures, — ressuscitaient, sans prétexte valable, et simplement, disait le préambule, parce que « cela s'est toujours observé pour les maisons des dauphines et reines de France. » Tout cela joint à l'abandon tacite du projet de Necker sur les assemblées provinciales, donnait à supposer que le gouvernement royal « revenait en arrière, » que la politique de réforme était définitivement condamnée, que l'on allait voir de plus belle refleurir les abus et renaître les privilèges. Et, à cette seule idée, de longs murmures s'élevaient parmi les plus honnêtes et les plus pacifiques bourgeois. « On disait assez hautement que la *poule au pot*, promise dès le commencement du règne actuel, s'éloignait furieusement de la marmite du pauvre pour tomber dans celle des fermiers généraux et autres gens de finance[69]. »

Toutes les gazettes y font écho. Elles fourmillent de vertes critiques, d'acerbes épigrammes, dont certaines sont assez piquantes. « Les financiers, écrit Métra en octobre 1781, voient avec bien de la joie renaître un véritable âge d'or, au moment même où beaucoup d'entre eux y renonçaient. M. de Fleury aura une belle place dans leurs litanies des saints… Les receveurs généraux sont déjà plus nombreux, les trésoriers généraux sont réinstallés dans leurs places, le tout pour leurs écus[70], disent-ils, mais nous croyons un peu que ce sera pour les nôtres… On dit que M. de Fleury guérit fort bien par des saignées tous ceux qui sont malades de quelque suppression. On s'attend avoir bientôt tous ces ressuscites convaincre le peuple que, s'ils financent aujourd'hui avec tant de joie, c'est parce qu'ils n'ont en vue que son bien. » Qu'on ne voie pas dans ces insinuations un simple badinage ; le grave Mercy, dans ses dépêches, n'est guère plus bienveillant pour le nouveau régime : « Les anciens abus reviennent en foule, mande-t-il à Joseph II. Le contrôleur général actuel ne jouit d'aucun crédit, d'aucune considération, ni, à ce que croit le public, d'aucune capacité. Le comte de Maurepas, plus affaissé que jamais par l'âge et les infirmités, n'est ni en état, ni, par caractère, en volonté de remédier à tant d'inconvéniens, et toutes les branches du gouvernement restent en souffrance[71]. »

VII

Maurepas, d'ailleurs, tout penchant qu'il fût vers la tombe, redoublait d'insouciance, de légèreté, de gouailleuse ironie. Jamais homme ne fut à la fois plus clairvoyant et plus frivole, n'eut une plus claire vision des périls menaçans et n'en prit son parti avec une plus aimable aisance. Jamais chef de gouvernement n'entassa gaiement plus de ruines. La Reine elle-même, si éloignée qu'elle fut du sérieux de la vie, était parfois scandalisée de sa futilité, souffrait du ton dont il traitait les questions les plus importantes. Elle raconte à Mercy, un mois après le départ de Necker, que le Mentor, dans un entretien tête à tête, lui a confié que Joly de Fleury serait sans doute « de bonne humeur » tant qu'il aurait de l'argent dans ses coffres, mais que l'heure approchait où il serait k bout de ressources et que l'on ne tarderait guère à « le voir déchanter, » et il mêlait ces confidences de rires, de brocards, de bons mots,, au point que Marie-Antoinette sentait, en l'écoutant, son cœur se gonfler de mépris, d'indignation contenue[72].

C'était, ou peu s'en faut, un moribond qui parlait de la sorte. A quelques mois de là, dans les premiers jours de novembre, une crise de goutte se déclarait et se portait bientôt au cœur, le mettant dans un grand danger. Le vieillard le savait, et son unique souci était de s'assurer un héritier selon son goût. « Depuis deux jours, écrit Kageneck[73], il est à toute extrémité. Il s'en rend compte, et il fait des efforts désespérés pour faire agréer à sa place le duc d'Aiguillon. » Pour tenter de le prolonger, on recourait, en désespoir de cause, à un médecin de Montpellier, le sieur Barthès, possesseur d'un remède secret. L'effet parut miraculeux ; le cœur se dégagea, le mal se jeta sur le bras. Le 11 novembre, le vieux ministre, couché sur un sofa, recevait ses collègues, leur parlait des affaires avec sa lucidité coutumière[74]. « On le disait hors de tout danger, dit Mercy ; je ne sais si on le croyait. » Au fond, nul ne doutait que le répit fût court, et les intrigues allaient leur train, certains travaillant pour Choiseul, d'autres pour d'Aiguillon, d'autres encore pour le cardinal de Bernis ou pour le duc de Nivernais. Quant à Louis XVI, livré à sa douleur, il ne paraissait occupé que de la perte d'un ami et demeurait « impénétrable. »

Le malade gardait son sang-froid et rédigeait, pour être remise à Louis XVI au lendemain de sa mort, une note où il consignait les leçons de sa vieille expérience. Un des chapitres de ce « testament » était intitulé : *Liste des personnes que le Roi ne doit jamais employer après ma mort, s'il ne veut voir, de ses jours, la destruction du royaume*. Il montra cette liste à Augeard : on y lisait les noms de Loménie de Brienne, du président de Lamoignon, de M. de Calonne ; une mention spéciale était consacrée à Necker, dont il déconseillait instamment le retour. Ainsi sa jalousie s'étendait par-delà la tombe. Ces exclusions posthumes furent d'ailleurs sans effet ; il est à remarquer que tous les personnages ci-dessus désignés furent, par la suite, employés par Louis XVI.

Maurepas n'eut qu'une semaine de grâce. L'accès, momentanément arrêté, reprenait le 18 novembre avec une nouvelle violence. Une sorte de gangrène parut sur le membre goutteux, et les médecins déclarèrent tout espoir perdu. Le lendemain, à l'aube du matin, dans son petit appartement du château de Versailles, situé juste au-dessus de la chambre du Roi, le ministre reçut les derniers sacremens. Sa tête restait entière. Il eut, quelques momens après, la visite d'Amelot, son parent, ministre de la Maison du Roi ; il s'entretint fort paisiblement avec lui. Comme Amelot se levait et lui disait adieu : « Nous partons tous ensemble, » murmura le mourant, et ce fut sa dernière parole. Entendait-il par là, comme la plupart le crurent, que le Cabinet tout entier succomberait sans doute avec lui ? Ou, avec cette prescience qu'on a parfois à l'heure suprême, entrevit-il alors, tout proche et comme déjà béant, l'abîme où allait s'engloutir le régime dont il fut l'incarnation suprême ? Il est permis de le penser. Maurepas n'était pas incapable d'un éclair de divination, tardive au reste et inutile ; car il eut toujours le cerveau plus vaste que le cœur.

Le 21 novembre au soir, quelques minutes après onze heures, il expirait, parmi les sanglots de sa femme, auxquels, de loin, faisaient écho les larmes de Louis XVI. Quand le duc d'Estissac, fort intime ami du défunt, vint annoncer au Roi que tout était fini : « Vous faites une bien grande perte, lui dit le prince avec une émotion profonde, mais j'en fais, moi, une bien plus grande ! » Le surlendemain, le corps fut présenté en l'église Notre-Dame, paroisse du château de Versailles, puis transporté, sans pompe aucune, à Saint-Germain-l'Auxerrois, à Paris, où il fut inhumé dans le caveau de la famille, « sous la chapelle sise à côté de l'ancien autel de paroisse[75]. » Une oraison funèbre fut prononcée, un peu plus tard, en l'église Saint-Sulpice, Tous les ministres et toute la Cour y assistèrent, sur l'ordre exprès du Roi.

Dans les rangs du public, la disparition de Maurepas fut accueillie, par la majorité des gens, avec indifférence, par certains avec soulagement. Comme Marie-Antoinette avait, un mois plus tôt, donné un héritier au trône[76], on fît courir à Paris ce distique :

> O France, applaudis-toi, triomphe de ton sort :
> Un dauphin vient de naître et Maurepas est mort !

C'est que les événemens récens avaient achevé de détacher de lui ceux qui, longtemps, avaient fait fond sur ses capacités, sur son expérience politique. Pourtant, comme beaucoup d'hommes, Maurepas valait mieux que ses actes. On ne peut nier sa probité, son désintéressement, l'agrément de son caractère et la souplesse de son fertile esprit. Il n'avait point de méchanceté réelle ; il était même, à l'occasion, capable d'attachement et de reconnaissance. Il aima sincèrement Louis XVI et il lui fut personnellement dévoué. Il contribua, pendant les premiers temps du règne, à fortifier chez le jeune prince l'amour du bien public et certains principes de sagesse. Il avait assez de lumières pour discerner clairement tout ce qui menaçait l'avenir de la royauté bourbonienne et pour pressentir, tout au moins, de quel côté il faudrait chercher le remède. Il devina, il désigna Turgot, Saint-Germain et Necker.

Mais, comme le dit avec justesse son ami l'abbé de Véri, « tout fut gâté par les deux vices » qui constituaient le fond même de son caractère : « une insouciance quasi universelle pour tout ce qui n'était pas *lui*, la faiblesse de sa volonté dès qu'il rencontrait des obstacles, » à quoi il s'ajouta, dans les dernières années, une puérile impatience à l'égard de tous ceux dont il sentait la supériorité. C'est ainsi qu'il abandonna des hommes dont, au fond de son cœur, il reconnaissait le mérite, pour se confier à d'autres qu'il considérait à part soi comme de médiocres subalternes, qu'il préféra conserver de mortels abus plutôt que de livrer de difficiles batailles, et que, par suite, il agit fréquemment contre ses propres sentimens et ses propres idées. C'est grâce à ces défauts, à cette inconsistance, qu'il laissa peu à1 peu l'autorité royale, dont il devait être le guide, flotter à la dérive entre des plans de conduite opposés, tantôt lutter contre les parlemens, et tantôt servir leurs rancunes, porter un jour la philosophie au pouvoir, la livrer le lendemain à la risée publique, osciller constamment du système libéral au système despotique, de la réforme à la routine, de la réaction au progrès.

Bien peu de mois avant sa fin, causant familièrement avec l'abbé de Véri, Maure pas disait, d'un ton mélancolique : « Je ne fais pas tout le bien qu'il y aurait à faire ; mais j'empêche plus de mal qu'on ne pense. On le verra bien après moi[ZZ]. » Cette phrase renferme, semble-t-il, une part de vérité. Il avait fait, quand il mourut, à peu près tout le mal dont il était capable ; peut-être, s'il eût survécu, aurait-il pu, dorénavant, rendre quelques services. Dans l'état d'anarchie, de décomposition, d'irrémédiable décadence où, — beaucoup par son fait, — était dès lors tombé le régime monarchique, lui seul pouvait maintenir encore une ombre de discipline extérieure, une apparence de dignité, toute de surface, toute de parade, servant du moins, ainsi qu'un voile léger, à couvrir les misères et les décrépitudes toutes prêtes à s'étaler au jour. Son âge, sa longue habitude du pouvoir imposaient quelque déférence aux cours européennes, de même qu'à la cour de Versailles elles obligeaient à respecter certaines formes anciennes, favorables à l'illusion. Lui parti, tout se relâcha, tout s'en fut à la débandade, tout prit l'aspect d'une année en déroute.

VIII

Au lendemain de cette mort, une même question était sur toutes les lèvres : qui deviendra « le principal ministre ? » Qui dirigera la politique du Roi ? La surprise fut extrême, lorsque l'on apprit que Louis XVI ne remplacerait pas son Mentor, et, qu'il n'y aurait, à l'avenir, aucun « chef du Conseil. » Quelques bonnes âmes crurent devoir s'en réjouir. L'honnête duc de Croy est de ces optimistes : « C'était, écrit-il de Louis XVI, une des grandes époques de son règne, et où on l'attendait... Il ne changea pas la moindre chose à sa vie et à son Ion. Il allait à la chasse et travaillait, aux heures de règle, avec chaque ministre, ayant bien soin de ne parler à aucun que de sa partie, se montrant d'ailleurs assez ferme et décidé... En sorte que, sans aucune affectation et ne paraissant pencher vers personne, il gouvernait réellement par lui-même, en gros. » Bref, déjà ces esprits candides évoquaient l'image du Grand Roi, après la mort de Mazarin.

Combien fut déçu cet espoir ! Louis XVI n'était pas Louis XIV ; Louis XVI n'avait ni Colbert, ni Louvois ; et les aurait-ils eus, qu'il les aurait vite sacrifiés. Echappant à ses mains sans force, la direction des affaires du royaume appartiendra désormais tour à tour, — ou en même temps, ce qui est pire, — aux courtisans ambitieux et cupides, comme les favoris de la Reine, aux hommes d'Etat rétrogrades et à courte vue, comme Vergennes, aux faiseurs, comme Galonné, aux intrigans, comme Loménie de

Brienne. Aussi, bientôt, à ce spectacle, au vu de cette abdication, l'idée se formera, au fond des cerveaux populaires, que, la volonté d'un seul homme étant insuffisante, il convient de la remplacer par la volonté générale. Le moyen paraîtra bien simple : il n'y aura « qu'à rassembler des hommes pour les mettre d'accord[78], » et l'on donnera ainsi la parole au pays. « La royauté s'étant dérobée à la tâche, » cette tâche, on l'entreprendra donc sans elle, malgré elle, au besoin contre elle.

Pour revenir à l'heure présente, une vérité s'impose : la politique entrevue par Louis XVI lors de son accession au trône, la politique de réformation financière et de rénovation sociale, la seule sans doute qui aurait pu conjurer ou prévenir la tourmente révolutionnaire, cette politique de salut monarchique est désormais finie et abandonnée sans retour. Les grands moyens ayant échoué, il ne reste au pouvoir royal que les procédés empiriques et les expédions dilatoires ; dans la descente effrayante et rapide, il ne reste qu'à s'accrocher aux touffes d'herbes, aux menues branches, pour retarder l'instant, l'inévitable instant, de rouler au fond de l'abîme. Et de ce tragique dénouement, le Roi ne peut, en bonne justice, s'en prendre qu'à lui-même. Deux fois, en l'espace de sept ans, avec Turgot d'abord, avec Necker ensuite, il avait eu cette bonne fortune de rencontrer des hommes honnêtes, clairvoyans, courageux, tout prêts à se dévouer pour sauver sa couronne. Il les avait, en pleine besogne, chassés, ou laissé chasser, l'un et l'autre ; après leur chute, il avait, sans mot dire, assisté à la destruction de tout ce qu'ils avaient réalisé au prix d'un dur labeur. Par cette faiblesse, par cet aveuglement, il avait à jamais usé toute la somme de confiance que la nation lui avait accordée. Ces deux faillites retentissantes avaient épuisé son crédit. L'immense désillusion entraînait une immense rancune, où il entrait quelque mépris.

Ce qu'il est cependant nécessaire d'ajouter, avant de clore cette douloureuse étude, c'est que, si le régime royal était irrémédiablement atteint, la nation française demeurait pleine de vigueur et de vitalité. Sous la ruine apparente, il subsistait des ressources profondes ; les réserves étaient intactes. Même malgré l'indigence de certaines régions isolées, le pays, dans l'ensemble, était sensiblement plus riche qu'au commencement du siècle. Des témoignages nombreux et concordans constatent, dans la dernière partie du règne de Louis XVI, l'état prospère et florissant de nos plus grandes provinces, — l'Artois, l'Orléanais, les plaines de la Garonne, la Charente, l'Anjou, la Touraine, — la fertilité des campagnes, le développement de l'industrie et du commerce dans les villes, le nombre des canaux, le bon état des routes, l'accroissement du bien-être parmi les ouvriers et les cultivateurs[79]. « Combien, s'écriait Arthur Young, les pays et les peuples que nous avons vus depuis que nous avons quitté la France perdent à être comparés avec ce pays plein de vie ! »

On a même pu soutenir, — et la thèse est fort défendable, — que cette prospérité relative du peuple français précipita l'essor de la Révolution, en rendant les hommes « plus sensibles aux vexations qu'ils subissaient et plus ardens à s'y soustraire. » Le paysan propriétaire dut souffrir davantage de l'injustice de la corvée, de l'inégalité des charges, de toutes les tracasseries fiscales, que le salarié misérable travaillant au compte du seigneur et labourant un champ dont il n'engrange pas la moisson.

Ainsi, dans la période dont j'ai tenté de retracer l'histoire, la France était pareille à un homme travaillé par de multiples maladies, plus ou moins graves, plus ou moins douloureuses, les unes aiguës et les autres chroniques, des maladies dont nulle n'était mortelle et qui toutes étaient guérissables. Elle demeurait vivace ; elle gardait du sang et des muscles. Mais, par-dessus cet organisme encore robuste et sain, le vieil appareil monarchique, qui lui était depuis si longtemps adapté qu'il semblait faire corps avec lui, était comme une armure usée, trouée, disjointe et rongée par la rouille, qui ne tenait plus aux épaules que par la longue accoutumance et qu'une forte secousse achèverait de jeter à terre. Après dix siècles d'existence, la royauté traditionnelle, faute d'avoir su se rajeunir, eût pu s'approprier la parole fameuse de Fontenelle a sa centième année : « Je meurs d'une impossibilité de vivre. »

SÉGUR.

1. ↑ *Copyright by* Calmann-Lévy 1912.

2. ↑ Voyez la *Revue* du 1ᵉʳ décembre.
3. ↑ Lettre du 21 avril 1781. — *Correspondance* publiée par Flammermont.
4. ↑ *L'Espion anglais*, t. IV.
5. ↑ L'archevêque d'Arles. Procès-verbal de l'Assemblée générale du Clergé de France, tenue à Paris en 1780.
6. ↑ *Correspondance secrète* de Métra, 24 juin 1780.
7. ↑ *Le Salon de Mme Necker*, par le comte d'Haussonville, t. II.
8. ↑ *Lettres* de Kageneck. — *Correspondance* de Métra.
9. ↑ *Journal* inédit, *passim*.
10. ↑ *Journal* de Hardy, avril 1781.
11. ↑ *Ibidem*.
12. ↑ *Journal* de Hardy, 30 avril 1781.
13. ↑ *Ibidem*.
14. ↑ *Dépêche* de Mercy à Kaunitz, du 21 avril 1781. — *Correspondance* publiée par Flammermont.
15. ↑ *Journal* de Hardy, 25 et 28 avril 1781. — La *Correspondance secrète* publiée par Lescure mentionne le même bruit, à la même date.
16. ↑ Voyez le *Journal* de Hardy, les *Mémoires secrets* de Bachaumont. — Voyez aussi *les Finances de l'Ancien régime*, par Stourm.
17. ↑ Le sieur Radix de Sainte-Foix, d'abord trésorier de la marine, avait obtenu les bonnes grâces du Comte d'Artois en le servant dans de basses galanteries. Plus tard, trois mois après la chute de Necker, il fut impliqué dans une affaire véreuse, décrété de prise de corps, obligé de s'enfuir à Londres. Quatre ans à près, en 1785, la protection du Comte d'Artois lui valut l'annulation de cette procédure et la permission de revenir à Paris. Il y étala un luxe tapageur, se promenant par les rues « dans un cabriolet doré, avec un jockey derrière, » de l'air « d'un triomphateur sur son char de victoire. » — *Mémoires secrets* de Bachaumont.
18. ↑ Ledit sieur Bourboulon était fait pour s'entendre avec le sieur de Sainte-Foix. Six ans après l'épisode que je rapporte ici, le « trésorier du Comte d'Artois, » à la suite d'une « banqueroute frauduleuse de quatre ou cinq millions, » était contraint de s'enfuir hors de France pour échapper à la Bastille. — *Mémoires* secrets de Bachaumont, 5 mars 1787.
19. ↑ *Mémoires* de Marmontel.
20. ↑ *Le Salon de Mme Necker*, par le comte d'Haussonville, tome II.
21. ↑ *Mémoires* de Marmontel.
22. ↑ Pour le récit de l'épisode qui suit, j'ai consulté le *Journal* de l'abbé de Véri, le *Journal* de Hardy, les dépêches de Mercy-Argenteau publiées par Flammermont, la *Notice* d'Auguste de Staël sur M. Necker, les *Mémoires* de Marmontel, de Soulavie, etc., etc.

23. ↑ Note écrite pur Necker après sa retraite et reproduite par Soulavie dans ses *Mémoires sur le règne de Louis XVI*.
24. ↑ *Journal* de Véri, — *Mémoires* de Marmontel. — Véri et Marmontel rapportent tous deux ce dialogue presque dans les mêmes termes, le premier d'après Maurepas, le second d'après Necker.
25. ↑ *Mémoires* de Soulavie, tome IV.
26. ↑ *Mémoires* d'Augeard.
27. ↑ Le mercredi 16 mai 1781.
28. ↑ Dépêche de Mercy, *loc. cit.* — *Journal* de Hardy. — *Mémoires* de Marmontel. — *Notice* déjà citée d'A. de Staël.
29. ↑ *Journal* de Véri.
30. ↑ Cette note, retrouvée par Soulavie dans l'*armoire de fer*, parmi beaucoup d'autres, a été publiée par lui dans ses *Mémoires sur le règne de Louis XVI*, t. IV.
31. ↑ *Journal* de Hardy, 16 mai 1781.
32. ↑ *Ibid.*, 22 mai 1781.
33. ↑ *Journal* de Hardy, 16, 17, 20 mai 1781.
34. ↑ D'après la version donnée dans les *Mémoires secrets* de Bachaumont, Necker aurait déjà, la veille, tenté cette même démarche, qui aurait également échoué. Mais il est plus probable que le nouvelliste fait ici une légère confusion de dates. — Pour le récit qui suit, j'ai consulté le *Journal* de l'abbé de Véri, le *Journal* de Hardy, la *Notice* d'Auguste de Staël sur M. Necker, les *Mémoires* de Soulavie, les dépêches de Mercy au prince de Kaunitz, publiées par Flammermont, etc., etc.
35. ↑ « Un billet de trois pouces et demi de haut, sur deux et demi de large, sans titre, ni vedette, » ainsi le décrit Soulavie, qui eut l'original en mains au sortir de l'Armoire de fer.
36. ↑ *Notice sur M. Necker, passim*.
37. ↑ *Journal* de Hardy, 21 mai 1781.
38. ↑ *Notice* d'A. de Staël, *passim*. — « Une consolation pour nous dans le monde, écrira quelques jours plus tard Mme Necker à l'un de ses amis de Paris, c'est que la Reine partage notre patriotisme. Elle a pleuré samedi toute la journée. » — *Le Salon de Mme Necker*, par le comte d'Haussonville, t. II.
39. ↑ Lettre du 31 mai 1781. — *Correspondance* publiée par Flammermont.
40. ↑ *Journal* de Véri. — *Mémoires* de Soulavie, t. IV.
41. ↑ *Mémoires* de Soulavie.
42. ↑ *Journal* de Véri.
43. ↑ *Correspondance* de Grimm, mai 1781.
44. ↑ D'après la version de Kageneck. une voix cria du parterre : « Oui, f…, ils vous ont trompé : » Et le parterre répéta la phrase, avec des

applaudissemens sans fin.
45. ↑ *Journal* de Hardy, 21 mai 1781.
46. ↑ *Ibidem*. 5 juin 1781.
47. ↑ *Lettres* de Kageneck, 30 mai 1781.
48. ↑ *Lettres* de Kageneck, 11 juillet 1781. 8i l'on en croit Soulavie, la démission de Necker fut l'occasion et le sujet de soixante-dix estampes, exprimant toutes la déception et l'irritation populaires.
49. ↑ *Correspondance secrète* de Métra.
50. ↑ *Journal* de Hardy, mai 1781.
51. ↑ *Journal* de Hardy, juillet 1781.
52. ↑ *Ibidem*, juin 1781.
53. ↑ Lettre à Caraccioli, 3 juillet 1781.
54. ↑ Lettre à Mme d'Epinay, 9 juin 1781.
55. ↑ Lettre à Mme ecker, du 27 mai 1781, — Archives de Coppet.
56. ↑ Lettre du 2 juin 1781. — Archives de Coppet.
57. ↑ Lettre du 2 juin 1781, — *Ibidem*.
58. ↑ *Mémoires* de Soulavie, tome IV.
59. ↑ *Journal* de Hardy, 17 juin 1781, et lettre de Mercy à Joseph 11 du 23 juin. — *Correspondance* publiée par Flammermont.
60. ↑ Document cité par Soulavie dans ses *Mémoires sur le règne de Louis XIV*.
61. ↑ Lettres des 12 et 23 juin 1781. — *Correspondance* publiée par Flammermont.
62. ↑ Note de Necker, citée par Soulavie, *passim*.
63. ↑ *Journal* de Hardy, mai 1781, et *Journal* de Véri, même date.
64. ↑ Archives de Coppet, et *Journal* de Hardy.
65. ↑ *Correspondance* de Métra. — *Journal* de Véri. — *Mémoires secrets* de Bachaumont.
66. ↑ *Journal* de Hardy, 3 août 1781.
67. ↑ *Correspondance* publiée par Lescure.
68. ↑ *Lettres* de Kageneck, 27 août. 1781.
69. ↑ *Journal* de Hardy, août 1781.
70. ↑ Les offices de finance étaient, comme on sait, achetés par leurs titulaires, ce qui fournissait à l'État une ressource momentanée.
71. ↑ Lettre du 18 octobre 1781. — *Correspondance* publiée pur Flammermont.
72. ↑ Dépêche du 21 juin 1781. — *Ibidem*.
73. ↑ Lettre du 9 novembre 1781.
74. ↑ *Journal* de Hardy. — *Mémoires* de l'abbé Georgel. — *Lettres* de Kageneck.
75. ↑ *Journal* de Hardy, 23 novembre 1781.

76. ↑ Le 22 octobre 1781.
77. ↑ *Journal* de Véri.
78. ↑ A. Sorel, *l'Europe et la Révolution,* tome I.
79. ↑ *Voyages* d'Arthur Young. — *Journal* de Mme Cradock. — *Œuvres* du marquis de Mirabeau, etc., etc.